Susanne Heynen
Vergewaltigt

Susanne Heynen

Vergewaltigt

Die Bedeutung subjektiver Theorien
für Bewältigungsprozesse nach einer Vergewaltigung

Juventa Verlag Weinheim und München 2000

Die Autorin
Susanne Heynen, Jg. 1960, Dr. phil., Dipl.-Psych., Ergotherapeutin, ist Leiterin des Kinderbüros der Stadt Karlsruhe.
Ihre Arbeitsschwerpunkte sind Trauma- und Bewältigungsforschung, Geschlechterforschung, Entwicklungspsychologie, Methoden der psychosozialen Arbeit.

Diese Arbeit wurde unter dem Titel „Die Bedeutung subjektiver Theorien für Bewältigungsprozesse nach einer Vergewaltigung" 1998 von der Philosophischen Fakultät der Universität Augsburg als Dissertation angenommen.

Die Drucklegung erfolgt unter Förderung durch die Hans-Böckler-Stiftung, Düsseldorf.

Die Deutsche Bibliothek - CIP-Einheitsaufnahme
Ein Titeldatensatz für diese Publikation ist bei
Der Deutschen Bibliothek erhältlich.

Das Werk einschließlich aller seiner Teile ist urheberrechtlich geschützt. Jede Verwertung außerhalb der engen Grenzen des Urheberrechtsgesetzes ist ohne Zustimmung des Verlags unzulässig und strafbar. Das gilt insbesondere für Vervielfältigungen, Übersetzungen, Mikroverfilmungen und die Einspeicherung und Verarbeitung in elektronischen Systemen.

© 2000 Juventa Verlag Weinheim und München
Umschlaggestaltung: Atelier Warminski, 63654 Büdingen
Umschlagfoto: Wolfgang Schmidt, Ammerbuch
Printed in Germany

ISBN 3-7799-1407-7

Inhaltsverzeichnis

1 Einleitung 11

2 Vergewaltigung als gesellschaftliches Problem 15

2.1 Allgemeine Begriffsbestimmungen 15
2.2 Häufigkeit von Vergewaltigungen 23
    2.2.1 Opferbefragungen 26
    2.2.2 Befragungen potentieller und tatsächlicher Täter 31
    2.2.3 Kriminalstatistik 32
2.3 Gesellschaftliche Reaktionen 34

3 Subjektive Theorien über Vergewaltigung 37

3.1 Theoretische Modelle vergewaltigungsbezogener Kognitionen 39
3.2 Funktion und Verbreitung opferfeindlicher subjektiver Theorien 43

4 Vergewaltigung als psychisches Trauma 53

4.1 Verlaufsmodell der psychischen Traumatisierung 53
4.2 Das Vergewaltigungstrauma 62
    4.2.1 Durchsetzungstrategien der Täter 63
    4.2.2 Typologie der traumatischen Situation 70
    4.2.3 Der traumatische Schock: Erleben des Angriffs und Widerstand 72
    4.2.4 Die traumatische Reaktion 77

5 Bewältigungsprozesse 83

5.1 Das theoretische Konzept der Bewältigung 85
5.2 Belastungen und Bewältigungsprozesse nach einer Vergewaltigung 92
    5.2.1 Langfristige Bewältigungsprozesse 93
    5.2.2 Lebensweltbezogene Bewältigungsprozesse 99
    5.2.3 Subjektive Bewertungen 104
5.3 Ein integratives Modell 107

6 Methodischer Ansatz 111

6.1 Fragestellungen und methodische Vorüberlegungen 111
6.2 Methodische Umsetzung: Durchführung einer qualitativen Studie 114

7 Das Vergewaltigungstrauma 125

7.1 Antizipierte Bewältigung einer drohenden Vergewaltigung 125
    7.1.1 Risikoerwartung: „Mir passiert schon nichts!" 126
    7.1.2 Bedrohung: „Eine unendliche Ungerechtigkeit!" 134
7.2 Die traumatische Situation 134
    7.2.1 Durchsetzung der Vergewaltigung 135
    7.2.2 Risikowahrnehmung 150
7.3 Die Vergewaltigung 156
    7.3.1 Traumatischer Schock und Abwehr 156
    7.3.2 Die Schockphase 163

8 Lebensweltbezogene Bewältigungsprozesse 173

8.1 Vermeidung der Auseinandersetzung 174
8.2 Vergewaltigung als individuelles Problem 177
    8.2.1 Normverletzung: „Warum hast Du Dich nicht ...?" 181
    8.2.2 Normausnahme: „Das muß man verzeihen!" 198
    8.2.3 Normverlängerung: „Ist das jetzt immer so?" 225
8.3 Vergewaltigung als gesellschaftliches Problem und Normbruch:
    „Wir leben doch nicht im Urwald!" 247
    8.3.1 Öffentlichkeit 247
    8.3.2 Polizei und Justiz 251

9 Die Bedeutung subjektiver Theorien für Bewältigungsprozesse 263

9.1 Subjektive Theorien über Vergewaltigung 263
9.2 Ergebnisse von Bewältigungsprozessen: „Ich bin auch ein Mensch!" 269
    9.2.1 Biographische Faktoren 270
    9.2.2 Posttraumatische Faktoren 276
    9.2.3 Integration des Traumas 297

10 Schlußfolgerungen 305

10.1 Vergewaltigungsopfer als Expertinnen 305
10.2 Interventionen und Bewältigungsprozesse 307
10.3 Forschungsbedarf 313
10.4 Fazit 314

Literatur 319

Anhang 351

A Information für Interviewpartnerinnen 351
B Interviewleitfaden 352
C Übersicht über die Sexualstraftaten 355

Danksagung 359

Für meine Eltern, denen ich starke Wurzeln verdanke

Artikel 3 der Erklärung über die Beseitigung der Gewalt gegen Frauen (Resolution 48/104 der Generalversammlung der Vereinten Nationen vom 20. Dezember 1993):

„Frauen haben gleichberechtigten Anspruch auf den Genuß und den Schutz aller politischen, wirtschaftlichen, sozialen, kulturellen, bürgerlichen und sonstigen Menschenrechte und Grundfreiheiten. Dazu gehören unter anderem die folgenden Rechte:

a) Das Recht auf Leben;

b) das Recht auf Gleichberechtigung;

c) das Recht auf Freiheit und persönliche Sicherheit;

d) das Recht auf gleichen Schutz durch das Gesetz;

e) das Recht auf Freiheit von jeder Form von Diskriminierung;

f) das Recht auf das erreichbare Höchstmaß an körperlicher und geistiger Gesundheit;

g) das Recht, nicht der Folter oder anderer grausamer, unmenschlicher oder erniedrigender Behandlung oder Strafe unterworfen zu werden."

(Bundeszentrale für politische Bildung, 1996, S. 152)

1 Einleitung

Vergewaltigung und andere traumatische Lebensereignisse haben einen gravierenden Einfluß auf das Leben der betroffenen Personen. Darüber hinaus bedrohen sie unser Gefühl von Sicherheit und Vertrauen sowie den Glauben an eine gerechte Welt (Lerner, 1980). Sie führen bei Nichtopfern zu Angst und Abwehr. Dies gilt besonders für sexualisierte Gewalt von Erwachsenen gegenüber Kindern und von Männern gegenüber Frauen, da diese Gewaltform elementare und unumgängliche zwischenmenschliche Beziehungen betrifft.

In den letzten drei Jahrzehnten rückten zunächst in den USA und dann auch in Europa Traumatisierungen durch sexuelle Gewalt ins Blickfeld der Öffentlichkeit und der Wissenschaft. Studien belegen die erschreckende Häufigkeit sexualisierter Gewalt, die kurz- und langfristigen physischen, psychischen und sozialen Folgen sowie die über Jahre andauernden Bewältigungsprozesse der Opfer. Außerdem wurden zunehmend Kognitionen wie Einstellungen, Verantwortungszuschreibungen und sogenannte Vergewaltigungsmythen sowie deren Einfluß auf das Handeln von Männern und Frauen untersucht (einen historischen Überblick gibt Ward, 1995). Vor allem anglo-amerikanische Forschungen zeigen, daß sexuelle Gewalt in gesellschaftliche Bedingungen eingebettet ist, die von der Geschlechterhierarchie bestimmt werden (z.B. Baron & Straus, 1987; Sanday, 1981). Diese Verankerung schlägt sich in nicht oder wenig reflektierten subjektiven Theorien zu Lasten der Vergewaltigungsopfer nieder. In der Gesellschaft sind z.B. Vergewaltigungsdefinitionen verbreitetet, die sich lediglich auf den gewalttätigen Fremdtäter und das ‚unbescholtene' weibliche Opfer beziehen. Zudem wird angenommen, daß Vergewaltigungen nur begrenzt durchsetzbar und von geringer Schädlichkeit seien. Den Opfern wird oft nicht geglaubt, oder sie werden schuldig bzw. mitschuldig gesprochen. Diese Annahmen sind mit Geschlechter- und Sexualrollen verknüpft, die zu Opferabwertungen durch das soziale und gesellschaftliche Umfeld führen (z.B. Weis, 1982).

Nur wenig ist bisher über die subjektive Sicht der Opfer bekannt. Wie verarbeiten Vergewaltigungsopfer die Gewalttat? Welche Konsequenzen haben diese Opferbeschuldigungen und Täterentschuldigungen, die auch von Frauen, d.h. von potentiellen und tatsächlichen Vergewaltigungsopfern, geteilt werden, für Bewältigungsprozesse nach einer Vergewaltigung? Unter welchen Bedingungen tragen Vergewaltigungsmythen zur Definition einer Vergewaltigung als solcher bei? Was bedeuten sie für die Bewertung des Schadens, für Erklärungsversuche und Zukunftsprognosen bezüglich der eigenen Sicherheit? Welche Handlungsempfehlungen werden aus ihnen abgeleitet und welche Konsequenzen ergeben sich für das tatsächliche Handeln? Wie gehen vergewaltigte Mädchen und Frauen mit den angenommenen und tatsächlichen Reaktionen des sozialen und gesellschaftlichen Umfeldes um? Welche Möglichkeiten der Integration des traumatischen Ereignisses in das Leben nach der Tat sehen die Frauen, und was steht der Integration entgegen?

Ausgangspunkt der Untersuchung ist, daß Vergewaltigte nicht nur Opfer sexueller Gewalt sind, sondern daß sie aktiv Strategien zur Abwehr des psychischen Traumas und für die Bewältigung der sich anschließenden Belastungen anwenden. Diese ergeben sich (1) als Folge der Vergewaltigung (primäre Viktimisierung). Außerdem können (2) Veröffentlichungen, die Inanspruchnahme professioneller Hilfe und eine Anzeige des Täters zu zusätzlichen Belastungen bis hin zu Retraumatisierungen führen (sekundäre Viktimisierung). Darüber hinaus verläuft (3) die Auseinandersetzung mit der erlittenen Vergewaltigung für viele Mädchen und Frauen parallel zu alters- und alltagsbedingten Entwicklungsprozessen und Anforderungen.

Grundlage der Analyse bildet die erzählte und subjektive Wirklichkeit vergewaltigter Frauen. Durch diesen Zugang können die kognitiven und emotionalen Prozesse als Reaktion auf das traumatische Ereignis sowie individuelle, in einen sozialen Kontext eingebettete Bewältigungsprozesse aufgedeckt werden. Auf diese Weise ist es möglich, die Ressourcen von Vergewaltigungsopfern für die Traumaverarbeitung zu erschließen. Daraus lassen sich Vorschläge für soziale und professionelle Hilfsangebote sowie opferunterstützende gesellschaftliche Antworten auf sexualisierte Gewalt ableiten, welche die subjektiven Theorien der Opfer berücksichtigen.

Die vorliegenden Ergebnisse belegen die großen und oft anhaltenden negativen Konsequenzen einer Vergewaltigung. Das traumatische Ereignis beeinträchtigt die psychische und physische Gesundheit der Opfer und ihre Lebenswelt. Ferner wird die gesellschaftliche Dimension von Vergewaltigung deutlich. Diese zeigt sich z.B. über die Inanspruchnahme des Gesundheitssystems, über Einschränkungen der Erwerbstätigkeit und der Erziehungskompetenz der Opfer. Aus der Wechselbeziehung zwischen der Vergewaltigten und ihrer Umwelt ergeben sich eine Vielzahl von posttraumatischen Belastungen, die zusätzlich zu dem traumatischen Ereignis das biographisch erworbene Selbst- und Weltverständnis in Frage stellen oder im Falle vorhergehender traumatischer Erlebnisse in den selbstabwertenden Aspekten bestätigen. Das Gefühl der Integration in das soziale Umfeld und die Gesellschaft sowie das Vertrauen in die eigene Sicherheit bleiben unter Umständen über Jahre existentiell erschüttert.

Die Analyse verdeutlicht die besondere Bedeutung von subjektiven Theorien für Bewältigungsprozesse nach einer Vergewaltigung. Zentral für den Verarbeitungsprozeß und die Integration des Traumas in die Biographie ist die Rekonstruktion der Vergewaltigung durch die Opfer, und zwar als:

1. *Normverletzung*, für die die Opfer einen Teil der Verantwortung übernehmen;
2. *Normausnahme* in intimen Beziehungen, für die besondere Belastungen des Täters zur Erklärung herangezogen werden;
3. *Normverlängerung*, z.B. als Form ‚normaler' Sexualität, Therapie oder Diagnostik;
4. *Normbruch*, für den der Täter die Verantwortung trägt.

Mit einer Rekonstruktion als Normverletzung, -ausnahme oder -verlängerung ist eine Einschränkung der Anerkennung von Unrecht und Schaden sowie des auf die Vergewaltigung bezogenen Opferstatus verbunden. In der Regel bestätigen Vergewaltigungsopfer erst im Laufe der lebensweltbezogenen Bewältigungsprozesse nach der Vergewaltigung den begangenen *Normbruch*. Diese Anerkennung ist verbunden mit erhöhter Selbstsorge und Inanspruchnahme von sozialer und professioneller Unterstützung, Veröffentlichungs- und Anzeigebereitschaft.

In der vorliegenden Arbeit wird im ersten Teil der derzeitige *Forschungsstand* zu Vergewaltigung dargestellt. Es werden die der Untersuchung zugrunde liegenden Begriffe erläutert, Studien über die Häufigkeit sexualisierter Gewalt und die Diskrepanz zwischen Ausmaß der Gewalt und beschränkten gesellschaftlichen Reaktionen erörtert (Kap. 2). Da Vergewaltigungen weniger mit Hilfe von Problemlösestrategien, sondern mittels subjektiver Theorien vermittelt, bewältigt und abgewehrt werden, sind diese in Kapitel 3 dargestellt. Sie dienen Nichtopfern u.a. dazu, die Angst vor einer Vergewaltigung zu bewältigen und den Selbstwert zu stabilisieren. Das nächste Kapitel konzentriert sich auf die Sichtweise der Opfer, von denen die Vergewaltigung als psychisches Trauma erlebt wird (Kap. 4). Es wird in Anlehnung an Fischer und Riedesser (1998) ein Verlaufsmodell der psychischen Traumatisierung vorgestellt und durch empirische Ergebnisse aus der Gewalt- und Vergewaltigungsforschung ergänzt. Zum Schluß des theoretischen Teils werden die Erkenntnisse zu Bewältigungsprozessen nach einer Vergewaltigung zusammengefaßt (Kap. 5). Das transaktionale Konzept der Bewältigung von Lazarus und seiner Arbeitsgruppe (u.a. Lazarus & Folkman, 1984; Lazarus & Launier, 1978; Lazarus, 1991; Lazarus, 1995) und darauf aufbauende Weiterentwicklungen werden mit entsprechenden Erkenntnissen der Vergewaltigungsforschung verbunden. Den Abschluß bildet ein vorläufiges Modell, in das Traumatisierungs- und Bewältigungsprozesse nach einer Vergewaltigung integriert werden.

Das sechste Kapitel behandelt *methodische Überlegungen*. Die Fragestellungen, die sich bezüglich der Bedeutung subjektiver Theorien von Vergewaltigungsopfern für posttraumatische Bewältigungsprozesse ergeben, werden herausgearbeitet. Das qualitative Forschungsdesign und das konkrete Vorgehen werden dargestellt.

Die folgenden Kapitel befassen sich mit den *Ergebnissen der Untersuchung*. Zunächst geht es um die subjektive Re-/Konstruktion des Vergewaltigungstraumas (Kap. 7). Für viele der Interviewten begann schon in ihrer Jugend eine Auseinandersetzung mit dem antizipierten Risiko einer Vergewaltigung. Wurden die Frauen angegriffen, entsprach die traumatische Situation in der Regel nicht den Annahmen über sexualisierte Gewalt. Konnte die Vergewaltigung nicht direkt abgewehrt werden, löste sie einen traumatischen Schock aus. Im 8. Kapitel werden die posttraumatischen Bewältigungsprozesse und die subjektiven Theorien der vergewaltigten Frauen analysiert. Diese stehen in engem Zusammenhang mit der Täter-Opfer-Beziehung und den lebensweltlichen Erfahrungen. Während einige der Vergewaltigten zunächst aufgrund fehlender Ressourcen eine Auseinandersetzung mit dem Trauma vermieden, erkannten andere ihren Opferstatus, wenn auch eingeschränkt, an. Ihre Bewältigungsprozesse und die entsprechenden sozialen und professionellen Reaktionen werden in Abhängigkeit von der jeweiligen Rekonstruktion des Traumas als Normverletzung, Normausnahme oder Normverlängerung aufgezeigt. Dazu kommen Auseinandersetzungsprozesse mit gesellschaftlichen Institutionen wie Polizei und Justiz, wenn die Vergewaltigung mindestens ansatzweise vom Opfer oder dem sozialen Umfeld als Normbruch bewertet wird.

Das neunte Kapitel dient der Beantwortung der Frage nach der Bedeutung subjektiver Theorien für Bewältigungsprozesse nach einer Vergewaltigung. Es werden zwei idealtypische subjektive Theorien über Vergewaltigung und weibliche Selbstbestimmung gegenübergestellt und im Zusammenhang mit biographischen und posttraumatischen Belastungen und Ressourcen erörtert. Zum Schluß (Kap. 10) werden vor dem Hintergrund des Expertinnenwissens der Interviewten Schlußfolgerungen für Interventionen, Bewältigungsprozesse nach einer Vergewaltigung und den weiteren Forschungsbedarf gezogen.

2 Vergewaltigung als gesellschaftliches Problem

Eine Vergewaltigung ist eine Form personaler Gewalt, mittels derer einem Menschen durch einen anderen Menschen ein physischer und psychischer Schaden zugefügt wird. Vergewaltigung ist in Anlehnung an Nini, Bentheim, Firle, Nolte und Schneble (1995) eine intentionale, d.h. zielgerichtete Handlung, der eine mehr oder weniger bewußte Willensentscheidung zugrundeliegt (vgl. auch Godenzi, 1996; Neubauer, Steinbrecher & Drescher-Aldendorff, 1994). Eine Gewalthandlung ist *„der kürzeste Weg zur Verwirklichung einer Wunschvorstellung"* (Bettelheim, 1992, S. 213), ohne allerdings subtilere Bedürfnisse befriedigen zu können. Sie ist *„in einer bestimmten Situation aufgrund einer bestimmten Entwicklung >sinnvoll<, entwicklungslogisch (nicht pathologisch"* (Dieckmann, Herschelmann, Pech & Schmidt, 1994, S. 172).

Gewalttaten im allgemeinen und Vergewaltigungen im besonderen sind Handlungsmuster, die jedem Menschen grundsätzlich zur Verfügung stehen. Gewalt ist eine *„voraussetzungslose Universalsprache"* (Nicklas, Ostermann & Büttner, 1997, S. 31). Diese ist als Möglichkeit gegeben. Ihre Realisierung hängt ab vom Vorliegen für sie günstiger sozialer und gesellschaftlicher Bedingungen, sogenannter Gelegenheitsstrukturen (ebd., 1997, S. 37), sowie von fehlenden alternativen Problemlöse- oder Durchsetzungsstrategien.

Dabei ist die Definition von Vergewaltigung, die Anerkennung des Opferstatus und der Täterschaft nicht unumstritten. Diese unterliegen sich verändernden gesellschaftlichen, sozialen und individuellen Perspektiven (Kap. 2.1). Über die Häufigkeit von Vergewaltigungen liegen eine Reihe von Studien vor, die das Ausmaß von männlicher physischer und sexueller Gewalt gegen Frauen zeigen (Kap. 2.2). Gleichzeitig bleiben gesellschaftliche Konsequenzen mit dem Ziel der Intervention und angemessenen Unterstützung der Opfer bisher weitgehend aus (Kap. 2.3).

2.1 Allgemeine Begriffsbestimmungen

Im folgenden werden die zentralen, auf die Tat bezogenen Begriffe definiert. Auf Begriffe, die in theoretische Konzepte eingebunden sind, wird in den entsprechenden Kapiteln eingegangen.

Der Begriff der *Vergewaltigung* ist in großem Maße einem historischen und gesellschaftlichen Wandel unterworfen und wird ganz unterschiedlich verwendet. Die Definition hängt ab von Faktoren wie Geschlecht, Bildung, Beruf und identifikatorischer Nähe zu Opfer oder Täter. Meinem Verständnis nach ist eine Vergewaltigung in Anlehnung an Brownmiller (1978) jedes sexuelle, gewalttätige Eindringen in den Körper einer Person, zu dem diese nicht ihr Einverständnis gegeben hat. Eine Vergewaltigung ist ein:

„(...) schwerer körperlicher Angriff auf einem von mehreren Zugangswegen und mittels einer von mehreren Methoden. Dieser Gewaltakt stellt eine bewußte Verletzung der emotionalen, körperlichen und geistigen Integrität dar und ist eine feindselige, entwürdigende, brutale Handlung." (Brownmiller, 1978, S. 285)

Eine Vergewaltigung verletzt die sexuelle Selbstbestimmung. Demzufolge handelt es sich auch um eine Vergewaltigung, wenn die Widerstandskraft des Opfers aufgrund eines bestehenden Machtungleichgewichts entkräftet ist. Das gilt vor allem in Abhängigkeitsverhältnissen, z.B. zu Therapeuten (Pope, Sonne & Holroyd, 1996).

„Die Täter haben mehr als nur einen körperlichen Vorsprung, wenn sie im Rahmen von Institutionen handeln, die ihnen von vornherein Vorteile verschaffen und dem Opfer kaum Gelegenheit geben, zu seinem Recht zu kommen. (...) Die Täter können auch ein emotionelles Klima oder ein Abhängigkeitsverhältnis ausnutzen, dessen hierarchische, autoritäre Struktur den Widerstand des Opfers schwächt, seine Urteilsfähigkeit beeinträchtigt und seinen eigenen Willen verwirrt." (Brownmiller, 1978, S. 173)

Dieser im Kontext der Frauenbewegung entstandenen Definition von Vergewaltigung stehen die in Gesetzen geprägten juristischen Begriffe gegenüber. Sie spiegeln eine Art gesellschaftlichen Konsens über umstrittene Themen wieder.[1] In vielen Ländern wird bis heute die Sexualität und Fortpflanzungsfähigkeit der Frau als Besitz des Ehemannes und nicht im Sinne ihrer sexuellen Selbstbestimmung geschützt. Demzufolge stehen vor allem außereheliche und vaginale Vergewaltigung unter Strafe.

So war auch im deutschen Strafgesetzbuch (StGB) bis zum Inkrafttreten einer entsprechenden Gesetzesänderung im Juli 1997 Vergewaltigung in der Ehe als solche nicht strafbar. Das öffentliche Interesse galt - überspitzt formuliert - dem Schutz der alleinigen Verfügung des Ehemannes über die Fortpflanzungsfähigkeit der Frau, und das, obwohl die Belastungen ehelicher Vergewaltigungen als gravierender eingeschätzt werden als die durch Fremde (vgl. z.B. Finkelhor & Yllö, 1986). So spricht Lindner (1992) von „*privatisierte*[r] *Gewalt*" (S. 11) von Männern gegen Frauen. Das StGB bis 1997 unterschied zwischen Vergewaltigung (außerehelicher Beischlaf) und sexueller Nötigung (außereheliche sexuelle Handlungen, z.B. anale und orale Vergewaltigungen). Opfer einer Vergewaltigung konnten explizit nur Frauen werden. Das Leiden der Opfer, für

---

[1] Zur Entwicklung des Vergewaltigungstatbestandes aus rechtshistorischer Sicht s. Greuel (1993).

die orale bzw. anale Vergewaltigungen nicht weniger traumatisierend sind wie vaginale Vergewaltigungen, spielte eine untergeordnete Rolle (vgl. Feldmann, 1992; Licht, 1991).

Eine *Vergewaltigung* (§177, StGB, a.F.) wurde wie folgt definiert und gegenüber ‚Sexueller Nötigung' mit einer relativ hohen Strafe geahndet:

„(1) Wer eine Frau mit Gewalt oder durch Drohung mit gegenwärtiger Gefahr für Leib oder Leben zum außerehelichen Beischlaf mit ihm oder einem Dritten nötigt, wird mit Freiheitsstrafen nicht unter zwei Jahren bestraft. (...)" (§177 Abs. 1 StGB, zit. nach Fastie, 1994, S. 31)

Das Strafmaß für eine *‚Sexuelle Nötigung'* im Sinne des StGB (§178, a.F.) war entsprechend geringer.

„(1) Wer einen anderen mit Gewalt oder durch Drohung mit gegenwärtiger Gefahr für Leib oder Leben nötigt, außereheliche sexuelle Handlungen des Täters oder eines Dritten an sich zu dulden oder an dem Täter oder einem Dritten vorzunehmen, wird mit Freiheitsstrafe von einem Jahr bis zu zehn Jahren bestraft. (...)" (§178 Abs. 1 StGB, zit. nach Fastie, 1994, S. 31)

Die politischen Auseinandersetzungen um die rechtliche Gleichstellung der Geschlechter und um die allgemeine und sexuelle Selbstbestimmung von Frauen innerhalb und außerhalb der Ehe dauern seit Jahrhunderten an (vgl. u.a. Berneike, 1995; Geisel, 1997; Gerhard, 1990, 1997; Hagemann-White, 1988; Laubach, 1991; Paetow, 1987; Teubner, 1988). Erst mit dem 33. Strafrechtsänderungsgesetz vom 1.7.1997 gelang eine längst überfällige und in anderen europäischen Ländern (vgl. z.B. Graham, 1986; Granö & Hedlund, 1986) seit Jahren geltende Anpassung des Strafrechts an das Grundgesetz (1996) und an die Lebensrealität von Frauen und Männern.

Die Definition der Vergewaltigung wurde auf *„das Opfer besonders erniedrigende beischlafsähnliche Handlungen"* (Jeschek, 1998, S. XXV), d.h. auf anale und orale Vergewaltigungen und Vergewaltigungen mit Gegenständen sowie auf Vergewaltigungen durch den Ehepartner ausgedehnt. Die sogenannte Widerspruchsklausel, die dem vergewaltigenden Ehemann ermöglicht hätte, sein Opfer zur Rücknahme der Anzeige zu zwingen, wurde nicht aufgenommen. Die Formulierung des nun gültigen §177 Abs. 1 und 2 StGB (1998) *‚Sexuelle Nötigung; Vergewaltigung'* lautet:

„(1) Wer eine andere Person
1. mit Gewalt,
2. durch Drohung mit gegenwärtiger Gefahr für Leib oder Leben oder
3. unter Ausnutzung einer Lage, in der das Opfer der Einwirkung des Täters schutzlos ausgeliefert ist,

nötigt, sexuelle Handlungen des Täters oder eines Dritten an sich zu dulden oder an dem Täter oder einem Dritten vorzunehmen, wird mit Freiheitsstrafe nicht unter einem Jahr bestraft.

(2) In besonders schweren Fällen ist die Strafe Freiheitsstrafe nicht unter zwei Jahren. Ein besonders schwerer Fall liegt in der Regel vor, wenn

1. der Täter mit dem Opfer den Beischlaf vollzieht oder ähnliche sexuelle Handlungen an dem Opfer vornimmt oder an sich vornehmen läßt, die dieses besonders erniedrigen, insbesondere, wenn sie mit einem Eindringen in den Körper verbunden sind (Vergewaltigung), oder

2. die Tat von mehreren gemeinschaftlich begangen wird. (...)" (StGB, 1998, S. 90)

Damit orientiert sich die Definition der Vergewaltigung in der neuen Fassung des StGBs (1998) an der sexuellen Selbstbestimmung und Integrität des Opfers und sichert die Einhaltung des Grundgesetzes (1996) für alle Frauen: die Menschenwürde (Art. 1), das Recht auf körperliche Unversehrtheit (Art. 2) und das Gleichbehandlungsgebot (Art. 3; vgl. auch Abel, 1988).

Der Gewaltbegriff wurde um das Ausnutzen einer schutzlosen Lage erweitert, setzt aber den Einsatz physischer Gewalt oder deren Androhung voraus. Außerdem berücksichtigt das Strafgesetzbuch (1998) die Ausnutzung eines Beratungs-, Behandlungs- oder Betreuungsverhältnisses, z.B. im Rahmen einer psychotherapeutischen Behandlung (§174c StGB, 1998), sowie das Ausnutzen einer Widerstandsunfähigkeit, z.B. aufgrund einer seelischen Krankheit oder Behinderung (§179 StGB, 1998). Das Strafgesetz bezeichnet allerdings in diesen Fällen das Eindringen in den Körper des Opfers nicht als Vergewaltigung, sondern als ‚Sexueller Mißbrauch' und bleibt im Strafmaß unter dem einer Vergewaltigung nach §177 StGB (1998) Das gleiche gilt für Vergewaltigungen von Personen unter 14 Jahren (§176a ‚Schwerer sexueller Mißbrauch', 1998).

Auch wenn es inzwischen vielfältige Belege für die Häufigkeit von Vergewaltigungen von Mädchen und Jungen gibt, werden diese in der Literatur unter dem sehr breit gefaßten Oberbegriff ‚Sexueller Mißbrauch'[2] subsumiert. Die Bezeichnung legt nahe, es gebe - vergleichbar dem Alkoholmißbrauch - einen angemessenen sexuellen Gebrauch (vgl. u.a. Schmidt, 1996). Aufgrund der unterschiedlichen Schweregrade sexueller Gewalt gegen Kinder und Abhängige und der fehlenden Differenzierung gerät die Traumatisierung, die eine Vergewaltigung bedeutet, aus dem Blickfeld. Um sexualisierte Gewalthandlungen möglichst genau zu benennen, werde ich auch die Vergewaltigung von Perso-

---

[2] „Sexueller Mißbrauch an Kindern ist jede sexuelle Handlung, die an oder vor einem Kind entweder gegen den Willen des Kindes vorgenommen wird oder der das Kind aufgrund körperlicher, psychischer, kognitiver oder sprachlicher Unterlegenheit nicht wissentlich zustimmen kann." (Bange, 1992, S. 57)

nen, die aufgrund ihres Alters oder einer besonderen Abhängigkeit schwächer sind als der Täter, immer als solche bezeichnen.

Vergewaltigung ist das Extrem eines Kontinuums von Persönlichkeitsverletzungen, die sich gegen die körperliche und sexuelle Integrität richten. Das Spektrum der Grenzverletzungen umfaßt unter anderem sexuelle Belästigung am Telefon (z.b. Sczesny & Stahlberg, 1999), anzügliche Bemerkungen, unerwartete Berührungen (der Brust), aufgedrängte Küsse oder Exhibitionismus. Diese Handlungsweisen beschränken die weibliche Selbstbestimmung in allen Lebensbereichen, wie z.B. am Arbeitsplatz (vgl. Holzbecher, Braszeit, Müller & Plogstedt, 1991).

Vergewaltigung beinhaltet zwei Optionen menschlichen Handelns: *Gewalthandlungen und Sexualverhalten*. Während für das Opfer das Erleben der Gewalt im Vordergrund steht, ist für den Täter die Vergewaltigung in unterschiedlicher Gewichtung sowohl Ausdruck seiner Gewalttätigkeit als auch seiner Sexualität. Dabei betrachte ich Sexualität als eine in gesellschaftlichen Diskursen hergestellte, vielfältige Körpersprache (vgl. Foucault, 1977; Valverde, 1994). Sexualitätsverständnis und -praxis unterliegen einem gesellschaftlichen Wandel und werden von dem Verhältnis zwischen den Geschlechtern bestimmt. Hagemann-White (1995) weist darauf hin, daß auch die ‚normale', gesellschaftlich legitimierte Sexualität mit Männergewalt und Grenzverletzungen sowie einer Entkoppelung von Liebe und Sexualität verbunden ist. Verdinglichung und der Tauschcharakter weiblicher Sexualität stehen im Zusammenhang mit der geschlechtsbezogenen Arbeitsteilung (vgl. Butzmühlen, 1978). Sexualität ist darüber hinaus ein Mittel zur Selbstdarstellung und Identitätsstiftung (Teubner, Becker & Steinhage, 1983). Sexualisierte Gewalt und ein geschlechtshierarchisches-sexualrollenkomplementäres Konzept der Heterosexualität ähneln sich. Frauen geben entgegen ihren Bedürfnissen den sexuellen Wünschen von Männern nach, und Männer übergehen ablehnende Signale von Frauen. Die Sexualität ist nicht eine *„heilsame Naturquelle, die es nur zu befreien gilt"* (Hagemann-White, 1995, S. 29), sondern tief verwurzelt in den jeweiligen kulturellen Bedingungen.

Eine Vergewaltigung ist sowohl Ausdruck personaler Gewalt innerhalb eines sexuellen Kontextes, als auch Form männlicher Sexualität innerhalb eines gewalttätigen Bezugsrahmens. Das Ziel einer Vergewaltigung ist neben der Unterwerfung der Frau die Durchsetzung spezifischer sexueller Interessen (vgl. dazu auch Brockhaus & Kolshorn, 1993). Außerdem dient die Tat als Dominanzgebärde gegenüber dem Partner des Opfers oder anderen nahen Bezugspersonen, vor allem in kriegerischen Auseinandersetzungen (vgl. Seifert, 1993; Zirpins, 1997).

Die Verbindung von Gewalt und Sexualität zeigt sich in gewaltverharmlosender und gewaltverherrlichender Pornographie und deren Wirkung. Entwürdigende Darstellungen von Mädchen und Frauen formen negative Einstellungen ihnen gegenüber (vgl. u.a. Malamuth, 1986; Malamuth & Donnerstein, 1982).

Sie führen zu einer Brutalisierung der Sexualität und einer Sexualisierung von Gewalt (Heiliger & Engelfried, 1995; eine Diskussion verschiedener Studien findet sich bei Engelfried, 1990). Bei einem Teil der Täter steht der Konsum von Pornographie im Zusammenhang mit Vergewaltigungen (z.B. Glogauer, 1998 zu verurteilten Sexualstraftätern; Russell, 1982 zu Ehe-/Partnern). Ein allgemeingültiger Zusammenhang zwischen Pornographiekonsum und sexuellen Gewalthandlungen kann allerdings nicht nachgewiesen werden (vgl. z.B. Ertel, 1990; Kimberly, 1997). Gleichzeitig wirkt physische Gewalt auf einige Männer sexuell stimulierend. In einer Befragung von Frauen, die vor der Gewalt ihres Partners in ein Frauenhaus geflüchtet waren, gaben 38% an, daß die Mißhandlungen den Täter sexuell stimuliert hätten (Bergdoll & Namgalies-Treichler, 1987).

Um die Verbindung zwischen Gewalt und Sexualität zum Ausdruck zu bringen, benutze ich im Text sexualisierte und sexuelle Gewalt als Überbegriffe für Angriffe gegen die sexuelle Selbstbestimmung von Mädchen und Frauen. Sexualisierte Gewalt betont primär, daß die Gewalt im Vordergrund steht und sexualisiert wird. Sexuelle Gewalt hebt im Vergleich zu physischer und psychischer Gewalt hervor, daß die Gewalt mit sexuellen Mitteln ausgeübt wird.

In der anglo-amerikanischen Literatur wird ‚Sexual coercion' von Vergewaltigung abgegrenzt (vgl. Muehlenhard & Schrag, 1991). Dabei handelt es sich um sexuelle Forderungen, in die die Frau nur wider Willen einwilligt, ohne selbst Sexualität in der geforderten oder praktizierten Form zu wünschen. Die Gründe hierfür können vielfältig sein. Dazu gehört zum Beispiel die Angst, den Partner zu verlieren oder der Wunsch, ihm einen Gefallen zu tun, (eheliches) Pflichtgefühl und Nachgeben aufgrund anhaltenden Drängens (vgl. dazu u.a. Bachmann, 1988; Godenzi, 1996; Krahé, 1998). Die Übergänge zwischen einverständlicher Sexualität, einer erzwungenen Zustimmung und einer Vergewaltigung sind fließend. Sie hängen vom Ausmaß des psychischen Drucks ab, z.B. in Form von angedrohten beruflichen Nachteilen oder Gewalthandlungen gegen Nahestehende.

Letztendlich ist die Definition einer Vergewaltigung Ergebnis der jeweiligen Perspektive. Zum einen kann sie von der betroffenen Frau vorgenommen werden. Sie weiß, ob sie implizit oder explizit dem sexuellen Kontakt zustimmt oder sich abgrenzt. Auch der Mann kann sich bewußt machen, ob er Zustimmung erhalten hat bzw. welche Relevanz die Bedürfnisse der Frau für sein Handeln haben. Unter Umständen nimmt er Handlungen des Opfers so wahr, daß diese Interpretation es ihm erleichtert, innere Gewaltbarrieren zu reduzieren. Die dritte Perspektive ist die von Außenstehenden, Personen des sozialen Umfeldes und VertreterInnen gesellschaftlicher Institutionen, vor allem im Rahmen eines Strafverfahrens. Deren Reaktionen entscheiden darüber, ob die Vergewaltigte beispielsweise durch eine Infragestellung ihrer Glaubwürdigkeit oder Beschuldigungen zusätzlichen Belastungen ausgesetzt wird oder ob der Täter zur Verantwortung gezogen wird.

Im Zusammenhang mit sexualisierter Gewalt taucht oft der Begriff ‚Prävention' (lat. ‚praevenire' - zuvorkommen) auf. Dabei wird meist nicht klar formuliert, ob Prävention (a) auf Gewaltbereitschaft und -handlung des Täters, (b) Reduzierung des individuellen Opferrisikos und Verhalten des Opfers oder (c) gesellschaftliche Bedingungen sexualisierter Gewalt zielt. Außerdem wird, anders als z.b. in der Gesundheitspsychologie, nicht zwischen primärer, sekundärer oder tertiärer Prävention (z.B. Caplan, 1964) unterschieden, d.h. ob beispielsweise eine Maßnahme vor, während oder nach dem Auftreten einer Krankheit (hier einer Vergewaltigung) einsetzt.

Häufig steht das Opferverhalten im Mittelpunkt präventiver Überlegungen, und zwar im Sinne von Selbstbehauptung gegenüber Grenzverletzungen und Abwehr einer drohenden Vergewaltigung (vgl. dazu ausführlich Kap. 4.2.3). Entsprechende Strategien setzen immer schon Gewaltbereitschaft und Gewalthandlungen des Angreifers voraus. Dabei entsteht der Eindruck, als würde der direkten und indirekten Viktimisierung von Frauen durch vergewaltigende Männer zuvorgekommen, wenn einzelne Opfer sich erfolgreich wehren. Im übertragenen Sinne hieße es, Rassismus vorzubeugen, indem sich Opfer rassistischer Gewalt gegen ihre Angreifer besser zu verteidigen lernen. Wird Prävention mit Selbstverteidigung gegenüber einem Vergewaltigungsversuch gleichgesetzt, entsteht der Eindruck, als sei der Angriff nur dann existenziell bedrohlich, wenn eine vaginale Vergewaltigung durchgesetzt wird. Daß auch eine versuchte Vergewaltigung zu langfristigen Belastungen des Opfers führen kann, wird dabei übersehen.

Neben opferbezogenen Maßnahmen handelt es sich bei vielen als präventiv bezeichneten Interventionen um Information und Aufklärung, z.B. in den Medien. Godenzi (1994) kritisiert diesbezüglich, daß die Rede von der Prävention zu unrealistischen Erwartungen führe und vorgebe, mehr zu tun, als effektiv getan werde. Dies sei für einen Umgang mit der Gewalt gegen Frauen fatal.

„Gewalt gegen Frauen ist in einem derart hohen Masse in unsere Kulturen und Strukturen eingebettet, dass wir uns Sand in die Augen streuen, wenn wir glauben, in dieser Weise präventiv wirksam sein zu können." (ebd., S. 117)

Um die begriffliche Unschärfe zu verdeutlichen, werde ich im folgenden den Ausdruck ‚Prävention' in Anführungsstrichen setzen. Ich werde ihn nur dann benutzen, wenn er von zitierten AutorInnen explizit benutzt wird. Ansonsten werde ich beschreiben, um welche Strategien oder Interventionen es sich im Kontext sexualisierter Gewalt im einzelnen handelt.

Eine vielfältige Auseinandersetzung gibt es über die Bezeichnung vergewaltigter Frauen als *Opfer* oder Überlebende (Barry, 1983). Kritisch diskutiert wird die Festlegung der Angegriffenen auf die Rolle des geschädigten und hilfsbedürftigen Opfers (Klein-Schonnefeld, 1997; Schmidt, 1996) sowie die „*Mittäterschaft*" (Thürmer-Rohr, 1989, S. 1) von Frauen am bestehenden Geschlechterverhältnis (vgl. dazu u.a. Engelfried, 1997; Ehrhardt, 1988, 1989; Hauser, 1988; Kappeler, 1989; Studienschwerpunkt Frauenforschung, 1990). Außerdem wird die Generalisierung des Opferbegriffs z.B. auch auf Gewalttäter als *"Synonym (...) für die Bedingtheit des menschlichen Verhaltens durch gesellschaftliche Strukturen"* (Thürmer-Rohr, 1991, S. 481) hinterfragt.

In der vorliegenden Arbeit bezieht sich der Opferstatus auf die Gewalttat, d.h. auf das Erleben der Überwältigung und Entwürdigung. Opfer einer Vergewaltigung bedeutet, ein Unrecht erlitten zu haben, Geschädigte und Leidtragende zu sein. Es ist eine situationsentsprechende Beschreibung, keine generelle, zukunftsweisende und auf andere Lebensbereiche übertragbare Kategorie. Außerdem läßt die Bezeichnung ‚Vergewaltigungsopfer' gleichermaßen zu, daß die Frau selbst anderen gegenüber gewalttätig und damit Täterin ist bzw. daß Jungen und Männer Opfer werden können.[3] Die Anerkennung als Opfer findet auf drei Stufen statt: durch die betreffende Person selbst, durch das soziale Umfeld und durch die Gesellschaft (vgl. Burt, 1980). Analog dazu beschreibt *Täter* den Mann im Kontext der Vergewaltigungshandlung. Die Terminologie Täter-Opfer, Vergewaltiger-Vergewaltigte, Angreifer-Angegriffene wird demzufolge lediglich tatbezogen verwandt.

Im engen Zusammenhang mit dem Opferbegriff steht der Begriff der primären (durch die Tat an sich) und sekundären (durch belastende Reaktionen nach der Tat) *Viktimisierung*. Viktimisierung ist als Prozeß zu verstehen. Er umfaßt in Anlehnung an Weis und Borges (1973, S. 72):

„(...) gesellschaftliche Prozesse, die vor, während und nach dem Ereignis das Opfer sowohl verteidigungsunfähig als auch sogar teilweise dafür verantwortlich machen. Viktimisierung schließt die Vorbereitung des Opfers auf das Verbrechen, seine Erfahrungen während des Verbrechens und die Behandlung und Reaktionen, die es als Teil des Nachspiels des Verbrechens erlebt, mit ein. Wenn diese Prozesse bei einer Vergewaltigung erfolgreich sind, wird die Frau zum ‚legitimen' und sicheren Opfer, das dem Täter nicht gefährlich werden kann, da sie weder ihr Erlebnis anderen mitteilen kann noch den Täter zur Verantwortung ziehen oder anklagen kann." (Butzmühlen, 1978, S. 48)

Durch die Vergewaltigung entsteht dem Opfer in der kriminologischen Terminologie ein Schaden, d.h. *„eine reaktive Störung im sexuellen, sozialen, psychischen und/oder körperlichen Bereich, die schuldhaft bei der geschädigten Person erzeugt wird"* (Baurmann, 1990, S. 29). Von den Angegriffenen wird die Vergewaltigung als *„Terrorakt"* (Kretschmann, 1993, S. 44) und psychisches Trauma erlebt. Aufgrund der Traumatisierung kommt es zu verschiedene Bela-

---

[3] Vgl. u.a. Heyne, 1993; männliche Opfer von Vergewaltigung Struckman-Johnson, 1991; sexuelle Gewalt an Kindern Bange, 1990; Braun, 1989; Elliott, 1995; Higgs, Canavan & Meyer, 1992; Kavemann, 1994; Teegen, 1993; Gewalt in lesbischen Beziehungen Baldino, 1993; Ohms, 1993.

stungen, die sich sowohl aus den unmittelbaren Folgen der Vergewaltigung, als auch aus den Reaktionen des Opfers und des sozialen und gesellschaftlichen Umfeldes ergeben. Die Vergewaltigung führt zu einer Lebenskrise. Für alle Opfer stellt sich die Aufgabe, das Vergewaltigungstrauma zu verarbeiten, die unterschiedlichen Folgen und Reaktionen auf die Gewalttat zu bewältigen und das traumatische Ereignis in irgendeiner Form in die Biographie zu integrieren.

2.2 Häufigkeit von Vergewaltigungen

Es erweist sich als schwierig, zuverlässige Zahlen über die Häufigkeit von Vergewaltigungen (Prävalenz) zu erhalten (vgl. dazu auch Wetzels, 1997). Das hat unterschiedliche Gründe. Zum einen liegt es daran, daß die Definition dessen, was unter einer Vergewaltigung zu verstehen ist, sehr uneinheitlich ist, d.h. daß eine diesbezügliche Übereinstimmung zwischen Fragenden und Befragten fehlen kann. Viele Opfer bezeichnen die Gewalttat nicht als Vergewaltigung, wie es z.B. in dem Buchtitel von Warshaw (1988) *„I never called it rape"* zum Ausdruck kommt (vgl. auch Weis, 1982). Das gilt insbesondere für Vergewaltigungen durch den Ehe-/Partner (s. z.B. Finkelhor & Yllö, 1986). Zum Beispiel wurden in einer Befragung von Philgren, Gidycz und Lynn (N=439) 79 Frauen als Vergewaltigungsopfer identifiziert (18%), die angaben, sie wären mit physischer Gewalt zum Geschlechtsverkehr oder einer oralen bzw. analen Penetration gezwungen worden, bzw. seien mit Alkohol oder Drogen davon abgehalten worden, sich gegen ungewollten Geschlechtsverkehr zu wehren. Nur 25% von ihnen sahen sich als Vergewaltigungsopfer an. 15,9% fühlten sich nicht viktimisiert, 52,3% hielten sich für ein Opfer eines schwerwiegenden Mißverständnisses und 6,8% für das Opfer eines anderen Verbrechens als Vergewaltigung (vgl. auch Koss, 1988).

Nicht erfaßt werden außerdem Vergewaltigungen, an die sich die Frauen zur Zeit der Befragung nicht erinnern. Das ist vermutlich bei den Traumatisierungen der Fall, bei denen die Opfer sehr jung waren. In einer Nachbefragung von Frauen, die als Kinder nachweislich Opfer sexueller Gewalt geworden waren, erinnerten sich z.B. 38% der 120 Interviewten nicht mehr an das traumatische Erlebnis (Williams, 1994, vgl. auch Feldmann-Summers & Pope, 1998; Loftus, Polensky & Fullilove, 1994).

Drittens zeigen Untersuchungen, daß die Veröffentlichungsbereitschaft der Opfer gering ist (u.a. Teubner, Becker & Steinhage, 1983; Helfferich, Hendel-Kramer, Tov & von Troschke, 1997; Koss, Gidycz & Wisniewski 1987; Licht, 1991). Gründe dafür sind Scham und Angst vor einem Wiedererleben des Traumas, vor der Rache des Täters und vor sekundärer Viktimisierung. Nach einer Befragung einer altersgeschichteten Zufallsstichprobe (N=408) von Helfferich, Hendel-Kramer, Bauer und Tov (1994) hatten sich 44,1% der Opfer sexueller Gewalttaten bisher noch niemanden anvertraut. Das galt vor allem für Frauen, die von einem bekannten Täter angegriffen wurden, sowie für ältere Frauen und Frauen mit niedrigem Schulabschluß. Besonders junge Frauen befürchten, ihre Eltern könnten von der Vergewaltigung erfahren, da sie sich in einer Lebensphase befinden, in der sie sich altersbedingt aus der Familie lösen und Eigenständigkeit entwickeln. Da Jugendliche und junge Erwachsene ihre Mutter und ihren Vater nicht belasten wollen, Angst vor Vorwürfen und Freiheitseinschränkungen haben, vertrauen sie sich ihnen nicht an (vgl. u.a. Mörth, 1994; Hedlund & Granö, 1986a). Bezogen auf eine Inanspruchnahme professioneller Hilfe ist die Zurückhaltung noch größer (s. z.B. Helfferich et al., 1997).

Am geringsten ist die Bereitschaft vergewaltigter Frauen, die Tat anzuzeigen. In einer repräsentativen Befragung des ‚Kriminologischen Forschungsinstituts Niedersachsen' (Wetzels & Pfeiffer, 1995) lag die Anzeigequote der in der mündlichen Befragung (N=5832) für 1991 berichteten Inlandsdelikte bei 18,9%. Von den Vergewaltigungen und sexuellen Nötigungen durch Haushaltsmitglieder, die oft erst in einer zweiten Fragebogenuntersuchung (N=2104) angegeben wurden, wurden lediglich 6,7% angezeigt. Das gleiche gilt für eine Anzeige von Vergewaltigungen/sexuellen Nötigungen durch Autoritätspersonen wie z.B. Therapeuten (vgl. dazu Hensch & Teckentrup, 1993). Insgesamt sinkt die Anzeigebereitschaft mit dem Bekanntheitsgrad zwischen Täter und Opfer. Am häufigsten werden unbekannte Täter angezeigt, gefolgt von Sichtbekanntschaften/Freunden. Vergewaltigungen durch Familienangehörige werden den Strafverfolgungsbehörden nur sehr selten bekannt (vgl. auch Feldmann, 1992; Helfferich et al., 1994). Dabei ist der Anteil der vollendeten Vergewaltigungen im Falle innerfamiliärer Delikte mit 80% gegenüber 58% bei Unbekannten und 53% bei Sichtbekanntschaften/Freunden am höchsten (Wetzels & Pfeiffer, 1995). Hermann und Streng (1991) führen die geringe Anzeigebereitschaft auf antizipierte Beweisprobleme zurück. Bei gewaltsamen Sexualdelikten führt ihrer Meinung nach die Nachweisbarkeit körperlicher Schäden zu einer Anzeige.

Die Anzeigebereitschaft sinkt bei einem geringen gesellschaftlichen Status der Vergewaltigten. Besonders zurückhaltend gegenüber den Strafverfolgungsbehörden sind Frauen, die sozialen Minoritäten angehören (Feldmann-Summers & Ashworth, 1981). Außerdem spielen neben der Art der Vergewaltigung, Einstellungen und soziale Unterstützung (Licht, 1991), der Wunsch nach Wiedererlangung der Normalität und Verdrängung sowie die Angst vor sekundärer Viktimisierung eine Rolle. Die Belastungen durch Anzeigeerstattung, Ermittlungs- und Gerichtsverfahren sowie die erneute Konfrontation mit der Tat und dem Täter stehen dem individuellen Verarbeitungsprozeß oft zeitlich diametral entgegen. So entscheiden sich betroffene Frauen nicht immer sofort dafür, zur Polizei zu gehen. Einige sprechen vorher zuerst mit einer Person ihres Vertrauens oder gehen erst Wochen später zur Polizei (vgl. Steffen & Gründler, 1990).

Die geringe Anzeigebereitschaft betrifft aber nicht nur die Opfer selbst, sondern auch Außenstehende. Obwohl z.B. viele TherapeutInnen aufgrund von Nachfolgetherapien um das Problem des Machtmißbrauchs in der Therapie wissen, wird selten gegen die Täter vorgegangen. Das liegt zum einen daran, daß Formen der Normverdeutlichung fehlen bzw. fehlten (wie auch bei Vergewaltigung durch den Ehepartner) und daß vor allem männliche Berater zunächst an den „*Schutz des Kollegen*" (vgl. Vogt, 1991, S. 89) denken.

Falschbezichtigungen sind bei sexuellen Gewalttaten insgesamt im Vergleich zu anderen Straften selten. Weis (1982) geht von 1,1%, Steffen und Gründler (1990) von 2% bis maximal 10% aus. Falschanzeigen richten sich, soweit sie überhaupt vorkommen, eher gegen fiktive Täter als gegen Bekannte. Außerdem werden Falschanzeigen häufig von anderen als dem Opfer erstattet (Clark & Lewis, 1979; zit. in Abel, 1988). In zwei bei Schliermann (1993) dargestellten Beispielen von sogenannten Falschanzeigen wird deutlich, daß die Rücknahme der Anzeige nicht gleichbedeutend damit ist, daß die Tat nicht stattgefunden hat. Gründe können in einer Unsicherheit über den Tatbestand (Definition als Vergewaltigung) oder in der Ausübung von sozialem Druck durch andere liegen.

Um dem Definitionsproblem aus dem Weg zu gehen, versuchen einige ForscherInnen, das Wort Vergewaltigung zu vermeiden und stattdessen die Tat zu umschreiben. Während in einigen Studien ausschließlich die Opfer definieren, ob sie vergewaltigt wurden (z.B. Kelley, 1988), legen in anderen die ForscherInnen die Kriterien fest (u.a. Koss, Gidycz & Wisniewski, 1987). Dies führt zu unterschiedlichen Vergewaltigungsdefinitionen, verschiedenen Kriterien für das fehlende Einverständnis des Opfers und uneinheitlichen Stichproben in Bezug auf Geschlecht, Alter und Täter-Opfer-Beziehung (s. Muehlenhard, Powch, Phelps & Giusti, 1992). Die Konsequenz dessen sind Kontroversen darüber, wie die unterschiedlichen Ergebnisse zu interpretieren und zu bewerten sind (z.B. Gilbert, 1992; Koss, 1996; Muehlenhard, Powch, Phelps & Giusti, 1992; Sanday, 1996).

Interviews bieten die Chance, Vergewaltigungen zu identifizieren, die von den Opfern selbst nicht als solche definiert werden, während Fragebogenerhebungen aufgrund der Anonymität die Angabe sexueller Viktimisierung erleichtern. Die Abhängigkeit der Ergebnisse von der Methodik der Datengewinnung zeigt sich in Untersuchungen, in denen zwei verschiedene Praktiken angewandt wurden (z.B. Helfferich et al., 1994; Wetzels & Pfeiffer, 1995). In einer Studie von Riger und Gordon (1981) gaben z.B. 6% der in einem Telefoninterview Befragten gegenüber 11% der persönlich Interviewten an, vergewaltigt oder sexuell angegriffen worden zu sein.

Im folgenden werden die wichtigsten Ergebnisse epidemiologischer Studien zu Vergewaltigungserlebnissen insgesamt und differenziert nach typischen Täter-Opfer-Beziehungen (Kap. 2.2.1) zusammengefaßt und mit Befragungen potentieller und tatsächlicher Täter kontrastiert (Kap. 2.2.2) Den Ergebnissen werden die offiziellen Zahlen der Kriminalstatistik gegenübergestellt (Kap. 2.2.3). Obwohl davon auszugehen ist, daß sich aufgrund kultureller Unterschiede und einer generell höheren Gewaltkriminalität in den USA im Vergleich zu Deutschland (Reuband, 1992) die Ergebnisse nicht ohne Einschränkungen übertragen lassen, wird aufgrund der geringen Anzahl deutscher und kulturvergleichender Studien auch auf anglo-amerikanische Forschungsergebnisse zurückgegriffen.

2.2.1 Opferbefragungen

Aus den USA liegen eine Reihe von Befragungen von Personen aus repräsentativen und nicht repräsentativen (vor allem studentischen) Stichproben zur Prävalenz sexueller Gewalterlebnisse vor. Einen Überblick über verschiedene Untersuchungen aus den USA und Deutschland geben Helfferich et al. (1994) und Kretschmann (1993). Für die USA beträgt nach repräsentativen Studien die Lebenszeitprävalenz oder Prävalenz für vollendete Vergewaltigungen seit dem 14. Lebensjahr zwischen 4,9% (Kilpatrick, Veronen & Best, 1985) und 24% (Russell, 1982).

In einer deutschen Befragung gaben 12,3% der 408 befragten Frauen an, schon einmal gegen ihren Willen zum Geschlechtsverkehr oder einer anderen sexuellen Handlung gezwungen worden zu sein (Helfferich et al., 1994). In der ersten größeren repräsentativen Befragung des ‚Kriminologischen Forschungsinstituts Niedersachsen' (Wetzels & Pfeiffer, 1995) bejahten insgesamt 14,5% der 2104 schriftlich befragten Frauen zwischen 20 und 59 Jahren die Frage:

> „Hat Sie schon einmal jemand mit Gewalt oder Androhung von Gewalt gegen Ihren Willen zum Beischlaf oder zu beischlafähnlichen Handlungen gezwungen oder versucht das zu tun?" (ebd., S. 4)[4]

5,7% der Befragten wurden bis zu ihrem 18. Lebensjahr Opfer einer (versuchten) Vergewaltigung oder sexuellen Nötigung. Ungefähr drei Viertel der sexuellen Gewaltdelikte sind im sozialen Nahbereich angesiedelt.

Andere Studien fragen nicht nur nach Vergewaltigungen, sondern insgesamt nach Erlebnissen sexueller Gewalt bzw. unerwünschter sexueller Ereignisse. Diese schließen sowohl Vergewaltigungen als auch Situationen ein, in denen die Angegriffenen ihre Ablehnung nicht zum Ausdruck bringen können (‚Lost voice', Gilligan, Ward & Taylor, 1990). Im angloamerikanischen Raum machen zwischen 50% und 80% der jungen Frauen solche Erfahrungen (vgl. u.a. Muehlenhard & Linton, 1987; Neal & Mangis, 1995).

Sexuelle Gewalt in der Adoleszenz und im jungen Erwachsenenalter
In den USA ist sexuelle Gewalt und Vergewaltigung in der Adoleszenz und im jungen Erwachsenenalter vor allem im Rahmen von Verabredungen (‚Date-

---

[4] Im Vergleich dazu beträgt die Lebenszeitprävalenz für Frauen dieser Altersgruppe für Körperverletzung mit Waffen 1,9%, Wohnungseinbruch 5,3%, Raub (ohne Handtaschenraub) 1,8% und Handtaschenraub 5,5%. Vergewaltigung und sexuelle Nötigung sind demzufolge Delikte, von denen Mädchen und Frauen objektiv am stärksten bedroht sind. Vergewaltigungen werden außerdem gegenüber anderen Straftaten subjektiv als schwerstes Delikt empfunden.

rape') ein seit Jahrzehnten beachtetes Thema (zuerst von Kanin, 1957, bzw. Kirkpatrick & Kanin, 1957). Das mag mit einem ritualisierten Verabredungssystem (vgl. Harney & Muehlenhard, 1991) und der Besonderheit des College- und Universitätslebens in mehr oder weniger geschlossenen Gemeinschaften zusammenhängen. Den jeweiligen Autoritäten kommt eine große Verantwortung für ein gewaltfreies Klima innerhalb der Institution und unter den ihnen Anvertrauten zu. Aus einer Stichprobe von 3187 Studentinnen mit einem Altersdurchschnitt von 21,4 Jahren gaben 39,3% an, daß sie seit ihrem 14. Lebensjahr mindestens einmal Opfer einer versuchten oder vollendeten sexuellen Nötigung oder Vergewaltigung geworden waren (Koss, 1988). 15% der Befragten waren mindestens einmal im letzten Studienjahr zum Geschlechtsverkehr gezwungen worden. 25% gaben an, sie hätten schließlich dem Geschlechtsverkehr zugestimmt, weil sie von kontinuierlichen Argumenten des Mannes überwältigt wurden (Koss, Gidycz & Wisniewsky, 1987). Ageton (1983) geht davon aus, daß jedes Jahr zwischen 5% und 11% aller weiblichen Jugendlichen der sexuellen Gewalt durch männliche Jugendliche ausgesetzt sind. Für viele der Opfer ist die Vergewaltigung ihr erster Geschlechtsverkehr (Mandoki & Burkhart, 1989).

In Deutschland haben Krahé, Scheinberger-Olwig und Waizenhöfer (1999) mittels des von Koss und KollegInnen in der ‚Date-rape' Forschung verwendeten Instruments (‚Sexual Experiences Survey' (SES), Koss & Oros, 1982; Koss, Gidycz & Wisniewski, 1987) 560 männliche und weibliche Jugendliche zwischen 17 und 20 Jahren mit unterschiedlichem Bildungshintergrund zu sexuellen Gewalterlebnissen befragt. Die Probanden und Probandinnen wurden an verschiedenen öffentlichen Plätzen angesprochen und gebeten, den Fragebogen ungestört, einzeln und anonym zu bearbeiten. 6,6% der weiblichen Befragten gaben an, Opfer einer sexuellen Nötigung (anale/orale Vergewaltigung), 10,5% einer versuchten und 6,3% einer vollendeten vaginalen Vergewaltigung geworden zu sein, indem der Täter ‚handgreiflich' wurde oder dies androhte. Darüber hinaus gab jede 10. Frau an, bereits einmal durch verbalen Druck (falsche Versprechungen, Drohungen, die Beziehung zu beenden etc.) zum Geschlechtsverkehr genötigt worden zu sein. Bei 23% kam es aufgrund von verbalem Druck zum ‚Austausch von Zärtlichkeiten' (‚Petting'). Außerdem hatten 8,9% der Befragten gegen ihren Willen Geschlechtsverkehr mit einem Mann, der ihnen zuvor Alkohol oder Drogen gegeben hatte. Mehr als jede vierte Frau berichtete von einem entsprechenden Versuch (Krahé et al., 1999).

Auch Bohner (1998) und seine KollegInnen hatten in verschiedenen Studien Anfang der neunziger Jahre junge Frauen nach sexuellen Gewalterlebnissen gefragt. Etwa ein Drittel der Befragten gab an, ein Mann habe sie schon einmal zu sexuellen Handlungen gezwungen oder dies versucht. Lange (1998) kommt nach einer Befragung von 16- und 17jährigen Jugendlichen (N=687) zu dem Ergebnis, daß *„Mädchen in jedem Alter, im Kontakt mit vertrauten oder fremden Personen, im Privatbereich, wie in der Öffentlichkeit Opfer von Übergriffen werden können"* (ebd., S. 67).

Leider gibt es keine Ergebnisse darüber, für wieviele der weiblichen Jugendlichen der erste Sexualkontakt mit sexueller Gewalt verbunden ist. Hinweise lassen sich einer repräsentativen Studie von Schmid-Tannwald und Kluge (1998) entnehmen, die im Auftrag der Bundeszentrale für gesundheitliche Aufklärung durchgeführt wurde. Für 16% der 435 befragten Mädchen gegenüber 3% der 441 befragten Jungen war der erste Geschlechtsverkehr explizit etwas Unangenehmes. Vor allem Mädchen, bei denen es zum ersten Koitus aufgrund der Aktivität eines bisher nicht oder flüchtig Bekannten kam, erlebten ihn als negativ. Die Ergebnisse der Untersuchung weisen außerdem nach, daß die Fähigkeit, über die eigenen sexuellen Bedürfnisse zu sprechen, erst mit dem Alter zunimmt (Kluge & Osthoff, 1998).

Sexuelle und physische Gewalt durch den Ehe-/Partner
Richtet sich das Augenmerk auf sexuelle Gewalt durch den Ehe-/Partner, zeigt sich sehr deutlich, daß Frauen vor allem im sozialen Umfeld angegriffen werden. In den USA, der BRD und der Schweiz werden schätzungsweise zwischen 10 und 20% aller Ehefrauen Opfer sexueller Gewalthandlungen ihres Partners (Godenzi, 1996). In einer vom ‚Institut für Demoskopie Allensbach' durchgeführten Untersuchung gaben 18% der befragten Ehefrauen an, schon einmal von ihrem Mann mit Gewalt zur ‚ehelichen Pflicht' gezwungen worden zu sein, 64% fühlten sich vom Partner bedrängt (Stern, 1976, zit. nach Lau, Boss & Stender, 1979). Nach der oben erwähnten Studie des ‚Kriminologischen Forschungsinstituts Niedersachsen' wurden ca. 350.000 Frauen zwischen 20 und 59 Jahren in der Zeit von 1987-1991 von dem mit ihnen zum Tatzeitpunkt zusammenlebenden Ehemann vergewaltigt. Insgesamt waren es unter Einbeziehung der Geschiedenen und Getrenntlebenden 510.000 (Wetzels & Pfeiffer, 1995). In einer Studie von Russell (1982) berichteten 14% der 644 befragten verheirateten Frauen von ungewollten sexuellen Erlebnissen, bei denen körperliche Gewalt oder deren Androhung eine Rolle spielten. Nach Finkelhor und Yllö (1986) beträgt die Rate sexueller Gewalterlebnisse durch den Partner 10%. Der Prozentsatz von Partnerinnen, die vergewaltigt wurden, steigt in Stichproben geschlagener Frauen. 50% der befragten Frauenhausbewohnerinnen sagten, daß sie in der Sexualität zu Praktiken gezwungen wurden, die sie nicht wollten (Hagemann-White, Kavemann, Kootz, Weinmann & Wildt, 1981), bzw. explizit, daß sie vergewaltigt wurden (Bergdoll & Namgalies-Treichler, 1987). Dabei beinhalten die Zahlen in der Regel nicht Angriffe auf die sexuelle Selbstbestimmung, bei denen die Frauen z.B. aus Angst, der Partner könne sie verlassen, einem ungewollten Geschlechtsverkehr keinen Widerstand entgegensetzen. Ehe-/Partnerinnen werden in der Regel, im Gegensatz zu Opfern von Fremden und flüchtig Bekannten, wiederholt vergewaltigt.

Die bisherigen Forschungsergebnisse zeigen außerdem, daß körperliche Gewalt gegen Frauen im häuslichen Bereich sehr häufig ist. Nach Pagelow (1984) werden zwischen 20 bis 30% aller Frauen mindestens einmal von einem Partner geschlagen. Im Zeitraum 1987-1991 wurden hochgerechnet ca. 1,2 Millionen Frauen Opfer schwerer körperlicher Gewalt (Faustschläge und Waffengewalt) durch Täter in engen sozialen Bezügen (Wetzels & Pfeiffer, 1995). Dabei differiert die Häufigkeit der Mißhandlungen. In der Studie von Hagemann-White et al. (1981) berichteten 13% der Frauenhausbewohnerinnen, daß der Mann täglich gewalttätig wurde, bei Bergdoll und Namgalis-Treichler (1987) waren es 20%. Jährlich fliehen in Deutschland 45.000 Frauen mit ihren Kindern in die bestehenden 320 Frauenhäuser (Deutscher Bundestag, Drucksache 12/3909, 1992, zit. nach Marth, Helf, Schloth & Seidel, 1995).

Darüber hinaus sind Kinder von der Gewalt gegen die Mutter direkt oder indirekt betroffen. Aufgrund von Mißhandlungen während der Schwangerschaft kommt es zu Fehlgeburten oder angeborenen Schäden (Hagemann-White et al., 1981). Die Söhne und Töchter werden selbst mißhandelt oder ZeugInnen der Gewalt gegen die Mutter (Bowker, Arbitell & McFerron, 1988; Hagemann-White et al., 1981; Egger, Fröschl, Lercher, Logar & Sieder, 1995; Levinson, 1989). So gaben 21,3% der Befragten zwischen 16 und 29 Jahre (N=1067) in der Studie des ‚Kriminologischen Forschungsinstituts Niedersachsen' an, mit elterlicher Partnergewalt konfrontiert zu sein (Wetzels, 1997). Diejenigen, bei denen dies wiederholt der Fall war, wurden achtmal häufiger von ihren Eltern mißhandelt, als diejenigen, die nicht elterlicher Partnergewalt ausgesetzt waren. Besonders Mütter, die als Kinder Opfer physischer Mißhandlungen waren und Opfer von Partnergewalt sind, wenden auch in der Erziehung Gewalt an.

Insgesamt zeigt sich eine relative Unabhängigkeit der zwei Formen von Partnergewalt: Vergewaltigungen und ausschließlich physische Mißhandlungen (z.B. Walker, 1994). Nach einer Studie von Russell (1982) wurden 49% der Ehefrauen Opfer sexueller Gewalt, ohne daß sie in von der Vergewaltigung unabhängigen Situationen geschlagen wurden. 14% der Frauen wurden ausschließlich Opfer physischer Gewalt und 37% sowohl sexueller als auch körperlicher Gewalt. Wetzels und Pfeiffer (1995) arbeiten heraus, daß bezogen auf ihre mündlich befragte repräsentative Gesamtstichprobe 1,1% der Befragten Opfer sexueller Gewalt, 14,5% Opfer physischer Gewalt und 1,5% Opfer sexueller und körperlicher Gewalt in Familie und Haushalt wurden. Von den Opfern sexueller Gewalt waren 57,4% auch Opfer körperlicher Gewalt. Mehr als die Hälfte von ihnen war von schwerer Gewalt betroffen.

In die Definitionen o.g. Studien sind meist nur Vergewaltigungen einbezogen, die mit körperlicher Gewalt und Waffengewalt oder deren Androhung einhergehen. Nicht berücksichtigt wird, daß Täter die Frauen vergewaltigen, wenn deren Widerstandsfähigkeit eingeschränkt ist, weil sie schlafen oder betrunken sind oder die Frauen sich aus Angst den Forderungen des Partners nicht widersetzen. Verschiedene AutorInnen betonen deshalb, daß für Frauen, die von ihrem Partner mißhandelt werden, im Laufe der anhaltenden Gewalterlebnisse jede Form von Sexualität zur Vergewaltigung wird (Hagemann-White et al., 1981). Lediglich 4% der von Bergdoll & Namgalies-Treichler (1987) befragten mißhandelten Frauen berichteten, daß die Gewalterlebnisse sexuell keine Auswirkungen hatten.

Sexuelle Gewalt durch Autoritätspersonen bzw. Therapeuten
Es gibt zunehmend Hinweise auf die Häufigkeit, mit der außerfamiliäre Autoritätspersonen weibliche Jugendliche und Frauen sexuell ausbeuten und vergewaltigen. Zu den Tätern gehören Vorgesetzte, Ausbilder, Lehrer, Professoren und Pastoren, aber auch Trainer, Pädagogen, Ärzte und Therapeuten. Genaue Zahlen gibt es aufgrund eines eingeschränkten öffentlichen Interesses und eines anhaltenden Schweigens der Betroffenen und Mitwissenden, aufgrund einer *„kollektiven Verdrängung"* (Bossi, 1994, S. 47), nur ausschnittsweise. Hinzu kommen die schon beschriebenen methodischen Probleme (s. dazu auch Bachmann, 1994), die sich bei Angriffen auf die Selbstbestimmung durch professionelle Vertrauenspersonen, wie z.B. Therapeuten noch vergrößern. Die sprachlichen Unsicherheiten zeigen sich schon in der Anlage von empirischen Untersuchungen, in denen häufig ohne Differenzierung nach sexuellen Kontakten, aber nicht explizit nach Vergewaltigungen gefragt wird. Dabei machen Angaben von Klientinnen deutlich, daß ein Teil von ihnen unter Einsatz von physischer Gewalt angegriffen wird. In einer Befragung sexuell ausgebeuteter Patientinnen, die sich auf öffentliche Aufrufe gemeldet hatten, in denen nach *„sexuellen Kontakten", „Mißbrauch"* oder *„Übergriffen"* (Becker-Fischer & Fischer, 1997, S. 6) in der Therapie gefragt wurde, gab ein Viertel der 58 Probandinnen an, der Täter habe Gewalt angewandt.

Im Vergleich zu sexueller Gewalt durch Trainer (vgl. Brackenridge & Summer, 1997) oder andere Autoritätspersonen z.B. in stationären Einrichtungen der Jugendhilfe (Conen, 1998) ist über Vergewaltigungen und deren Folgen in Therapien inzwischen mehr bekannt. Entsprechende Daten lassen sich durch Fragebogenerhebungen und Interviews mit Opfern, durch Auto-/Biographien und Analysen von Einzelfällen (z.B. Anonyma, 1988; Augerolles, 1991; Höfer, 1993; Krutzenbichler, 1995) und durch Befragungen der FolgetherapeutInnen oder Täter gewinnen. Außerdem zitiert Wirtz (1989) die ‚Los Angeles Times' vom 14.2.1976, wonach anhand von Versicherungsdaten errechnet wurde, daß 20% der Therapeuten während ihrer Berufstätigkeit mindestens einmal mit einer Klientin sexuell intim waren. Aus den meisten Untersuchungen lassen sich Hinweise ableiten, daß es sich bei einem Großteil der ihre Macht mißbrauchenden Therapeuten um Wiederholungstäter handelt (z.B. Becker-Fischer & Fischer, 1995; Heyne, 1991).

In einer von der Zeitschrift ‚Petra' in Auftrag gegebenen Umfrage des Münchener Instituts für Rationale Psychologie gaben 8,3% der Frauen an, sexuelle Beziehungen zu ihrem Therapeuten zu haben oder gehabt zu haben (zit. in Becker-Fischer & Fischer, 1995). Aufgrund von Folgetherapien haben viele TherapeutInnen Kenntnis von sexuellen Übergriffen ihrer Kollegen. Nach Gartrell und Hermann (1986, zit. in Wirtz, 1989) wissen 65% der Befragten hiervon, wobei einige von ihnen sich selbst als Täter bezeichnen. In einer Untersuchung von Vogt (1990) gaben von 262 schriftlich befragten MitarbeiterInnen im ‚Verein ambulanter Behandlungsstellen für Suchtkranke' 30% an, mindestens einmal eine Klientin beraten zu haben, die ein intimes Verhältnis mit einem Therapeuten oder Berater hatte (weitere Ergebnisse, s. Heyne, 1995).

In der Regel wiederholen sich die Angriffe auf die Klientin. In der Studie von Becker-Fischer und Fischer (1995) berichteten 93% der befragten sexuell ausgebeuteten Patientinnen, es sei zu erneuten sexuellen Begegnungen gekommen, bei insgesamt 16,3% über einen Zeitraum von länger als fünf Jahren. Dabei gelang es den Tätern in den meisten Fällen, die geschäftliche Beziehung weiter aufrechtzuerhalten, d.h. sich bezahlen zu lassen. Bei 20% der Probandinnen fanden noch mehr als 100 Therapiesitzungen statt. Becker-Fischer und Fischer (1995) gehen nach Durchsicht der bisher vorliegenden Untersuchungen davon aus, daß es sich bei ca. 50% der Täter um „abgebrühte Routinetäter" (S. 38) handelt, die gleichzeitig mehrere Klientinnen ausbeuten.

Insgesamt zeigen die Untersuchungen zu Opfererfahrungen die enge und alltägliche Verknüpfung von Gewalt und Sexualität sowie die erschreckende Häufigkeit von Vergewaltigungen im Leben von Mädchen und Frauen, vor allem durch Personen des sozialen Nahbereichs. Es sind nicht nur einzelne Frauen, die sich mit einer sexuellen Viktimisierung auseinandersetzen müssen. Stattdessen kann man davon ausgehen, daß mindestens jede 7. Frau Opfer einer (versuchten) oralen, analen oder vaginalen Vergewaltigung wird, die mit Gewalt oder Androhung von Gewalt einhergeht. Bezieht man auch Vergewaltigungen ein, die ohne, über die Vergewaltigung hinausgehende, physische Gewalt gegen das Opfer durchgesetzt werden, liegt der Prozentsatz um einiges höher.

2.2.2 Befragungen potentieller und tatsächlicher Täter

Die Verbreitung von Vergewaltigung und die Verbindung von Sexualität und Gewalt wird durch Befragungen von Männern bestätigt. Von 2972 männlichen Befragten bejahten 7,7% die Frage, ob sie schon einmal eine Frau vergewaltigt oder dieses versucht hätten (Koss, Gidycz & Wisniewski, 1987). In der Untersuchung von Krahé, et al. (1999) berichteten 3,2% der zwischen 17 und 20 Jahre alten männlichen Teilnehmer von sexualisierten Gewalthandlungen, die als strafbare Handlungen zu bewerten sind (sexuelle Nötigung, versuchte und vollendete Vergewaltigung). Jeder vierte Mann gab an, nicht ernst gemeinte Dinge gesagt zu haben, um eine Frau gegen ihren Willen zum Geschlechtsverkehr zu bewegen. Ein Viertel hatte mittels Alkohol oder Drogen versucht, den Widerstand der Frau zu brechen. 9,8% aller Befragten gelang dies auch. Insgesamt übten 44% der Männer sexuellen Zwang aus (Krahé, 1998; zum Überblick s. Brockhaus & Kolshorn, 1993; Malamuth & Dean, 1991; Muehlenhard & Schrag, 1991; Ward, 1995).

Bossi (1994), Heyne (1991), und Wirtz (1989) zitieren die wichtigsten empirischen Studien über die Häufigkeit sexualisierten Machtmißbrauchs im Rahmen von Therapien. Danach berichten abhängig von der Untersuchung zwischen

7,1% und 14,6% der männlichen Therapeuten von sexuellen Grenzverletzungen bis zum Geschlechtsverkehr mit derzeitigen und ehemaligen Klientinnen. In einer deutschen Untersuchung von Retsch (1990, zit. in Heyne, 1995) gaben 10% der Therapeuten und Therapeutinnen Geschlechtsverkehr mit Patientinnen und Patienten zu. Über die Hälfte der Befragten hatte keine ethischen Bedenken gegen die Aufnahme sexueller Beziehungen (Arnold & Retsch, 1991). Pope (1996) geht nach Analyse von sechs nordamerikanischen Studien über die Häufigkeit sexueller Kontakte von einem Abwärtstrend aus und führt diesen auf die eindeutige Kriminalisierung in den USA zurück.

Daß Sanktionen zu einer Normverdeutlichung führen und Vergewaltigungen verhindern können, zeigen auch verschiedene Befragungen zur Vergewaltigungsbereitschaft unter der Voraussetzung, daß es niemand erfahre und keine Bestrafung erfolge. Je nach Untersuchung hält es ein Drittel bis die Hälfte der Männer für möglich, unter diesen Bedingungen eine Frau zu vergewaltigen (z.B. Bohner, 1998; Malamuth, 1981; Tieger, 1981). Dabei besteht ein nachweislicher Zusammenhang zwischen der Neigung, zu vergewaltigen und dies auch tatsächlich zu tun. Es kann allerdings nicht gesagt werden, ob die angegebene Bereitschaft eine Voraussetzung oder die Folge sexuellen Gewalthandelns ist (Krahé, 1998).

Die vorliegenden Täterbefragungen bestätigen die hohen Prävalenzangaben, die sich aus Opfererhebungen ergeben, da man davon ausgehen kann, daß es sich bei sexuellen Gewalthandlungen um Wiederholungstaten handelt. Der Übergang zwischen einvernehmlicher Sexualität und Vergewaltigung ist dabei fließend.

2.2.3 Kriminalstatistik

Während Opferbefragungen und Befragungen (potentieller) Täter Hinweise auf ein großes Ausmaß sexueller Traumatisierungen geben, bleiben die Zahlen der angezeigten Vergewaltigungen (§177 StGB a. F.) gemäß der Kriminalstatistik auf einem vergleichsweise niedrigen Niveau. Bearbeitet wurden jährlich in den alten Bundesländern im Zeitraum 1955-1990 zwischen 4574 und 6925 Vergewaltigungen und 1975-1990 zwischen 2496 und 4070 Fälle von ‚Sexueller Nötigung' (§178 StGB a. F.; Baurmann, 1991).

Nach einer Analyse der Kriminalstatistik 1989 lag das Opferrisiko für Vergewaltigung und sexuelle Nötigung für 10-60jährige Frauen bei 0,04% (Steffen & Gründler, 1990). 1997 wurden bei 6.636 angezeigten Vergewaltigungen (bezogen auf 100.000 Einwohnerinnen) 11,4 Frauen Opfer einer vollendeten und 4,4 einer versuchten Vergewaltigung. Zusammengerechnet wurden gemäß der polizeilichen Kriminalstatistik 1997 0,016% der gesamten weiblichen Bevölkerung mit dem Ziel einer Vergewaltigung angegriffen. Bezogen auf die jeweilige Altersgruppe haben Jugendliche und Heranwachsende das größte Risiko (pro 100.000 Einwohnerinnen ihrer Altersgruppe betrug die Anzahl der Opfer: Kinder bis 14 Jahre 4,9; Jugendliche von 14 bis 18 Jahre 84,9; Heranwachsende von 18 bis 21 Jahre 76; Erwachsene von 21 bis 60 Jahre 16,8 und Frauen ab 60 Jahre 1,3). Außerdem wurden 1997 insgesamt 5.343 sexuelle Nötigungen bearbeitet, d.h. 12,7 pro 100.000 Einwohnerinnen (Presse- und Informationsamt der Bundesregierung, 1998). Bei den offiziell bekannten 11.322 Straftaten gegen die sexuelle Selbstbestimmung unter Gewaltanwendung oder Ausnutzung eines Abhängigkeitsverhältnisses (StGB, n.F.) waren 93,1% der Opfer weiblich (Bundeskriminalamt, 1998).

Bei über einem Drittel der Opfer gab es 1997 keine Vorbeziehung zu den angezeigten Tatverdächtigen oder sie blieb ungeklärt. Bei jeder zweiten Vergewaltigung bestand zwischen Täter und Opfer eine Bekanntschaft oder flüchtige Vorbeziehung. Verwandt mit dem Opfer waren nur 9,5% der Täter. Die Aufklärungsquote betrug 76% und entspricht in etwa den Quoten der vorhergehenden Jahre. Bei 58,2% der aufgeklärten Vergewaltigungen handelte es sich um identifizierte Mehrfachtäter (*„Personen, die bereits im Zusammenhang mit einer gleichartigen Straftat in demselben Land als tatverdächtig in Erscheinung getreten waren"*, Presse- und Informationsamt der Bundesregierung, 1998, S. 432), bei Vergewaltigungen durch Gruppen waren es sogar 77,3%.

Setzt man die angezeigten Vergewaltigungen in Beziehung zu den Ergebnissen der repräsentativen Befragung des ‚Kriminologischen Forschungsinstituts Niedersachsen' (Wetzels & Pfeiffer, 1995), zeigt sich eine Diskrepanz zwischen der Anzahl der angezeigten und damit potentiell sanktionierten Verbrechen und den insgesamt geschätzten Vergewaltigungen. Leider lassen sich die Zahlen aufgrund der unterschiedlichen Altersgruppen und Zeiträume nicht ohne Ungenauigkeiten vergleichen. Beträgt nach der Studie von Wetzels und Pfeiffer (1995) für Frauen zwischen 20 und 59 Jahre das Opferrisiko für Vergewaltigung und sexuelle Nötigung in einem 5-Jahres-Zeitraum 3,5%, liegt es (ausgehend von der Kriminalstatistik 1997) für Jugendliche und Frauen zwischen 18 und unter 60 Jahren für Vergewaltigung (ohne sexuelle Nötigungen) bei 0,2%.

Neben der geringen Anzeigebereitschaft tragen die seltenen Verurteilungen identifizierter Täter dazu bei, daß nur ein geringer Prozentsatz der Vergewaltigungen geahndet wird. Dabei hängt die Einstellungsquote der Verfahren ebenfalls unmittelbar mit dem Bekanntheitsgrad zwischen Täter und Opfer zusammen: 16% Einstellungen bei Fremden, 41,9% bei Bekannten und 57,1% bei Verwandten (Weis, 1982). Die Freispruchsrate korrespondiert außerdem mit dem Tatort und der Art der Gewaltanwendung. Während sie relativ gering ist, wenn die Vergewaltigung im Auto, im Freien oder in der Wohnung des Opfers verübt wurde, steigt sie, wenn es sich bei dem Tatort um die gemeinsame Wohnung von Opfer und Täter, die des Täters oder einer dritten Person handelt. Auch führt ein hohes Ausmaß an angewandter physischer Gewalt zu einer größeren Verurteilungswahrscheinlichkeit (Breiter, 1995).

Auch bei Autoritätspersonen wie Therapeuten wird das öffentliche Interesse an der Strafverfolgung in der Regel verneint und die Betroffenen auf den Privatklageweg verwiesen. Verurteilungen von Therapeuten sind bisher in Deutschland eine Ausnahme (vgl. dazu Heyne, 1994). Vergewaltigungen durch den Ehepartner unterlagen bis zur Strafrechtsreform 1997 keiner expliziten formalen Sozialkontrolle (vgl. Kap. 2.1).

2.3 Gesellschaftliche Reaktionen

Zusammengefaßt heißt das, daß das Sanktionsrisiko der Täter sinkt, je näher die Beziehung zum Opfer ist (vgl. Gregor, 1987). Vergewaltigung wird vor allem für Personen aus dem sozialen Umfeld zu einer risikoarmen Straftat. Godenzi (1989) nimmt an, daß lediglich 2% der Täter (ausgenommen der Tatbestand Vergewaltigung in der Ehe) für ihr Verbrechen verurteilt werden. Die hohe Dunkelziffer und das geringe Ausmaß an Konsequenzen für den Täter legen den *„Schluß von der rechtlichen Sanktionslosigkeit auf das moralische Erlaubt-Sein"* (Breiter, 1995, S. 15) nahe, denn *„ein Verbot, auf dessen Übertretung keine Sanktion erfolgt, ist nicht existent"* (Reemtsma, 1998a, S. 215). Die vergewaltigte Frau wird zu einem legitimen oder sicheren Opfer eines *„fast perfekten Deliktes, das für den Täter nicht gefährlich werden kann"* (Weis, 1982, S. 27). Das öffentliche Interesse gilt, wenn überhaupt, nicht der Tat an sich, sondern dem Umstand, daß der Täter die ‚falsche' Frau am ‚falschen' Ort, d.h. eine Fremde im öffentlichen Raum vergewaltigt hat. Eine *„Normstabilisierung oder -geltung im Bewußtsein der Bevölkerung"* (Hassemer, 1990, S. 325), d.h. die Veröffentlichung, nachdrückliche Behauptung und Sicherung fundamentaler gesellschaftlicher Normen im Sinne einer positiven ‚Generalprävention' bleibt aus. Dem bestehenden Gesetz wird keine Geltung verschafft. Die damit verbundene Botschaft, daß es sich bei einer Sexualstraftat lediglich um ein individuelles Problem der Vergewaltigten handelt, erreicht nicht nur (potentielle) Täter, sondern alle Frauen und Männer, Mädchen und Jungen sowie die Opfer von Gewalt (vgl. dazu auch Reemtsma, 1998b).

Dem geringen Sanktionsrisiko der Täter stehen die in den folgenden Kapiteln dargestellten Belastungen für die Vergewaltigungsopfer und für indirekt betroffene Personen gegenüber. Zu letzteren gehören (ungeborene) Kinder von Vergewaltigungs- und Mißhandlungsopfern im Falle von Partnergewalt und nahestehende Personen wie Eltern und PartnerInnen. Aber auch die Gesellschaft an sich trägt die Folgen von Männergewalt mit. Dies geschieht z.B. durch die Verpflichtung, Hilfsbedürftigen ärztliche Behandlungen, Psychotherapien und Frauenhäuser zur Verfügung zu stellen oder bei Erwerbsunfähigkeit den Lebensunterhalt zu sichern (zu den hohen allgemeinen ökonomischen Belastungen aufgrund sexueller und physischer Gewalt gegen Frauen s. Godenzi & Yodanis, 1998; Kurowski, 1993; bezogen auf sexualisierte Gewalt gegen Kinder vgl. Kavemann, 1997).

Trotz Häufigkeit und Schwere von Männergewalt gegen Frauen und den damit verbundenen individuellen, sozialen und gesellschaftlichen Kosten, wird diese weder als vorrangiges gesellschaftliches Problem wahrgenommen, noch wird ihr konsequent entgegengewirkt. Statt dessen wird die Realität sexualisierter Gewalt von vielen Menschen tabuisiert und individualisiert. Es bleibt (a) Mädchen und Frauen überlassen, sich vor einer Vergewaltigung zu schützen und sich mit der Angst vor einem Angriff auseinanderzusetzen, (b) den Opfern, die Gewaltfolgen zu bewältigen und (c) der Gesellschaft, die ökonomischen Kosten zu tragen, ohne über die Ursachen informiert zu sein.

Um die fehlenden gesellschaftlichen Konsequenzen zu verstehen, wird im nächsten Kapitel untersucht, in wieweit Männergewalt gegen Frauen und insbesondere Vergewaltigungen in das bestehende Geschlechterverhältnis eingebettet sind und welche Faktoren einer Problemlösung entgegenwirken.

3 Subjektive Theorien über Vergewaltigung

Verschiedene Untersuchungen zeigen, daß der Nutzen von Männergewalt vor allem in der Aufrechterhaltung der Geschlechterhierarchie und der komplementären Geschlechterrollen zu suchen ist; daß es nicht allein die tatsächlich erlittenen Vergewaltigungen sind, die eine Einschränkung weiblicher Selbstbestimmung zur Folge haben, sondern daß die antizipierte Gefahr zu psychischen Belastungen und Autonomiebeschränkungen von Frauen und Mädchen führt.

Schwarz und Brand (1983) überprüften, ob Vergewaltigungen einen einschüchternden Effekt auf Frauen haben. Sie ließen 23 von 45 weiblichen Versuchspersonen die Beschreibung einer Vergewaltigung aus der Perspektive des Opfers lesen und danach eine Geschlechterrollenskala sowie einige Persönlichkeitsskalen ausfüllen. Im Gegensatz zu der Gruppe, die den Fall nicht zu lesen bekam, gaben die Probandinnen ein geringeres Selbstwertgefühl, traditionellere Geschlechterrollen und weniger Vertrauen in andere Menschen an. Schwarz, Scheuring, Schellenberg, Lammers & Brand (1985) setzen diese Ergebnisse in Beziehung zu der Darstellung von Vergewaltigung in der Presse, die gleichermaßen zur Einschränkung von Frauen führen kann.

Wie gering der Handlungsspielraum ist, den Frauen nutzen können, ohne mit einer Vergewaltigung rechnen zu müssen, belegen die Ergebnisse der Bevölkerungsumfrage von Weis (1982). 448 Personen (50,2% Frauen, 48,9% Männer) wurden nach ihren Ansichten zu Vergewaltigung, den Opfern, Tätern und Situationen sowie zur Anzeigebereitschaft befragt. Außerdem wurden anhand von Skalen Einstellungen zu Gewalt, Rolle der Frau in der Gesellschaft, Recht und Ordnung und Sexualität erfaßt. Es dominierte eine Position, nach der die angeblich unkontrollierbare Triebhaftigkeit des Mannes und die Vermeidung von vermeintlichen Risikosituationen Grundlage weiblichen Handelns sein sollten. Dieser Logik folgend vermieden u.a. 83% aller von Weis (1982) befragten Frauen aus Angst vor Belästigungen *„im Dunkeln in unbelebten Straßen zu sein"*, 78,7% *„per Anhalter zu fahren"*, 63,7% *„Vertreter, Botengänger und ähnliche Personen allzu schnell in die Wohnung zu lassen"*, 63,4% *„im Dunkeln am Bahnhof oder an einer Bushaltestelle zu stehen"*, 51,4% *„in ziemlich leeren Eisenbahnabteilen oder Bussen zu sein"* und 12,6% *„Betriebsausflüge mitzumachen, auf denen viele Männer zu viel trinken"* (ebd., S. 213). Nach einer Repräsentativumfrage der Zeitschrift ‚Brigitte' gehen u.a. 53% der befragten Frauen abends nicht mehr alleine aus dem Haus (zit. in Brockhaus & Kolhorn, 1993). Zu vergleichbaren Ergebnissen kommen Gordon und Riger (1989) sowie Buchegger und Vollmeier (1991, zit. in Mörth & Vanis-Ossega, 1992).

Die Angst vor Vergewaltigungen führt zu Einschränkungen und Isolation und damit zu einer Aufrechterhaltung traditionellen Rollenverhaltens. In einer Studie zum Einfluß der allgemeinen Bedrohung durch Vergewaltigung konnte gezeigt werden, daß sich bei Frauen, die Vergewaltigungsmythen zustimmen, konservative Einstellungen zu Frauenrechten verstärkten (Bohner, 1998). Umgekehrt führen traditionelle Geschlechterrollen zu einer Abwertung von Frauen, die sich vermeintlich nicht an geschlechtsbezogene Einschränkungen halten und vergewaltigt werden. Costin und Schwarz (1987) fanden länderübegreifend signifikant positive Korrelationen zwischen traditionellen Einstellungen zu den Rechten von Frauen und opferfeindlichen Vorstellungen. Schwarz, Giesecke und Schlupp (1990) belegten, daß traditionelle Geschlechterrollen unmittelbar zu einer strengeren Beurteilung von Vergewaltigungsopfern führen. In einem Experiment mit zwei Gruppen von je 62 BerufsschülerInnen erhöhten sich durch eine Rollenaktivierung durch Comics mit traditioneller Geschlechterrollenorientierung opferfeindliche Schuldzuweisungen in Bezug auf Vergewaltigung und körperliche Mißhandlung in der Ehe. Dies galt aber nur für Personen mit einer hohen Vergewaltigungsmythenakzeptanz. Lehnten die ProbandInnen Vergewaltigungsmythen ab, sank die Opferfeindlichkeit (vgl. auch Schwarz, 1987).

Die Untersuchungen bestätigen eine These von Brownmiller (1978) und Griffin (1979), die besagt, daß Gewalt gegen Frauen nicht nur die unmittelbar Betroffenen, sondern alle Frauen beeinträchtigt und daß ein wechselseitiger Zusammenhang zwischen traditioneller Geschlechterrollenorientierung im Sinne einer geschlechtstypischen Arbeitsteilung, einer Zuschreibung komplementärer Persönlichkeitseigenschaften und Gewalt gegen Frauen besteht. Dies wird auch durch eine Untersuchung von Sanday (1981) an 156 Stammesgesellschaften gestützt. Gesellschaften mit einer geringen Prävalenz von Vergewaltigung sind durch eine weitgehende Gleichberechtigung der Geschlechter gekennzeichnet. Baron und Straus (1987) kommen in einer Vergleichsuntersuchung US-amerikanischer Bundesstaaten zu dem gleichen Ergebnis.

Die Besinnung auf traditionelle Geschlechterrollen und die Vermeidung vermeintlich risikobehafteter Situationen ist nur eine Strategie von Frauen, um mit der Angst vor einer Vergewaltigung umzugehen. Eine andere besteht darin, die Bedrohung kognitiv abzuwehren, indem die Gefahr geleugnet wird oder - wenn dies nicht möglich ist - zwischen Opfern und der eigenen Person sowie zwischen Tätern und Männern im eigenen sozialen Umfeld eine grundsätzliche Unterscheidung zu machen.

Viele Veröffentlichungen zu Vergewaltigung thematisieren die verschiedenen Formen der Realitätsabwehr als Vorurteile (Hagemann-White et al., 1981), Klischees (Walker, 1994), Mythen (Egger et al., 1995), Bilder (Marth et al., 1995) und in der Sozialpsychologie als opferfeindliche Einstellungen, Kausalattributionen, Alltagstheorien, Vergewaltigungsmythen, kognitive Schemata oder soziale Repräsentationen. Diese werden im folgenden als Bestandteile subjektiver

Theorien über Vergewaltigung konzeptionalisiert, da das Konstrukt ‚Subjektive Theorie' erklären kann, wie Kognitionen potentielle und tatsächliche Opfer bei ihrer Auseinandersetzung mit sexualisierter Gewalt beeinflussen (Kap. 3.1). Da anzunehmen ist, daß opferfeindliche Theorien Bewältigungsprozesse nach einer Vergewaltigung erschweren, wird anhand vorliegender empirischer Studien untersucht, welche Funktionen diese haben und wie verbreitet sie in der Bevölkerung sind (Kap. 3.2).

3.1 Theoretische Modelle vergewaltigungsbezogener Kognitionen

Ich kann im folgenden nicht auf alle oben genannten Begriffe und theoretischen Konzepte (zum Überblick s. Ward, 1995) und die Kritik an einer *„theoriefernen Ansammlung von Einzelergebnissen"* (Krahé, 1985b, S. 75), z.B. in der Attributionsforschung zu Vergewaltigung, eingehen. Vor allem in Studien zur Verantwortungszuschreibung bleibt häufig unklar, was genau der Untersuchungsgegenstand ist, d.h. aus welcher Perspektive (z.B. RichterIn, SchöffIn, FreundIn, Eltern) ProbandInnen welche Frage (nach Verursachung, Vorhersehbarkeit oder gar Intentionalität) zu beurteilen haben. Stattdessen werde ich mich auf die für meine Fragestellung wichtigsten theoretischen Entwürfe beschränken.

Weitestgehend anerkannt und in vielen Veröffentlichungen aufgrund der negativen Konsequenzen für die Opfer kritisiert, ist die Verbreitung von *Vergewaltigungsmythen*, deren Bezeichnung auf Burt (1980) zurückgeht. Bohner (1988) definiert Vergewaltigungsmythen als:

„(...) deskriptive oder präskriptive Überzeugungen (...) über Vergewaltigung (d.h. über Ursachen, Kontext, Folgen, Täter, Opfer und deren Interaktion), die dazu dienen, sexuelle Gewalt von Männern gegen Frauen zu leugnen, zu verharmlosen oder zu rechtfertigen." (ebd., S. 14).

Das heißt, daß Vergewaltigungsmythen damit einhergehen, unter bestimmten Bedingungen die sexuelle Selbstbestimmung und Integrität von Frauen aufzuheben und sexuelles Gewalthandeln zu legitimieren.

Es gibt verschiedene Versuche, die Inhalte von Vergewaltigungsmythen zu systematisieren (zum Überblick Bohner, 1998; Anderson, Cooper & Okamura, 1997). Entsprechend einer Kategorisierung von Burt (1991) beziehen sich die meisten Mythen auf Frauen bzw. die Tat - und nur am Rande auf Männer - und lenken allein damit von der Verantwortung der Täter ab. Die frauen- oder opferbezogenen Mythen beinhalten folgende Aspekte:

1. Leugnung des Unrechts und Infragestellung der Glaubwürdigkeit des Opfers,

2. Bagatellisierung des entstandene Schadens,

3. Gleichstellung der Tat mit dem Willen des Opfers, da eine Vergewaltigung nicht gegen Widerstand durchzusetzen sei und

4. Vergewaltigung als gerechtfertigte Strafe bzw. Reaktion auf selbstbestimmtes und damit ‚provozierendes' oder ‚riskantes' Handeln von Frauen, z.B. zu flirten oder zu trampen.

Männerbezogene Vergewaltigungsmythen betonen, daß Täter psychisch krank sind und daß Männer im allgemeinen ihre Sexualität nicht kontrollieren können, wenn eine Frau sich entsprechend herausfordernd verhält.

Für die Erhebung von Vergewaltigungsmythen wurden verschiedene Meßinstrumente entwickelt, wie z.B. die ‚Rape Myth Acceptance Scale' von Burt (1980) oder die deutschsprachige ‚Skala zur Erfassung der Vergewaltigungsmythenakzeptanz' von Costin und Schwarz (1985). Letztere umfaßt zwanzig Items, die anhand von drei Faktoren beschrieben werden: *„1. Verantwortlichkeit für bzw. Verursachung von Vergewaltigung durch Frauen (...); 2. Rolle der Einwilligung bei Vergewaltigung (...); 3. Rolle und Motivation des Vergewaltigers (...)"* (Bohner, 1998, S. 39). Den ProbandInnen wird pro Item eine Antwortskala von eins (ziemlich unzutreffend) bis sieben (vollkommen zutreffend) vorgelegt.

Die einzelnen Items enthalten:

1. Vergewaltigungsdefinitionen (*„In der Ehe kann es keine Vergewaltigung durch den Ehemann geben, da die Einwilligung zum Beischlaf ein ständiger Bestandteil des Eheversprechens ist und nicht zurückgenommen werden kann"*, Item 7);

2. Erklärungen (*„Die meisten Vergewaltiger haben einen ausgeprägten Sexualtrieb"*, Item 9);

3. Prognosen (*„Jede Frau, die einen Mann ‚anmacht', ohne die geweckten Wünsche zu erfüllen, legt es geradezu darauf an, vergewaltigt zu werden"*, Item 17) und

4. Handlungsempfehlungen (*„Wenn eine Frau vergewaltigt wird, kann sie sich ebensogut entspannen und das Ganze genießen"*, Item 20). (Costin & Schwarz, 1987, zit. nach Bohner, 1998, S. 40-41).

In einem weitergehenden Modell versteht Bohner (1998) Vergewaltigungsmythen als Überzeugungen, die im Sinne kognitiver Schemata verknüpft sind. Diese sind abstrakt und stellen eine Art Prototyp dar. Sie dienen dazu, die Realität zu vereinfachen und neue Informationen, z.B. über sexuelle Gewalt, zu verarbeiten. Da Vergewaltigungsmythen sowohl Repräsentationen über Personen, als auch über Ereignisse, Handlungen und Ursachen beinhalten, bilden sie einen Komplex mehrerer Schematypen. Dazu gehören nach Bohner (1998) z.B. Skripts über den vermeintlich typischen Verlauf einer Vergewaltigung, Stereotypen über Täter und Opfer, Heuristiken über Ursachen und Verantwortungszuschreibungen sowie bewertende Einstellungen.

Brockhaus und Kolhorn (1993) diskutieren „*Einstellungen, Meinungen, Stereotype, Werte und Normen, Vorstellungen über die Kennzeichen von der Umwelt, von Situationen usw.*" (S. 221) in Anlehnung an Moscovici (1981, 1984) und Thommen, Ammann und Cranach (1988) als *soziale Repräsentationen*, d.h. als kulturell vermitteltes und in einer Gesellschaft vorherrschendes Wissen. Sie gehen davon aus, daß die einzelnen Individuen die in ihrer Kultur existierenden Repräsentationen aufnehmen und verinnerlichen. Diese sogenannten ‚Individuellen Sozialen Repräsentationen' leiten Wahrnehmung und Orientierung in Bezug auf die Umwelt einer Person und in Bezug auf die Person selbst. Sie haben, abhängig von den erwarteten positiven und negativen Konsequenzen, Einfluß auf das Handeln von Gewalttätern, der Opfer und des sozialen Umfeldes.

Ich möchte diesen Konzeptionalisierungen noch eine weitere hinzufügen, die weniger den methodisch vorgegebenen Blick auf Einstellungen und kognitive Schemata, sondern das reflexive Subjekt (Groeben & Scheele, 1977) hervorhebt und sich auf die subjektiven Theorien von Menschen als AlltagstheoretikerInnen bezieht. Das Konstrukt ‚*Subjektive Theorie*' meint, daß kognitive Systematisierungen von NichtwissenschaftlerInnen analoge Strukturen und Funktionen aufweisen wie wissenschaftliche Theorien. Nach einer ersten, offenen Begriffsexplikation handelt es sich um:

„(...) Kognitionen der Selbst- und Weltsicht als komplexes Aggregat mit (zumindest impliziter) Argumentationsstruktur, das die zu objektiven (wissenschaftlichen) Theorien parallelen Funktionen der Erklärung, Prognose und Technologie erfüllt." (Scheele & Groeben, 1988, S. 3)

Groeben, Wahl, Schlee und Scheele (1988) verengten diese erste Definition um eine Methodologie des Verstehens. Das heißt, daß subjektive Theorien im Dialog-Konsens aktualisierbar und rekonstruierbar sind und deren Akzeptanz als objektive Erkenntnis zu prüfen ist. Nach diesem anspruchsvollen Verständnis muß im Dialog mit dem Gegenüber herausgefunden werden, inwieweit die Rekonstruktion der subjektiven Theorie gelungen ist und inwieweit die subjektive Theorie als objektive Erkenntnis übernommen werden kann. Hinter dem Ansatz ‚Subjektive Theorie' steckt ein Menschenbild, daß von handlungsfähigen Individuen ausgeht. Diesen werden Merkmale wie Intentionalität, Reflexivität, potentielle Rationalität, die Fähigkeit zum aktiven kognitiven Konstruieren, Autonomie und sprachliche Kommunikationsfähigkeit zugesprochen (Schlee, 1988). Subjektive Theorien werden als Modell kognitiver Strukturen verstanden, die das Handeln leiten oder beeinflussen. Dabei greifen Menschen lediglich in Handlungssituationen auf Ausschnitte subjektiver Theorien zurück, ohne die Systematik und Vernetzung solcher Ausschnitte zu realisieren (vgl. Flick, 1989).

Subjektive Theorien stellen nach Flick (1991) überdauernde kognitive Strukturen dar, die teilweise unreflektiert, teilweise bewußt aufgebaut werden und in Anlehnung an Dann (1983) folgende Funktionen erfüllen:

„Subjektive Theorien

- dienen der Situationsdefinition, und ermöglichen eine rasche Lagekodierung und vermitteln Orientierungsgewißheit (Laucken, 1974),
- ermöglichen eine nachträgliche Erklärung eingetretener Ereignisse z.T. mit Rechtfertigungscharakter (Wahl, 1979),
- ermöglichen Vorhersage künftiger Ereignisse,
- erleichtern die Entwicklung von Handlungsempfehlungen,
- haben zumindest in gewissem Umfang handlungssteuernde bzw. -leitende Funktion,
- dienen der Stabilisierung bzw. Optimierung des Selbstwerts." (Flick, 1991, S. 15)

Die Bewertung subjektiver Theorien erfolgt im Gegensatz zu wissenschaftlichen Theorien nicht durch empirische Prüfungen, sondern aufgrund deren Funktionalität für bestimmte Handlungsbereiche, für Orientierungsgewißheit, Rechtfertigung und Selbstwertstabilisierung (Flick, 1991). Dabei unterscheiden sich subjektive Theorien von wissenschaftlichen Theorien besonders im Bereich belastender Vorstellungen, wie z.B. über Vergewaltigung. Diese führen nach Verrez (1991) zu Inkonsistenz, Instabilität, einem Einfluß von Affekten und zu einem prozessualen, adaptiven Charakter. Trotz dieser Einschränkung, die grundsätzlich auch für wissenschaftliche Theorien gelten kann, stimme ich Flick (1991) zu, der konstatiert: *„Durch seine subjektive Theorie wird das Subjekt zum Experten für einen bestimmten Lebensbereich"* (Flick, 1991, S. 15).

Das ‚Forschungsprogramm Subjektive Theorien' (Groeben et al., 1988) beeinflußte u.a. die Gesundheitspsychologie (z.B. Dann, 1991; Faltermaier, 1994; Filipp, 1990; Flick, 1989; zum Überblick s. Flick, 1991), ohne daß die methodischen Vorgaben der kommunikativen Validierung in dem vorgeschlagenen Ausmaß übernommen wurden. Stattdessen wenden die meisten ForscherInnen die erstgenannte weite Fassung des Konstrukts an.

Bei der Darstellung der Vergewaltigungsmythen habe ich gezeigt, daß diese bezüglich ihrer Inhalte (Vergewaltigungsdefinition, Erklärung, Prognose, Handlungsempfehlung) den Charakter von subjektiven Theorien erfüllen. Außerdem lassen sich in das Konzept ‚Subjektive Theorie' auch kognitive Schemata im Sinne von Bohner (1998) sowie Kausalattributionen als Teilprozesse sozialer Urteilsbildung (vgl. Krahé, 1985b) integrieren (s. dazu auch Flick, 1989). Ich gehe davon aus, daß subjektive Theorien über Vergewaltigung aufgrund des methodischen Zugangs als Mythen oder Kausalattributionen nachgewiesen werden und gleichzeitig Teil individuell verschiedener, aber typischer und zusammenhängender Modelle über weibliche Selbstbestimmung und sexuelle Gewalt sind.

3.2 Funktion und Verbreitung opferfeindlicher subjektiver Theorien

Nachfolgend stelle ich dar, welche Funktionen subjektive Theorien erfüllen und wie verbreitet sie in der Bevölkerung sind. Zielgruppen bisher vorliegender Studien sind vor allem nach unterschiedlichen Kriterien ausgewählte Bevölkerungsstichproben (z.B. Bohner, 1998; Weis, 1982), und damit auch implizit Opfer und Täter, oder Berufsgruppen, die mit Vergewaltigungsopfern konfrontiert sind. Dazu gehören vor allem PolizistInnen und RichterInnen (z.b. Abel, 1988; Krahé, 1991). Gefragt wird in der Regel mittels Fragebögen oder Skalen (z.B. der ‚Rape Myth Accceptance Scale' von Burt, 1980). Oder den Versuchspersonen werden Fallbeispiele vorgelegt, deren Sachverhalt sie beurteilen sollen. Vergewaltigungsbezogene Ergebnisse werden z.b. zu Einstellungen, zu Geschlechterrollen oder Akzeptanz interpersonaler Gewalt ins Verhältnis gesetzt. Außerdem werden in einigen Untersuchungen die Stichproben nach Geschlecht, Alter, Ausbildung und der damit verbundenen Nähe zu fiktiven Opfern und Tätern, d.h. nach der subjektiven Betroffenheit, differenziert (zur Methodik in der Vergewaltigungsforschung s. Ward, 1995).

Funktion
Nicht nur Vergewaltigungsopfer, sondern auch Opfer von anderen Gewalttaten oder Katastrophen, werden von Nichtbetroffenen abgewertet und für Unrecht oder Unglück verantwortlich gemacht (vgl. Herbert & Dunkler-Schetter, 1992). Eine Erklärung für die Distanzierung anderer von Benachteiligten und Geschädigten bietet der ‚Glaube an eine gerechte Welt' (Lerner, 1980). Dieser Glauben entsteht aus dem Wunsch, die Welt als geordnet, vorhersagbar und damit kontrollierbar zu erleben und ist verbunden mit subjektiver Sicherheit und Vertrauen (vgl. auch Petermann, 1992). Nach Lerner (1980) teilen Menschen diesen Glauben, weil er eine Grundlage für zielgerichtetes Handeln ist und Schutz vor negativen Emotionen bietet. Wird eine Person z.B. damit konfrontiert, daß jemand ein Unrecht erlitten hat, bestehen zwei Reaktionsmöglichkeiten. Die Person kann dazu beitragen, Gerechtigkeit wiederherzustellen, indem sie z.B. dem Opfer zu einer Kompensation verhilft oder den Täter bestraft. Ist dies nicht möglich oder der Aufwand subjektiv zu hoch, wehrt die Person das Unrecht kognitiv ab, indem sie das Ereignis neu interpretiert.

Das Bedürfnis, den Glauben an eine gerechte Welt zu bewahren, betrifft Männer und Frauen zunächst gleichermaßen. Vergewaltigungsmythen unterstützen die Aufrechterhaltung entsprechender Überzeugungen. Für Frauen sind sie zum einen eine Möglichkeit, *subjektive Sicherheit* und *Kontrollillusionen* (Langer, 1975) aufrechtzuerhalten. Dieser Zusammenhang wurde empirisch belegt (vgl.

Bohner, 1998; Sturm & Bohner, 1995). Bei Frauen, die angeben, selbst noch nie Opfer sexueller Gewalt gewesen zu sein, besteht eine hohe positive Korrelation zwischen Vergewaltigungsmythenakzeptanz und dem Glauben an eine gerechte Welt (gemessen mit einer Skala ‚Allgemeiner-gerechte-Welt-Glaube' von Dalbert, Montada & Schmitt, 1987), während der Zusammenhang bei Opfern nicht existiert. Das Gleiche gilt tendenziell für die subjektive Vulnerabilität, d.h. Verletzungsoffenheit. Frauen, die nicht Opfer einer sexuellen Gewalttat waren und den Mythen eher zustimmen, halten ihr Vergewaltigungsrisiko für gering. Opfer sexueller Gewalt haben unabhängig von ihrer Vergewaltigungsmythenakzeptanz eine relativ hohe Risikoerwartung (s. Bohner, 1998, Sturm & Bohner, 1995). Umgekehrt erleben Frauen, die glauben, daß sexuelle Gewalt nicht kontrollierbar sei, mehr Angst, als diejenigen, die annehmen, sie könnten eine Vergewaltigung vermeiden (Heath & Davidson, 1988).

Zum zweiten liegt der Grund für opferfeindliche Überzeugungen von Frauen in einer Art Selbstschutz vor Verunsicherung und Selbstwertminderung, d.h. in dem Bedürfnis nach *Stabilisierung* bzw. *Optimierung des Selbstwerts.* Bohner und andere (Bohner, 1998; Bohner, Weisbrod, Raymond, Barzvi & Schwarz, 1993; vgl. dazu auch Bohner & Schwarz, 1996) zeigten aufbauend auf der Untersuchung von Schwarz und Brand (1983), daß Vergewaltigungsmythen einen Teil der indirekten negativen Konsequenzen sexualisierter Gewalt für den Selbstwert mildern. Während Frauen mit einer geringen Zustimmung zu Vergewaltigungsmythen durch das Lesen eines Textes über eine Vergewaltigung in ihrem Selbstwert und in ihrer Stimmung beeinträchtigt werden, geben Frauen mit einer hohen Vergewaltigungsmythenakzeptanz einen höheren sozialen Selbstwert (d.h. Selbstwert im Vergleich mit anderen Personen) an. Ihnen ist es möglich, sich von der Bedrohung durch das Lesen des Textes zu distanzieren, indem sie sich gegenüber den subjektiv abgewerteten Vergewaltigungsopfern abgrenzen.

Bohner (1998) diskutiert die Ergebnisse als Ausdruck von Informationsverarbeitungsprozessen. Entsprechend den Vergewaltigungsmythen werden Frauen in die Gruppe der ‚Guten' (Nicht-Opfer) und ‚Schlechten' (Opfer) eingeteilt. In Abhängigkeit von dem Ausmaß der Vergewaltigungsmythenakzeptanz werden Informationen über Vergewaltigung unterschiedlich interpretiert, repräsentiert und zur Urteilsbildung herangezogen. Mit Hilfe von Kategorisierungsprozessen haben Vergewaltigungsmythen im Sinne einer immunisierenden Moderatorvariablen eine wichtige Funktion. Probandinnen mit einer hohen Vergewaltigungsmythenakzeptanz sehen sich als Nicht-Opfer und stabilisieren über eine kontrastierende Selbstkategorisierung ihren Selbstwert oder werten sich gegenüber Vergewaltigungsopfern auf. Frauen, die Vergewaltigungsmythen ablehnen, identifizieren sich dagegen eher mit dem Opfer.

Zum dritten dienen Vergewaltigungsmythen der *Handlungssteuerung.* Frauen, die Vergewaltigungsmythen nicht zustimmen, setzen nach einer Untersuchung von Bohner und Sturm (1995, zit. in Bohner, 1998) vor allem im öffentlichen

Raum eher aktive ‚Präventionsstrategien' (selbstbewußt wirken, zügig und sicher gehen, Umwelt im Augen behalten) und damit geschlechtsrollendiskonformes Verhalten ein. Außerdem antizipieren sie im Falle eines Angriffs offensive Selbstverteidigungsstrategien (den Täter schlagen, in die Augen stechen und in die Geschlechtsteile treten). Höhere Vergewaltigungsmythenakzeptanz hingegen geht mit einer geringeren antizipierten Wahrscheinlichkeit einher, sich im Falle eines Angriffes aktiv zu wehren.

Auf die Funktion der Vergewaltigungsmythen für Männer sei hier nur kurz hingewiesen. Abgesehen davon, daß viele von ihnen subjektiv und objektiv von der Selbst-/Beschränkung von Frauen profitieren, ermöglichen ihnen opferfeindliche Überzeugungen, Schuldgefühle aufgrund männlicher Gewalttätigkeit abzuwehren und über eine Abgrenzung von Vergewaltigern als pathologische Triebtäter eine positive männliche Identität aufrechtzuerhalten (vgl. dazu auch Kersten, 1993). Außerdem ist mit Hilfe von Vergewaltigungsmythen eine Rationalisierung eigener Gewalttendenzen möglich (vgl. Bohner, 1998; Burt, 1991). Vergewaltigungsmythenakzeptanz von Männern steht im Zusammenhang mit der Bereitschaft, zu vergewaltigen (z.b. Malamuth, 1981; Koss, Leonard, Beezley & Oros, 1985). Wird die eigene Vergewaltigungsmythenakzeptanz kognitiv zugänglich gemacht, nimmt die Neigung zu sexueller Gewalt zu (vgl. Bohner, Reinhard, Rutz, Sturm, Kerschbaum & Effler, 1998; Kerschbaum, Reinhard & Bohner, 1995).

Die Untersuchungen zu Vergewaltigungsmythen zeigen, daß sie aus subjektiver Sicht von Relevanz sind. Allerdings fehlen bisher, abgesehen von allgemeinen Forschungsergebnissen zu Einstellungsänderungen (s. Ward, 1995), Studien, die bezogen auf sexuelle Gewalt Bedeutungszusammenhänge und Veränderungsvoraussetzungen herausarbeiten.

Verbreitung

Einen ersten wichtigen Beitrag zum Verständnis der gesellschaftlichen Bewertung von Vergewaltigung in Deutschland liefern die Ergebnisse der oben zitierten Studie von Weis (1982). Diese endet mit dem folgenden Fazit bezüglich der weit verbreiteten Vorurteile und Mythen über Vergewaltigung:

„Extrem zusammengefaßt, wird das Opfer stigmatisiert, indem man ihm erstens die Vergewaltigung - zumindest unter bestimmten Umständen - nicht glaubt, sondern das Ereignis lieber als Verführung definiert, indem man ihm zweitens eine Mitschuld oder gar Alleinschuld an dem Vorfall unterstellt, indem man drittens den Täter zu entschuldigen sucht und indem man viertens dem Opfer eine Minderwertigkeit zuschreibt, um damit anzudeuten, daß es die Vergewaltigung verdient habe und daß sie nicht so schlimm sei." (Weis, 1982, S. 223)

Opferfeindliche Einstellungen, Kausalattributionen und Vergewaltigungsmythen werden insgesamt von vielen Menschen geteilt, wenngleich es eine große Variationsbreite der Zustimmung bzw. Ablehnung gibt (z.B. Burt, 1980; Feild,

1978; in Deutschland s. Weis, 1982; Bohner 1998; zum Überblick s. Ward, 1995). Außerdem werden unter Umständen aufgrund der Skalenvorgaben Effekte erzielt, die sich nicht mit einem qualifizierenden Urteil decken. In einer Untersuchung von Krahé (1985a) bejahten nur 25,9% der 27 befragten Männer und 38,1% der 42 Frauen die Frage nach einer grundsätzlichen Opfermitverantwortung.

Nach den meisten Untersuchungen stimmen Frauen Vergewaltigungsmythen weniger stark zu als Männer (zum Überblick s. Ward, 1995). Gieseke, Schlupp und Schwarz (1985) bestätigen dieses Ergebnis; allerdings äußerten sich die Frauen in ihrer Stichprobe bei der direkten Schuldzuschreibung deutlich opferfeindlicher als die männlichen Probanden (vgl. auch Stormo, Lang & Stritzke, 1997). Auch in der Studie von Weis (1982) beurteilten Frauen das Handeln der Opfer strenger und das der Täter nachsichtiger. Außerdem scheint die Zustimmung zu den Mythen bzw. Verantwortungszuschreibungen an das Opfer mit dem Ausmaß an identifikatorischer Nähe zum Opfer (Bell, Kuriloff & Lottes, 1994), zunehmendem Bildungsstand (vgl. Bohner, 1998), aber auch mit deliktspezifischem Wissen (Greuel & Scholz, 1990) abzunehmen (zum Überblick s. Anderson et al., 1997).

Bezüglich der Opfer sexualisierter Gewalt oder der Personen, die mit einem Opfer konfrontiert werden, gibt es unterschiedliche Ergebnisse. Während Burt (1980), Jenkins und Dembrot (1987) sowie Struckman-Johnson und Struckman-Johnson (1992) keinen Einfluß eigener sexueller Gewalterlebnisse auf Vergewaltigungsmythenakzeptanz feststellen konnten, kommen Anderson et al. (1997) zusammenfassend zu dem Ergebnis, daß beide Erlebnisse mit einer etwas geringeren Vergewaltigungsmythenakzeptanz einhergehen.

Darüber hinaus erweist sich, daß Vergewaltigungsmythenakzeptanz eng mit anderen Variablen verknüpft ist. Dazu gehören neben traditionellen Geschlechterrollenorientierungen restriktive Einstellungen zu den Rechten der Frau, Mißtrauen gegenüber dem anderen Geschlecht, rigide Orientierung an Recht und Ordnung, Billigung interpersonaler Gewalt sowie feindselige und rigide Einstellungen im Bereich der Sexualität sowie Ärger gegen Frauen (z.B. Burt, 1980, Feild, 1978; Weis, 1982; zum Überblick s. Anderson et al., 1997; Ward, 1995). Außerdem fanden Anderson et al. (1997), daß konservative politische Einstellungen, d.h. die Betonung der individuellen Verantwortung, positiv mit Vergewaltigungsmythenakzeptanz korreliert sind. Einschränkend ist zu sagen, daß einige der hier genannten Kriterien mit den Skalen zur Erhebung von Vergewaltigungsmythen konfundiert, d.h. von ihnen schwer zu unterscheiden sind, was eine Interpretation einschränkt.

Vor allem aus dem anglo-amerikanischen Raum liegt eine Reihe von Studien vor, die nahelegen, daß es sich bei Vergewaltigungsmythen, Kausalattributionen und Bewertungen von Täter- und Opferverhalten implizit um Aspekte subjektiver Theorien (Situationsdefinitionen, Erklärungen, Prognosen und Handlungsempfehlungen) handelt. Da es den Rahmen der Arbeit sprengen würde, werde ich jeweils nur einige diesbezügliche Beurteilungskriterien (Opfer- und Tätermerkmale) anhand exemplarischer Studien vorstellen. Auf die Merkmale der Beurteilenden wie Geschlechtsunterschiede sowie Geschlechterrollenorientierung und Vergewaltigungsmythenakzeptanz gehe ich nicht weiter ein, da ich oben hinreichend gezeigt habe, daß letztere mit opferfeindlichen Beurteilungen im Zusammenhang stehen (vgl. dazu Krahé, 1989).

Situationsdefinition. Gefragt nach der Definition einer Vergewaltigung besteht die größte Übereinstimmung, wenn es sich um den Überfall eines Fremden im öffentlichen Raum handelt, der die Frau mittels schwerer körperlicher Gewalt gegen ihren massiven Widerstand überwältigt und vergewaltigt. In der Studie von Weis (1982) stimmten 98% der Befragten dieser Definition zu. Diese Kriterien (Fremdtäter, Waffen-/Gewalt, physischer Widerstand, Verletzungen des Opfers), die einer allgemeingültigen Vergewaltigungsdefinition zugrunde liegen, wurden wiederholt in Studien nachgewiesen (z.B. Greuel & Scholz, 1990; zum Überblick vgl. Ward, 1995).

Nachträgliche Erklärung. Eine Vergewaltigung wird hingegen nicht mehr so eindeutig als solche definiert, bzw. es wird dem Opfer mehr Verantwortung zugeschrieben, wenn das Opfer einen niedrigen (z.B. Luginbuhl & Mullin, 1981), bzw. der Täter einen hohen sozialen Status (u.a. Feild & Barnett, 1978) hat. Im Bezug auf den Status des Täters zeigte sich in einer Studie von Krahé (1985a) für eine deutsche Stichprobe der gegenteilige Effekt. Dies führt die Autorin darauf zurück, daß eine Vergewaltigung in diesem Fall als ein schwererer Verstoß gegen normative Rollenerwartungen aufgefaßt wird.

Von großer Bedeutung sind Tatumstände, die mit Sexualität assoziiert werden können, d.h. Situationsfaktoren, die mythenkonform alternative Erklärungen anstatt des Gewalthandelns des Täters als Ursache für die Verletzung des Opfers zulassen. Bridges (1991) nimmt an, daß vor allem Männer durch ihre Sozialisation Erwartungen an Sexualrollen erwerben, die dazu führen, daß Vergewaltigung als Verlängerung der heterosexuellen Normalität angesehen wird. Demzufolge wird der Schaden geleugnet, der Täter von seiner Verantwortung entlastet und das Opfer beschuldigt (zum Überblick s. Ward, 1995). Zu den Situationsfaktoren gehört vor allem die Bekanntschaft zwischen Täter und Opfer (u.a. Calhoun, Selby & Waring, 1976; Freetly & Kane, 1995; Gerdes, Dammann & Heilig, 1988; Snell & Godwin, 1993). Außerdem zählt dazu geschlechterrollendiskrepantes Handeln des Opfers (z.B. Acock & Ireland, 1983; Krahé, 1988), ‚provozierende' Kleidung des Opfers (Cassidy & Hurrell, 1995), Übernahme von Ausgaben durch den Mann, Begleitung des Mannes in seine Wohnung (Muehlenhard, 1988), ein unklares Verhalten der Frau (Johnson & Jackson, 1988), Alkoholkonsum der Frau (Stormo et al. 1997), sexuelle Erregung des Mannes und Ablehnung von Geschlechtsverkehr seitens der Frau (Goodchilds, Zellmann, Johnson & Giarrusso, 1988).

Pollard (1992) diskutiert in einem Übersichtsartikel, inwieweit sich diese Ergebnisse, die vor allem aus nordamerikanischen Studien mit Studierenden gewonnen wurden, generalisieren lassen. Allerdings zeigt die Untersuchung von Weis (1982), daß die aufgezeigten Zusammenhänge gesellschafts- und bevölkerungsübergreifend eine Rolle spielen. Die Opferschuld nimmt allgemein zu, wenn folgende Bedingungen zutreffen: abnehmende Gegenwehr der Frau, zunehmender Bekanntschaftsgrad zwischen Täter und Frau, steigender ‚schlechter Ruf‘ der Frau, gemeinsamer vorheriger Alkoholgenuß und ursprüngliches Entgegenkommen der Frau.

Vorhersage. Mit der Einschränkung der Vergewaltigungsdefinition und dem Vorliegen alternativer Erklärungen sind Prognosen über Risiken und deren Vermeidung verbunden. Demnach müssen weibliche Jugendliche und Frauen bei Vorliegen entsprechender Situationsfaktoren damit rechnen, vergewaltigt zu werden. Dem Mann kommt in den Augen vieler Befragter zum Beispiel ein Recht auf die sexuelle Verfügbarkeit der Frau zu, wenn diese ‚leicht‘ angezogen ist, mit ihm flirtet, Alkohol trinkt, sich schon wiederholt mit ihm getroffen hat oder er sexuell erregt ist (vgl. Abbey, 1991a).

Weis (1982) bildet anhand seiner Ergebnisse eine Rangreihe der Antworten auf die Frage:

„Eine Frau will den Geschlechtsverkehr nicht. Welches Verhalten darf sie noch zeigen, *ohne damit rechnen zu müssen*, daß der Mann den Geschlechtsverkehr notfalls auch mit Gewalt erzwingt?" (ebd., S. 217).

Die zugestandenen Handlungen nahmen wie folgt ab (Prozentzahlen geben an, wieviel die Fragen bejahten): 52,1% - unterhalten, 17,3% - nach Hause begleiten lassen, 13,3% - küssen lassen, 1,4% - ihn in seine Wohnung begleiten, 0,5% - intime Berührungen durch den Mann zulassen, 0,2% - den Mann intim berühren. Nur 11,5% der Befragten waren der Ansicht, daß die Frau überhaupt nicht mit einem gewaltsamen Vorgehen rechnen müsse. Paradoxerweise wird aus dieser Erkenntnis, die zu einer Skandalisierung von Männergewalt gegen Frauen führen müßte, geschlußfolgert, daß Frauen die Verantwortung für das Verhalten der Männer tragen.

Handlungsempfehlung und Handlungssteuerung. Folgerichtig sind an diese Prognosen Handlungsempfehlungen gebunden, die darauf zielen, die Autonomie von Mädchen und Frauen einzuschränken, während Männer ihre Selbstbestimmung auf Kosten von Frauen ausdehnen können. Die Empfehlungen korrespondieren mit den *Handlungen* von Männern und Frauen. Männer leiten aus o.g. Verhaltensweisen von Frauen das Recht auf ihre sexuelle Verfügbarkeit ab (vgl. Kap. 4.2.1). Frauen vermeiden entsprechend ihren Überzeugungen angstbesetzte Situationen oder versuchen, potentielle Täter abzuschrecken.

Vielfach wurde darauf hingewiesen, daß nicht nur in der Bevölkerung Vergewaltigungsopfern die Verantwortung zugeschrieben wird, sondern daß auch innerhalb von Institutionen (Polizei, Justiz, psychosoziale-medizinische Einrichtungen, Wissenschaft) Vergewaltigungsmythen das Denken und Handeln bestimmen (zum Überblick s. Ward, 1995).

Beispielhaft ist eine Untersuchung von Abel (1988). Grundlage ihrer Studie sind inhaltsanalytisch ausgewertete schriftliche Urteilsbegründungen. Die Autorin weist den Einbruch von opferfeindlichen Alltagstheorien im Sinne nicht geprüfter, empirisch nicht haltbarer Behauptungen und Wertvorstellungen nach. Der Einbruch zeigt sich neben den schon in Kap. 2.1 diskutierten gesetzlichen Vorgaben bei der richterlichen Sachverhaltsfeststellung, insbesondere der Beurteilung der Glaubwürdigkeit der Zeugin, und bei der Zuordnung der festgestellten Sachverhalte (*„Einsatz von Gewalt und Kausalität von Nötigungsmittel und Nötigungserfolg"*, Abel, 1988, S. 40). Abel (1988) kommt zu dem Ergebnis, daß die sexuelle Selbstbestimmung von Mädchen und Frauen nur unter der Bedingung geschützt wird, daß ein vermeintlich idealtypischer Fall vorliegt: das arglose Opfer wird plötzlich von einem fremden Täter überfallen, hat diesen nicht sexuell erregt und sich mit größtem Einsatz gewehrt. Nach der Tat flieht das Opfer sofort und teilt sich jemandem mit. Das Opfer zeigt nachvollziehbar ihr Leiden und macht ihre Aussage vor Gericht ohne sichtbare Aggressionen gegenüber dem Täter. Vom ‚richtigen' Täter wird angenommen, daß es sich um eine abnorme, kranke oder kriminelle Persönlichkeit handelt. Zu ähnlichen Ergebnissen kommen auch andere Untersuchungen, die sich mit der Situation vergewaltigter Frauen und Mädchen im Gerichtsverfahren beschäftigen (u.a. Kroll, 1992; Schliermann, 1993; Teubner et al., 1983; bezüglich sexueller Gewalt gegen Mädchen und junge Frauen vgl. Fastie, 1994, Kirchhoff, 1994).

Studien, die sich mit den subjektiven Theorien von PolizistInnen befassen, unterstützen die Ergebnisse von Abel (1988). Greuel (1993) sowie Greuel und Scholz (1991) weisen nach, daß sich die Einstellungsstrukturen von PolizistInnen nicht von anderen Personen in der Bevölkerung unterscheiden und daß unter ihnen Vergewaltigungsmythen genauso verbreitet sind (vgl. auch Feild, 1978; Steffen, 1991). Auch PolizistInnen orientieren sich an dem oben beschriebenen vermeintlichen Idealfall einer Vergewaltigung und halten ihn für den glaubwürdigsten (Krahé, 1991). Dabei sind allein schon die polizeilichen Handlungsbedingungen für die Vernehmung dazu geeignet, Vergewaltigungsopfer zu verunsichern und zu ihrer Belastung beizutragen (Greuel, 1993). Je schwerer die Aussagen von Vergewaltigungsopfern zu beweisen sind, desto härter fällt die Befragung durch PolizistInnen aus (Hermann & Streng, 1991). Allerdings sind die Überzeugungen von PolizistInnen abhängig von ihrer Berufserfahrung und ihrer themenbezogenen Qualifikation sowie dem Maß, indem sie sexualisierte Grenzverletzungen als Problem wahrnehmen (Campbell, 1995). Vergewaltigungsmythen bestimmen auch das Verhalten der Staatsanwaltschaft (z.B. Steinhilper, 1998) und Glaubwürdigkeitsbegutachtungen der Zeugin (Scholz & Greuel, 1992; Volbert, 1991).

Der Einbruch von opferabwertenden subjektiven Theorien zeigt sich ebenfalls in wissenschaftlichen Publikationen. Zu den an verschiedenen Stellen kritisierten Veröffentlichungen gehören u.a. Beiträge, die der Viktimologie zuzuordnen sind, wie die von Amir (1971), Michaelis-Arntzen (1994) und Schneider (1975) (vgl. dazu Abel, 1988; Teubner et al., 1993; Ward, 1995; Weis, 1982). Eine diesbezügliche Analyse psychoanalytischer Theorien befindet sich bei Brownmiller (1978), medizinisch-therapeutischer Institutionen bei Godenzi (1989).

Vergewaltigungsmythen werden nicht nur über gewaltverherrlichende Pornographie vermittelt, sondern auch in fiktiven Darstellungen von Gechlechter-, Sexualrollen und Gewalt, z.B. in Taschenheftromanen (Heyder-Schmidt, 1990), Schulbüchern (Kavemann, 1985), in der bildenden Kunst (Breitling, 1987), in der Literatur (Tanner, 1994), in Fernsehfilmen (Brinson, 1992) sowie in der Berichterstattung über sexualisierte Gewalt in den Medien (vgl. z.b. Boyksen & Brandewiede, 1993; Geisel, 1995; Kunczik & Blech, 1995; zum Überblick s. Brownmiller, 1978; Ward, 1995).

Zusammenfassend lassen sich vergewaltigungsbezogene Kognitionen zu einer idealtypischen opferbe- und täterentlastenden subjektiven Theorie über weibliche Selbstbestimmung und Vergewaltigung zusammenfassen. Überspitzt formuliert besagt diese Theorie, daß Frauen, die sich nicht an traditionellen Geschlechterrollen orientieren, indem sie z.B. aktiv flirten, wechselnde Geschlechtspartner (oder -partnerinnen) haben, sich in ihrer Mobilität nicht einschränken oder sich ihrem Ehe-/Partner sexuell ‚verweigern', damit rechnen müssen, daß sie einem pathologischen Triebtäter begegnen, daß der Bekannte seinen Sexualtrieb nicht mehr steuern kann und sein Recht einfordert oder ihr Partner gewalttätig wird. Wehrt sich die Frau nicht so eindeutig, daß sie physische Verletzungen davonträgt, zeigt sie damit, daß sie den Geschlechtsverkehr will. Ihr wird empfohlen, sich zu entspannen und die Tat zu genießen. Fischer et al. (1998, S. 13) sprechen von den psychotraumatischen Abwehrmechanismen in der Gesellschaft. Mit ihrer Hilfe kann die Kenntnisnahme der Realität sexualisierter Gewalt und ihrer enormen persönlichen, sozialen und gesellschaftlichen Kosten erfolgreich vermieden werden (vgl. auch Mörth, 1994).

Für Frauen bedeutet es, daß es für sie, solange die Geschlechterhierarchie besteht, zwei unattraktive Alternativen gibt:

> „Sie können entweder restriktive, traditionelle Geschlechtsrollen verinnerlichen und die weiblichen Opfer sexueller Gewalt für ihr Schicksal selbst verantwortlich machen, um eine Illusion der Kontrolle in bezug auf die eigene Bedrohung aufrechtzuerhalten. Oder sie können traditionelle Geschlechtsrollen ablehnen und stattdessen die ambivalente soziale Identität einer gesellschaftlich benachteiligten Gruppe bewußt akzeptieren, um den Preis, durch die wiederholte Konfrontation mit Beispielen sexueller Gewalt gegen Frauen (...) in ihrem Selbstwert und ihrer Befindlichkeit beeinträchtigt zu werden." (Bohner, 1998, S. 206-207)

Hinzu kommt, daß Frauen es sich nur in dem Maß leisten können, die objektive Realität wahrzunehmen, wie sie ihr gegenüber handlungsfähig bleiben (vgl. Osterkamp, 1987). Eine wichtige Rolle für das Bewußtmachen drohender und erfahrener Gewalt spielt das Wissen über, sowie das Vorhandensein konkreter Möglichkeiten für Gegenwehr und Veränderung.

Obwohl unter Versuchspersonen sozialpsychologischer Studien immer auch implizit und explizit ein hoher Prozentsatz von Opfern sexueller Gewalt sind, wird bis auf wenige Ausnahmen nicht versucht, mögliche systematische Zusammenhänge zwischen Vergewaltigungserlebnissen und subjektiven Theorien über Selbstbestimmung und sexuelle Gewalt aufzuzeigen. Den Studien kann entnommen werden, daß Vergewaltigungsopfer in gleichem Maße wie Nichtopfer Vergewaltigungsmythen zustimmen, daß sie einen geringeren Glauben an eine gerechte Welt und eine höhere Risikoerwartung haben. Unklar bleibt, wie sich subjektive Theorien über weibliche Selbstbestimmung und sexuelle Gewalt im Falle einer Vergewaltigung auf das Erleben des Traumas und sich anschließende Bewältigungsprozesse auswirken.

4 Vergewaltigung als psychisches Trauma

Eine Vergewaltigung ist ein traumatisches Ereignis, welches aufgrund seiner existentiellen Bedrohung weit über die Belastung, d.h. das Mißverhältnis zwischen Anforderung und Kompetenz, durch andere sexualisierte Grenzüberschreitungen hinausgeht. Der qualitative Unterschied liegt in der absoluten Verneinung der Integrität und Selbstbestimmung des Opfers und der Auslöschung ihres Handlungsspielraumes. Zunächst werde ich ein Verlaufsmodell psychischer Traumatisierung vorstellen (Kap. 4.1). Dieses Modell ermöglicht sowohl die Berücksichtigung objektiver wie subjektiver Bedingungen im Sinne eines transaktionalen Verständnisses psychischer Traumatisierung. Anschließend werde ich auf empirische Ergebnisse aus der Gewalt- und Vergewaltigungsforschung (Kap. 4.2) eingehen.

4.1 Verlaufsmodell der psychischen Traumatisierung

Die begrifflichen Unklarheiten, die sich schon bei der Definition einer Vergewaltigung feststellen lassen, finden sich auch bei der Definition von *Trauma*. Handelt es sich um ein äußeres Ereignis, das innere Erleben oder einen transaktionalen Prozeß zwischen Person und Umwelt? Wer definiert psychisches Trauma anhand welcher Kriterien? Diese definitorische Unklarheit spiegelt sich auch im ‚Diagnostischen Statistischen Material psychischer Störungen' (DSM) der ‚American Psychiatric Association' (APA) wieder. Während ein traumatisches Ereignis im ‚DSM III R' als *„außerhalb der üblichen menschlichen Erfahrung ... und für fast jeden stark belastend"* (APA, 1991, zit. nach Fischer, Becker-Fischer & Düchting, 1998, S. 20) definiert wurde, liegt der Definition des DSM IV (APA, 1996) statt dessen sowohl die Konfrontation mit dem traumatischen Ereignis, als auch die Reaktion auf dieses Ereignis zugrunde:

> „1) Die Person erlebte, beobachtete oder war mit einem oder mehreren Ereignissen konfrontiert, die tatsächlichen oder drohenden Tod oder ernsthafte Verletzung oder eine Gefahr der körperlichen Unversehrtheit der eigenen Person oder anderer Personen beinhalten.
>
> 2) Die Reaktion der Person umfaßte intensive Furcht, Hilflosigkeit oder Entsetzen. (...)." (APA, 1996, zit. nach Fischer et al., 1998, S. 21)

Damit kommt zum Ausdruck, daß es sich bei einem traumatischen Ereignis um ein häufiges, wenn auch nicht unbedingt erwartetes Geschehen handeln kann. Vergewaltigung gilt nach dem ‚DSM III R' und ‚DSM IV' an sich als ein traumatisches Ereignis.

Verschiedene Definitionen von psychischem Trauma (d.h. einer psychischen Wunde) umfassen in der Regel (1) ein extremes Ereignis als Auslöser, (2) die intensive Sinneswahrnehmung der Bedrohung und (3) die Überforderung der betroffenen Person. Nach Huber (1998) ist ein Trauma durch drei zentrale Merkmale gekennzeichnet. Es ist:

> „(...) erstens ein überflutendes Ereignis, das in der Regel mit großer Wucht und Schnelligkeit, Intensität und Dauer daherkommt und eventuell mit körperlichen heftigen Schmerzen einhergeht - ein Ereignis, mit dem unser Informationsverarbeitungssystem, das Gehirn, nicht fertig wird. Zweitens: wir können nicht fliehen. Drittens: Wir können nicht dagegen ankämpfen." (ebd., S. 31)

Die schreckliche Gefahr ist unvorhersehbar, unausweichlich und kann nicht abgewandt werden. Sie führt zu Gefühlen absoluter Ohnmacht und Vernichtung und einer Unterbrechung des Kontinuitätserlebens. Aufgrund dessen betont Reemtsma (1998a), daß es sich bei der *„Widerfahrnis extremer Diskontinuität"* um ein Erlebnis und nicht um eine Erfahrung handelt, *„weil Erfahrungen etwas mit Kontinuitäten des Lebens zu tun haben"* (ebd., S. 45). Während Huber (1998) die äußere Einwirkung hervorhebt, stehen für Fischer und Riedesser (1998) Wechselwirkungen zwischen objektiven und subjektiven Faktoren sowie die nachhaltige Erschütterung des Selbst- und Weltverständnisses im Vordergrund. Für sie ist ein Trauma:

> „(...) ein vitales Diskrepanzerlebnis zwischen bedrohlichen Situationsfaktoren und individuellen Bewältigungsmöglichkeiten, das mit Gefühlen von Hilflosigkeit und schutzloser Preisgabe einhergeht und so eine dauerhafte Erschütterung von Selbst- und Weltverständnis bewirkt." (ebd., 116)

Werden Vergewaltigungen als traumatische Ereignisse verstanden, dann werden sie in Beziehung gesetzt zu anderen existentiell bedrohlichen Ereignissen wie Natur- und technischen Katastrophen, Krieg, Folter und Geiselnahmen, aber auch zu Tod und Krankheit (vgl. Feldmann, 1992; Fischer & Riedesser, 1998).

Fischer und Riedesser (1998), auf die ich mich im wesentlichen beziehe, gehen von einer wechselseitigen Beziehung von Person und Umwelt aus. Sie formulieren ein dreiphasiges *‚ökologisch-dialektisches'* Verlaufsmodell der psychischen Traumatisierung, bestehend aus der *‚traumatischen Situation'* und der *‚traumatischen Reaktion'* als unmittelbare Antwort. Kommt es nicht zu einer Erholung, geht diese in einen *‚traumatischen Prozeß'* über. Die Phasen stehen in einem dynamischen Verhältnis zueinander und sind nicht klar zu trennen. Sie gehen auseinander hervor, entwickeln sich parallel und bedingen sich gegenseitig. Der Verlauf ist abhängig von den sozialen und gesellschaftlichen Reaktionen auf die traumatisierte Person, von ihrem Ausschluß aus oder ihrem Rückhalt in der Gemeinschaft und verbindet sich mit bisherigen biographischen Erfahrungen.

Die erste Phase in diesem heuristischen Verlaufsmodell, die *traumatische Situation*, ist das Ergebnis von traumatischen Umweltbedingungen und subjektiver Bedeutungszuschreibung. Sie ist gekennzeichnet durch eine Bedrohung, auf die eine subjektiv angemessene Reaktion nicht möglich ist. Sie zerstört die Illusion von der Unverletzlichkeit des Selbst und der im Prinzip sinnvoll geordneten Welt (‚Shattered assumptions', Janoff-Bulman, 1992).

Die traumatische Situation endet nach Fischer und Riedesser (1998) vor allem bei Traumatisierungen, die durch Menschen verursacht wurden, erst dann, wenn die zerstörte zwischenmenschliche und ethische Beziehung durch die Anerkennung von Verursachung und Schuld wiederhergestellt wurde (vgl. auch Becker, 1992). Eine ausbleibende Bestätigung moralischer und sozialer Werte hat eine Retraumatisierung zur Folge, da dem durch das traumatische Ereignis ausgelösten Prozeß der Entmenschlichung und Fragmentierung nichts entgegengesetzt wird (Wirtz, 1995).

Fischer und Riedesser (1998) nehmen bezüglich der traumatischen Situationen sechs Unterscheidungen vor:

1. *Schweregrad der traumatogenen Faktoren.* Traumatische Ereignisse sind in Anlehnung an das ‚DSM III-R' (APA, 1991) solche, die außerhalb des normalen Erwartungsbereiches liegen. Dazu gehören bei Kindern sexueller Mißbrauch, körperliche Mißhandlung, Tod eines Elternteils (extreme Belastungsfaktoren) oder der Tod beider Eltern sowie chronische, lebensbedrohende Krankheiten (katastrophale Belastungsfaktoren). Bei Erwachsenen zählen zu den extremen Belastungsfaktoren u.a. eigene schwere chronische Erkrankungen, Vergewaltigung und fortwährende körperliche Mißhandlungen. Als katastrophale Belastungsfaktoren gelten der Tod eines Kindes, verheerende Naturkatastrophen, Gefangenschaft als Geisel oder Erlebnissen im Konzentrationslager.

2. *Häufung traumatischer Ereignisse und zeitliche Verlaufsstruktur.* Fischer und Riedesser (1998) differenzieren zwischen Mono- und Polytraumatisierungen, zwischen einmaligen und vielfachen Traumata. Bei letzteren wird entweder die Erholungsphase immer wieder, möglicherweise bei jedem Ereignis nur unterschwellig, unterbrochen oder es kommt zu neuen sequentiellen Traumatisierungen (vgl. auch Terr, 1995).

3. *Mittelbare versus unmittelbare Betroffenheit.* Traumatische Ereignisse wirken nicht nur auf direkt bedrohte Personen, sondern auch auf diejenigen, die nur mittelbar betroffen sind. Dazu gehören z.B. KatastrophenhelferInnen, Professionelle auf Intensivstationen, in psychologischen Heilberufen (vgl. auch Hermann, 1993; Lansen, 1996; McCann & Pearlman, 1990; Wilson & Lindy, 1994) oder bei der Polizei, aber vor allem auch Nahestehende der Opfer wie Familienangehörige (Becker, 1992). Zu einer sekundären, d.h. stellvertretenden Traumatisierung kommt es unter Umständen auch bei

nachfolgenden Generationen, wenn über extreme Belastungen (z.B. der Holocaustopfer) nicht gesprochen wird.

4. *Gesichtspunkte der Verursachung.* Diese beschreiben Situationsfaktoren, die jeweils für sich oder in Kombination sehr wahrscheinlich eine psychotraumatische Wirkung haben. In Anlehnung an Green (1993) gehören u.a. dazu: Bedrohung für Leib und Leben, schwerer körperlicher Schaden, absichtliche Verletzung oder Schädigung, Beobachtung von Gewalt gegen eine geliebte Person oder Information darüber, verantwortlich sein für den Tod oder für eine schwere Schädigung eines anderen Menschen.

5. *Täter-Opfer-Beziehung.* Wenn es sich bei dem Täter um eine nahe Bezugsperson handelt, ist die Erschütterung des Selbst- und Weltverständnisses besonders nachhaltig, da das Urvertrauen in die Zuverlässigkeit sozialer Beziehungen geschädigt wird. Fischer und Riedesser (1998) sprechen in diesem Fall von einem ‚Beziehungstrauma'. Dieses kann die Form von ‚Double-bind-Situationen', von paradoxen Kommunikationsformen, annehmen, wenn Bedingungen für Schutz und Bedrohung durch die gleiche Person hergestellt werden. Die Konsequenz dieser Widersprüchlichkeit ist ein sogenanntes ‚Orientierungstrauma', eine Erschütterung des Vertrauens in die Zuverlässigkeit der eigenen Kognitionen.

6. *Klinisch relevante Situationsdynamiken.* Dazu gehören in Anlehnung an die klinischen Paradigmen von Ochberg (1988) Beraubung, Viktimisierung, Angst und Erregung, Todesnähe und negative Intimität, d.h. *„eine Zeit aufgezwungener Intimität"* (Reemtsma, 1998a, S. 17). Letztere entsteht z.B. durch das Eindringen in die Privatsphäre oder den Körper der Person. Diese fünf besonderen situativen Konstellationen können getrennt oder zusammen auftreten und rufen spezifische Reaktionen, wie Trauer, Gefühle der Erniedrigung, Todeserwartung oder Ekel hervor.

Abgesehen von objektivierbaren Situationsmerkmalen spielen auch subjektive Kriterien eine Rolle für eine potentielle Abwehr des traumatischen Ereignisses. Dazu gehört zum einen, ob das traumatische Erlebnis antizipierbar oder völlig überraschend ist und zum anderen, wieviel Handlungsspielraum der angegriffenen Person bleibt (Fischer et al., 1998).

Die unmittelbare Antwort des Individuums innerhalb der *traumatischen Reaktion* auf die traumatische Situation nennen Fischer und Riedesser (1998) *Schockphase*. Das oft unerwartete traumatische Ereignis überfordert vorhandene kognitiv-emotionale Schemata. Ein adäquates Verhalten kann nicht erfolgen. Das eigene Handeln wird unterbrochen. Es kommt zu einem extremen Kontrollverlust, zu Lähmung und Erstarrung oder panikartigem Bewegungssturm. Das Blickfeld der Opfer verengt sich. Die Flucht aus der traumatischen Situation erfolgt mittels Depersonalisierungen (z.B. aus dem eigenen Körper auszutreten) und Derealisierungserlebnissen, als sei das traumatische Erlebnis nicht Wirklichkeit, sondern nur ein Traum.

Das traumatische Ereignis hat Auswirkungen auf der Ebene des Denkens, Fühlens und Handelns. Es führt über einen Zustand großer affektiver Erregung mittels biochemischer Prozesse zu anhaltenden hirnphysiologischen, bzw. psychobiologischen Veränderungen (vgl. dazu auch van der Kolk, 1998; van der Kolk, Burbridge & Suzuki, 1998). Es wird angenommen, daß die sensorischen Komponenten des psychischen Traumas, die visuellen, olfaktorischen, auditiven und kinästhetischen Eindrücke von dem situativen Kontext abgelöst und ohne, oder nur mit begrenztem Bezug zu ihrer ursprünglichen Bedeutung gespeichert werden.

Fischer und Riedesser (1998) gehen davon aus, daß sich aus der subjektiven Bedeutung, die eine traumatische Situation für die betroffene Person hat, ein ‚zentrales traumatisches Situationsthema' ergibt. Dieses schließt sich entweder an frühere biographische Belastungen an oder setzt den bisherigen Lebensentwurf, der unter Umständen dazu diente, früheren traumatischen Situationen etwas entgegenzusetzen, außer Kraft. Die alte Bedrohung wird aktualisiert. Die traumatische Situation bekommt eine lebensgeschichtliche Bedeutung.

Bisherige Grundüberzeugungen werden desillusioniert. Dazu gehören Annahmen, (1) darüber, daß die Welt hinreichend geordnet, sinnvoll und im Grunde gerecht ist, (2) über das prinzipiell Gute im Menschen, (3) über die Vorhersagbarkeit von Ereignissen, Beziehungen zu anderen Menschen und zum eigenen Selbst, (4) über Entscheidungsfreiheit, Kontroll- und Selbstbehauptungskompetenz, d.h. über die Sicherheit in dieser Welt und die relative Ferne des Todes (vgl. Janoff-Bulmann, 1992; Lerner, 1980). Je nachdem. ob es sich bei dem traumatischen Ereignis um ein von Menschen verursachtes Trauma oder eine natürliche Katastrophe handelt, kommt es zu einem Verlust an Selbstvertrauen und einem Vertrauensverlust in die soziale oder sachbezogene Realität, d.h. zu einer dauerhaften Erschütterung des Selbst- und Weltbildes. Das traumatische Erlebnis kann nicht integriert werden.

Die traumatische Situation ergibt sich aus der Wechselwirkung zwischen traumatischem Ereignis (objektive Situationsfaktoren), wenn z.B. der Täter sein Opfer lebensbedrohlich verletzt, und den fehlenden Strategien zur Gefahrenabwehr (subjektive Bewältigungsmöglichkeiten). Aufgrund der dadurch erlebten existentiellen Bedrohung und Todesnähe erhält die traumatische Situation Modellcharakter und wird zu einer ‚exemplarischen Situation'. Waren die Tatumstände unvorhersehbar, wird das Erlebnis aufgrund einer Selbstschutzreaktion generalisiert. Eine Differenzierung zwischen Charakteristika der traumatischen Situation und allgemeiner Charakteristika ist erschwert. Die traumatisierte Person entwickelt über das traumatische Ereignis hinausgehende Ängste und bleibt damit an die vermeintliche Allmacht des Täters gebunden.

Kann das traumatische Ereignis in der postexpositorischen Phase nicht integriert werden, erhält es sich als sogenanntes *Traumaschema*. Darunter verstehen Fischer und Riedesser (1998) ein:

„(...) zentrales, in der traumatischen Situation aktiviertes Wahrnehmungs-/ Handlungsschema, das im Sinne von Trauma als einem unterbrochenen Handlungsansatz mit Kampf- bzw. Fluchttendenz die traumatische Erfahrung im Gedächtnis speichert. Die neurokognitiven Anteile des Traumaschemas sind (...) gesteuerten Erinnerungen oft unzugänglich." (ebd., S. 351)

Das Traumaschema kann durch situative Konstellationen und implizite Erinnerungen aktiviert werden und z.B. unverständliche Panikattacken auslösen. Psychotraumatische Symptombilder treten auch nach langer Latenz wieder auf, wenn das Traumaschema erneut stimuliert wird oder wenn sich traumakompensatorische Maßnahmen langfristig als disfunktional erweisen. Das heißt, daß sich bei Lockerung der Abwehr Vorstellungsbilder, Gedanken und Körperempfindungen aufdrängen, die mit der traumatischen Situation verbunden sind.

Im Sinne einer Angstkonditionierung werden alle anwesenden Reize wie Stimmen und Geräusche, Gerüche, Farben und Lichtverhältnisse zu Erinnerungsreizen, die sich mit Schmerz- und Furchtreaktionen verbinden (vgl. Feldmann, 1992; Reinecker, 1994). So lösen aversive Reizmuster auch dann Angstreaktionen aus, wenn die Gefahrenwahrscheinlichkeit nicht mehr existiert. Als Folge der veränderten Wahrnehmung der Umwelt werden umfangreiche Vermeidungsstrategien oder Zwänge ausgebildet, die die ursprünglich gelernte Angstreaktion immer wieder verstärken (vgl. Mowrers Zweifaktorentheorie, z.B. Mowrer, 1956, zusammenfassend dargestellt in Krohne, 1996). Foy, Osato, Houskamp und Neumann (1995) verweisen zur Erklärung der Symptome der ‚Posttraumatischen Belastungsstörung' (s.u.) auf das kognitiv-behaviorale Modell von Foa & Kozak (1986), welches neben den Informationen über die Stimulussituation und über physiologische, kognitive und Verhaltensreaktionen noch das kognitive Element der Bedeutung des traumatisches Ereignisses beinhaltet. Entscheidende Komponenten für die Schwere der Symptome sind ihrem Modell nach die Vorhersagbarkeit und Kontrollierbarkeit des traumatischen Ereignisses (eine Diskussion der verschiedenen psychobiologischen und lerntheoretischen Modelle findet sich bei Calhoun & Atkeson, 1993).

Diese Prozesse haben zur Folge, daß das Individuum auch nach der Beendigung des unmittelbaren traumatischen Ereignisses unter dessen Einwirkung bleibt (*Einwirkungsphase*). Die traumatisierte Person versucht fortlaufend, das Trauma angemessen kognitiv zu bearbeiten, das traumatische Ereignis ungeschehen zu machen, es auszuschließen oder zu assimilieren. Fischer und Riedesser (1998) gehen von einem natürlichen Selbstheilungsprozeß aus, der es erlaubt, postexpositorische Reaktionen zu erklären. Die Autoren beschreiben in Anlehnung an Horowitz (1976) einen biphasischen Charakter der traumatischen Reaktion, einen wiederkehrenden Wechsel von Intrusion (Eindringen) und Verleugnung der traumatischen Ereignisbilder. Dieser dient der Vollendung der in der traumatischen Situation unterbrochenen Handlungen[1] und der Integration des unassimilierten traumatischen Erlebnisses in das schematische Wissen der Person.

Diesem Modell nach kommt es in der traumatischen Situation zur Reizüberflutung. Das Individuum versucht, überschießende Effekte abzuwehren, was zu Vermeidung, Verleugnung bis hin zu Gefühlsabstumpfung und emotionaler Erstarrung führen kann. Das traumatische Erlebnis wird verneint und verharmlost. Traumatische Gedächtnisinhalte können der bewußten, expliziten Erinnerung vorübergehend oder dauerhaft entzogen werden, ohne daß sie sich auflösen. Wird die Abwehr aufgrund innerer oder äußerer Bedingungen geschwächt, kommt es zu einem Intrusionszustand mit sich aufdrängenden Vorstellungsbildern, Gedanken und Körperempfindungen, die assoziativ mit der traumatischen Situation verbunden sind. Verfügt das Individuum über funktionsfähige Bewältigungs- und Abwehrmechanismen, d.h. über die Fähigkeit zur Selbstberuhigung, kann eine pathologische Reizüberflutung verhindert werden. Es gelingt der Person, negative Gefühlserlebnisse auszubalancieren, den Erlebnisansturm zu regulieren, ohne ihn gänzlich abzuwehren. Ein kontrolliertes Wiedererleben der traumatischen Situation ermöglicht deren Durcharbeitung und Integration sowie eine Reorganisation des erschütterten Selbst- und Weltbildes.

Für das Gelingen sind neben emotionalen vor allem kognitive Aspekte von Bedeutung. Nach Wilson (1989) gehören zu den vier wichtigsten kognitiven Aufgaben die Wahrnehmung des traumatischen Ereignisses, die Einschätzung und Bewertung der Situation, die Suche nach einer Erklärung und eine Phase der Handlungsplanung. Während in der traumatischen Situation spontane Selbstschutzmaßnahmen ergriffen werden, werden diese im Laufe der traumatischen Reaktion zu traumakompensatorischen Maßnahmen ausgestaltet, deren Basis das ‚traumakompensatorische Schema' ist. Dieses umfaßt nach Fischer und Riedesser (1998) neben einer Heilungstheorie eine nachträgliche, die Ursachen aufklärende Theorie und darauf aufbauend eine Präventionstheorie.

Die betroffenen Personen bilden Hypothesen über die Ursachen der Traumatisierung im Sinne einer naiven Traumatheorie, um ein erneutes psychisches Trauma zu vermeiden. Zum Teil kommt es aufgrund von Erinnerungsverzerrungen dazu, daß kausale Faktoren fehlinterpretiert werden, daß z.B. die Entstehung des Traumas mit einer vermeintlichen Verantwortung des Opfers verbunden wird. Illusionäre traumakompensatorische Konstrukte und Theorien werden handlungsleitend und vermitteln eine scheinbare Sicherheit (vgl. auch Becker, 1992). Sie werden oft zur Abwehr gegen das traumatische Erlebnis der radikalen und unerträglichen Desillusionierung verwandt.

Fischer und Riedesser (1998) beschreiben drei Ausgänge der postexpositorischen Reaktion. Im ersten Fall kommt es zu einer Erholung und einer

---

[1] Sog. Zeigarnik-Effekt, das bevorzugte Erinnern unterbrochener Handlungen und deren Wiederaufnahme (vgl. Fischer & Riedesser, 1998).

Integration des traumatischen Erlebnisses in das Selbst- und Weltverständnis und zu einer Differenzierung bestehender Schemata (*Erholungsphase*). Traumatische Erinnerungen müssen nicht abgewehrt werden, sondern können unverzerrt zugelassen und in ihrer Bedeutung erkannt werden. Die Opfer können einen vollständigen Bericht, verbunden mit adäquatem Affekt, von den traumatischen Erlebnissen geben. Das traumatische Erlebnis kann als etwas Reales akzeptiert und als etwas Vergangenes, dessen Wiederholung möglich, aber unwahrscheinlich ist, integriert werden. Perren-Klingler (1995) betont, daß Traumata bei den betroffenen Menschen immer Spuren hinterlassen und daß es in dem Sinne keine Heilung gibt. Die Tendenz zu somatischer Übererregung bleibe, überwältigende, mit einem Wiedererleben gekoppelte Erinnerungen können erneut auftreten. Der Vertrauensverlust führt immer wieder zu Ängsten und Unsicherheiten in bezug auf die Gesellschaft und ihre RepräsentantInnen, d.h. *„das Urvertrauen muss langfristig und geduldig wieder aufgebaut werden"* (Perren-Klingler, 1995, S. 28).

Ein zweiter Ausgang der traumatischen Reaktion führt nach Fischer und Riedesser (1998) zu einer *vorzeitigen Unterbrechung* des Verarbeitungsprozesses. Betroffene Personen zeigen Erinnerungsverzerrungen, reagieren auf traumabezogene Reizkonstellationen mit verstärkter Erregung und Vermeidung und haben eine höhere Somatisierungsneigung.

Die dritte Form besteht in einem *chronischen Fortbestehen* der traumatischen Reaktion vor allem nach Extremtraumatisierungen, z.B. aufgrund von totaler Unterdrückung in sexuellen und familiären Beziehungen. Sie zeigt sich nach Hermann (1993) in Störungen der Affektregulation, Bewußtseinsveränderungen, gestörter Selbstwahrnehmung, gestörter Wahrnehmung des Täters, Beziehungsproblemen und Veränderung des Wertesystems.

Wird der natürliche Selbstheilungsprozeß, der biphasische Verarbeitungszyklus aus Wiedererleben und Abwehr des Traumas, unterbrochen, bleiben kompensatorische Symptome und Krankheiten, wie z.B. Magersucht erhalten. Systematisierungen der Symptome als allgemeingültige oder spezielle - besondere Situationen und Formen der Traumatisierung berücksichtigende - psychotraumatische Syndrome dienen der Diagnostik und Therapie. Als allgemeines und übergeordnetes psychotraumatisches Belastungssyndrom hat sich die im ‚DSM IV' (APA, 1996) als ‚*Posttraumatische Belastungsstörung*'[2] systematisierte Trias aus Intrusion, Vermeidung und erhöhter Erregung (‚Arousal') durchgesetzt:

1. *Unfreiwilliges Wiedererleben* des Traumas auf mindestens eine der folgenden Weisen: in Form von (a) Bildern, Gedanken, Wahrnehmungen, (b) Träumen, (c) Handeln und Fühlen, als ob das traumatische Ereignis wie-

---

[2] In den ersten vier Wochen nach einer traumatischen Erfahrung werden dieselben Symptomkomplexe sowie dissoziative Symptome als ‚Akute Belastungsstörung' diagnostiziert.

derkehrt, (d) intensiver psychischer Belastung und (e) körperlichen Reaktionen bei der Konfrontation mit internalen oder externalen Hinweisreizen.

2. *Anhaltende Vermeidung* von Reizen, die mit dem Trauma verbunden sind, oder eine Abflachung der allgemeinen Reagibilität, und zwar durch mindestens drei der folgenden Symptome: (a) bewußtes Vermeiden von Gedanken, Gefühlen oder Gesprächen sowie (b) von Aktivitäten, Orten oder Menschen, (c) Unfähigkeit, sich an einen wichtigen Aspekt des Traumas zu erinnern, (d) vermindertes Interesse oder verminderte Teilnahme an wichtigen Aktivitäten, (e) ein Gefühl der Entfremdung, (f) eingeschränkte Bandbreite des Affekts und (g) ein Gefühl der eingeschränkten Zukunft.

3. *Anhaltende Symptome erhöhten ‚Arousals'* (physiologischer Erregung), und zwar mindestens durch zwei der folgenden Symptome: (a) Ein- oder Durchschlafschwierigkeiten, (b) Reizbarkeit, (c) Konzentrationsschwierigkeiten, (d) übermäßige Wachsamkeit oder (e) Schreckreaktionen.

Dieses Störungsbild dauert länger als einen Monat an und verursacht in klinisch bedeutsamer Weise Leiden oder Beeinträchtigungen in sozialen, beruflichen und anderen wichtigen Funktionsbereichen. Fischer und Riedesser (1998) betonen den Unterschied zwischen einer posttraumatischen Belastungsstörung und einer Streßreaktion auf eine kritische Belastungssituation. Bei letzterer kommt es in der Regel nicht zu der für eine Traumareaktion qualitativen Veränderung von psychischen und/oder organischen Systemen. Allerdings ist es möglich, daß nach einem traumatischen Ereignis nicht alle Elemente (Wiedererleben, Vermeidung und ‚Hyperarousal') vorliegen, sondern ein Symptomkomplex, z.B. Vermeidungsverhalten, überwiegt.

Fischer et al. (1998) schlagen zur begrifflichen Klärung ‚Basales psychotraumatisches Belastungssyndrom' vor, um zu verdeutlichen, daß es sich dabei um eine normale Antwort auf eine gestörte Situation und nicht um eine Störung des Individuums handelt. Auch Becker (1992) betont, daß Symptome nicht mit Krankheit verwechselt werden dürfen und daß es sich bei psychischen Störungen als Reaktion auf traumatische Erlebnisse um Überlebensstrategien handelt. Außerdem weisen Fischer et al. (1998) darauf hin, daß nicht jedes traumatische Ereignis zu einer akuten oder posttraumatischen Belastungsstörung führt. Nach den Ergebnissen einer Befragung von Opfern von Gewalt- und Straßenkriminalität in verschiedenen internationalen Untersuchungen entwickeln ca. 50% der Traumatisierten eine akute und ca. 10 bis 30% eine posttraumatische Belastungsstörung (Fischer et al., 1998).

Nicht alle Betroffenen brauchen professionelle Hilfe. Foy et al. (1995) zitieren verschiedene Untersuchungen, nach denen vor allem Dauer und Schwere der traumatischen Situation mit dem Schweregrad einer posttraumatischen Belastungsstörung zusammenhängen. Hinzu kommen nach Fischer und Riedesser (1998) äußere und innere Bedingungen im Sinne einer vorhandenen Disposition, postexpositorische korrektive Faktoren, vor allem in Form sozialer und professioneller Unterstützung, sowie Abwehr- und ‚Copingstile' (vgl. dazu Kap. 5).

Während Fischer und Riedesser (1998) die Reaktionsphase als adaptive Verarbeitungsform eines traumatischen Ereignisses verstehen, ist der sich unter Umständen anschließende ‚*traumatische Prozeß*' ein Zeichen der Stagnation. Dieser erfolgt aufgrund der Unterbrechung des biphasischen Selbstheilungsprozesses aus Verleugnung und Intrusion, z.B. wenn die traumatische Situation weiterbesteht. Es kann zu ständigen unterschwelligen Wiederholungen kommen, wenn das Opfer nicht die Anerkennung des Unrechts und eine Unterstützung erhält, die seinem Gerechtigkeitsempfinden entspricht und eine Reorganisation seines erschütterten Selbst- und Weltbildes ermöglicht. Das Trauma bleibt unverständlich. Die betroffene Person fühlt sich isoliert in der sozialen Welt. Außerdem kann der Verarbeitungsprozeß stagnieren, wenn der Erholungsprozeß aufgrund wiederkehrender Traumatisierungen unmöglich gemacht wird.

Obwohl Fischer und Riedesser (1998) in ihrem Verlaufsmodell immer wieder die gegenseitige Beeinflussung von inneren und äußeren Faktoren betonen und auf unterschiedliche Verläufe hinweisen, bleibt relativ unklar, welche Bedingungen dazu führen, ob es zu einer Erholung oder Chronifizierung kommt, ob eine traumatisierte Person unter einer posttraumatischen Belastungsstörung leidet und ob alle Kriterien der Belastungsstörung ausgebildet werden oder nicht. In dem Modell gibt es keine Hinweise darauf, was Personen, die professionelle Hilfe in Anspruch nehmen, von denen unterscheidet, bei denen dies nicht der Fall ist. Vergleichbar zu den kognitiven Schemata von Bohner (1998) und dem ‚Glauben an die gerechte Welt' (Lerner, 1980) diskutieren Fischer und Riedesser (1998) kognitive Prozesse. Sie betonen die Notwendigkeit, das erschütterte Selbst- und Weltverständnis wiederherzustellen und das traumatische Ereignis zu integrieren, ohne daß deutlich wird, wie dieser Rekonstruktionsprozeß, d.h. die subjektive Theoriebildung, verläuft.

4.2 Das Vergewaltigungstrauma

Als Vergewaltigungstrauma bezeichne ich psychische Traumata, die durch eine versuchte oder vollendete Vergewaltigung ausgelöst werden. Kenntnisse über die traumatischen Reaktionen und den traumatischen Prozeß nach einem Erlebnis sexualisierter Gewalt liegen vor allem aufgrund von Befragungen und Untersuchungen von Vergewaltigungsopfern vor.

Verschiedene Systematisierungen bezüglich des Verlaufs der Traumaverarbeitung unterscheiden sich vor allem in der Anzahl der angenommenen Phasen und in der Offenheit oder Geschlossenheit des Verlaufs. Burgess und Holmstrom (1974) beschreiben den unmittelbaren Zustand nach der Vergewaltigung als Akutsituation. An die Akutsituation schließt sich ein Langzeitprozeß an, dessen Verlauf unbestimmt ist. Nadelson und Notman (1984) beschreiben vier Phasen: die Bedrohungsphase, in der das Opfer die Gefahr wahrnimmt, die direkte Gefahrensituation, die Akutsituation direkt nach der Vergewaltigung und den Langzeitprozeß. Im Gegensatz zu der Offenheit dieser Modelle gehen andere AutorInnen von einem idealtypischen Abschluß der Traumaverarbeitung aus. Sutherland und Scherl (1970) unterscheiden in einem dreiphasigen Prozeß die akute Reaktion von der äußerlichen Anpassung und der Integration. Forman (1980) schlägt einen fünfphasigen Verlauf mit Akutphase, Verleugnung, Symptombildung, Wut und Lösungsphase vor (zum weiteren Überblick s. Feldmann, 1992).

Im folgenden wird in der Terminologie von Fischer und Riedesser (1998) auf das traumatische Ereignis, die traumatische Situation und die traumatische Reaktion eingegangen. Der traumatische Prozeß wird im nächsten Kapitel im Zusammenhang mit Bewältigungsprozessen dargestellt. Vergewaltigung ist nicht gleich Vergewaltigung. Die traumatischen Ereignisse, welche in hohem Maße die traumatische Situation bestimmen, unterscheiden sich vor allem bezüglich der Durchsetzungsstrategien der Täter (Kap. 4.2.1). Außerdem läßt sich die traumatische Situation anhand der von Fischer und Riedesser (1998) genannten Typologie beschreiben (Kap. 4.2.2). In Abhängigkeit von den Durchsetzungsstrategien des Täters und anderen Charakteristika der traumatischen Situation gestaltet sich das Erleben der Opfer, die Antizipierbarkeit des Angriffs und die zur Verfügung stehenden Widerstandsformen (Kap. 4.2.3) sowie die mit der Vergewaltigung verbundenen kurz- und langfristigen Folgen, d.h. die traumatische Reaktion der angegriffenen Frau (Kap. 4.2.4).

4.2.1 Durchsetzungstrategien der Täter

Damit es überhaupt zu einer Vergewaltigung und einer psychischen Traumatisierung des Opfers kommt, muß in einem Täter der Wille zur Tat entstehen und er muß seine Absicht gegen innere und äußere Barrieren durchsetzen. In Anlehnung an ein Modell der vier Voraussetzungen sexueller Ausbeutung von Finkelhor (bezogen auf sexuelle Gewalt an Kindern, s. Finkelhor, 1984, 1997) und ein Phasenmodell von Wyre und Swift (1991), wird das Vorgehen der Täter in Abhängigkeit von der Beziehung zum Opfer dargestellt. Dabei sind alle vier Voraussetzungen mit sozialen Repräsentationen oder subjektiven Theorien über weibliche Selbstbestimmung und Vergewaltigung seitens des Täters, des Opfer und des sozialen bzw. gesellschaftlichen Umfeldes verbunden. Sie tragen dazu bei, die Gewalthandlungen hervorzurufen, zu ermöglichen und aufrechtzuerhalten (Brockhaus & Kolhorn, 1993, 1998; vgl. dazu auch Feldmann, 1992, der das Täterverhalten im Kontext kognitiver Skripts diskutiert, sowie Hiekel & Endres, 1997a; Russell, 1984).

Die erste Vorbedingung ist nach Finkelhor (1984, 1997) eine Prädisposition des Täters und ein *Motiv*. Über die Hintergründe sexualisierten Gewalthandelns gibt es inzwischen eine Vielzahl theoretischer Überlegungen und empirischer

Ergebnisse.[3] Dabei zeigt sich, daß Wunsch und Anlaß bezogen auf physische und sexuelle Gewalt gegen Mädchen und Frauen sehr unterschiedlich sein können. Der psychopathische Fremdtäter ist allen Analysen nach die Ausnahme und nicht die Regel (vgl. u.a. Godenzi, 1989, 1996; Groth, 1979; Groth & Hobson, 1986; Wyre & Swift, 1991; zum Überblick verschiedener Typologien s. Russell, 1984). Stattdessen erfüllt das (sexuelle) Gewalthandeln subjektiv einen Nutzen, z.B. die Frau zu kontrollieren und Gefühle eigener Unzulänglichkeit zu bekämpfen (vgl. Godenzi, 1989, 1991; Lisak & Roth, 1988), und ist in ‚normaler' - gesellschaftlich und individuell hergestellter - Männlichkeit verwurzelt (vgl. u.a. Connell, 1987; Heiliger & Engelfried, 1995; Möller, 1997; Mörth, 1994). Im Hinblick darauf prägte Hagemann-White (1992) den Begriff der *„Normverlängerung"* (ebd., S. 10), um zu verdeutlichen, daß Männergewalt gegen Frauen keine Normverletzung darstellt, sondern alltäglich ist und nicht nur in der sogenannten Unterschicht zu finden ist (vgl. Breiter, 1995; Godenzi, 1989).

Im Sinne einer zweiten Vorbedingung muß der potentielle Täter *innere Hemmungen*, seine moralischen Bedenken oder die Angst vor Entdeckung überwinden. Alkohol, Rationalisierungen und Bagatellisierungen helfen ihm nach Finkelhor (1997) über eigene Barrieren hinweg. Hier spielen vor allem gesellschaftlich vermittelte Werte, Einstellungen und Überzeugungen, Vorbilder in der patriarchal strukturierten Herkunftsfamilie (Brockhaus & Kolhorn, 1993; Lisak, 1991), die Verfügbarkeit von Pornographie (Baron & Straus, 1987; Koss & Dinero, 1988; Linz, Wilson & Donnerstein, 1992) und sozialer Druck der Gleichaltrigengruppe (Kanin, 1985; Krahé, 1998) eine wichtige Rolle. Hinzu kommen fehlende Sanktionen (Temkin, 1987). Einen positiven Zusammenhang zwischen der Verbreitung sexualisierter Gewalt auf der einen Seite sowie Geschlechterungleichheit und fehlender Sanktionierung von Vergewaltigungen auf der anderen Seite zeigen die gesellschaftervergleichenden Untersuchungen (z.B. Baron & Straus, 1987; Sanday, 1981).

Von besonderer Bedeutung sind neutralisierende Kognitionen, die bei gleichzeitiger Anerkennung von Normen dazu dienen, Normverstöße zu rechtfertigen. Nach Sykes und Matza (1957, zit. in Bohner, 1998) gehören folgende Rechtfertigungsstrategien dazu: Ablehnung des Opfers, Verneinung des Schadens, Ablehnung der Verantwortung, Berufung auf eine höhere Instanz und Verdammung der Sanktionierenden, wie z.B. der RepräsentantInnen der formalen Sozialkontrolle. Eine weitere Rechtfertigungsstrategie besteht in dem Verweis auf die sonstige Gesetzestreue und im Postulieren einer Notwendigkeit, z.B. aufgrund des unkontrollierbaren Sexualtriebes (in Anlehnung an Thurman, 1984, zit. in Bohner, 1998).

---

[3] Eine Literaturauswertung über die *"Psycho- und Soziogenese von männlicher Gewaltbereitschaft gegenüber Frauen"* findet sich bei Minssen und Müller, 1997.

Der Zusammenhang zwischen Neutralisierungen und Delinquenz wurde wiederholt empirisch belegt (zum Überblick, s. Bohner, 1998). Bezogen auf Vergewaltigungen läßt sich neben dem Einfluß der Vergewaltigungsmythenakzeptanz für folgende Faktoren eine spezifisch neutralisierende oder gewaltfördernde Funktion nachweisen:

- Wut und Feindseligkeit gegenüber Frauen (Christopher, Owens & Stecker, 1993; Krahé, 1998; Lisak & Roth, 1988);
- Unterstützung traditioneller Geschlechter- und Sexualrollen (Koss, Leonard, Beezley & Oros, 1985; Malamuth, 1981; Muehlenhard & Linton, 1987);
- Akzeptanz interpersonaler Gewalt (Bookwala, Frieze, Smith & Ryan, 1992; Burt & Albin, 1981; Koss, Leonard, Beezley & Oros, 1985; Malamuth, 1981).

Daneben stehen Vergewaltigungen im Zusammenhang mit häufig wechselnden Sexualpartnerinnen (Christopher, Owens & Stecker, 1993; Malamuth, Linz, Heavey, Barnes & Acker, 1995).

Als dritte Vorbedingung muß der potentielle Täter *externe Widerstände* ausschalten. Dazu gehören alle Formen von sozialer Kontrolle und Schutz des Opfers. Die Tat wird nach Wyre und Swift (1991) zunächst noch ungezielt in der Phantasie des Täters geplant. Danach sucht dieser sich abhängig von der Beziehung zum Opfer den für ihn geeigneten Tatort und arbeitet Fluchtrouten aus. Er spezialisiert sich unter Umständen auf einen bestimmten Frauentyp, der ihm subjektiv die Vergewaltigung erleichtert. Fremdtäter schließen soziale Kontrolle aus, in dem sie zwar im öffentlichen, aber menschenleeren Raum, beim Trampen oder nach einem Wohnungseinbruch ihr Opfer vergewaltigen. Handelt es sich bei den Tätern um Personen des sozialen Nahbereichs, ist es für sie sehr viel einfacher, das Opfer zu isolieren und das Einschreiten Außenstehender zu verhindern. Dabei setzt der Täter alle verbalen und physischen Formen des Zwangs ein, die ihm zur Verfügung stehen (Muehlenhard & Falcon, 1990).

Als viertes muß der Täter den *Widerstand des Opfers* brechen, um die geplante Vergewaltigung in die Tat umzusetzen. Er nimmt Kontakt zu dem Mädchen oder der Frau auf und testet ihre Grenzen, ihre Bereitschaft zur Höflichkeit und ihre Unentschlossenheit bezüglich eindeutiger Gegenwehr. Wyre und Swift (1991) berichten, daß manche Fremdtäter mehrere Versuche machen, bevor sie das geeignete Vergewaltigungsopfer gefunden haben. Erst dann greift der Vergewaltiger die Frau an. Einige Täter bedrohen das Leben des Opfers mit Hilfe von Waffengewalt, angekündigter Ermordung oder indem sie sie würgen bzw. ihr Mund und Nase zuhalten.

Nach der Vergewaltigung ist es aus Sicht des Täters entscheidend, Entdeckung und Sanktionen zu verhindern. Dabei hängen die Möglichkeiten sehr stark von der Täter-Opfer-Beziehung und der zu erwartenden sozialen Kontrolle ab. Die wenigsten Vergewaltiger töten ihre Opfer aus Angst. Aber sie versuchen, ihnen zu drohen und sie einzuschüchtern. Andere entschuldigen sich und versuchen von der vergewaltigten Frau die Zusicherung zu erhalten, daß sie die Tat nicht veröffentlichen werde. Vor allem Ehe-/Partner haben die Möglichkeit, zu verschiedenen Neutralisierungstechniken zu greifen, um sich vor negativen Konsequenzen zu schützen (vgl. auch Godenzi, 1996).

Das individuell unterschiedliche Vorgehen des Angreifers gestaltet für das Opfer und potentielle UnterstützerInnen die traumatische Situation. Die Absicht des Täters ist es, bei der Angegriffenen und Außenstehenden innere Barrieren (z.B. Zuneigung für den Täter, Angst) und durch Gewalttätigkeit äußere Barrieren zu erhöhen, um soziale Kontrolle und äußeren Widerstand zu erschweren. Im folgenden werden nun die besonderen Durchsetzungsstrategien in Abhängigkeit von der Beziehung des Täters zum Opfer dargestellt. Dabei werde ich mich auf Bekannte, Partner und Therapeuten konzentrieren, da diese über weitreichende Möglichkeiten verfügen, Opfer, Tatort und Tatzeit so auszuwählen, daß ihnen die Realisierung der Vergewaltigung erleichtert wird.

Bekannte. Besonderen Einfluß haben bei Vergewaltigungen durch Bekannte der Druck der Gleichaltrigengruppe (vgl. Krahé, 1998). Als weiterer Risikofaktor erweist sich die uneindeutige Kommunikation sexueller Absichten. Männer, die annehmen, daß Frauen Scheinwiderstand leisten (nein sagen und ja meinen) oder nachgiebiges Verhalten zeigen (ja sagen und nein meinen), neigen eher dazu, ihre sexuellen Interessen aggressiv durchzusetzen (vgl. Koss, Leonard, Beezley & Oros, 1985; Malamuth, 1981). Für die männlichen Befragten in der Studie von Krahé (1998) ergibt sich darüber hinaus ein positiver Zusammenhang zwischen sexueller Aggressivität und Ärger (über schlechte Erfahrungen mit Frauen) sowie Enthemmung (z.B. durch Alkohol und Drogen; vgl. auch Abbey, 1991a).

Bekannten ist es aufgrund des Vertrauensverhältnisses möglich, eine Situation zu schaffen, die eine Vergewaltigung erleichtert. Sie müssen nicht darauf warten, an einem isolierten Ort auf ein potentielles Opfer zu treffen, sondern können kommunikativ dazu beitragen, soziale Kontrolle zu vermeiden und die Widerstandskraft der Anzugreifenden zu schwächen. Die Täter erwerben das Vertrauen der Frau, laden sie zu einem gemeinsamen Abend, z.B. zum Essen oder in die eigene Wohnung ein, bieten an, sie nach Hause zu fahren und begleiten sie in ihr Zimmer. Sie sagen Dinge, die sie nicht ernst meinen, üben verbalen Druck aus, versuchen, die Frau oder das Mädchen betrunken zu machen, drohen mit Gewalt oder wenden Gewalt an (Krahé et al., 1999; zum Überblick s. Parrot & Bechhofer, 1991). Rozée, Bateman und Gilmore (1991) beschreiben dieses Vorgehen in drei Stufen: (1) Aufdringlichkeit, (2) Desensibilisierung und (3) Isolation. Anzeichen für eine Gefahr sind sexuelle Belästigungen, Macht- und Kontrollverhalten, Feindseligkeit und Wut sowie die Akzeptanz interpersonaler Gewalt.

Ehe-/Partner. Während Frauen, die von Fremden oder Bekannten vergewaltigt werden, in der Regel danach nicht mehr der Gewalttätigkeit des Täters ausgesetzt sind, hat der vergewaltigende Partner weiterhin Einfluß auf sein Opfer. Der erste körperliche oder sexuelle Angriff auf die Frau kann jederzeit erfolgen. Zum Teil ist die Beziehung noch nicht gefestigt und die Frau setzt nach der ersten Vergewaltigung die Beziehung mit dem Täter fort. Andere Männer beginnen die Mißhandlungen und Vergewaltigungen erst nach der Hochzeit, während der Schwangerschaft, nach Geburt eines Kindes, bei Veränderungen von Lebensumständen (z.b. der Erwerbstätigkeit der Frau) oder wenn die Frau versucht, sich gegenüber dem Partner zu behaupten (vgl. Bergdoll & Namgalis-Treichler, 1987; Hagemann-White et al., 1981). Die Gewalt dient dem Täter dazu, die Kontrolle über die Frau zu erhalten (vgl. dazu u.a. Lundgren, 1997, zit. nach Hagemann-White & Gardlo, 1997; Stets, 1988). Dabei kann jedes Ereignis dem gewalttätigen Partner als Auslösereiz für seine Gewalttätigkeit dienen (vgl. z.B. Egger et al., 1995).

Nach den bisherigen Erkenntnissen trifft Gewalt die Frauen in Lebensgemeinschaften besonders dann, wenn sie und ihr Partner über ein unterschiedliches Maß an Machtressourcen verfügen (Coleman & Straus, 1986). Besonders gefährdet sind neben Frauen mit niedrigem Status Partnerinnen, die in bezug auf Schulbildung, berufliche Qualifikation und Erwerbstätigkeit dem Mann gegenüber auf- oder ihn sogar überholen. Nehmen Frauen im Vergleich zu ihrem Mann eine höhere gesellschaftliche Position ein, wird Gewalt für ihn zum letzten Mittel, seine Überlegenheit bzw. die Kontrolle über die Partnerin zu sichern oder wiederzuerlangen (vgl. dazu Allen & Straus, 1980; O'Brien, 1971).

Finkelhor und Yllö (1986 unterscheiden vier Formen des Zwanges: (1) sozialer Zwang, der sich aus der vermeintlichen ehelichen Pflicht ergibt, (2) Zwang aufgrund von Drohungen des Partners, (3) angedrohter physischer Zwang und (4) angewandte Gewalt. Außerdem fanden sie drei Kategorien körperlicher Gewaltmuster innerhalb der vom Ehemann erzwungenen Sexualität. Zum einen setzen die Täter physische Gewalt als Mittel ein, um gegen den Willen der Frau bestimmte Sexualpraktiken oder häufige sexuelle Interaktionen durchzusetzen. Einige Partnerinnen werden zu täglichem Geschlechtsverkehr gezwungen (z.B. Hagemann-White et al., 1981). Zum zweiten ist für einen Teil der Männer körperliche Gewalt Bestandteil obsessiver Sexualpraktiken, die meist von pornographischen Vorlagen beeinflußt sind (vgl. dazu auch Fröschl & Löw, 1992, zit. nach Egger et al., 1995; Hagemann-White et al., 1981; Pagelow, 1984; Russell, 1980, 1982). Drittens mißhandeln die Täter ihre Partnerin zusätzlich zu den Vergewaltigungen in davon unabhängigen Situationen.

Aufgrund der bestehenden Beziehung und seiner gesellschaftlich legitimierten Vormachtstellung verfügt der Täter nach der Gewalttat über verschiedene Möglichkeiten, negative Konsequenzen zu verhindern. Dazu gehört es, die Mißhandlungen und Vergewaltigungen zu leugnen, zu verharmlosen, zu relativieren oder moralisch zu rechtfertigen (vgl. dazu Lundgren, 1997, zit. nach Hagemann-White & Gardlo, 1997). Er kann seine Verantwortung zurückweisen und Sachzwänge zur Begründung heranziehen. Die Täter versuchen, den entstandenen Schaden zu bagatellisieren, das Opfer abzuwerten und zu beschuldigen oder zu psychiatrisieren (vgl. dazu Burgard, 1977; Haffner, 1976, Hagemann-White et al., 1981). In der Studie von Bergdoll & Namgalis-Treichler (1987) stellten 60% der Täter ihre körperlichen Mißhandlungen nicht in Frage und standen dazu. Sie hielten sich für berechtigt, ihren Überlegenheitsanspruch mit Gewalt durchzusetzen. Ist es dem Täter nicht möglich, die Mißhandlung und die Folgen zu leugnen, besteht die letzte Strategie darin, sich zu entschuldigen und Reue zu zeigen. Der Partner versichert, daß es ihm leid tue, daß er die Kontrolle verloren habe und verspricht, daß so etwas nicht wieder vorkommen werde.[4]

Im Falle einer (angekündigten) Trennung drohen die Täter nicht nur mit Mord, sondern auch mit Selbstmord oder Gewalt gegen die Kinder (vgl. dazu Gayford, 1975; Martin, 1976; Pagelow, 1984). In einer Studie von Finkelhor und Yllö (1985) gaben zwei Drittel der befragten Frauen an, in der Schlußphase der Beziehung von ihrem Partner vergewaltigt worden zu sein. Einer kanadischen Studie nach besteht für Frauen während der Trennungssituation ein fünf mal höheres Risiko, von ihrem (ehemaligen) Ehe-/Partner ermordet zu werden (Crawford & Gartner, 1992, zit. in Egger et al., 1995; Lücht, 1988). Schätzungsweise werden insgesamt zwei Drittel der ermordeten Frauen Opfer eines Täters aus dem sozialen Nahbereich (Marth, Helf, Schloth & Seidel, 1995). In einer besonders prekären Situation befinden sich in Deutschland lebende Frauen ohne deutschen Paß, die aufgrund des Ausländergesetzes gezwungen sind, mindestens drei Jahre mit einem mißhandelnden Mann verheiratet zu bleiben, um nicht in ihre ursprüngliche Heimat abgeschoben zu werden (vgl. u.a. Hagemann-White et al., 1981).

Autoritätspersonen bzw. Therapeuten. Die Aufnahme sexueller Beziehungen mit vermeintlichem Einverständnis der Klientin bis hin zu Vergewaltigungen unter Einsatz von Drohungen und physischer Gewalt sind das Extrem eines Kontinuums des Machtmißbrauchs durch Autoritätspersonen. Diese verfügen über einen Machtvorsprung aufgrund der Hierarchie zwischen den Geschlechtern, ihrer beruflichen Rolle, z.B. als Trainer oder Therapeut und dem damit verbundenen Status- und Ressourcenvorsprung (vgl. Wirtz, 1994). Häufig handelt es sich um gut ausgebildete Therapeuten, die auch in der Lehre tätig sind (vgl. Vogt, 1989; Wirtz, 1989). Nach dem verbreiteten Modell der psychotherapeutischen Beziehung verfügen Therapeuten über *„Wissen und einen eingebauten unfehlbaren ethischen Maßstab für ihr Tun"* (Hoffmann-Axthelm, 1992, S. 6), während den Klientinnen die Rolle zukommt, sich aufgrund ihrer Machtlosigkeit, ihrer Unwissenheit und Orientierungslosigkeit an therapeuti-

---

[4] Einen Literaturüberblick über Neutralisierungstechniken und deren Funktion zur Selbstdarstellung und Rechtfertigung von Normverletzungen vor und nach einer Tat gibt Godenzi (1996).

schen Vorgaben auszurichten. Außerdem ist die Generationenhierarchie von Bedeutung. So haben die meisten Therapeuten, die ihre Macht mißbrauchen, gegenüber ihren Klientinnen einen Altersvorsprung von zehn bis fünfzehn Jahren (s. u.a. Pope, 1996).

Dem Täter stehen vielfältige Möglichkeiten zur Verfügung, sowohl innere und äußere Hemmungen als auch den Widerstand des Opfers zu überwinden (vgl. Becker-Fischer & Fischer, 1995; Pope & Bouhoutsos, 1992). Die Therapeuten wissen dabei um den Bruch der Abstinenzregel (Heyne, 1991). Mit Hilfe von Rationalisierungen gelingt es ihnen, die sexuellen Übergriffe und Vergewaltigungen vor sich, aber auch vor dem Opfer sowie im Falle einer Veröffentlichung vor anderen zu rechtfertigen (einen Überblick geben Heyne, 1994; Holzbecher, 1996; Vogt, 1989 und Wirtz, 1989). Zu solchen Neutralisierungen gehört unter anderem, die sexuelle Initiative der Klientin und ihre scheinbare Ebenbürtigkeit herauszustellen. Dabei gaben in der Untersuchung von Becker-Fischer und Fischer (1995) 84% der Patientinnen an, die Initiative zum sexuellen Kontakt sei vom Therapeuten ausgegangen. Die Täter definieren den sexuellen Machtmißbrauch als Form der Sexualtherapie, heben einen vermeintlichen Nutzen (z.B. als Mittel zur Selbstwertstabilisierung) hervor, leugnen den Bruch des therapeutischen Vertrages und den der Klientin entstandenen Schaden. Darüber hinaus rechtfertigen die Täter ihr Verhalten damit, daß sie die Klientin lieben würden. Einige von ihnen nehmen auch eine Rollenumkehr vor. Sie weihen die Frauen in ihre Probleme, z.B. in der Beziehung zur Partnerin, ein und binden ihr Opfer immer fester an sich.

Die Täter befinden sich mit ihren Opfern meist in den eigenen Räumen unter Ausschluß der Öffentlichkeit und außerhalb jeder sozialen Kontrolle. Dabei zeigt sich die Auflösung der professionellen Beziehung schon darin, daß die Täter die Therapien nach Becker-Fischer und Fischer (1995) zu etwa einem Drittel in ihren Privaträumen bzw. in einem gesonderten Raum der Privatwohnung durchführen. Darüber hinaus isolieren sie ihre Opfer gezielt, indem sie das soziale Umfeld und vor allem den Partner der Klientin abwerten und sie zu einer Trennung überreden (z.B. in Heyne, 1991). Die Angreifer überwinden aufgrund des Vertrauensvorschusses und der Hilfsbedürftigkeit der Frau deren Widerstand, indem sie der Klientin ihre Wahrnehmung absprechen, sie mittels Fachbegriffen pathologisieren (Pahl, 1995), isolieren, schrittweise den therapeutischen Vertrag auflösen und die Körpergrenzen der Klientin überschreiten, mittels o.g. Argumente die Zustimmung zur Aufnahme einer sexuellen Beziehung erwirken oder mit Hilfe von Drogen oder physischer Gewalt die Gegenwehr der Angegriffenen brechen (vgl. z.B. Becker-Fischer & Fischer, 1995; Heyne, 1991, 1995; Pope & Bouhoutsos, 1992).

Im Vorfeld der Vergewaltigungen kommt es zu einer Vielzahl von Grenzverletzungen, die im Widerspruch zur professionellen Rolle des Täters und seiner Verantwortung stehen. Dazu gehört die Vermischung von Berufs- und Privatsphäre, indem die Klientin zum Beispiel für den Therapeuten arbeitet (vgl.

Heyne, 1991) oder dieser die eigenen Bedürfnisse gegenüber denen der Klientin in den Vordergrund stellt (vgl. Pahl, 1995). Außerdem setzen die Täter eine Vielzahl von Verhaltensweisen ein, die im Zusammenhang mit Körperkontakt und Sexualität stehen. Vergewaltigungen werden häufig durch unangemessene Bemerkungen über Kleidung, sexistische Witze, Ermutigung zum Erzählen intimer Details und Überschreiten von Körpergrenzen eingeleitet (vgl. Heyne, 1995; Pahl, 1995).

Der erste Angriff auf die Schülerin, Klientin oder Patientin kann jederzeit innerhalb des professionellen Prozesses, aber auch nach Abschluß der Therapie erfolgen (vgl. Heyne 1991). Befürchten Therapeuten, daß ihr Einfluß abnimmt, setzen sie Drohungen ein, versuchen, die Klientin zu psychiatrisieren oder wenden offene Gewalt an (s. u.a. Heyne, 1991). Darüber hinaus können sie auf übliche Abwehrmechanismen Außenstehender (vgl. Holzbecher, 1996) und auf Veröffentlichungen zurückgreifen, die Sexualität in der Therapie rechtfertigen und Untersuchungen über Ausmaß und Folgen diskreditieren (einen Überblick geben Becker-Fischer & Fischer, 1995 und Pope, 1996).

4.2.2 Typologie der traumatischen Situation

Die Forschungsergebnisse zu Motiven und zur Überwindung innerer und äußerer Barrieren seitens des Täters zeigen, daß Vergewaltigung eine Form des sexuellen Gewalthandelns ist, die auf unterschiedliche Art und Weise realisiert wird. Die Gemeinsamkeit liegt in der traumatisierenden Handlung an sich. Analog zu Fischer und Riedesser (1998) lassen sich Typisierungen vornehmen, die von Relevanz für die traumatische Situation und die Reaktion des Opfers sind (vgl. auch Mörth, 1994).

Verhältnis zwischen Täter und Opfer. Der zentrale Unterschied zwischen verschiedenen sexuellen Gewalterlebnissen liegt in der Beziehung zwischen Täter und Opfer. Vor allem im angloamerikanischen Raum wird unterschieden zwischen Vergewaltigungen durch Fremdtäter und Bekannten als Täter (,Acquaintance Rape', Parrot & Bechhofer, 1991). Zu den Vergewaltigern aus dem sozialen Nahbereich gehören flüchtige und nahe Bekannte, die die Frauen - z.B. während einer Verabredung - vergewaltigen (,Date-rape') sowie Ehe-/ Partner und Autoritätspersonen. Die letzte Gruppe umfaßt u.a. Trainer, Erzieher, Therapeuten und Ärzte, die im Rahmen ihrer pädagogischen, therapeutischen und medizinischen Arbeitsfelder ihre Opfer angreifen. Die Täter-Opfer-Beziehung steht im engen Zusammenhang mit dem Tatkontext, d.h. ob die Vergewaltigung z.B. am Arbeitsplatz (u.a. Holzbecher, Braszeit, Müller & Plogstedt, 1991), an der Hochschule (z.B. Bußmann & Lange, 1996; Färber, 1992), innerhalb von Kirchen und Sekten (Smith, 1994), im Krieg (u.a. Brownmiller, 1978; Dieregsweiler, 1997; Doblhofer, 1992; Medica mondiale e.V., Fröse & Volpp-Teuscher, 1999; Seifert, 1993, 1994; Stiglmayer, 1993; Zirpins, 1997), als Folge von Frauenhandel (vgl. u.a. Heine-Wiedemann & Akkermann, 1992) oder in Gefängnissen als Folterpraxis (z.B. Agger, 1988; Nuscheler & Klingebiel, 1991) verübt wird.

Schweregrad. Der Schweregrad der traumatischen Situation hängt von der Art der traumatisierenden Handlung ab. Viele Opfer, vor allem Partnerinnen, werden nicht nur vergewaltigt, sondern auch schwer mißhandelt bis lebensgefährlich verletzt. Ihnen oder Nahestehenden wird mit Mord oder Psychiatrieeinweisung gedroht. Sie werden in der eigenen Wohnung gefangen gehalten und von anderen isoliert. Frauen können z.b. im Krieg oder durch junge Gewalttäter Opfer von Gruppenvergewaltigungen werden (vgl. dazu Dieregsweiler, 1997; O'Sullivan, 1991), d.h. sie werden wiederholt und vor Zeugen vergewaltigt.

Häufung traumatischer Ereignisse. Während Fremde und flüchtig Bekannte ihr Opfer in der Regel nur einmal vergewaltigen, werden auch Frauen, die durch den Partner oder durch Autoritätspersonen angegriffen werden, meist mehrmals, wenn nicht sogar täglich, vergewaltigt. Diese wiederholten Traumatisierungen beeinträchtigen die Bewältigungsprozesse der Opfer (vgl. Kap. 5).

Mittelbare versus unmittelbare Betroffenheit. Vergewaltigungsopfer sind nicht nur unmittelbar von einer Traumatisierung betroffen. Zum Beispiel erleben Partnerinnen neben der gegen sie gerichteten Gewalt, wie Leben und Gesundheit ihrer Kinder bedroht werden, z.B. wenn der Täter die Frau während einer Schwangerschaft oder im Beisein der Kinder mißhandelt und vergewaltigt oder die Kinder schlägt.

Gesichtspunkte der Verursachung. Diese stehen in engem Zusammenhang mit den Durchsetzungsstrategien des Täters und der Schwere des traumatischen Ereignisses. Für Vergewaltigungsopfer sind vor allem die folgenden Situationsfaktoren von Relevanz: Bedrohung für Leib und Leben, absichtliche und schwere körperliche Verletzung sowie Beobachtung von Gewalt gegen eine geliebte Person und antizipierte Schuld an einer schweren Schädigung anderer. Das ist zum Beispiel der Fall, wenn der Täter die Kinder und UnterstützerInnen bedroht oder im Falle einer Trennung seinen Suizid ankündigt.

Klinisch relevante Situationsdynamiken. Für die Opfer einer Vergewaltigung können verschiedene situative Konstellationen von Bedeutung sein. Von größter Wichtigkeit ist die Tatsache der erzwungenen negativen Intimität. Diese ergibt sich zum einen aus dem Einbruch in die Privatsphäre, vor allem bei Vergewaltigungen durch nahe Bekannte und Partner. Die meisten Vergewaltigungen werden in geschlossenen Räumen und nicht im öffentlichen Raum verübt (Presse- und Informationsamt der Bundesregierung, 1998; Wetzels & Pfeiffer, 1995). Dringt der Täter in die Privatsphäre des Opfers ein, bzw. teilt diese mit der vergewaltigten Frau, oder findet die Vergewaltigung in der Nähe der eigenen Wohnung, am Arbeitsplatz oder in der Therapie statt, wird allein dadurch der eigene Schutzraum verletzt. Zum zweiten ergibt sich die negative Intimität durch das Eindringen in den Körper des Opfers, aus der Verknüpfung von physischer und sexueller Gewalt. Erzwungene Intimität und Todesangst führen zu einer starken Bindung des Opfers an den Täter, denn:

> „(...) er ‚schenkt' ihr das Leben, wenn er sie nicht umbringt; er läßt sie im allgemeinen geschädigt, gedemütigt, aber lebend zurück. Der Täter schafft damit eine Situation, in der er sich zum Herrn über Leben und Tod macht." (Thürmer-Rohr, 1989, S. 29)

Daneben kommt es zu Erfahrungen der Beraubung, z.B. der Jungfräulichkeit, des Vertrauens und Glaubens an eine sichere und gerechte Welt, die mit Trauer einhergehen. Außerdem spielen als relevante Situationsdynamiken das Erleben von Todesnähe, Viktimisierung, Herabsetzung der Person und Handlungsunfähigkeit eine Rolle.

Die verschiedenen Merkmale in Verbindung mit den Durchsetzungsstrategien der Täter führen zu einer Vielfalt von Vergewaltigungssituationen. Viele von ihnen ähneln zunächst Alltagserfahrungen und sind in soziales Handeln eingebettet. Sie stellen schon im Vorfeld des unmittelbaren Angriffs unterschiedliche Anforderungen an das spätere Opfer. Von der Typologie der traumatischen Situation hängt es ab, ob die Vergewaltigung für die Angegriffene antizipierbar ist und welche Handlungsmöglichkeiten ihr zur Verfügung stehen.

4.2.3 Der traumatische Schock: Erleben des Angriffs und Widerstand

Theoretisch können alle Frauen Opfer einer Vergewaltigung werden, wenn sie einem Mann begegnen, der vergewaltigen will und für den die zu überwindenden Barrieren niedrig genug sind. Dabei kann es sich bei dem Täter um einen Fremden, Bekannten, den Partner oder eine andere Vertrauensperson handeln. Für die angegriffene Frau ist es oft sehr schwer, die Gewalt zu antizipieren und adäquate Handlungsstrategien zur Abwehr zu ergreifen. Das ist zum einen der Fall, wenn der Angriff als plötzlicher Überfall erfolgt, aber auch, wenn er in alltagstypische Handlungen, z.B. eine Verabredung, eingebettet ist.

Für Möglichkeiten zur Abwehr des Traumas, aber auch für Bewältigungsprozesse nach der Vergewaltigung, ist das Ausmaß der Vulnerabilität des Opfers von Bedeutung; ob die Frau oder das Mädchen sich in einer verletzungsoffenen Lebensphase oder -situation befindet, die mit geringen personalen, sozialen und materiellen Ressourcen einhergeht. Zum Beispiel erfahren Mädchen, die von zu Hause geflohen sind, in der Straßenprostitution sowohl eine Überlebenschance, als auch eine ständige Bedrohung durch Gewalt und den illegalen Status der Minderjährigenprostitution (Schäfter und Hocker, 1995; Silbert, 1984).

Wie die Angegriffenen die Gewalt erleben, welche Chancen zur Gegenwehr sie wahrnehmen und welche Widerstandsformen sie einsetzen, hängt mit den vom Täter vorgegebenen situationalen Bedingungen, Mehrdeutigkeiten und der Vorhersagbarkeit des traumatischen Ereignisses (vgl. auch Krohne, 1990) zusammen.[5] Hinzu kommen die realen Möglichkeiten physischer Gegenwehr, die z.B. aufgrund körperlicher oder geistiger Einschränkungen begrenzt sein können (vgl. dazu u.a. Degener, 1991). Kurz vor und während der Tat ergreifen Opfer sowohl kognitive Strategien (z.b. Überlegungen, wie der Tat entgangen werden kann, Ablenkung und Ausblendung der Realität, Einprägung von Tätermerkmalen), verbale Strategien (wie Überredung, Ablenkung des Täters) und physische Aktivitäten (Flucht, Gegenwehr) (vgl. Licht, 1991; Burgess & Holmstrom, 1976, 1980). In der Befragung von Licht (1991) gab ein Teil der Frauen an, eine Vorahnung der Gefahr gehabt zu haben. Diese Vorahnung erhöhte aber genauso wenig wie eine positive Verfassung die Reaktionsfähigkeit der Frauen. Außerdem schätzten die Opfer ihre angewandten Abwehrstrategien als wenig erfolgreich ein (vgl. auch Kretschmann, 1993). Auch die in einer Studie von Godenzi (1989) gefragten Opfer waren vorsichtig in ihren Empfehlungen, da jede Situation anders sei und spezifische Reaktionen verlange.

Insgesamt sind die Ergebnisse zu erfolgreich einsetzbaren Selbstbehauptungs- und Selbstverteidigungsstrategien widersprüchlich (vgl. auch Hiekel & Endres, 1997b). Die einen sehen die frühzeitige Aufmerksamkeit gegenüber Grenzverletzungen, den Einsatz einer Vielzahl von Abwehrmaßnahmen sowie aktiv-aggressive und insbesondere physische Gegenwehr als geeignet zur Verhinderung einer Vergewaltigung an (z.B. Bart, 1981; Bart & O'Brien, 1985; MacCombie, & Koss, 1986; Rozée, Bateman & Gilmore, 1991). Dem gegenüber äußern sich andere zurückhaltend. Ihre Kritik an diesen Konzepten bezieht sich u.a. auf die Verstärkung von Vergewaltigungsmythen und Opferverantwortung sowie die Erzeugung einer falschen subjektiven Sicherheit (z.B. Brandewiede, 1996; Wyre & Swift, 1991). Das Ziel des Widerstandes ist primär die Verhinderung der vaginalen Vergewaltigung (vgl. auch Doblhofer, 1994). So weisen einige Autorinnen darauf hin, daß bei keinem anderen Delikt wie bei Vergewaltigungen die Selbstschutzmöglichkeiten des Opfers in dem Ausmaß betont werden (Sick, 1995) und, daß niemand „*nicht-traumatisierbar*" sei (Kretschmann, 1993, S. 72).

„In solchen bedrohlichen Zusammenhängen, in denen Frauen und Mädchen durch sexualisierte Gewalt auch getötet werden können, Erfolg daran zu messen, ob sie eine Zwangspenetration verhindert haben, ist jedoch nicht nur zynisch und menschenverachtend. Ignoriert wird hiermit zugleich die Realität möglicher brutalster Gewaltanwendung und Übermacht." (Brandewiede, 1996, S. 93)

In Deutschland wird die Effektivität physischer Gegenwehr durch eine Studie von Paul (1993, vgl. auch Frie, 1996) nachgewiesen, in der Akten von 286 angezeigten Vergewaltigungen und sexuellen Nötigungen (141 Fremdtäter, 72

---

[5] Ein Modell der hypothetischen Beziehungen zwischen Komponenten einer Gefahrensituation, unmittelbaren Gefühlszuständen, Angstreaktionen und Bewältigungsverhalten findet sich bei Krohne (1996).

flüchtig und 67 nahe Bekannte sowie 7 verwandte Täter) ausgewertet wurden. Danach steht ‚massive Gegenwehr' in 84,3%, ‚leichte Gegenwehr' in 68,4% und keine Gegenwehr durch Weglaufen in 18,8% der Fälle mit einer Verhinderung der Vergewaltigung im Zusammenhang. Zum Teil wurden die Angegriffenen durch hinzukommende Dritte unterstützt. Das Datenmaterial läßt allerdings keine Aussagen darüber zu, was aus Sicht des Täters zum Tatabbruch führte und welches die Voraussetzungen für die gewählten Strategien seitens des Opfers waren.

Während Paul (1993) schlußfolgert, daß physischer Widerstand im Falle der angezeigten Vergewaltigungen nur in einem Fall zu einer Gewalteskalation führte, besteht nach einer Studie von Steck und Pauer (1992) ein negativer Zusammenhang zwischen Opferpassivität und Verletzungen (vgl. dazu auch Breiter, 1995). Außerdem zeigen ihre Ergebnisse, daß der Gebrauch einer Waffe durch den Täter positiv mit der Handlungsunfähigkeit des Opfers korreliert. Sie resümieren, *„daß von Einflußnahme des Opfers auf den Tatverlauf nicht im Sinne einer unabhängigen Variablen gesprochen werden kann"* (ebd., S. 196). Stattdessen hängen die Reaktionen der Opfer in hohem Maße von den Durchsetzungsstrategien des Täters ab (vgl. dazu auch Mandoki & Burkhart, 1991, Scholz, 1995). Frauen wehren sich z.B. gegen überfallartig angreifende Fremdtäter - vor allem wenn sie Wut empfinden - intensiver und wirkungsvoller als gegenüber Bekannten (Breiter, 1995).

Scholz (1995) zieht nach Durchsicht verschiedener Studien das Fazit, daß seitens der viktimologischen Forschung keine eindeutigen Empfehlungen gegeben werden können, wie eine drohende Vergewaltigung zu verhindert ist (vgl. auch Abel, 1988). Da die Ressourcen des Täters ebenso wie Widerstandsformen des Opfers auch von der Täter-Opfer-Beziehung abhängen, werden diese im folgenden genauer für Bekannte, Partner und Therapeuten als Angreifer dargestellt.

Bekannte. In der Vergewaltigungsforschung über sexuelle Gewalt durch Bekannte stehen vor allem Erlebnisse von Jugendlichen und jungen Erwachsenen und die Suche nach Ansatzpunkten für die ‚Prävention' sexualisierter Gewalt im Vordergrund. So wird auf Seiten der Opfer untersucht, welche Faktoren mit einer Viktimisierung zusammenhängen. Dies soll der Entwicklung von Bewußtsein und einer realistischen Einschätzung sexuell aggressiver Verhaltensweisen von Männern dienen, nicht der Beschuldigung der Opfer (s. dazu auch Myers, Templer & Brown, 1984; Wieder, 1985; Myers, Templer & Brown, 1985). In vielen Studien zeigt sich, wie sehr Grenzüberschreitungen unter jungen Erwachsenen mit der ‚normalen' Heterosexualität und der geschlechtsabhängigen Wahrnehmung sozialer Situationen verknüpft sind. Männer sehen z.B. in dem Verhalten von Frauen sehr viel eher Zeichen sexuellen Interesses, als dieses intendiert ist (u.a. Abbey, 1982, 1991b; Abbey & Harnish, 1995; Goodchilds & Zellmann, 1984; z. Überblick s. Benson, Charlton & Goodhart, 1992).

Es werden drei verschiedene Typen von Risikofaktoren herausgearbeitet. Das sind erstens Bedingungen, die die statistische Wahrscheinlichkeit erhöhen, Opfer einer Vergewaltigung, z.b. durch einen Bekannten, zu werden (Koss, 1985). Dazu gehört der häufige Wechsel von Sexualpartnern (u.a. Krahé, 1998). Zum zweiten werden Faktoren aufgedeckt, die das Wahrnehmen eigener Grenzen, das frühe Erkennen von Grenzverletzungen und eine rechtzeitige Gegenwehr erschweren. Eine Rolle spielt z.B. Gruppendruck in Richtung sexueller Aktivität (u.a. Krahé, 1998, vgl. auch Kluge & Osthoff, 1998).[6] Dabei korrelieren sexuelle Gewalterlebnisse mit uneindeutiger Kommunikation über sexuelle Absichten (vgl. Krahé, 1998; Muehlenhard & Hollabaugh, 1988).

Es wird vermutet, daß neben häufig wechselnden Sexualpartnern Risikofaktoren wie Alkohol- und Drogenkonsum (vgl. dazu u.a. Miller & Marshall, 1987; Vogel & Himelein, 1995) und paralysierende ‚Flashbacks' (Lundberg-Love & Geffner, 1989, zit. in Vogel & Himelein, 1995) im Zusammenhang mit der dritten Gruppe von Risikofaktoren, den sexuellen Gewalterlebnissen in der Kindheit, stehen (Browne & Finkelhor, 1986; Fischer, 1992; Koss & Dinero, 1989; Krahé, 1998; Krahé, Scheinberger-Olwig, Waizenhöfer & Kolpin, 1999; Russel, 1986; Vogel & Himelein, 1995). Alkohol erschwert die frühzeitige Wahrnehmung von Hinweisinformationen (vgl. Abbey, 1991a) und schränkt gleichermaßen wie ‚Flashbacks' die Widerstandskraft ein. Als biographische Bedingungen für sexuelle Gewalterlebnisse wurden außerdem Minderwertigkeitsgefühle in der Kindheit (Krahé, 1998) und eine traditionelle Haltung gegenüber Frauen seitens der Eltern (Neal & Mangis, 1995) herausgearbeitet.

Opfer von Vergewaltigungen werden außerdem mit Nichtopfern in Bezug auf ihre Einstellungen zum Geschlechterverhältnis, Sexualrollen und zur Vergewaltigungsmythenakzeptanz befragt (vgl. z.B. Vogel & Himelein, 1995). Zum großen Teil sind die Ergebnisse verschiedener Studien widersprüchlich. Außerdem kann nicht geklärt werden, ob es sich dabei um Voraussetzungen oder Folgen der erfahrenen sexualisierten Gewalt handelt.

Ehe-/Partner. Frauen, die von ihrem Partner wiederholt physisch und sexuell angegriffen werden, setzen vor, während und nach dem Angriff unterschiedliche Strategien ein, um die Gewalt zu stoppen. Dazu gehören Vermeidung von

---

[6] Interessanterweise spielt die sexuelle Selbstbestimmung ihrer Töchter für Eltern eine geringe Rolle. Auf die Frage, nach Voraussetzungen für Geschlechtsverkehr zwischen minderjährigen Jugendlichen geben Eltern von Mädchen in Westdeutschland (N=661) u.a. an (Mehrfachnennungen möglich): Empfängnis-/Verhütung: 46%, feste, längere Bindung: 32%, Entwicklungsstand: 14%, Schutz vor AIDS: 4%. Lediglich 5% der Eltern halten die Abwesenheit von Druck und Gewalt für eine nennenswerte Voraussetzung. Bei den Eltern von Jungen und Mädchen/Ostdeutschland sind es sogar nur 3% (Kluge & Osthoff, 1998). Allerdings nimmt tatsächlich bei zunehmenden Bekanntheitsgrad, für 32% der Eltern ein wichtiges Kriterium - die sexuelle Selbstbestimmung der Mädchen zu (Dahmen, Eiblmeier, Lehr & Schmid-Tannwald, 1998). Eine vergleichbare Ausblendung sexualisierter Gewalt findet sich in der Jugendsexualitätsforschung (vgl. Lange, 1998).

Konfliktanlässen, körperliche Gegenwehr, Rufen der Polizei, Flucht, Veröffentlichung gegenüber Personen des sozialen Umfeldes, Kontakt zu öffentlichen Einrichtungen, verbale Drohungen gegen den Partner und Einholen von Versprechen des Partners (s. dazu u.a. Bowker, 1983; Gelles & Straus, 1988; Hagemann-White et al., 1981; Russell, 1982). Insgesamt gibt es bisher wenig Hinweise darauf, daß die Frauen einen langfristigen Einfluß auf das Gewalthandeln des Partners nehmen können. Für eine Verhaltensänderung des Mannes scheint lediglich entscheidend zu sein, wie entschlossen die Partnerin ist, die Gewalt nicht hinzunehmen (Bowker, 1983), bzw. ob es ihr gelingt, sich zu trennen. Auch hier liegen widersprüchliche Ergebnisse zur Wirksamkeit von physischer Gegenwehr vor. In der Untersuchung von Bergdoll & Namgalis-Treichler (1987) berichteten 67% der Befragten, daß die Mißhandlungen daraufhin noch zunahmen. In der Studie von Hagemann-White et al. (1981) verschärften sich bei 42% der Frauen die Gewalttätigkeiten, 5% berichteten von einer vorübergehenden Reduzierung der Gewalt (vgl. dazu auch Gelles & Straus, 1988). Gleichzeitig hatte das Sich-Wehren eine positive Auswirkung auf das Selbstbewußtsein der Frauen.

Wetzels (1997) fand in seiner Untersuchung heraus, daß Kindheitserfahrungen mit Gewalt im Sinne sozialer Lernprozesse - d.h. eigene Opfererfahrungen und Wahrnehmung elterlicher Partnergewalt - mit einer intrafamiliären Reviktimisierung im Erwachsenenalter verbunden sind.

Autoritätspersonen bzw. Therapeuten. Frauen, die eine Therapie beginnen, erhoffen sich eine Linderung ihres Leidens. Sie öffnen sich und vertrauen der Kompetenz des Therapeuten. Sie idealisieren ihn unter Umständen als Helden und Retter oder unfehlbaren Gott.[7] Zum Teil zeichnen sich die Therapeuten durch ein nach außen sichtbares Engagement für Gleichberechtigung und gegen sexuelle Gewalt aus (Heyne, 1991). Einige Frauen verlieben sich in ihren Therapeuten, was im Sinne der sogenannten Übertragungsliebe zum Teil auch erwartet wird. Die Klientinnen geben Kontrolle und Verantwortung ab und finden gleichzeitig in dem Therapeuten die väterliche, schützende, verantwortungsvolle Person, die sie suchen. Kommt es zu ersten Brüchen in der therapeutischen Beziehung, indem der Täter die Klientin isoliert, den Kontakt erotisiert, die Körpergrenzen überschreitet oder eine Rollenumkehr vornimmt, meiden die Klientinnen häufig eine Auseinandersetzung. Sie mißtrauen ihrer Wahrnehmung und können das Verhalten des Täters nicht mit seiner Rolle als Therapeut in Einklang bringen. Trotz ihres Unbehagens sind die Frauen zunächst nicht oder nur unter größten Anstrengungen in der Lage, sich der Veränderung und des Machtmißbrauchs durch den Therapeuten zu erwehren (vgl. Augerolles, 1991; Hensch & Teckentrup, 1993; Heyne, 1991; Holzbecher, 1996; Wirtz, 1989). Besonders schwierig ist die Situation für die Frauen, bei denen sich ero-

---

[7] Gleichermaßen sehen junge Frauen in ihrem Trainer ihr Vorbild und machen ihn zur Projektionsfläche ihrer jugendlichen Wünsche (vgl. Engelfried, 1997).

tische Phantasien mit der Realität des sexuellen Übergriffs des Therapeuten vermischen (vgl. z.B. Blaise, 1990).

Auch im Zusammenhang mit Vergewaltigungen durch Autoritätspersonen wird diskutiert, welche Frauen wann am ehesten gefährdet sind. Ein besonderes Risiko wird auch hier für diejenigen postuliert, die schon in ihrer Kindheit Opfer sexueller Gewalt waren (vgl. Becker-Fischer & Fischer, 1995; Heyne, 1991; Gutheil, 1988; zit. nach Vogt, 1989; Wirtz, 1989). Sie sind nach einer Interpretation von Wirtz (1989) in ihrer Widerstandsfähigkeit eingeschränkt, da durch den Machtmißbrauch Gefühle des Ausgeliefertseins und der Hilflosigkeit sowie alte Verhaltensmuster der Unterordnung reaktiviert werden. Pope und Bouhoutsos (1992) unterschieden unter Vorbehalt aufgrund ihrer klinischen Erfahrungen zwischen gering, durchschnittlich und stark gefährdeten Klientinnen. Nach Sicht veröffentlichter Forschungsarbeiten findet Pope (1996) in einer neueren Veröffentlichung hingegen keine Bestätigung mehr für klinische oder biographische Risikofaktoren, wie sexuelle Gewalterlebnisse in der Kindheit. Er hält in Anlehnung an Bates und Brodsky (1989) Therapeuten, die in der Vergangenheit Patientinnen ausgebeutet haben, für den besten Prädiktor für Machtmißbrauch in der Therapie.

Insgesamt legen die vorliegenden Ergebnisse nahe, daß vor allem im Vorfeld der Vergewaltigungen Handlungsstrategien des Täters wirksam werden, die, wenn sie aufgrund ihrer Mehrdeutigkeit nicht als Zeichen aggressiven Verhaltens erkannt werden, eine frühzeitige Abwehr seitens des Opfers erschweren. Die Rolle der physischen Gegenwehr ist umstritten. Wahrscheinlich ist sie gegenüber Fremden, vor allem bei rechtzeitigem Einsatz, am wirkungsvollsten. Die Angegriffenen sind in der traumatischen Situation sehr unterschiedlichen äußeren und inneren Reizen, wie z.B. Morddrohungen oder Atemnot und Panikattacken, ausgesetzt. Spätestens wenn es dem Täter gelingt, sein Opfer zu überwältigen, tritt die intrapsychische Abwehr zusätzlicher physischer Verletzungen und Entwertungen sowie die Regulierung starker Emotionen wie z.B. Verletzungs- und Todesangst in den Vordergrund.

4.2.4 Die traumatische Reaktion

Die Bandbreite von Vergewaltigungssituationen spiegelt sich in den Reaktionen der Vergewaltigungsopfer auf das traumatische Ereignis wieder. Untersuchungen zu den Prozessen nach einer Vergewaltigung kommen in Abhängigkeit von der zugrundeliegenden Stichprobe zu unterschiedlichen Ergebnissen. Dabei beziehen sich die meisten Veröffentlichungen implizit oder explizit auf einmalige, nicht auf wiederholte Vergewaltigungen. Außerdem dominieren Systematisierungen von Folgen und Verläufen, die aus einer klinischen Perspektive gewonnen werden. Da vor allem Frauen, die von Bekannten vergewaltigt wurden, die Tat häufig nicht veröffentlichen und sich keine Unterstützung suchen (vgl. z.B. Katz, 1991), müssen die Ergebnisse mit großer Vorsicht angesehen werden. Außerdem ist es nicht möglich, anhand des traumatischen Ereignisses die traumatischen Reaktionen oder sogar den Verlauf des weiteren Prozesses vorherzusagen. So kann es z.B. für das individuelle Erleben unwichtig sein, ob der Täter die Vergewaltigung vollenden konnte oder nicht, ob er Waffengewalt einsetzte oder verbal drohte, es sich um einen fremden oder bekannten Täter handelte (vgl. Calhoun & Atkeson, 1994; Kretschmann, 1993). Entscheidend ist die vom Opfer empfundene Todes-/Angst sowie die erlebte Hilflosigkeit und Erniedrigung.

Bricht die nach außen gerichtete Abwehr im Sinne eines existentiellen Diskrepanzerlebnisses zwischen Bedrohung und Bewältigung zusammen, kommt es zum traumatischen Schock (Fischer & Riedesser, 1998). Kurz vor und während der Tat erleben die Opfer neben aktiven Abwehrstrategien unkontrollierbare psychische, psychophysische und physische Reaktionen wie Blockierung der Wahrnehmungsfähigkeit, Entfremdungserlebnisse (Dissoziationen), Übelkeit, Erbrechen, Hyperventilation sowie Immobilisation und Todesangst („Frozen fright') (Feldmann, 1992; Katz & Mazur, 1979; Kretschmann, 1993; Symonds, 1976; Teubner, Becker & Steinhage, 1983; Weis & Borges, 1973). Nach einer Studie von Feldmann (1992) erlitten 90,7% der befragten Frauen Todesangst, 80% „totale Passivierung" (ebd., S. 52). Die von Wetzels und Pfeiffer (1995) befragten Frauen berichteten als unmittelbare Folge von Gefühlen der Erniedrigung (82,2%), Ängsten (74%), einem starken Schock (54%) und über Schmerzen (52%). 93,1% der Frauen litten vor allem langfristig unter Ängsten. Handelte es sich bei dem Täter um eine Person des sozialen Umfelds, betrifft diese Angst auch das Sicherheitsgefühl im privaten Bereich. Die Vergewaltigung wird insgesamt als Angriff auf die Person und Würde und nicht als Sexualdelikt gesehen (vgl. Kretschmann, 1993). Deshalb sprechen Steffen und Gründler (1990) auch vom „Mord an der Seele der Frau" (S. 15). Hinzu kommen zum Teil lebensgefährliche physische Verletzungen, nach Weis (1982) bei ca. einem Drittel der Vergewaltigungsopfer.

Die oben beschriebene Schockphase oder Akutsituation kann einige Stunden bis zu wenigen Wochen dauern. Das Verhalten der Frauen reicht von äußerlicher Ruhe, paradoxen Reaktionen, wie lächelnd von der Vergewaltigung zu erzählen, bis zu Apathie und Verwirrung. Fast alle Frauen empfinden Ekel, fühlen sich beschmutzt und haben das Bedürfnis nach einer ausgiebigen Reinigung. Zum Teil wünschen die Opfer, alleine zu sein, zum Teil suchen sie Schutz bei vertrauten Personen (vgl. auch Burt & Katz, 1987, Kretschmann, 1993). Burgess und Holmstrom (1974) bezeichnen die als typisch angenommenen Symptome während der Akutphase als ‚Vergewaltigungs-Trauma-Syndrom'.

Schon nach einigen Tagen bis Wochen versuchen die Frauen, die Kontrolle über ihr Leben und die normale Realität wiederherzustellen. Die Phase wird in der Literatur als ‚Pseudo-adjustment' (Sutherland & Scherl, 1970) oder Verleugnungsphase (Forman, 1980) bezeichnet, in der Hilfsangebote zurückgewiesen werden können. Um die Gefühle von Ohnmacht, Hilflosigkeit und Angst zu überwinden, wird ein Wiedererinnern des traumatischen Erlebnisses im Sinne der biphasischen Reaktion vermieden und die Tat verleugnet.

Mit der Zeit bilden sich in Abhängigkeit von den eigenen und sozialen Ressourcen spezielle Reaktionen auf die Vergewaltigung heraus. Einen Überblick über entsprechende Untersuchungen geben Calhoun und Atkeson (1994). Vergewaltigungsopfer leiden vor allem unter folgenden symptomatischen Belastungen:

- Angst und Furcht während und nach der Vergewaltigung bis hin zu spezifischen Phobien und auf sekundäre Hinweisreize generalisierten Ängste, Vermeidung, Selbstbeschränkungen und zwanghaftes Kontrollverhalten;

- Depressive Reaktionen, wie *„Weinanfälle, Schlaf- und Eßstörungen, Erschöpfung, Selbstmordgedanken und Schuld-, Wertlosigkeits- und Hilflosigkeitsgefühle"* (Calhoun & Atkeson, 1994, S. 22);

- Beeinträchtigung der sozialen Anpassung und sozialer Beziehungen z.B. durch Wechsel des Wohnortes und des Arbeitsplatzes, Vermeiden sozialer Kontakte bis zum Verlust der Beziehung zum Partner;

- Auswirkungen auf die Sexualität, d.h. vorübergehende Ängste, aber auch ‚Flashbacks‘ während des sexuellen Kontaktes und anhaltende sexuelle Dysfunktionen;

- Somatische Reaktionen, auch wenn nur geringe physische Verletzungen vorliegen.

Neben der Systematisierung von Calhoun und Atkeson (1994) gibt es andere Einteilungen wie die von Kretschmann (1993), die über die oben genannten Punkte hinaus Veränderungen in der Beziehung zum eigenen Körper beschreibt (s. auch Feldmann, 1992; Licht, 1991). McCann, Sakheim und Abrahamson (1988) schlagen folgende Unterteilung der Symptomatik vor:

- Emotionale Reaktionen wie Furcht und Angst, Niedergeschlagenheit und depressive Verstimmungen, Verlust des Selbstwertgefühls und Zorn;

- Kognitive Reaktionen, z.B. Wahrnehmungsstörungen in Form von ‚Flashbacks‘;

- Biologische Reaktionen in Form von psychosomatischen Reaktionen, Schlafstörungen, erhöhter Muskelanspannung und gastrointestinalen Störungen;

- Verhaltensreaktionen, u.a. selbstverletzende Aktivitäten und Selbstmord, sozialer Rückzug einschließlich Wohnungs- und Arbeitsplatzwechsel;

- Interpersonelle Reaktionen vor allem im sexuellen Bereich.

Nur ein Teil der Vergewaltigungsopfer leidet unter einer posttraumatischen Belastungsstörung im Sinne des ‚DSM IV‘ (APA, 1996). Nach einer Studie von

Kilpatrick et al. (1989, zit. in Calhoun & Atkeson, 1994) sind 14% der Opfer einer versuchten Vergewaltigung und 35% der Vergewaltigungsopfer davon betroffen.

Im Laufe der Zeit lassen die symptomatischen Belastungen nach. Den Frauen gelingt es auf der einen Seite zunehmend, gelassen über die Vergewaltigung zu reden. Auf der anderen Seite kommt es zu einer veränderten Lebenseinstellung, die vor allem durch sozialen Rückzug, Resignation und eine negative Einstellung gegenüber Männern, Sexualität und gesellschaftlichen Kontakten geprägt ist (Kretschmann, 1993). Vergewaltigungsopfer leiden unter Selbstwertproblemen und mangelndem Vertrauen. In dieser Zeit können die Frauen auch von massiven Reaktionen (‚Flashbacks') überrollt werden, wenn sie in anderen Zusammenhängen mit der sexuellen Gewaltthematik konfrontiert werden oder in Krisensituationen geraten (vgl. u.a. Kilpatrick, Veronen & Resick, 1979; Murphy et al., 1988; Nadelson, Notman, Zackson & Gornick, 1982).

Gesundheitliche Beeinträchtigungen werden bisher wenig thematisiert und dann meist als Folge sexueller Gewalt in der Kindheit (z.B. Lehmann, 1991). Das gilt auch für die Frauengesundheitsforschung. Eine Ausnahme sind Veröffentlichungen internationaler Institutionen, z.B. der Vereinten Nationen (vgl. Bundesministerium für Familie, Senioren, Frauen und Jugend, 1998). Insgesamt schätzen Vergewaltigungsopfer gegenüber Nichtopfern ihre gesundheitliche Verfassung als schlechter ein, geben eine höhere Zahl akuter Krankheitssymptome an, zeigen mehr gesundheitsschädigende Verhaltensweisen und gehen zweimal so häufig zum Arzt oder zur Ärztin (Koss, 1988; Phelps, Wallace & Waignadt, 1989; zit. in Calhoun & Atkeson, 1993).

Eine unmittelbare Folge einer Vergewaltigung kann eine Schwangerschaft sein. Dies wird wenig untersucht und diskutiert. Bisher liegen vereinzelt persönliche Berichte vor (Vogelsang, 1994). Dazu gehören Veröffentlichungen im Zusammenhang mit Vergewaltigung in der Ehe (Hagemann-White et al., 1981), in kriegerischen Auseinandersetzungen (z.B. bei Sander & Johr, 1992) oder als Folge von Inzest (McWhinnie & Batty, 1993; Dierkes, 1997). Heise (1994) faßt Untersuchungen aus unterschiedlichen Ländern über den Zusammenhang zwischen erlittener sexualisierter Gewalt und gesundheitlichen Problemen wie Teenagerschwangerschaften und risikoreichem Sexualverhalten (ungeschützter Geschlechtsverkehr mit wechselnden Partnern und Prostitution) zusammen. Schätzungen für Schwangerschaften als Folge einer Vergewaltigung liegen bei 5% in den USA sowie 15-18% in Mexiko. Nach einer Befragung von 445 adoleszenten Müttern von Gershenson et al. (1989) wurden 23% der jungen Frauen, die Opfer einer Vergewaltigung geworden waren, dadurch schwanger. 91% der Schwangeren brachten das Kind auf die Welt. Die Väter der Kinder waren zu 83% Freunde der jungen Mütter.

Frauen verlieren durch eheliche Vergewaltigungen in besonderem Maße ihre subjektive Sicherheit gegenüber Männern als intime Vertrauenspersonen und leiden unter anhaltenden Belastungen (vgl. z.B. Finkelhor, 1984; Finkelhor &

Yllö, 1982; Russell, 1982). Das gilt besonders für Frauen, die aus Mangel an Alternativen mit dem Partner zusammenbleiben. Außerdem sind im Falle von wiederholten Vergewaltigungen und Mißhandlungen Schwangerschafts- und Gesundheitsrisiken sehr viel größer. So ist Gewalt während der Schwangerschaft eine der wichtigsten Beeinträchtigungen für die Gesundheit von Frauen und von ihren ungeborenen Kindern (Schwangerschaftskomplikationen, Fehlgeburten und niedriges Geburtsgewicht). Einer Übersicht nach werden zwischen 3,9% und 15,2% befragter Frauen während der Schwangerschaft mißhandelt (Heise, 1994).

Werden Frauen immer wieder Opfer sexueller und physischer Gewalt, führt dies nach verschiedenen AutorInnen zu spezifischen Syndromen, die abhängig sind von der Täter-Opfer-Beziehung: (1) ‚Battered-Woman-Syndrome' (Walker, 1979, 1984) durch Partnergewalt, (2) ‚Therapist-Patient-Sex-Syndrome' (Wirtz, 1989; Pope, 1988) nach sexueller Ausbeutung durch Therapeuten.

Aufgrund der großen Unterschiede traumatischer Ereignisse in der Täter-Opfer-Beziehung und den Durchsetzungstrategien der Täter halte ich es für problematisch, für den Verlauf nach einer Vergewaltigung typische Phasenverläufe festzulegen und sie darüber hinaus mit wertenden Begriffen wie „*scheinbare Verarbeitung*" (Kretschmann, 1993, S. 64) zu verbinden. Werden langfristige Bewältigungsprozesse, die in Wechselwirkung mit sozialen und gesellschaftlichen Bedingungen stehen, sowie die subjektive Sicht der Betroffenen nicht berücksichtigt, ist es nicht möglich, damit verbundene Voraussetzungen und Barrieren für Bewältigungsprozesse nach einer Vergewaltigung zu verstehen.

5 Bewältigungsprozesse

Die traumatische Reaktion geht, wie oben beschrieben, mit erhöhter physiologischer Erregung, starken Emotionen, Vermeidung und Dissoziation einher. Hinzu kommen unter Umständen starke Schmerzen aufgrund physischer Verletzungen. Es ist davon auszugehen, daß eine Art Notfallreaktion einsetzt, die bis dahin übliche Bewältigungsstrategien ablöst. Sie dient vor allem dazu, eine Reizüberflutung zu vermeiden und das psychische und physische Überleben zu sichern. Hinzu kommen Konditionierungsprozesse und der einsetzende biphasische Wechsel von Intrusion und Vermeidung, im besten Fall bis zum Abklingen der Symptome.

Aus der traumatischen Reaktion verbunden mit neuen situationalen Faktoren entstehen eine Vielzahl von äußeren und inneren Belastungen, die das Vergewaltigungsopfer bewältigen muß. Dazu gehört zunächst, sich vor dem Täter in Sicherheit zu bringen, Körperverletzungen zu versorgen, sich zu waschen und sich mit Außenstehenden (den eigenen Kindern, Partner, Eltern, zufälligen PassantInnen, der Polizei usw.) auseinanderzusetzen. Neben der realen äußeren Welt, die Anforderungen an die Vergewaltigte stellt, ist das Opfer mit der inneren Welt konfrontiert, mit ihrer Erregung und Angst, dem Gefühl von Ekel und Ablehnung dem eigenen Körper gegenüber, der eigenen Entwertung und Hoffnungslosigkeit, Schlafstörungen, ‚Flashbacks' und dem zusammengebrochenen Selbst- und Weltbild. Je nachdem, wie sich das soziale und gesellschaftliche Umfeld verhält, ob die Tat vom Opfer oder anderen veröffentlicht oder angezeigt wird, das Opfer erneut mit dem Täter konfrontiert ist, womöglich wieder vergewaltigt oder mißhandelt wird, potenzieren sich die Belastungen.

Vieles, was bis zu dem Zeitpunkt der Tat galt, gilt nun nicht mehr. Der Zugriff auf bisherige ‚Copingstrategien' bezüglich sexueller Gewalt ist versperrt, da diese sich als unnütz erwiesen haben. Das Vergewaltigungsopfer ist gezwungen, neue Bewältigungsformen aufzubauen oder alte dem Erlebnis anzupassen. Dazu gehört auch die Entwicklung einer naiven Traumatheorie, bzw. subjektiven Theorie, die den Glauben in die eigene Sicherheit wiederherstellt und eine Integration des Traumas in die Biographie ermöglicht. Erweisen sich gewählte Problemlöse- und Emotionsbewältigungsstrategien als disfunktional, können sich die Beeinträchtigungen erhöhen. Dabei ist davon auszugehen, daß diese sich nicht unbedingt als umfassende posttraumatische Belastungsstörung oder als Belastungssyndrom zeigen, sondern entsprechend des individuellen Verlaufs verschiedene Formen annehmen. So leiden Opfer von überfallartigen Vergewaltigungen (‚Blitz Rape') eher unter Ängsten, Opfer von bekannten

Tätern eher unter Selbstvorwürfen und Depressionen (Silverman, Kalick, Bowie, & Edbril, 1988).

Eine Vergewaltigung läßt sich als existentiell bedrohliches und kritisches Lebensereignis, *„als Eingriff in das zu einem gegebenen Zeitpunkt aufgebaute Passungsgefüge zwischen Person und Umwelt"* (Filipp, 1995, S. 9) und als Auslöser für eine Lebens- und Identitätskrise (Brüggebors-Weigelt, 1986) auffassen. Eine Krise ist ein:

> „(...) belastender, temporärer, in seinem Verlauf und seinen Folgen offener Veränderungsprozeß der Person, der gekennzeichnet ist durch eine Unterbrechung der Kontinuität des Erlebens und Handelns, durch eine partielle Desintegration der Handlungsorganisation und eine Destabilisierung im emotionalen Bereich." (Ulich, 1987, S. 51/52)

Um die aus dem Wechselspiel zwischen Belastungs- und Entlastungsfaktoren entstehende Komplexität, die individuell verschiedenen, z.T. widersprüchlichen Bewältigungsaufgaben und die lebensgeschichtliche Bedeutung der Vergewaltigung berücksichtigen zu können, reicht das Verlaufsmodell der psychischen Traumatisierung von Fischer und Riedesser (1998) meines Erachtens nicht aus. Zwar werden unterschiedliche Bewältigungsstile und Verläufe der traumatischen Reaktion angedeutet, ohne daß aber genauer auf entsprechende Strategien und Ressourcen eingegangen wird. Es bleibt unklar, woran es liegt, ob die Folgen der traumatischen Reaktion akut und vorübergehend oder anhaltend und chronifizierend sind. Daher bedarf es eines interaktionistischen Modells, welches den zeitlichen Prozeß der Traumaverarbeitung, bestimmt durch den Schweregrad des Traumas und Einflüsse auf das Opfer - z.B. vorher existierende Belastungen, demographische Variablen, Bewältigungsmechanismen und soziale Unterstützung - berücksichtigt (vgl. auch Ruch & Leon, 1983).

Es würde den Rahmen der Arbeit sprengen, auf die Vielzahl theoretischer Modelle der Bewältigung von Belastungen, Streß, Emotionen, kritischen Lebensereignissen oder der Krankheitsverarbeitung sowie auf die Stärken und Schwächen des Bewältigungskonzeptes einzugehen (vgl. Weber, 1997). Ich werde mich auf das transaktionale Streßmodell von Lazarus und seiner Arbeitsgruppe (u.a. Lazarus & Folkman, 1984; Lazarus & Launier, 1978; Lazarus, 1991; Lazarus, 1995; vgl. dazu auch Ward, 1995) und konzeptionelle Weiterentwicklungen als Rahmen zum Verständnis von Bewältigungsprozessen nach einer Vergewaltigung konzentrieren.

Diese Modelle sollen das Verlaufsmodell der psychischen Traumatisierung von Fischer und Riedesser (1998) ergänzen, nicht ersetzen, da sie nur begrenzt ermöglichen, die Auseinandersetzung mit der existentiellen Infragestellung des Selbst- und Weltverständnisses durch ein traumatisches Ereignis zu erklären (vgl. Jerusalem, 1997). *„Die Grenzen des Coping"*, wie Olbrich (1997, S. 230) es ausdrückt, sind im Falle von todesnahen Situationen erreicht, da solche Ereignisse bisherige Kontrollerwartungen radikal in Frage stellen und die Opfer mit der eigenen Macht- und Hilflosigkeit konfrontieren. So stellt Staudinger (1997) zu Recht die Frage, ob Auseinandersetzungsprozesse mit „*existentiellzentralen Situationen*" (ebd., S. 248) adäquat mit dem Begriff der Bewältigung bezeichnet werden können. Es ist nicht möglich, ein traumatisches Ereignis, z.B. eine Vergewaltigung, zu bewältigen, sie wieder gut oder rückgängig zu machen. Dies ist eine Erwartung, die, wie Becker (1992) betont, geradezu zynisch wäre.

Allerdings heißt das nicht, daß Menschen Grenzsituationen passiv gegenüberstehen. Sie können versuchen, das Trauma kognitiv sinnvoll zu verarbeiten und die Folgen zu bewältigen. Gleichermaßen sind traumatische Ereignisse nicht für eine wissenschaftliche Auseinandersetzung unzugänglich. Statt dessen besteht aufgrund der Relevanz von psychischen Traumata für die menschliche Existenz die Notwendigkeit, daß sich die Gesellschaft und damit auch die Wissenschaft mit ihnen befaßt (vgl. auch Staudinger, 1997). Statt von der Bewältigung des Traumas zu sprechen, müssen komplexe Prozesse der Wiederherstellung des Selbst- und Weltverständnisses betrachtet werden. Der Verlauf der psychischen Traumatisierung setzt sich in Bewältigungsprozessen fort, die sich auf anschließende Belastungen beziehen. So verstanden sind Bewältigungsprozesse nach einer Vergewaltigung nie ganz abgeschlossen, da immer wieder neue Anforderungen entstehen können. Die Erinnerung an das Vergewaltigungstrauma kann erneut wachgerufen werden. Grenzverletzungen können Auslösereize für ‚Flashbacks' und Schlafstörungen sein. Bewältigungsstrategien, die kurzfristig eine Erholung ermöglichen, können sich langfristig als disfunktional erweisen. In diesem Sinne werden zunächst die genannten transaktionalen Modelle beschrieben (Kap. 5.1). Danach werden Ergebnisse der Vergewaltigungsforschung zu Bewältigungsprozessen dargestellt (Kap. 5.2) und zusammen mit dem Verlaufsmodell der psychischen Traumatisierung in ein Model über Traumatisierungs- und Bewältigungsprozesse nach einer Vergewaltigung integriert (Kap. 5.3).

5.1 Das theoretische Konzept der Bewältigung

Das transaktionale Streßmodell von Lazarus (1995) hat im Gegensatz zu Traumatheorien seinen Ursprung nicht in der Beobachtung klinischer Populationen, sondern in der Analyse im Labor erzeugter Reaktionen auf äußere Stressoren. Von dort entwickelte sich die Forschung weiter in Richtung auf reale Belastungen.

Nach dem Verständnis von Lazarus (1995) stellt Streß „*ein relationales Konzept dar, indem ein Gleichgewicht hergestellt werden muß zwischen Anforderungen und der Fähigkeit, mit diesen Anforderungen ohne zu hohe Kosten oder destruktive Folgen fertig zu werden*" (ebd., S. 213). Streßwahrnehmung und -bewältigung wird als ein informationsverarbeitender Prozeß verstanden. Dieser Prozeß umfaßt nicht nur streßreiche Ereignisse von kurzer Dauer, sondern einen ‚ständigen Strom von Ereignissen', wie z.B. im Fall der Trauer nach einem schweren Verlust. Bewältigt werden externe Anforderungen der Umwelt und interne Anforderungen der Person. Die Bewertung der Situation und die sich unter Umständen anschließende Suche nach Bewältigungsstrategien beschreibt Lazarus (1995) als mehrstufigen transaktionalen Prozeß, indem situationale und personale Variablen gleichzeitig wirken und sich gegenseitig verändern. Mittels der primären Einschätzung (‚primary appraisal') wird eine Situation wahrgenommen und die Bedeutung einer Person-Umwelt-Transaktion für das eigene Wohlbefinden als (a) irrelevant, (b) positiv oder (c) streßrelevant bewertet. Lazarus (1995) beschreibt drei Subtypen von streßreichen Transaktionen: (1) Bedrohung, (2) Herausforderung und (3) Schädigung bzw. Verlust. Die ersten beiden Typen beziehen sich auf Stressoren, die sich noch nicht ereignet haben, letzterer auf bereits eingetretene Belastungen.

Mit Hilfe der sekundären Einschätzung (‚secondary appraisal') beurteilt das Individuum die ihm zur Verfügung stehenden Bewältigungsstrategien, d.h. das Vorhandensein persönlicher oder sozialer Ressourcen, die Angemessenheit von Bewältigungsformen und die Möglichkeit neu entstehender Probleme. Dabei sind die Prozesse der primären und sekundären Einschätzung voneinander abhängig und untrennbar miteinander verbunden, beziehen sich aber auf unterschiedliche Sachverhalte.

„Wenn eine Person ein Bewältigungsverhalten zeigt, das mit hoher Wahrscheinlichkeit einen Schaden überwindet, eine Bedrohung meistert oder sogar eine Herausforderung erleben läßt, wird sich in gleichem Maße auch die primäre Einschätzung als Bedrohung selbst verändern." (Lazarus, 1995, S. 215)

In Form einer Rückkopplung führt das Ergebnis von eingesetzten Maßnahmen zu Neueinschätzungen über Person-Umwelt-Beziehungen und fortlaufende Transaktionen. Lazarus (1995) geht davon aus, daß die Stufen mehrfach durchlaufen werden, bis die Bedrohung oder Belastung beseitigt ist.

Dabei wirken zwei Formen von Bewältigungsprozessen. Problemorientiertes ‚Coping' vollzieht sich auf einer instrumentellen Ebene, die durch Ausführen von Handlungen eher die Umweltkomponente reguliert. Emotionsregulierende Prozesse dienen der Veränderung physischer und erlebnismäßiger Komponenten, d.h. der Bewältigung negativer Effekte. Diese bleiben damit unter Kontrolle und beeinträchtigen nicht das Wohlbefinden der Person und ihre soziale Funktionen. Beide Formen der Streßbewältigung können sich gegenseitig stützen, aber auch behindern. Eine primär emotionsregulierende Bewältigung ist dann disfunktional, wenn eine aktive Problemlösung verzögert oder verhindert wird.

Lazarus (1995) nennt vier Bewältigungsformen, die sowohl problemlösend, als auch emotionsregulierend auf die eigene Person und die Umwelt bezogen sind. Diese vier Formen bewirken entweder eine Anpassung der Umwelt an die Person (Assimilation) oder der Person an die Umwelt (Akkomodation) (s. dazu

Rothermund & Brandstädter, 1997). Lazarus (1995) bezeichnet sie als: (1) Informationssuche, (2) direkte Aktionen, (3) Aktionshemmung und (4) intrapsychische oder kognitive Prozesse. Ist eine Problemlösung nicht möglich, setzen vor allem emotionsregulierende intrapsychische Mechanismen, z.B. Selbsttäuschung oder Abwehrmechanismen wie Verleugnung (Problemnegierung), Projektion und Versuche der Distanzierung ein. Nach Laux und Weber (1990) und Weber (1990) gehören dazu neben positiv konnotierten Strategien (positive Reinterpretationen, Sinngebung, Glaube, Hoffnung, Humor) und selbstabwertenden Strategien (Selbstbeschuldigungen und Selbstmitleid) folgende defensive Bewältigungsformen:

„- Verneinung: *die Situation als nicht bedrohlich betrachten*

- Affekt-Isolation: *keine emotionale Reaktion zeigen*
- Verkehrung ins Gegenteil: *auf die Situation mit positivem Affekt reagieren*
- Vermeidung: *an etwas anderes denken, was nichts mit der bedrohlichen Situation zu tun hat*
- Intellektualisierung: *eine analytisch-intellektuelle Orientierung gegenüber der Situation einnehmen*
- Bagatellisierung: *die Situation als weniger bedrohlich abtun*
- Wirklichkeitsfliehende Phantasien (Eskapismus): *die Zeit mit Tagträumen verbringen, um Schwierigkeiten zu vergessen.*" (ebd., S. 571)

Lazarus (1995) betont die Wichtigkeit eines flexiblen Einsatzes problemlösender und emotionsregulierender Strategien für eine effektive Streßbewältigung. Als Kriterium gelungener Anpassung sieht er eine harmonische Beziehung von physischer Gesundheit, sozialer Funktionstüchtigkeit und Wohlbefinden (zu letzterem vgl. Weber & Laux, 1991). Dabei ist die Bewertung der Effizienz von Bewältigungsprozessen eng mit Wertvorstellungen und dem sozialen und gesellschaftlichen Umfeld verbunden, da z.B. direkte Aktionen an moralische, soziale und physische Grenzen stoßen können (zur sozialen Kontrolle von Bewältigung vgl. Weber, 1997).

Neben dem transaktionalen Streßbewältigungsmodell[1] von Lazarus und seiner Arbeitsgruppe entstanden und entstehen eine Vielzahl von Weiterentwicklungen und alternativen Konzeptionen, von denen ich hier Aspekte herausgreifen will, die für Bewältigungsprozesse nach einer Vergewaltigung von Bedeutung sind und deren Komplexität berücksichtigen. Dazu gehören: (1) langfristige Bewältigungsprozesse, (2) lebensweltliche Bedingungen, wie Ressourcen, Wechselwirkungsprozesse zwischen Person und Umwelt und kollektive Be-

---

[1] Im folgenden werde ich den Streßbegriff von Lazarus (1995) durch Belastung ersetzen, da meines Erachtens ersterer häufig mit reiz- und reaktionsbezogenen Definitionen und weniger mit einem transaktionalen Verständnis gleichgesetzt wird.

wältigungsprozesse sowie (3) subjektive Bewertung von Belastung und Bewältigungsergebnis (vgl. u.a. Faltermaier, 1987, 1988).

Langfristige Bewältigungsprozesse
Eine erste Erweiterung betrifft den Einbezug der Zeitdimension, d.h. langfristiger Verläufe. So weist Staudinger (1997) darauf hin, daß Bewältigungsprozesse nicht nur direkt auf ein belastendes Ereignis hin einsetzen, sondern schon weit im Vorfeld im Sinne antizipatorischen ‚Copings' wirken oder auch retrospektiv erfolgen können. Dieser Gedanke ist besonders im Hinblick auf Traumatisierungen wichtig, die aufgrund immer wiederkehrender Erinnerungen in die Gegenwart hinein wirken und deren emotionaler und kognitiver Gehalt quasi rückwirkend im Sinne der Traumaverarbeitung bewältigt werden kann (vgl. auch Fischer & Riedesser, 1998). Bewältigungsprozesse finden in einem biographischen Kontext statt, vor allem im Zusammenhang mit lebensgeschichtlichen Erfahrungen, die in einem inhaltlichen Bezug zu den aktuellen Belastungen stehen (Faltermaier, 1987). Außerdem muß berücksichtigt werden, daß viele Belastungen über einen längeren Zeitraum auf eine Person Einfluß nehmen und immer wieder neue Auseinandersetzungen und Bewältigungsprozesse verlangen (vgl. z.B. Bodenmann, 1997).

Vor dem Hintergrund der Komplexität von Belastungen und Bewältigungsprozessen beschäftigen sich einige AutorInnen mit der Schwierigkeit, Bewältigungsformen zu bewerten. Auf der einen Seite ergibt sich diese daraus, daß Bewältigungsstrategien, die kurzfristig zu einer Entlastung beitragen, langfristig weitere Anforderungen auslösen. Zum Beispiel können primär emotionsregulierende Handlungen, wie Medikamenten-, Drogen- und Alkoholkonsum physiologische Erregung abmildern. Langfristig führt der Gebrauch aber in eine Abhängigkeit und zu sozialen Konsequenzen. Auch können generell als positiv angesehene personale und soziale Ressourcen langfristig negative Effekte haben. Subjektive Sicherheit, d.h. hohe Kompetenz und geringe Vulnerabilitätserwartung oder unrealistischer Optimismus begünstigen z.B. unter bestimmten Bedingungen Risikoverhaltensweisen. Soziale Unterstützung kann dazu führen, daß die unmittelbar Betroffenen sich zunehmend passiv verhalten und eigene Bewältigungsstrategien ausbleiben (vgl. z.B. Jerusalem, 1997; Leppin, 1997). Andererseits stellt es eine Überforderung für die Betroffenen dar, über alle relevanten Informationen zu verfügen und diese zu berücksichtigen, um ein optimales Bewältigungsverhalten einsetzen zu können. Erschwerend kommt hinzu, daß oft nicht nur die Ziele des Individuums, sondern auch soziale und gesellschaftliche Grenzen bedacht werden müssen und die Person entscheidungs- und handlungsfähig bleiben muß. So schlägt Greve (1997) vor, Bewältigungsformen anhand ihrer erwarteten kurz- und langfristigen Kosten, Risiken und Gewinne (Nutzen, Vorteile) für das Wohlbefinden und die Handlungsfähigkeit der Person zu ordnen.

Lebensweltbezogene Bewältigungsprozesse
Bewältigungsprozesse nach einer Vergewaltigung sind aufgrund der komplexen, sich anschließenden Belastungen und der Bedeutung, die z.b. sexuelle Gewalt im Kontext sozialer Beziehungen hat, in hohem Maße von den zur Verfügung stehenden Ressourcen und Interaktionen zwischen Individuum und Umwelt abhängig. Außerdem sind sie eingebettet in kollektive Bewältigungsprozesse wie die der formalen Sozialkontrolle. Ohne die Berücksichtigung von lebensweltlichen Bedingungen, d.h. von Bedingungen einer gemeinsamen Erfahrungswelt, *„die sich etwa über ähnliche Sozialisationserfahrungen oder über räumliche Nähe herstellen kann"* (Faltermaier, 1990, S. 212), sind Bewältigungsprozesse nur begrenzt verständlich. Sowohl die Belastung an sich, als auch die Bewältigungsform werden nicht nur durch das Individuum und seine Lebensgeschichte, sondern auch durch soziale und gesellschaftliche Faktoren beeinflußt (vgl. Faltermaier, 1987).

Unter Ressourcen werden Umstände verstanden, deren Verfügbarkeit Bewältigungsprozesse erleichtern und deren Fehlen Vulnerabilität bei der betroffenen Person erzeugen (vgl. u.a. Schröder & Schwarzer, 1997). Personale Ressourcen können danach unterschieden werden, ob sie als generalisierte oder bereichsspezifische Persönlichkeitsmerkmale auf Bewältigungsprozesse einwirken (Kohlmann, 1997). Zu wichtigen personalen Unterstützungsbedingungen gehören in Anlehnung an Laux und Weber (1990): (1) Selbstkonzeptvariablen, z.B. Selbstwertgefühl und Kompetenzerwartung (zum Überblick s. Filipp, 1993), (2) Einstellungen gegenüber der Umwelt wie Kontrollüberzeugungen (vgl. Braukmann & Filipp, 1995), (3) intellektuelle Fähigkeiten und (4) interpersonale, z.B. kommunikative Fähigkeiten. In diesem Sinne können Vergewaltigungsmythen als Form der intrapsychischen Bewältigung verstanden werden, da sie dazu beitragen, Kompetenzerwartungen und Kontrollüberzeugungen, verbunden mit einem hohen Selbstwertgefühl, aufrechtzuerhalten.

Neben persönlichen Ressourcen sind Umweltvariablen, wie materielle Bedingungen und Formen wahrgenommener und erhaltener sozialer Unterstützung (Schwarzer, 1992) bedeutsam. Es liegt eine Vielfalt von konzeptionellen Überlegungen und empirischen Ergebnissen darüber vor, in welcher Weise das soziale Umfeld Bewältigungsprozesse unterstützen und behindern kann (z. Überblick, s. Leppin, 1997; Röhrle, 1994). House, Umberson und Landis (1988) unterscheiden drei Formen von sozialen Prozessen: (1) Soziale Unterstützung, (2) Soziale Regulation und Kontrolle, (3) Soziale Anforderung und Konflikte. Mit dieser Konzeption werden auch negative Aspekte von sozialen Beziehungen berücksichtigt. Soziale Anforderungen und Konflikte sind Auslöser zusätzlicher Belastungen, die Entlastungen durch soziale Unterstützung aufheben. Außerdem sind mit sozialer Unterstützung für die hilfesuchende Person Kosten verbunden. Pfaff (1989) zählt dazu unter anderen (a) die Pflicht zur Gegenleistung, (b) Kosten der Kontaktpflege und (c) Anpassungskosten. Die Bereitschaft, Hilfe in Anspruch zu nehmen, hängt dabei sowohl von Merkmalen und

Funktionen sozialer Netzwerke, als auch von individuellen Dispositionen ab (Röhrle, 1987).

Dem gegenüber steht der Nutzen sozialer Unterstützung. In der Regel wird unterschieden zwischen (1) affektiver (emotionaler) Unterstützung, (2) instrumenteller Unterstützung (praktische Hilfen), (3) kognitiver Unterstützung (Informationen) (u.a. Schwarzer, 1992), ergänzt durch (4) Aufrechterhaltung der sozialen Identität, bzw. Einschätzungsunterstützung bezüglich der eigenen Person und (5) Vermittlung sozialer Kontakte (vgl. Walker, MacBride & Vachon, 1977, zit. in Keupp, 1987). Als Quellen sozialer Unterstützung wirken verschiedene Personen. House (1981) arbeitete im Zusammenhang mit Streß am Arbeitsplatz sieben Gruppen heraus: (1) Ehe-/PartnerInnen, (2) Verwandte, (3) FreundInnen, (4) NachbarInnen, (5) Vorgesetzte, (6) ArbeitskollegInnen, (7) Pflegekräfte und Dienstleistende, (8) Selbsthilfegruppen und (9) Professionelle im Gesundheits- und Wohlfahrtsbereich.

Außerdem greifen Bewältigungsprozesse verschiedener Personen ineinander und bedingen sich gegenseitig. Belastende Ereignisse, die zunächst für eine Person von Relevanz sind, betreffen in der Regel nicht nur das Individuum, sondern auch diejenigen, die mit dieser Person direkt oder indirekt im Kontakt sind, und zwar als ZeugIn, aufgrund einer Veröffentlichung oder des Hilfesuchverhaltens anderer. Zeugnis traumatischer Ereignisse sowie Konsequenzen, die mit dem Bewältigungsverhalten der belasteten Person zusammenhängen, z.B. Panikattacken oder sozialer Rückzug, führen zu stellvertretenden oder sekundären Beeinträchtigungen.

Wenn es um Anforderungen geht, die nicht nur eine Person, sondern ein Paar oder die gesamte Familie (vgl. z.B. Laux & Schütz, 1996), ein soziales Netz oder gar eine Gesellschaft (*„Community Stress"* und *„kollektives Coping"*, vgl. Jerusalem, 1997, S. 268) betreffen, muß das Umfeld berücksichtigt werden. Faltermaier (1987) bezeichnet in Anlehnung an Gerhardt (1979) Bewältigungshandlungen von mehreren Personen oder sozialen Gruppen, die gemeinsam von Belastungsbedingungen betroffen sind, *„soziales Coping"* (ebd., S. 85).

Bodenmann (1997) beschreibt den Streß-Coping-Prozeß im Rahmen sozialer Interaktionen als ‚dyadisches Coping' innerhalb einer Paarbeziehung. Er unterscheidet zwischen supportiven, d.h. unterstützendem ‚Coping', ohne daß der Person die Bewältigungsarbeit abgenommen wird, und delegiertem ‚Coping', bei dem Aufgaben anderen übertragen werden. Die dritte Form, symmetrisches ‚Coping', zeichnet sich dadurch aus, daß beide Personen gemeinsam Belastungen bewältigen. Wie sich in einem sozialen Netz der Wechsel von individueller Bewältigung zu sozialer Unterstützung oder kollektivem Coping vollzieht, hängt vor allem von der Art des kritischen oder traumatischen Ereignisses ab. Dazu kommen Merkmale der Beziehung und die jeweiligen Bewältigungsprozesse der Beteiligten, d.h. die Fähigkeit zur Mobilisierung sozialer Unterstützung (Klauer, 1997; Schröder & Schmitt, 1988), aber auch die Strategien der Unterstützungspersonen.

Die Bedeutung sozialer Beziehungen für den Bewältigungsprozeß wird in verschiedenen Modellen reflektiert. Dazu gehört u.a. das Kaskaden-Modell des Streß-‚Coping'-Prozesses von Bodenmann (1997). Auf ein Streßereignis hin werden zunächst individuelle Bewältigungsversuche wirksam. Bei andauernder Belastung folgt dyadische Bewältigung sowie soziale Unterstützung durch externe Personen. Die Ausdehnung von Bewältigungsprozessen auf externe Unterstützung zeigt sich z.b. auch in der Inanspruchnahme professioneller Hilfe (vgl. Baumann & Wedel, 1981). Belschner und Kaiser (1995) schlagen ein Mehrebenenmodell der Analyse und Bewältigung von Lebenssituationen vor. Nach diesem Modell findet eine Wechselwirkung statt zwischen Individuum/Bezugsgruppe (Mikroebene), Institutionen, Betrieben etc. (Mesoebene) und Population, Gesellschaft (Makroebene).

Subjektive Bewertung von Belastung und Bewältigungsergebnis
In den letzten Jahren nehmen theoretische Konzeptionalisierungen und Untersuchungen zu, die das Individuum und seine Konstruktion der Wirklichkeit in den Mittelpunkt rücken. Subjektive Bedingungen für Bewältigungsprozesse werden zunehmend berücksichtigt. Dazu gehören (1) individuell differente Bedeutungen von Belastungen, (2) Ziele und Intentionen, (3) Normen, Lebens-, bzw. Bewältigungsphilosophien und damit verbundene soziale Grenzen sowie (4) Kosten, Nutzen, Chancen und Risiken von menschlichem Handeln. Diese Wendung hin zum Individuum ist von großer Bedeutung, wenn man bedenkt, daß intrapsychische Bewältigungsprozesse dazu beitragen, ein belastendes Ereignis nicht mehr als solches zu bewerten oder im Sinne von Wahrnehmungsabwehr ein Problem gar nicht als Problem anzusehen (vgl. Greve, 1997).

Mit der Komplexität, den zeitlichen Verläufen, mit Lebenswelt und Subjektivität hängt die Bewertung des Bewältigungserfolges zusammen. Dabei lassen sich verschiedene Indikatoren festlegen. In Anlehnung an Laux und Weber (1990) und Weber (1990) betreffen sie folgende vier Dimensionen: (1) Urteilsinstanz (Selbst- oder Fremdeinschätzung anhand objektivierbarer Indikatoren), (2) Inhaltsbereich, (3) Zeitspanne (kurz- versus langfristig) und (4) Berücksichtigung funktionaler Zusammenhänge im Kontext des gesamten Bewältigungsprozesses.

Während Fischer und Riedesser (1998) im Zusammenhang mit dem Verlaufsmodell der psychischen Traumatisierung nur zwischen Chronifizierung und Erholung unterscheiden, nennt die Arbeitsgruppe um Lazarus (1995) als inhaltliche Kriterien für einen positiven Ausgang von Bewältigungsprozessen Wohlbefinden, Gesundheit und Sozialverhalten. Darüber hinaus liegen noch weitere Differenzierungen vor. Schröder und Schwarzer (1997) schlagen in Anlehnung an Weber (1992) und Weber und Laux (1993) folgende Kriterien vor: (1) Veränderung des Problemstatus, (2) Regulation der Emotionen, des Selbstwertes und der sozialen Beziehungen, (3) physische Gesundheit und (4) soziale Konsequenzen von Bewältigung. Dazu kommen (5) Funktionsfähigkeit im Alltag und (6) Bereitschaft zu gesundheitsförderlichem, präventivem ‚Coping'-Verhalten.

In Anlehnung an Harvey (1990; zit. in Hermann, 1993) kann von einer Verarbeitung eines (Vergewaltigungs-) Traumas ausgegangen werden, wenn folgende Bedingungen erfüllt sind:

- Die vergewaltigte Frau hat wichtige Beziehungen wieder aufgenommen oder entwickeln können.
- Alle physiologischen Symptome des psychotraumatischen Belastungssyndroms halten sich in überschaubaren Grenzen.
- Das Opfer hat die Erinnerungen unter Kontrolle und kann selbst entscheiden, wann sie sich das Trauma vergegenwärtigen will.
- Die vergewaltigte Frau ist in der Lage, die mit ihren traumatischen Erinnerungen verbundenen Gefühle zu ertragen.
- Sie kann die Geschichte der Vergewaltigung zusammenhängend erzählen, ohne die Gefühle dabei auszuschalten.
- Das beschädigte Selbstwertgefühl ist wieder hergestellt.
- Es ist dem Opfer gelungen, die Vergewaltigung in ein neu aufgebautes, eigenes Wertesystem zu integrieren.

Aus den verschiedenen Kriterien wird deutlich, daß sie nur in Abstimmung mit der betroffenen Person zu bewerten sind. Lediglich die traumatisierte Person kann beurteilen, was ‚wichtige Beziehungen', ‚überschaubare Grenzen', ‚Kontrolle', ‚erträgliche und nicht ausgeschaltete Gefühle', ein ‚wiederhergestelltes Selbstwertgefühl' und ein ‚neu aufgebautes Wertesystem' sind. Nur sie kann entscheiden, welche Prioritäten sie setzen will, d.h. welche Bewältigungsziele vorrangig sind.

Zusammenfassend läßt sich feststellen, daß das transaktionale Streßmodell von Lazarus (1995) die Berücksichtigung individuell verschiedener Verläufe sowie sozialer und gesellschaftlicher Einflüsse ermöglicht. Außerdem können kognitive Prozesse, wie z.B. Vergewaltigungsmythen, Kausalattributionen, Kosten-Nutzen-Einschätzungen, z.B. bezüglich einer Veröffentlichung und Anzeige, sowie soziale Repräsentationen und subjektive Theorien, integriert werden.

5.2 Belastungen und Bewältigungsprozesse nach einer Vergewaltigung

Vergewaltigungen werden von den Opfern als massiver Angriff auf ihre Integrität sowie als Erschütterung ihres Selbst- und Weltverständnisses erlebt, welches mit weitreichenden Konsequenzen verbunden ist. Feldmann (1992) faßt fünf Kernthemen zusammen, die sich unmittelbar aus dem Vergewaltigungstrauma ergeben: (1) die absolute Mißachtung der personalen Selbstbestimmung, (2) der massive Angriff auf das Selbstwertsystem, (3) die Infragestellung des basalen Gefühls der Sicherheit und Unverwundbarkeit, (4) der totale Verlust persönlicher Kontrolle und (5) Todesangst. Hinzu kommen Belastungen, die sich aus den verschiedenen Tat- und Lebensumständen ergeben. Diese Belastungen wirken unter Umständen im Sinne kumulativer Traumata (Khan, 1963, zit. in Fischer und Riedesser, 1998), wenn unterschwellige traumatische Umstände die restitutiven Kräfte der Person so schwächen, daß eine schwere traumatische Verlaufsform entsteht.

Zunächst werde ich auf Retraumatisierungen und langfristige Bewältigungsprozesse im Zusammenhang mit tatbezogenen symptomatischen und sekundären Belastungen eingehen. Ich stelle hier vor allem die Situation von Frauen dar, die durch den Täter (Partner oder Autoritätsperson) wiederholt vergewaltigt und/oder mißhandelt werden (Kap. 5.2.1). Als zweites geht es um die lebensweltlichen Bedingungen von Vergewaltigungsopfern die sich vor allem im Kontext von Veröffentlichung und Anzeige ergeben (Kap. 5.2.2). Zum Schluß gehe ich auf die subjektive Bewertung der Belastungen und Bewältigungsergebnisse sowie auf die Erschütterung des Selbst- und Weltverständnisses ein (Kap. 5.2.3).

5.2.1 Langfristige Bewältigungsprozesse

Langfristige Bewältigungsprozesse lassen sich aus verschiedenen Perspektiven betrachten. Sie ergeben sich zum einen aus wiederholten Gewalterlebnissen bzw. Retraumatisierungen. Zum zweiten leiden Vergewaltigungsopfer oft nachhaltig unter symptomatischen Belastungen, die nur langsam bewältigt werden können.

Retraumatisierungen
Betroffen von anhaltenden Traumatisierungen sind vor allem Opfer von Partnergewalt und von Machtmißbrauch durch Autoritätspersonen. Auf diese beiden Gruppen wird im folgenden eingegangen. Außerdem werden wiederholte Gewalterlebnisse als Form der Reinszenierung diskutiert.

Ehe-/Partner. Opfer von Partnergewalt werden sowohl während als auch nach der Beendigung der Beziehung bedroht. Gegen eine Trennung oder für eine Rückkehr zum Partner sprechen aus Sicht der Frau verschiedene Gründe. Dazu gehören zum einen Reue und Veränderungsbereitschaft auf Seiten des Täters sowie seitens der Frauen Hoffnung und Liebe (vgl. u.a. Gayford, 1975; Pagelow, 1981). Die Frauen glauben den Beteuerungen des Mannes, daß sich die Mißhandlungen nicht wiederholen werden, bzw. seinen ihn entlastenden Erklärungen (s. dazu Holtzworth-Munroe, 1992). Sie hoffen, der Partner habe nun die Ernsthaftigkeit der Lage erkannt und ändere sein Verhalten. Hinzu kommt, daß die Frauen den Mann nicht nur als Täter kennen, sondern auch als Partner, mit dem sie eine Liebesbeziehung eingegangen sind. Sie empfinden Mitleid für ihn und fühlen sich für ihn und, falls gemeinsame Kinder vorhanden sind, für den Erhalt der Vater-Kind-Beziehung verantwortlich. Besonders Beziehungen, die gegen äußeren Widerstand zustande kommen und mit einer Rettungsphantasie, bzw. der Flucht aus der Ursprungsfamilie verbunden sind (Bergdoll & Namgalis-Treichler, 1987; Brückner, 1987), haben eine starke Dynamik aus Zuneigung, Abhängigkeit, Demütigung, Haß und Mangel an Bewältigungsstrategien zur Folge.

Neben dem Wunsch, die Beziehung aufrechtzuerhalten, sind vor allem antizipierte Kosten einer Trennung entscheidend, wie Angst vor der Realisierung von angekündigten Mord- und anderen Drohungen sowie fehlende Ressourcen. Diese Belastungen erscheinen gravierender als die sich wiederholenden Traumatisierungen. Bestärkt wird die Angst vor nicht endenden Mißhandlungen durch Erfahrungen mangelnder Sicherheit und zunehmender Gewalt, nachdem die Frauen sich außerhalb der Familie Hilfe gesucht oder die Beziehung beendet haben. Zum Teil werden die UnterstützerInnen vom Täter bedroht und verletzt (Hagemann-White et al., 1981). Nach der Studie von Hagemann-White et al. (1981) wird die Hälfte der Frauen, die sich vom Partner getrennt hatten, weiterhin, z.B. bei Besuchskontakten zwischen Vater und Kind, angegriffen und mißhandelt. Unter Umständen erlebt die Frau mehr Gewalttaten als während des Zusammenlebens mit dem Täter (Gaguin, 1978; Schulmann, 1979; zit in Campbell, 1995, vgl. auch Brandau, Hagemann-White, Haep & del Mestre, 1990).

Russell (1982) arbeitete Faktoren heraus, die mit einer Aufrechterhaltung, bzw. Beendigung der Beziehung im Zusammenhang stehen. Diese betreffen zum einen die traumatischen Folgen, die Bewertung des Partnerverhaltens und der eigenen Verantwortung, und zum anderen die Konsequenzen einer Trennung und die Bewertung zukünftiger Belastungen (ökonomische Ressourcen, soziale Unterstützung, Wohnungsalternativen und potentielle Fremdvergewaltigungen). Die Frauen werden als Geschiedene stigmatisiert. Ihnen wird der Vorwurf gemacht, sie würden Ehe und Familie zerstören. Das betrifft vor allem Frauen, die auf dem Land leben, wo Gewalt gegen die Partnerin stärker legitimiert wird, und wo die auf die Frau gerichtete soziale Kontrolle sowie die Erwartung an die Erfüllung der traditionellen Geschlechterrolle größer ist (vgl. Bergdoll & Namgalis-Treichler, 1987). Hinzu kommen wirtschaftliche Konsequenzen, d.h. drohende Armut und sozialer Abstieg (vgl. u.a. AÖF, 1993; Hagemann-White et al., 1981; Russell, 1982), sowie Probleme bei einem Verbleib in der ehemals gemeinsamen Wohnung oder bei der Wohnungsfindung (Terlinden, Dörhöfer & Epple, 1987).

Suchen die verfolgten Frauen Unterstützung bei Polizei und Justiz, werden sie häufig alleine gelassen, wenn sich z.B. Polizisten als Schlichter und nicht als Schützer der Frau verstehen (Brückner, 1998). In der Regel sehen sie bei Einsätzen zu ‚häuslicher Gewalt' trotz vorhandener Rechtsgrundlagen (Marth et al., 1995) keine Handhabe, den gewalttätigen Mann festzunehmen. Das gilt besonders, wenn der Täter gemeinsam mit dem Opfer oder sogar der alleinige Mieter der Wohnung, d.h. des Tatortes, ist. Im Zusammenhang mit Gewalt im sozialen Nahbereich gilt der Schutz vorrangig der Privatsphäre und Selbstbestimmung des Mannes, nicht der Frau. Das heißt, bei Gewalt gegen Frauen ist das Engagement für staatliche Interventionen gering, während es in der Frage der Abtreibung nach wie vor relativ groß ist (vgl. dazu Benard & Schlaffer, 1978). Im Kontakt mit professionellen HelferInnen erfahren die Mißhandelten, daß von Außenstehenden die Schwierigkeiten und die Gewaltbereitschaft des Täters unterschätzt werden. Von den Opfern wird eine Eindeutigkeit in ihrer Trennungsabsicht erwartet, die diese nicht leisten können (Hagemann-White et al., 1981).

Neben den oben genannten Faktoren werden in der Literatur affektiv-kognitive Entwicklungen und Bedingungen diskutiert, die die Widerstandsmöglichkeiten begrenzen. Dazu gehören u.a. das Konzept der erlernten Hilflosigkeit (Seligmann, 1995; vgl. auch Walker, 1979, 1994), die Postulierung vergleichbarer psychischer Prozesse wie bei Geiselopfern (u.a. Gondolf & Fischer, 1988), eine frühe Beeinträchtigung der psychischen Entwicklung aufgrund direkter und indirekter Gewalterlebnisse in der Herkunftsfamilie (Gelles & Straus, 1988; Wetzels, 1997) und der Einfluß weiblicher *„Lebensstärke"* bei gleichzeitiger *„Beziehungsschwäche"* (Brückner, 1987).

Wird die intime Beziehung aufrechterhalten oder wiederaufgenommen, entschuldigen die Frauen den Täter im Sinne einer intrapsychischen Bewältigung und konzentrieren ihre Wahrnehmung auf seine positiven Seiten. Sie deuten die Mißhandlungen oder Vergewaltigungen als Ausnahme, für welche sie unter Umständen selbst die Verantwortung tragen. Sie hoffen aus Liebe, Angst und aufgrund fehlender Alternativen, daß sich die Gewalttätigkeiten nicht wiederholen werden (vgl. dazu auch Hagemann-White et al., 1981).[2] Aufgrund der Demütigungen schämen sich die Frauen und wagen nicht oder nicht mehr, über die traumatischen Erlebnisse zu sprechen. Die Mißhandlungen und Vergewaltigungen werden fortgesetzt (vgl. u.a. Finkelhor, 1983) und verstärken sich zum Teil noch (vgl. dazu u.a. Benjamin, 1990; Bergdoll & Namgalis-Treichler, 1987). Diese Verläufe werden als Zyklen der Gewalt (Walker, 1979) oder als Stufenmodell (Deschner, 1984; zur Kritik s. Burgard, 1985) bezeichnet. Die vergeblichen Unterstützungsversuche führen bei Außenstehenden dazu, daß die Glaubwürdigkeit der Frau angezweifelt wird, die Hilfsbereitschaft zurückgeht und die Isolation der mißhandelten Frau zunimmt (Bergdoll & Namgalis-Treichler, 1987; Hagemann-White et al., 1981). Unter Umständen wird den Frauen vorgeworfen, daß sie sich nicht trennen, bzw. getrennt haben. Die Frauen reiben sich auf zwischen bleiben, gehen und zurückkehren (s. Godenzi, 1996).

---

[2] Godenzi (S. 80ff, 1996) diskutiert diesen kognitiven Prozeß im Kontext von Austauschtheorien und sozialen Vergleichsprozessen.

Nach einer Studie von Hilberman und Munson (1978) sind es im Schnitt vier bis fünf Trennungsversuche, bevor es zum endgültigen Beziehungsabbruch kommt. Erst, wenn die Frauen keine andere Alternative mehr sehen und die wahrgenommenen Kosten für die Aufrechterhaltung der Beziehung höher sind als die einer Trennung, kommt es zum endgültigen Bruch. So können auch Androhungen von lebensgefährlichen Mißhandlungen einen Perspektivwechsel auslösen. Der Überlebenswille gibt den Frauen die Kraft, die Beziehung zu verlassen (Bergdoll & Namgalis-Treichler, 1987). Dieser Wendepunkt ist nach Giles-Sims (1983) häufig dann erreicht, wenn Kinder oder Außenstehende ZeugInnen der Gewalt werden, oder wenn die Täter die eigenen Kinder bedrohen. In einigen Fällen kommt es aufgrund der sich wiederholenden Gewalttaten, der ausweglosen Lage und aus Notwehr dazu, daß die Täter von ihren Partnerinnen getötet werden (vgl. dazu Campbell, 1995; Gelles & Straus, 1988; Oberlies, 1995; Pagelow, 1981).

Außerdem entstehen besondere und anhaltende Belastungen aus einer durch eine Vergewaltigung erzwungenen Schwangerschaft. Bekommen die Frauen das Kind, und ist dieses sogar Anlaß zur Heirat, ist die Mutter-Kind-Beziehung unter Umständen stark beeinträchtigt. Diese Kinder, insbesondere die Jungen, werden negativ mit dem Täter und der Vergewaltigung verknüpft. Die Frauen können ihre ablehnenden Gefühle kaum zulassen, da das Kind auch immer das eigene Kind ist, welches für die Mißhandlungen und Vergewaltigungen nichts kann (Hagemann-White et al., 1981).

Autoritätspersonen bzw. Therapeuten. Auch von Frauen, die von ihrem Therapeuten vergewaltigt werden, wird eine starke Dynamik zwischen Anziehung und Trennung beschrieben. Heyne (1991) analysiert beispielsweise anhand von fünf Fällen den Kampf der Klientinnen für das Recht auf ihre Wahrnehmung und Selbstbestimmung. Erst nach heftigen inneren und äußeren Auseinandersetzungen kommt es zur Abgrenzung gegenüber dem Täter, die für die Frauen mit starken negativen psychischen und physischen Reaktionen bis zur Selbstmordgefährdung einhergeht. Es werden Gefühle wie Angst und Enttäuschung durch den Vertrauensbruch und Depressivität ausgelöst, die die Frauen in tiefe Krisen stürzen. Zum Ende des Machtmißbrauchs kommt es sowohl auf Initiative des Täters, als auch aufgrund des Widerstandes des Opfers (vgl. Becker-Fischer & Fischer, 1995; Heyne, 1991). Oft gelingt es den Frauen, die Beziehung zu beenden, wenn sie von Außenstehenden in ihrer Wahrnehmung bestärkt werden sowie soziale Unterstützung erhalten.

Auch nach dem Machtmißbrauch bleibt die Gegenwehr der Betroffenen eingeschränkt. Das ist zum Beispiel der Fall, wenn sie den Täter als schwach und hilflos erleben. Die Frauen fühlen sich aufgrund seiner Selbstmorddrohungen verantwortlich und sehen von einer Veröffentlichung oder Anzeige ab, um dem Täter mögliche Sanktionen zu ersparen. Neben den bestehenden positiven Gefühlen und Mitleid erschwert aber auch die Angst vor der Umsetzung von Drohungen eine Reaktion. Die Frauen nehmen dem Täter ab, daß sie psychisch eine öffentlich geführte Auseinandersetzung nicht bewältigen könnten, oder daß ihnen nicht geglaubt würde, da sie psychisch krank seien.

Wiederholte Traumatisierungen. In der Kindheit von jugendlichen und erwachsenen männlichen Gewalttätern sowie von weiblichen Opfern finden sich gehäuft physische und sexuelle Gewalterlebnisse. Dabei ist weitgehend ungeklärt, warum männliche Opfer tendenziell eher zu Tätern und weibliche Opfer zu Opfern werden und warum sich Täter- oder Opferschaft nicht bei allen Betroffenen wiederholen. Hermann (1993) schlußfolgert, daß das Trauma das typische Geschlechterverhalten verstärkt. Entgegen einer linearen Kausalität zeigen Untersuchungen zu Risiko- und Schutzfaktoren in der Genese und Bewältigung von sexueller Gewalt, Mißhandlungen und Vernachlässigung in der Kindheit allerdings die Plastizität menschlicher Entwicklung (z.B. Barnett, Manley & Cicchetti, 1993; Belsky, 1993; Bender & Lösel, 1997; Egle, Hoffmann & Steffens, 1997; Kinzl, 1998; Ulich, 1988).

Während innerhalb der Psychotraumatologie meines Erachtens die Gefahr besteht, Opfer sexualisierter Gewalt und anderer Traumatisierungen als dauerhafte Opfer oder potentielle TäterInnen zu stigmatisieren, ermöglichen Bewältigungstheorien eine Differenzierung. In einer detaillierten Analyse von langfristigen Prozessen können soziale und gesellschaftliche Belastungen und Ressourcen sowie subjektive Handlungsmöglichkeiten für Bewältigungsprozesse nach einer Traumatisierung und für ein gewaltfreies Leben einbezogen werden. So haben z.B. Opfer von Partner- oder Autoritätsgewalt aufgrund wiederholter Mißhandlungen und Vergewaltigungen begrenzte Möglichkeiten, sich zu erholen. Nachhaltige Bewältigungsprozesse können erst realisiert werden, wenn die Frauen sich aus dem Einflußbereich des Täters in Sicherheit gebracht haben. Vorher gelingt nur eine Art Schadensbegrenzung und Alltagsbewältigung mittels intrapsychischer Strategien.

Symptomatische Belastungen
Vergewaltigungen haben eine Vielzahl von symptomatischen und sekundären Belastungen zur Folge, die oft noch lange anhalten. Da es im folgenden nicht möglich ist, auf alle relevanten Forschungsergebnisse im Zusammenhang mit einzelnen Belastungs-Bewältigungs-Prozessen einzugehen, sei an dieser Stelle ausschnittsweise auf die Literatur verwiesen. Es liegen u.a. Studien zu Bewältigungsprozessen im Zusammenhang mit Angst (Krohne, 1996), Depressivität (Hautzinger, 1990) oder Wohnortwechsel (Fischer & Fischer, 1995) vor. Außerdem zeigt sich bei der Untersuchung langfristiger Bewältigungsprozesse, daß vor allem die traumatische Situation und die sich daraus ergebenen persönlichen Konstruktionen von Relevanz sind (zum Überblick s. Katz, 1991).

Ich werde mich im folgenden auf Untersuchungen beschränken, die einen allgemeinen Überblick zu vergewaltigungsbezogenen Bewältigungsprozessen geben. Allerdings muß dabei immer bedacht werden, daß es sich in der Regel um eine einmalige Traumatisierung, meist durch einen Fremdtäter, handelt.

Feldmann (1992) befragte 75 vergewaltigte Frauen (65,3% Opfer eines Fremdtäters, eine enge Bekanntschaft lag nur bei einzelnen vor) mit Hilfe eines halbstandardisierten Fragebogens zu psychischen Folgen und Bewältigungsprozessen. Als ‚Copingstrategien' nannten die Frauen (1) Vermeiden, Verleugnen, (2) aktive Auseinandersetzung, (3) Aufrechterhaltung einer positiven Lebensmoral, (4) bewußtes Angstmanagement, (5) Identifizierung und Solidarisierung mit anderen betroffenen Frauen, aber auch (6) Verharren im ‚vergewaltigten Zustand', (7) schuldhafte Auseinandersetzung und (8) fatalistisches Hinnehmen der Tat. Für die langfristige Erholung erweisen sich nach Feldmann (1992) folgende Strategien als günstig:

> „(...) aktive Auseinandersetzung mit dem Tatgeschehen, inneres Sichbehaupten mit Aufrechterhalten einer positiven Lebensmoral sowie ein bewußtes Angst-Management, bei dem man ein ängstliches Vermeidungsverhalten aufgibt und sich den Lebensanforderungen wieder stellt." (ebd., S. 88)

In einer Studie von Burgess und Holmstrom (1976) wurden 92 Frauen nach ihrem Verhalten kurz vor, während und direkt nach der Vergewaltigung befragt. Die Forscherinnen erfuhren aufgrund ihrer offenen Fragen von unterschiedlichen Bewältigungsstrategien, erfaßten aber nicht, was die Frauen selbst für effektiv hielten. Bei Licht (1991) hatten ein Drittel der 21 Befragten keine Vorstellung, was sie unterstützt haben könnte. Eine Interviewte sagte, daß ihr nichts hätte helfen können. Die anderen Frauen nannten Zeit, bewußte Verdrängung sowie bewußte Auseinandersetzung, das eigene Naturell (einen starken Willen zu haben) sowie soziale Unterstützung und Psychotherapie. Gewünscht hätten sich die Frauen einfühlende GesprächspartnerInnen, Rücksicht, Geduld und Selbsthilfegruppen. So wandten sich auch nur sechs an andere Menschen, während zwölf versuchten, die Folgen der Tat alleine zu bewältigen. Etwa zwei Drittel der Befragten versuchten, sich abzulenken und zu verdrängen (Licht, 1991). Bei den von Meyer und Taylor (1986) interviewten Frauen unterstützten Streß-Bewältigungsstrategien den Traumaverarbeitungsprozeß, während soziale Isolation ihn behinderte.

Außerdem werden in der Literatur Bedingungen diskutiert, die als intermitierende Variablen die Schwere der Schädigung sowie Bewältigungsprozesse positiv beeinflussen können (zum Überblick s. Feldmann, 1992). Sales, Baum und Shore (1984) unterscheiden Faktoren vor (demographische und psychosoziale), während (Grad der Gewalt und Beziehung zum Täter) und nach einem Überfall (Beteiligung des Rechtssystems sowie Reaktionen des sozialen Netzwerkes). Als biographische Schutzfaktoren wirken positive soziale Beziehungen, sicheres Bindungsverhalten, Aktivität und Kontaktfreudigkeit, überdurchschnittliche Intelligenz und eine geringe Risiko-Gesamtbelastung (z.B. Lösel & Bender, 1994). Licht (1991) weist darauf hin, daß Frauen, die zur Zeit der Tat noch keinen sexuellen Verkehr gehabt haben, besonders unter negativen Auswirkungen auf ihre Sexualität litten. Kretschmann (1993) nennt für die Akutphase:

- das Alter (jüngeren Frauen gelingt im allgemeinen die Bewältigung eher als älteren Frauen);
- ein stabiles soziales Umfeld;
- ein Umfeld, welches mit Verständnis, Sorge und Zurückhaltung reagiert;
- ein Gefühl von Selbstkontrolle;
- das Wissen der Frauen, daß ihre Reaktionen nicht ungewöhnlich und unveränderbar sind;
- die Einstellung der Umgebung auf die Bedürfnisse des Opfers;
- die Akzeptanz des Umfeldes für den Umgang der Frau mit der Situation.

Ruch, Chandler und Harter (1980) fanden einen curvi-linearen Zusammenhang zwischen Lebensveränderungen („Life-change') und Erholung. Nicht nur die Frauen mit hohen prätraumatischen Belastungen, sondern auch die ohne besondere Anforderungen, litten am meisten unter Folgen der Vergewaltigung. Dies könnte darauf zurückgeführt werden, daß letztere von einem hohen Maß an Selbstkontrolle und Sicherheit ausgingen.

Insgesamt ist ein biphasischer Wechsel zwischen Konfrontation und Auseinandersetzung mit der Traumatisierung sowie Distanzierung (vgl. Horowitz, 1976) von Bedeutung für den Erholungsprozeß. Unterstützende Beziehungen scheinen die wichtigste Voraussetzung zu sein, damit es trotz schwerster traumatischer Situationsfaktoren nicht zu einer Chronifizierung kommt. Zum Teil leiden Vergewaltigungsopfer sehr lange unter der Traumatisierung und ihren Folgen. Einige von ihnen entwickeln aber auch aus der Bewältigung der entstandenen Krise Lebensstärke und Kompetenzen (vgl. z.B. Katz, 1991, s. auch Antonovsky, 1987). Burt und Katz (1987) kommen aufgrund einer Befragung von 113 Vergewaltigungsopfern zu dem Schluß, daß es Frauen gelingen kann, die Traumatisierung zu verarbeiten und in den Dimensionen Unabhängigkeit, Autonomie, Selbstwertgefühl, politisches Bewußtsein sowie soziale Kompetenz gestärkt zu werden. Auch sechs der 21 Befragten in der Studie von Leicht (1991) gaben an, ein größeres Selbstbewußtsein erworben zu haben.

5.2.2 Lebensweltbezogene Bewältigungsprozesse

Soziale Beziehungen spielen nicht nur indirekt in Form sozialer Unterstützung eine Rolle. Stattdessen ist die Lebenswelt auch unmittelbar an posttraumatischen Prozessen beteiligt. Im folgenden geht es vor allem um den Erhalt sozialer Beziehungen, die Reflexion indirekt ausgelöster Belastungen im sozialen Umfeld und die gesellschaftlichen Anforderungen, die mit Veröffentlichung und Anzeige verbunden sind. Dabei zeigt sich, daß soziales und gesellschaftliches Umfeld nicht nur Ressourcen für die Bewältigungsprozesse zur Verfügung stellen, sondern auch zu sekundären Viktimisierungen beitragen. Außerdem wird auf Ansätze gesellschaftlicher Bewältigungsstrategien hingewiesen.

In der Regel bestehen alltägliche Anforderungen an Vergewaltigungsopfer seitens des sozialen Umfeldes nach der Traumatisierung weiter, während die Fähigkeit der Opfer, den Anforderungen gerecht zu werden, stark beeinträchtigt ist (Licht, 1991). Hinzu kommt, daß die betroffenen Mädchen und Frauen zum Teil keine sichtbaren Verletzungen davontragen, denen zufolge ihnen eine Erholungszeit zugestanden würde. Auch für Frauen selbst ist es aufgrund von Rollenerwartungen nur schwer möglich, sich als Bedürftige wahrzunehmen, genauso wie es für das soziale Umfeld schwierig ist, Veränderungen nachzuvollziehen (vgl. auch Burt & Katz, 1987). Bezüglich der entwicklungsbedingten und alltäglichen Belastungen, die vor allem bei adoleszenten Opfern und Opfern von Partnergewalt zu einer Dramatisierung der Situation beitragen, sei an dieser Stelle auf entsprechende Literatur verwiesen (z.B. zu entwicklungsbedingten Krisen Faltermaier, Mayring, Saup & Strehmel, 1992; Olbrich, 1995; Ulich, 1987; Bewältigungsprozesse in der Adoleszenz s. Peters, 1988, als Reaktion auf die Geburt von Kindern z.B. Brüderl, 1988; im Zusammenhang mit Alltagsbelastungen Lehr, 1991; Weber & Knapp-Glatzel, 1988).

Voraussetzung dafür, daß Personen des sozialen Umfeldes Vergewaltigungsopfer unterstützen können, ist das Wissen um die Tat und ihre Folgen. Dabei reduzieren antizipierte Unsicherheiten und Opferabwertungen Außenstehender die Veröffentlichungsbereitschaft von Vergewaltigungsopfern. Aus Schuldgefühlen, Scham und Angst vor sekundärer Viktimisierung (vgl. z.B. Helfferich et al., 1997; vgl. auch Weis, 1982) sprechen die Mädchen und Frauen nicht mit Eltern, Freundinnen oder anderen Personen über die erlittene Traumatisierung. In vielen der hier zitierten wissenschaftlichen Untersuchungen gaben die Befragten an, das Interview sei die erste Möglichkeit, sich jemandem anzuvertrauen. Häufig erleben vergewaltigte Frauen, daß aufgrund des emotional hoch belasteten Themas und der Abwehr anderer nicht sie, sondern die in Gang gesetzte Psychodynamik und Interessen der anderen im Vordergrund stehen (vgl. u.a. Licht, 1991; Weis, 1982).

Obwohl Vergewaltigungen sehr häufig sind und immer auch das soziale und institutionelle Umfeld berühren, z.B. durch eine Veröffentlichung, Inanspruchnahme professioneller Hilfe oder Anzeige, bleiben vergewaltigte Mädchen und Frauen weitestgehend mit der Bewältigung der Tatfolgen und den retraumatisierenden Reaktionen anderer auf sich gestellt. Die Ursachen liegen darin, daß die Vergewaltigung nicht nur das Opfer, sondern auch direkte und indirekte ZeugInnen mit sexualisierter Gewalt konfrontiert. Unbeteiligte, die von der Vergewaltigung erfahren, sind mehr oder weniger gezwungen, sich mit der eigenen Gefährdung oder einer potentiellen oder tatsächlichen Täterschaft auseinanderzusetzen. Die sexuelle Gewalttat führt u.U. nicht nur für das Opfer, sondern auch für Partner, Eltern und Geschwister, FreundInnen, ArbeitskollegInnen und für Professionelle zu einer Belastungs- und Krisensituation. Indirekt Betroffene erleben Wut- und Rachegefühle, Ohnmacht, Hilflosigkeit, Überfordertsein, Unsicherheit und Schuldgefühle. Sie reagieren mit Vorwürfen gegenüber dem Opfer, Unglauben und Mißtrauen sowie Vermeidung (vgl.

Teubner et al., 1983; Miller & Williams, 1984; Godenzi, 1989; Licht, 1991; Feldmann, 1992). Kretschmann (1993 nennt darüber hinaus noch das Gefühl, die einzige Person zu sein, die helfen kann. Vor allem Überforderung leitet sich aus Unwissenheit über Ursachen, Ausmaß, Folgen sexueller Gewalt sowie daraus entstehende Bedürfnisse und Unterstützungsmöglichkeiten für die Opfer ab (vgl. Clausen, 1987; Sadrozinski, 1987; Ward, 1995). Bei Frauen kommt die Angst um ihre eigene Sicherheit hinzu. All dies erschwert es, sich auf die Erlebniswelt der von sexueller Gewalt betroffenen Frauen einzustellen. Hagemann-White (1992) weist darauf hin, daß auch Forderungen nach professioneller Kompetenz im Umgang mit Gewaltopfern eine Form der Abwehr sind, um sich von dem Schrecken, den die Gewalt auslöst, zu distanzieren und sich nicht auf die verletzte Seele der betroffenen Frau einlassen zu müssen.

So sprechen Hedlund und Granö (1986b) z.B. auch von dem Partner als *„unsichtbares Opfer"* (ebd., S. 60). Einige Partner sehen in der Vergewaltigung primär eine sexuelle Handlung und reagieren mit Eifersucht und Unverständnis. Nach verschiedenen Untersuchungen verlieren mehr als die Hälfte der Vergewaltigungsopfer ihren Partner (z.B. Crenshaw, 1978; Licht, 1991). Auch bei lesbischen Paaren kommt es zu vergleichbaren Beziehungsproblemen, die zu einer Trennung führen können (Burgess & Holmstrom, 1979b). Eltern fühlen sich überfordert und schränken tatsächlich oder in der Erwartung der Mädchen deren Selbstbestimmung ein. Jugendliche Opfer geraten aufgrund der Vergewaltigung in neue Konflikte zwischen Abhängigkeit und Autonomie (vgl. Hedlund & Granö, 1986a; Rowan & Rowan, 1984). Insgesamt tragen negative soziale Reaktionen zu einer Erhöhung symptomatischer Belastungen bei (Ullman, 1996).

Auch professionelle HelferInnen werden mit ihren eigenen Gefühlen konfrontiert. Macht und Ohnmacht in therapeutisch-beratenden Beziehungen werden als Gegenübertragung, indirekte oder sekundäre Traumatisierung und ‚Burnout-Syndrom' thematisiert (Hedlund & Eklund, 1986, Kretschmann, 1993. Damit einher gehen Zynismus und Gleichgültigkeit, Abwehrmechanismen in Form von Leugnung von Unrecht und Schaden sowie eine Projektion eigenen Erlebens auf die Klientin. Von indirekter Traumatisierung wird gesprochen, wenn Außenstehende vergleichbare Symptome wie das Opfer entwickeln (vgl. Ajdukovic, 1997). Ist es Professionellen nicht möglich, die eigenen Reaktionen zu reflektieren und zu einer Haltung der Abstinenz gegenüber der Hilfesuchenden zurückzufinden, kann dies bis zum Machtmißbrauch führen.

Von großer Bedeutung für die gesellschaftliche Bewältigung sexualisierter Gewalt ist das Anzeigeverhalten der Opfer. Auf der einen Seite wird von den Frauen erwartet, daß sie dem öffentlichen Interesse an der Durchsetzung von Gesetzen entgegenkommen. Auf der anderen Seite erhalten sie wenig Unterstützung, ganz besonders, wenn es sich um einen bekannten Täter handelt. Vergewaltigungsopfer erleben eine Reviktimisierung aufgrund von Abwehrmechanismen von Außenstehenden (Fischer et al., 1998), z.B. durch Rücksichtslosigkeit von Polizei und Justiz. Besondere Beeinträchtigungen durch eine Anzeige wurden wiederholt nachgewiesen (u.a. McCahill, Meyer & Fischman, 1979; Richter, 1997; Weis, 1982). Gerichtsverfahren, in denen die Zeuginnen belastet werden, führen zu Zustandsverschlechterungen. Durch das Öffentlichmachen der Vergewaltigung deklariert sich die Frau als Opfer und übernimmt damit die entsprechende soziale Rolle, bzw. wird in dieser Rolle wahrgenommen (vgl. Berg & Johnson, 1979). Vor dem Hintergrund gesellschaftlicher Vergewaltigungsmythen kommt dies einem sozialen Makel gleich. Außerdem sind Vergewaltigungsopfer in der Gerichtsverhandlung mit dem Rechtsanspruch des Täters auf Verteidigung konfrontiert. Dieser versucht, die Tat zu leugnen oder zu rechtfertigen, die vergewaltigte Frau anzugreifen und zu beschuldigen (Breiter, 1995).

Bei Vergewaltigungsopfern verstärkt sich das Gefühl, durch Kriminalität bedroht und in ihrer Handlungsfreiheit eingeschränkt zu sein. Sowohl eine resignative Nichtanzeige, als auch eine Anzeige mit nachfolgender mißlungener Interaktion zwischen Kontrollorganen und Opfer führen langfristig zu einer erhöhten Verbrechensfurcht (Hermann & Streng, 1991). Bei den Betroffenen bleibt auch nach Jahren das Gefühl, daß der *"Staat kein Rechtsstaat für ihre Rechte ist"* (Mörth, 1994, S. 176). Viele der von Weis (1982) interviewten 79 Vergewaltigungsopfer berichteten von negativen Erfahrungen mit den Instanzen der formellen Kontrolle. So wollten von den 37 Frauen, die nach der Vergewaltigung zur Polizei gingen, 18 keine Anzeige mehr erstatten.

Viele AutorInnen beschreiben darüber hinaus den retraumatisierenden Effekt der Straffreiheit von Gewalttätern (z.B. Hermann, 1993; Pross, 1996). Dem Opfer wird das Recht auf eine eindeutige Anerkennung des Opferstatus, des Unrechts, des Anspruchs auf Erstattung des Schadens (Restitution) und eine Wiederherstellung der verletzten Würde (Rehabilitation) verweigert (z.B. Fischer et al., 1998).

Baurmann (1983) befragte 112 Opfer sexueller Gewalt, die einschließlich der polizeilichen Ermittlungen mit durchschnittlich 12 Personen über die Straftat sprachen, nach der Bewertung dieser Gespräche. Die Bewertungen reichten auf einer fünfstufigen Skala (1=angenehm bis 5=unangenehm/geschadet) von 2,2 (Freund) bis 4,5 (Rechtsanwalt/-anwältin des Beschuldigten). Während Geschwister, Freundin, Arzt/Ärztin, Eltern und Bekannte eine Bewertung um den mittleren Wert von drei erhielten, wurden PolizeibeamtInnen und JugendamtsvertreterInnen mit 3,6 sowie RichterInnen mit 3,9 beurteilt. In einer Nachbefragung an einer Polizeidienststelle 1986 zeigte sich allerdings ein Trend zu einem Rückgang der extrem negativ bewerteten Gespräche (Baurmann, 1990).

Im Gegensatz zu den oben zitierten Untersuchungen steht eine Studie von Frazier und Haney (1996). Sie konnten keinen Zusammenhang zwischen den Erfahrungen von Vergewaltigungsopfern mit Polizei und Justiz und der Traumaverarbeitung feststellen. Statt dessen halten die Autorinnen Attributionsprozesse und Bewältigungsstrategien für aussagekräftiger bezüglich der Bewältigung von Belastungen. Ward (1995) weist in ihrer Analyse darauf hin, wie sehr diese mit dem sozialen und gesellschaftlichen Umfeld, d.h. mit Vergewaltigungsmythenakzeptanz und sozialen Repräsentationen zusammenhängen, und daß diese sich gegenseitig verändern und aufrechterhalten.

Zu den lebensweltlichen Bedingungen für Bewältigungsprozesse nach einer Vergewaltigung gehört auch das Ausmaß, in dem gesellschaftliche Hilfen zur Verfügung stehen und Strategien gegen Männergewalt entwickelt und umgesetzt werden. Das sind (1) den Traumaverarbeitungsprozeß unterstützende Konzeptionalisierungen, (2) auf die Bevölkerung gerichtete politische und opferunterstützende Strategien und (3) täterorientierte Interventionen (z. Überblick s. u.a. Brückner, 1998; Egger et al., 1995; Feltes, 1997; Godenzi, 1996; Heiliger & Hoffmann, 1998; Neubauer et al., 1994; Parrot & Bechhofer, 1991; Schall & Schirrmacher, 1995).

Opferbezogene Unterstützung. Es gibt eine Vielzahl von Veröffentlichungen über Beratungs-, Kriseninterventions- und Therapiekonzeptionen (zum Überblick s. z.B. Calhoun & Atkeson, 1994; Feldmann, 1992; Helfferich & Hendel-Kramer, 1996). Die Hilfe, die die Frauen brauchen, hängt von dem bisherigen Verarbeitungsprozeß ab. Während direkt nach der Vergewaltigung in der Regel der Wunsch nach Krisenintervention (Forman, 1983; Holmes, 1984; Nadelson & Notman, 1984) im Vordergrund steht, kann einigen Frauen langfristig eine Psychotherapie helfen. Einzelne AutorInnen weisen bezüglich der Konzeption von professioneller Hilfe auf die Relevanz der Täter-Opfer-Beziehung und der damit zusammenhängenden Bedeutungsstrukturen hin (vgl. z.B. Burkhart, 1991). Insgesamt ist die Inanspruchnahme professioneller Hilfe ist bildungsabhängig; je höher der Bildungsstand, desto mehr hilfebietende Stellen sind bekannt und können aufgesucht werden (Helfferich et al., 1994).

Verschiedene therapeutische Ansätze finden sich z.B. im Kontext der Traumatheorien (Fischer & Riedesser, 1998; Hermann, 1993; Kretschmann, 1993; Reddemann, 1998; van der Kolk, McFarlane & Weisaeth, 1996), der Verhaltenstherapie (Ehlers et al., 1998; Reinhold, 1991; Vernon & Best, 1983; Veronen, Kilpatrick & Resick, 1979), der Gestalttherapie (Valentin-Mousli, 1988) oder von integrierten Therapieformen (Fitzgerald, 1991). In den letzten Jahren findet vor allem die Methode EMDR (Eye Movement Desensitization and Reprocessing) Beachtung in der Psychotraumatologie und in der Behandlung von Vergewaltigungsopfern (z.B. Wolpe & Abrams, 1997).

Andere Autorinnen geben aufgrund ihrer praktischen Erfahrungen mit Opfern sexualisierter Gewalt Handlungsempfehlungen für Professionelle (z.B. Roehl & Gray, 1984). Die Bedeutung sozialer Unterstützung, z.B. durch die Familie, findet in Ansätzen zur Krisenintervention mit Angehörigen ihren Niederschlag (z.B. Harris, 1989).

Politische Strategien. Darüber hinaus gibt es eine Vielzahl von konzeptionellen Vorschlägen, Modellprojekten und dauerhaften Ansätzen einer Politik gegen

Gewalt im Geschlechterverhältnis, die aber nur in geringem Umfang realisiert werden. Dazu gehören u.a. (1) Beratungsstellen für Vergewaltigungsopfer (s. z.B. Frauennotruf München, 1996; Helfferich et al., 1997) und Frauenhäuser (Egger et al., 1995; Hagemann-White et al., 1981), die sich im allgemeinen nicht nur an Gewaltopfer richten, sondern auch Öffentlichkeitsarbeit durchführen; (2) Kampagnen und andere öffentlichkeitswirksame Aktionen (z. Überblick s. Heiliger & Hoffmann, 1998), (3) stadt- und verkehrsplanerische Maßnahmen (Köllner & Leutner, 1994), z.B. spezielle nächtliche Beförderungsangebote (Bundesministerium für Frauen und Jugend, 1994) und (4) Aufklärung und Maßnahmen für Jugendliche (Rozeé et al., 1991). Ward (1995) gibt einen Überblick über öffentlichkeitswirksame Maßnahmen und Interventionen, die dazu dienen, soziale Repräsentationen zu verändern und sexuelle Gewalt zu verhindern und zu sanktionieren.

Täterbezogene Interventionen. Dazu gehören z.B. Strafrechtsänderungen, wie die seit 1997 geltende Strafbarkeit der Vergewaltigung in der Ehe, Täterberatung und Täterkonzeption, Interventionsprogramme gegen häusliche Gewalt und ein verändertes polizeiliches Handeln bei Partnergewalt. Je nach Täter-Opfer-Beziehung, den zugrundeliegenden Erklärungsmodellen sexualisierter Gewalt und dem Kontext der Intervention (Strafvollzugsanstalt, Forensische Psychiatrie, Freiwilligenberatung und -therapie) unterscheiden sich die entsprechenden Konzeptionen.

Insgesamt weisen die Forschungsergebnisse darauf hin, daß bisher die Opferperspektive in der Öffentlichkeit und im sozialen Umfeld viel zu wenig Beachtung findet. Die Angst anderer vor Überforderung erschwert den Betroffenen die Veröffentlichung und eine Anzeige der Vergewaltigung. Die Mädchen und Frauen werden zum großen Teil alleine gelassen. Vorhandene Interventionsstrategien unterbleiben. Das gilt vor allem, wenn es sich bei dem Täter um keinen Fremden handelt. Außerdem gibt es bisher wenig Untersuchungen, die aufzeigen, auf welche Weise dyadische oder kollektive Bewältigungsprozesse nach einer Vergewaltigung verlaufen. Einige Hinweise auf gesellschaftliche Strategien im Sinne eines ‚kollektiven Copings' lassen sich der Analyse von Ward (1995) über die Umsetzung kommunaler und staatlicher Maßnahmen am Beispiel Singapore entnehmen.

5.2.3 Subjektive Bewertungen

Verschiedene Studien zeigen, wie schwer es Menschen fällt, ein unerwartetes, existentiell bedrohliches Ereignis zu begreifen (Becker, 1992) und wie notwendig dies gleichzeitig ist (z. Überblick s. Ward, 1995). Nachfolgend werden zum einen empirische Ergebnisse bezüglich der Bewertung des Traumas, d.h. der von den Opfern angewandten Vergewaltigungsdefinitionen und nachträglichen Erklärungen, bzw. Verantwortungsattributionen dargestellt. Als zweites wird auf Voraussetzungen für Veröffentlichung und Anzeige und die Bewertung von Bewältigungsprozessen eingegangen. Dabei zeigt sich insgesamt, daß auch die

Vergewaltigungsopfer selbst von dem Stereotyp der Vergewaltigung durch den Fremdtäter geleitet werden (Ward, 1995).

Ein Teil der angegriffenen Frauen definiert die Tat nicht als Vergewaltigung und Verbrechen. Das gilt besonders, wenn sie nicht dem Stereotyp des plötzlichen Überfalls durch einen fremden Mann entspricht. Auch empfinden einige Mißhandlungs- und Vergewaltigungsopfer Mitschuld bezüglich der Gewalthandlungen. Diese Tatsache findet in verschiedenen Studien Beachtung. In der Untersuchung von Bergdoll & Namgalis-Treichler (1987) gaben z.b. 48% der Opfer von Partnergewalt an, sich zumindest manchmal mitschuldig am Gewalthandeln des Mannes gefühlt zu haben. Als Gründe nannten sie, daß sie in der Beziehung eigene Interessen vertreten, sich nicht untergeordnet oder Fehler gemacht hatten. Andrews (1992) zeigt, daß sich die selbstbezogenen Verantwortungszuschreibungen von mißhandelten Partnerinnen nach der Trennung verändern. Während der Beziehung übernehmen die Frauen zum Teil die täterent- und sie selbst belastenden Kausalattributionen des Partners. Erst, wenn sie sich seinem Einfluß entzogen haben, schreiben sie dem Täter selbst seine Handlungen zu. Außerdem zeigt sich, daß Selbstbeschuldigungen nur nach und nicht vor einer Trennung im Zusammenhang mit einer erhöhten symptomatischen Belastung wie Depression stehen. Darüber hinaus verhindern Selbstbeschuldigungen, daß die Opfer sich Hilfe suchen.

Es wurde mittels quantitativer Verfahren untersucht, in welchem Zusammenhang Attributionsprozesse mit dem Verarbeitungsprozeß stehen. Die Forschungsergebnisse zu der Frage, ob Verantwortungszuschreibungen einen positiven oder negativen Effekt haben, sind widersprüchlich (vgl. auch Schwarzer, 1993). In einigen Studien zu Kausalattributionen wird eine Unterscheidung zwischen ‚behavioral' und ‚characterological responsibility' gemacht, d.h. zwischen Selbstvorwürfen, die sich auf falsches Handeln und solchen, die sich auf die Persönlichkeit beziehen. Handlungsbezogene Attributionen wirken sich z.B. nach Janoff-Bulman (1979, 1982) positiv, personenbezogene Kausalattributionen negativ auf den ‚Coping'-Prozeß aus. Dies wird darauf zurückgeführt, daß mit ersteren Kontrollerwartungen bezüglich einer künftigen Gefährdung aufrechterhalten werden können. Diese Ergebnisse wurden allerdings von anderen nicht repliziert (z.B. Frazier, 1990; Meyer & Taylor, 1986). Dunmore, Clark, und Ehlers (1997) bestätigen die negativen Auswirkungen von selbstbeschuldigenden kognitiven Bewertungen bezogen auf den Verlauf posttraumatischer Belastungsstörungen nach einer Vergewaltigung (für Opfer sexueller Gewalt in der Kindheit s. Spaccarelli & Fuchs, 1998). Ähnlich widersprüchliche Ergebnisse finden sich auch in Untersuchungen zur Bedeutung von kausalattributiven Prozessen für die Krankheitsanpassung (s. Filipp, 1990).

Widersprüchliche Ergebnisse hängen meines Erachtens damit zusammen, daß eine Differenzierung von (a) Tat und Tatumständen, (b) von Anlaß versus Ursache oder (c) Attributionszielen fehlen. Es ist ein Unterschied, ob Verantwortungszuschreibungen der Erklärung einer vergangenen Vergewaltigung oder

der Vorhersage einer antizipierten Bedrohung dienen. Außerdem wird oft die individuelle Funktionalität von nachträglichen Erklärungen und Attributionen und die Komplexität menschlicher Konstruktionen vernachlässigt. Statt dessen werden aufgrund der verwandten Methodik Dichotomien vorgegeben, die der Lebensrealität von Vergewaltigungsopfern nicht entsprechen (vgl. Hermann, 1988; Wood & Rennie, 1996).

Thornton et al. (1988) zeigten, daß Selbstbeschuldigungen mit Opferbeschuldigungen durch BeraterInnen in Wechselwirkung stehen. Wertet sich die vergewaltigte Frau ab, scheint das Risiko größer zu sein, daß sie auch von anderen Verantwortung zugeschrieben bekommt (vgl. auch Coates, Wortman & Abbey, 1979; zum Überblick s. Ward, 1995). Lenox und Gannon (1983) betonen die jeweiligen ‚Fallen' verschiedener Attributionsstile. Während externale Zuschreibungen in einem Gefühl der Hilflosigkeit und Depression resultieren können, führen internale Attributionen zu geringer Selbstachtung und Schuldgefühlen. Burgess und Holmstrom (1979a) fanden, daß die Frauen, die eine rationale Erklärung für die Traumatisierung angeben konnten, sich schneller erholt hatten. Dies könnte auch erklären, warum Opfer von Partnergewalt erst nach der Trennung und mit Realisierung des Ausmaßes der Mißachtung und der Täterverantwortung unter symptomatischen Belastungen leiden. Während der Beziehung finden die Frauen immer noch Erklärungen, die den Täter entlasten.

Ward (1995) berücksichtigt, daß Attributionsprozesse von Vergewaltigungsmythen abhängig sind, wie sie allgemein von Männern und Frauen, aber auch von Professionellen vertreten werden. Die Autorin faßt verschiedene Studien zusammen, nach denen Selbst- und Fremdbeschuldigungen zunehmen, wenn die Opfer zur Tatzeit Alkohol getrunken oder andere Drogen genommen hatten (z.B. Richardson & Campbell, 1982). Außerdem wachsen diese mit der Nähe zwischen Täter und Opfer (Wyatt, Notgrass & Newcomb, 1990) und abnehmender physischer Gewalt (Mynatt & Allgeier, 1990). In der Untersuchung von Mörth (1994) zeigte sich ein Zusammenhang zwischen einem starken Selbstwertgefühl und Selbstbewußtsein - auch in bezug auf das eigene Frausein - und der Zurückweisung eigener Schuldgefühle, der Veröffentlichungsbereitschaft und der Fähigkeit, sekundäre Viktimisierungen abzulehnen. Persönliche Unsicherheit und eine streng moralische Erziehung wirkten sich hingegen negativ aus.

Bestätigt wird der Zusammenhang zwischen Vergewaltigungsmythenakzeptanz und Kausalattributionen auch dadurch, daß Frauen, die vor der Tat ein großes Sicherheitsgefühl und ein Gefühl der Unverletzlichkeit hatten, danach unter schwerwiegenderen Schädigungen litten als andere Opfer (Kretschmann, 1993). Studien aus anderen Forschungsgebieten zeigen ebenfalls, daß nicht erfüllte internale Kontrollerwartungen zu mehr Belastungen führen als externale Kontrollüberzeugungen (vgl. Braukmann & Filipp, 1995).

Auch bei der Veröffentlichungs- und Anzeigebereitschaft spielen neben antizipierter Unterstützung subjektive Theorien eine Rolle. Burt (1983) beschreibt den Prozeß bis zur gesellschaftlichen Anerkennung von Unrecht und Schaden anhand von vier Stufen. Auf der ersten Stufe erfährt eine Person ein Unrecht. Als zweites muß sie sich selbst als Opfer anerkennen. Als drittes wird sie die Anerkennung des Opferstatus von anderen und als viertes von der Gesellschaft einfordern. Auf jeder Stufe wirken subjektive Theorien über weibliche Selbstbestimmung und Vergewaltigung. Sie erleichtern oder behindern die Anerkennung von Unrecht und Schaden. Je mehr die Opfer sich abwerten, desto unmöglicher ist es z.B., sich Hilfe zu holen (vgl. Dukes & Mattley, 1977). Je schwerer es ist, das Verbrechen zu beweisen und je geringer die körperlichen Schäden sind, desto niedriger ist die Anzeigebereitschaft (Hermann & Streng, 1991). Weis (1982) kommt aufgrund seiner Untersuchungsergebnisse zu dem Schluß, daß der Entscheidungsprozeß bis zu einer Anzeige in drei Schritten verläuft: (1) Definition einer Situation als als Vergewaltigung, (2) Strafwürdigkeit der Vergewaltigung oder verzeihbares Fehlverhalten des Täters und (3) Anzeigewilligkeit oder Lösung des Konflikts auf privater Ebene.

Geht es um die Verarbeitung des Traumas und die Bewältigung der Folgen, stellt sich die Frage, was die betroffenen Frauen darunter verstehen. In den meisten Studien werden die Variablen, die eine erfolgreiche Integration des Traumas in das Selbstbild der einzelnen Frau nachweisen, von den Forschenden festgelegt. Ob diese sich mit denen der Opfer decken, kann angezweifelt werden. Auf dieses Problem, vor allem bei Frauen aus unteren sozialen Schichten, deren Lebensrealitäten sich stark von denen der Fachleute unterscheiden, weist Fine (1983-84) hin. Was für Außenstehende wie ‚Aufgeben' aussieht, kann für die Betroffenen eine Überlebensstrategie sei.

Ausgehend vom derzeitigen Forschungsstand liegen bisher nur unzureichende Ergebnisse bezüglich der Bedeutung der subjektiven Perspektive von Vergewaltigungsopfer für langfristige Bewältigungsprozesse vor, die darüber hinaus Transaktionsprozesse zwischen Opfer, Täter und Lebenswelt berücksichtigen. Eine Ausnahme ist die Studie von Wood und Rennie (1996), die mittels eines qualitativen Forschungsdesigns die Komplexität von Rekonstruktions- und Bewältigungsprozessen von sechs Frauen herausarbeiteten, die von einem Bekannten vergewaltigt wurden. Definition der Tat als Vergewaltigung, Verantwortungszuschreibungen und Verteilung von Opfer- und Täterstatus entstehen demnach in einem Austausch zwischen Opfer, Erklärungen des Täters, aber auch den Konstruktionen der Forschenden. Es zeigt sich, daß mittels quantitativer Verfahren solche differenzierten Zusammenhänge nicht ausreichend geklärt werden können.

5.3 Ein integratives Modell

Bei der Beschäftigung mit sexualisierter Gewalt befindet man sich in einem Spannungsfeld zwischen Dramatisierung und Bagatellisierung. Konzeptionalisiert man Vergewaltigung als psychisches Trauma, wird damit eine gewisse Zwangsläufigkeit verbunden. Es wird nicht nur das Trauma mit seinen Konsequenzen beschrieben, sondern es werden Verläufe prognostiziert, die als unabänderlich erscheinen mögen. Für vergewaltigte Mädchen und Frauen besteht damit die Gefahr, auf die Opferrolle festgelegt zu werden. Demgegenüber hat die Gleichsetzung von Vergewaltigung mit Belastung etwas Bagatellisierendes. Es gerät aus dem Blickfeld, daß anders als durch alltägliche Belastungen eine Vergewaltigung den Kern der Person trifft und eine existentielle Bedrohung darstellt. Deshalb sollen als Grundlage für die folgende Untersuchung, Trauma- und Bewältigungstheorien integriert werden. Von ersteren werden vor allem die unwillkürlichen physiologischen, emotional-kognitiven Aspekte berücksichtigt. Diese werden zusammen mit langfristig disfunktionalen Bewältigungsstrategien der Opfer und opferfeindlichen Reaktionen des sozialen und gesellschaftlichen Umfeldes als Belastungen verstanden. Abbildung 1 zeigt die Traumatisierungs- und Bewältigungsprozesse im zeitlichen Verlauf.

Abb. 1: Traumatisierungs- und Bewältigungsprozesse

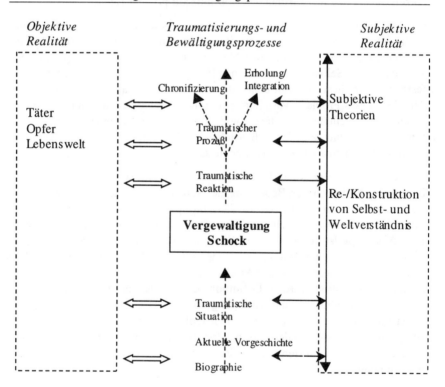

Die *objektive Realität* umfaßt alle wahrnehmbaren Reize außerhalb des Individuums. Darin eingeschlossen sind materielle Lebensbedingungen, andere Personen, insbesondere der Täter, und deren Verhalten, aber auch das Verhalten der Vergewaltigungsopfer, wie z.B. angewandte Selbstverteidigungsstrategien im Falle eines Angriffs. Die *subjektive Realität* umfaßt kognitive und emotionale Prozesse. Sowohl die objektive wie subjektive Welt sind Quelle von Belastungen und Ressourcen.

Im Kontext einer Vergewaltigung wird der gesamte Verlauf von zwei gegenläufigen Prozessen bestimmt: von *Traumatisierungsprozessen* bis zu einer möglichen Chronifizierung auf der einen Seite und Bewältigungsprozessen mit dem Ziel der Erholung und Integration auf der anderen Seite. Diese können nie als abgeschlossen betrachtet werden, weil immer neue Einflüsse auf das Individuum wirken. Durch die Vergewaltigung werden bisherige Bewältigungsprozesse unterbrochen und in ihrer Funktionalität existentiell in Frage gestellt. Nach der Vergewaltigung versuchen die Opfer, an bisherige Bewältigungsprozesse anzuknüpfen und neue Strategien zu entwickeln, um Belastungen nach einer Vergewaltigung zu bewältigen.

Die *traumatische Situation* ist vor allem durch die Durchsetzungsstrategien des Täters und externe Widerstände, soziale Kontrolle und Gegenwehr des Opfers, gekennzeichnet (vgl. Kap. 4.2.1). Sie kann anhand von verschiedenen Kriterien, der Typologie der traumatischen Situation, beschrieben werden (Kap. 4.2.2). Durch das traumatische Ereignis bzw. die Vergewaltigung kommt es zum *traumatischen Schock*, d.h. zu einem vitalen Diskrepanzerlebnis zwischen Bedrohung und Bewältigungsmöglichkeiten und zu einer existentiellen Infragestellung des Selbst- und Weltverständnisses (Kap. 4.2.3). Dabei werden subjektive und objektive Bedingungen wirksam. Dazu gehören u.a. bisherige traumatische Erlebnisse, die Art der Täter-Opfer-Beziehung und die aktuelle Verfassung. Die *traumatische Reaktion* ist sowohl durch unwillkürliche physiologische und emotional-kognitive Prozesse als auch bewußte Bewältigungsstrategien gekennzeichnet. Objektiv wirken Belastungen und Ressourcen, die sich aus dem Täterverhalten nach der Tat, den aktiven Bewältigungsstrategien der Opfer und lebensweltlichen Bedingungen (soziales Umfeld, psychosozialmedizinische Institutionen, Medien, Polizei und Justiz) ergeben (vgl. Kap. 4.2.4, 5.2.1, 5.2.2). Daneben spielen kognitive Prozesse (Traumaschema, traumakompensatorisches Schema, naive Traumatheorie, vgl. Fischer & Riedesser, 1998; Kap. 4.1) und subjektive Bewertungsprozesse (Kap. 5.2.3) eine wichtige Rolle. Es kann relativ schnell, aber auch erst nach einer längeren Zeit zu einer kurzfristigen oder langfristigen *Erholung* und zu einer Integration des Traumas in die Biographie kommen. Gelingt der Prozeß nicht, geht die traumatische Reaktion in einen *traumatischen Prozeß* über, der vor allem durch kumulative Belastungen gekennzeichnet ist. Können diese langfristig nicht bewältigt werden, besteht das Risiko einer *Chronifizierung* bestehender symptomatischer Belastungen.

Parallel zur äußeren Welt finden entsprechend der Traumatheorien und Bewältigungstheorien fortlaufend innere Prozesse der *Konstruktion und Rekonstruktion des Selbst- und Weltverständnisses* statt. Entsprechende subjektive Theorien bilden sich (1) aufgrund einer Transaktion zwischen objektiven Bedingungen und subjektiven Bedeutungszuschreibungen und (2), indem auf bisherige Erfahrungen zurückgegriffen wird und diese im nachhinein neu bewertet werden. Bisher sind es aber gerade die subjektiven Bewertungsprozesse bzw. subjektiven Theorien die - trotz der nachgewiesenen Relevanz (vgl. Kap. 3.2) - kaum untersucht wurden. Dies soll mit der vorliegenden Untersuchung geleistet werden.

6 Methodischer Ansatz

Im sechsten Kapitel werden die der vorliegenden Arbeit zugrundeliegenden Fragestellungen herausgearbeitet und methodische Vorüberlegungen für eine diesbezügliche explorative Studie diskutiert (Kap. 6.1). Außerdem wird das ausgewählte qualitative Forschungsdesign und das konkrete Vorgehen dargestellt (Kap. 6.2).

6.1 Fragestellungen und methodische Vorüberlegungen

Bisherige Untersuchungen weisen eine hohe Prävalenz sexualisierter Gewalt nach. Dabei unterscheiden sich die Zahlen je nach gewähltem Forschungsdesign voneinander. Die größte Häufigkeit decken Untersuchungen auf, die in ihrer Vergewaltigungsdefinition von einer uneingeschränkten sexuellen Selbstbestimmung von Frauen ausgehen. Die belegten Prävalenzangaben nehmen bedingt durch folgende Voraussetzungen ab: Veröffentlichung des traumatischen Ereignisses mittels Fragebogen, Veröffentlichung im unmittelbaren Kontakt zu den Forschenden, angezeigte Vergewaltigungen, vor Gericht verhandelte oder verurteilte Vergewaltigungen. Die Veröffentlichungs-, Anzeige- und Verurteilungsbereitschaft sinkt mit zunehmender Nähe zwischen Täter und Opfer (vgl. Kap. 2).

Daneben zeigen experimentelle Studien, wie sehr soziale Repräsentationen und subjektive Theorien über Vergewaltigungen von opferbeschuldigenden und täterentlastenden Kognitionen geprägt sind. Das gilt sowohl für Männer als auch für Frauen, für LaiInnen wie auch für Professionelle. Darüber hinaus gibt es Belege dafür, daß Vergewaltigungsopfer gleichermaßen sogenannte Vergewaltigungsmythen teilen. Für diese Vergewaltigungsmythen werden verschiedene Funktionen angenommen. Bei Frauen führen sie zum einen dazu, daß sie sich in ihrer Autonomie einschränken. Zum anderen dienen sie der Angstbewältigung und Selbstwertstabilisierung (vgl. Kap. 3).

Werden Frauen Opfer einer Vergewaltigung, erleben sie dies als psychische Traumatisierung, als ein Zusammenbruch des bisherigen Selbst- und Weltverständnisses. Das traumatische Ereignis hat eine Vielzahl von Belastungen zur Folge (vgl. Kap. 4). Um diese Belastungen bewältigen zu können, sind Vergewaltigungsopfer auf ein hohes Maß an personalen, sozialen und gesellschaftlichen Ressourcen angewiesen. Diese stehen ihnen oft nicht oder nur ungenügend zur Verfügung. Stattdessen tragen die Opfer selbst und Personen des persönlichen Umfeldes, aber auch Professionelle zu zusätzlichen Belastungen bei. Diese lassen sich auf Überforderung und opferabwertende subjektive Theorien über Vergewaltigung zurückführen. Vergewaltigungsopfer befinden sich demzufolge zum Teil in einem negativ verlaufenden Transaktionsprozeß mit ihrer Umwelt. Damit sexuelle Gewalt als Problem wahrgenommen wird und Opfer entsprechende Unterstützung erhalten, müssen die Frauen die Tat veröffentlichen. Um sprechen zu können, müssen soziale Ressourcen vorhanden sein (vgl. Kap. 5).

Um sekundäre Traumatisierungen zu verhindern und es Vergewaltigungsopfern zu ermöglichen, sich auch nach dem traumatischen Ereignis als Teil ihrer Lebenswelt zu empfinden, bedarf es eines genaueren Wissens über langfristige und lebensweltbezogene Bewältigungsprozesse nach einer Vergewaltigung. Dafür muß die Perspektive der Frauen aufgegriffen werden. Da sie sehr häufig keine Unterstützung erhalten, sind sie die Expertinnen, die über ihre Bewältigungsprozesse nach der Vergewaltigung Auskunft geben können. Es ist anzunehmen, daß die Opfer Vorstellungen haben, was ihnen bei der Bewältigung geholfen hat oder helfen könnte.

Damit ihre Kompetenzen berücksichtigt werden, muß der Fokus auf die Bedeutungszusammenhänge aus Sicht der Betroffenen gerichtet werden. Eine dementsprechende Methode muß es ermöglichen, die verschiedenen subjektiven Theorien über Vergewaltigung, ihre Folgen und deren Bewältigung zu erfassen und den Zusammenhang zwischen den systematischen Kognitionen, Emotionen und den konkreten Handlungen aufzuzeigen. Dafür ist es im Sinne einer explorativen Studie notwendig, sich zunächst auf die Erlebniswelt der Frauen einzulassen, um subjektive Theorien und Bewältigungsprozesse in ihrer Komplexität und in ihrem lebensweltlichen und biographischen Zusammenhang zu rekonstruieren. Denn nur, wenn diese verstanden werden, ist es möglich, wissenschaftliche Theorien anzureichern. Dann können für Vergewaltigungsopfer akzeptable Angebote der Unterstützung durch das soziale Umfeld und gesellschaftliche Institutionen zur Verfügung gestellt werden, die von ihnen auch wahr- und angenommen werden.

Mit der vorliegenden Arbeit soll darüber hinaus die Lücke zwischen der sozialpsychologischen Forschung zum Thema ‚Sexuelle Gewalt' und der Forschung zu Traumaverarbeitungs- und Bewältigungsstrategien geschlossen und das Prozeßhafte der Verarbeitung sexueller Viktimisierung erfaßt werden. Das heißt, es soll untersucht werden, welche Bedeutung subjektive Theorien für Bewältigungsprozesse nach einer Vergewaltigung haben. Dabei geht es zunächst um Erkenntnisgewinn und Entwicklung einer gegenstandsbezogenen, empirisch begründeten Theorie (Glaser & Strauss, 1967; insbesondere Strauss, 1991; Strauss & Corbin, 1996). Den verschiedenen Bewältigungsstrategien soll offen begegnet werden, ohne daß der Blickwinkel durch schon getroffene Hypothesen verengt wird. Gleichzeitig sollen in der Untersuchung Grundannahmen und der bisherige Forschungsstand berücksichtigt und in Form eines Rückkopplungsprozesses einbezogen werden.

In einem ersten Schritt werden subjektive Bewältigungsprozesse und subjektive Theorien von Vergewaltigungsopfern untersucht. Dabei werden dyadische und kollektive Bewältigungsprozesse, so wie sie die Frauen wahrnehmen, einbezogen. In einem zweiten, über die vorliegende Arbeit hinausgehenden Schritt müßten diese unter Einbezug indirekt betroffener Personen in die Theoriebildung aufgenommen werden. Außerdem werden aufgrund pragmatischer Überlegungen zunächst die prozessualen Veränderungen rückblickend zu einem Erhebungszeitpunkt erfaßt. Denkbar wäre, daran anschließend Längsschnittstudien durchzuführen, um die langfristigen Bewältigungsprozesse nicht nur aus der Retrospektive zu erfassen.

Außerdem sollen nicht die gesamten biographischen Erfahrungen, sondern Schwerpunkte der trauma- und lebensweltbezogenen Bewältigungsprozesse herausgearbeitet werden. Die Frauen sollen in ihrer Kompetenz angesprochen und befragt werden. Das schließt diejenigen aus, die sich zum Zeitpunkt der Untersuchung nicht selbst als Vergewaltigungsopfer definieren. Gleichzeitig ist es aufgrund des biographischen Bezugs möglich, gegebenenfalls solche Verneinungen des Opferstatus aus der Erinnerung zu verstehen. In der Auswahl der Stichprobe sollte die Unterschiedlichkeit traumatischer Situationen und Täter-Opfer-Beziehungen sowie unterschiedlicher Bewältigungsformen (z.B. mit oder ohne professionelle Hilfe) berücksichtigt werden. Diese Herangehensweise ermöglicht es, die Bedeutung subjektiver Theorien über sexuelle Gewalt für Bewältigungsprozesse zu rekonstruieren.

Die Studie soll Erfahrungen der Opfer in der Auseinandersetzung mit sich selbst, der Tat und dem Täter sowie dem sozialen, bzw. gesellschaftlichem Umfeld in ihrer Bedeutung für Bewältigungsprozesse nach sexueller Viktimisierung erfassen. Kernannahme ist, daß subjektive Theorien der Opfer und des sozialen Umfeldes über Vergewaltigung von zentraler Bedeutung für Bewältigungsprozesse nach dem traumatischen Ereignis sind. Dabei sind subjektive Theorien nicht statisch, sondern verändern sich über die Zeit und in Abhängigkeit von Erfahrungen und Auseinandersetzungen mit anderen. Bezogen auf kognitive Prozesse ergeben sich drei Fragestellungen:

1. Welche Rolle spielen *subjektive Theorien* vor dem Hintergrund bisheriger Erfahrungen und Auseinandersetzungen mit dem Thema ‚Sexuelle Gewalt'?
2. Welche Bedeutung hat die *Art der Vergewaltigung* und insbesondere die *Täter-Opfer-Beziehung* (dem Stereotyp nicht/entsprechend) für das subjektive Erleben und Bewältigungsprozesse nach einer Vergewaltigung?
Unter welchen Umständen definieren Vergewaltigungsopfer eine Vergewaltigung als solche? Wie erklären sie sich die Tat und welche Auswirkungen hat das traumatische Ereignis sowie die entsprechenden subjektiven Theorien für den Selbstwert der Opfer? Welche Prognosen entwickeln vergewaltigte Mädchen und Frauen bezüglich ihrer zukünftigen Sicherheit und der Bewältigung entstandener und entstehender Belastungen? Welche

Handlungsempfehlungen leiten die Betroffenen aus dem traumatischen Erlebnis ab und wie verhalten sie sich nach der Tat gegenüber sich selbst und gegenüber dem Täter?

3. Welchen Einfluß haben die antizipierten und tatsächlichen Alltagstheorien anderer sowie die Erfahrungen mit dem *sozialen Umfeld* für die Traumaverarbeitung?
Wovon hängt es ab, ob Vergewaltigungsopfer die Tat veröffentlichen und anzeigen? Welche Hilfe suchen die Frauen und wie wirken gegebenenfalls die Reaktionen des sozialen Umfeldes im Sinne eines dyadischen und sozialen ‚Copings‘ auf das Opfer zurück?

Es sollen Unterschiede und Gemeinsamkeiten innerhalb langfristiger und lebensweltbezogener Bewältigungsprozesse herausgearbeitet werden. Dazu gehören Entwicklungen und Veränderungen subjektiver Theorien über sexuelle Gewalt und deren Einfluß auf Person-Umwelt-Transaktionen. In dem Zusammenhang sollen Vorerfahrungen und eine mögliche Vergewaltigungsmythenakzeptanz und deren Bedeutung erfaßt werden.

Aus Bedeutungszuschreibungen vergewaltigter Frauen und deren Konfrontation mit dem bisherigen Forschungsstand soll eine empirische Theorie der Bedeutung subjektiver Theorien für die Verarbeitung sexueller Viktimisierung entwickelt werden. Dies ist mit einem hypothesentestenden quantitativen Forschungsansatz nicht möglich. Die oben genannten Fragen sind aufgrund der notwendigen Komplexität und Offenheit nicht operationalisierbar. Außerdem würde der Zugang zu den der Fragestellung entsprechenden Interviewpartnerinnen in einem sensiblen Feld, wie der von opferfeindlichen Alltagstheorien und Mythen begleiteten Traumatisierung durch eine Vergewaltigung, mittels quantitativer Verfahren erschwert. Ein dem Gegenstand angemessenes Vorgehen hingegen bieten Methoden der qualitativen Sozialforschung.

6.2 Methodische Umsetzung: Durchführung einer qualitativen Studie

Ein qualitativer Ansatz ermöglicht es, sich dem Forschungsgegenstand, d.h. der Bedeutung subjektiver Theorien für Bewältigungsprozesse nach einer Vergewaltigung anzunähern. Qualitative Forschungsmethoden erlauben:

- im Sinne einer explorativen Studie ohne vorhergehende Einengung eine *Offenheit* für den Forschungsgegenstand zu bewahren, subjektive Theorien und deren Bedeutung zu entdecken und eine empirische Theorie zu generieren;

- die *subjektive Sicht* (subjektiven Theorien) der vergewaltigten Frauen, deren implizite Argumentationsstruktur und Bedeutung für Bewältigungsprozesse nach einer Vergewaltigung mittels eines Interviews zu aktualisieren und durch die Auswertung zu rekonstruieren;

- die *Komplexität* individueller sowie *langfristiger* in die Biographie eingebundener und *lebensweltbezogener Bewältigungsprozesse* zu erfassen und diese ins Verhältnis zum sozialen und gesellschaftlichen Umfeld zu setzen.

Inzwischen wurden an verschiedenen Stellen qualitative Methoden in der Sozialforschung im allgemeinen und in der Psychologie im besonderen begründet und weiterentwickelt (z.B. Faltermaier, 1995; Flick, 1989; Flick, Kardoff, Keupp, Rosenstiel & Wolff, 1995; Jüttemann, 1989; Jüttemann, 1990; Jüttemann & Thomae, 1987; Mayring, 1990; Stiles, 1993). Deswegen werde ich mich darauf konzentrieren, anhand der konkreten Umsetzung oben beschriebenen Forschungsvorhabens auf wissenschaftliche Gütekriterien und deren Realisierung innerhalb eines qualitativen Designs einzugehen. Anhand der einzelnen Durchführungsschritte werde ich ausführen, auf welche methodischen Vorarbeiten ich mich dabei stütze. Es sind im wesentlichen die Arbeiten von Gerhardt (1979, 1986), Meuser und Nagel (1991), Strauss (1991), Strauss und Corbin (1996) und Witzel (1982).

Mit der Entscheidung für qualitative Methoden wird die Repräsentativität einer Stichprobe und damit die Generalisierbarkeit der Ergebnisse eingeschränkt. Das gilt vor allem für einen Forschungsgegenstand wie Männergewalt gegen Frauen und ihre sozialen Repräsentationen, da diese von historischen Prozessen abhängig sind. Es muß davon ausgegangen werden, daß diesbezügliche subjektive Theorien und Bewältigungsprozesse an sich einem gesellschaftlichen Wandel unterworfen sind und Untersuchungen immer nur vorläufige Bedeutungszusammenhänge aufdecken können. Mittels eines qualitativen Designs können aber im Gegensatz zu quantitativen Methoden Systematiken und deren Reichweite herausgearbeitet werden. Die Frage der Repräsentativität spielt dabei eine untergeordnete Rolle.

Von großer Bedeutung ist die Frage der Gültigkeit entdeckter empirischer Theorien, d.h. daß ob das, was herausgearbeitet wird, auch den vorliegenden Phänomenen entspricht. Dabei besteht bei jedem Durchführungs- und Auswertungsschritt die Gefahr, daß Erfahrungen nicht richtig abgebildet werden. Im Vorfeld eines Interviews betrifft dies die Ausarbeitung des Interviewleitfaden, in den unangemessene Vorannahmen eingehen können. Bei der Kontaktaufnahme zu der Probandin wird u. U. nicht die ‚richtige' Person in die Untersuchung aufgenommen. Während der Interviewdurchführung können Störbedingungen wirksam werden oder die Gesprächsführung trägt dazu bei, daß die Interviewte kein Vertrauen faßt und ihre Erfahrungen nicht in bestmöglicher Art und Weise explorieren kann. Außerdem ist es möglich, daß sich die Selbst-/Darstellung der Interviewten weniger am Forschungsinteresse, sondern an eigenen Zielen, z.B. einer Selbstwertstabilisierung orientiert.

Darüber hinaus gehen in jeder Phase der Untersuchung aufgrund der notwendigen Reduktion Informationen verloren. Bei der Tonaufnahme sind dies z.B. visuelle Eindrücke wie Mimik und Gestik, bei der Transkription Tonlage und Lautstärke der Stimme. Der Auswertungsprozeß (z.B. von der Paraphrasierung über Kategorienbildung, die Entwicklung einer empirischen Theorie bis hin zur schriftlichen oder mündlichen Präsentation) birgt das Risiko, daß wichtige Zusammenhänge unentdeckt bleiben. Deshalb bedarf es, um die Gültigkeit der Ergebnisse zu gewährleisten, eines sorgfältigen und mehrfach abgesicherten Vorgehens, welches im folgenden beschrieben wird.

Kontaktaufnahme. Bei der Untersuchung geht es nicht darum, eine repräsentative Stichprobe zu erfassen, sondern um eine Auswahl von Interviewpartnerinnen im Sinne eines ‚theoretical sampling' (Strauss, 1991), d.h. einer für die Fragestellung geeigneten theoriegeleiteten Datensammlung. Die Auswahl der Frauen ergibt sich (1) aus ihrem Expertinnenstatus, ihrer Selbstdefinition als Opfer sexueller Gewalt und der Bereitschaft, über ihre Erfahrungen zu sprechen, sowie (2) aus der Berücksichtigung verschiedener Formen von Vergewaltigungen und Täter-Opfer-Beziehungen.

Der Kontakt zu an einem Interview interessierten Frauen erfolgte sowohl über persönliche Beziehungen als auch über Informations- und Handzettel (s. Anhang A). Um nicht nur Vergewaltigungen durch Fremde zu berücksichtigen, wurden durch die schriftliche Information explizit Frauen angesprochen, die von ihrem Ehe-/Partner vergewaltigt wurden. Bei Vergewaltigungen durch Bekannte kam die Verbindung in fast allen Fällen dadurch zustande, daß ich die Betroffenen direkt ansprach oder gemeinsame Bekannte den Kontakt herstellten. Die schriftlichen Informationen wurden über verschiedene Institutionen und Personen verbreitet. Dazu gehörten Rundbriefe von Frauenbeauftragten, Beratungsstellen, die Öffentlichkeitsarbeit des Karlsruher FrauenNotrufs, öffentliche Stellen wie ein Frauenbuchladen, ein schwarzes Brett in einem Café, ein universitäres Frauenbrett und von mir selber nicht ausgewählte Stellen sowie interessierte Einzelpersonen.

In Anlehnung an Strauss (1991) sollte die Datenerhebung und Auswertung nach Sättigung der Theorie, d.h. wenn in den Kategorien keine neuen Erkenntnisse mehr gewonnen werden können, abgeschlossen werden. Aus praktischen Erwägungen wurden Interviews mit ca. 20-30 Frauen, die als Jugendliche, bzw. Erwachsene vergewaltigt wurden, geplant. Der Informationszettel wurde nach und nach verteilt, um zu verhindern, daß sich zu viele Frauen zur gleichen Zeit melden. So war es möglich, relativ schnell nach dem Anruf einer Interessierten einen Interviewtermin zu vereinbaren und im Sinne einer Sättigung der sich entwickelnden empirischen Theorie die Interviewphase zu beenden, ohne Frauen zurückweisen zu müssen. Außerdem wurden mit Beratungsstellen (Pro Familia, Wildwasser, Beratungsstelle des Frauenhauses) vereinbart, daß sie gegebenenfalls Krisenintervention und Beratung übernehmen würden.

Stichprobe. Insgesamt wurden 27 Vergewaltigungsopfer interviewt. Die befragten Frauen waren zum Zeitpunkt des Interviews zwischen 20 und 46 Jahre alt. Sie verteilen sich gleichmäßig auf verschiedene Altersgruppen (vgl. Tab. 1). Das Durchschnittsalter betrug 32 Jahre. Die Tat lag zwischen einem halben Jahr und 25 Jahren zurück. Insgesamt kristallisierte sich heraus, daß die Verarbeitung nicht in unmittelbarem Zusammenhang mit der Zeit, sondern eher mit den eigenen und fremden die Gewalt betreffenden Überzeugungssystemen, Scham- und Schuldgefühlen sowie der verfügbaren sozialen Unterstützung stand.

Die Interviewten gehörten verschiedenen Bildungs-, Berufsausbildungs- und Berufsbereichen an. Eine Frau hatte zum Zeitpunkt des Interviews keinen Schulabschluß. Fünf Frauen beendeten die (bisherige) Schullaufbahn mit dem Hauptschulabschluß, acht mit Real- oder Handelsschule, sieben mit Abitur und sechs mit einem Fachhochschul- oder Universitätsabschluß (vgl. Tab. 1). Sieben der interviewten Frauen hatten, in der Regel aufgrund ihres Alters, bisheriger Brüche in ihrer Biographie oder eines langen Ausbildungswegs über ein Studium, keine abgeschlossene Berufsausbildung. Sechs der Befragten hatten einen Lehrberuf erlernt, acht eine Fachschule besucht und sechs mit der Hochschule abgeschlossen (vgl. Tab. 1).

Tab. 1: Alter und Aus-/Bildung

Alter in Jahren		Schulabschluß		Berufsausbildung	
20-24	5	Keinen	1	Keine	7
25-29	6	Hauptschule	5	Lehre	6
30-34	6	Real-/Handelsschule	8	Fachschule	8
35-39	6	Gymnasium	7	Hochschule	6
40-46	4	(Fach-)Hochschule	6		
Summe	27		27		27

22 der 27 Befragten waren berufstätig. Eine Frau promovierte. Von den 22 berufstätigen Frauen arbeiteten acht Vollzeit und vierzehn Teilzeit. Bei den Berufen handelte es sich im allgemeinen um typische Frauenberufe, vor allem im pflegerischen und pädagogischen oder Dienstleistungsbereich. Von den vier anderen waren zwei Frauen aufgrund der Gewaltfolgen berentet, eine war zur Zeit des Interviews arbeitslos und die vierte Mutter von drei Kindern und Hausfrau.

Nur zehn Frauen waren in einem festen Angstelltenverhältnis. Fünf bezeichneten sich als Selbständige, d.h. sie arbeiteten neben ihrer Familienarbeit stundenweise in ihrem Beruf oder verdienten ihren gesamten Lebensunterhalt mit verschiedenen (schein-) selbständigen Tätigkeiten. Keine der Frauen erreichte mit ihrer Selbständigkeit eine auf die Zukunft gesicherte Existenz. Einige der Befragten fielen eher in die Kategorie der ‚Jobberin', d.h. sie übernahmen neben einer anderen Tätigkeit wie Ausbildung oder Studium stundenweise in der Woche Gelegenheitstätigkeiten.

Zwölf der Befragten waren ledig. Sechzehn Frauen waren verheiratet, einige von ihnen auch zwei- und mehrmals. Acht von ihnen waren zur Zeit des Interviews verheiratet, sieben geschieden und eine getrennt lebend. Die Lebensformen der Frauen waren sehr unterschiedlich. Elf der 27 Frauen lebten mit ihrem Partner und ihren Kindern; andere lebten alleine mit ihren Kindern oder mit ihrem Partner, in einer Wohngemeinschaft, alleine oder bei ihren Eltern. Bei einer Mehrfachnennung wohnten acht der Interviewten in einem Dorf, drei in einer Klein- und 17 in einer Großstadt. Von den Interviewten haben die meisten die deutsche Staatszugehörigkeit. Eine Frau ist Schweizerin und eine weitere war aus einer Großstadt Südeuropas zum Studium nach Deutschland gekommen.

Erhebungsverfahren. Das Kernstück der Untersuchung bilden mit Unterstützung eines Interviewleitfadens geführte *problemzentrierte Interviews* (Witzel, 1982). Der dreizehnseitige Leitfaden (eine Kurzfassung befindet sich im Anhang B) wurde unter Berücksichtigung bisheriger theoretischer Erkenntnisse aufgebaut. Die Fragen dienten als Erzählanstoß und zielten auf die Erfassung subjektiver Theorien und deren Auswirkung auf lebensweltbezogene langfristige Prozesse. Der Leitfaden umfaßt (1) die derzeitige Lebenssituation, (2) Angaben zur Tat, (3) Veränderungen aufgrund der Vergewaltigung und Bewältigung der Folgen, (4) Veröffentlichungsbereitschaft und -erfahrungen, (5) Anzeigeverhalten und -erfahrungen, (6) den biographischen Hintergrund und (7) den aktuellen Stand, inklusive Interviewmotivation und Belastungen durch das Gespräch.

Der Leitfaden ist chronologisch aufgebaut, um den Frauen zu ermöglichen, sich in die damalige Situation und ihre eigene Biographie zurückzuversetzen. Er dient der Orientierung bei der Führung des Interviews. Mit weit gefaßten Eingangsfragen wurden Erzählanstöße gegeben und Themenkomplexe angerissen, die die Befragten selber ausführen konnten. Nach Möglichkeit sollte sich der Gesprächsfluß nach den Interviewten richten.

Für die Erfassung der *sozioökonomischen Daten* wurde ein kurzer *Fragebogen* entwickelt, der den Frauen nach Ablauf des Interviews vorgelegt wurde. Außerdem wurde zur Erweiterung der Daten nach der Verabschiedung der Interviewten von mir ein *Postskript* zu den Inhalten der Vor- und Nachgespräche, die nicht aufgezeichnet wurden, zu Rahmenbedingungen, Gesprächsatmosphäre und nonverbalen Reaktionen der Befragten erstellt. Teil des Postskripts waren auch eigene Gefühle und Gedanken sowie die Analyse möglicher Übertragungen und Gegenübertragungen[1].

---

[1] Ich benutze den Begriff hier nicht im streng psychoanalytischen Sinne, will aber zum Ausdruck bringen, daß in der Interviewsituation und während der Auswertung Einflüsse von der Interviewten auf die Interviewerin und umgekehrt ausgehen, die sowohl den Inhalt als auch Empfinden und Verhalten nach Abschluß des Interviews beeinflussen können.

Durchführung der Interviews. An einem Interview interessierte Frauen meldeten sich in der Zeit von März 1995 bis Oktober 1996 in der Regel über das Telefon des FrauenNotrufs oder dessen Anrufbeantworter. Die Anruferinnen erhielten am Telefon die wichtigsten Informationen und wurden gebeten, kurz zu erzählen, aufgrund welcher Erlebnisse sie anriefen. Mit der Mehrzahl von ihnen wurde ein Interviewtermin vereinbart. Einige hingegen wünschten Beratung, Informationen oder Bezahlung des Interviews, die nicht möglich war, oder riefen wegen sexueller Belästigung am Arbeitsplatz oder sexueller Gewalterlebnisse in der Kindheit an.

18 der insgesamt 27 Interviewpartnerinnen erfuhren von der Studie über den Informationszettel. Acht wurden in einem Café, beim Gesundheitsamt oder ähnlichem auf ihn aufmerksam. Sieben sahen ihn in einer Beratungsstelle, davon sechs in einem FrauenNotruf. Drei erfuhren von der Untersuchung über den Rundbrief der Frauenbeauftragten. Drei der Interviewten wurden durch gemeinsame Bekannte auf die Untersuchung hingewiesen. Sechs Betroffene waren mir schon vor dem Interview bekannt. Bei dreien wußte ich von der Vergewaltigung. Bei den anderen drei Frauen erfuhr ich es während der Interviewphase.

Wurde ein Gesprächstermin vereinbart, fand das Treffen im Raum des Frauen-Notrufs, in den Räumen anderer Beratungsstellen oder aus organisatorischen Gründen privat bei den Frauen statt. 23 der insgesamt 27 Interviews wurden zwischen März 1995 und November 1995 geführt. Im März, September und Oktober 1996 kamen noch einmal vier dazu. Alle Interviews wurden auf Kassette aufgenommen.

Es konnte in allen Fällen eine vertrauensvolle Atmosphäre hergestellt werden. Eingangs fand je nach Bedürfnis der Interviewpartnerin ein kurzes Vorgespräch statt. Es wurde eine Einverständniserklärung vorgelegt, in der auf Inhalt der Untersuchung, Datenschutz und die Möglichkeit hingewiesen wurde, jederzeit das Gespräch abbrechen zu können. In Anlehnung an Hoff (1989) wurde vergleichbar der personenzentrierten Therapie nach Rogers ein empathischer, selbstkongruenter und nondirektiver Interviewstil realisiert, in den lenkende Elemente integriert wurden.

Die Frauen wurden anhand des Interviewleitfadens befragt. Die Rolle der Interviewerin beschränkte sich auf die Unterstützung (1) der Explizierungsmotivation und der Aktualisierbarkeit von Kognitionen durch den Aufbau der Beziehung sowie die Anleitung zur Erinnerung des erlebten Traumas und der sich anschließenden Prozesse, (2) der Verbalisierungsfähigkeit und -motivation durch Paraphrasierungen gemachter Aussagen, (3) der Argumentationsfähigkeit durch Verständnisfragen und vorsichtige Konfrontationen mit Unklarheiten und Widersprüchen (s. auch Groeben, 1988). Insgesamt zeigte sich, daß die Fähigkeit zur Sensibilität gegenüber der eigenen Person in bezug auf die Aussagekraft der Interviews im Vordergrund stand. Die Artikulationsfähigkeit spielte eine weniger bedeutsame Rolle und konnte durch Paraphrasierungen unterstützt werden (Kromrey, 1986). Die Ausdrucksfähigkeit stand nicht im Zusammenhang mit dem formalen Schulabschluß der Frau, sondern u.a. mit ihrer Erinnerungsfähigkeit und dem Stand des Verarbeitungsprozesses. Einige baten explizit darum, Fragen gestellt zu bekommen.

Das Tempo, Ausführlichkeit und Länge des Interviews bestimmten die Befragten. Je nach Erzählstil der Frauen verliefen die Interviews mit langen narrativen Passagen oder wurden durch Fragen geleitet. Für die Forscherin bedeutete dies, den eigenen Standpunkt, Bewertungen und Ratschläge nicht einzubringen, sondern das Thema aus der Perspektive der Befragten zu verstehen. Die Dialogpartnerin sollte die Möglichkeit haben, ihre Erfahrung im Gespräch zu rekonstruieren (vgl. auch Sommer, 1987). Paraphrasierungen dienten neben der Unterstützung der Verbalisierungsfähigkeit der Versicherung, daß die gemachte Aussagen richtig verstanden wurden. Sie ermöglichten Korrekturen und Ergänzungen seitens der befragten Frauen. In der Regel gelang es problemlos, das Thema aus der Perspektive der Befragten zu verstehen.

Im Anschluß an das Interview wurden die Frauen gebeten, den Fragebogen zu sozioökonomischen Daten auszufüllen. Je nach dem Interesse der Interviewten kam es zu einem Nachgespräch. Keine der Befragten schien durch das Interview in eine Krise geraten zu sein. Eine weitere Befragung fand nicht statt. Lediglich mit einer der Interviewten wurde die Auswertung ihres Interviews einige Wochen später im Sinne einer kommunikativen Validierung besprochen und das Gespräch z.T. noch mal aufgezeichnet und ausgewertet. Die Interviews dauerten mit Vor- und Nachgespräch zwischen einer und fünf Stunden, die Interviewzeit lag zwischen ca. 50 und 250 Minuten.

Auswertung. Form und Führung der Interviews stellten sicher, daß Intentionen und Argumentationsstrukturen dialog-hermeneutisch richtig verstanden wurden. Über die empirische Gültigkeit der Re-/Konstruktionen der Befragten läßt sich letztendlich keine Aussage machen (zum biographischen Gedächtnis s. Strube & Weinert, 1987). Zieht man Bewertungskriterien wie Ausschluß von Störbedingungen, Verbalisierbarkeit und Genauigkeit, Widerspruchsfreiheit und Herleitungskorrektheit, Plausibilität und Realitätsangemessenheit sowie den Motivations- und Äußerungszusammenhang heran (vgl. z.B. Groeben, 1988; Sommer, 1987), zeigten sich alle Interviews für eine Analyse geeignet.

Parallel zu den Interviews wurde mit der Auswertung der ersten Mitschnitte begonnen. Die Interviews wurden zunächst auf Einzelfallebene analysiert, bevor über eine Gesamtheit mehrerer Fälle eine Übersicht über Ähnlichkeiten und Divergenzen gewonnen wurde. Die Auswertung erfolgte überwiegend in Anlehnung an die Analyse von ExpertInneninterviews nach Meuser und Nagel (1991). Meuser und Nagel (1991) entwickelten aus der eigenen Forschungspraxis ein Auswertungsverfahren für offene Interviews mit ExpertInnen, in denen nicht die Gesamtperson Gegenstand der Analyse ist, sondern auf den ExpertInnenstatus begrenzte Themen. Der ExpertInnenstatus kann von den Forschenden verliehen werden. Experte oder Expertin ist, wer die Verantwortung für eine

Problemlösung trägt oder über einen *"privilegierten Zugang zu Informationen über Personengruppen oder Entscheidungsprozesse verfügt"* (Meuser & Nagel, 1991, S. 443). Für die vorliegende Studie wurde den Interviewten in diesem Sinne ein relationaler Expertinnenstatus zugewiesen. Sie werden als diejenigen angesehen, die verantwortlich für ihre Bewältigungsprozesse sind und über einen besonderen Zugang zu vergewaltigungsrelevanten Informationen verfügen. Ziel der ExpertInneninterviews und ihrer Analyse ist die Gewinnung empirischen Wissens, d.h.:

„im Vergleich mit anderen ExpertInnentexten das Überindividuell-Gemeinsame herauszuarbeiten, Aussagen über Repräsentatives, über gemeinsam geteilte Wissensbestände, Relevanzstrukturen, Wirklichkeitskonstruktionen, Interpretationen und Deutungsmuster zu treffen." (ebd., S. 452)

Meuser und Nagel (1991) entwerfen, um die Vergleichbarkeit der Texte herzustellen und zu kontrollieren, ein sechsstufiges Verfahren, welches von ihnen als Modellvorschlag verstanden wird. Die beschriebene Entdeckungsstrategie kann flexibel an die jeweiligen Untersuchungsbedingungen angepaßt werden und erweist sich für die Herausarbeitung der Bedeutung subjektiver Theorien für Bewältigungsprozesse nach einer Vergewaltigung als geeignet. Die Auswertung erfolgte in Anlehnung an Meuser und Nagel (1991) in den nachstehenden Schritten:

1. Transkription. Alle aufgenommenen und anonymisierten Interviews wurden wortwörtlich transkribiert. Längere Pausen wurden kenntlich gemacht und hörbare Nebengeräusche in Klammern vermerkt. Stimmlagen und sonstige nonverbale und parasprachliche Elemente waren - z.B. im Gegensatz zum narrativen Interview - nicht Gegenstand der Interpretationen. Das gesamte Material umfaßt 1041 Seiten.[2]

2. Paraphrasierung. Der Text wurde nach thematischen Einheiten durch chronologische Zuordnung der wichtigsten Interviewinhalte in Form textgetreuer Wiedergabe sequenziert und paraphrasiert. Dies ist der erste Schritt der Verdichtung, in dem nichts unterschlagen, hinzugefügt oder verzerrt werden soll. Den Erfahrungen von Meuser und Nagel (1991) nach entwickelt sich nach wenigen Interviews *„geradezu von selbst ein Muster der Paraphrasierung heraus, das bei den folgenden Texten ohne größere Modifikation zur Anwendung gelangt"* (ebd., S. 457). Die größeren Einheiten der vorliegenden Paraphrasen umfassen (1) Vorgeschichte und Vorerfahrung, (2) Art der Vergewaltigung und Beziehung zum Täter, (3) Ressourcen und Bewältigungsprozesse, (4) Veröffentlichung und Anzeigebereitschaft sowie (5) subjektive Theorien bezüglich

---

[2] Zur leichteren Lesbarkeit wurden Zitate im Text um Wortwiederholungen und Füllwörter gekürzt. Längere Auslassungen wurden mit (...), Einschübe der Autorin zur besseren Verständlichkeit mit [Text], Satzabbrüche mit - und Gesprächspausen mit ... gekennzeichnet.

der Gewaltthematik. Nach der Paraphrasierung liegen 388 Seiten vor, anhand derer die weitere Auswertung vorgenommen wurde.

3. Überschriften. Paraphrasierte Passagen erhielten textnahe Überschriften in der Sprache der Interviewten. Dafür wurden für jedes einzelne Transkript Themen zusammengestellt und mit einer Hauptüberschrift, dessen Wahl empirisch begründet ist, versehen. Bei der Vereinheitlichung der Überschriften für die verschiedenen Themen wurde die Terminologie reduziert und die Komplexität des Inhalts nimmt zu.

4. Thematischer Vergleich. Ab dieser Stufe geht die Auswertung über das einzelne Interview hinaus. Es wurden vergleichbare Passagen aus allen Interviews zusammengestellt, Gemeinsamkeiten und Unterschiede festgehalten sowie die Überschriften mit dem Ziel einer textnahen Kategorienbildung weiter vereinheitlicht. Unterschiede, Abweichungen und Widersprüche zwischen verschiedenen Passagen aus verschiedenen Interviews wurden festgehalten und reflektiert. Da für den thematischen Vergleich die Daten sehr stark verdichtet wurden, mußten die vorgenommenen Zuordnungen immer wieder revidiert werden, bis sich der Vergleich als stichhaltig erwies.

5. Psychologische Konzeptualisierung. Erst jetzt beginnt eine Ablösung von den Texten und von der Terminologie der Interviewten. Die Begriffe und ihre Inhalte wurden mit dem Ziel einer empirischen Generalisierung mit dem bestehenden Forschungsstand in Verbindung gebracht und in psychologische Termini übersetzt. Zum Beispiel wurde die im thematischen Vergleich für Passagen aus verschiedenen Interviews zutreffende Überschrift „Mir passiert schon nichts" übersetzt in „Risikoerwartung". Damit ist ein Anschluß der Interpretation an allgemeine psychologische Diskussionen möglich. Wurden in der vorliegenden Literatur keine passenden Begriffe gefunden, wurden neue eingeführt. Die Ergebnisse sind im siebten und achten Kapitel dargestellt.

6. Theoretische Generalisierung. Der Zusammenhang der Kategorien untereinander wurde systematisch geordnet und die empirisch verallgemeinerbaren Tatbestände aus der erweiterten Perspektive psychologischer Begrifflichkeiten interpretiert. Dabei sicherte eine genaue Auswertung, daß die Konstruktion einer empirischen Theorie über die ‚Bedeutung subjektiver Theorien für Bewältigungsprozesse nach einer Vergewaltigung' nicht vom Verdacht, sondern der in den Texten angetroffenen Wirklichkeit geleitet wurde. Erst jetzt werden Empirie und Theorie miteinander konfrontiert. Es zeigt sich, ob bisherige Konzepte (a) inadäquat sind und erweitert werden können, (b) unzutreffend sind und einer Neuformulierung bedürfen oder (c) dem Gegenstand angemessen sind. Die jeweils gezogene Konsequenz muß empirisch begründet werden. Darüber hinaus wurden in Anlehnung an Gerhardt (1979, 1986) fallvergleichende Kontrastierungen vorgenommen. Sowohl auf Einzelfallebene als auch über mehrere Fälle hinweg wurden Übersichten über Ähnlichkeiten und Divergenzen gewonnen.

Während des gesamten Auswertungsvorganges wurde im Sinne der ‚discovery of grounded theory', der Entdeckung empirisch begründeter Theorien (z.B. Strauss & Corbin, 1996), in Form von ‚Memos' aus dem Material heraus Hypothesen entwickelt und methodische Überlegungen festgehalten.

Zur Sicherung der Validität der Interpretationen und Verallgemeinerungen wurden alle Einzelfallanalysen von SozialwissenschaftlerInnen mit Erfahrungen in der qualitativen Sozialforschung und PraktikerInnen, i.d.R. PsychologInnen, die im Bereich ‚Sexualisierte Gewalt' arbeiten, kritisch gelesen und mit mir diskutiert. Dabei wurden die Interviews in Anlehnung an die jeweilige Kompetenz der Person ausgesucht. Spielte z.B. sexualisierte Gewalt gegen Kinder eine Rolle, wurde eine Kollegin aus einer entsprechenden Beratungsstelle gebeten, die Auswertung nachzuvollziehen.

Außerdem wurde das methodische Vorgehen in einer regelmäßig zusammentreffenden Arbeitsgruppe qualitativ forschender Sozialwissenschaftlerinnen reflektiert. Die jeweiligen Ergebnisse habe ich während des gesamten Prozesses in verschiedenen Foren wie z.b. Colloquien, Tagungen, Arbeitsgruppen und dem FrauenNotruf zur Diskussion gestellt. Darüber hinaus hatte ich immer wieder die Möglichkeit, die eigene Beteiligung in Form von persönlichen Gesprächen, Supervision und Diskussionen in der oben genannten Arbeitsgruppe und anderen Zusammenhängen zu reflektieren. Dies war besonders wichtig, da ein Forschungsthema, wie das vorliegende, in hohem Maße die eigenen Biographie und Lebenswelt berührt. Eine praxis- und lebensbezogene Forschung verlangt ein großes Maß an Reflexionsfähigkeit und Selbstkritik, d.h. die ständige Auseinandersetzung mit eigenen Anteilen und im Forschungsprozeß entstehenden Gegen-/Übertragungen. Gleichzeitig bietet sie die große Chance einer Wissenschaft, die für die menschliche Existenz und professionelle Praxis relevante Probleme aufgreift und Grundlagen für Lösungen anbietet.

7 Das Vergewaltigungstrauma

Im empirischen Teil werden die Ergebnisse der Untersuchung dargestellt. Gegenstand des 7. Kapitels ist die subjektive Rekonstruktion des Vergewaltigungstraumas. Für viele Frauen beginnt eine erste Auseinandersetzung mit sexualisierter Gewalt im Sinne einer antizipierten Bewältigung in ihrer Jugend (Kap. 7.1). Sie führt in der Regel zu einer geringen Risikoerwartung. Die traumatische Situation (Kap. 7.2) ist zum einen durch die Durchsetzungsstrategien des Täters und zum anderen durch primär emotionsregulierende Bewältigungsstrategien seitens des Opfers gekennzeichnet. Das Kapitel endet mit der Darstellung der Vergewaltigung, dem traumatischen Schock und der sich anschließenden Schockphase (Kap. 7.3).

7.1 Antizipierte Bewältigung einer drohenden Vergewaltigung

Die Bedrohung weiblicher Sexualität, Autonomie und Integrität beginnt nicht erst durch eine konkrete gegen die einzelne Frau/das Mädchen gerichtete Vergewaltigung. Schon vorher findet eine erste Auseinandersetzung mit Risiken sexualisierter Gewalt, einer potentiellen persönlichen Betroffenheit und entsprechenden Abwehrstrategien statt. Einige der Interviewten wurden ihrer Erinnerung nach in ihrer Kindheit und Jugend bis zur Tat nicht mit dem Thema ‚Vergewaltigung' konfrontiert. Sie nahmen die Gefahr nicht bewußt zur Kenntnis. Die meisten der befragten Frauen hingegen erhielten zumindest in Ansätzen Kenntnis davon. Trotz eines Altersunterschiedes von bis zu 26 Jahren erwiesen sich subjektive Theorien (vor allem bezüglich der Definition einer Vergewaltigung, Schweregrad, Häufigkeit sowie Kontextbedingungen) und die daraus abgeleiteten Vorhersagen und Handlungsempfehlungen als relativ altersunabhängig.

Als Informationsquelle nannten die befragten Frauen in der Regel ihre Eltern, insbesondere die Mutter, und die Medien. Unter Freundinnen war die Gefahr einer Vergewaltigung so gut wie nie Thema. Nur eine Frau berichtete, daß sie zusammen mit einer Freundin einen Selbstverteidigungskurs besucht hatte. Mangelnde Aufklärung führte dazu, daß die meisten der Befragten wenig oder verzerrtes Wissen über sexualisierte Gewalt und das Risiko, Opfer einer Vergewaltigung zu werden, hatten. 26 von 27 Interviewten gingen letztendlich von einem geringen Vergewaltigungsrisiko aus (Kap. 7.1.1). Nur von einer Interviewten wurde explizit ausgeführt, daß es sich bei Männergewalt um eine drohende Ungerechtigkeit handelt, für die die Täter zur Verantwortung gezogen werden müssen (Kap. 7.1.2).

7.1.1 Risikoerwartung: „Mir passiert schon nichts!"

Die meisten Interviewten erinnerten sich im wesentlichen an eine Skandalisierung sexualisierter Gewalt im öffentlichen und Bagatellisierung im privaten Raum. Deren Konsequenzen waren intrapsychische Angstbewältigungsstrategien und Einschränkungen weiblicher Selbstbestimmung, und damit verbunden eine geringe vergewaltigungsbezogene Risikoerwartung.

Vergewaltigung im öffentliche Raum
Die Interviewten erlebten, daß die Gefahr einer Vergewaltigung im öffentlichen Raum im Sinne einer eingeschränkten Trieb- und Impulskontrolle eines Fremd-/Täters skandalisiert wurde. Informationen über die Gefahr einer Vergewaltigung stellten in der Regel den plötzlichen Überfall durch einen pathologischen fremden Triebtäter in den Vordergrund. Vor allem Darstellungen von Vergewaltigungen in den Medien, z.B. in *„Aktenzeichen XY"* (N 6) oder als *„Katastrophenmeldung wie lauter andere Katastrophen auch"* (B, 6) betonten nicht die Alltäglichkeit der Gewalt, sondern das Besondere. Sie führten nicht dazu, sich betroffen zu fühlen. War eine reale Bedrohung nicht präsent, setzten sich die Mädchen bzw. Frauen auch nicht weiter mit dem Thema auseinander.

„Man hat sich nie vorstellen können, daß man selber in so eine Situation kommt. Im Gegenteil, das kann mir doch nicht passieren." (N, 62)

Setzt die Aufklärung nicht bei den eigenen Erfahrungen an, sondern konstruiert eine weit entfernte und seltene Gefahr, konzentriert sich demzufolge die Risikoerwartung - wenn überhaupt - lediglich auf die allgemein als Normbruch anerkannte Vergewaltigung durch einen Fremden. Eine subjektive Theorie über Vergewaltigung beinhaltet dabei genaue Vorstellungen über Täter, Tat, Tatort und Opfer.

Täter sind entsprechend der Darstellung fremde, sexuell gestörte Männer. Einzelne berichteten, daß sie auch von der Möglichkeit sexualisierter Gewalt durch Bekannte und Vergewaltigung in der Ehe gehört hatten. Es blieb aber für sie etwas Entferntes, vom eigenen Leben Abgetrenntes und entsprach ebenfalls eher dem Delikt eines pathologischen Gewalttäters.

„Es gab ja auch diese ganzen Zeitungen (...). Dann habe ich natürlich auch immer diese Rubriken verfolgt: ,Mein Mann schlägt mich.' Und dann kam auch manchmal drin vor: ,Mein Mann vergewaltigt mich.' Aber das Bild, was da drin von Vergewaltigung war, war so das mit total verprügelt werden. (...) Das hatte dann nie was mit dem zu tun, was ich erlebt habe. Daß so eine massive Grenzverletzung schon viel früher anfängt, war mir nicht klar." (Sch, 26)

Bei der *Tat* handelt es sich um einen vom Täter nicht zu kontrollierenden Triebdurchbruch und Überfall.

In der Regel gilt als *Tatort* der öffentliche, ferne Raum, teilweise explizit nur in der Großstadt oder im Ausland.

Gefährdet als *Opfer* sind primär Jugendliche oder junge Frauen, die *„mädchenhaft"* statt *„burschikos"* (C, 13), besonders feminin und sexuell aktiv wirken, die kurze Röcke tragen und in der Großstadt leben. So nahmen einige der Interviewten an, daß sie selbst nicht Opfer werden könnten, weil sie entweder in einem kleinen Ort wohnten, nicht fortgingen und/oder keinen festen Partner hatten, der gewalttätig werden könnte.

„Es gab einfach keine Möglichkeit, wo mir das hätte passieren können." (O, 17)

Entsprechend dieser subjektiven Theorie über sexualisierte Gewalt beziehen sich Ängste, wenn überhaupt, lediglich darauf, nachts auf dem Nachhauseweg, beim Trampen, in der Großstadt oder im Ausland überfallen und vergewaltigt zu werden.

Sind sich Mädchen, bzw. Frauen grundsätzlich des Risikos einer Vergewaltigung bewußt und können sich selbst in der Rolle eines potentiellen Opfers wahrnehmen, registrieren sie Empfehlungen, was zur Verhinderung oder als Reaktion auf eine drohende Vergewaltigung zu tun sei. Diese waren den Interviewten nach meist sehr unpräzise und zum Teil widersprüchlich, wie z.B. Ratschläge seitens der Polizei, die Opfer sollten zur Verhinderung einer Gewalteskalation die Vergewaltigung *„über sich ergehen lassen; oder sie sollen sich wehren"* (V, 22). Insgesamt ergeben sie drei idealtypische intrapsychische Strategien zur Bewältigung der antizipierten Gewalt. Ich bezeichne sie als:

- Hoffnung
- Antizipierte Kontrolle und Vermeidung
- Antizipierte Selbstverteidigung

Hoffnung. Einigen der interviewten Frauen erschien sexualisierte Gewalt als ein durch Gott, bzw. Vorherbestimmung oder die Biologie des Mannes gegebenes und unabwendbares Schicksal. Die Verantwortung liegt demzufolge bei einer höheren Macht oder der ‚Natur der Dinge'. Es handelt sich dieser Vorstellung nach um einzelne wenige triebgesteuerte Männer, die ‚es halt einfach gibt' und ‚die sowas machen' (D, 18). Diese gelten als unbeeinflußbar. Wird den Mädchen kein Handlungswissen vermittelt, bleibt ihnen nur die Hoffnung, es möge ihnen nichts passieren.

„Wenn man ihnen nicht begegnet, hat man Glück gehabt. Und wenn man ihnen begegnet, ist man machtlos." (D, 18)

Einer zweiten Variante dieses Modells nach wurde vermittelt, daß alle Männer *„nur das eine"* (H, 20), d.h. Sexualität wollen. Gleichzeitig nahmen die Interviewten keine Unterstützung wahr, wenn sie sich gegen Belästigungen im privaten Raum, z.B. gegenüber dem Partner der Mutter, zur Wehr setzten. Die Verfügungsmacht des Mannes über den weiblichen Körper und die Einschränkung der Selbstbestimmung wurde beklagt, aber nicht in Frage gestellt. Damit wird sie als unumgängliche Tatsache hingenommen und bestätigt. Opfer von Männergewalt können alle Mädchen und Frauen werden, Verantwortung für die Gewalt haben sie keine. Dieses undifferenzierte Negativbild behindert die Mädchen bei der Sammlung eigener Erfahrungen, der Entwicklung von Vertrauen in die eigene Wahrnehmung und von adäquaten Verhaltensweisen im Umgang mit männlichen Jugendlichen und Männern. Es führt in Konfrontation dazu eher zu einem ambivalenten und undifferenzierten Positivbild.

Antizipierte Kontrolle und Vermeidung. Für diejenigen, die sexualisierte Gewalt nicht als unabwendbares Schicksal oder Gefahr durch jeden Mann und damit als Normalität vermittelt bekamen, konzentrierten sich Handlungsempfehlungen zum Schutz vor einer Vergewaltigung auf Fremde als Täter. Als Motiv einer Vergewaltigung galt die männliche Sexualität. Alle diesbezüglichen Strategien setzten bei dem Mädchen/der Frau im Sinne von Kontroll- und Vermeidungsverhalten an. Sie sollten keine Süßigkeiten von Fremden annehmen und nicht mit ihnen mitgehen. Ihnen wurde Sicherheit vor Gewalt zugesagt, wenn sie ihrerseits von Männern - vermittelt über ihre Mütter - definierte Grenzen nicht überschritten. Die Angesprochenen sollten ‚brav' sein, sich zurückhalten, nicht provozieren und niemandem etwas ‚Böses' tun. Beschränkungen zielten auch auf äußeren Ausdruck, Aussehen und Kleidung. Den Mädchen wurde empfohlen, sich als geschlechtliche, sexuelle Wesen unsichtbar oder gar häßlich zu machen. Außerdem sollten sie ihre Inanspruchnahme öffentlicher Räume, die Erweiterung sozialer Kontakte und ihre Autonomie einschränken. Ihnen wurde z.B. von einer Reise abgeraten. Sie sollten zu Hause zu bleiben oder sich unter männlichen Schutz stellen, um damit Besitzverhältnisse zu verdeutlichen.

Die Reaktionen der Erwachsenen bestärkten nicht die Kinder und Jugendlichen in ihren Rechten auf Selbstbestimmung und Achtung, sondern bekräftigten Anpassung und Schuldzuweisungen. Suchten die Interviewten im Falle von Belästigungen die Bestätigung ihres Rechts auf Anerkennung ihrer persönlichen Grenzen, z.B. durch die Eltern, dann:

„war die Reaktion, daß ich mich mit meiner Verhaltensweise gar nicht wundern müßte, wenn ich vergewaltigt werden würde. Ich wär dann selber schuld." (W, 14)

Opfer einer Vergewaltigung werden entsprechend diesem Modell autonome und (sexuell) selbstbestimmte Frauen und Mädchen. Dabei wird den potentiellen Opfern die Verantwortung für die Gewalttätigkeit der Täter übertragen.

Antizipierte Selbstverteidigung. Die Interviewten, die Selbstverteidigung als Schutz vor einer Vergewaltigung für effektiv hielten, waren diejenigen, die für sich die gleichen Rechte wie Jungen und Männer beanspruchten. Dabei unterscheidet sich diese Strategie von den anderen beiden in ihrer Grundannahme bezüglich der Opfer. Gefährdet sind primär wehrlose Mädchen und Frauen. Die Interviewten, die sich an dieser Strategie orientierten, schätzten ihre eigene Selbstverteidigungskompetenz so hoch ein, daß sie sich sicher fühlten. Diese Sicherheit beruhte auf einer gedanklichen und spielerischen Vorbereitung auf Gefahrensituationen, der Teilnahme an zeitlich begrenzten Selbstverteidigungskursen, dem Wissen um die eigene physische Stärke und der Erfahrung, sich wehren zu können. Im allgemeinen war die Auseinandersetzung damit beendet, daß die Mädchen und Frauen planten, was sie im Falle eines Angriffs tun könnten. Aufgrund der daraus resultierenden geringen Risikoerwartung implizierte dieses Modell keine Einschränkung der Autonomie, vor allem nicht im öffentlichen Raum. Über die antizipierten Selbstverteidigungsstrategien hinaus entwickelten die Frauen keine Verhaltensweisen, was zu tun sei, wenn sie tatsächlich vergewaltigt würden. Die Verantwortung blieb auch diesem Modell nach primär bei den Frauen selbst.

Vergewaltigung im privaten Raum
Eine Einschränkung weiblicher Selbstbestimmung findet aber nicht nur im öffentlichen sondern auch im privaten Raum statt. Sie äußert sich in einer Bagatellisierung von Grenzverletzungen sowie Selbst-/Beschränkungen. Die Konsequenz ist eine geringe Risikoerwartung bezüglich einer Vergewaltigung durch eine Person des sozialen Umfeldes. Das Verharmlosen sexualisierter Gewalt im sozialen Nahbereich stand im Zusammenhang mit folgenden vier Grundannahmen:

- Traditionell-komplementäre und hierarchische Geschlechterrollen
- Verantwortung für den Erhalt der Vater-Kind-Beziehung
- Männlich-aktive und weiblich-passive Sexualrollen
- Autorität von (männlichen) Erwachsenen

Traditionell-komplementäre und hierarchische Geschlechterrollen. Die Geschlechterrollen, wie sie sich den Interviewten zum Teil vermittelten, orientierten sich an traditionellen Weiblichkeits- und Männlichkeitsstereotypen. Sie beinhalteten Vorstellungen über eine geschlechtsbezogene Arbeitsteilung. Dementsprechend wurden den Mädchen eindeutige Lebensgrundsätze mit auf den Weg gegeben. Da sie später einmal Kinder bekommen und zu Hause bleiben würden, wäre für sie eine Berufsausbildung „*wurscht: Schneiderin und Friseuse*" (J, 54). Diese Rollenzuschreibungen beinhalteten auch, daß sich z.B. die Tochter, im Gegensatz zum Sohn, nach der Trennung der Eltern um den Haushalt des Vaters zu kümmern hatte. Daneben war allein mit dem Mädchensein schon eine geringere Wertigkeit verbunden. So glaubte ein Teil der Interviewten, daß es besser wäre, ein Junge zu sein. Sie rebellierten demzufolge und verhielten sich nicht rollenkonform. Innerhalb rollenstereotyper Erwartungen bedeutete das aber immer, die eigene Weiblichkeit zu leugnen und abzuwerten. Andere orientierten sich an der vorgegebenen weiblichen Rolle und versuchten, sich anzupassen, *„das brave Mädchen"* (F, 3) zu sein und darüber Anerkennung zu bekommen.

Einige der Interviewten konnten sich als junge Mädchen noch relativ unabhängig von Zuschreibungen definieren und verhalten. Erst mit der Pubertät wurde der Druck Richtung Geschlechterrollenkonformität größer. Um ihre Unabhängigkeit zu behalten, lernten sie unter Aufgabe ihrer Ungezwungenheit, geschlechtstypisches Verhalten für ihre Interessen einzusetzen.

„Dann habe ich auch angefangen, mich selber zu kontrollieren, indem ich gesagt habe: was sieht erotisch aus oder was wirkt am besten? Dann war ich auch ein bißchen so [spricht mit piepsiger Stimme] mädchenhaft. Und alles habe ich gekriegt, indem ich so Augen gemacht habe." (T, 13)

Verantwortung für den Erhalt der Vater-Kind-Beziehung. Ergänzt wurden traditionelle Geschlechterrollen durch die in den Familien vorherrschenden Familienbilder. Die Kleinfamilie galt als die zentrale Lebensform. Wichtige Werte für Frauen beinhalteten Vertrauen, Treue, Monogamie und eine lebenslange Zusammengehörigkeit. Frauen sollten sich primär auf ihren Partner und die Familie beziehen. Das Verhalten der Eltern zeigte, daß eine Familie eine vom Verhalten des Vaters unabhängige, untrennbare Einheit darstellte. Dabei ging der Erhalt der Familie zu Lasten der Mutter. Sie erduldete die Abwertungen und Gewalttätigkeiten, um den Kindern den Vater, bzw. dem Vater die Kinder zu erhalten, und wurde damit zum Modell für ihre Tochter. Zum Teil wurde die Familie idealisiert, während eine Scheidung einer Schande gleichkam.

„Er [der Pflegevater] hat seine Frau auch geschlagen. (...) Ich habe da immer geheult um meine Mutter (...). Aber sie ist auch immer zu ihm gestanden. Das war für mich ein Vorbild. Die sind ja heute noch zusammen. Man muß einfach durch." (N, 8)

Männlich-aktive und weiblich-passive Sexualrollen. Für die meisten Frauen war der Weg zu einer selbstbestimmten Sexualität sehr mühsam. Nur wenige der Interviewten erlebten sie als lustvollen und integrierten Teil ihrer Identität. Sie berichteten, daß Sexualität in ihrer Familie ein Tabu war. Eine Sexualaufklärung fand entweder gar nicht, scheinaffirmativ und verwirrend oder einseitig negativ statt. Sie hatte das Ziel, die Mädchen von ihrem Körper, ihrer Sinnlichkeit und Sexualität fernzuhalten und vor allem vor einer Schwangerschaft zu bewahren. Sexualität ist demnach im wesentlichen durch die Reproduktion, d.h. durch den Dienst an der Familie gekennzeichnet. Selbstbestimmte sexuelle Aktivität galt für einige Eltern als *„Krankheit"* von Menschen, *„die sexbesessen"* (V, 28) sind, und Selbstbefriedigung als *„das Letzte"* (V, 3).

Die Methoden der Aufklärung konzentrierten sich darauf, die Mädchen zu ermahnen, ‚bloß aufzupassen' und „nicht auch mit nem Kind nach Hause" (H, 42) zu kommen. Die Initiation zur erwachsenen Frau erfolgte nicht über eine positive Bewertung des Einsetzens der Menstruation, die verschwiegen oder abgewertet wurde, sondern über das mit der körperlichen Veränderung in Verbindung gebrachte, negativ konnotierte Begehren eines Mannes. Das Mädchen wird zur Frau, weil sie mit der Pubertät für den Mann als Sexualobjekt in Frage kommt. Dazu gehörte, daß entweder keine Gespräche über das sexuelle Erleben, die körperlichen Bedürfnisse und physiologische Zusammenhänge stattfanden, oder die Eltern ihre Tochter „rein technisch" (V, 28) aufklärten. Da ihre Sexualität damit gleichgesetzt wurde, daß sie sich vorzeitig der Autorität der Erwachsenen entziehen könnte, versuchten Eltern und Großeltern, eine autonome Sexualität zu kontrollieren. Sie werteten die Mädchen als „Hure" (Q, 24) und „wildes Weib" (T, 16) ab und reagierten eifersüchtig auf die ersten Freunde. Die Erwachsenen erreichten damit nur, daß Mädchen das Vertrauen verloren. Ihnen fehlten demzufolge langfristig Ansprechpartnerinnen, die sich mit ihnen über ihre sinnlichen Bedürfnisse und Erfahrungen unterhielten, die ihnen die körperlichen Veränderungen unterstützend spiegelten und sie in ihrem eigenen Erleben bestärkten. Darüber hinaus hatten die meisten Befragten in ihren Eltern kein Modell für befriedigende Heterosexualität. Entweder erfuhren sie nicht, daß diese ein gemeinsames sexuelles Leben hatten oder es richtete sich einseitig nach den Bedürfnissen des Vaters.

Damit blieb den Jugendlichen nichts anderes übrig, als sich selbst zu informieren und sich die Zusammenhänge zusammenzureimen. Das Thema ‚Sexualität' wurde den Medien, z.B. der Werbung, der „Aufklärungsserie [von] Bravo" (H, 42), „Pornoheften" (V, 3) oder „Sexfilmen" (H, 56) überlassen, wo

„ein völlig falsches Bild von Sexualität dargestellt wird: (...) ständig und immer und geil und laut und stöhn und mach und tu." (H, 42)

Eine andere wichtige Informationsquelle war das fiktive Geschlechterverhältnis in Büchern, Kino- und Fernsehfilmen.

„So wie die Kitschromane, (...) wo [es] so hingestellt wird, als würd jede Frau sich ein bißchen zieren. Oder eine Frau meint ‚Ja' auch wenn sie ‚Nein' sagt." (W, 29)

Entsprechend dieser Vorbilder, die mit den Ängsten der Eltern korrespondieren, erhalten Mädchen ihren Status als Frau durch einen Mann. Er handelt entsprechend seiner Lust und begehrt aktiv, wohingegen sie nur geduldig warten muß und dann automatisch Befriedigung erfährt. Der Mann ist derjenige, der die Bedürfnisse der Frau kennt und „weiß, wie man ne Frau zum Orgasmus bringt" (H, 12). Für die Jugendlichen wurde Sexualität aufgrund einer Mischung aus innerfamiliärer Repression und außerfamiliärer Idealisierung zur Eintrittskarte für einen angesehenen Platz außerhalb der Familie sowie zum Synonym für Anerkennung und Freiheit. Es entstand der Eindruck:

Sexualität „muß was Tolles sein. Das ist was, was unbedingt zum Erwachsensein und zum Freisein dazu gehört." (Sch, 25)

Die in der Sozialisation vermittelten Geschlechterrollen, Vorstellungen über Weiblichkeit, sexuelles Begehren und Handeln setzten sich im realen Sexualrollenverhalten fort. Sexualität war für einen Teil der Interviewten fremd- bzw. von Männern bestimmt und diente primär anderen Zielen als der eigenen Lust. Ihr eigener Verhaltensspielraum blieb zwischen Vermeidung einer ungewollten Schwangerschaft auf der einen Seite und männlicher Befriedigung auf der anderen Seite sehr eingeschränkt.

„Am Anfang, bin ich halt oft von zu Hause abgehauen und war mit allen möglichen Typen zusammen (lacht), an die ich mich auch nicht mehr alle erinnern kann. Aber ich erinnere mich an ein paar Situationen, wo die Typen immer älter waren und ich da schon immer das Gefühl hatte, (...) daß ich dieses Spiel mitspiele und mir Mühe geb, die Spielregeln zu kapieren. (...) So funktioniert das Spiel. (...) Das ist gegeben und ich muß darin rausfinden, wie das für mich gut ist." (Sch, 4)

So ist es nicht verwunderlich, daß einige der interviewten Frauen sich bei ihren ersten sexuellen Beziehungen vor allem an den, von dem jeweiligen Partner vorgegebenen, Regeln orientierten. Meist beschrieben sie ihr Verhalten im sexuellen Kontakt mit Männern als passiv und das des Mannes als aktiv. Positive sexuelle Erfahrungen wurden dementsprechend nur von wenigen genannt. Stattdessen wurden die innerfamiliären Bilder, nach denen die Mädchen sich nicht sinnlich auf sich selbst und ihre Bedürfnisse beziehen sollen, bestärkt. Machten die jungen Frauen ihre ersten heterosexuellen Erfahrungen und wurden dabei sexuell bedrängt, übergingen sie ihr fehlendes Verlangen und ihre Ablehnung.

Autorität von (männlichen) Erwachsenen. Ein Teil der Mädchen wurde zu besonderem Respekt gegenüber Erwachsenen im allgemeinen sowie gegenüber Eltern und dem Vater, dem *„Herrgott"* (U, 6) im speziellen erzogen.

„Für mich waren Erwachsene (...) völlig Heiligtümer. Was die machen, ist in Ordnung, und denen muß man gehorchen." (F, 7)

Aber nicht alle erlebten die Autorität des Vaters ohne Brüche. Sie nahmen Männer entweder selbst als verantwortungslos und abhängig wahr oder bekamen es von ihren Müttern vermittelt. Die Macht des Mannes innerhalb der Familie und gegenüber der Partnerin, die sich allein aufgrund des Geschlechts ergab, wurde von den Müttern aber nicht in Frage gestellt.

Viele der Interviewten machten Erfahrungen sexualisierter Grenzverletzungen durch Fremde oder Bekannte, z.B. durch Exhibitionisten oder Lehrer. Diese wurden oft nicht als Gefährdung und Normbruch gegenüber einem unveräußerlichen Recht auf Selbstbestimmung angesehen und ernst genommen. Sie führten nicht zu einer differenzierenden Auseinandersetzung über Bedingungen von

Belästigungen und Gewalt gegenüber Mädchen und Frauen sowie über mögliche Strategien der Gegenwehr. Das galt in besonderem Maße für sexuelle Ausbeutung und Gewalt im familiären Nahbereich. Wehrten die Betroffenen sich gegen sexualisierte Übergriffe und wandten sich an Erwachsene um Unterstützung, stellten diese mit wenigen Ausnahmen die Selbstwahrnehmung der Jugendlichen in Frage. Das betraf zum einen schwere physische und sexuelle Mißhandlungen, aber auch generell die Selbstbestimmung der Mädchen. Sie sollten sich lediglich vor Fremden in Acht nehmen.

„Aber wenn ich dann bei jemand aus der Familie keinen Kuß geben oder nicht auf den Schoß wollte, (...) [hieß es]: ‚Ja, aber Du spinnst doch' und ‚Stell Dich nicht so an, das ist doch ganz normal.'" (W, 23)

Im Vordergrund stehen nicht die Grenzen von Mädchen und Frauen, sondern eine Trennung zwischen Vergewaltigung und dem, was Mädchen und Frauen als ‚normal' hinzunehmen haben, d.h. eine Hierarchisierung nach Bekanntheitsgrad des Täters, und dem - von anderen definierten - Schweregrad der Tat. Die zentrale Botschaft ist, daß eine Vergewaltigung ein schreckliches Verbrechen ist, welches mit persönlicher Erfahrung und Selbstbestimmung nichts zu tun hat. Alltägliche Grenzverletzungen und Vergewaltigungen sind in der Definition dessen, was eine Verletzung der Würde von Frauen darstellt, nicht enthalten. Als Konsequenz verlieren die Mädchen und Frauen das Vertrauen in die Selbstwahrnehmung und lernen, sich gegenüber Männer selbst zu beschränken.

Insgesamt war die subjektive *Risikoerwartung* der Interviewten gering. Sie rechneten nicht damit, Opfer einer Vergewaltigung zu werden. Im privaten Bereich reduzierte eine Bagatellisierung sexualisierter Gewalt *Selbstwahrnehmung* und Risikoerwartung. Im öffentlichen Raum gründete sich die subjektive Sicherheit auf einer der folgenden Bedingungen:

1. Ein Teil der Mädchen und Frauen fühlte sich aus *Unkenntnis* sicher.
2. Die weitaus meisten der Befragten verfügten im Sinne eines *Triebtäterstereotyps* über eine eingeengte Vorstellung, wo und durch wen eine Vergewaltigung drohen könnte. Eine Vergewaltigung stellt sich demnach als Überfall eines Fremden, wahrscheinlich sexuell gestörten oder durch das Mädchen provozierten Mannes im öffentlichen Raum dar. Verhaltensmaßregeln stellen *Vermeidungs- und Kontrollstrategien* in den Vordergrund. Das führt dazu, daß die Mädchen sich, solange sie sich an die Anweisungen halten, keiner Gefahr bewußt sind. Sie können sich von potentiellen Opfern abgrenzen. Um sich nicht einschränken zu müssen, vermeiden sie, an die Gefahr zu denken oder hoffen, sie werden keinem Vergewaltiger begegnen.
3. Die letzte Gruppe setzte sich nur aus wenigen, relativ informierten Frauen zusammen. Sie kannten die Gefahr, vergewaltigt zu werden. Bis auf eine hielten sie ausgehend von dem *Stereotyp des wehrlosen Opfers* ihre Selbst-

verteidigungskompetenz für so hoch, daß sie ihr eigenes Opferrisiko ebenfalls für unerheblich hielten.

Zusammengefaßt waren die Gründe für eine geringe Risikoerwartung, daß die Befragten eine Vergewaltigung im allgemeinen (1) für ein sehr seltenes Verbrechen hielten, das sich (2) durch entsprechendes Verhalten vermeiden läßt oder (3) aufgrund der subjektiven Selbstverteidigungskompetenz abgewehrt werden kann. Hoffnung, Vermeidung und antizipierte Selbstverteidigungskompetenz dienten in den meisten Fällen primär der Angstabwehr und nicht einer direkten Auseinandersetzung mit sexualisierter Gewalt und den möglichen Tatfolgen. Keine der Interviewten schien sich damit befaßt zu haben, daß Interventionen primär nur da ansetzen können, wo Gewalthandeln entsteht. Weder gewalttätige Männer noch die, die männliche Gewalt nur ausschnittsweise sanktionierende Gesellschaft gerieten in den Mittelpunkt der Aufmerksamkeit.

7.1.2 Bedrohung: „Eine unendliche Ungerechtigkeit!"

Nur eine Frau rechnete explizit damit, daß sie tatsächlich vergewaltigt werden könnte und plante, was sie dann tun werde. Im Vordergrund stand für sie die *Sanktionierung* des Täters für sein Verhalten. Sie nahm das Risiko einer Vergewaltigung sehr ernst und beschäftigte sich damit, daß die Verantwortung zur Verhinderung von Gewalttaten bei den Tätern und gesellschaftlich Mächtigen, z.B. Polizei und Justiz, liegt. Aufgabe der Opfer ist es demnach, die Tat zu veröffentlichen und die Spuren zu sichern.

Für die Interviewte war nicht nur die entscheidende Frage, ob und wie sie eine Vergewaltigung abwehren könnte. Stattdessen ging es ihr auch darum, weitere negative Folgen zu verringern und den Täter mit seinem Verhalten und seiner Schuld zu konfrontieren. Dabei spielte eine Rolle, daß sie in ihrer Kindheit schon einmal sexuell ausgebeutet worden war. Außerdem sah sie es *„als eine unendliche Ungerechtigkeit an"* (L, 34), daß, wie sie es in einem Spielfilm gesehen hatte, einer vergewaltigten Frau zunächst nicht geholfen werden konnte: diese war zu spät zum Arzt gegangen und hatte die Tat erst nach Wochen angezeigt. Die Interviewte machte sich ganz *„konkret Gedanken"* (L, 34) und nahm sich vor:

> „Das ist das erste, was Du zu tun hast, gleich zum Arzt, zur Polizei und schauen, daß was gemacht wird, bloß nicht nach Hause und waschen. Das habe ich mir eingetrichtert." (L, 34/35)

7.2 Die traumatische Situation

Die traumatische Situation wird entsprechend des unter 5.3. beschriebenen integrativen Modells für das Opfer sowohl von der äußeren, als auch der inneren Welt bestimmt. Während der Täter bisherigen Erkenntnissen nach sehr häufig die Tat plant und die Vergewaltigung gezielt durchsetzt (Kap. 7.2.1), wird die

Situation vom Opfer unter Umständen als mehr oder weniger alltägliche Situation bewertet und die drohende Gefahr nicht wahrgenommen (Kap. 7.2.2).

7.2.1 Durchsetzung der Vergewaltigung

Die subjektive Realität der Befragten veränderte sich radikal durch die Vergewaltigung. Erst im nachhinein wurden die Durchsetzungsstrategien der Täter als solche erkannt. Aus der Analyse der Interviews ergeben sich zwei zentrale Kategorien, anhand derer die Realisierung der Vergewaltigung durch den Täter beschrieben werden kann. Als wichtigste Kategorie erweist sich die Beziehung des Täters zum Opfer. Hinzu kommt der vom Opfer wahrgenommene täterabhängige Handlungsrahmen. Die Ausprägungen dieser Kategorien haben Auswirkungen auf Traumaabwehr und Traumaverarbeitung seitens der Opfer.

Tätertypen

Allgemein verbreitete subjektive Theorien über Vergewaltigung, die den Fremdtäter in den Mittelpunkt rücken, müssen in Frage gestellt werden. Stattdessen scheinen Nähe und Intensität einer Beziehung zwischen Männern und Frauen sexualisierte Gewalt zu begünstigen. Betrachtet man Beziehungen als Interaktionen auf einem Kontinuum zwischen Fremd- und Vertrautsein, so können Frauen auf jedem Punkt dieses Kontinuums Opfer einer Vergewaltigung werden. Diese Möglichkeit ist unabhängig davon, ob den Opfern die Täter völlig fremd sind, ob sie diese flüchtig kennen, in sie verliebt, mit ihnen verheiratet oder verwandt sind oder aufgrund professioneller Rollen der Täter zu diesen in einem Autoritätsverhältnis stehen. Die Aussagen der Interviewten zeigen außerdem, daß es in allen Phasen einer Beziehung zu einer Vergewaltigung kommen kann. Mädchen und Frauen werden bei einer der ersten Verabredungen (,Date-rape'), während der Hochzeitsnacht, während der ersten Schwangerschaft, nach der Geburt des Kindes oder auch erst nach einigen Jahren und als Reaktion auf eine geplante Trennung zum ersten Mal vergewaltigt.

Zur Veranschaulichung werden die der Untersuchung zugrundeliegenden Vergewaltigungen abhängig vom Beziehungskontext fünf Tätertypen zugeordnet, wobei die Übergänge zwischen ihnen fließend sind (eine Übersicht über die der Untersuchung zugrundeliegenden Sexualstraftaten befindet sich im Anhang C). Die Frauen wurden Opfer von Vergewaltigungen durch:

- Fremde
- (Flüchtig) Bekannte
- Bekannte mit emotionaler Bindung
- Intime Freunde, Ehe-/Partner
- Autoritätspersonen

Fremde. Sechs der 27 interviewten Frauen berichteten von Vergewaltigungen und vier von Vergewaltigungsversuchen durch Fremde. Für sieben von ihnen war es die zentrale Vergewaltigung, weswegen sie sich zu der Untersuchung bereit erklärt hatten. Die anderen erwähnten die Angriffe durch Fremde nebenbei. Stattdessen konzentrierten sie sich auf sexualisierte Gewalttaten durch ihre Partner oder andere Vertrauenspersonen, da diese zu weitaus größeren Belastungen in ihrem weiteren Leben führten. Die Opfer waren zur Tatzeit zwischen 16 und 28 Jahre alt.

In der Regel wurden die Frauen dieser Gruppe im öffentlichen Raum (z.B. auf der Straße) oder halböffentlichen Raum (beim Trampen im Auto des Täters oder in einer öffentlichen Toilette) angegriffen. Ein Opfer wurde von einem ihr unbekannten Mann, der sich als Handwerker ausgab, in der eigenen Wohnung überfallen. In allen Fällen war zunächst niemand in der Nähe, um einzugreifen. Bei den Tätern handelte es sich um erwachsene Männer, die zum Teil wesentlich älter als ihre Opfer waren. Den Tätern gelang es, mit verbalen Mitteln die Widerstandskraft der Frauen zu schwächen und sie von möglicher Unterstützung abzuschneiden. Drei der zehn Fremdtäter waren bewaffnet. Keiner der zehn stand unter dem Einfluß von Alkohol oder Drogen.

Fünf der Täter unterbrachen aufgrund der Gegenwehr der Frauen und dem Einschreiten Dritter ihre Gewalttätigkeit und flohen. Bei allen Vergewaltigungen und Vergewaltigungsversuchen handelte es sich um einen einmaligen Angriff. Nur zwei der Frauen wurden später nochmals - aufgrund seiner Initiative bzw. während der Gerichtsverhandlung - mit dem Täter konfrontiert. Eine Bedrohung im Sinne eines Wiedererlebens des Traumas blieb für alle Frauen bestehen, da sie fortan fürchteten, erneut Opfer einer Vergewaltigung werden zu können. Alle Frauen veröffentlichten die Vergewaltigungen bzw. Vergewaltigungsversuche. Sieben brachten sie, häufig auf Anregung von anderen, zur Anzeige. Zwei Täter konnten gefaßt werden, einer wurde im Beisein des Opfers verurteilt.

Nur eine der interviewten Frauen berichtete von einer Vergewaltigung, die dem gesellschaftlich dominanten Mythos des plötzlichen nächtlichen Angriffs von hinten durch einen bewaffneten Fremdtäter entspricht. Diese Form der Vergewaltigung stellt, bezogen auf die Berichte aller Interviewten, eine Ausnahme dar. Da sie aber die Grundlage von sozialen Repräsentationen und Vergewaltigungsmythen, Gesetzgebung und Rechtsprechung bildet, soll sie an dieser Stelle beschrieben werden.[1]

Frau St. (28 Jahre) lebt in einer Großstadt mit ihrem Freund zusammen. Eines nachts läuft sie auf einem kleinen Weg von der S-Bahn nach Hause. Sie

---

[1] Die Kurzdarstellungen stehen der Anschaulichkeit wegen im Präsens. Waren die befragten Frauen zum Tatzeitpunkt erwachsen, werden sie in der Zusammenfassung z.B. weiterhin als Frau St. Bezeichnet. Waren sie Jugendliche, werden sie nur mit dem Buchstaben genannt.

wird nicht weit von ihrem Haus von hinten überfallen, auf den Boden gedrückt und gefesselt. Als sie sich wehrt, schreit und den vermummten Angreifer in den Arm beißt, droht er ihr mit einem Messer am Hals, sie umzubringen. Er klebt Frau St. Augen zu, knebelt sie und zerrt sie ins Gebüsch, wo er sie vergewaltigt. Nachdem der Täter weg ist, kann Frau St. sich befreien und nach Hause laufen. Sie weckt ihren Freund, der die Polizei anruft. Frau St. fährt noch in derselben Nacht mit den Polizisten zum Revier und zur gynäkologischen Untersuchung. Frau St. fühlt sich in der Zeit nach der Vergewaltigung vor allem im öffentlichen Raum bedroht, da der Angreifer sie kennt, sie ihn aber nicht sehen konnte. Der Täter wird bis zum Zeitpunkt des Interviews nicht gefaßt.

Abgesehen von Frau St. wurden nur drei weitere Frauen von Fremden aus dem Hinterhalt angegriffen. Dabei blieb es in zwei Fällen bei einer nicht vollendeten Vergewaltigung. Bis auf diese Ausnahmen bestand bei allen anderen, wenn auch in geringem Maße, eine Art Bekanntschaft mit dem Täter. Dazu gehörte, daß der Täter das Opfer schon mal angesprochen hatte, jemanden aus dem sozialen Umfeld des Opfers kannte oder die Frau beim Trampen vergewaltigte.

(Flüchtig) Bekannte. Sechs Frauen wurden insgesamt Opfer von sieben (versuchten) Vergewaltigungen, durch (flüchtig) Bekannte, zu denen sie keinen emotionalen Bezug hatten. Eine von ihnen wurde nacheinander von einer Gruppe von drei jungen Männern vergewaltigt. Bei vier der Interviewpartnerinnen handelte es sich um die zentrale Vergewaltigung, aufgrund dessen sie sich gemeldet hatten. Die Opfer waren zum Tatzeitpunkt, mit einer Ausnahme, zwischen 13 und 18 Jahre alt, d.h. die meisten Vergewaltigungen durch Bekannte ereigneten sich in der Pubertät und Adoleszenz.

Die Frauen wurden in der Regel im halböffentlichen (Auto, Hotelzimmer) oder privaten Raum (Wohnung des Täters) vergewaltigt. In drei Fällen brauchten die Frauen aufgrund äußerer Umstände einen Platz zum Übernachten. Ein Mann überfiel die Frau am Strand. Gemeinsamkeiten betrafen die Täter-Opfer-Interaktion vor der Tat. Alle (jungen) Männer konnten aufgrund der Bekanntschaft die Opfer dazu motivieren, sie zum späteren Tatort zu begleiten. Bei den Tätern handelte es sich sowohl um Jugendliche als auch Erwachsene, die gleich alt, aber auch älter als ihre Opfer waren. Die Täter stellten zunächst eine vertrauensvolle Beziehung her und leiteten dann die Vergewaltigungen durch Grenzen testendes Verhalten ein. Diese Verhaltensweisen überschritten nicht den Rahmen dessen, was unter Bekannten (noch) üblich war. Keiner der (jungen) Männer war der Beschreibung der Interviewten nach bewaffnet. Stattdessen setzten einige von ihnen physische Gewalt ein, um die Opfer einzuschüchtern. Einzelne dieser bekannten Täter standen unter Alkoholeinfluß.

Keiner von ihnen gab seine Handlungsabsicht auf. Bei einer der Interviewten blieb es bei einer sexuellen Nötigung, da sie ihre Menstruation hatte. Auch wenn andere indirekt ZeugInnen der Gewalt wurden, erhielten die Opfer keine Unterstützung. Einige Frauen waren auch nach der Tat weiterhin mit den Tätern konfrontiert und wurden von diesen bedroht und unter Druck gesetzt, die Tat nicht zu veröffentlichen. Keine der Interviewten wurde ein zweites Mal von diesem Täter vergewaltigt.

Vier Frauen bzw. Mädchen sprachen direkt danach über die (versuchten) Vergewaltigungen. Bis auf eine Ausnahme blieb es bei einer einmaligen Veröffentlichung. Weder die Opfer noch andere zeigten den oder die Täter an, obwohl sie diese in der Regel namentlich und mit Adresse kannten. Nur eine Frau wurde Jahre nach der Vergewaltigung von der Polizei aufgesucht, da der junge Mann wegen eines anderen Deliktes angezeigt worden war und ein Freund von ihr über die Vergewaltigung eine Aussage gemacht hatte. Aufgrund des opferabwertenden Verhaltens der vernehmenden Polizistin kam es nicht zu einer Anzeige. Entsprechend den verbreiteten opferfeindlichen Alltagstheorien über sexuelle Gewalt hatten gerade Opfer einer Vergewaltigung durch Bekannte wenig Chancen, daß sie ernst genommen und die Täter verurteilt wurden. Erwartete Sanktionen trafen, waren die Opfer noch jung, vor allem die Jugendlichen selbst.

Frau K (30 Jahre) begleitet mit 14 1/2 Jahren eine Freundin ohne das Wissen ihrer Eltern auf eine Party, wo alle älter sind und sie niemanden richtig kennt. Sie wird von den Söhnen des Hauses gefragt, ob sie sich dieses, ein leerstehendes Kurheim, ansehen will. Sie geht mit drei ca. 19 Jahre alten Männern, die sie nur flüchtig vom Namen her kennt, in die Dachwohnung des einen Sohnes. Die Männer versperren ihr den Ausgang, flößen ihr Alkohol ein und vergewaltigen sie alle drei. Zwischendurch kommt der Bruder des einen herein, hilft K. aber nicht. Sie wird am nächsten Morgen um 6 Uhr mit einer ‚halben' Alkoholvergiftung, ‚verkotzt' und mit starken Unterleibsschmerzen wach. Zu Hause warten schon ihre Eltern, die ihr Vorwürfe machen und ihr Hausarrest geben. K. sagt nicht, was passiert ist. Sie vertraut sich nur ihrer älteren Schwester an, die mit ihr bespricht, ob sie die ‚Pille-danach' nehmen muß, sie sonst aber nicht weiter unterstützt. K. ist völlig verzweifelt und greift vermehrt zu Tranquilizern. Ihr Weltbild ist zerstört. Es kommt zum totalen Bruch mit ihren Eltern. Kurz nach der Vergewaltigung setzt sie der Haupttäter nochmals unter Druck; es gäbe genug Zeugen dafür, daß sie freiwillig mit ihnen geschlafen hätte. K. bekommt wahnsinnige Angst.

Bei den Vergewaltigungen durch (flüchtig) Bekannte hatte die Interaktion vor der Tat den Charakter eines näher miteinander Bekanntwerdens, ohne daß die Täter weitergehendes Interesse erkennen ließen, wie es bei denjenigen der nächsten Gruppe der Fall war.

Bekannte mit emotionaler Bindung. Unter diesem Typus sind die Vergewaltigungen zusammengefaßt, bei denen zwischen Opfer und Täter mehr als nur eine flüchtige Beziehung besteht. Die Frauen kannten den Täter seit kurzem. Sie waren in ihn verliebt oder die Art der Kommunikation zwischen beiden war sexualisiert, ohne daß die Frau verliebt war. Vier Frauen berichteten von Vergewaltigungen bzw. einer versuchten Vergewaltigung während einer Verabredung. Nur für zwei der fünf Frauen war es die zentrale Vergewaltigung, aufgrund dessen sie Interesse an einem Interview hatten. Die Interviewten waren zur Tatzeit zwischen 16 Jahren und Mitte zwanzig.

Alle Vergewaltigungen fanden in der Wohnung des Täters statt. Tatort der versuchten Vergewaltigung war das Hotelzimmer der Interviewten, in das ein im Hotel angestellter Kellner eindrang. In der Regel war niemand in der Nähe des Tatorts, um dem Opfer zu helfen. Bei den Tätern handelte es sich um (junge) Erwachsene. Sie verhielten sich bis kurz vor der Tat vertrauenerweckend. Die Tat fand zu einem Zeitpunkt des Kennenlernen statt, wo die Frauen offen waren, weil sie Interesse an der Beziehung zu dem anderen Menschen hatten und davon ausgingen, daß die Verabredung im gegenseitigen Einverständnis verlaufen würde. Keine von ihnen berichtete, daß der Angreifer eine Waffe hatte. Einzelne Täter wurden über die Vergewaltigung hinaus körperlich gewalttätig. Alkohol- oder Drogenkonsum des Täters wurden nicht explizit erwähnt.

Nur ein Täter gab die Vergewaltigungsabsicht auf, als er befürchten mußte, daß er von anderen entdeckt würde. Keine der Frauen erhielt Hilfe von Außenstehenden. Hatte der Täter nach der Tat die Möglichkeit, Einfluß auf die Frau zu nehmen, versuchte er, die Vergewaltigung als vom Opfer gewünschte oder ‚provozierte' Sexualität darzustellen. Für die Frauen war es demzufolge besonders schwer, die Vergewaltigung als solche zu definieren, das Erlebte einzuordnen und zu veröffentlichen. Einem der Männer gelang es, die Interviewte davon zu überzeugen, das begonnene Verhältnis nach der Tat fortzusetzen. Innerhalb dieser Beziehung wurde er gegenüber der Frau erneut körperlich gewalttätig. Die anderen Frauen erlebten die durch die Vergewaltigung ausgelöste Bedrohung vor allem bei der Aufnahme neuer sexueller Beziehungen.

Zwei der Betroffenen sprachen direkt nach der (versuchten) Vergewaltigung einmalig über das Geschehene. Keine zeigte den Täter bei der Polizei an.

Frau Sch (30 Jahre) lebt mit Mitte 20 in einem Bauwagen. Sie lernt einen Mann kennen, der ihr imponiert. Sie verliebt sich in ihn. Als sie zum ersten oder zweiten Mal bei ihm übernachtet, vergewaltigt X sie anal. Sie fühlt sich benutzt, gedemütigt und mißachtet. Sie wendet sich direkt nach der Tat an eine Freundin, der sie auf Nachfrage von der Vergewaltigung berichtet. Als sie in den Bauwagen zurückkehrt, hat X wieder Zugang zu ihr. Er beteuert Frau Sch. seine Liebe und daß es ihm leid tue, ohne ihre Verletztheit aufgrund der Vergewaltigung zu verstehen. Sie läßt sich wieder auf die Beziehung ein, weil sie ‚unbedingt' von ihm geliebt werden will. Sie redet jahrelang nicht über die Vergewaltigung, weil sie die Gewalt, die sie in der Situation als solche erkennt, nicht damit in Einklang bringen kann, daß sie die Beziehung aufrechterhält.

Eine Interviewte wurde von ihrem ehemaligen Freund, von dem sie sich, ohne ihre neue Adresse zu hinterlassen, getrennt hatte, zur Wiederaufnahme der Beziehung gezwungen. Er stand plötzlich vor ihrer Wohnungstür, zog unter massiven Drohungen gegen sie und ihre Familie bei ihr ein, ergriff nahezu von ihrem gesamten Leben Besitz, vergewaltigte und mißhandelte sie. Ihre Erlebnisse entsprechen in weiten Teilen den Traumatisierungen der Frauen, die durch ihren Partner vergewaltigt wurden.

Intime Freunde, Ehe-/Partner. Von einer (versuchten) Vergewaltigung durch den Partner waren die weitaus meisten interviewten Frauen, insgesamt zwölf, betroffen. Bis auf eine Ausnahme standen diese Erlebnisse im Zentrum des Interviews. Drei der Betroffenen wurden in mehreren Beziehungen Opfer von Partnergewalt. Die Vergewaltigungen durch Freunde und Ehe-/Partner gingen in der Regel mit massiven psychischen und physischen Mißhandlungen sowie mit erzwungener Sexualität einher. Die Frauen richteten sich (zunehmend) nach den Bedürfnissen des Partners und verloren immer mehr an Selbstbestimmung. Die Gewalt zog sich bei den meisten über mehrere Jahre hin. Einige Frauen berichteten von extremen Körperverletzungen, die bei einer der Befragten bis zur Erwerbsunfähigkeit führten. Nur bei vier der zwölf Frauen blieb es bei einer einmaligen Vergewaltigung, bzw. bei einer Befragten bei einem Vergewaltigungsversuch. Die Opfer waren bei der ersten Gewalttat durch den Partner zwischen 13 und 39 Jahre alt.

Die Vergewaltigungen wurden in der Regel in der gemeinsamen Wohnung verübt. In Ausnahmen war der Tatort die Wohnung des Täters oder in zwei Fällen sein Auto. Nur bei einem Paar, welches phasenweise in einer Wohngemeinschaft lebte, wurden Außenstehende unmittelbar ZeugInnen der Gewalt. Andere Frauen berichteten, daß NachbarInnen aufgrund ihrer Schreie und sichtbarer Verletzungen von der Gewalttätigkeit des Partners wußten. Bei den Tätern handelte es sich um etwa gleichaltrige Männer, die von ihrem Status her den Frauen nicht übergeordnet waren. Die Männer vergewaltigten die Frauen erst, nachdem sie schon im gegenseitigen Einverständnis Geschlechtsverkehr hatten. Die erste Vergewaltigung erfolgte sowohl am Anfang, als auch nach mehreren Jahren oder am Ende der Beziehung als Reaktion auf den Entschluß der Frau, sich zu trennen. Die meisten Interviewten beschrieben das Verhalten ihres Partners als aggressiv und/oder eifersüchtig. Er wollte seinen Willen nach Geschlechtsverkehr durchsetzen oder seine Partnerin kontrollieren und bestrafen. Die Täter gingen häufig mit großer Brutalität und Waffengewalt vor, schlugen ihre Frauen zusammen und drohten, sie umzubringen. Teilweise hatten die Partner vor der Vergewaltigung Alkohol oder andere Drogen konsumiert.

Nur drei Täter ließen bei den ersten Angriffen von ihrem Opfer ab, weil diese sofort mit großer Gegenwehr reagierten oder flohen. Eine der Frauen trennte sich von ihrem Freund, ohne daß er ihr gegenüber noch einmal gewalttätig wurde. Die anderen beiden Männer mißhandelten und vergewaltigten ihre Partnerinnen zu späteren Zeitpunkten erneut, nachdem sie zum Beispiel eine Flucht der Frau durch Abschließen der Wohnungstür verhindert hatten. Bis auf eine Ausnahme erhielten die Interviewten unmittelbar während der Mißhandlungen keine Hilfe von Außenstehenden, auch wenn diese z.B. aufgrund der Schreie des Opfers ZeugInnen geworden waren. In der Regel wurden die Interviewten über Jahre vom Täter bedroht und gequält.

Die Frauen sprachen *während der Beziehung* fast mit niemanden über die sich wiederholenden Traumatisierungen. Erst in der Trennungsphase oder nach der Trennung veröffentlichten sie, wenn auch sehr verhalten, die körperlichen Mißhandlungen, selten die Vergewaltigungen des Partners.

Frau E (46 Jahre) heiratet mit 20 Jahren. Die gemeinsame Sexualität mit ihrem Partner richtet sich von Anfang an nach seinen Bedürfnissen. Frau E. beschreibt sich als selbstbewußt, engagiert und ihrem Mann ebenbürtig. Er ist nach außen liberal und unterstützt die Gleichberechtigung der Frau. In der Beziehung reagiert er auf Konflikte zunehmend mit Wutausbrüchen. Nach eineinhalb Jahren spitzt sich die Situation privat zu. Wenn die Machtposition ihres Mannes in Frage gestellt zu sein scheint, schließt er Frau E. ein, demütigt sie und schlägt sie zusammen. Er entschuldigt sich, wenn ihr Widerstand gebrochen ist und verspricht, daß er ihr gegenüber nicht mehr gewalttätig werde. Danach vergewaltigt er Frau E.. Frau E. fühlt sich entwürdigt und versucht, ihn nicht mehr zu ‚reizen'. Nach einiger Zeit reagiert ihr Mann wieder mit massiver Eifersucht und mißhandelt und vergewaltigt seine Frau erneut. Im Laufe der Beziehung wird jeder Geschlechtsverkehr zu einer Vergewaltigung. Frau E. versucht dreimal, sich zu trennen. Erst als ihre Gefühle erloschen sind, treten ihre Ängste vor dem Alleinsein, die Scham über das Scheitern der Ehe und das Mitgefühl für ihren Mann, der mit Selbstmord droht, soweit zurück, daß sie sich mit der Unterstützung eines Freundes trennen kann.

Fünf der von ihrem Partner vergewaltigten Frauen wurden als Folge einer Vergewaltigung schwanger. Vier bekamen das Kind. Sie mußten sich teilweise mit der sehr schwierigen Beziehung, vor allem zu ihren Söhnen, auseinandersetzen. Sie hatten sich nur unter großen Belastungen für dieses Kind entscheiden können und wurden vor allem in Konfliktsituationen aufgrund von Ähnlichkeiten zwischen Vater und Sohn immer wieder an den Täter und die Vergewaltigung erinnert. Eine der Interviewten hatte nach einer erneuten Mißhandlung durch den Täter eine Fehlgeburt.

Die Angst vor dem Täter war mit einer Trennung von ihm nicht automatisch gegenstandslos. Statt dessen war eine (beabsichtigte) Beendigung der Beziehung Anlaß für Morddrohungen, erneute Vergewaltigungen und Mißhandlungen. Oft nutzten die Täter Umgangs- und Sorgerechtsregelungen, um die Frauen zu kontrollieren und unter Druck zu setzen. Dennoch schafften es alle interviewten Frauen, sich zu lösen. Keine von ihnen griff auf die Unterstützung eines Frauenhauses zurück. Ihnen gelang die Trennung aus eigener Kraft, sowie mit Hilfe von Menschen aus ihrem persönlichen Umfeld und von Beratungsstellen wie FrauenNotrufen. Neben der unmittelbaren Bedrohung durch den

Täter, erlebten die Frauen die Folgen der Mißhandlungen und Vergewaltigungen vor allem bei der Aufnahme neuer intimer Beziehungen.

Fünf der Täter wurden angezeigt, drei auf Initiative von anderen. Bei allen handelte es sich um Männer, die die Frauen nicht nur während der Beziehung, sondern auch als Reaktion auf eine *Trennung* oder danach vergewaltigt und mißhandelt hatten. Zwei Täter wurden bis zum Zeitpunkt des Interviews zu mehrjährigen Freiheitsstrafen, ein anderer wegen Körperverletzung zu einer Bewährungsstrafe verurteilt.

Frau L (27 Jahre) ist mit Anfang zwanzig mit einem Mann zusammen, der sehr unzuverlässig ist. Um nicht allein zu sein, nimmt sie sein Verhalten in Kauf und läßt ihn mit in ihrer Wohnung leben. Nach zwei Jahren möchte sie die Beziehung beenden, findet aus Angst vor seinen Reaktionen und dem Alleinsein aber nicht den Mut, es ihm zu sagen. Als die Konflikte zunehmen, ihr Freund häufig Vereinbarungen nicht einhält, sie belügt und Drogen nimmt, macht sie innerhalb von 1 1/2 Wochen dreimal den Versuch, sich zu trennen. Die ersten beiden Male terrorisiert ihr Freund sie, droht mit Mord und Selbstmord, so daß Frau L. die Trennung zurücknimmt. Kurz darauf kommt er mit Kokain ‚vollgepumpt' nach Hause. Sie streiten sich. Der Konflikt eskaliert. Frau L. versucht zu fliehen und sich zu wehren, aber ihr Freund drückt ihr Hals, Mund und Nase zu und vergewaltigt sie vaginal und oral. Frau L. entkommt aus der Wohnung, geht zu ihrem Bruder und erzählt ihm von der Vergewaltigung. Sie verständigen sofort die Polizei, die den Täter mit- und in Untersuchungshaft nimmt. Frau L. wird befragt und gerichtsmedizinisch untersucht. Der Täter versucht, sie aus dem Gefängnis heraus von einer Aussage vor Gericht abzuhalten. Ein Jahr nach der Vergewaltigung beginnt das Gerichtsverfahren. Während der Verhandlung erfährt Frau L., daß der Täter schon einmal wegen Vergewaltigung und Freiheitsberaubung verurteilt wurde. Er erhält eine Freiheitsstrafe von drei Jahren. Aus Angst vor seiner angekündigten Rache plant Frau L., zum Zeitpunkt seiner Entlassung ihren Wohnort zu verlassen.

Autoritätspersonen. Der letzte Typus umfaßt Vergewaltigungen durch Täter, deren Kontakt zu den Frauen sich aus einer Autoritätsposition (als Therapeut, Erzieher, Arzt, Trainer, Verwandter wie der leibliche Vater, den die Betreffende erst mit 18 Jahren kennenlernte) heraus ergibt. In diese Kategorie fallen die Erlebnisse von vier Frauen. Drei der Interviewten hatten sich aufgrund dieser traumatischen Erlebnisse zu einem Interview bereit erklärt. Zwei Frauen wurden von verschiedenen Männern vergewaltigt, zu denen sie aufgrund ihrer jeweiligen Position Vertrauen gefaßt hatten. Die Frauen waren zum Tatzeitpunkt zwischen 14 Jahren und Mitte 20.

Der Tatort war meist in der Verfügungsgewalt des Täters, privat (Wohnung oder Praxis des Täters) oder halböffentlich (Operationssaal, Auto oder Sportstätte) und so gewählt, daß andere keinen Zugang hatten oder die Gewalt nicht erkennen konnten. Die Täter waren in der Regel etliche Jahre bis zu einer Generation älter als die Opfer und ihnen von ihrem Status her übergeordnet. Sie bereiteten die Vergewaltigungen in der Regel vor, in dem sie nach Aufbau des Vertrauensverhältnisses in zunehmendem Maß die Grenzen der Jugendlichen und Frauen überschritten und die sexualisierten Übergriffe als Liebesbeziehung, Formen der Diagnostik oder der (therapeutischen) Hilfe erklärten. Sie nutzten die psychische Instabilität der Interviewten aus und banden die Frauen emotional an sich. Aufgrund deren Abhängigkeit konnten sie zum Teil eine Quasi-Zustimmung erwirken. Keiner der Täter war bewaffnet, bedrohte die Frau mit physischer Gewalt oder hatte Alkohol oder andere Drogen zu sich genommen.

Die Vergewaltigungen geschahen in einem Kontext, in dem die Täter ihre Absicht verbergen und eine aktive physische Gegenwehr verhindern konnten. In der Regel gab es keine ZeugInnen, die die Gewalt erkannten und halfen. Aufgrund ihrer Autorität und damit verbundenen Definitionsmacht gelang es den meisten Tätern, die Beziehung zum Opfer und damit die sexuelle Ausbeutung fortzusetzen. In der Regel wiederholten sich die Vergewaltigungen. Für die Interviewten war es sehr schwierig, diese Form der sexualisierten Gewalt zu benennen und den Kontakt zum Täter abzubrechen. Im ersten Moment übernahmen sie die Erklärungen des Täters, da sie z.B. davon ausgingen, der Therapeut wüßte, was gut für sie sei. Zum Teil erfaßten die Befragten erst im nachhinein in vollem Umfang, daß dieses Vorgehen nicht ihrem Wunsch entsprach.

Die Frauen redeten sehr lange nicht über das, was mit ihnen geschehen war. Eine der Interviewten erlebte bei ihren Versuchen, sich Hilfe zu holen, daß ihr nicht geglaubt wurde. Zwei von ihnen zeigten den Täter letztendlich nach intensiver Auseinandersetzung mit der Tat an. Bei einer der Befragten meldete sich die Krankenkasse, um sie nach ihren Erfahrungen mit dem Therapeuten, der sie vergewaltigt hatte, zu befragen. Die Frauen erlebten die Bedrohung, nachdem sie die Beziehung zum Täter beendet hatten, vor allem in der Beschäftigung mit einer Anzeige und der zu erwartenden erneuten Konfrontation mit dem Täter.

Frau Z (20 Jahre) trainiert als Jugendliche mit großen Ehrgeiz einen Leistungssport. Die sexualisierten Übergriffe des renommierten Trainers während des Trainings nimmt sie, ebenso wie die anderen Jugendlichen, nicht weiter ernst. Mit 14 Jahren begleitet sie als einzige aus ihrer Trainingsgruppe den Mann zu einem Wettkampfwochenende. Sie übernachten in einer Umkleidekabine, wo er sie mit der Hand plötzlich vergewaltigt. Z. ist wie gelähmt. Am nächsten Tag zwingt er sie zum Geschlechtsverkehr. Ihm gelingt es, ihr einzureden, daß es sich um eine Liebesbeziehung handle und sie niemanden davon erzählen solle. Um ihm aus dem Weg zu gehen, versucht Z., den Verein zu wechseln, was aber nicht möglich ist, zumal sie niemandem den Grund für ihr Anliegen sagen kann. Im Laufe der nächsten Jahre kommt es immer wieder zum Geschlechtsverkehr. Z. schämt sich so sehr, daß sie die Erklärung, es sei eine Beziehung, die sie vor anderen geheim hält, übernimmt. Nachdem sie den Trainer aufgrund äußerer Umstände einige Monate nicht gesehen hat, wird sie während der Sommerferien, die sie mit ihrem Vater und ihrer Schwester verbringt, psychotisch und erzählt während der Heimfahrt von dem Mißbrauch. Da ihre Eltern sich nicht zu helfen wissen, wird Z. stationär in einer geschlossenen Abteilung der Psychiatrie aufgenommen. Nach ihrer Entlassung auf eigenen Wunsch ist sie ein halbes Jahr depressiv. Sie beginnt eine ambulante Therapie, sucht sich Unterstützung in einer Beratungsstelle für sexuell mißbrauchte Kinder und Jugendliche und wendet sich an einen FrauenNotruf. Nachdem sie sich mit den möglichen Konsequenzen einer Anzeige auseinandergesetzt hat, zeigt sie den Trainer an. Frau Z. wartet derzeit auf die Entscheidung, ob und wann es zum Gerichtsverfahren kommen wird.

Handlungsrahmen
Voraussetzungen für eine Vergewaltigung sind seitens des Täters Motivation, d.h. Ziel und Wille zur Gewalttat, günstige Bedingungen, die die Tat erleichtern und die persönlichen Kosten gering halten, sowie kommunikative und körperliche Fähigkeiten. Ein Großteil der Täter bereitete den Erfahrungen der Interviewten nach die Vergewaltigung vor, um innere Hemmungen und äußeren Widerstand seitens des Opfers oder anderer Personen zu vermeiden oder zu überwinden. Je besser der Täter das Opfer kannte, desto eher war es ihm möglich, sein Verhalten ihren Gewohnheiten anzupassen und einen Moment der Unaufmerksamkeit, beispielsweise ihren Schlaf, abzuwarten. Andere nutzten sich zufällig ergebende Gelegenheiten.

Anhand der Interviews lassen sich keine Angaben über die tatsächliche innere Dynamik der Täter machen. Für die Bewältigungsprozesse der Vergewaltigungsopfer spielte es allerdings eine Rolle, welche Motive diese bei den Tätern wahrnahmen oder im nachhinein konstruierten. Demnach stand ihre Unterwerfung u.a. im Dienste folgender Motive:

- Durchsetzung sexueller Interessen,
- Selbstwertstabilisierung über die Erniedrigung der Frau und Zerstörung weiblicher Identität,
- Erzeugung von Abhängigkeit und Festigung der eigenen Dominanz durch Demonstration von Macht,
- Bestrafung für Eigenständigkeit und Widerstand,
- Bedrohung und Einschüchterung zu Verhinderung einer Trennung, Veröffentlichung und Anzeige der Vergewaltigungen.

Zum Beispiel zielten nach dem Erleben der Interviewten die analen und oralen Vergewaltigungen darauf, die Opfer besonders zu erniedrigen und zu beschämen. Andere Täter versuchten, durch vaginale Vergewaltigungen, die Jungfräulichkeit der Mädchen und Frauen zu zerstören oder z.B. gezielt eine

Schwangerschaft zu bewirken, um damit eine Trennung zu verhindern: *"Ich mach Dir jetzt ein Kind, damit Du keinen Mann mehr bekommst."* (N, 9).

Der Handlungsrahmen des Täters ergab sich für die Angegriffenen aus Bedingungen, die dem Täter die Vergewaltigung erleichterten oder erschwerten, d.h. aus:

- Voraussetzungen für die Durchsetzung der Tat
- Widerständen und deren Überwindung

Voraussetzungen für die Durchsetzung der Tat. Die Täter wurden von den Interviewten bis auf eine Ausnahme als ganz normale Männer beschrieben, die sich durch keine spezifischen Merkmale von anderen unterschieden. Nur eine Frau bezeichnete den vermummten Angreifer, von dem sie nur die Stimme kannte, als *„Monster"* (St, 18, 22). Die Täter spiegelten ein breites Spektrum verschiedener Männlichkeiten hinsichtlich Alter und Status, ihren Erfahrungen und den ihnen zur Verfügung stehenden Möglichkeiten wieder. Insgesamt verfügten sie über drei Formen von tatrelevanten Voraussetzungen, die ihnen die Vergewaltigung aus Sicht der Opfer erleichterten und die sie in differierender Intensität einsetzten, um ihre Ziele zu erreichen.

Die Täter profitierten von *materiellen, sozialen* und *gesellschaftlichen Ressourcen,* die sie gegenüber dem Opfer in eine mächtigere Position brachten. Dazu gehörten Alters- und Generationenunterschiede sowie damit verbundene Erfahrungs-, Qualifizierungs- und Statusvorsprünge. Sie unterstrichen die Hierarchie zwischen Täter und Opfer. Besonders Autoritätspersonen waren aufgrund ihrer beruflichen Qualifikation und der damit verbundenen gesellschaftlichen Anerkennung den Opfern gegenüber in einer beherrschenden Position. Hinzu kam der Zugang der Täter zu Räumen sowie ökonomischen und sozialen Machtmitteln. Das galt vor allem, wenn die Mädchen und Frauen sich in seinem Auto, seiner Wohnung oder seiner Praxis aufhielten, mit ihm zusammen lebten, von ihm finanziell abhängig waren oder sich vor der Gewalttätigkeit seiner Freunde fürchteten. Die Autorität der Täter resultierte aber auch aus ihrer Attraktivität für das Opfer, zum Beispiel aufgrund einer Gruppenzugehörigkeit, von der die junge Frau fasziniert war, seines Verhaltens, der Anerkennung von anderen, seinem Erwachsenenstatus oder der professionellen Rolle als Therapeut, Erzieher oder Trainer. Gewalttätige Partner konnten auf gesellschaftliche und religiöse Bilder zurückgreifen, die von den Frauen auch anerkannt wurden. Traditionelle Geschlechterrollen rechtfertigten die Forderung nach Unterordnung und erlaubten es den Tätern, den Frauen Gleichwertigkeit und Gleichberechtigung abzuerkennen. Ebenso wirkten komplementäre Sexualrollenstereotypen als gesellschaftliche Ressourcen, um Grenzverletzungen zu verschleiern und das Mißtrauen der Opfer zu zerstreuen.

Ein Großteil der Täter verfügte sowohl verbal, als auch von ihrem Verhalten und ihrer Lebenserfahrung her über *kommunikative* und *argumentative Fähig-*

keiten. Mittels derer gelang es den Tätern, eine vertrauensvolle Beziehung zum Opfer herzustellen und aufrechtzuerhalten. Besonders Erwachsene und professionelle Autoritätspersonen waren gegenüber jugendlichen Opfern sprachlich kompetenter und überzeugender. Außerdem besaßen die Täter, in der Regel im Gegensatz zu den Opfern, *Gewaltbereitschaft* und *körperliche Fähigkeiten*. Das galt insbesondere bei Vergewaltigungen durch Fremde, Bekannte und Partner. Bei Partnern läßt sich aufgrund der Berichte der Interviewten vermuten, daß diese sich den Frauen gegenüber in vielen Lebensbereichen unterlegen fühlten oder ihre, aufgrund ihres Geschlechts als selbstverständlich angenommene Überlegenheit in Frage gestellt sahen. Sie versuchten, mit Hilfe sexualisierter Gewalt die Geschlechterhierarchie wiederherzustellen.

Widerstände und deren Überwindung. Anhand der Rekonstruktion des Tatablaufs, den die interviewten Frauen im nachhinein vornahmen, stehen situative Bedingungen in Wechselwirkung mit dem Beziehungskontext und den Fähigkeiten des Täters. Diese verhalfen ihm oder wurden von ihm gezielt herbeigeführt, um innere und äußere Widerstände zu beseitigen und um die Durchführung der Vergewaltigung zu ermöglichen.

Die Täter überwanden *innere Hemmungen,* ihre Empathiefähigkeit, Achtung vor dem menschlichen Gegenüber durch ein großes Maß an Selbstbezogenheit bei gleichzeitiger Verneinung weiblicher Selbstbestimmung. Die Interviewten vermuteten als Hintergrund Minderwertigkeitsgefühle und Unsicherheit in der männlichen Identität, Angst vor und Haß gegen Frauen, den Wunsch zu erniedrigen, Besitzdenken gegenüber Frauen, einem allgemein negativen Menschenbild sowie eigenen Gewalterlebnissen, aufgrund derer Gewalt als Mittel zur Durchsetzung eigener Interessen als legitim angesehen wurde. Explizit genannt wurden im Zusammenhang mit den Vergewaltigungen und Mißhandlungen folgende Argumente, die die Täter zu ihrer Rechtfertigung äußerten. Diese korrespondierten mit der Durchsetzung sexueller Interessen, einer Selbstwertstabilisierung, Erzeugung von Abhängigkeit, Bestrafung und Bedrohung:

- Vermeintliche Zustimmung zur Sexualität, da die Frau dem Mann zum Tatort begleitet hat oder getrampt ist;

- Pornographische Vorbilder und Phantasien, aus denen sich z.B. die Bereitschaft zur Durchführung sexueller Experimente im Dienste einer ‚freien' Sexualität ergibt;

- ‚Recht' des Sexualpartners auf den Körper und die Sexualität der Frau, verbunden mit einem Hinweis auf sein unkontrollierbares körperliches Begehren oder ihre *„Pflicht, ihm als Ehefrau gefügig zu sein"* (Q, 7);

- Pseudoerfahrene oder -professionelle Konzepte der Einführung in die Sexualität, der Bewältigung sexueller Probleme, der Körpertherapie oder Diagnostik;

- Zuständigkeit der Partnerin für die Beziehungsarbeit im Falle äußerer oder biographischer Belastungen;
- Religiöse Überzeugungen und Rituale, die zu weiblichem Gehorsam und der Einhaltung vorgegebener Normen verpflichten, z.b. in der Hochzeitsnacht „die Ehe [zu] vollziehen" (R, 3);
- ‚Berechtigte' Abwertung, wonach im fehlerhaften Verhalten oder in (psychischen) Mängeln der Frau der Auslöser für eine Herabsetzung und Bestrafung liegt;
- Angst vor Machtverlust, Trennungsangst und Eifersucht, die sich aus Abgrenzung seitens der Frau, Ablehnung von Forderungen, Verdeutlichung ihres Rechts auf Selbstbestimmung, räumliche Distanzierung und Trennung ergeben.

Außerdem berichteten die Interviewten, daß Alkohol- und Drogenkonsum mit einer Erhöhung des Erregungsniveaus, bzw. einem Abbau der Erregungskontrolle im Zusammenhang standen. Die Täter fühlten sich bestärkt, ihren Willen gegenüber der Frau durchzusetzen und sie zu kontrollieren[2]. Sie verloren ihre Hemmungen auch dann, wenn aus beziehungsunabhängigen Gründen ihr Erregungsniveau zunahm, sie aggressiv oder eifersüchtig waren.

Um zu verhindern, daß andere ZeugInnen der Vergewaltigung werden und den Täter zur Verantwortung ziehen, versuchten diese mittels der Wahl von Tatort und Tatzeit die Öffentlichkeit und damit *externe Widerstände* auszuschließen. Zum Tatort kann, wenn sich dort die Gelegenheit zur Vergewaltigung ergab, fast jeder Platz werden. Der öffentliche Raum (menschenleere Straße, ein nicht einsehbarer Teil eines Strandes oder ein abgelegener Weg) wurde nur von fünf Frauen als Ort einer Vergewaltigung genannt. Vier Frauen beschrieben als Tatort halböffentliche Räume wie Hotelzimmer, eine öffentliche Toilette oder Sportstätten und eine Sauna. Sieben Mal wurden die Befragten im halböffentlichen Raum, zu dem der Täter den Hauptzugang hatte, nämlich in seinem Auto, angegriffen. Über 50% der Täter vergewaltigten die Frauen in privaten Räumen, in der Regel in ihrer oder der gemeinsamen Wohnung. Dabei ist nicht berücksichtigt, daß es sich in Privaträumen oft um Wiederholungstaten handelte. Der jeweilige Tatort befand sich in ländlichen Gegenden, in Großstädten, zu Hause und im Ausland. Unterlag der Tatort der Kontrolle des Täters, sperrte dieser das Opfer während der Vergewaltigungen und Mißhandlungen ein und verhinderte so, daß die Frauen sich Hilfe holen konnten.

Hinsichtlich der Tatzeit gab es keine Gemeinsamkeiten. Wichtig ist ebenfalls, ob die situationalen Bedingungen eine Vergewaltigung zulassen. Die Täter vergewaltigten ihre Opfer sowohl tagsüber als auch nachts. Sexualisierte Gewalt findet analog zum Beziehungskontext sowohl in Situationen der persönlichen

---

[2] Übermäßiger Alkoholkonsum konnte aber auch zu einer Barriere werden, wenn der Täter betrunken zusammenbrach.

Distanz als auch der intimen Nähe statt. Die Gewalttätigkeiten beginnen zu verschiedenen Zeitpunkten auf einem situativen Kontinuum von Beziehungslosigkeit bis zu Bezogenheit. Vereinzelt mißhandelten die Täter ihre Opfer erst während des mehr oder weniger einvernehmlichen Geschlechtsverkehrs, in dem sie anfingen, diese festzuhalten, zu schlagen und ‚gegen die Wand zu schleudern' (P, 35).

Es besteht ein Zusammenhang zwischen der Täter-Opfer-Beziehung sowie Tatort und Tatzeit. Fremde überfallen die Frauen eher im öffentlichen oder halböffentlichen Raum, besonders in ihrem Auto. Die Vergewaltigungen durch Bekannte und Partner finden in den meisten Fällen in der eigenen oder gemeinsamen Wohnung statt. Nur (potentiellen) Sexualpartnern ist es möglich, die Opfer aus intimen Situationen heraus zu vergewaltigen. Autoritätspersonen suchen sich als Tatort die eigene Wohnung, die Praxis oder das Büro aus. Sie wählen eine Tatzeit, zu der keine Dritten (mehr) anwesend sind, wie das Ende ihrer regulären Arbeitszeit oder nachts. Daß die Täter Bewußtsein über die Unvereinbarkeit ihres Verhaltens mit ihrer professionellen Rolle hatten, zeigt sich daran, daß sie die „*Körpertherapie*" (Y, 13) oder „*Verhaltenstherapie auf sexuellem Gebiet*" (H, 32) auf die Zeit außerhalb der eigentlichen Therapie legen.

Außerdem bemühte sich ein Teil der Täter, vor allem Partner, darum, nach außen besonders unauffällig und sozial angepaßt oder der Frau unterlegen zu erscheinen. Die nach außen sichtbare Lebensstärke der Frauen wurde dazu benutzt, um die durch die Gewalt hergestellten Machtverhältnisse innerhalb der Beziehung zu leugnen. Der Mann gab vor, seine Partnerin habe „*zu Hause die Hosen an*" (Q, 11). Der Mann einer Interviewten engagierte sich im Betrieb für die „*Gleichberechtigung für Frauen*" (E, 3), so daß andere sich seine Gewalttätigkeit nicht hätten vorstellen können. Gegenüber der Partnerin argumentierte er mit dem Gegensatz zwischen Öffentlichkeit und Privatsphäre.

„Dann kriegte ich wortwörtlich gesagt (lacht): ‚Ja, zu Hause ist das was ganz anderes! Das hört zu Haus auf.' Und dann ging es los mit Schlägen." (E, 3)

Das unmittelbare Tatverhalten führte dazu, den *Widerstand des Opfers* zu brechen. Den Erinnerungen der Interviewten nach unterschieden sich die Verhaltensweisen der Täter je nach den situationalen Gegebenheiten und vorhandenen Widerständen. Sie umfaßten Manipulationen, Machtmißbrauch und Drohungen sowie Blitzattacken. Die Täter überfielen die Frauen erst, wenn die Wahrscheinlichkeit gering war, daß ihre Vergewaltigungsbereitschaft bzw. die Vergewaltigung entdeckt und sie zur Verantwortung gezogen werden könnten.

Die meisten Täter stellten zunächst eine vertrauensvolle Beziehung zu dem Opfer her und errichteten damit gleichzeitig Barrieren für eine Gegenwehr. Beim Trampen und gegenüber Bekannten spielte vor allem das Vertrauen und eine Notsituation der Frauen eine große Rolle. Die Täter machten Versprechungen, die dazu dienten, die Mädchen und Frauen an einen Ort zu bringen, wo niemand ihnen zur Hilfe kommen konnte. Sie zeigten Verhaltensweisen, die die sexualisierten Belästigungen verschleierten und die Frauen verwirrten. Vor allem Bekannte, in die die Frauen verliebt waren, Partner und Autoritätspersonen nutzten die Gefühle und das ihnen entgegengebrachte Vertrauen aus. Für sie war es sehr leicht, die Öffentlichkeit auszuschließen, die Gegenwehr der Frauen aufgrund ihrer emotionalen Gebundenheit und Isolation zu überwinden oder sogar durch *„ne ganz rationale Absprache"* (H, 33) die Zustimmung der Klientin für eine ‚sexuelle Beziehung' im Rahmen einer Therapie zu erhalten. Teilweise zog sich dieser Prozeß des Vertrauensaufbaus über mehrere Kontakte hin. Die Täter gaben u.a. vor, die Tramperin an das gewünschte Ziel mitzunehmen, eine gemeinsame Autotour mit anderen oder einen Spaziergang zu machen, nach einer Party oder Reise einen Schlafplatz anzubieten, die eigene Wohnung zeigen zu wollen, Körperdiagnostik und -therapie vorzunehmen oder Hilfestellung im Training zu geben. Professionelle Vertrauenspersonen griffen die Bedürfnisse der Interviewten nach Zuwendung auf und sagten, sie würden sie lieben. Sie waren anfangs freundlich, aufmerksam, hilfsbereit, liebevoll, großzügig und unterstützten die interviewten Frauen.

„Der Erzieher war lieb und hat mich in den Arm genommen und hat mich gestreichelt. Ich habe mir da nichts dabei gedacht. Ich habe mich wohl gefühlt, daß endlich jemand da ist, der mich in den Arm nimmt." (Y, 7)

Danach testeten viele Täter anhand von einleitenden Grenzverletzungen die Widerstandsbereitschaft des Opfers. Sie flößten dem Opfer Alkohol ein, bedrängten die Mädchen und Frauen zunächst verbal und begannen, die körperlichen Grenzen zu überschreiten. Dabei gingen sie nur soweit, wie sie aufkommendes Mißtrauen zerstreuen konnten. Innerhalb intimer Beziehungen versuchten die Täter die Ressourcen der Partnerin, wie Geld, Zeit, Berufstätigkeit, freundschaftliche und familiäre Beziehungen zu beschränken sowie die Kontrolle über sie und ihr Leben zu erhalten. Sie ignorierten die Wünsche der Partnerin, nahmen die Verhütung nicht ernst, drängten die Partnerin z.B. zu einer Abtreibung und setzten ihre Interessen und Regeln durch. Sie werteten die Interviewten und ihre Meinungen ab und demütigten sie. Sie versuchten die sexuelle Selbstbestimmung der Partnerin einzuschränken und waren eifersüchtig. Gleichzeitig erlebten einige Frauen, daß sich ihre Partner selbst jeder Verbindlichkeit entzogen. Sie hatten Beziehungen zu anderen Frauen oder waren unzuverlässig und logen ihre Partnerinnen an. Diese Verhaltensweisen führten zu einem Machtgefälle zu Gunsten des Täters.

Ganz besonders subtil gingen professionelle Autoritätspersonen vor. Sie nutzten ihre berufliche Rolle, zu der z.B. gehört, daß sie mit den Klientinnen alleine sind, daß diese Vertrauen mitbringen und das professionelle Verhalten nicht in Frage stellen. Die Autoritätspersonen benötigten keine physische Gewalt, sondern profitierten von dem Machtgefälle innerhalb der Beziehung. Sie neutralisierten die sexualisierten Übergriffe als Hilfe - *„wie ich lernen kann, mit meinem Körper umzugehen"* (Y, 8) -, Liebesbeziehung, Therapie oder Diagnostik.

"Also ich kann mich noch erinnern, zu üben, ‚Nein' zu sagen oder (...) auch körperlich ‚Nein' zum Ausdruck zu bringen, miteinander zu kämpfen, sich gegeneinander zu stemmen." (H, 8). „Teilweise haben mir die Sachen eingeleuchtet, warum eigentlich auch nicht. Nur der Höhepunkt war irgendwann, wo ich dann mal auf der Couch lag und er meinen Körper nach verschiedenen Dingen untersucht hatte. Das Sonnengeflecht hatte ich auch schon mal gehört. Gibt es also. Und irgendwann hat er dann die Temperatur in meiner Scheide gefühlt (...). Das war auch wieder eingekleidet in ne scheinbare Körperanalyse." (H, 19)

Außerdem nutzten die Täter den Überraschungseffekt und ihre physische Gewalt, um die Frau einzuschüchtern, ihren Widerstand zu brechen und die Tat durchzusetzen. Während einige Täter ihr Ziel mit der Vergewaltigung erreicht hatten, war für andere die Vergewaltigung Bestandteil und Abschluß vorhergehender bzw. gleichzeitiger physischer und psychischer Mißhandlungen. Einige der Partner schlugen die Frauen auch schon vor der ersten Vergewaltigung und mißhandelten sie unabhängig von den Vergewaltigungen. Die Gewalt, die die Täter einsetzten, variierte von Drohungen über massive körperliche Gewalt bis zum Einsatz von Waffen, wie Messer und Pistolen. Die Frauen wurden geschlagen, getreten, in die Ecke geschleudert, auf den Boden oder gegen eine Hauswand geschmissen, mit Gegenständen beworfen, an den Haaren gezogen und gewürgt. Die Gewaltbereitschaft und -tätigkeit der Partner wurde im Verhältnis zu der anderer Täter von den Interviewten als am größten beschrieben.

7.2.2 Risikowahrnehmung

Frauen und Mädchen müssen sich immer wieder mit Grenzverletzungen und Beeinträchtigungen ihrer Selbstbestimmung auseinandersetzen. Solange keine akute Gefahr droht, erweisen sich die in Kap. 7.1 genannten Strategien als funktional für die Bewältigung der Angst vor einer Vergewaltigung und für das tägliche Leben in einer geschlechterhierarchischen Gesellschaft. Droht Frauen tatsächlich eine Vergewaltigung, beeinträchtigen Vertrauen und emotionsregulierende Bewältigungsstrategien ihre Risikowahrnehmung, das Erkennen der akuten Gefahr. Sie hindern die Angegriffenen daran, rechtzeitig und effektiv dem Angreifer gegenüber Barrieren zu errichten.

Vertrauen und emotionsregulierende Bewältigung
Für alle interviewten Frauen war die Vergewaltigung letztendlich aufgrund der Täter-Opfer-Beziehung, dem vom Täter abhängigen Handlungsrahmen, aber auch aufgrund der geringen Risikoerwartung ein unerwarteter Angriff. Unterschiede wurden im Bezug auf die subjektive Risikowahrnehmung benannt. Wie die Frauen die Intention des Täters vor der Tat einschätzten, hing zum einen mit objektiven Bedingungen und zum anderen mit ihrer subjektiven und beziehungsabhängigen Rekonstruktion der Interaktion zusammen. Abhängig von der Bewertung der traumatischen Situation kam es zu einer der folgenden Reaktio-

nen, welche zur Emotionsregulierung und zur Aufrechterhaltung innerer Aggressionsbarrieren führten:

- Vertrauen
- Reduktion kognitiver Dissonanz[3]
- Intrapsychische Angstbewältigung

Vertrauen. Bei den Frauen, die berichteten, sich der Gefahr nicht bewußt gewesen zu sein, kam es entweder ohne vorhergehende Kommunikation zwischen Täter und Opfer zu der Vergewaltigung, oder es gab in der Zeit davor eskalierende Grenzverletzungen, die die Frauen gar nicht oder nicht in ihrer Bedeutung wahrnahmen. Die Interviewten wurden demzufolge von dem plötzlichen Überfall überrascht. Andere nahmen die Grenzverletzungen wahr, äußerten ihren Widerstand und hielten dann an ihrem Vertrauen fest. Zu den Tätern gehörten Fremde, Bekannte, aber auch Partner, die nach einer Zeit des Verliebtseins die Frau psychisch, physisch und sexuell mißhandelten. Frauen, die von Fremden aus dem Hinterhalt angegriffen wurden, waren sich bis zu diesem Zeitpunkt keines besonderen Risikos bewußt und verspürten demzufolge keine Angst. Andere nahmen die Bedrohung aufgrund vergleichbarer alltäglicher Erfahrung gar nicht zur Kenntnis, auch wenn sie von einem Fremden angesprochen, bedrängt und mit einem Messer bedroht wurden.

„Ich habe gar nicht so ein Gefühl gehabt, daß er das wirklich tun könnte. (...) Das ist ja schon öfters so, daß man blöd angemacht wird (...). Es gab bei uns an der Schule auch viele von den Typen, die immer mit ihren Klappmessern rumgerannt sind." (W, 3)

Die Frauen, die von flüchtig oder nahestehenden Bekannten vergewaltigt wurden, fühlten sich aufgrund der Bekanntschaft sicher. Sie dachten z.B. bei einem Spaziergang mit einem Bekannten höchstens an einen *„dreisten Kuß"* (V, 8). Auch Frauen, die von ihrem Partner vergewaltigt wurden, nahmen keine Anzeichen wahr und rechneten in keiner Weise mit einem Angriff durch den Menschen, in den sie verliebt waren, den sie liebten oder dem sie vertrauten. Bis auf eine Ausnahme erzählten allerdings alle Frauen dieser Gruppe, daß ihre Partner schon vorher ihre Autonomie mit ökonomischen, psychischen, physischen und sexualisierten Mißachtungen und Mißhandlungen einschränkten. Sie ordneten sich seinen Bedürfnissen unter, ohne dieses zum damaligen Zeitpunkt in vollem Ausmaß zu erkennen. Das wachsende Ungleichgewicht zog sich zum Teil über Jahre hin, bis es zur ersten Vergewaltigung kam. Trotz der Mißachtung der ei-

---

[3] Ich lehne mich hier an den von Festinger in seiner Theorie der kognitiven Dissonanz (1957, 1978) definierten Begriff an. Dieser Theorie nach werden bevorzugt Informationen ausgewählt, denen nach eine getroffene Entscheidung richtig ist. Gegenteilige Informationen werden solange nicht beachtet, bis diese Entscheidung revidiert wird. Dissonanz bezieht sich sowohl auf die Nichtübereinstimmung von Wahrnehmungen und Überzeugungen, als auch auf das daraus entstehende unangenehme Gefühl.

genen Person hielten die Frauen zu ihren Freunden oder Ehe-/Partnern. Sie stellten die Anerkennung seiner Bedürfnisse über ihre eigene Würde. Dahinter verbarg sich bei einigen eine Brüchigkeit dieser Hierarchisierung, wenn z.B. die Frau beruflich erfolgreicher und finanziell unabhängiger war als der Mann. Die Frauen sahen in dem Verhalten ihres Partners ihnen gegenüber keine Gefährdung. Sie rechneten nicht mit einer Vergewaltigung. Grenzverletzungen und Versuche der Dominierung durch den Partner beunruhigten sie aufgrund deren Übereinstimmung mit traditionellen Geschlechterrollen und Sexualrollenstereotypen, aber auch aufgrund des bestehenden Vertrauens- und Liebesverhältnisses meist nicht.

Reduktion kognitiver Dissonanz. Einige Frauen berichteten, daß der Täter in zeitlicher Nähe zur Tat schleichend eskalierend ihre psychischen und physischen Grenzen überschritt und getroffene Abmachungen nicht einhielt. Die Interviewten nahmen dieses Verhalten nicht im notwendigen Ausmaß wahr. Aufkommende Dissonanz zwischen ihrem Vertrauen und den erlebten Grenzüberschreitungen reduzierten sie soweit, daß sie ihre vorher getroffene Entscheidung, z.B. bei einem Bekannten zu übernachten, weiter aufrechterhalten konnten. Keine der Frauen reagierte mit sofortiger Aufgabe kooperativen Verhaltens und verbat sich das Vorgehen des Mannes. Die Gründe lagen in einem grundsätzlichen Vertrauen gegenüber Bekannten und Partnern sowie gegenüber Erwachsenen bzw. Autoritätspersonen, in der bisher erlebten ‚Normalität' solcher Grenzverletzungen und in fehlenden Abgrenzungsstrategien. Den Betroffenen kam das Verhalten des Täters zwar „*ein bißchen seltsam*" (I, 3) bzw. „*komisch*" (I, 4) oder „*merkwürdig*" (F, 6) vor. Dies führte aber nicht dazu, daß die Frauen sich abgrenzten: „*Daß ich jetzt vielleicht besser gehen sollte, die Idee ist mir nicht gekommen.*" (F, 6). Hinzu kam oft die Faszination, die vom Täter ausging. Das führte bei einzelnen Frauen dazu, daß sie sich zunächst dem Willen des Täters fügten und sich erst dann physisch zur Wehr setzten, als sie merkten, mit welcher Brutalität er sie vergewaltigte.

Einige der Partnerinnen konzentrierten sich darauf, die kooperative Beziehung wiederherzustellen. Auch gegenüber Autoritätspersonen war das Vertrauen größer als das erlebte Unbehagen. Widersetzten sich die Frauen, konnten sie sich gegen den definitionsmächtigeren Täter nicht behaupten und beugten sich seiner Autorität.

„Er hat mich dann auch am Bauch gestreichelt und am Busen. Und dann habe ich gesagt, daß ich das nicht möchte. Er sagt: ‚Ne, das muß schon so sein, das gehört zu der Körpertherapie dazu'. Dann habe ich gesagt: ‚Na gut, dann wird es schon so sein, daß es zur Körpertherapie gehört.'" (Y, 13)

Wird die Vergewaltigung innerhalb eines therapeutischen ‚Settings' vom Täter in ein professionelles Konstrukt eingebettet, ist es den Klientinnen kaum möglich, die Gewalt und Überschreitung ihrer körperlichen Grenzen nachhaltig zu erkennen und eine eigene Definition zu entwickeln. Das gilt besonders dann, wenn die Opfer ihrer eigenen Wahrnehmung nicht vertrauen und keine Erfahrung haben, Grenzverletzungen im sozialen Nahbereich abzuwehren.

Intrapsychische Angstbewältigung. Bei einigen Frauen wurde durch das Verhalten des Täters nicht nur Verunsicherung, sondern auch Angst ausgelöst. Davon berichteten vor allem Frauen, die von Fremden und im öffentlichen Raum angegriffen wurden, d.h. bei denen die Vergewaltigungssituation mit dem Stereotyp einer Vergewaltigung übereinstimmte. Ähnlich, wie die Mädchen und Frauen, die zunächst nur irritiert darauf reagierten, daß der Mann von der erwarteten Interaktion abwich, reduzierten diese ihre Angst intrapsychisch. Die Frauen sind alarmiert, nehmen aber diese eher intuitive Wahrnehmung nicht ernst. Erst im nachhinein wurde es möglich Situationsmerkmale als Gefahrenhinweise zu rekonstruieren. In der traumatischen Situation griffen die Frauen auf alltägliche Erklärungen zurück und versuchten zunächst, ihre Angst kognitiv zu bewältigen. Sie beruhigten sich, z.B. wenn sie plötzlich Schritte hörten, damit, daß es auch sein könnte, *„daß da eine Frau auf Klo muß"* (C, 2). Einzelne Frauen erzählten ausführlich, wie sich ihre Zweifel nur langsam bis zur Gewißheit steigerten, daß der Mann sie vergewaltigen wollte. Sie erinnerten eine *„innere Stimme"* (St, 5), die davon abriet, eine Abkürzung durch die Dunkelheit zu gehen. Sie hörten rennende Schritte hinter sich, bekamen im ersten Moment Angst und dachten dann: *„Jemand joggt."* (T, 4) oder:

„Das ist jemand, (...) der halt schnell nach Hause will, weil es so geregnet hatte. Und deswegen habe ich mich auch nicht umgedreht. (...) Wenn jemand was will, dann kommt der meist angeschlichen." (St, 5)

Wurden die Frauen von hinten angegriffen, vom Fahrrad gerissen oder wurden ihnen die Augen zugehalten, glaubten sie:

„es sei ein übler Scherz, es wäre vielleicht mein Freund, der mich von hinten überrascht und mir die Augen zuhält." (St, 5)[4]

Eine der Befragten vertraute auch dann den Äußerungen des Täters, als dieser die Frau überfiel, vorgab, ihr Geld zu wollen, sie fesselte, knebelte und ihr mit dem Messer am Hals drohte, sie umzubringen, wenn sie nicht aufhöre, sich zu wehren. Obwohl der Täter sie in ein Gebüsch zerrte, deutete die Angegriffene sein Verhalten weiterhin als Raubüberfall. Damit gelang es ihr, ihre aufkommende Angst zu bewältigen. Die Interviewte realisierte seine Vergewaltigungsabsicht erst in dem Moment, als er ihr die Hose öffnete und sie runterzog.

„Vorher wollte ich es nicht wahrhaben. Ich habe mir die ganze Zeit überlegt, warum macht er so ein Akt mit den Fesseln. Der kann sich doch mein Geld

---

[4] An diesen Annahmen über die Motive des Mannes wird sehr deutlich, wie problematisch es für Frauen ist, wenn Männer sie aus ‚Spaß' angreifen und erschrecken. So erlebten die Befragten Grenzverletzungen in akuten Gefahrensituationen zunächst als Normverlängerung und nicht als Normbruch, der eine sofortige aktive Gegenwehr rechtfertigt.

nehmen und abhauen. Aber ich wollte es mir nicht eingestehen, daß es wirklich so sein könnte. Weil das ist halt so was Unvorstellbares, das man nicht für möglich hält." (St, 6)

Der Angstbewältigungsprozeß zog sich bei einzelnen, vor allem beim Trampen, über einen längeren Zeitraum hin und wurde demzufolge sehr bewußt erlebt. Die Frauen beruhigten sich, auch wenn sie die ganze Zeit *„total angespannt"* (G, 6) waren, damit, daß sie sich z.B. sagten:

> „Du kannst jetzt jemanden nicht unterstellen, nur weil er blutunterlaufene Augen hat, daß das jetzt so einer ist, der dir was will. (...) Nur weil der jetzt hier runterfahren will, kannst du nicht annehmen--. (...) Dann habe ich ihm noch in den Mund gelegt, daß er praktisch jetzt nur von der Autobahn runterfährt, weil es ja, wenn man den ganzen Tag auf der Autobahn ist, langweilig ist." (G, 6)

Trotz antizipierter Selbstverteidigungsstrategien waren die Angegriffenen nur begrenzt in der Lage, ihren vorher gefaßten Vorsätzen entsprechend zu handeln. Zum einen widersprach es z.B. der einmal getroffenen Entscheidung, schnell nach Hause zu kommen, die Autofahrt zu unterbrechen. Zum anderen konkurrierte mit dem wachsenden Mißtrauen und der Angst gleichzeitig der Wunsch, von anderen nichts Schlechtes zu denken und vor allem die Hoffnung, nicht Opfer einer Vergewaltigung zu werden.

Disfunktionalität einer geringen Risikoerwartung
Kontrastiert man das Vorwissen der Interviewten mit dem, was sie in der konkreten Vergewaltigungssituation erleben und der Tatsache, daß es weder *den* Täter, noch *die* Kontextbedingungen und *das* Opfer gibt, wird sehr deutlich, daß die Akzeptanz einer eingeschränkten weiblichen Selbstbestimmung und die geringe Risikoerwartung vor der Tat einer angemessenen Risikowahrnehmung sowie frühzeitigen und effektiven Selbstschutzstrategien im Wege stehen. Dabei erweisen sich vor allem folgende Konsequenzen eines eingeschränkten Rechts auf Selbstbestimmung als hinderlich:

- Intrapsychische Angstbewältigung
- Eingeschränkte Selbstwahrnehmung

Intrapsychische Angstbewältigung. Der Angst vor einer Vergewaltigung wird primär mit Handlungsempfehlungen begegnet, die auf Kontrolle, Vermeidung und Selbstverteidigung seitens der potentiellen Opfer zielen und diese im Fall eines Angriffs verantwortlich machen. Mädchen und Frauen können den empfohlenen Strategien nicht nachkommen, wenn diese mit ihren Bedürfnissen nach Raumerweiterung und Autonomie in Konkurrenz stehen und sie es sich aus verschiedenen Gründen nicht leisten können, auf die Unterstützung von Männern zu verzichten. Eine besondere Bedeutung kommt dabei der Situation von Jugendlichen zu. Im Vordergrund der Identitätsbildung (vgl. dazu auch

Flaake, 1992; Hagemann-White, 1992) stehen in dieser Lebensphase Ablösung von den Eltern, Orientierung an der Gruppe der Gleichaltrigen und erste Sexual- und Liebesbeziehungen. Auch wenn die jungen Frauen und Mädchen wissen, daß ihre Eltern nicht wollen, daß sie schon Geschlechtsverkehr haben, trampen und auf Partys gehen, beginnen sie, sich primär an ihren Bedürfnissen nach sozialer Mobilität zu orientieren. Risikobotschaften, d.h. Warnungen vor etwas, die den Handlungsspielraum einschränken, bilden demzufolge keine adäquate Strategie. Die intrapsychische Abwehr von Warnungen und Verhaltensvorschriften führt dazu, reale Risiken nicht wahrzunehmen. Sie geht einher mit Geheimnissen vor den Eltern, die das Vertrauensverhältnis und damit die soziale Unterstützung durch diese zwangsläufig beeinträchtigen. Außerdem sind daran Schuldgefühle für den Fall geknüpft, daß die Jugendlichen Opfer sexualisierter Gewalt werden.

Eingeschränkte Selbstwahrnehmung. Wenn Mädchen ihre eigene Grenzen nicht erfahren können und sie ihnen nicht bestätigt werden, wenn ihnen vermittelt wird, daß sie Übergriffe im sozialen Nahbereich hinzunehmen haben, dann greifen Mädchen und Frauen in einer konkreten Gefahrensituation auch zuerst auf diesbezügliche Erklärungsmuster zurück. Werden Vergewaltigungen als seltene, von der eigenen Person abgetrennte Katastrophen und Grenzüberschreitungen als Bagatelle angesehen, können mehrdeutige Hinweisreize nicht als Gefahrensignale erkannt werden. In Abhängigkeit von einem individuellen und gesellschaftlich geteilten Erfahrungshintergrund entspricht das Verhalten des Täters dem, was Mädchen und Frauen von Männern in ihrer jeweiligen Rolle erwarten und ‚normal' finden.

Dies führt dazu, daß die Angegriffenen, wenn sie das Risiko einer Grenzüberschreitung oder die Bedrohung wahrnehmen, sich zunächst zu beruhigen versuchen und hoffen, daß ihnen nichts passieren werde. Sie laufen nicht sofort davon, verbitten sich die Verletzungen ihrer Autonomie nicht und fordern nicht selbstbewußt die Einhaltung getroffener Abmachungen. Oft gelingt es den Mädchen und Frauen nicht, auf eine konkrete Mißachtung ihrer Person adäquat zu reagieren. Statt ihrer intuitiven Wahrnehmung sowie ihrer Verunsicherung und Angst zu vertrauen, versuchen sie, diese intrapsychisch zu bewältigen. Das gilt z.T. auch bei plötzlichen Angriffen durch einen Fremden.

Entgegen den Erwartungen werden die Frauen auch in privaten Räumen angegriffen und können dort nicht mit Unterstützung anderer rechnen. Die Täter sind nur in wenigen Fällen völlig Fremde. Statt dessen werden die Mädchen und Frauen in erster Linie von Vertrauenspersonen vergewaltigt. Nicht alle Täter greifen zu körperlicher Gewalt, um die Opfer zu überwältigen, sondern setzen ihre kommunikativen Fähigkeiten ein. Autoritätspersonen verhalten sich nicht rollenentsprechend, sondern nutzen die ihnen übertragene Macht für ihre Interessen aus. Das Vermeiden von Gefahren oder ein „Nein" reichen nicht, um sich die Anerkennung eigener Grenzen zu verschaffen. Trotz entsprechender Vornahmen und Vorerfahrungen ist die Handlungsfähigkeit der Opfer eingeschränkt. Antizipierte Selbstverteidigungsstrategien können nicht in dem erwarteten Maße umgesetzt werden.

Einige der Interviewten nahmen im nachhinein an, daß sie, hätten sie ihrer eigenen Wahrnehmung getraut und sich selbst als Person ernst genommen, die Vergewaltigung hätten verhindern oder entkommen können. Neben den eigenen Handlungsmotiven stehen folgende Aspekte einer frühzeitigen und aktiven Gegenwehr entgegen:

1. Fehlerhafte Aufklärung über sexualisierte Gewalt und damit fehlende kognitive Interpretationsschemata für eine angemessen Situationsdefinition;
2. Vorhersagen über Motive und das weitere Verhalten des Täters, die sich an der Aufrechterhaltung des zwischenmenschlichen Vertrauens orientieren;
3. Handlungsempfehlungen und Handlungsstrategien gegenüber grenzverletzenden Männern und männlichen Jugendlichen im Sinne von Deeskalation und Konfliktvermeidung;
4. Fehlende Handlungskompetenzen im Sinne von Abgrenzung im Umgang mit alltäglichen Grenzverletzungen.

Während eine geringe Risikoerwartung funktional im Umgang mit Männern sein kann, die keine Vergewaltigung planen und trotzdem die Autonomie von Mädchen und Frauen beschränken, erweisen sie sich im Fall einer Vergewaltigung als nachteilig, da sie die Opfer daran hindern, rechtzeitig äußere Barrieren zu errichten.

7.3 Die Vergewaltigung

Sobald die Angegriffenen erkannten, daß das Verhalten des Täters nicht mehr einer Alltagserfahrung entsprach und ihnen eine Vergewaltigung drohte, kämpften sie darum, die Vergewaltigung abzuwehren und dem traumatischen Schock zu widerstehen (Kap. 7.3.1) Während und nach der Tat blieben die vergewaltigten Frauen unter der anhaltenden Wirkung der Vergewaltigung (Kap. 7.3.2), währenddessen die Täter versuchten, negative Konsequenzen zu vermeiden und die Vergewaltigte von einer Veröffentlichung abzuhalten.

7.3.1 Traumatischer Schock und Abwehr

Ob die angegriffenen Frauen primär direkte Vermeidungs- und Selbstverteidigungsstrategien realisieren konnten oder die Vergewaltigung intrapsychisch zu bewältigen versuchten und welche Strategien subjektiv sinnvolle Antworten auf einen z.T. lebensbedrohlichen Angriff waren, hing in hohem Maße von eng miteinander verzahnten Bedingungen und deren Bewertung ab.

Subjektive Bewertung objektiver Bedingungen
Als entscheidende Bewertungsfaktoren wurden genannt:

- Tätertyp
- Handlungsrahmen
- Soziale Kontrolle
- Widerstandspotentiale des Opfers

Tätertyp. Wie schon gezeigt wurde, hatte der Beziehungskontext Auswirkungen darauf, wie die Frauen auf den Angriff reagierten. Je näher die Beziehung zwischen Täter und Opfer, desto größer war das Vertrauen und die emotionale Gebundenheit der interviewten Frauen. In der Regel war es unvorstellbar, daß Bekannte, Partner oder andere Vertrauens- und Autoritätspersonen gewalttätig werden könnten.

„Ich war so unbedarft, daß ich eigentlich überhaupt nicht glauben konnte, daß das jemand macht oder sagt, weil das ja Bekannte von mir waren. (...) Und mich hat das auch gelähmt, da irgendwas zu machen, weil ich fassungslos war und Angst hatte." (O, 5)

Frauen, die von einem Fremden vergewaltigt wurden, waren hingegen sehr viel schneller in der Lage, die Situation für sich zu definieren und sich an einem schon bestehenden Handlungsplan bezüglich Vermeidung und Selbstverteidigung zu orientieren.

Handlungsrahmen. In Abhängigkeit von der Täter-Opfer-Beziehung konnten die Männern Bedingungen realisieren, die ihnen die Vergewaltigung erleichterte. Wichtig für die Gegenwehr war die verbleibende Zeit, die die angegriffene Frau zwischen dem unmittelbaren Angriff und ihrer Überwältigung hatte. Vor allem in intimen Situationen gab es angesichts eskalierender Gewalt kaum die Möglichkeit, sich auf die Veränderung im Verhalten des Täters einzustellen. Hinzu kamen körperliche Konstitution, Alter und Status des Täters, die es der Frau u.U. erschwerten, gegen den Mann körperlich vorzugehen. Auch das Tatverhalten spielte eine wichtige Rolle. Wurde die Frau gewürgt, mit einer Waffe bedroht, gefesselt und geknebelt, beeinflußte dies ebenfalls die Gegenwehr.

Die Angegriffenen versuchten, Chancen und Risiken möglicher Bewältigungsstrategien zu bewerten. Entscheidend war das antizipierte Verhalten des Täters, seine körperliche Konstitution und Gewaltbereitschaft, seine Motive und Ziele (z.B. die Frau zu töten). Zum Teil schätzten die Opfer die Gefährdung ihrer körperlichen Unversehrtheit und ihres Lebens durch den Täter als so groß ein, daß eine Vergewaltigung als das geringere Risiko gegenüber einer unberechenbaren, unter Umständen tödlichen Verletzung erschien. Das war vor allem der Fall, wenn der Angreifer nervös oder betrunken erschien. Die Opfer ‚spürten': *„Jetzt wird es wirklich gefährlich. Der ist nicht berechenbar, der Typ."* (I, 6). Sie verhielten sich vorsichtig und gaben ihren Widerstand auf, weil sie eine Zunahme seiner Gewalttätigkeit sowie unkontrolliertes Verhalten fürchteten:

„Wenn ich da irgendwas mache, weiß ich nicht, ob er da nicht abrutscht oder zufällig doch [in den Oberkörper] reinschneidet." (B, 5)

Daneben waren die Bewertung der Art der Vergewaltigung (z.B. bei einer vaginalen Vergewaltigung der Verlust der Jungfräulichkeit) und eine Hierarchisierung der Ziele bedeutsam. Als besondere Gefahr erlebten es die Frauen, wenn der Täter nicht nur drohte, sie umzubringen, sondern auch ankündigte, er werde anderen etwas antun, wenn sie sich nicht seinem Willen fügen würde.

Soziale Kontrolle. Zu den Bedingungen der Gefahrenabwehr gehörte auch die Bereitschaft anderer, einzugreifen und den Täter an der Durchführung der Vergewaltigung zu hindern. Während im öffentlichen Raum soziale Kontrolle realisiert wurde, erhielten die Interviewten im privaten Raum in der Regel keine Unterstützung und forderten diese auch oft nicht ein.

Widerstandspotentiale des Opfers. Auf Seiten der Frauen waren vor allem ihre inneren Hemmungen für eine situative Handlungs- und Selbstverteidigungskompetenz von Bedeutung. Dazu gehörten das Ausmaß der Wachheit und Aufmerksamkeit sowie ihre körperliche Verfassung. Im Schlaf oder unter dem Einfluß von Alkohol konnten die Mädchen und Frauen sehr leicht überwältigt werden. Eine der Interviewten wurde davon wach, daß sie ein Arzt während der Narkose vergewaltigte. Wichtig war außerdem, ob sie wie in einer vertraulichen und intimen Situation wenig oder keine Kleidung trugen oder z.B. ‚Body' und Strumpfhose den Täter behinderten. Vertrauen und positive Gefühle dem Täter gegenüber schränkten die Selbstverteidigungsbereitschaft einer Interviewten ein, weil sie befürchtete: *„Wenn ich mich zu arg wehre, vielleicht ist es* [die Beziehung] *dann vorbei."* (S, 23). Neben diesen in der Situation wirkenden Faktoren spielten aber auch Lernerfahrungen vor allem im Umgang mit Gewalt und den eigenen Grenzen eine Rolle. Einige der interviewten Frauen berichteten, daß sie bis zu der Tat überhaupt keinen Zugang zu körperlichen Auseinandersetzungen gehabt hatten und sich deswegen nicht direkt gegen den Täter zur Wehr setzten.

„Ich habe mich mehr geduckt oder habe versucht, abzuwehren, weil mir das auch völlig fremd war. Ich habe das ja überhaupt nicht gekannt, dieses Schlagen." (E, 3)

Dazu kamen besonders bei jungen Frauen Unerfahrenheit und mangelndes Selbstvertrauen. Dahinter steckten Zweifel über eigene Rechte gegenüber dem Partner oder gegenüber Erwachsenen und die Bereitschaft, ihre sexuelle Selbstbestimmung aufzugeben. Aus der Angst, nichts gegen die körperliche Überlegenheit des Täters ausrichten zu können, dachte eine der Interviewten bevor sie realisierte, mit welcher Brutalität der Täter sie vergewaltigte: *„Na ja, warum nicht. Jetzt ist es* [der 1. Geschlechtsverkehr] *halt soweit."* (F, 5).

Bewältigungsprozesse und Grenzen des ‚Coping'
Vor dem Hintergrund subjektiver und objektiver Voraussetzungen und Barrieren versuchten Vergewaltigungsopfer, das akute Trauma abzuwehren. Die

Strategien der Angegriffenen reichten von einer genauen Analyse der Situation (Vorgehen des Angreifers, Gegenstrategien unter Abschätzung und Bewertung antizipierter Risiken, z.b. getötet zu werden, sich selbst zugeschriebene Selbstverteidigungskompetenz) bis zu Gedankenabriß und Dissoziation. Auf der Verhaltensebene umfaßten sie sowohl Formen der direkten verbalen und physischen Gegenwehr mit dem Ziel, zu fliehen oder den Angreifer zu stoppen, sowie unwillkürliche Reaktionen, die sich in Handlungsunfähigkeit und einem Gefühl der Lähmung äußerten. Bis auf wenige Ausnahmen wehrten sich die Frauen (zunächst) direkt gegen den Angreifer. Erst wenn der Täter nicht abließ oder sie nicht fliehen konnten, griffen sie auf primär intrapsychische Formen der Traumaabwehr zurück. Dabei handelte es sich um zwei idealtypische Formen der Reaktionen auf die existentielle Bedrohung, die ineinander übergehen und aufeinander aufbauen, anstatt sich auszuschließen:

- Problemorientierte Bewältigungsstrategien
- Intrapsychische Traumaabwehr

Problemorientierte Bewältigungsstrategien. Aktive Strategien setzten sich aus nach außen gerichteten kognitiven und physischen Vorgängen zusammen. Nach dem Erkennen der Absicht des Täters, die Frau vergewaltigen zu wollen, reagierte ein Teil der Frauen mit einer Erhöhung und gleichzeitigen Verengung der Aufmerksamkeit hin zu gefahrensrelevanten Informationen. Sie verstärkten die Suche nach situationalen Hinweisen, um Mehrdeutigkeiten zu reduzieren.

„Und das war dieser Moment, (...) wie ein Schock. Als ob ein zweites Ich von mir Abstand nimmt und das Ganze von oben so wie eine Kamera betrachtet. (...) Ich war am Überlegen, was mache ich jetzt?" (T, 5)

Während die einen sich, ohne zu zögern mit aller Kraft, verteidigten, suchten andere zunächst umfassend nach Informationen und versuchten, die Chancen einer erfolgreichen Gegenwehr realistisch abzuschätzen. Gleichzeitig empfanden die Frauen keinen Schmerz mehr. Sie analysierten das Verhalten des Täters und ihr Risiko, z.B. getötet zu werden, sowie ihre Handlungsalternativen.

„Diese Kamera denkt, also wenn er eine Waffe hat ---. Jetzt ist die Frage: (...) ist es wichtiger zu überleben oder nicht vergewaltigt zu werden? Ich bin sowieso keine Jungfrau mehr oder die Werte sind nicht so wichtig. Okay, es gibt Aids und ich habe die Spirale und so die Überlegungen. Dann dachte ich, wenn er mich umbringen will, (...) bringt er mich sowieso um. Also es war die ganze Zeit so: was will ich?" (T, 5)

Die Frauen planten zum Teil sehr bewußt ihr Vorgehen in Abhängigkeit von der Position, in der sie sich befanden. Sie versuchten eine bessere Ausgangslage zu erlangen, um den Täter an empfindlichen Körperstellen angreifen zu können. Für diesen kognitiven Prozeß spielte das Täterverhalten und die Beeinträchtigung der vitalen Funktionen ein wichtige Rolle. Wenn dieser der Frau den Mund zuhielt oder sie würgte, mußte sie zunächst versuchen, genügend Luft zu bekommen.

„Ich habe plötzlich die Kraft, die ich ausübte, aufgegeben, so zwei, drei Sekunden, mit der Hoffnung, daß die Hand lockerer wird. Die Hand wurde lockerer. Er hat wahrscheinlich gedacht, ich gebe auf oder ich bin in Ohnmacht gefallen. Und da habe ich die Hand [weg]gerissen und angefangen zu schreien." (T, 5)

Entsprechend dieses Prozesses setzten die Frauen nach außen gerichtete Strategien des aktiven Widerstandes ein. Dies waren (1) *interaktive Strategien* zur Erhöhung innerer Hemmungen des Täters, z.B. non-/verbale Formen der Kommunikation, um Empathie zu wecken; (2) *Strategien zur Erhöhung sozialer Kontrolle* wie Schreien, Telefonieren und direktes Ansprechen, um andere aufmerksam zu machen, aber auch Lebensformen mit hoher sozialer Kontrolle, wie Wohngemeinschaften oder Projekte mit gemeinschaftlichem Wohnen; (3) *Vermeidungsstrategien*, Wegdrehen und Weglaufen und (4) *Selbstverteidigungsstrategien*, physischer Widerstand und Gegenangriff.

Acht der 27 Befragten konnten zumindest einmal mit physischer Gegenwehr eine Vergewaltigung verhindern[5]. Bei vier Frauen handelte es sich um Fremdtäter, die ihre Opfer im (halb-) öffentlichen Raum überfielen. Der Täter ließ von dem Angriff ab, als das Opfer schrie, sich physisch wehrte und/oder andere aufmerksam machte, die dann auch eingriffen. Vier weitere Frauen berichteten, daß sie sich erfolgreich gegen einen (von zwei) Bekannten oder (einmalig) gegen den Partner durchsetzen oder fliehen konnten. Drei anderen Frauen gelang es, die Gewalttätigkeit des Täters einzuschränken, so daß es nicht zu einer vaginalen oder vollendeten Vergewaltigung kam. Für den Erfolg der Gegenwehr war es wichtig, daß die Angegriffenen, sobald sie die Gefahr erkannten und als (lebens-) bedrohlich einschätzten, schnell reagierten. Ihr oberstes Ziel war es, mit aller Entschlossenheit und zum Teil mit dem Gefühl, töten zu können, ihr Leben und ihre körperliche Integrität zu retten.

„Da gab es für mich nichts mehr. Für mich war überhaupt nicht Vergewaltigung präsent. Ich habe nur nackte Todesangst ab dem Moment [als der Täter mich würgte] gehabt." (G, 7)

Dabei nutzten die Angegriffenen sowohl gezielt ausgewählte Selbstverteidigungsstrategien als auch *„nur so ein blindwütiges Drauflosswehren"* (G, 7). Sie konzentrierten sich ganz auf die abzuwendende Gefahr und blieben mit ihrer Aufmerksamkeit in der Gewaltsituation. Die Interviewten stellten ihre Handlungskompetenz nicht in Frage. Sie brachten verbal ihre Abwehr zum Aus-

---

[5] Dabei muß daran erinnert werden, daß das Auswahlkriterium für die Interviewpartnerinnen „Opfer einer Vergewaltigung oder sexuellen Nötigung" war. Erfolgreiche Gegenwehr und die Verhinderung einer Vergewaltigung stellte einen Sonderfall dar und wurden mit einer Ausnahme nur berichtet, wenn die Frauen mehrfach angegriffen wurden.

druck. Sie schrien, setzten die ihnen zur Verfügung stehenden Strategien flexibel und entschieden ein. Bevor sie in ihrer Selbstverteidigung nachließen, konnten sie entkommen oder der Täter ließ ab und floh. Von den äußeren Bedingungen half es vor allem, wenn im öffentlichen Raum andere in der Nähe waren, die zu Hilfe kamen, bzw. von denen der Täter fürchten muß, daß sie der schreienden Frau helfen würden. Außerdem spielte es eine Rolle, wenn der Täter keine Waffe hatte und die Frau *„sehr gut angezogen"* (G, 7) war, da die Frauen dadurch Zeit gewannen.

„Ich habe eine Jeans angehabt mit einem Gürtel. Und da rein war eine Bluse gestopft, und darüber noch irgendeine Weste und einen Mantel." (G, 7)

Die meisten Interviewten hingegen scheiterten an den äußeren Bedingungen und gaben den Widerstand auf, wenn sie dem Täter kräftemäßig und von ihrer Selbstverteidigungskompetenz her unterlegen waren oder die Gewalt im privaten Raum stattfand und ihnen niemand half. Die Täter konnten ihre Opfer festhalten, fesseln, mit einer Waffe bedrohen und solange mit großer Gewalttätigkeit vorgehen, bis sie die Frauen überwältigt hatten. Vor allem Frauen, die von ihrem Partner vergewaltigt wurden, beschrieben, daß sie nicht rechtzeitig fliehen oder den Täter abhalten konnten und sie über die Vergewaltigung hinaus, trotz oder gerade wegen ihrer Gegenwehr, massiv körperlich mißhandelt wurden.

„Ich habe bis zum Schluß gekämpft. Das war dem eigentlich egal. Je mehr ich mich gewehrt habe, desto mehr hat er auf mich eingeprügelt." (N, 36)

Bis auf einzelne Ausnahmen erreichten die Frauen keine Verhaltensänderung durch verbale Versuche, den Täter direkt anzusprechen und bei ihm Empathie oder andere Interessen, z.B. für Geld, zu erwecken. Besonders Partner schienen sich in einem Zustand zu befinden, in denen ihnen jeder Wille fehlte, die Frau als eigenständiges, verletzbares Gegenüber wahrzunehmen. Es erreichte sie weder, daß die Frauen ‚Nein' sagen, noch daß sie schrien, baten und bettelten oder ‚heulten'. Konnten die Angreifer ihre Opfer überwältigen, blieb diesen nur noch, die Vergewaltigung intrapsychisch abzuwehren. Frauen, die von ihrem Partner wiederkehrend mißhandelt wurden, versuchten am Anfang der Beziehung noch, sich zu verteidigen, wurden aber im Laufe der Zeit immer hilfloser.

Intrapsychische Traumaabwehr. Die Angegriffenen gaben ihren nach außen gerichteten Widerstand auf, wenn sie nicht mehr glaubten, die Vergewaltigung verhindern zu können. Auslöser für diese Einschätzung war u.a., daß sie von außen keine Hilfe bekamen, ihre Kräfte nachließen und sie nichts zur Abwendung der Vergewaltigung mehr tun konnten, ohne daß der Täter noch gewalttätiger wurde. Den Befragten blieb nur noch, abzuwarten, es ‚über sich ergehen zu lassen' und zu hoffen: *„Lieber Gott, laß es ganz schnell vorbei sein."* (B, 7). Um die durch die Vergewaltigung ausgelösten Schmerzen und Gefühle zu bewältigen und das Trauma psychisch zu überleben, griffen die Frauen zu intrapsychischen Strategien. Diese waren entweder Folge eines in der letzten Konsequenz erfolglosen Widerstandes oder die einzige Möglichkeit der Gefahrenabwehr, wenn die Gewalt selbst subjektiv und objektiv nicht mehr beseitigt werden konnte. Die Angegriffenen wehrten das Eindringen in ihren Körper ab, indem sie innerlich aus der Gefahr flohen.

Durch Aufmerksamkeits- und Wahrnehmungseinschränkungen nahmen die Frauen die Gefährdung nicht mehr im ganzen Ausmaß, und das Verhalten des Täters und ihr eigenes Erleben nur noch ausschnittsweise, wahr. Sie setzten sich nicht mehr aktiv zur Wehr, sondern konzentrierten sich auf Reize, die mit der akuten Vergewaltigung nichts zu tun hatten. Sie dissoziierten und spalteten zum Beispiel den körperlichen Schmerz ab. Dadurch, daß die Informationen nur noch selektiv aufgenommen wurden, gelang die innere Flucht vor einer existentiellen Gefährdung, so als sei das Opfer bei der Vergewaltigung nicht anwesend. Das Aufgeben oder Ausbleiben einer direkten Abwehr setzte sich bei einigen Interviewten in anhaltenden Teilamnesien fort. Die Befragten erzählten, wie sie sich z.T. ganz bewußt entschieden, ihre Aufmerksamkeit von ihrem Körper und der Vergewaltigung wegzunehmen. Sie erlebten sich geistig als sehr klar und konzentriert. Sie sagten sich: *„Unten rum kannst Du abschalten."* (St, 9). Eine andere Lösung bestand darin, *„aus dem Körper auszusteigen"* (J, 31).

„Und zwar hing da eine vergilbte Gardine an einem Fenster. Mein Blick ging dann rüber. Da war so ein altes Gemälde von seinem Großvater, irgend so eine blöde Landschaft in einem goldenen Rahmen drin. (...) Erstmal war ich nur da, wie wenn ich aus diesem Bild rausschaue und doch nicht schaue. (...) Den körperlichen Schmerz habe ich erst hinterher gehabt. Ich habe wirklich absolut meinen Körper ausgeschaltet." (J, 31)

Die intrapsychische Traumaabwehr war der Versuch, die Verletzung der psychischen und körperlichen Integrität, die mit der Vergewaltigung einhergehende psychische Abwertung, Demütigung und Zerstörung von der eigenen Person fernzuhalten. Für Frauen, die wiederholt von ihrem Partner vergewaltigt wurden, ohne den immer wiederkehrenden Gewalttätigkeiten entkommen zu können, wurde das ‚Abschalten' und ‚Dichtmachen' zur primären Abwehrstrategie.

Teilweise versuchten die Täter, diese Form der Spaltung und Flucht zu verhindern, indem sie Gewaltformen einsetzten, die für die Vergewaltigten noch mehr den Kern ihrer Selbst berührten und eine Dissoziation erschwerten.

„Als er mich gezwungen hat, ihn zu küssen, (...) wollte er an meine Person, an mich ran. (...) Das war für mich mit das Schrecklichste." (St, 9)

Ein intrapsychischer Widerstand war nicht nur die Folge einer erfolglosen direkten Abwehr. Einzelne Frauen konnten sich weder physisch, noch verbal äußern, da sie aus unterschiedlichen Gründen von Beginn an widerstandsunfähig waren. Das war vor allem dann der Fall, wenn sie schliefen oder unter Alkohol standen, den ihnen die Täter zum Teil gezielt einflößten. Frauen, die als Kind wiederholt Opfer schwerer körperlicher Mißhandlungen und sexualisierter

Traumatisierungen geworden waren, griffen auf Formen der intrapsychischen Abwehr und Dissoziation zurück, die sie schon damals angewandt hatten, um psychisch überleben zu können. Frauen, die in den Mann verliebt und gerne mit ihm zusammen waren, wurden von einem Angriff aus einer vertrauensvollen Situation heraus völlig überrascht.

„Ich war in dem Moment wirklich im Schock. (...) Das war bis zu dem Zeitpunkt wirklich gut. Wer rechnet in so einer Situation, daß er eine geschmiert kriegt." (N, 36)

Einige Frauen reagierten, *„wie eine Türe, die (bei mir) zugeschlagen hat"* (A, 1). Die plötzlich ausgelöste Panik führte dazu, daß ihnen die ‚Luft wegblieb' und sie sich hilflos, *„total gelähmt"* und geistig *„ausgeschaltet"* (D, 2) fühlten. Obwohl sie ihren inneren Widerstand wahrnahmen, konnten sie teilweise aufgrund der Situationsveränderung das Geschehene nicht einordnen. Sie erlebten sich als handlungsunfähig und nicht in der Lage, ihre Bedürfnisse verbal oder aktiv handelnd zum Ausdruck zu bringen. Einzelne übersahen vorhandene Möglichkeiten, aus der Situation zu entkommen oder den Angreifer abzuwehren. Realisierten die Frauen die Absicht des Täters nicht rechtzeitig und schätzten die Situation als ungefährlicher ein, als sie war, war es oft für eine stärkere Gegenwehr zu spät. Die einzige Strategie, die den Betroffenen subjektiv zur Verfügung stand, war gleichermaßen *„völlig abzuschalten und das irgendwie nicht mitzukriegen"* (Z, 2).

Handelte es sich bei den Tätern um Autoritätspersonen, die aufgrund der emotionalen Abhängigkeit der ihnen vertrauenden Mädchen und Frauen durch schleichende Grenzverletzungen deren Widerstandskraft schwächen konnten, blieb bei den Opfern teilweise der Bewältigungsprozeß bei der Reduktion kognitiver Dissonanz stecken. Die Betroffenen nahmen die traumatische Situation als unangenehm wahr, bewerteten dies zunächst aber nicht als gefährlich. Kam es zum ‚Geschlechtsverkehr', erfuhren sie diesen nicht als Vergewaltigung. Besonders gefährdet schienen Frauen zu sein, die schon in ihrer Kindheit sexuell ausgebeutet worden waren und im Kontakt mit einer professionellen Autoritätsperson keine Klarheit über ihre eigenen körperlichen und psychischen Grenzen hatten. Aufgrund bisheriger Erfahrungen erlebten sie es nicht als Normbruch, daß andere über sie und ihren Körper bestimmten.

7.3.2 Die Schockphase

Im Zentrum steht für Vergewaltigungsopfer nach der Tat zunächst der Versuch, den unmittelbaren psychischen Schock zu bewältigen, ihre subjektive Sicherheit wiederherzustellen und sich eine Kontinuität in ihrem Alltag zu bewahren. Der traumatische Schock als Reaktion auf die Vergewaltigung zieht sich über einige Stunden bis zu mehreren Tagen und Wochen hin. Da im vierten Kapitel die direkten Folgen und Reaktionen auf Traumatisierungen beschrieben wurden und sie nicht Gegenstand dieser Untersuchung sind, werde ich an dieser Stelle sehr knapp, und nur so weit es für das Verständnis der Bewältigungsprozesse wichtig ist, darauf eingehen. In dieser Zeit, in der die vergewaltigten Frauen kaum begreifen können, was passiert ist, fallen auch anhaltende Versuche der Einflußnahme seitens des Täters, um die Tat zu neutralisieren und negative Konsequenzen zu vermeiden.

Opferreaktionen und posttraumatische Belastungen
Die Frauen trugen je nach Ausmaß der körperlichen Gewalt am ganzen Körper, insbesondere im Genitalbereich, schwere *körperliche Verletzungen* davon. Dazu gehörten u.a. Blutungen, Blutergüsse, Würgemale, Risse, Prellungen, eingeschlagene Zähne, ausgekugelte Gelenke, Knochen- sowie Rippenbrüche, Schnittwunden sowie Kopf- und Wirbelverletzungen. Die Opfer berichteten von anhaltenden (Kopf-) Schmerzen und Muskelanspannungen, aber auch von Kraftlosigkeit, Kreislauf- und Eßstörungen, Psychosen und immer wiederkehrenden psycho-/somatischen Beschwerden und Erkrankungen, die bis zum Schulabbruch und zur Erwerbsunfähigkeit führten. Einige litten unter Erbrechen, Schlafstörungen sowie unwillkürlichem Weinen und Schreien. Bei sechs der Interviewten kam es zu ungewollten Schwangerschaften aufgrund der Vergewaltigung sowie Fehlgeburten und Komplikationen während der Schwangerschaft und Geburt als Spätfolge von Faustschlägen und Bauchtritten.

Neben rein körperlichen Verletzungen waren es vor allem Reaktionen im Sinne einer *akuten Belastungsstörung* und teilweise eines psychotraumatischen Belastungssyndroms (APA, 1996). Dabei wurde das Ausmaß der akuten Belastungsstörung in hohem Maße von der Art der Traumatisierung bestimmt. Zu den *psychischen Reaktionen* der Vergewaltigung gehörte, daß die Frauen sich direkt nach der Tat ausgeliefert und hilflos fühlen. Sie konnten die Tat nicht einordnen, waren verwirrt und litten z.B. unter Amnesien bezüglich des Tatverlaufs. Die Opfer erlebten (Todes-) Angst sowie Haß gegenüber dem Täter oder Wut auf sich selbst. Einige brachen völlig zusammen. Die Frauen ekelten sich vor sich und fühlten sich beschmutzt. Damit einher gingen Schuld- und Schamgefühle, sowie ein tiefes Erleben der Demütigung, des Verlustes der eigenen Würde und Selbstachtung. Das betraf vor allem Entwürdigungen durch Partner. Die Frauen waren zutiefst enttäuscht und konnten nicht verstehen, wie der Mensch, dem sie vertrauten, sie so verletzen und demütigen konnte.

Parallel zu den genannten physischen und psychischen Reaktionen auf die Vergewaltigung war das *Verhalten* der Opfer vor allem darauf ausgerichtet, aus der Gewaltsituation zu entkommen, die unmittelbaren Folgen zu bewältigen und sich das traumatisierende Erlebnis zu erklären, d.h. das erschütterte Selbst- und Weltverständnis wieder herzustellen.

Vergewaltigungsopfer müssen sich nicht nur mit dem Trauma an sich auseinandersetzen. Dazu kommen Belastungen, die sich aus der Tat und ihren Konsequenzen sowie ihrer gegenwärtigen Lebenssituation ergeben. Ausgehend von den Berichten der interviewten Frauen lassen sich sieben Anforderungskomplexe beschreiben, mit denen Vergewaltigungsopfer konfrontiert sind oder sein können. Diese sind in Tab. 2 exemplarisch zusammengestellt. Je nach Ausmaß der Belastungen beeinträchtigen sie immer wieder die Kräfte der Vergewaltigten, so daß eine langfristige Erholung erschwert wird.

Tab. 2: Belastungsfaktoren nach einer Vergewaltigung

Art der Belastung	Beschreibung
1. Retraumatisierungen	- Anhaltende Gewalt durch den Täter - Vorhergehende oder spätere Gewalt
2. Symptomatische Belastungen	- Körperliche Verletzungen - Schwangerschaftskomplikationen - Ungewollte Schwangerschaften - Belastungsstörung (APA, 1996) - Sexuelle Disfunktionen - Psychosomatische Erkrankungen
3. Sekundäre Belastungen	- Folgen von Schutzreaktionen (Trennung, Therapieabbruch, Umzug, Rückzug), z.B. Einsamkeit und materielle Einbußen - Folgen von Bewältigungsstrategien (Medikamenten- oder Drogenkonsum), z.B. Abhängigkeit, Obdachlosigkeit
4. Entwicklungsbedingte und Alltagsbelastungen	- Schule, Ausbildung - Versorgungsaufgaben in der Familie - Berufstätigkeit, materielle Sicherheit - Erhalt sozialer Beziehungen
5. Straf-/rechtliche Belastungen	- Gynäkologische Untersuchung - Aussage bei Polizei und vor Gericht - Konfrontation mit dem Täter
6. Sekundäre Viktimisierung	- Neutralisierungen des Täters - Infragestellung von Unrecht und Schaden durch das Umfeld
7. Selbstabwertung	- Opferfeindliche subjektive Theorien

Aus diesen Belastungen ergeben sich eine Vielzahl von, sich zum Teil widersprechenden Bewältigungszielen, die mit dem Erhalt und der Wiederherstellung eines ‚normalen' Lebens einhergehen. So kann z.B. der Wunsch nach Sicherheit und Schutz vor erneuter Traumatisierung im Widerspruch zu rechtlichen Anforderungen stehen oder die Trennung vom gewalttätigen Partner geht auf Kosten der materiellen Sicherheit und der Versorgung der Kinder.

Täterstrategien zur Vermeidung von Sanktionen
Während die Opfer unter dem Einfluß des traumatischen Schocks stehen, versuchen die Täter, negative Konsequenzen sowie eine Veröffentlichung ihres Gewalthandelns und damit eine Entdeckung, Verantwortungszuschreibung und Bestrafung zu verhindern. Zu den entsprechenden Strategien gehören den Interviews nach Drohungen und Gewalt sowie neutralisierende Erklärungen.

Handelte es sich bei den Tätern um Bekannte, hatten diese oft in der Öffentlichkeit eine größere Definitionsmacht bezüglich der Tat oder drohten mit Gewalt für den Fall, daß die Vergewaltigung bekannt würde. Ehe-/Partnern gelang es besonders, die Frauen einzuschüchtern und unter Druck zu setzen. Sie appellierten mit Hilfe von Suizidankündigungen an das Verantwortungsgefühl der Frauen. Oder sie drohten der Partnerin mit Mord: *„Du wirst mich nie verlassen. Bevor Dich ein anderer kriegt, bringe ich Dich um."* (N, 6). Sie sperrten die Frau ein, zerstörten wichtige Unterlagen, verfügten über ihr Geld und ihre Zeit. Sie unterbanden soziale Kontakte und kontrollierten den gesamten Tagesablauf.

„Dann war es aber so, daß er das Schloß ausgewechselt hatte in der Wohnung und er hatte den Schlüssel dafür und ich nicht. Und unser Telefon war abgestellt, weil die Rechnung nicht bezahlt war. Und da hatte ich das Gefühl, ich bin in der Wohnung gefangen." (B, 18)

Die Frauen wurden bestraft, wenn sie sich anderen anvertrauten. Sie wurden solange geschlagen und vergewaltigt, bis sie einwilligten, ihre Trennungsabsicht aufzugeben und beim Partner zu bleiben. Die Täter kündigten an, Nahestehende in der Öffentlichkeit bloßzustellen oder drohten, diejenigen zusammenzuschlagen oder zusammenschlagen zu lassen, denen die Frau von den Gewalttaten erzählen würde.

„Wenn ich meinen Eltern oder irgend jemandem Bescheid sage: er kennt genug Leute, das müßte er gar nicht selber machen, die diesen Leuten dann irgendwas antun." (B, 5)

Zugeständnisse an die Autonomiebestrebungen der Frau machten mißhandelnde und vergewaltigende Partner oft nur noch im Bezug auf die Versorgung der Kinder und das materielle Auskommen des Paares oder der Familie. Waren sie selbst nicht berufstätig oder verwendeten ihr Einkommen für eigene Interessen, waren sie darauf angewiesen, daß die Frau einen Großteil oder die alleinige Verantwortung übernahm. Auch nach einer Trennung, einem Ortswechsel oder einer Anzeige setzten die Täter Mord-/Drohungen ein - *„Ich laß Dich ficken, bist Du AIDS hast"* (N, 27) -, um die Frauen einzuschüchtern. Sie wollten eine Rückkehr erzwingen oder die Frau von einer Veröffentlichung, Anzeige oder einer Aussage vor Gericht abhalten.

Nur drei Frauen erzählten, daß es direkt nach der (versuchten) Vergewaltigung zum sofortigen Interaktionsabbruch ohne Umdeutungsversuche seitens des Täters kam. Das war der Fall, weil die Frau sich erfolgreich wehrte oder andere zu Hilfe kamen und der Täter fliehen mußte. Bei allen anderen Vergewaltigungen wurde die Interaktion vom Täter und zum Teil vom Opfer aufrechterhalten oder wieder aufgenommen. Der Täter hatte, je nachdem in welcher Beziehung er zum Opfer stand, sehr unterschiedliche Möglichkeiten, um Einfluß auf das Erklärungsmodell der Frau zu nehmen. Bis auf einen Fremdtäter, der Tage nach der Vergewaltigung wiederholt im Umkreis seines Opfers auftauchte, konnten nur Bekannte und Vertraute auch noch später die Vergewaltigten beeinflussen. Hatten die Männer Umgang mit demselben sozialen Umfeld wie das Opfer, gelang es ihnen häufig auch dort, ihre Sichtweise auf die Art der Beziehung und ihren Standpunkt in Bezug auf die Gewalttat und das Verhalten der Frau zu etablieren. Vor allem Partner hatten in den, der Vergewaltigung folgenden Stunden und Tagen ausreichend Gelegenheit, den Frauen ihre Entlastungsversuche aufzudrängen. Auch Professionellen gelang es im Rahmen des anhaltenden Abhängigkeitsverhältnisses, die Frauen zu verunsichern.

Ein Teil der Täter gewann das Vertrauen der Opfer zurück. Dann überzeugten sie die Betroffenen mittels neutralisierenden Erklärungen, daß kein, von ihnen zu verantwortendes Unrecht geschehen sei. Dies gelang vor allem Partnern und Autoritätspersonen, einigen im Wechsel mit Einschüchterungen. Einige Partner taten alles, um die Frau emotional an sich zu binden. Sie überzeugten sie davon, daß die Beziehung etwas so *„Kostbares und Intimes"* (J, 40) sei und, daß man mit anderen nicht über Schwierigkeiten spricht. Die wichtigste Strategie bestand darin, die Opfer von der eigenen Wahrnehmung und Bewertung abzubringen. Einzelne Frauen berichteten, daß sie vom Täter so manipuliert wurden, daß sie keine eigenständigen Gedanken mehr fassen konnten.

„Ich bin damals immer so hingestellt worden, als wäre ich die Schuldige. Ich müßte dafür verantwortlich gemacht werden. Das ist mir eingebleut worden, richtig so wie Gehirnwäsche." (P, 27)

Aus den Interviews lassen sich drei typische Erklärungen mit Rechtfertigungscharakter rekonstruieren. Diese bauen sowohl auf der Prämisse einer eingeschränkten weiblichen Selbstbestimmung gegenüber Männern im sozialen Nahbereich als auch auf einer eingeschränkten Erregungskontrolle des Mannes auf. Die Täter präsentieren ihr Verhalten als:

- Normalität
- Normausnahme (Folge besonderer Belastungen)

Gleichzeitig verbanden sie ihre rechtfertigende Erklärung mit einer:

- Ablenkung und Bagatellisierung des Schadens

Normalität. Die Täter verneinten die Gewalttat und zweifelten die Wahrnehmung der Frau an. Handelte es sich bei den Tätern um Fremde, versuchten sie beispielsweise die Vergewaltigung als ‚normale' Sexualität darzustellen, indem sie ihre Gewalttätigkeit damit kommentierten, daß die Frau *„ja so schön feucht"* (St, 3) sei. Oder sie suchten das Opfer später noch einmal auf, als sei nichts geschehen. Auch flüchtig Bekannte gaben vor, es habe sich nichts Normabweichendes ereignet. Die Interviewten erlebten, daß der Täter ihnen gegenüber es so darstellte, als habe es sich um Sexualität im gegenseitigen Einverständnis gehandelt. Er drohte z.B., es gäbe genug Zeugen dafür, daß sie „*freiwillig mit ihm geschlafen hätte*" (K, 13). Besonders demütigend war es für die Betroffenen, die Täter wiederzutreffen, vor allem, wenn diese mit der Vergewaltigung als Geschlechtsverkehr und Beweis ihrer Männlichkeit anderen gegenüber „*hausieren*" (O, 16) gingen. Der Frau wurde damit die Möglichkeit genommen, sich Unterstützung aus dem sozialen Umfeld zu holen.

„Der eine hat das erzählt, daß er mit mir geschlafen hat. Was er genau erzählt hat, weiß ich nicht. Da wollte ich auch nichts drüber hören, bzw. da haben auch die anderen nicht viel zu gesagt. Aber ich habe einfach aus den Reaktionen gesehen, daß sie es wußten. Und sie haben bestimmt nicht erzählt, daß sie mich dazu gezwungen haben." (O, 16)

Auch Täter, die die Frau während einer Verabredung vergewaltigten, übergingen oder leugneten die Gewalttätigkeit, genauso wie intime Freunde und (Ehe-) Partner. Nach ihrem Selbstverständnis ergab sich allein aus der Tatsache, daß die Frauen eine partnerschaftliche und sexuelle Beziehung mit ihnen eingegangen waren, ein Anspruch auf die Verfügbarkeit und damit auf den Besitz und die Enteignung des weiblichen Körpers. Nach der Vergewaltigung wurde diese geleugnet und der mit Gewalt erzwungene Geschlechtsverkehr als Normalität dargestellt. Die Verletzung der Frau wurde bestritten. Die Täter behaupteten zum Beispiel, die Partnerin habe „*das*" (N, 54) gewollt, alle würden ihm und niemand ihr glauben, seine Wahrnehmung sei im Gegensatz zu dem Erleben der Frau die einzig richtige: „*Was ich mir einbilde, ich wäre ja verrückt. Ich gehöre in die Klapse.*" (Q, 6).

Autoritätspersonen war es möglich, den Frauen bzw. Mädchen zu vermitteln, es handele sich bei ihrem Verhalten um den Ausdruck von Liebe und Fürsorge (Therapie, Diagnostik), nicht um Gewalt. Die sexuelle Ausbeutung innerhalb des Abhängigkeitsverhältnisses wurde als normal und das Empfinden der Opfer als Phantasie dargestellt.

„Und später [nach der Tat] hat er sich angezogen, hat sich neben mich gesetzt und hat dann so getan, als würde er zu mir sagen: ‚Ist schon alles gut, es passiert Dir nichts hier, Dein Pflegevater [der Y mißhandelt und vergewaltigt hatte] ist nicht da', so um mich total in Wirrwarr zu bringen." (Y, 13)

Hatten die Frauen wiederholt physische und sexualisierte Traumatisierungen in ihrer Kindheit erlebt, litten sie unter psychischen (und sexuellen) Problemen oder erfolgte eine Therapie im Rahmen einer Jugendhilfeeinrichtung, wurde dem Täter aufgrund dieser Bedingungen soviel Definitionsmacht zugesprochen, daß er nicht mit einer Veröffentlichung und Sanktionierung rechnen mußte. Es war ihm zum Beispiel aufgrund seiner Professionalität möglich, bei seinem Opfer die Rolle der psychisch kranken Klientin zu verstärken.

Normausnahme (Folge besonderer Belastungen). Eine weitere Vorgehensweise konzentrierte sich auf die Ursachenerklärung im Hinblick auf die Auflösung innerer Barrieren. Besonders intime Freunde und Ehe-/Partner standen unter Erklärungsdruck, da sich Gewalt gegenüber der Partnerin nicht mit einer Idealisierung der Liebesbeziehung deckte. Gleichzeitig mußten sie befürchten, daß die Frau sich von ihnen trennen könnte. Nach den physischen und sexualisierten Mißhandlungen schloß sich deshalb oft eine Phase an, in der die Täter sich entschuldigten, weinten und niedergeschlagen waren. Sie bemühten sich mit allen Mitteln darum, die Interaktion mit der Partnerin wiederherzustellen und eine Vergebung zu erreichen. Die Täter warben um die Partnerin, machten ihr Geschenke und kauften Blumen. Die Täter gaben die Vergewaltigung mit Einschränkungen zu, ohne daß sie für ihr Verhalten die Verantwortung übernahmen. Sie entschuldigten ihr Handeln durch a) äußere Faktoren wie Arbeitsbelastungen, einen *„schlechten Tag"* (N, 36) oder Alkoholkonsum, b) eigene dispositionelle, d.h. vor allem biographische Bedingungen. Sie versprachen, daß es nicht wieder zu Gewalttätigkeiten kommen und bei jener Ausnahme bleiben werde. Sie schworen vor ZeugInnen, daß sie sich ändern werden oder stimmten einer gemeinsamen Therapie zu.

Ablenkung und Bagatellisierung des Schadens. Ein Teil der Täter wich einer Auseinandersetzung mit der Vergewaltigung aus, indem sie ihr eigenes Leiden in den Vordergrund stellten oder ein (vermeintliches) Vergehen der Frau hervorhoben. Sie konstruierten eine Teilschuld der Frau, da diese den Mann *„rausgefordert"* (S, 35) oder provoziert habe. Eine Interviewte beschrieb, wie der Angreifer versuchte, den erfolgreich abgewehrten Vergewaltigungsversuch in eine Belehrung umzudeuten und seine Gewalttätigkeit im Gegensatz zum Leichtsinn der jungen Frau zu verharmlosen. In diesem Erklärungsversuch steckt neben dem Eingestehen des Übergriffs gleichzeitig eine Schuldzuschreibung: wäre die junge Frau nicht getrampt, was, wie der Täter gezeigt hatte, gefährlich werden kann, wäre ihr dieser Überfall nicht passiert.

„Und dann hat er tatsächlich irgendwann eingehalten und gemeint, das wäre alles nur eine Demonstration gewesen, um mir zu zeigen, wie gefährlich das Trampen ist. Er würde mich jetzt nach Hause fahren, wenn ich ihn nicht anzeige." (G, 7)

Darüber hinaus präsentierten sich vor allem Partner als die eigentlichen Opfer. Dies war besonders wirkungsvoll, wenn die Frauen bisher sensibel und verständnisvoll auf die Schwächen und Bedürfnisse der Männer reagiert hatten.

„Nach der Vergewaltigung hat er mir so ein Filmdöschen unter die Nase gehalten: ‚Hier dazu bringst Du mich', ich wär Schuld daran, daß er das Zeug schnifft." (L, 6)

Als Zusammenfassung für die Transaktion zwischen äußeren Bedingungen und der subjektiven Realität der Vergewaltigten soll das Beispiel von Frau J. dienen, die von ihrem Freund in seiner Wohnung vergewaltigt wurde. Dieser verfolgte Frau J, die vor einer zweiten Vergewaltigung fliehen konnte, und ließ sie danach nicht mehr in Ruhe. Als erstes stellte er sich als Opfer seiner Freundin dar. Dann überzeugte er Frau J. davon, daß sein Verhalten auf die Wirkung von Drogen zurückzuführen sei. Im Laufe der weiterbestehenden Beziehung gelang es ihm, die Folgen der Vergewaltigung mit Unterstützung von anderen in einem religiös-dämonischen Kontext zu erklären und von den fortgesetzten Gewalttätigkeiten abzutrennen. Er etablierte innerhalb der Beziehung sein Recht auf die Verfügbarkeit seiner Partnerin und Gewalt als normalen Bestandteil ihrer Sexualität. Da diese Entlastungsstrategien z.T. mit den Bewertungen von Frau J. übereinstimmten, mußte der Täter sich nicht mit den Konsequenzen seines Verhaltens auseinandersetzen.

Kurz bevor Frau J. das Haus, indem sie wohnte, erreichte, bemerkte sie, daß der Täter (X) sie auf dem Fahrrad verfolgte. Frau J. bog in entgegengesetzter Richtung in eine Einbahnstraße ein und stand plötzlich vor zwei Polizisten in einem Streifenwagen. Sie überlegte kurz, ob sie sich Hilfe holen sollte:

„Das war das erste Mal, daß ich gedacht habe, sag denen was. Und das war auch gleichzeitig das letzte (Mal), weil ich dann sofort gedacht habe, die werden sagen: ‚Du spinnst, Du bist doch schließlich dem seine Freundin.'" (J, 32)

Da Frau J. selbst unsicher war in der Bewertung der Tat, konnte sie sich keine Unterstützung holen. Sie fuhr an den Polizisten vorbei, während diese X anhielten. Trotzdem gelang es X, Frau J. noch einzuholen, bevor sie die Hoftür ihres Hauses vor ihm schließen konnte. X beschuldigte sie sofort:

„‚Bist Du verrückt, mir die Bullen auf den Hals zu hetzen. Ich bin vorbestraft. Ich muß in den Knast'. Also der hatte da drei Jahre auf Bewährung." (J, 33)

X hielt Frau J. fest. Bevor Frau J. sich um sich selbst kümmern und sich als Opfer einer Vergewaltigung anerkennen konnte, konzentrierte sie sich auf die Bedürfnisse ihres Freundes. Sie entschuldigte sich bei ihrer pflegebedürftigen Vermieterin, der sie eigentlich helfen sollte:

„Mein Freund hat Probleme mit Drogen. Und der ist gerade ganz unten und ich muß jetzt noch mal weg." (J, 33). „Er hat mich dazu gezwungen, nach diesem Vorfall, mit ihm drei Stunden lang in einer Kneipe zu verbringen. Und ich habe mir angehört, was er mir zu erzählen hatte. Das war seine ganze Lebensgeschichte: wie schrecklich und daß das normal sei bei Junkies, daß sie manchmal solche Ausfälle kriegen." (J, 3)

Nachdem X die Verantwortung für seine Gewalttätigkeit auf die Belastungen in seiner Biographie und die Wirkung der Drogen geschoben und Frau J. diese Rechtfertigungen angenommen hatte, versuchte er, sich so oft wie möglich, mit Frau J. zu treffen und so zu tun, *„als ob nichts wäre"* (J, 34).

"Ich habe immer gesagt: ‚Ich kann nicht'. Und dann ist er doch gekommen. (...) Wir haben da auch nie wieder drüber gesprochen." (J, 34)

Frau J. litt aufgrund der Vergewaltigung unter massiven körperlichen und psychischen Folgen wie Angstzuständen, Schlafstörungen, Alp- und Wachträumen, Realitäts- und Zeitgefühlverlust, Konzentrationsstörungen und Ekel vor dem Körper der alten Frau, die sie pflegte. Sie war in den nächsten Tagen nach der Vergewaltigung verstört und betäubt durch Tabletten, Schlafmangel, Nikotin und Kaffee. Sie sprach mit niemanden über die Mißhandlungen und die Vergewaltigung, zog sich zurück und konnte das Geschehene nicht einordnen. Sie bekam Horrorträume und -visionen. Die Grenzen zwischen außen und innen wurden unklar. Als sie kurz vorm *„Durchdrehen"* (J, 22) war, wandte sie sich an X und einen Freund, der ihr sagte, sie sei vom Dämon besessen. Drei Wochen nach der Vergewaltigung wurde ihr im Beisein der Gemeinde, der sie angehörte, der Teufel ausgetrieben. Sie sah keinen Zusammenhang zwischen ihren Reaktionen und der Vergewaltigung und übernahm die Erklärung, besessen zu sein.

Da Frau J., die als Folge der Vergewaltigung schwanger war, sich nicht zu einer Abtreibung entschließen konnte und kein inneres Modell für sich als Alleinerziehende hatte, setzte sie die Beziehung zu X über mehrere Jahre fort. Über einen längeren Zeitraum gelang es X, Mißhandlungen und Vergewaltigungen als ‚normale' Sexualität darzustellen, während er Frau J. suggerierte, bei ihr stimme *„was nicht sexuell"* (J, 9).

"Warum ich denn nicht zu einem Orgasmus komme. Er hat immer gesagt: ‚Du bist nicht normal. Bei Dir ist mal schwer was schief gelaufen'. Und ich: ‚Schon möglich.'" (J, 9)

8 Lebensweltbezogene Bewältigungsprozesse

Tat- und Folgebedingungen sowie der Auseinandersetzungsprozeß der Opfer mit den eigenen und fremden subjektiven Theorien entscheiden über eine der Erfahrung angemessene Reorganisation derselben und damit über eine Integration des Traumas in die Biographie. Von großer Bedeutung ist, ob und wann die interviewten Frauen sich den Status eines Vergewaltigungsopfers zuschreiben können, und unter welchen Umständen die Anerkennung des Unrechts und des damit verbundenen Schadens durch das soziale Umfeld und gesellschaftliche Institutionen erfolgt. Gleichzeitig wirkt dieser Bearbeitungsprozeß auf das soziale und gesellschaftliche Umfeld zurück.

Bewältigungsprozesse nach einer Vergewaltigung lassen sich in Anlehnung an Burt (1980) auf drei Ebenen beschreiben, auf denen die Anerkennung des Opferstatus erfolgt. Als erstes findet sie durch die betreffende Person selbst statt Fehlt eine solche, geht dies mit einer Vermeidung der Auseinandersetzung mit der Tat einher (Kap. 8.1). Sobald sich das Opfer selbst als solches wahrnimmt und entsprechende Reaktionen dem traumatischen Ereignis zuordnen kann, stehen zweitens individuelle Bewältigungsprozesse in Wechselwirkung mit denen des sozialen Umfeldes sowie der psychosozialen und medizinischen Institutionen (Kap. 8.2). Auf einer dritten Stufe erfolgt die Anerkennung des Opferstatus durch die Gesellschaft. Die diesbezüglichen Erfahrungen vergewaltigter Frauen in Auseinandersetzung mit gesellschaftlichen Institutionen, die eine Anerkennung von Unrecht und Schaden repräsentieren (Medien, Polizei und Justiz) sind Gegenstand von Kapitel 8.3.

Dabei sind Vermeidung der Auseinandersetzung, lebensweltbezogene Bewältigungsprozesse bis hin zur Integration nicht eindeutig voneinander zu trennen, da die Prozesse ineinandergreifen, sich überlagern und sich gegenseitig verändern. Während einige Vergewaltigungsopfer über Jahre die Erinnerung an die Vergewaltigung vermeiden, beginnen andere sofort nach der Tat, sich mit dieser, aber auch mit dem sozialen Umfeld und mittels einer Anzeige mit Polizei und Justiz auseinanderzusetzen. Aber auch dann werden wiederholt Zeiten der Konfrontation mit dem Trauma von solchen der Distanzierung abgelöst. Einem Teil der Interviewten ist es nach einem, oft jahrelangen Auseinandersetzungsprozeß mit der Vergewaltigung, mit sich, dem sozialen und psychosozialen Umfeld sowie den gesellschaftlichen Institutionen möglich, die sexuelle Traumatisierung in ihre Biographie zu integrieren. Ihnen gelingt es, die aus der Vergewaltigung entstandenen Belastungen soweit zu bewältigen, daß sie durch diese nicht mehr in wichtigen Bereichen ihres Lebens beeinträchtigt werden. Nach den Berichten der Frauen ist dieser Prozeß nie ganz abgeschlossen. Bisher integrierte Teile werden durch neue Erfahrungen in Frage gestellt und nochmals einer Bearbeitung unterworfen.

Es findet ein fortlaufender Re-/Konstruktionsprozeß bezüglich des subjektiven Selbst- und Weltverständnisses statt. Zum Teil verläuft der Prozeß kontinuierlich, zum Teil ist er von Schlüsselerlebnissen abhängig, die zu einem plötzlichen ‚Paradigmawechsel' führen. Dieser Wechsel erfolgt - pointiert ausgedrückt - von einer subjektiven Einschränkung weiblicher Selbstbestimmung zugunsten des Täters hin zu einer uneingeschränkten weiblichen Selbstbestimmung und unantastbaren Menschenwürde. Person-Umwelt-Transaktionen können die subjektive Selbstbestimmung stärken oder schwächen. Dabei ist entscheidend, was die Vergewaltigungsopfer wahrnehmen und wie sie das Wahrgenommene bewerten. Vor allem Frauen, die Opfer von Partnergewalt wurden, beschrieben diese kognitiven Veränderungen als sehr eindrückliche Erfahrung, z.B. als *"‚Highlight' meines Lebens"* (J, 14).

„Durch diese therapeutische Behandlung hat es hier hinten Klick gemacht. Da habe ich dann da gesessen und habe immer gesagt, das darf doch alles nicht wahr sein. Das hast Du alles selber miterlebt. Alles, was diese Frauen da erzählen (...). Dann habe ich das erste Mal auch akzeptiert, daß das so ist. Weil ich habe das ja immer wieder--, das war halt gewesen. Da willst Du nichts mehr davon wissen und weg damit. Weil das unangenehm war." (P, 37)

Das Opfer unterstützende und belastende Transaktionsprozesse zwischen objektiver und subjektiver Realität werden im 8. Kapitel kontrastierend für die Opfer, das soziale Umfeld und gesellschaftliche Institutionen dargestellt. In Kapitel 9 werden die Bedingungen diskutiert, die eine Integration des traumatischen Erlebens in die Biographie erleichtern oder behindern.

8.1 Vermeidung der Auseinandersetzung

Von den befragten Frauen berichteten einige, daß sie es nach der Vergewaltigung vermieden hatten, an diese zu denken. Einzelne hatten noch zum Zeitpunkt des Interviews bestimmte traumatisierende Erlebnisse und deren emotionalen Gehalt aus ihrem Gedächtnis verbannt und wurden erst durch das Interview darauf gestoßen. Sie waren wiederholt Opfer von sexualisierten und physischen Mißhandlungen geworden, so daß die ‚verdrängte' Vergewaltigung von den folgenden Erfahrungen überlagert wurde. Andere sahen nach Jahren plötzlich einen Zusammenhang zwischen bestehenden Belastungen und dem zurückliegenden Trauma. Erst dann begann für sie eine direkte Auseinandersetzung mit der Vergewaltigung. Für die Vermeidung der Auseinandersetzung mit der Tat sind vor allem zwei Aspekte von Wichtigkeit:

- Nichtübereinstimmung der Tat mit der „klassischen Vergewaltigung"
- Fehlende Ressourcen

Nichtübereinstimmung der Tat mit der „klassischen Vergewaltigung". Da die Bedeutung subjektiver Theorien für die Traumabearbeitung in den nächsten Kapiteln ausführlich analysiert wird, soll an dieser Stelle nur darauf hingewiesen werden, daß es einzelnen Interviewten zunächst unmöglich war, sich mit dem Erlebnis auseinanderzusetzen, wenn sie sie nicht als Unrecht einordneten. Die Anerkennung des Opferstatus bleibt aus, wenn die Tat *„nie so als ‚die Vergewaltigung' gesehen"* (F, 3) und in das Stereotyp der eingeschränkten Trieb- und Impulskontrolle des Fremdtäters eingeordnet werden kann.

„Es ist nicht so, wie man sich vielleicht eine klassische Vergewaltigung vorstellt: man geht nachts auf der Straße, wird angefallen vom Mann, einem werden die Kleider vom Leibe gerissen, man wehrt sich und kann nichts dagegen tun. Also so war es eben nicht. Es war so was Verwaschenes immer für mich." (F, 3)

Die Vergewaltigung wird demzufolge *„so verdrängt, daß ich es als mehr oder weniger normal in mein Leben eingeordnet habe"* (O, 5). Als Folge können die emotionalen Reaktionen und das (unbewußte) Bewältigungshandeln oft nicht in Zusammenhang mit der Tat gebracht werden. Daraufhin potenzieren sich bei einigen Mädchen und jungen Frauen die Folgen der Vergewaltigung/en. Das gilt vor allem dann, wenn sie sehr jung sind, auf keine familiären Ressourcen zurückgreifen können und allein durch die Alltagsbewältigung überfordert sind. Die Rekonstruktion der Tat kann demzufolge nicht modifiziert werden, da die Mädchen und Frauen das Erlebte nicht veröffentlichen und sich keine soziale oder professionelle Unterstützung holen. Einzelne wenden sich an andere, bekommen aber die Hilfe verweigert oder werden in einer Therapie erneut Opfer von Machtmißbrauch.

Fehlende Ressourcen. Für die Traumaverarbeitung ist von zentraler Bedeutung, wie die zukünftige Sicherheit gewährleistet werden kann und welche persönlichen, sozialen und professionellen Ressourcen zur Verfügung stehen. Die betroffenen Mädchen und Frauen müssen sich Klarheit darüber verschaffen, was sie brauchen und was sie tun können, damit es ihnen besser geht.

Die vorhandenen Hilfsquellen unterscheiden sich je nach Alter, den bisherigen Erfahrungen, der Beziehung zum Täter und der Qualität des sozialen Umfeldes. Einige der Interviewten waren noch sehr jung, wohnten bei ihren Eltern, von denen sie keine Unterstützung erwarteten oder erhielten und die sie teilweise psychisch, physisch oder sexuell mißhandelt hatten. Hatten sie auch keine anderen Vertrauenspersonen, war es unmöglich, von dem Gewalterlebnis zu erzählen und gezielt nach Personen zu suchen, die ihnen zur Seite standen. Bei einigen führten darüber hinaus gravierende Einschnitte in ihrem Leben, wie beispielsweise der Umzug von der Familie in eine Einrichtung der Jugendhilfe dazu, daß die Vergewaltigung in den Hintergrund trat.

„Ich war die Jahre so mit meinem Leben beschäftigt, daß ich das immer verdrängt habe." (F, 3)

Die jungen Frauen kämpfen unabhängig von ihrem Erklärungsmodell darum, nicht mehr an das traumatische Erlebnis erinnert zu werden oder diese wiedererleben zu müssen. Dazu gehört auch, daß sie nicht daran denken, die Tat zu veröffentlichen oder gar anzuzeigen. Sie sind allgemein oder aufgrund der Drohungen der Täter eingeschüchtert und verängstigt. Sie wissen, daß sie aus Mangel an Unterstützung und gegen den Willen der Eltern *„auf der ganzen Linie (...) baden"* (M, 63) gehen würden.

„Meine Eltern würden versuchen, (...) mir das auszureden, was das für eine Blamage ist im Ort. (...) Und mit 14 schwimmt man nicht gegen zwei Ströme. (...) Ich habe einfach meinen Mund gehalten und gehofft, daß das irgendwann mal vergeben und vergessen ist." (K, 21)

Bei Frauen, die von ihrem Partner vergewaltigt und mißhandelt werden, gibt es monatelange Phasen der Vermeidung und Distanzierung, während derer der Täter nicht gewalttätig wird. Die Betroffenen verdrängen das traumatische Erlebnis, vergeben dem Täter und versuchen einen Neuanfang. Dies gelingt ihnen, indem sie ihn allgemein als gewaltfrei wahrnehmen, während er ihnen in der Gewaltsituation als *„ein anderer Mensch"* (R, 18) erscheint.

Ohne äußere Bestätigung des Unrechts und ohne Hilfe müssen die Interviewten versuchen, die Folgen der Traumatisierung alleine zu bewältigen. Bei einzelnen sind Psychopharmaka, Drogen und Alkohol von besonderer Bedeutung. Dieser *„Ausweg in die Drogen"* (F, 3) dämpft nicht kontrollierbare Symptome des Wiedererlebens des Traumas und der physiologischen Erregung und ermöglicht vorübergehende Stimmungsaufhellungen. Gleichzeitig führt der Drogenkonsum zu Beeinträchtigungen in sozialen und anderen Funktionsbereichen, zu Schul- und Ausbildungsabbruch, Obdachlosigkeit, einem Leben als *„richtiger Streetjunkie"* (K, 6), Straßenprostitution und gesundheitlichen Risiken bis hin zu einer lebensbedrohlichen Hepatitis.

„Nach dieser Vergewaltigung waren alle Grenzen weg, mich zusammen zu nehmen. Ich habe nur noch gemacht, was ich wollte, obwohl ich nicht wußte, was ich wollte, zumindest immer kontra. Und dann ging das auch ganz schnell mit der Drogenabhängigkeit, im Ruckzuckverfahren. Ich habe dann kurz danach meinen ersten LSD-Trip genommen, mit 15 habe ich angefangen zu kiffen und mit 16 war ich auf der Nadel." (K, 6)

Trotz der gravierenden Konsequenzen des Drogenkonsums bewertete die Betroffene diese Form der Bewältigung, als einzige Möglichkeit, die Vergewaltigung zu vergessen oder *„zu löschen"* (K, 9), sich innerlich zu distanzieren und sich nicht umzubringen.

„Wäre ich frontal damit konfrontiert worden, hätte ich es nicht ausgehalten. Weil ich auch nicht die soziale Sicherheit hatte, vom Elternhaus her. (...) Ich hatte absolut gar niemanden." (K, 10)

Zum Teil führt dieses „*Vergessen, was da eigentlich war*" (F, 15) dazu, daß die Frauen über lange Zeit keinen Zusammenhang zwischen Belastungen, beispielsweise durch ‚Flashbacks' während des Geschlechtsverkehrs, und der Vergewaltigung herstellen können. Für einzelne Frauen ist eine Traumaverarbeitung demzufolge erst nach Jahren möglich, wenn sich ihre Lebenssituation stabilisiert hat und sie Sicherheit sowie soziale und professionelle Unterstützung gefunden haben. Für eine Auseinandersetzung mit dem traumatischen Erlebnis benötigen die Frauen Abstand zu einem sozialen Umfeld, in welchem sexualisierte Gewalt nicht als solche benannt wird, bzw. Beziehungen zu Menschen, mit denen neue, nicht gewaltförmige Erfahrungen möglich sind. Wird dann die Erinnerung an die Vergewaltigung aktualisiert, werden langfristige und lebensweltbezogene Bewältigungsprozesse möglich.

8.2 Vergewaltigung als individuelles Problem

Anderen Frauen stehen von Beginn an mehr persönliche und soziale Ressourcen zur Verfügung. Die verschiedenen Strategien der Bearbeitung der Vergewaltigung - des zerstörten Selbst- und Weltbildes - bewegen sich, wenn auch nicht in so radikaler Form ebenfalls auf einem Kontinuum zwischen Distanzierung und Konfrontation. Opfer einer Vergewaltigung werden zunächst sehr vorsichtig und ziehen sich zurück, um sich und ihre physischen und psychischen Verletzungen zu umsorgen. Sie versuchen, einem erneuten Angriff und einem ständigen Wiedererleben des traumatischen Ereignisses vorzubeugen, indem sie vergewaltigungsrelevanten Hinweisreizen ausweichen und sich Unterstützung und Sicherheit in sich und bei anderen suchen. Verfügen die Mädchen und Frauen über ‚Copingstrategien' im Umgang mit ihren Gefühlen und der durch ein Wiedererleben ausgelösten physiologischen Erregung, setzen sie sich gezielt ihren Erinnerungen aus. Sie konfrontieren sich z.B. mit dem Tatort, dem Tatgeschehen und ihren Emotionen. Sie drücken ihre Gefühle wie Angst, Haß und Verzweiflung aus, ohne davon überwältigt zu werden.

Viele von ihnen erlangen das Gefühl der Sicherheit und des Vertrauens vor allem mit Hilfe von Personen in ihrem sozialen Umfeld oder durch professionelle Unterstützung. Voraussetzung ist, daß die Frauen sich a) als Vergewaltigungsopfer, dem Schaden zugefügt wurde, und als hilfsbedürftig wahrnehmen sowie b) die erfahrene Traumatisierung veröffentlichen und Unterstützung von anderen zulassen.

Wie in Kapitel 7 gezeigt wurde, teilen Vergewaltigungsopfer vor der Tat in der Regel Alltagstheorien, die den Fremdtäter und die Verpflichtung zur Vermeidung und Kontrolle sexualisierter Gewalt seitens der Mädchen und Frauen in den Vordergrund stellen. Während der Vergewaltigung erleben sie, daß die ihnen zur Verfügung stehenden Handlungsmöglichkeiten nicht ausreichen, um eine Traumatisierung zu verhindern. Eine wichtige Voraussetzung für die Verarbeitung der Vergewaltigung ist es, sich diese zu erklären, sie in bestehende subjektive Theorien zu integrieren (Assimilation) oder die subjektiven Theorien dem traumatisierenden Erlebnis anzupassen (Akkomodation). Die zentrale Aussage der jeweiligen subjektiven Theorien über die Vergewaltigung konzentriert sich auf die Bewertung des an der Frau begangenen Unrechts und des daraus entstandenen Schadens. Dabei stellt es sich als besonders schwierig heraus, das Ausmaß der Folgen festzustellen. Diese manifestieren sich oft erst langfristig in psychischen und psychosomatischen Belastungen. Darüber hinaus verfügen die Frauen nicht über psychotraumatologisches Wissen, welches ihnen eine Einordnung erleichtern könnte.

Den wenigsten der interviewten Frauen war es möglich, die Vergewaltigung durchgehend als einen unrechtmäßigen Angriff auf die eigene Person zu definieren und diese Definition auch gegenüber Erfahrungen sekundärer Viktimisierung unbeeinflußt aufrechtzuerhalten. Auch wenn sie die Vergewaltigung zunächst eindeutig als Verletzung ihrer Integrität bewerteten, ging es im weiteren Verlauf um den tatsächlichen Stellenwert weiblicher Selbstbestimmung und um die Verteilung von Verantwortung und Schuld. Dabei wird eine Einschränkung weiblicher Selbstbestimmung unter bestimmten Bedingungen für möglich gehalten, während sich die Kausalattributionen vor allem auf das Opferverhalten und die Tatumstände, weniger auf den Täter als Handelnden konzentrieren.

Aus den Interviews lassen sich drei Idealtypen subjektiver Theorien über weibliche Selbstbestimmung und Vergewaltigung rekonstruieren, die sich auf einem Kontinuum befinden:

1. Subjektive Theorie über die *Aufhebung* weiblicher Selbstbestimmung. Die Vergewaltigung wird als *Normalität* bewertet, Unrecht und Schaden werden geleugnet. Diese subjektive Theorie verhilft dem Täter zur Rechtfertigung und bildet die Stütze für opferfeindliche soziale und gesellschaftliche Reaktionen in Bezug auf Gewalt im privaten Raum, vor allem von Männergewalt gegenüber der Partnerin. Folglich gibt es weder eine Vergewaltigung noch ein individuelles oder gesellschaftliches Problem.

2. Subjektive Theorie über die *uneingeschränkte* weibliche Selbstbestimmung und Menschenwürde. Eine Vergewaltigung wird als eindeutiger *Normbruch* und Unrecht mit opferschädigenden Konsequenzen bewertet (vgl. 7.1.2). Anerkennung von Unrecht und Schaden manifestieren sich in der Regel darin, daß die Tat bei der Polizei angezeigt wird. Die Strafverfolgung, d.h. eine Sanktionierung der Vergewaltigung und des Täters - nicht des Opfers - wird vom sozialen Umfeld gestützt und von den entsprechenden Institutionen durchgesetzt. Damit wird anerkannt, daß es sich bei einer Vergewaltigung um ein gesellschaftliches Problem handelt.

3. Subjektive Theorie über die *eingeschränkte* weibliche Selbstbestimmung im privaten und öffentlichen Raum (vgl. insbesondere Kap. 3 sowie 7.1.1). Eine Vergewaltigung wird bei Vorliegen bestimmter Bedingungen als *Normverletzung, Normausnahme* oder *Normverlängerung* qualifiziert. Unrecht und Schaden werden nur eingeschränkt anerkannt. Die Bewältigung der psychotraumatischen Belastungen bleibt mehr oder weniger dem Opfer überlassen.

In Ansätzen wurden diese verschiedenen Theorien in den vorhergehenden Kapiteln erläutert. Während sie in den meisten Fällen für Frauen, die nicht Vergewaltigungsopfer werden, nur von impliziter und entlastender Bedeutung sind, werden sie nach der Tat sehr wichtig. Aus ihnen wird die Situationsdefinition und Bewertung der Tat, die Anerkennung des Opferstatus und des Schadens sowie der Anspruch auf Unterstützung und Bestrafung des Täters abgeleitet. Für die Bewältigungsprozesse spielt die *subjektive Theorie über die eingeschränkte weibliche Selbstbestimmung* die entscheidende Rolle. Auf sie lassen sich abhängig vom Kontext die drei oben genannten Bewertungen zurückführen:

- Normverletzung
- Normausnahme
- Normverlängerung

Normverletzung. Ein Teil der Vergewaltigungsopfer ordnet die Tat als Normverletzung gegenüber der nur begrenzt gültigen allgemeinen weiblichen Selbstbestimmung ein. Danach handelt es sich um eine Vergewaltigung und ein an der Frau begangenes Unrecht. Gleichzeitig läßt diese Perspektive die Möglichkeit zu, daß von Seiten des Opfers Bedingungen vorliegen, die die Schwere des Unrechts in Frage stellen (vgl. 7.1.1.1). Bei den Tätern handelt es sich meist um Fremde, und nur in Einzelfällen um Partner in der Trennungsphase, Bekannte oder Autoritätspersonen.

Normausnahme. Eine weitere Gruppe von Frauen erklärt sich Vergewaltigungen und physische Mißhandlungen als Normausnahme, d.h. als entschuldbares Unrecht gegenüber der weiblichen Selbstbestimmung in der Liebe zwischen Mann und Frau. Sie sehen in der Vergewaltigung einen Normbruch oder eine Normverletzung, gehen aber davon aus, daß Kontextbedingungen vorliegen, die die Vergewaltigung erklären und ihnen ermöglichen, die Tat als einmaligen Ausrutscher zu verzeihen. Die Frauen halten die Bedingungen teilweise für kontrollierbar und befürchten demzufolge nicht oder nur eingeschränkt, erneut Opfer einer Vergewaltigung zu werden (vgl. auch 7.1.1.2). Bei den Tätern handelt es sich ausschließlich um Partner.

Normverlängerung. Der dritten Gruppe nach wird die Tat nicht als Vergewaltigung, sondern als Normverlängerung und damit als Bestandteil der eingeschränkten weiblichen Selbstbestimmung, z.B. im Rahmen von Sexualität oder

Therapie bewertet. Dieses Modell gilt primär innerhalb von Geschlechter-, Alters- und Statushierarchien. Je stärker der sexuelle Aspekt der Gewalttat betont wird, desto schwerer fällt es den Frauen die Vergewaltigung - im Gegensatz zu Körperverletzungen - als ein Unrecht zu definieren (vgl. 7.1.1.2). Bei den Tätern handelt es sich sowohl um Bekannte, wie auch Ehepartner und Autoritätspersonen.

Unter den Opfer sind solche, die nach der Vergewaltigung sehr verwirrt und verletzt sind und aufgrund fehlender anderer Erklärungsmodelle die Tat als Ausdehnung des Alltäglichen innerhalb der Heterosexualität begreifen. Zum anderen gehören zu ihnen Frauen, für die die Vergewaltigung eine reale Verlängerung ihrer bisher erlebten Normalität darstellt, d.h. nicht selbst über ihren Körper bestimmen zu können. Und zum dritten zähle ich auch die Frauen dazu, die die körperlichen Gewalttaten durch den Ehepartner als Normausnahme, die Vergewaltigungen aber als Normverlängerung rekonstruierten. Zum Beispiel hatten sie aufgrund einer Heirat das Gefühl, der Partner habe *„das Recht dazu"* (J, 34). Einzelne Frauen nähern sich damit einer Bewertung der Vergewaltigung als *Normalität*, d.h. als Männerrecht bei gleichzeitiger Aufhebung weiblicher Selbstbestimmung.

Erst im Laufe des Verarbeitungsprozesses und einer Integration des traumatischen Erlebnisses in die Biographie, wird dieses von einem Teil der Vergewaltigungsopfer als vorbehaltloser *Normbruch*, d.h. als Unrecht gegenüber der uneingeschränkten weiblichen Selbstbestimmung und Menschenwürde, betrachtet. Damit einher geht die Frage nach der gesellschaftlichen Bedeutung sexualisierter Gewalt, die sich vor allem in den Reaktionen der Medien, Polizei und Justiz spiegeln (Kap. 8.3).

Für die posttraumatischen Bewältigungsprozesse ist wichtig, ob neben den Opfern selbst, auch Personen des sozialen und gesellschaftlichen Umfeldes Unrecht und Schaden bestätigen, sowie Unterstützung anbieten. Die Mädchen und Frauen erleben intrapsychisch und intersubjektiv Anerkennung und Hilfe auf der einen bzw. sekundäre Viktimisierung und Retraumatisierung auf der anderen Seite. Sie machen (1) Erfahrungen im Umgang mit sich. Sie müssen sich (2) mit den Reaktionen von Personen aus dem sozialen Umfeld und (3) von RepräsentantInnen gesellschaftlicher Institutionen, vor allem innerhalb des psychosozialen und medizinischen Systems, auseinandersetzen. Hinzu kommt (4) als Folge einer Anzeige die Konfrontation mit Polizei, Justiz und gegebenenfalls dem Täter und seiner rechtlichen Vertretung vor Gericht. In allen Bereichen finden subjektive Theorien der jeweils interagierenden Personen, wissenschaftliche Theorien sowie gesellschaftliche Normen ihren Niederschlag. Der Transaktionsprozeß zwischen Individuum und Umwelt führt zu immer wieder neuen Rekonstruktionen der Tat, sich verändernden Bewertungen von Unrecht und Schaden und entsprechenden Bewältigungsprozessen.

Die Zuordnung der Vergewaltigungsopfer zu den Idealtypen Normverletzung (Kap. 8.2.1), Normausnahme (Kap. 8.2.2) und Normverlängerung (Kap. 8.2.3) erfolgt anhand der primären subjektiven Bewertung der Opfer. Dies ist keine absolute Kategorisierung, sondern dient lediglich der Verdeutlichung der Relevanz subjektiver Theorien für die Bewältigungsprozesse nach der Vergewaltigung. Um die verschiedenen Einflüsse aufzuzeigen, beschreibe ich kontrastierend die selbstbestimmungshemmenden und -unterstützenden Bedingungen seitens der Opfer, des sozialen Umfelds und der gesellschaftlichen Institutionen. Die entsprechenden Schlußfolgerungen für eine Bewertungsveränderung von Normverletzung, -ausnahme und -verlängerung hin zum Normbruch werden im 9. Kapitel gezogen.

8.2.1 Normverletzung: „Warum hast Du Dich nicht ...?"

Von den 14 Frauen, die an dieser Stelle Berücksichtigung finden, wurden acht Opfer einer (versuchten) Vergewaltigung durch einen Fremden und jeweils zwei durch einen flüchtig Bekannten, den Partner in einer Trennungssituation und eine Autoritätsperson. Alle Interviewten definierten die Vergewaltigung als Normverletzung.

Frauen dieser Gruppe setzen sich bis auf einige Ausnahmen direkt mit der Tat und den Folgen auseinander. Ihnen ist es neben der Reorganisation des Alltags, z.B. der Aufrechterhaltung ihrer Arbeits- und Beziehungsfähigkeit möglich, sich mit dem Gewalterlebnis und ihren Gefühlen zu konfrontieren. Dazu gehört, daß sie die Tat in der Regel veröffentlichen, sich nicht dauerhaft zurückziehen und versuchen, eine sich entwickelnde Isolation zu durchbrechen. Sie weichen Angst auslösenden Reizen nicht aus und setzen Strategien ein, die man als systematische Desensibilisierung und Exposition (vgl. Reinecker, 1994) bezeichnen kann. Sie machen im Gegensatz zu den Frauen der anderen Idealtypen aufgrund ihrer Veröffentlichungsbereitschaft am ehesten Erfahrungen sekundärer Viktimisierung vor dem Hintergrund von opferabwertenden Alltagstheorien über sexualisierte Gewalt.

8.2.1.1 Selbstbeschuldigung vs. Anerkennung von Unrecht und Schaden
Alle Interviewten dieser Gruppe erkannten das an ihnen vom Täter begangene Unrecht an. Zwar versuchten einige dieser Männer nach der Vergewaltigung, die Opfer einzuschüchtern oder zu verunsichern. Keiner von ihnen hatte aber genug Definitionsmacht, um gegenüber dem Mädchen oder der Frau die Normverletzung als eine Ausnahme von der Norm, eine Normverlängerung oder gar als Normalität darzustellen. Das lag daran, daß es sich bei den meisten Tätern um Fremde handelte, die nach der Tat wenig Einflußmöglichkeiten auf die Opfer hatten. Kannten die Frauen die Täter, bestand keine emotionale Bindung (mehr). Außerdem entsprach der jeweilige Kontext der Vergewaltigungen mehr oder weniger den diesbezüglichen Alltagstheorien.

Im Rahmen der Auseinandersetzung mit dem traumatischen Ereignis bewegen sich die Frauen dieser Gruppe auf einem Kontinuum zwischen *Selbstbeschuldi-*

gung und Selbstbeschränkung auf der einen Seite sowie einer *Anerkennung von Unrecht und Schaden* und Selbstsorge auf der anderen Seite.

An welchem Ende dieses Kontinuums sie sich bewegen, hängt vor allem von der Beantwortung folgender Fragen ab: Wie konnte es zu der Vergewaltigung kommen? Hatte der Täter das Opfer zufällig oder gezielt ausgewählt und wenn ja - warum? Hätte das Mädchen oder die Frau die Tat vorhersehen und vermeiden bzw. verhindern können, wenn sie rechtzeitig weggegangen sowie sich früher oder stärker gewehrt hätte? Diese Überlegungen beziehen sich primär auf die Zeit vor der Vergewaltigung und stehen im Zusammenhang mit den bis dahin dominanten Überlegungen zu Risikoerwartung und Verhinderung sexualisierter Gewalt (Hoffnungsstrategie, Strategie der antizipierten Vermeidung oder Selbstverteidigung) und der Strategie der Sanktionierung des Täters.

Selbstbeschuldigung
Eine erste Einschränkung der Anerkennung des Unrechts erfolgt durch die Frauen selbst. Aufgrund ihrer geringen Risikoerwartung, Opfer einer Vergewaltigung zu werden, reagieren sie mit Schuldgefühlen und dementsprechenden Selbstabwertungen. Diese gefährden das Selbstbild und Selbstbewußtsein der Frauen oder des Mädchens. Die Selbstbeschuldigungen gründen sich im wesentlichen auf Beurteilungskriterien, die mit einer eingeschränkten weiblichen Selbstbestimmung, dem Fremdtäterstereotyp und entsprechenden Handlungsempfehlungen korrespondieren. Dazu gehören:

- Versäumte bzw. wirkungslose Kontrolle
- Versäumte bzw. wirkungslose Vermeidung
- Versäumte bzw. wirkungslose Selbstverteidigung

Versäumte bzw. wirkungslose Kontrolle. Dazu gehören vor allem passiv-feminine und aktiv-provokative Opfersignale. Einige der Opfer haben nach der Tat das Gefühl, allein in ihrer Jugend, ihrer Körperlichkeit und sich entwickelnden Weiblichkeit habe *„schon die Aufforderung"* (V, 7) zur Vergewaltigung gelegen.

„Es reicht schon, daß ich jung bin, daß ich blond bin und daß ich dicke Brüste gekriegt habe." (V, 7)

Sie vermuten, daß aufgrund ihrer Jugend und Unerfahrenheit die Täter *„leichtes Spiel"* (K, 20) gehabt hätten. Deshalb wurden sie zum *„Opfer auserkoren"* (K, 23). Alter, fehlende Erfahrung und körperliche Veränderungen in der Pubertät, d.h. notwendige und kaum zu beeinflussende Entwicklungsschritte, werden als eine Art Auslösereiz für sexualisiertes Gewalthandeln erlebt. Aufgrund dem Erlebnis *„das passiert was passiert, egal was ich sage"* (K, 30), wird die eigene Hilflosigkeit verstärkt.

Haben die Betroffenen ein traditionelles und schuldbeladenes Frauenbild vermittelt bekommen - *„Als Frau ist man immer bieder und brav. Und wenn einer Frau was passiert, dann ist sie selber schuld."* (K, 16) - ergibt sich allein aus dem Erlebnis sexualisierter Gewalt die Frage, ob die Vergewaltigung nicht vom Opfer ‚provoziert' wurde.

> „Ich war mir im ersten Moment total unsicher, ob ich das eigentlich wollte oder ob ich die aufgefordert habe." (K, 21)

Die Verunsicherung darüber, ob sie den Täter *„animiert"* (K, 16) haben, führt zu Schuldgefühlen und zu Selbsteinschränkungen wie der Verleugnung der eigenen Körperlichkeit. Die Frauen bzw. Mädchen nehmen an, sie müßten *„gegensteuern"* (V, 10). Dieses Gegensteuern richtete sich aber nicht gegen Männer, die sie abwerten und verletzen, sondern gegen die eigene Person. Die Mädchen sind nicht mehr daran interessiert, ‚hübsch zu sein', sondern unternehmen alles, um unweiblich zu wirken. Sie schneiden sich die Haare ab, schminken sich nicht und ziehen statt Kleider nur noch Jeans und weite Oberteile an, die den Körper verbergen.

Neben passiv-femininen spielen auch vermeintlich aktiv-provokative Opfersignale eine Rolle. Während die passiven Tatauslöser sich aus der traditionellen Weiblichkeit und der angenommenen Gefahr männlichen ‚Triebdurchbruchs' ergeben, zeichnen sich die aktiven Tatauslöser durch Mißachtung und Übertretung geschlechtstypischer Verhaltensvorschriften aus. Die Mädchen und Frauen überlegen, ob z.B. Abgrenzung und aggressives Verhalten gegenüber dem Partner in einer Trennungssituation und ihre autonome Lebensführung die Vergewaltigung herbeigeführt haben könnte.

Schicksalshaft verknüpft sich der Wunsch nach Selbstbestimmung und Loslösung von der Familie, die Verweigerung von Anpassung an traditionelle Einschränkungen für Frauen und erwartete Passivität sowie ein unabhängiger Lebensentwurf mit der Vergewaltigung:

> „Alles was ich mit meinem eigenen Willen mache, ist schlecht. Und dadurch bin ich schuld, daß mir so was passiert. Das ist wie eine Art Strafe, obwohl die nicht begründet ist. Irgendwie habe ich einen Schuldigen gesucht." (T, 8)

Die Vergewaltigung „beschuldigt einfach mein ganzes Leben, überhaupt die Art, wie ich lebe, daß ich ins Ausland gegangen bin und nicht bei meiner Mutter geblieben bin und jetzt doch in Richtung Musik gehe, alles; daß ich so viele Männer gehabt habe bis zu --, alles das; überhaupt, daß es mich gibt (lacht), [daß ich mich dadurch] schuldig gemacht habe." (T, 9)

Dabei beruhen diese Überlegungen auf einer Abgrenzung von einem deterministischen Modell. Im Gegensatz zu anderen Frauen, die sich beschweren und gleichzeitig das Beklagte als Schicksal hinnehmen, wird das eigene geschlechtsuntypische Verhalten zum Tatauslöser. Damit kann das Zufällige und Schicksalhafte der Vergewaltigung abgewehrt und eine Kontrollillusion im

Sinne der Strategien der antizipierten Vermeidung aufrechterhalten werden. Neben Gefühlen der Hilflosigkeit und Schuld sowie der Selbsteinschränkung der Opfer führt der Blick auf vermeintliche Opfersignale als Tatauslöser zu einer Tabuisierung der Gewalt und einer Entlastung der Täter.

Versäumte bzw. wirkungslose Vermeidung. Die Fragen der Vergewaltigungsopfer bezüglich einer nicht realisierten Vermeidung im Sinne der Opfer-Vermeidungsstrategie kreisen um eine mangelnde Voraussicht der drohenden Gefahr, ausbleibende Flucht oder um die Tatsache, daß sie ohne Zwang den Täter zum Tatort begleiteten. Zweifel entstehen darüber, ob die Mädchen und Frauen mitverantwortlich seien, weil sie entgegen dem mütterlichen Verbot nachts alleine unterwegs waren, drei nicht näher bekannte Männer in ein abgelegenes Zimmer begleitet hatten oder es in der Beziehung zu dem sie mißachtenden Partner sehr lange ausgehalten hatten.

„Ich hätte ja schon viel früher gehen sollen. Dann wäre das vielleicht auch alles gar nicht passiert." (L, 21)

Wie auch aus der Frage nach Opfersignalen erwachsen aus der Überlegung, nicht das richtige zur Verhinderung der Vergewaltigung getan zu haben, für die Frauen Schuldgefühle:

„Ein Schuldgefühl kriegt man automatisch. Warum weiß ich nicht. Man kann es gar nicht verhindern.(...) Man fragt sich selber, was hätte man tun können. Ich fühle mich schuldig, daß ich diesen Weg lang gegangen bin. Ich fühle mich schuldig, daß ich mich nicht umgedreht habe, als ich es hinter mir rennen hörte. Es sind all so Sachen, wo man denkt, ja warum hast Du es nicht gemacht." (St, 16)

Die Frage nach ihrer Fähigkeit, eigene Grenzen zu erkennen und diese anderen gegenüber unmißverständlich zum Ausdruck zu bringen, beschäftigt die Frauen vor allem dann, wenn sie im nachhinein in der Bedrohungsphase Anzeichen rekonstruierten, nach denen sie die Gefährdung hätten rechtzeitig erkennen und etwas zur Gefahrenvermeidung hätten tun können. Schuldgefühle, die man im allgemeinen mit der Verletzung anderer in Verbindung bringt, treten bei Vergewaltigungsopfern im Zusammenhang mit den eigenen Grenzen auf. Diese Verantwortungsübernahme korrespondiert mit ihren subjektiven Theorien über weibliche Selbstbestimmung sowie daraus abgeleiteter Risikoerwartung und Risikowahrnehmung. Da der Täter als Schuldiger in der Regel nicht in den Mittelpunkt rückt und zur Verantwortung gezogen wird, wird diese Lücke von den Frauen und Mädchen selbst gefüllt.

Versäumte bzw. wirkungslose Selbstverteidigung. Für diejenigen, die vor der Tat von einer hohen Selbstbehauptungs- und Selbstverteidigungskompetenz im Sinne des Opfer-Selbstverteidigungsmodells ausgehen, entstehen hingegen Gefühle der Hilflosigkeit und Schuld daraus, daß sie einen Angriff oder die Vergewaltigung wider Erwarten nicht haben abwehren können. Sie erkennen, daß ihre Vorbereitung auf eine mögliche Gewalttat nicht ausreiche und daß entgegen ihrer Erwartungen ihre Gegenwehr zu spät einsetzte oder zu schwach war.

„In Wirklichkeit sieht es dann noch mal anders aus. Also wie gesagt: man schreit nach Feuer, anstatt nach Hilfe, daß die Leute aufmerksamer werden. Oder man versucht, sich zu verteidigen oder versucht, mit Worten ihn anders hinzubiegen, ein bißchen psychologisch vielleicht." (St, 38)

Statt dessen erleben sie, daß ihre Strategien nichts nutzten, z.B. wenn der Täter sie fesselte und knebelte: Dann „kann man gar nichts machen" (St, 38). Die auf der eigenen Selbstverteidigungskompetenz aufbauende, ursprünglich geringe Risikoerwartung stellt sich als „Trugschluß", als „falsche Sicherheit" (W, 26) für die Frauen heraus. Die damit verbundene Selbstbeurteilung führt zu Selbstabwertungen, Gefühlen der Hilflosigkeit und zu phasenweisen Selbsteinschränkungen im öffentlichen Raum.

Ausmaß und Bewertung der oben genannten Kriterien einer lediglich eingeschränkten Anerkennung des Unrechts stehen im Zusammenhang mit einer teilweisen *Bagatellisierung des entstandenen Schadens* und einer Einschränkung des daraus ableitbaren Anspruchs auf Selbstsorge und Unterstützung durch das soziale und gesellschaftliche Umfeld. Die Beschäftigung mit der Frage nach der eigenen Mitverantwortung behindert Veröffentlichungs- und Anzeigebereitschaft.

Einige vergewaltigten Frauen leiden nach der Tat unter massiven Symptomen eines psychotraumatischen Belastungssyndroms. Während die physischen Verletzungen meist relativ schnell verheilen, führen belastendes Wiedererinnern des Traumas, Vermeidung von Hinweisreizen und erhöhtes Erregungsniveau zu jahrelangen Beeinträchtigungen der Selbstbestimmung und Autonomie im öffentlichen Raum, im Kontakt zu sich, zu anderen Menschen und in der Sexualität. Gleichzeitig haben einige der Betroffenen hohe Erwartungen an die Bewältigung der Beeinträchtigungen, vor allem in sozialen, sexuellen und beruflichen Funktionsbereichen. Die Frauen setzen sich unter Druck:

„Das ist jetzt einmal passiert. Das kann doch nicht so schlimm sein. Das muß doch vorbei gehen." (W, 15)

Aus Unkenntnis über die langfristigen Belastungen durch eine Vergewaltigung befürchten sie unter Umständen, ‚nicht normal' zu sein, wenn sie ihren Erwartungen an die Schnelligkeit ihres Bewältigungsprozesses nicht genügen. Als Reaktion auf die Inkongruenz zwischen ihrem Selbstbild und ihrer Erfahrung entstehen Scham- und Schuldgefühle. Die Mädchen und Frauen sind verunsichert und fühlen sich gegenüber anderen minderwertig, wenn sie mit wiederkehrenden Problemen konfrontiert werden. Sie wollen niemandem zu Last fallen. Sie trauen sich nicht, anzusprechen, daß sie aufgrund anhaltender Ängste berufliche Aufgaben nicht übernehmen oder in der Sexualität nicht den eigenen und antizipierten Erwartungen von Partnern und Freundinnen entsprechen können. Anstatt entsprechend des traumatischen Ereignisses und dessen Konsequenzen Sorge für sich zu tragen, schränken die Frauen sich phasenweise ein und nehmen sich gegenüber anderen zurück.

Anerkennung von Unrecht und Schaden
Trotz oben genannter Selbstbeschuldigungen und Abwertungen erkennen alle Frauen dieser Gruppe im Grunde die Traumatisierung an. Sie nehmen die entstandenen Belastungen, wenn auch teilweise nach einer Phase der Vermeidung und Distanzierung, ernst. Der Kampf um die Bestätigung ihres unveräußerbaren Rechts auf (sexuelle) Selbstbestimmung und Selbstsorge ist zum Teil sehr schmerzhaft. Es bedeutet, sich mit dem Verlust der Sicherheit und der eigenen Verletzlichkeit zu konfrontieren. Die Frauen müssen bisherige Kontrollillusionen aufgeben und sind den daraus erwachsenden Ängsten ausgesetzt. Sie sind gezwungen, bisherige Sicht- und Verhaltensweisen vor allem bezüglich ihrer Rolle als Frau im Verhältnis zu Männern zu überdenken und neu zu entwickeln.

Wichtig für Bewältigungsprozesse nach der Vergewaltigung ist die Benennung der Täterverantwortung im Sinne eines unveräußerlichen Rechts auf sexuelle Selbstbestimmung. Allerdings brachte nur eine der Interviewten diese Perspektive auch mit aller Deutlichkeit im Sinne der Sanktionsstrategie zum Ausdruck. Sie sagte zu ihrem Partner auf seine Frage, was er getan hätte: *„Du weißt haargenau, was Du getan hast. Du hast mich vergewaltigt."* (L, 5). Sie machte damit deutlich, daß sie die Vergewaltigung für ein intentionales Handeln hielt, holte sich sofort Unterstützung und zeigte die Tat an.

Neben dem klaren Ausdruck des Unrechts und der Verweisung der Verantwortung zurück an den Täter, ist es zum anderen wichtig, daß die Frauen sich, sowie ihre Gefühle und Reaktionen auf das Gewalterlebnis und den entstandenen Schaden, ernst nehmen. Das gilt besonders, wenn dieser nicht in sichtbaren körperlichen Zeichen nachweisbar ist. Erkennen die Betroffenen die Traumatisierung an, ist es ihnen auch möglich, für sich selbst Sorge zu tragen, sich zu trösten sowie sich Schutz und Unterstützung zu suchen.

Für Bewältigungsprozesse nach einer Vergewaltigung kommen dem sozialen Umfeld, aber auch der Gesellschaft mittels Medien, VertreterInnen von Rechtsinstitutionen und dem psychosozialen und medizinischen System eine entscheidende Bedeutung zu. Aufgrund der Definition der Vergewaltigung als Normverletzung und der antizipierten Bestätigung durch das soziale Umfeld und gesellschaftliche Einrichtungen, sprechen die meisten der Frauen innerhalb von Stunden oder wenigen Tagen nach der Tat mit anderen über das, was ihnen passiert ist. Zu denjenigen, an die sie sich als erstes wenden, gehören Fremde, Eltern und Geschwister, Partner und FreundInnen. In der Regel, aber nicht immer, bestätigten diese den Betroffenen das Unrecht und ermutigen sie dazu, die Vergewaltigung oder den Vergewaltigungsversuch anzuzeigen.

8.2.1.2 Soziales Umfeld
Für die Verarbeitung des Traumas sind vor allem direkte und indirekte soziale Erfahrungen von zentraler Bedeutung. Eine wichtige Voraussetzung ist die

grundsätzliche *Veröffentlichungsbereitschaft* der Frauen. Diese hängt sehr stark von ihrer jeweiligen Motivation ab. Alle Interviewten dieser Gruppe sprachen über die Vergewaltigung. Große Unterschiede gab es bezüglich des Zeitpunktes der ersten Veröffentlichung und der Häufigkeit, in der die Frauen sich an andere wandten. Je nach der erlebten Qualität haben *Reaktionen des sozialen Umfeldes* behindernde oder unterstützende *Auswirkungen auf die Traumabearbeitung*.

Veröffentlichungsbereitschaft
In der Regel wägten die Interviewten den Nutzen einer Veröffentlichung gegen die Kosten ab. Zu den Kosten einer Veröffentlichung gehören:

1. *Scham* und *Stigmatisierung des Opfers*, z.B. als hilfsbedürftig, nicht belastbar und in der beruflichen Kompetenz eingeschränkt;

2. *Quälende Erinnerungen* und ein Wiedererleben des Traumas;

3. *Rache des Täters*, z.B. durch öffentliche Bloßstellung und Diskreditierung der Glaubwürdigkeit des Opfers oder erneute Gewalt;

4. *Überforderung Unbeteiligter* aufgrund deren Betroffenheit und Verunsicherung, vor allem von Eltern und insbesondere von Müttern, die sich verantwortlich für die Sicherheit der Tochter fühlen und sich, den Vorstellungen ihrer Töchter nach, Vorwürfe machen würden;

5. *Leugnung des Normbruchs und des Schadens* durch Zweifel an der Glaubwürdigkeit des Opfers, Opferbeschuldigungen und Autonomieeinschränkungen, z.B. durch die Eltern.

Auf der anderen Seite berichteten die Frauen von mehreren Motiven, die für eine Veröffentlichung sprachen. Diese sind (1) auf sie selbst bezogen oder dienen (2) der Solidarität mit anderen von Gewalt betroffenen Frauen, bzw. zielen auf eine Veränderung gesellschaftlicher Bedingungen.

1. *Wiederherstellung des Selbst- und Weltverständnisses.* Da durch die Vergewaltigung das eigene Selbst- und Weltbild, das Gefühl der Sicherheit und Gerechtigkeit tiefgehend in Frage gestellt ist, versuchen einige über Reaktionen Außenstehender, ihre Wahrnehmung zu überprüfen. Die Frauen suchen nach einer Anerkennung des Unrechts und des erlittenen Schadens. Sie hoffen:

„daß mir jemand meine Werte bestätigt und daß ich wieder Zugang in die normale Welt kriege, denn ich kam mir [nach der Vergewaltigung] immer vor, als wäre ich ständig völlig daneben." (V, 12)

2. Weitere *soziale Unterstützung*. Dazu gehört die emotionale Unterstützung in Form von Trost und Begleitung im Ausdruck des Erlebens; Schutz und Sicherheit im öffentlichen Raum oder während der phantasierten oder realen Konfrontation mit dem Täter und der Vergewaltigung; instrumentelle Unterstützung, indem es z.B. andere übernehmen, die Polizei zu informie-

ren; Informationen über Folgen und deren Bewältigung oder den Verlauf einer Gerichtsverhandlung; Vermittlung sozialer Kontakte, beispielsweise zu anderen Betroffenen und Aufrechterhaltung der sozialen Identität.

3. *Selbsterklärung bezüglich eigener Verhaltensweisen.* Dieses spielt eine Rolle, wenn die Opfer z.B. in der Schule „*nicht mehr so richtig anwesend*" (V, 19) sind oder wenn ‚Flashbacks' und andere sexuelle Disfunktionen die Sexualität mit einem Partner beeinträchtigten.

4. *Rückschlüsse auf die Vertrauenswürdigkeit.* Die Veröffentlichung dient als „*Test*" (V, 13), um sich vor sekundärer Viktimisierung zu schützen und sich besser abgrenzen zu können. Personen, die die Normverletzung verneinen, „*sind dann erledigt*" (V, 13).

5. *Solidarität* und *Aufklärung.* Mit der Veröffentlichung versuchen die Interviewten, Freundinnen in Gewaltsituationen zu unterstützen. Außerdem ist mit der Gewalttat die schmerzhafte Erkenntnis verbunden, daß eine Vergewaltigung eine potentielle Realität für alle Frauen ist. Demzufolge warnen die Betroffenen konkret vor dem Tatort oder informieren allgemein darüber, daß es jederzeit und überall zu einer Vergewaltigung kommen kann. Sie versuchen, andere Frauen zu motivieren, vorsichtiger zu sein oder einen Selbstverteidigungskurs zu besuchen.

„Am Anfang habe ich es vielen erzählt, weil ich einfach keinen Hehl daraus gemacht habe. (...) Viele sehen so was im Fernsehen. Viele denken, ja mir passiert so was ja nicht. Das habe ich auch gedacht. (...) Aber es passiert einem. Es kann jede Sekunde sein (...). Und das will ich einfach rüberbringen. (...) Es ist Realität." (St, 31/32)

Im Sinne der Aufklärung berichten die Frauen auch männlichen Bekannten von ihren Erlebnisse, um über die Häufigkeit, die Bedingungen und die Folgen sexualisierter Gewalt zu informieren.

„Dann war ich recht lang von einem wahnsinns Sendungsbewußtsein, denen das wirklich zu erzählen, was da passiert. Normalerweise geht halt immer die Mär, daß eine Frau im Prinzip --; wenn sie mit dem Arsch wakkelt und sich die Lippen schminkt, dann ist sie selber schuld. (...) Ich habe da einfach ein Zorn gehabt, wie pauschal und wie blind die Leute sind." (G, 30)

Einzelne erleben auch, daß andere von der Vergewaltigung durch die Medien oder durch Vertrauenspersonen der Opfer erfahren, ohne daß die Interviewten selbst Kontrolle über die Veröffentlichung haben.

Reaktionen des sozialen Umfeldes

An den Reaktionen des sozialen Umfeldes zeigt sich, daß sowohl die diesbezüglichen negativen als auch positiven Erwartungen der Frauen nicht unbegründet sind. Je nach der Qualität der Beziehung, der eigenen Betroffenheit der Angesprochenen und den in den Vordergrund tretenden subjektiven Theorien über weibliche Selbstbestimmung und Vergewaltigung erleben sie, wie andere von den eigenen Gefühlen in Anspruch genommen sind, hilflos reagieren, Rache schwören oder die Opfer in Frage stellen und abwerten. Aber sie erhalten auch Unterstützung und können mit Hilfe von FreundInnen und Partnern ihren Alltag reorganisieren, wieder Anschluß an die ‚normale' Welt finden und die Folgen der Traumatisierung überwinden. Es lassen sich drei Reaktionstypen innerhalb des sozialen Umfeldes beschreiben:

- Überforderung
- Leugnung des Normbruchs
  Zweifel an der Glaubwürdigkeit
  (Mit-) Schuld des Opfers

  Bagatellisierung und Leugnung des Schadens
- Soziale Unterstützung (Anerkennung von Unrecht und Schaden)

Die berichteten Reaktionen hängen von der jeweiligen Entsprechung zwischen Fremdtäterstereotyp, empfohlenen Verhaltensstrategien und realem Tatgeschehen ab. Je größer die Übereinstimmung, desto umfassender ist die Unterstützung und desto geringer sind die Erfahrungen sekundärer Viktimisierung. Während bei einer Interviewten *„das größere Drama"* (V, 7) erst nach der Vergewaltigung und der Veröffentlichung anfing, erfuhren andere auch oder fast ausschließlich eine Bestätigung des Unrechts und Hilfe durch ihr soziales Umfeld.

Überforderung. Zum Teil reagieren Außenstehende auf die Vergewaltigung mit Verunsicherung, Hilflosigkeit und Zurückhaltung gegenüber dem Opfer, sowie Rachebedürfnissen dem Täter gegenüber. Vor allem Sexual-/Partner werden als eingeschüchtert erlebt. Die Männer sind schockiert und wissen nicht, wie sie sich der vergewaltigten Frau gegenüber verhalten sollen. Bei Partnern, aber auch anderen Freunden, Vätern und Brüdern äußert sich deren eigene Betroffenheit in Rache- und Mordphantasien sowie ungezielten Aktionen, *„um den Typ fertig zu machen"* (W, 6). Hinzu kommen Ratschläge, das Vergewaltigungsopfer solle dem Täter auflauern und ihn erschießen. Geht das Vergeltungsbedürfnis der anderen über den Wunsch des Opfers nach Bestätigung des Verbrechens hinaus, löst dies Angst und Bestürzung aus. Für Unterstützung bleibt demzufolge kein Raum mehr.

Die Beziehungen zu Freunden werden noch zusätzlich dadurch beeinträchtigt, daß diese durch die Vergewaltigung in ihrem Mannsein verunsichert sind und den Vergewaltigungsopfern generalisierten Männerhaß unterstellen. Außerdem werden die Frauen zum Teil mit der Überforderung der Partner, die sich aus der (vermeintlichen) Infragestellung der exklusiven sexuellen Beziehung ergibt, belastet. Diesen Männern gelingt es nicht, zwischen Gewalttat und Sexualität zu differenzieren. Sie sehen durch die Penetration die Beziehung in Zweifel gezogen. Ihrem Gefühl nach hat sich jemand an ‚ihrem Besitz' vergangen.

> „Wenn er mich berührt, muß er immer daran denken, daß mich praktisch ein anderer Typ halt --, und das kann er nicht." (W, 8)

Eine der Interviewten berichtete, wie es ihr und ihrem Partner gelang, ihre jeweiligen Gefühle zu kommunizieren und anzunehmen. Sie verhinderten so eine Tabuisierung der Vergewaltigung und eine gegenseitige Isolation und konnten ihre Beziehung weiter aufrechterhalten.

> „Er konnte auch schwer damit umgehen. Da haben wir viel drüber gesprochen. Und er hat auch ehrlich zugegeben, daß er irgendwie das Gefühl hat, also vom Menschenverstand nicht, daß er betrogen wurde, also daß ein anderer Mann mich praktisch hatte, obwohl ich ja nicht wollte (lacht leicht). (...) Ich versuche, es zu verstehen, was er damit meint. Aber wenn seine Frau mit Gewalt genommen wird, das ist nichts mit Betrug. Für ihn ist es halt schwer, daß ein anderer in mir drin war." (St, 14)

Daneben müssen sich einige Frauen aber auch damit auseinandersetzen, daß sie vorrangig als Opfer wahrgenommen werden. Sie erleben, wenn sie z.B. von der Vergewaltigung erzählen, damit ihr Sexualpartner ihre sexuellen Probleme versteht, daß dieser sie gar nicht mehr als ganze Person, sondern als eine sieht, die man schonen muß. Gleichzeitig wird die Vergewaltigung als Thema so tabuisiert, daß eine Bewältigung der Probleme und ein befriedigendes Sexualleben nicht möglich sind.

Auch Eltern sind, erfahren sie von der Vergewaltigung, sehr mit sich selbst beschäftigt. Sie können auf die Bedürfnisse ihrer Töchter nicht eingehen und lassen sie mit der Bearbeitung des Traumas alleine. Die Opfer bekommen das Gefühl, ihre Mutter verkrafte die Tat weniger als sie. Oder sie erleben, daß es für die Mutter peinlich ist, mit ihrer Tochter über die Vergewaltigung, die körperlich-sexuelle Seite der Gewalttat und die Folgen zu sprechen, und daß diese die Auseinandersetzung z.B. an eine Therapeutin delegiert.

> „Das war schrecklich für meine Mutter, und für meinen Vater auch. Aber die konnten das nie so ausdrücken. (...) Jeder von uns war in seinem Schmerz so gefangen: mein Vater in der Wut, meine Mutter in ihrem Schmerz. Ich habe das Gefühl, ich habe da wenig Solidarität erfahren. Ja durch das Verhalten von meiner Mutter auch: es ist so was Gottgegebenes und das müssen wir Frauen --, das gehört zu unserem Schicksal." (D, 6)

Leugnung des Normbruchs. Das Bedürfnis nach Normsicherung und Bestätigung ihrer Werte, ihres Rechtes auf menschliche Würde und psychische, physische und sexuelle Integrität wird einigen Vergewaltigungsopfern nicht erfüllt. Sie erfahren unmittelbar oder indirekt, daß ihr Erleben, das an ihnen begangene Unrecht, die Verantwortung des Täters und der entstandene Schaden bestritten werden. Außenstehende *„tun so, wie wenn das alles ganz harmlos"* und *„übertreiben"* (G, 28) wäre oder die Opfer die Tat provoziert hätten. Einige der Interviewten vermuten, daß die Leugnung des Normbruchs bei Männern und

Frauen aus unterschiedlichen Gründen aus ihrer Überforderung herrührt, sich mit der Realität auseinanderzusetzen.

„Ich denke mir, daß viele Männer sich sehr in ihrer Männlichkeit verletzt fühlen,(...) wenn man sagt, daß andere Männer so was tun. Die identifizieren sich, glaube ich sehr stark damit. Und [sie] fühlen sich persönlich angegriffen. Und deswegen geben sie es irgendwie zurück." (K, 16)

Außenstehende reagieren mit Verständnislosigkeit und *Zweifel an der Glaubwürdigkeit* des Opfers. Die Realität sexualisierter Gewalt wird grundsätzlich geleugnet. Gleichaltrige Mädchen, bei denen die Vergewaltigungsopfer beispielsweise Unterstützung suchen, vermitteln, daß die Vergewaltigung nicht stattgefunden habe könne, da sie selbst, *„auch nicht im Ansatz"* (V, 21), vergleichbare Erfahrungen gemacht haben. Sie behaupten, so etwas könne es gar nicht geben: *„Das sind alles Erfindungen."* (V, 21). Auch Freunde und Sexual-/Partner wehren die Realität sexualisierter Gewalt damit ab, daß sie erklären, die Frau wolle sich *„nur wichtig machen"* (V, 13) oder die Vergewaltigung sei gar nicht passiert:

„Der hat irgendeinen Schwachsinn hin--, ob das einer von meinen ‚Lovern' gewesen wäre." (I, 12)

Außerdem wird von anderen das Ausmaß des Normbruchs dadurch bestritten, daß dem Opfer eine *(Mit-) Schuld* zugeschrieben und damit der Täter entlastet wird. Die Interviewten werden mit der intrapsychischen Angstbewältigung Außenstehender (Hoffnung, antizipierte Vermeidung und Selbstverteidigung) und Ratschlägen, wie sie die Tat hätte verhindern können, konfrontiert. Das Vergewaltigungsopfer wird so hingestellt, als sei die Traumatisierung in ihr *„schon angelegt"* (V, 8), indem z.B. gesagt wurde: *„Wenn das jemand passieren konnte, dann [Dir]."* (V, 8). Oder es wird unterstellt, die Interviewte hätte dem Täter durch das eigene Verhalten eine *„Einverständniserklärung"* (V, 8) gegeben.

„Man kann dem Mann ja nicht nur allein die Schuld geben. Da hätte ich ja auch mit Schuld dran, denn immerhin wäre ich ja mitgegangen. Da muß man ja mit rechnen." (V, 8). „[Sie fanden] den Verlauf nicht okay. Ich hätte irgendwie schreien und mich wehren müssen." (V, 7)

Das Erleben der vergewaltigten Frau wird ignoriert. Statt dessen bekommt sie Ratschläge, an welchen Stellen sie sich ‚cool' und ‚ganz einfach' hätte anders verhalten müssen:

„Man kann dem auch in die Augen stechen. Oder warum habe ich ihm nicht in den Schwanz gebissen. Lauter so Dinger, die die Unbeteiligten dann als Tips wußten, die ich jetzt alle versäumt hatte." (V, 8). „An dem Täter (lacht) ist nie gemäkelt worden." (V, 11)

Nichtbetroffene versetzen sich nicht in die Lage des Vergewaltigungsopfer. Sie wehren ihre eigenen Gefühle - vor allem ihre Angst, selbst Opfer werden zu können - ab, indem sie versäumte Vermeidungs- und Selbstverteidigungsstrategien phantasieren. Sie überlegen sich beispielsweise weder, welchen Ekel es bedeuten würde, dem Täter in den Penis zu beißen, noch, daß damit eine orale Vergewaltigung nicht verhindert würde. Aber auch erwachsene Vertrauens- und Autoritätspersonen, wie Lehrer und Eltern können vermitteln, das Opfer hätte etwas falsch gemacht. Es wird suggeriert, die Frau oder das Mädchen hätte gegen eine Verhaltensnorm verstoßen. Das zeige sich daran, daß sie z.B. den Täter zum Tatort begleitet habe oder sich nicht umgedreht habe: *„Jeder Normale dreht sich um."* (St, 14). Auf die Weise wird das Opfer für die Vergewaltigung verantwortlich gemacht, als hätte sie sich *„irgendwie selber geschändet"* (V, 7). Es entsteht der Eindruck, als habe das Opfer sich einen Schaden zugefügt und nicht der Täter, als stände die Vergewaltigte und nicht der Täter in ihrer Schuld. Die Schuldvorwürfe bezogen sich in einem Interview auch auf eine falsche Partnerwahl. Eine Mutter äußerte sich ihrer Tochter gegenüber so, als hätte sie ihr *„gleich sagen können"* (L, 25), daß diese bei der Trennung von ihrem Freund vergewaltigt werden würde. Mit einer Opferbeschuldigung ist zum Teil die befürchtete Einschränkung der Autonomie verbunden. Eltern verbieten, zum Teil ohne genau zu wissen, was ihrer Tochter widerfahren ist, z.B. weitere Partybesuche oder verhängen Hausarrest

Hinzu kommt eine *Bagatellisierung* und *Leugnung des Schadens*. Das drückt sich zum Beispiel darin aus, daß die Vergewaltigung in vom Opfer ersehnte Sexualität umgekehrt wird.

„Ein Typ aus meiner Klasse hat mich so in den Arm genommen: ‚Na, vergewohltätigt worden?'" (D, 11)

Die aus der Vergewaltigung resultierenden Ängste und Unsicherheiten der Opfer (z.B. vor Fremden, auf Reisen, vorm Alleinsein) werden ignoriert und diesen zum Vorwurf gemacht. Die Bezugspersonen verweigern den betroffenen Frauen und Mädchen ihr Verständnis und wehren statt dessen ‚genervt' deren Bedürfnisse ab. Reaktionen auf das traumatische Erlebnis werden als übertrieben hingestellt. Im schlimmsten Fall erleben die Frauen, daß sie für die Folgen der Vergewaltigung abgewertet und pathologisiert werden. Einer Interviewten wurde zum Beispiel vorgeworfen, daß sie eine *„Angstneurose"* (W, 20) habe, die nicht mit der Vergewaltigung im Zusammenhang stehe, und daß sie sich die Vergewaltigung *„nur einbilde"* (W, 20). Außerdem erhalten Vergewaltigungsopfer aus Hilflosigkeit Ratschläge für die Traumaverarbeitung, die nicht ihrer Realität entsprechen und die ihnen demzufolge nicht weiterhelfen.

Die Frauen identifizieren sich selbst mit den Bildern von Vergewaltigungsopfern innerhalb ihres sozialen Umfeldes und in der Gesellschaft. Sie nehmen die in opferfeindlichen Alltagstheorien enthaltende Verleugnung des Normbruchs wahr und beziehen sie auf sich selbst.

Soziale Unterstützung (Anerkennung von Unrecht und Schaden). Andere Personen des sozialen Umfeldes sind in der Lage, sich in das Erleben der Traumatisierung einzufühlen und ein Beziehungs- und Unterstützungsangebot zu machen. Zum Teil sind wichtige Bezugspersonen in bestimmten, vor allem emotionalen Bereichen überfordert, helfen der Frau oder dem Mädchen aber in praktischen Dingen. Sie versuchen beispielsweise, die Tochter von den Belastungen durch Anzeige und wiederholte Vernehmungen und Zeuginnenaussagen abzuschirmen.

Soziale Unterstützung wird den Erfahrungen der Interviewten nach am ehesten realisiert, wenn die Tat dem Stereotyp einer ‚richtigen Vergewaltigung' entspricht, keine Ansatzpunkte für eine vermeintliche Kontrolle durch das Opfer rekonstruiert werden, die Gewalttat die Person emotional nicht bedroht und sie sich an der subjektiven Theorie einer uneingeschränkten weiblichen Selbstbestimmung orientiert. Es wird weder die Vergewaltigung noch die Angemessenheit des Opferverhaltens in Abrede gestellt. Außenstehende bestätigen nicht nur die Vergewaltigung als Normverletzung, sondern als eindeutigen Normbruch. Im Sinne kognitiver Unterstützung helfen sie den Opfern bei *der Wiederherstellung des Selbst- und Weltbildes*. Die vergewaltigten Frauen erleben eine für die Traumabearbeitung notwendige Bestätigung des Unrechts, des entstandenen Schadens und der Täterverantwortung. Sie werden zu einer Anzeige ermutigt und zur Polizei und beim Prozeß begleitet (vgl. 9.1.2).

Die Frauen erfahren auch indirekt durch Bekannte Mitgefühl, Verständnis und die Anerkennung des an ihnen begangenen Verbrechens. Sie registrieren sehr deutlich, welche Erklärungsmodelle sexualisierter Gewalt von jemandem vertreten werden. Selbst wenn die Betroffenen die erlebte Traumatisierung nicht direkt zeigen, können sie Äußerungen als Unterstützung wahrnehmen. Allein das Gefühl, daß Opfer einer Vergewaltigung ernst genommen werden, werden als Entlastung erlebt. *Die soziale Identität* kann aufrechterhalten bleiben und die Frauen fühlen sich nicht isoliert.

„Einmal hatten wir eine Vorlesung über das Thema ‚Mißbrauch' und sexuelle Gewalt und Vergewaltigung. Und die Dozentin, wie die drüber gesprochen hat, die war so stark. Die hat schon nüchtern drüber geredet. Die hat irgendwie so Power gehabt. (...) Da habe ich mich wiedererkannt. Da habe ich gedacht, ja genau so ist es. Das war toll. Dann (lacht) hat sie gemeint, sie denkt halt, das passiert jeder vierten Frau und: ‚Du und Du und Du, Ihr könntet das sein'. Wenn das halt jemand beschäftigt, dann könnte man sich an sie wenden." (W, 16)

Auf der Grundlage der Anerkennung von Unrecht und Schaden erhalten Vergewaltigungsopfer an ihren Bedürfnissen ausgerichtete *emotionale Unterstützung*. Dazu gehört, daß Freundinnen zuhören und versuchen, sich einzufühlen. Sie halten es aus, wenn die vergewaltigte Frauen ‚heult' und es ihr schlecht geht. Sie umsorgen und trösten sie, gewähren Schutz und Sicherheit. Da Vergewaltigungsopfer häufig darunter leiden, daß andere ihr Erleben nicht nachvollziehen können, weil eine solche Traumatisierung den Rahmen normaler Erfahrungen sprengt, erleben sie es als besonders hilfreich, wenn sie sich bei anderen geborgen fühlen können.

„Also meine eine Freundin, (...) die hat mich einfach geschnappt und dann bin ich zu ihr gefahren. Die hat mich ins Bett gelegt, daß ich erstmal schlafe. (...) Da hat sie mich wie so ein Kind im Arm gehalten und hat gesagt: ‚Du schläfst jetzt. Und ich passe auf Dich auf. Und Dir passiert hier nichts.'" (St, 15)

Manche Freundinnen sind bereit, auf die wechselnden Bedürfnisse der Betroffenen einzugehen. Dazu gehört, daß diese einerseits von der Vergewaltigung ablenken und andererseits sich mit der Erinnerung und den ausgelösten Gefühlen und Gedanken konfrontieren. Gemeinsam malen sie sich aus, wie sie den Täter ‚schnappen', überwältigen und bestrafen könnten. Dem Vergewaltigungsopfer werden alle Haßgefühle, Wünsche nach Rache und Zerstörung zugestanden. Die Frauen erhalten Raum für ihre Bewältigungsprozesse, auf die sich die Nichtbetroffenen einstellen, ohne die Traumatisierten noch mit eigenen Gefühlen zu belasten. Einige Frauen erhalten durch Partner sehr viel Unterstützung, indem diese sie ‚emotional auffangen' und sie als Expertinnen ihrer selbst ernst nehmen.

„Er läßt mich so, wie ich das erlebt habe, hört zu und sagt nichts weiter dazu, weiß jetzt nicht alles besser, hat keine schlauen Tips, wie man das verhindern kann." (V, 12)

Diese Partner sind besonders für die Wiederherstellung von Vertrauen zu Männern eine große Hilfe. Auch wenn sie teilweise in der Auseinandersetzung mit der Vergewaltigung überfordert sind, erleben die Frauen in der Beziehung zu ihnen Sicherheit. Sie nehmen sie als Schutz, Vertrauten, Partner und in der Sexualität als einfühlsam und sensibel wahr. Einzelne Männer reagieren auf die sexuellen Disfunktionen und Ängste des Vergewaltigungsopfers mit einer vorübergehenden Impotenz.

„Für mich hat sich das mit meinem Mann gravierend verändert. (...) Er hat gemerkt, ich konnte nicht mit ihm schlafen und dann wurde er impotent. Und über die Schiene ging das dann. Es hat lang gedauert. (...) Wir haben anders sexuell miteinander verkehrt; in einer Art und Weise, wo ich das erste Mal so gedacht habe, das ist echt was Tolles (...). Und irgendwann haben wir dann auch die ersten Male miteinander geschlafen und seither ist es echt super." (D, 8)

Vertraute und vertrauenswürdige Personen sind unerläßlich, um daß Gefühl subjektiver Sicherheit wiederherzustellen und eine Einschränkung der Mobilität zu verhindern. Haben Vergewaltigungsopfer als Folge der Vergewaltigung Angst vor einem erneuten Überfall im öffentlichen Raum und wollen sich gleichzeitig nicht in ihrer Bewegungsfreiheit einschränken, sind sie auf deren *instrumentelle Unterstützung* angewiesen. So übernachteten die Interviewten, wenn es spät geworden war, bei FreundInnen oder baten, abgeholt und nach Hause gebracht zu werden.

8.2.1.3 Institutionen

Alle Interviewten hatten aus verschiedenen Gründen Kontakt zum psychosozialen und medizinischen System. Für deren auf die Vergewaltigung bezogene Inanspruchnahme mußten bestimmte Voraussetzungen erfüllt sein. Dazu gehörte die Anerkennung des durch primäre und sekundäre Viktimisierung entstandenen Schadens, die Bejahung eines Hilfsanspruchs und die grundsätzliche Inanspruchnahmebereitschaft professioneller Hilfe. Die Wahrnehmung und Akzeptanz der eigenen Hilfsbedürftigkeit fiel denjenigen Frauen besonders schwer, die sich als Helfende und Unterstützerinnen für andere sahen, selbst in einem sozialen Beruf tätig waren oder ihn anstrebten. Außerdem befürchteten Einzelne, durch eine Therapie in Abhängigkeit zu geraten oder hatten einen primären Wunsch nach freundschaftlicher Unterstützung.

Inanspruchnahmemotivation
Die Inanspruchnahmemotivation betrifft im allgemeinen drei Anliegen:

1. *Krisenintervention* zur Behandlung und Bewältigung unmittelbarer Folgen (u.a. Körperverletzungen, Schuldgefühle, Trauer, Verzweiflung und Angst, Abklärung einer potentiellen Schwangerschaft und HIV-Infektion);

2. *Diagnostik, Beratung* und *Therapie* im Zusammenhang mit *anhaltenden Beschwerden* (wie Ängste, sexuelle Störungen, Bewußtlosigkeit und psychosomatische Erkrankungen);

3. *Selbsthilfe* und Austausch mit anderen Vergewaltigungsopfern.

Das Zustandekommen eines Kontaktes hängt neben den oben genannten Vorbedingungen und der unmittelbaren Inanspruchnahmemotivation von Kosten-Nutzen-Abwägungen ab. Zunächst muß ein angemessenes Angebot vorhanden und bekannt sein. Außerdem sind für die Realisierung professioneller Unterstützung die erwarteten Eigenleistungen, z.B. in Form der Anpassung an Methode und ‚Setting‘, entscheidend.

Von den vierzehn Frauen, die die Vergewaltigung als Normverletzung rekonstruierten, suchten nur sechs im direkten Zusammenhang mit der hier beschriebenen Vergewaltigung nach professioneller Hilfe. Einige von ihnen waren lange auf der Suche nach einer adäquaten Unterstützung und machten zum Teil sehr negative Erfahrungen. Bis auf eine Interviewte hatten aber alle anderen aufgrund anderer sexualisierter Traumatisierungen, nicht mit der Vergewaltigung unmittelbar zusammenhängender psychischer Probleme oder ihrer Berufsausbildung Beratungs-, Therapie- oder Supervisionserfahrungen.

Zu den ersten Anlaufstellen gehörten ProFamilia, eine Psychologische Beratungsstelle, eine schon bekannte Therapeutin und ein Notruf. Später wandten sich die interviewten Frauen auch an ÄrztInnen, eine Wildwasserberatungsstelle und Angebote der „*alternativen Heilszene*" (G, 19). Eine große Bedeutung kamen auch feministischen Selbstverteidigungskursen und dem professionell begleiteten künstlerischen Ausdruck von Gefühlen zu. Eine Frau machte auch die Erfahrung einer unfreiwilligen Behandlung in Form eines Psychiatrieaufenthaltes nach einem Alkoholabusus.

Professionelle Reaktionen
Suchen die Frauen gezielt nach Hilfe oder veröffentlichen die Traumatisierung, haben ihre Erfahrungen Einfluß darauf, ob sie das professionelle Angebot annehmen und davon profitieren können. Entscheidend für die Behinderung oder Unterstützung von Bewältigungsprozessen sind die folgenden Reaktionen:

- Überforderung (fehlende oder inadäquate Angebote)
- Falschbehandlung und Machtmißbrauch
- Anerkennung des Schadens und professionelle Unterstützung

Überforderung. Zu den Erfahrungen, die eine professionelle Beratung oder Therapie behindern, gehört die wahrgenommene Verunsicherung und Hilflosigkeit der Ansprechperson beim Erstkontakt, wenn diese zum Beispiel nervös und ‚zerbrechlich' wirkt, als könne sie das Vergewaltigungserlebnis der Ratsuchenden nicht verkraften. Einzelne Vergewaltigungsopfer erleben die Beratung oder Therapie als „*völlig insuffizient*" (D, 5). Sie erhalten durch die professionelle Beziehung weder Sicherheit, noch eine Möglichkeit der Traumaverarbeitung.

„Ich konnte über dieses Thema überhaupt nicht sprechen. Kaum ging es so annäherungsweise um dieses Thema, bin ich in Tränen ausgebrochen und habe mich dann überhaupt nicht mehr eingekriegt. (...) Ich konnte den Schmerz einfach nicht aushalten. Ich habe das Gefühl gehabt, ich stoße immer so auf (...) diese Hilflosigkeit von anderen, die damit einfach nicht umgehen konnten und nicht wußten, was sagen oder was tun." (D, 15)

Da es wenig Fachberatungsstellen für vergewaltigte Frauen gibt, erleben die Ratsuchenden, daß aus dem ‚Setting' heraus Erwartungen an sie gestellt werden, die nicht mit ihren Bedürfnissen nach Krisenintervention oder einer auf die Vergewaltigung fokussierten Beratung oder Therapie übereinstimmen. Aufgrund fehlender Konzepte zur Unterstützung akut traumatisierter Menschen innerhalb der Therapieschulen, irren die Betroffenen häufig durch das psychosoziale und medizinische System, ohne eine angemessene professionelle Unterstützung zu finden.

„Ich war mal drei Stunden bei so einer Frau. Und die war anscheinend psychoanalytisch orientiert. Und das war wirklich schrecklich. Das war wie absurdes Theater. Sie hat gleich gemeint, sie weiß, wie ich bin. (...) Und dann hat sie mir gleich auf die Nase gebunden, sie denkt - ich hatte ihr von dem Thema noch gar nichts erzählt - ich bräuchte mindestens 85 Stunden, und das schon in der 2. Stunde. Und da habe ich gedacht, ne, das mache ich nicht." (W, 17)

Den Klientinnen kann innerhalb eines unspezifisch methodischen Vorgehens nicht ermöglicht werden, sich mit der Vergewaltigung und den Folgen direkt auseinanderzusetzen.

Falschbehandlung und Machtmißbrauch. Neben der fehlenden Übereinstimmung zwischen den Bedürfnissen der Ratsuchenden und dem Angebot, erleben die Frauen aber auch, daß sie falsch behandelt oder sogar erneut sexualisierten Belästigungen und Gewalt ausgesetzt werden. Zum Beispiel werden sexuelle Reaktionen wie Vaginismus auf eine Pathologie der Frau und das Symptom reduziert. Es wird nicht gemeinsam mit der Patientin exploriert, in welchem Zusammenhang sie unter ihren Beschwerden leidet und welche Erklärungen dafür in Frage kommen. Die subjektive Sinnhaftigkeit des Symptoms als Antwort auf die Vergewaltigung kann nicht erkannt werden. Statt dessen wird die Aufmerksamkeit auf die Disfunktionalität gerichtet, die es der Patientin unmöglich macht, mit ihrem Partner Geschlechtsverkehr zu haben. Als Konsequenz wurde einer Interviewten während einer Narkose erfolglos mit einem Spreizer die Scheide gedehnt. Darüber hinaus erleben die Patientinnen während medizinischer Untersuchungen erneut Übergriffe und sexualisierte Kommentare über ihre Körpereigenschaften.

Anerkennung des Schadens und professionelle Unterstützung. Lediglich zwei der interviewten Frauen fanden sofort die Hilfe, die sie brauchten. Beide hatten den Wunsch nach einem Angebot, welches auf vergewaltigte Frauen spezialisiert ist. Sie profitierten davon, daß in ihrer Stadt seit mehreren Jahren ein Notruf existiert, der über ausreichend finanzielle und personale Ressourcen verfügt, so daß regelmäßige Selbsthilfegruppen, Beratungen und Therapien angeboten werden können. Die Adresse wurde von der Polizei an die Frauen nach der Anzeige weitergegeben. Die Interviewten wandten sich direkt nach der Tat an den Notruf. Sie suchten nach professioneller Unterstützung und nach einem Austausch mit anderen von einer Vergewaltigung betroffenen Frauen, weil sie dachten: *„Eine Therapeutin oder Psychologin kann mir auch nicht so helfen, weil sie es selber nicht erfahren hat, wie das ist."* (St, 28). Die Frauen hatten den Wunsch, über ihr Erleben zu sprechen und Angst, Isolation, Scham- und Schuldgefühle zu überwinden.

„Irgendwo meint man doch, man ist die Einzige. Ich habe mich auch unheimlich geschämt dafür, was passiert war und dachte auch, daß ich doch sehr viel Schuld habe." (L, 20)

Beide Frauen wurden in einem Erstgespräch ausführlich beraten. Während die eine sich für eine Gruppentherapie entschied, begann die andere eine Einzeltherapie. Die Therapie wurde als das geschildert, was den beiden Frauen am meisten half. Entscheidend war das Gefühl *„des Gut-aufgehoben-sein[s]"* (St, 29), daß gehört wurde, was die Frau erzählte und daß sie in ihrem individuellen Prozeß begleitet wurde.

„Das Tolle finde ich auch, sie behält sich alles, was ich erzählt habe. (...) Ich fühle mich so was von ernst genommen und auch angenommen." (St, 28)

Zum Teil finden Vergewaltigungsopfer aber auch das richtige professionelle Angebot außerhalb der klassischen psychologischen und medizinischen Institutionen. Dazu gehört beispielsweise, gemeinsam mit einem Lehrer für eine Hochschulprüfung einen Monolog einzuüben, in welchem Gefühle im Zusammenhang mit dem Gewalterlebnis zum Ausdruck gebracht werden. Für andere ist die Teilnahme an einem feministischen Selbstverteidigungskurs von großer Bedeutung für die Bearbeitung der Viktimisierung und die Erfahrung von *„Kraft und Power"* (D, 25) sowie die Erkenntnis,

„daß ich (...) über mich entscheiden kann." (D, 25). „Wenn ich nicht will, dann will ich nicht und der andere hat das gefälligst zu akzeptieren." (D, 16)

Außerdem ermöglichen spirituelle und religiöse Erfahrungen eine Antwort auf die Frage nach dem Sinn der (wiederholten) Traumatisierung(en).

8.2.2 Normausnahme: „Das muß man verzeihen!"

Acht der interviewten Frauen definierten die Vergewaltigungen und/oder Mißhandlungen als Normverletzung oder Normbruch mit Ausnahmecharakter. Bei der Hälfte von ihnen schloß diese Rekonstruktion der Tat lediglich die Mißhandlungen ein, die Vergewaltigungen wurden als Normverlängerung wahrgenommen (vgl. dazu 8.2.3). Bei den Tätern handelte es sich um Männer, mit denen die Opfer bis auf eine Ausnahme auf eigenen Wunsch feste Bindungen als Ehe-/Partner eingegangen waren. Die Gewalttätigkeiten setzten sowohl zu Beginn der Beziehung, als auch erst nach einigen Monaten oder Jahren ein. Den physischen Angriffen gingen fehlende Akzeptanz und verbale Demütigungen der Frau seitens des Mannes voraus. Alle Frauen wurden wiederholt Opfer ihres Partners. Trotz des Widerspruchs zur Realität hofften sie immer wieder von neuem, es bleibe bei der nun mehr letzten Gewalttat. Kam es nach der Trennung noch einmal zu verbal, körperlich und sexuell geäußerten Aggressionen, wurden diese eindeutig als unentschuldbarer Normbruch definiert. Zwei der Interviewten wurden in mehreren Beziehungen Opfer von Männergewalt.

Die Mißhandlungen setzten sich bei einigen fort, bis sie 35 Jahre alt waren. Für alle begann die Beziehung zu dem Täter, und in den meisten Fällen auch die Gewalt, in einer Übergangsphase zwischen Jugendlicher und Erwachsener. Ein Teil der Frauen verfügte vor dem Eingehen der Beziehung über wenig familiären und sozialen Rückhalt. Zum Teil hatte die Beziehung einer Flucht aus der Familie oder einer anderen gewalttätigen Partnerschaft gedient. Die Interviewten hatten kaum sexuelle Erfahrungen. Bis auf eine Ausnahme hatten alle Frauen zum Zeitpunkt der ersten Vergewaltigung keine konkreten Vorstellungen über ein Leben außerhalb der Ursprungsfamilie ohne eine Bindung an einen Mann. Das galt besonders dann, wenn die Frauen von dem Täter schwanger waren oder bereits Kinder hatten.

Aufgrund der Gebundenheit an den Täter können die Opfer sich in der Regel nur bedingt direkt mit der Tat und den Folgen auseinandersetzen. Im Vordergrund steht deshalb zunächst neben der Versorgung der physischen Verletzungen die Bewältigung des Alltags und der unmittelbaren Folgen der Vergewaltigung. Dazu gehören das Gefühl der Demütigung und der Vertrauensverlust gegenüber dem Partner. Die Frauen veröffentlichen die Vergewaltigung nicht, sondern versuchen die Traumatisierung innerhalb der Beziehung sowie intrapsychisch zu bearbeiten. Sie nehmen die Entschuldigungen des Täters an, glauben seinen Versprechungen und Erklärungen, vergeben ihm und hoffen, daß er nicht noch einmal gewalttätig wird.

8.2.2.1 Aufgabe von Grenzen und Scham vs. Abgrenzung

Für die Frauen dieser Gruppe, die von ihren Partnern angegriffen wurden, sind die Mißhandlungen (und für die Hälfte die Vergewaltigungen) ein Bruch mit den bisher geltenden Beziehungsnormen. Sie sehen in der Tat einen Angriff auf die eigene Würde und ihre körperliche, psychische und sexuelle Integrität. Während die Täter daran interessiert sind, die Frau von dem Ausnahmecharakter ihrer Gewalttätigkeiten zu überzeugen, suchen die Opfer nach einer Begründung und Entschuldigung für sein Verhalten. Da die Partner über Möglichkeiten der Einflußnahme verfügen - sie leben mit ihren Opfern zusammen, teilen den gleichen Bekanntenkreis und kennen die Gewohnheiten und Bedürfnisse der Frau - können sie zum Teil ihre Sichtweise etablieren. Dabei beziehen sich sowohl Opfer als auch Täter zur Erklärung der Tat auf subjektive Theorien über die eingeschränkte weibliche Selbstbestimmung in Liebesbeziehung und Familie. Sie identifizieren die Gewalt, und zum Teil auch die Vergewaltigungen als Unrecht, aber mit Ausnahmecharakter. Anstatt genau zu analysieren, was ihr Partner tut (mittels körperlicher Macht und Überlegenheit die Partnerin zu Sexualität zwingen, Aggressionen und Eifersucht ausagieren oder sie für angebliches Fehlverhalten bestrafen) und was die Folgen für sie sind, konzentrieren die Frauen sich auf den Erhalt von Beziehung und Familie. Die damit verbundene *Aufgabe der eigenen Grenzen* und die *Bindung* an den Partner sowie die sich fortsetzende Hierarchisierung des Geschlechterverhältnisses geht bei einigen bis fast zur vollständigen Selbstaufgabe. Erst dann ist ein Wechsel zu *Abgrenzung* und *Trennung* möglich. Nach der Trennung vom Täter rücken subjektive Theorien in den Vordergrund, die den Normbruch bestätigten und auf Gleichberechtigung, Achtung und Selbstbestimmung basierende Liebes- und Familienkonzepte beinhalten. Damit verbunden ist die *Anerkennung der Traumatisierung* und Selbstsorge.

Aufgabe von Grenzen und Bindung an den Täter
Die Frauen empfinden nach den physischen und sexualisierten Mißhandlungen Haß und sind ‚beleidigt'. Sie ziehen sich zurück, um sich zu schützen und wol-

len nicht mehr mit dem Täter reden. Infolge der bestehenden Beziehung und der räumlichen Nähe ist es ihm hingegen möglich, Einfluß auf sein Opfer zu nehmen. Verzweiflung, Weinen, Anerkennung dessen, was er seiner Partnerin angetan hat und Versprechungen führen dazu, daß die Frauen eine ‚Vergebungshaltung' einnehmen oder die Tat als vergangen ansehen und sich wieder auf den Kontakt einlassen.

„Das hat er eigentlich auch gewollt. Da hat er drauf gewartet. Dafür habe ich drei Tage verlangt. Also ich kann nicht sagen, daß ich ihm vergeben hatte. Aber dann war es irgendwie vorbei." (R, 4)

Obwohl die Frauen die Gewalttätigkeit des Täters nicht bagatellisieren und sein Verhalten nicht verstehen können, akzeptieren sie seine Entschuldigungen und Erklärungen. Diese ermöglichen ihnen, die Vergewaltigung in ihr Selbstbild und das Bild ihres Partners einzuordnen, ohne die Qualität der Beziehung grundsätzlich in Frage zu stellen.

„Und mir war in der Situation, jetzt abgesehen davon, daß ich sowieso nicht ganz klar denken konnte, diese Sache erstmal ganz recht. (...) Ich habe ihm das erstmal so abgenommen." (J, 3)

Sie sehen die Ursachen des Gewalterlebnisses nicht in der Handlung des Mannes, sondern in besonderen Belastungen, die zu einem Kontrollverlust oder Triebdurchbruch führen. Zur Rechtfertigung werden entsprechend der Strategien der Täter a) äußere Faktoren wie Drogen, Wohn- oder Arbeitsbedingungen, b) dispositionelle, vor allem biographische Bedingungen, Konflikte mit Eltern, vor allem der Mutter oder c) ihr eigenes Verhalten herangezogen. Die Frauen kämpfen lange mit sich. Letztendlich glauben sie seinen Beteuerungen, bzw. wollen auch glauben, daß sich die Gewalttätigkeit nicht wiederholen werde. Sie meinen, daß sie dem Partner verzeihen und ihm die Chance geben müßten, aus seinen Fehlern zu lernen und es in Zukunft besser zu machen.

So werden die Frauen als Opfer (eines Offizialdeliktes) aus Mangel an Öffentlichkeit zur Richterin und erleben in dem Moment der Vergebung ein Höchstmaß an Macht innerhalb der Beziehung. Sie ziehen die Schwäche des Partners und die Bedingungen, die ihn selbst zum Opfer machen, als Minderungsgrund seiner Schuld heran. Für einige von ihnen ist bedeutsam, daß die Beziehung auf einer gemeinsamen Rettung, z.B. vor einem unerträglichen Elternhaus, aufbaut. Die vergewaltigten und mißhandelten Frauen fordern Zusicherungen, daß sich die Gewalttätigkeit des Partners nicht wiederholen werde und geben sich mit diesen zufrieden. Letztendlich ist es den Frauen nicht möglich, im Partner gleichzeitig das Opfer innerer und äußerer Bedingungen und den verantwortlichen Täter seiner Handlungen zu sehen. Auf der einen Seite glauben die Frauen, daß seine inneren Barrieren sehr brüchig sind, so daß ihn selbst keine Schuld trifft. Auf der anderen Seite fordern sie keine konkreten Maßnahmen, die gewährleisten, daß er ihre Bedürfnisse respektiert und bei der nächsten Belastung seine gewalttätigen Impulse kontrollieren kann. Damit geben sie dem

Mann zu verstehen, daß in bestimmten Situationen ihre weibliche Selbstbestimmung und Integrität zur Disposition steht.

„Man macht Fehler. Man ist keine Maschine, wo man sagen kann, man macht alles in Ordnung. (...) Und da habe ich gedacht, okay, das war halt jetzt wirklich ein Bockmist in absoluter Höhe. Das muß man verzeihen. (...) Man muß über den eigenen Schatten springen. (...) Und da habe ich gesagt: ‚Okay, das war halt ein Aussetzer.'" (N, 37)

Da der Partner immer wieder mittels physischer und sexualisierter Mißhandlungen seine Interessen durchsetzt, müssen die ersten Erklärungsversuche und Rechtfertigungen ausgebaut werden. Die Frauen glauben, daß die Gewalt nachlassen werde, wenn die tatauslösenden Bedingungen sich verändern. Einem Teil der Täter gelingt es mit Hilfe von Eifersucht und religiösen Überzeugungen, verbunden mit einem ‚moralischen Anspruch', die Mißhandlungen und Vergewaltigungen zu begründen. Übernehmen die Frauen die Perspektive des Täters, wird das Verhalten der Frau zum Gewaltauslöser. Entsprechende Anpassungsleistungen an das Kontrollbedürfnis des Mannes bestehen immer darin, die eigene Selbstbestimmung einzuschränken und sich selbst nicht zu entwickeln.

„Weil das immer so Spannungen waren, daß ich mich nicht getraut habe, da dann manches zu machen; weil ich gedacht habe, oh Gott, da gerät er wieder in Wut; machst es mal lieber nicht oder sagst es mal lieber nicht so, was Du denkst." (E, 8)

Die Rekonstruktion der Tat als Normausnahme korrespondiert mit dem Verständnis der Frauen von Liebe und Familie. Zu Beginn der Mißhandlungen und Vergewaltigungen orientieren die Frauen sich in der Regel an einem traditionellen, auf Entgrenzung nach innen und Abgrenzung nach außen ausgerichteten Liebes- und Familienideal. Entscheidende Aspekte der subjektiven Theorien über die eingeschränkte weibliche Selbstbestimmung in Liebesbeziehung und Familie waren:

- Traditionell-komplementäre und hierarchische Geschlechterrollen
- Verantwortung für den Erhalt der Vater-Kind-Beziehung

Traditionell-komplementäre und hierarchische Geschlechterrollen. Zu ihrem Verständnis von Liebe gehört für die Frauen die ausschließliche Bindung der Frau an einen Mann im allgemeinen und der Statusgewinn durch die Ehe im besonderen. Bei einer Interviewten ging ihr Wunsch, geheiratet zu werden, so weit, daß sie sich, nachdem sie ungewollt schwanger geworden war, durch ein Heiratsversprechen ihres Freundes zu einer Abtreibung drängen ließ. Die Frauen haben traditionelle Rollenbilder im Kopf und übernehmen die Verantwortung für die Qualität der Beziehung, die gemeinsame Sexualität und das Wohlergehen des Mannes. Einige sorgen nicht nur für die emotionale, sondern auch für die materielle Versorgung des Paares bzw. der Familie. Komplementär zur

Verantwortungsübernahme der Frau, kann sich der Mann von seiner Verantwortung entlasten. Die Männer kümmern sich nicht um Haushalt und die Versorgung der Kindern, trinken und gehen aufwendigen Hobbys oder finanziell unergiebigen Berufswünschen nach.

Einer Realisierung der Unausgewogenheit und Gewaltförmigkeit der Beziehung steht die Vorstellung von der traditionell-männlichen Geschlechterrolle entgegen. Diese bietet Ansätze, die das Verhalten des Mannes, seine fragilen inneren Barrieren erklären und entschuldigen. Sie beinhaltet darüber hinaus Annahmen über die Brüchigkeit von Männlichkeit bei unzureichender Überlegenheit und Kontrolle gegenüber der Frau. Der Partner zeichnet sich durch emotionale Schwäche und Abhängigkeit, Eifersucht, Egoismus, fehlende Belastbarkeit und Verantwortung für Beziehung und Familie, sowie Alkohol- und Drogenkonsum aus. Einzelne Interviewte beschrieben ihn im nachhinein als einen Mann mit *„sehr wenig Selbstbewußtsein"* (J, 45), der durch starke Frauen überfordert wurde und vielleicht ein *„Hausmütterchen"* (E, 22) gebraucht hätte, als einen *„Mann, (...) der (...) sich an mir eigentlich aufgebaut hat"* (J, 45). Gewalt diente dazu, Männlichkeit und Macht im Sinne eines hierarchischen Rollenverständnisses wiederherzustellen und sich gegenüber der Partnerin durchzusetzen.

Die eigene wahrnehmbare Lebensstärke gegenüber der Unselbständigkeit und Hilflosigkeit des Mannes führt bei den Frauen zu Mitleid. Der Partner wird nicht wie ein Erwachsener gesehen, der für sein Verhalten verantwortlich ist, sondern wie ein Junge, dessen Gewalttätigkeit mit immer wiederkehrender Nachsicht behandelt wird. Außerdem glauben die Frauen, den Partner nicht allein lassen zu können, ganz besonders, wenn er mit Nervenzusammenbrüchen und (angedrohten) Selbstmordversuchen reagiert.

Verantwortung für den Erhalt der Vater-Kind-Beziehung. Das Ideal von Liebesbeziehung und Familie bedeutet für Frauen die Erfüllung ihrer Phantasie von einem Platz der Geborgenheit - einem *„Nest (...) wo ich mich hin verkriechen kann"* (J, 4) - oder von der großen Familie mit vielen Kindern. Hinzu kommen Annahmen über die Bedürfnisse des Vaters und der Kinder. Die Frauen sind der Ansicht, daß eine Trennung als Reaktion auf Gewalt ‚sich ganz einfach nicht gehört' und sie dem Vater die Kinder und den Kindern den Vater nicht wegnehmen dürften. Maßgeblich für diese Annahme ist immer die biologische, nicht die realisierte Vaterschaft.

„Irgendwo habe ich gedacht, ich kann ihn auch nicht verlassen, weil jetzt ist das Kind da. Das Kind braucht den Vater." (N, 7)

Die Mütter sind bereit, die Gewalttätigkeit des Vaters auf sich zu nehmen. Das Ideal der vollständigen Familie, gekoppelt mit weiblicher bzw. mütterlicher Verantwortung und Leidensbereitschaft, gilt auch dann noch, wenn die Frau den ‚hoch und heiligen' Versprechungen des Partners, ihr nie wieder weh zu tun, nicht mehr glaubt.

„Man muß stark sein und für die Kinder wäre ich stark gewesen. Und vielleicht irgendwann, wenn sie groß genug gewesen wären, hätte ich mich vielleicht dann doch noch mal getrennt von ihm." (N, 48)

Die Einschränkung weiblicher Selbstbestimmung in Liebesbeziehung und Familie hat weitreichende Konsequenzen für die Bewertung des gegenwärtigen und zukünftigen Schadens. Dabei geht es nicht nur darum, weiteren Demütigungen, Mißhandlungen und Vergewaltigungen zu entfliehen, sondern auch um die Vermeidung eines antizipierten Schadens durch eine Trennung. Opfer von Männergewalt in Beziehungen müssen verschiedene Aspekte in individuell unterschiedlicher Gewichtung gegeneinander abwägen. Für die meisten von ihnen sind über mehrere Jahre die potentiellen Kosten einer Trennung größer als die weiteren Mißhandlungen beim Fortbestehen der Beziehung. Die *Bagatellisierung des unmittelbaren Schadens* geht dabei in der Regel mit folgenden zwei Aspekten einher:

- Verlust des Selbstwertes und Scham
- Angst vor eskalierender Gewalt im Falle einer Trennung

Verlust des Selbstwertes und Scham. Die von den Tätern eingesetzten Mittel, die Geschlechterhierarchie zu sichern, bleiben nicht ohne Wirkung. Die Frauen beginnen, sich die Folgen der Gewalt selbst zuzuschreiben. Sie leiden zunehmend unter fehlender Stärke in der Beziehung. Sie erleben eine große Verunsicherung bezüglich des eigenen Selbstwertes als Mensch im allgemeinen und als Frau im besonderen. Ihre Versuche, sich vom Partner finanziell und emotional unabhängig zu machen, sich gegenüber seinen Forderungen und Demütigungen einen ‚dicken Pelz' zuzulegen, sich zu verteidigen mit dem, was sie alles tun und dem, was sie ‚denn noch tun sollen', ihre Bereitschaft, sich auf seine Bedürfnisse einzustellen und ihm ihre Treue zu versichern, ändern nichts an seiner Gewalttätigkeit. Statt dessen tragen diese Verhaltensweisen dazu bei, daß seine Ansprüche bestätigt werden. Glauben die Frauen zunächst noch, alleine mit der Situation zurechtzukommen, merken sie mit der Zeit, daß sie überfordert sind und immer mehr an Widerstandskraft verlieren.

Verbunden mit der fehlenden Risikoerwartung vor der ersten Vergewaltigung und der Idealisierung privater Beziehungen werden Schamgefühle ausgelöst. Diese verhindern eine Konfrontation mit der Realität der erfahrenen Gewalt. Je länger die Frauen mit dem gewalttätigen Partner zusammen bleiben, desto schwieriger wird es, sich direkt mit den Mißhandlungen auseinanderzusetzen und sie in ihrer ganzen Tragweite zu erkennen.

„Dazu kommt noch, daß man sich total erniedrigt fühlt. (...) Ich habe mich auch geschämt, daß mir das passiert ist, weil ich auch nie damit gerechnet hätte. (...) Ich habe immer gedacht, mir passiert so was nicht." (B, 28)

Die Frage nach der eingeschränkten oder fehlenden Selbstbehauptungskompetenz richtet sich primär gegen das Selbst der Frauen. Sie quälen Fragen, warum sie so eine Entwürdigung erleben und sich die Gewalt bieten lassen. Gleichzeitig fühlen sie sich hilflos und wissen nicht, was sie zur Abwendung der Gewalt tun können. Demzufolge fürchten die Frauen, andere könnten von den Mißhandlungen und Vergewaltigungen erfahren und sie deswegen verachten.

Angst vor eskalierender Gewalt im Falle einer Trennung. Bei einigen Frauen ist die Angst um die Sicherheit der eigenen Person oder anderer nahestehender Menschen entscheidend für den Verbleib in der Beziehung. Das gilt besonders, wenn die Täter ein extremes Besitzdenken gegenüber der Frau zeigen, sie ihre Drohungen auch mit Hilfe anderer in die Tat umsetzen - „*Ich wußte auch, daß da viel läuft (...) unter der Hand, daß die sich wirklich gegenseitig Freundschaftsdienste leisten.*" (B, 5) - und die Frau zum Beispiel im Falle einer Trennung erneut mißhandeln.

„Irgendwann sagst Du halt nichts mehr. Da bist Du dann so fertig und sagst: ‚Ja gut‘, bleibst Du da, bloß damit Du Deine Ruhe hast. Und so ist das all die Jahre gegangen." (N, 6)

Die Frauen glauben, sich und andere schützen zu können, indem sie ihre Trennungsabsicht aufgeben. Sie konzentrieren sich auf den Alltag und hoffen, einen Weg zu finden, um aus der bedrohlichen Situation zu entkommen. Gegen eine Trennung spricht für einzelne auch der erwartete Verlust materieller Sicherheit sowie des beruflichen und sozialen Umfeldes.

Die aufgeführten Aspekte subjektiver Theorien über weibliche Selbstbestimmung in Liebesbeziehung und Familie verbunden mit den sich ständig wiederholenden Mißhandlungen führen zu einer zunehmenden Entgrenzung zwischen dem Paar. Die zunehmende Vernichtung zweier voneinander unabhängiger Personen wird von Seiten der Frau durch Vergebung, Hoffnung, Verdrängung und von Seiten des Mannes durch die mittels Gewalt hergestellte Hierarchisierung des Geschlechterverhältnisses aufrechterhalten und verstärkt.

Als zentrales Problem wird demzufolge die Angst vor dem Alleinsein und der Verlust der überwertigen Beziehung, einschließlich des damit verbundenen Familienideals, geschildert. Aufgrund der Entwertung durch den Partner, fühlen die Frauen sich immer abhängiger von ihm. Außerdem haben sie schon soviel investiert, daß es ihnen schwer fällt, sich einzugestehen, daß die sich daraus ergebene Ungerechtigkeit durch nichts auszugleichen sein wird. All dieses ist handlungsleitend, ungeachtet dessen, daß der Partner die Frau mit ihren täglichen Sorgen, während Schwangerschaft und Geburt, mit dem Haushalt und der emotionalen und materiellen Versorgung der Kinder alleine läßt. Die Frauen geraten in Abhängigkeit von dem Täter und können ‚weder mit ihm noch ohne ihn' sein.

„Ich wollte ihn nicht verlieren. Ich wollte lieber den Schmerz ertragen. (...) Es war eigentlich keine Beziehung mehr, sondern es war mehr die Angst vorm Alleinsein und die Macht der Gewohnheit, sich an einen Partner zu binden. Und ich hatte zwei Kinder. Ich habe gedacht, ich kriege keinen Mann mehr. Und ich habe nur ihn." (N, 8)

Hinzu kommt, daß es immer wieder Phasen gibt, in denen der Partner nicht gewalttätig ist und sich die Liebe, Vergebung und Hoffnung der Frauen bestätigt. Sie können ihre Angst bewältigen und ihre subjektive Sicherheit in der Beziehung wieder herstellen

„Und dann (schnalzt) auf einen Schlag, das kann aus heiterem Himmel plötzlich wieder da sein, wenn irgendwelche Anlässe da waren." (E, 4)

Alle Frauen machten die Erfahrung, daß die Gewalttätigkeiten nicht aufhörten, sondern in Intensität und Brutalität zunahmen. Im Laufe der Beziehung verschärft sich die Geschlechterhierarchie, auch wenn die Frauen oft nach außen hin alle Alltagsprobleme bewältigen. Erst wenn die subjektiven Kosten für den Erhalt der Beziehung oder der Familie zu hoch werden, die Frauen die Hoffnung auf eine Verhaltensänderung aufgeben und ihnen Ressourcen zur Verfügung stehen, gelingt es ihnen, wenn auch oft erst nach mehreren Jahren, sich zu trennen. Das gilt besonders, wenn Kinder in die Gewalt mit einbezogen wurden.

Abgrenzung und Trennung
Zu den Faktoren, die es den Frauen ermöglichen, sich durch eine Trennung vor weiteren Mißhandlungen und Vergewaltigungen so weit als möglich zu schützen, gehören solche, die die oben genannten Selbst-, Beziehungs- und Familienkonstruktionen ansatzweise infragestellen. Der dafür notwendige Bewußtwerdungsprozeß wird durch direkte und indirekte Veröffentlichungserfahrungen im weitesten Sinne modifiziert. Für keine der interviewten Frauen war es ohne soziale und gesellschaftliche Unterstützung möglich, sich aus dem Gewaltverhältnis zu lösen. Zu den entscheidenden Vorbedingungen auf Seiten der Opfer gehört ein Perspektivwechsel bezüglich des erlittenen und zu erwartenden Schadens, der u.a. durch die Reaktionen anderer ausgelöst wird.

Während die Frauen durch ihren Partner immer wieder in ihrem Selbstwert angegriffen werden und sie das von ihm entworfene Bild übernehmen, wird in anderen Bereichen, z.B. in ihrer Berufstätigkeit oder in einer Beratung, ihr Selbstwertgefühl gestärkt. Daraus ergeben sich Ressourcen für eine Veränderung ihrer Lebenssituation und eine Beendigung der Gewaltbeziehung. Es gelingt ihnen, sich von dem bisherigen Opferbild zu lösen und sich ihrer eigenen Existenzberechtigung zu versichern. Ihnen wird bewußt, welcher Schaden ihnen (und ihren Kindern) durch die Gewalttätigkeit des Partners entsteht.

Die Frauen werden sich über ihre Lebenssituation und die Perspektivlosigkeit bei ausbleibender Veränderung bewußt. Sie machen sich die mangelnde Bereitschaft des Partners zur Übernahme von Verantwortung und Verhaltensänderung deutlich. Sie geben Rechenschaft ab über ihre Fähigkeiten und Schwächen und entwickeln neue Lebensentwürfe für die Zukunft. Die Frauen setzen zum Beispiel ihre Lebensstärke, neben der Berufstätigkeit noch die Abendschule zu besuchen und den Haushalt zu versorgen, ins Verhältnis zu ihrer fehlenden Durchsetzungstärke innerhalb der Beziehung. Sie versuchen, ihre Situation und ihre weiteren Lebenspläne realistisch zu betrachten. Während sie auf der einen Seite im Hinblick auf ihre Alltagsbewältigung sehen, daß es ‚so daneben' nicht sein kann, wird ihnen auf der anderen Seite das Selbstzerstörerische ihres Verhaltens bewußt.

„Irgendwann habe ich auch für mich selber gemerkt, daß ich da zu weit gehe, daß ich mich wirklich gegen mich selber richte: gegen meine Gesundheit, gegen mein Leben, gegen alles Mögliche. (...) Und dann habe ich mal irgendwann gedacht, ich muß was ändern an der Situation." (B, 41)

Außerdem bilanzieren sie alle Kosten, die ihnen aufgrund der Beziehung entstehen. Dazu gehört die materielle Versorgung des Täters, aber auch ihre zunehmende Isolation und Begrenzung. Für eine Anerkennung des entstandenen Schadens ist vor allem die Angst um die Sicherheit der eigenen Person und anderer nahestehender Personen entscheidend. Während die Frauen lange glauben, wegen der Kinder mit dem gewalttätigen Partner zusammen bleiben zu müssen, realisieren sie irgendwann, daß dies für Kinder zunehmende Beeinträchtigungen bedeutet. Oder sie erhalten durch eine Schwangerschaft und die Verantwortung für das Ungeborene den letzten Anstoß für eine Trennung.

„Da ist ein Mensch in mir, (...) der hat mit dieser ganzen Sache nichts zu tun und deswegen muß ich mich da rausziehen" (B, 41), „egal, wo ich auch hingehe." (B, 11)

Wenn die Kinder in die Gewalttätigkeiten direkt einbezogen werden oder die Frauen dies befürchten, ergibt sich für einige daraus der Auslöser für eine Trennung. Zu den direkten Gewalteinwirkungen gehören neben einer Zeugung durch eine Vergewaltigung und Mißhandlungen während der Schwangerschaft, daß die Kinder mit geschlagen werden, wenn die Frau diese auf dem Arm halten. Zum Teil sind die Kinder selbst Ziel der Gewalttätigkeiten. Auch bei den Interviewten, die lange an einem Ideal der vollständigen Familie festhielten, mobilisierte die Einschätzung, daß die Gewaltfolgen belastender für die Kinder sind als eine Trennung von dem Vater, und daß er das Kind gleichermaßen als Eigentum betrachten werde, die Kraft, sich und die Kinder vor weiteren Mißhandlungen zu schützen.

„Ich war im 6. Monat schwanger. Und da hat er mich noch mal verdroschen. Und dann habe ich gewußt, wenn der mich in dem Zustand schlägt und keine Rücksicht auf sein Kind nimmt, wird er auch nicht einmal Rücksicht auf sie nehmen. Da wird er sie genauso schlagen, wie er mich schlägt. Und dann bin ich gegangen." (P, 19/20)

Aber die Frauen handeln auch, wenn die Kinder von dem indirekten Klima der Gewalt betroffen sind. Kinder werden sowohl ZeugInnen der Abwertungen und (Mord-) Drohungen, Mißhandlungen und Vergewaltigungen durch den Vater als auch der Gewaltfolgen auf Seiten der Mutter. Dazu gehört auch, daß die

Kinder als Mittel eingesetzt werden, um die Partnerin zu erpressen. Der Täter droht, diese zu den Vergewaltigungen und Mißhandlungen dazu zu holen oder die Mutter nicht zum weinenden Kind zu lassen. Realisieren die Frauen die daraus folgenden Belastungen, motiviert diese Erkenntnis sie zu einer endgültigen Lösung aus der Beziehung.

„Ich bin ins Zimmer reingekommen, Sascha [Name geändert] saß unter seinem Tisch und hat geheult. Und ich habe gefragt, was los ist. Und dann hat er gesagt, er sei absolut schlecht, er würde immer so (...) schlimme Sachen sehen (...). Und dann habe ich gesagt: ‚Was siehst Du denn?‘ Und dann hat er gesagt, er sieht immer: ‚Wie der Papa Dich ins Gesicht tritt.‘ Und ich glaube, das war dann so der allerspäteste Knackpunkt. (...) Und dann habe ich X mitgeteilt, daß ich gehe." (J, 11)

Zum indirekten Klima der Gewalt gehören die eingeschränkte mütterliche Kompetenz aufgrund der Mißhandlungen und deren Folgen und die Vernachlässigung der Kinder im Zusammenhang mit der fehlenden Bereitschaft des Vaters, Verantwortung innerhalb der Familie zu übernehmen. Darüber hinaus spielt es eine Rolle, daß die Frauen die Kinder vor einem Einfluß des negativen Vorbilds ihres Vaters, als auch vor den Auswirkungen des eigenen Verhaltens und einer potentiellen Zeugenschaft bewahren wollten. Die Mütter fragen sich zum Beispiel:

„Was lebe ich denen vor? Was soll aus diesen Jungs später mal werden? (...) Was geht denn dann in solchen Winzlingen vor, wenn sie hören, was im Schlafzimmer los ist?" (Q, 27)

Für den notwendigen Schritt, eindeutige und unverrückbare Grenzen gegenüber dem Täter zu setzen, ist auch der Schutz anderer wichtig. Eine Interviewte reagierte mit Entschlossenheit, als der Täter begann, ihre Freundin sexuell zu nötigen. Eine andere befürchtete, daß sie den Partner im Affekt, wenn er ihr Kind mißhandeln würde oder aus Angst, erwürgt zu werden, töten könnte. Neben der Fürsorge für andere, ist auch die Sorge um sich selbst, wenn eine existentielle Grenze der Leidensbereitschaft erreicht ist, handlungsleitend. Das ist der Fall, wenn die Frauen lebensbedrohlich verletzt werden und Todesangst haben. Andere leiden unter Magersucht, Alkoholproblemen oder tragen sich mit Selbstmordgedanken. Statt diesen autoaggressiven Formen der Abgrenzung nachzugeben, entschließen sie sich zu einer Trennung.

Mit einer Anerkennung des Schadens und der zunehmenden eigenen Gefährdung oder Gefährdung anderer ist verbunden, daß die Frauen die Hoffnung aufgeben, ihr Partner würde sie in Zukunft achten. Sie erkennen die Vergewaltigungen und Mißhandlungen als von ihm zu verantwortendes Verhalten an, welches nur von ihm und niemals von ihnen selbst verhindert werden kann. Sind sie bisher aus Angst vor dem Alleinsein und Verantwortung für ihn immer wieder zurückgekehrt, können sie einen endgültigen Schritt ausführen, nachdem ihre Gefühle abgestorben sind. Die Entscheidung für eine Trennung und dessen Umsetzung erfolgt bei einigen sehr schnell und entschlossen von einem Tag auf den anderen. Andere planen sorgfältig, wie sie sich vor dem Täter schützen und aus der Gefahrensituation entkommen können. Sie suchen sich einen Zufluchtsort, wo sie vor weiteren Mißhandlungen sicher sind. Für einige ist dieser Ort mit einer neuen Beziehung verbunden. Von dem Zeitpunkt der endgültigen Entscheidung an lassen die Frauen sich nicht mehr einschränken. Statt dessen nehmen sie den Partner als getrennt von sich wahr.

„Und dann stand er so da mit dem Messer: (...) ‚Ich bringe mich um, wenn Du gehst.' (lacht) Und dann habe ich das Fenster aufgemacht und habe gesagt: ‚Und da spring raus. (...) Mir ist das jetzt so egal.' Aber soweit habe ich erstmal kommen müssen." (E, 12)

Anerkennung von Unrecht und Schaden
Nach der Trennung kommen verschiedene Bewältigungsaufgaben auf die Frauen zu. Diese betreffen nicht nur die Bearbeitung der Traumatisierung, sondern ergeben sich auch aus ihrer gesamten Lebenssituation, vor allem als Alleinstehende, Geschiedene und Alleinerziehende, die u.U. von ihrem Partner auch nach der Trennung weiter bedroht wird. Von den acht Frauen dieser Gruppe mußten sieben mindestens einmal die Wohnung und zum Teil die Stadt, in der sie zu Hause waren, verlassen. Nur einer Interviewten gelang es, ihren Mann zu bewegen, aus der gemeinsamen Wohnung auszuziehen. Sie lebte aber immer in der Angst, er könnte sich Zugang verschaffen und sie erneut vergewaltigen. Zwei der Frauen ergriffen wiederholt die Flucht. Eine von ihnen war zum Zeitpunkt des Interviews zwischen zwölf und fünfzehn mal umgezogen. Die Frauen müssen zunächst anfangen, ihren Alltag neu zu organisieren. Zum Teil leben sie aus Angst vor weiteren Gewalteskalationen und weil der Mann sie überall abfängt wie im Gefängnis. Sie leiden unter materiellen Einbußen und Schulden, Verlust der Möbel und persönlicher Gegenstände, Zurücklassen der Kinder, der Aufgabe sozialer Kontakte innerhalb gemeinsamer Bekanntschaftskreise sowie unter Gefühlen von Überforderung und Einsamkeit.

Langfristig müssen die Frauen bereit sein, bisherige Überzeugungssysteme zu erkennen und zu verändern, sowie ein sie selbst achtendes Normen- und Rechtsbewußtsein zu entwickeln. Ansonsten besteht die Gefahr, daß sich in der nächsten Partnerschaft Gewalterlebnisse und eigene Leidensbereitschaft wiederholen. Während Einzelne unmittelbar nach der (letzten) Trennung von einem gewalttätigen Partner in einer neuen Beziehung Formen des Zusammenlebens aushandeln können, in denen ihre Bedürfnisse respektiert werden, müssen sich andere vor allem mit Einsamkeitsgefühlen, der alleinigen Verantwortung für die Bewältigung des Alltags (einschließlich der Versorgung der Kinder) und der Bewältigung der Gewaltfolgen auseinandersetzen. Sie beschäftigt die Lösung des Widerspruchs zwischen dem Wunsch nach Bindung und der Angst vor der Gewalttätigkeit des getrennten oder eines zukünftigen Partners.

Der Veränderungsprozeß, der schon während der Trennungsphase beginnt, setzt sich weiter fort. Dabei ist es wichtig, die Frage der Selbstbestimmung in

Liebesbeziehungen und Familie neu zu klären. Die diesbezüglichen subjektiven Theorien und Lebenspraxen verändern sich vor allem in Richtung einer subjektiven Theorie der uneingeschränkten weiblichen Selbstbestimmung mit folgenden Kriterien:

- Gleichberechtigte Geschlechterrollen
- Vorrangigkeit der gewaltfreien Familie

Gleichberechtigte Geschlechterrollen. Zu dem Aspekt gleichberechtigter Geschlechterrollen gehört eine langfristige Veränderung des Selbstbildes verbunden mit der Versicherung einer von anderen unabhängigen Existenzberechtigung, der Menschenwürde und -rechte.

„Ich bin auch ein Mensch und ich möchte gern den Respekt, den ich anderen Menschen gegenüber bringe. Das ist halt mein Lebensstandpunkt. (...) Ich habe es leid, für irgendwas zu kämpfen, wo ich weiß, daß ich als Mensch im Recht bin. Ich habe es leid, mich ständig für irgendwas rechtfertigen zu müssen, wo ich mich gar nicht rechtfertigen bräuchte." (P, 38). „Ich kann mich nicht mehr biegen. Ich bin so. Wenn das ein Mensch nicht akzeptieren kann, dann lege ich auch gar keinen Wert drauf, mit jemandem zusammen zu sein." (P, 27)

Aus den gleichberechtigten Geschlechterrollen ergeben sich Handlungsstrategien zur Abgrenzung der eigenen Person gegenüber potentiellen Gewalttätern. Dazu gehörte die Distanzierung von alten Bekannten. Damit sind Männer gemeint, die nicht in der Lage und bereit sind, innere Barrieren zur Impulskontrolle aufzubauen oder aufrechtzuerhalten. Die Frauen geben Kontakte zu Menschen auf, die sich an einem geschlechterhierarchischen Beziehungskonzept orientieren, die der Ansicht sind, daß Frauen Männergewalt hinzunehmen haben und die Gewalt als Mittel zur Durchsetzung von Interessen legitim finden. Die Frauen meiden Alkoholiker, Drogenabhängige und Männer, die als problembelastet erlebt werden. Die Frauen lernen, sich zu abzugrenzen, sich selbst mehr in den Vordergrund zu stellen und keine Verantwortung für Männer zu übernehmen. Sie geben ihr ‚Helferinnensyndrom' auf, überwinden gewohnte Verhaltensweisen und verschieben die Prioritäten von Fürsorge zur Selbstsorge.

„Ich bin arg skeptisch, was Männer anbelangt. Also mit den Menschen, was ich früher zusammen war, frage ich mich heute, wieso ich das gemacht habe: (...) wo viele Probleme sind, wo ich mich eigentlich ziemlich distanziere, weil ich sage, ich habe genug mit meinen zu tun." (U, 41)

Aber die Abgrenzung gegenüber Personen, mit denen die Interviewten keinen Kontakt mehr wollen, und die Bereitschaft, sich mehr in den Vordergrund zu stellen, reicht alleine nicht aus. Gleichzeitig müssen die Frauen sich von einer Idealisierung der Liebesbeziehung verabschieden und ein neues Beziehungsmodell für sich entwickeln. Sie müssen lernen, den unspektakulären Alltag zu akzeptieren und ihren eigenen Weg unabhängig von dem Partner zu finden, denn, *"wenn man alleine leben kann, kann man auch in einer Partnerschaft existieren"* (U, 43). Die Frauen entwickeln unterschiedliche Lebensweisen, in denen sie diese Vorstellungen mit oder ohne Kinder und neuem Partner realisieren können.

Vorrangigkeit der gewaltfreien Familie. Nach der Trennung setzen die Frauen sich mit ihren Familienbildern und dem Kindeswohl auseinander. Das betrifft die Frage nach dem Umgang der Söhne und Töchter mit dem Vater und den daraus erwachsenen Belastungen. Für den Mann besteht über Sorge- oder Umgangsregelungen die letzte Möglichkeit, die Frau weiterhin zu kontrollieren, zu demütigen, sowie erneut zu mißhandeln und zu vergewaltigen. Sie drohen z.B. explizit: *"Du willst einen Krieg haben, dann hast Du ihn."* (N, 34). Nach außen hin stellen sich einige als der ‚supertolle Vater' dar. Die Frauen nehmen zum Teil nach wie vor große persönliche Belastungen auf sich, um ihren Kindern den Vater zu erhalten.

Gleichzeitig haben einige der Frauen Schwierigkeiten in der Erziehung ihrer Kinder, vor allem der Söhne. Das ist besonders dann der Fall, wenn diese durch eine Vergewaltigung gezeugt wurden, durch ihr Verhalten die Frauen immer wieder an den Täter erinnern oder vom Vater gegen die Mutter aufgebracht werden. Hinzu kommen Belastungen durch die Probleme, die die Kinder selbst aufgrund der indirekten und direkten Gewaltfolgen haben. Während die Frauen an dem Ideal der Gewaltfreiheit festhalten, sind einige von ihnen weiterhin mit der Gewalttätigkeit ihrer Söhne konfrontiert. Wenn die Kinder selbst bedroht und gefährdet werden, engagieren die Frauen sich hingegen dafür, dem Mann die Einflußmöglichkeiten auf die Kinder zu entziehen. Dabei wird das Abwägen der Interessen der Kinder zum Teil sehr schwer, wenn diese noch klein sind und die Frauen das Ausmaß einer möglichen Kindeswohlgefährdung nicht zuverlässig abschätzen können.

8.2.2.2 Soziales Umfeld

Der beschriebene Prozeß war für keine der interviewten Frauen ohne soziale Unterstützung möglich. Für sie waren während der Beziehung zum Täter vor allem *indirekte soziale Erfahrungen* für die Alltagsbewältigung, Stabilisierung des Selbstwertgefühls, Aufhebung der Isolation und Überwindung der Scham von Bedeutung. Darüber hinaus gehende soziale Erfahrungen hingen sehr von der *Veröffentlichungsbereitschaft* der Interviewten ab. Diese wechselte ebenso wie die *Reaktionen des sozialen Umfeldes* je nach dem, ob die Frauen mit dem Täter noch zusammenlebten oder nicht. Während der Beziehung dominierte von Seiten der Frauen eine Idealisierung der Privatsphäre und der Ausschluß der Öffentlichkeit. Vertrauten sie sich jemandem an, ging es ihnen vor allem um eine Klärung ihrer Ambivalenz dem Täter und einer Trennung gegenüber. Während der Trennung suchten die Interviewten primär praktische Unterstützung und Schutz vor weiteren Gewalttaten. Erst nach der endgültigen Lösung vom Täter wurde eine langfristige Traumaverarbeitung möglich.

Indirekte soziale Erfahrungen
Solange die Frauen die erlebte Gewalt nicht veröffentlichen, helfen ihnen indirekte soziale Erfahrungen, die den Demütigungen, Mißhandlungen und Vergewaltigungen durch den Partner etwas entgegensetzen. Diese unterstützen die Opfer in zwei wichtigen Bereichen, die mit einer (Wieder-) Herstellung eines menschenwürdigen Selbst- und Weltverständnissses einhergehen:

- Stabilisierung des Selbstwertes
- Aufbau einer vertrauensvollen Beziehung

Stabilisierung des Selbstwertes. Während es dem Partner im privaten Bereich gelingt, das Selbstbewußtsein der Interviewten systematisch zu zerstören, können die Frauen in Beruf (und Ausbildung), in der politischen Arbeit, in ihrer Rolle als Mutter und in sozialen Beziehungen ihren Selbstwert stabilisieren und wieder aufbauen. Durch die Arbeit haben sie Gelegenheit zu regelmäßigen sozialen Kontakten. Sie erhalten die Bestätigung und ihre Fähigkeiten werden anerkannt

„Die Leute freuen sich alle, wenn ich komme. (...) Ich komme gut an und ich hatte auch dementsprechend Erfolg, bin also gelobt worden von meiner Chefin." (Q, 13)

Was aus einer Not und nicht immer mit uneingeschränkter Zustimmung des Mannes beginnt, wird zu einer der wichtigsten Quellen der Veränderung. Im extremsten Fall ist die Berufstätigkeit die einzige Gelegenheit, vom Täter unkontrolliert einen Ausgleich für die Demütigungen und Abwertungen zu erleben. Das gilt auch dann, wenn es sich bei der Tätigkeit nicht unbedingt um eine gesellschaftlich anerkannte Arbeit, wie die einer Hosteß im Begleitservice, handelt. Die Arbeit ermöglicht eine räumliche Distanz und eine finanzielle Unabhängigkeit von dem Partner.

„So bin ich dann auf den Geschmack gekommen. Ich habe die Bestätigung der Männer gekriegt. Die haben mich als Frau akzeptiert. Die waren total begeistert von mir. Und ich bin richtig aufgeblüht." (N, 16)

Den Frauen wird es möglich, einen realistischen Blick auf sich und ihre Lebensstärken zu bekommen und daraus Konsequenzen für ihre weitere Lebensplanung zu ziehen.

„Das hat mir geholfen und hat mir gezeigt, ich bin nicht so bescheuert und doof, wie der mich hinstellt. Ich gehöre auch auf keinen Fall in die Klapse: weil, ich habe meinen Haushalt, meine Kinder. Ich kümmere mich um alles. Ich mache unseren ganzen Papierkram. Der hat sich hier um nichts gekümmert. Und da habe ich mir gesagt, also irgendwas mußt Du jetzt ändern." (Q, 13)

Aufbau einer vertrauensvollen Beziehung. Aufgrund der Verunsicherung des Selbstwertes und der Identität als Frau kommt männlichen Freunden von Vergewaltigungsopfern im allgemeinen und potentiellen neuen Partnern im besonderen eine große Bedeutung zu. Es bestärkt die Frauen, wenn sie feststellen, daß sie für andere Männer interessant sind. Einige Opfer von Männergewalt in einer Lebensgemeinschaft können eine Trennung erst durchsetzen, nachdem sie einen anderen Mann kennengelernt haben, der sie bestätigt, unterstützt und bei dem sie wieder Zärtlichkeit empfinden. Einige der Interviewten nahmen an, daß sie ohne die Hilfe dieser Personen, mit denen sie z.T. gar keine längerfristigen Beziehungen eingingen, eine Loslösung nicht geschafft hätten und wieder zum Täter zurückgegangen wären.

Veröffentlichungsbereitschaft
Die Veröffentlichungsbereitschaft der interviewten Frauen ist aufgrund ihrer Scham und ihrem Wunsch nach sozialer Anerkennung sehr gering. Vor allem während der Beziehung überwiegen für die Betroffenen die Kosten einer Veröffentlichung gegenüber dem Nutzen. Angst, Scham und Isolation, die vom Täter noch durch Kontrolle, Eifersucht und Abwertung von FreundInnen und anderen Vertrauenspersonen forciert werden, begünstigen das Schweigen über die erlittene Gewalt. Die Frauen fürchteten, die positive Resonanz anderer zu verlieren, wenn diese von ihrer Schwäche gegenüber dem Partner erfahren würden. Nach außen sichtbare Probleme mit dem Partner, aber auch eine Trennung oder Scheidung können für die Frauen das Eingeständnis einer Niederlage und einen Verlust gesellschaftlichen Ansehens bedeuten. Für die meisten Frauen kommt demzufolge während der Beziehung eine Veröffentlichung der erfahrenen Traumatisierungen nicht in Frage. Statt dessen dominiert eine Idealisierung der Privatsphäre. Die Frauen haben gelernt, über Dinge aus dem privaten und intimen Bereich nicht zu sprechen. Außenstehende erhalten keinen Einblick, geschweige denn Eingriffsmöglichkeiten. Vor allem Sexualität und die Beziehung an sich gelten im Spiegel anderer - *„die haben auch nie was von ihren Dingern erzählt"* (J, 40) - als tabuisierte Themen. Die Kosten einer Veröffentlichung ergeben sich vor allem aus folgenden antizipierten negativen Konsequenzen:

1. *Scham und Stigmatisierung als Opfer*. Scham und Angst vor einer Stigmatisierung als Opfer spielen für die Frauen dieser Gruppe eine weitaus größere Rolle, als für die Vergewaltigungsopfer, die die Tat als Normverletzung bewerten. Die Frauen befürchten, daß sie sich durch eine Veröffentlichung der erlittenen Gewalt, die im Kontrast zu ihren Liebes- und Familienidealen steht, bloßstellen und erniedrigen. Sie verbergen die Probleme, die sich aus der Gewalttätigkeit ihres Partners ergeben. Sie haben Angst, daß *„auf der Arbeit, (...) zu Hause (...) und überall die Bombe platzt"* (B, 32).

„Ich habe mich dann irgendwann so geschämt vor mir selber und für alles, was mir da passiert ist, daß ich mich dann auch irgendwann nicht mehr getraut habe, was zu sagen, und daß es automatisch dann immer schlimmer wurde." (B, 28)

Das gilt vor allem, wenn die Frauen sich als selbstbewußt und gesellschaftlich geachtet erleben und von einer hohen eigenen Selbstbehauptungskompetenz ausgehen. Die Frauen erwarten dann, daß andere denken könnten, sie ließen sich die Gewalt gefallen. Die Frauen geben sich keine Blöße und machen ‚gute Miene zum bösen Spiel'.

„Ich habe nie mit meinen Eltern drüber geredet. Ich habe immer gesagt, wie toll die Beziehung ist. Und ich bin hinter ihm gestanden, 100%ig." (N, 54)

Die Frauen fürchten, andere würden sie aufgrund eines negativen Opferbildes, einer von ihrem Mann mißhandelten Frau, abwerten. Das (vermeintlich) gewaltfreie Leben der anderen und die eigene Realität erscheinen wie zwei ‚aufeinanderprallende Welten'. Die Entwertung von Vergewaltigungsopfern in der Phase der Abwehr einer antizipierten Vergewaltigung fällt auf die Frauen selbst zurück. Es wird unmöglich, sich anderen gegenüber die eigene Hilflosigkeit und Erniedrigung einzugestehen. Die Frauen halten nach außen zusammen mit dem Täter das Bild aufrecht, daß mit ihrem Leben alles in Ordnung sei. Gleichzeitig fühlen sie sich minderwertig und wie eine Marionette, die nach seiner Pfeife tanzt. Letztendlich profitiert der Gewalthandelnde von den Schamgefühlen und dem Interesse des Opfers, andere nichts merken zu lassen.

Die Veröffentlichungsbereitschaft der Frauen ist auch nach der Trennung nicht groß. Sie gehen davon aus, daß andere sie nicht verstehen oder sie an Achtung verlieren werden, da ihre Selbstsicherheit mit der ‚Opferrolle' nicht übereinstimmt. Außerdem wollen sie nicht zum Gegenstand von ‚Getratsche' werden.

„Wenn das heute mal so jemand mitkriegt, daß ich in so einer Situation war: das kann man sich gar nicht vorstellen bei mir, wo ich so selbstbewußt bin, daß ich in so einer Situation da völlig hilflos bin und mich nicht wehren kann." (E, 18)

2. *Quälende Erinnerungen.* Die Frauen haben Angst, daß Schamgefühle bei der Veröffentlichung wieder aktiviert werden. Deshalb erzählen einige auch nach der Trennung über Jahre niemandem von den Mißhandlungen und Vergewaltigungen, und wenn, dann nur sehr vereinzelt und zurückhaltend unter Aussparung von Details.

3. *Rache des Täters.* Die Frauen fürchten, daß der Täter die angekündigten Drohungen wahr machen könnte und sie oder nahestehende Personen wie Kinder oder Eltern verletzen, töten oder öffentlich bloßstellen könnte.

4. *Überforderung Unbeteiligter.* Zum Teil würden die Frauen gerne jemanden um Unterstützung bitten, nehmen aber aus Rücksicht gegenüber Außenstehenden wieder Abstand davon. Zum einen erwarten sie sich keine Hilfe und zum anderen wollen sie niemanden überfordern.

„Ich habe gedacht, damit kann keiner was anfangen. Und ich konnte mir auch nicht vorstellen, daß da irgend jemand irgend was tun würde. Ich habe immer nur gedacht, die gucken Dich an und schütteln den Kopf." (B, 32)

Auch sind die Erwartungen an Verständnis und Hilfe bei der Traumaverarbeitung nach der Trennung nicht groß. Die Frauen können sich vorstellen, daß es anderen schwerfallen würde, das Ausmaß der Verletzung und Erniedrigung, die sie erlebt haben, nachzuvollziehen. Sie erwarten demzufolge keine besondere Unterstützung, bzw. wissen sie auch nicht, was andere tun könnten.

5. *Leugnung des Normbruchs und des Schadens.* Die Betroffenen vermuten, daß andere Zweifel an ihrer Glaubwürdigkeit haben könnten. Das gilt besonders, wenn der Täter sozial angepaßt ist und nach außen einen tadellosen Eindruck macht. Sie erwarten, daß sie als von ihrem Mann geschlagene und vergewaltigte Frau oder Geschiedene beschuldigt werden könnten, für das Scheitern der Beziehung verantwortlich zu sein.

Die Frauen unternehmen zum Teil große Anstrengungen, um die Gewalt und den Widerspruch zwischen Beziehungsideal und -realität zu verbergen und sich vor einer zusätzlichen Erniedrigung zu schützen. Sie erzählen beim Arzt oder bei der Arbeit, sie seien die Treppe runtergefallen oder vom Fahrrad gestürzt. Nach außen erscheint das Leben immer in Ordnung zu sein. Das funktioniert oder ist deswegen so wichtig, weil Männergewalt in einer Partnerschaft eher mit bestimmten Attributen von gesellschaftlicher Deklassierung, wie Arbeits- und Obdachlosigkeit assoziiert wird.

„Ich war immer arbeiten. Ich habe immer ein sauberen Haushalt gehabt. (...) Von außen hätten Sie nie gesehen, daß ich so massive Probleme habe." (U, 20)

Dabei ist der Ausschluß der Öffentlichkeit mit enormen Kosten verbunden. Die Frauen nehmen sich selbst die Möglichkeit, durch die Anwesenheit Außenstehender Unterstützung und gegenüber dem Täter soziale Kontrolle zu erhalten. Der Versuch, die Gewalterlebnisse vor anderen zu verbergen, bedeutet auch, nahe Bezugspersonen wie Familienangehörige oder Freundinnen abzuweisen und sie nicht an sich ranzulassen.

Gleichzeitig läßt sich die Gewalttätigkeit des Partners nicht immer verbergen. Es kommt zu indirekten Veröffentlichungen, so daß andere ungewollt ZeugInnen der Gewalt werden, und zwar als (1) *AugenzeugInnen* von Mißhandlungen im öffentlichen oder privaten Raum; (2) *OhrenzeugInnen* von Schreien und Schläge in benachbarten Zimmern oder Wohnungen und (3) *mittelbare AugenzeugInnen* der Gewaltfolgen (Verletzungen, Verschlechterung des Gesundheitszustandes der Frau, Sachbeschädigung).

Aber Frauen, die Opfer von Männergewalt innerhalb von Beziehungen werden, wenden sich auch gezielt an Außenstehende, an FreundInnen und Bekannte sowie Familienangehörige. Sie berichten von Schwierigkeiten in der Beziehung zu ihrem Partner, von den Mißhandlungen und Demütigungen, in der Regel aber nicht von den Vergewaltigungen. Voraussetzung für die Veröffentlichung ist, daß die Opfer die Grenzen ihrer Selbsthilfe erkennen und die Scham und Isolation überwinden. Dabei sehen die Frauen in Abhängigkeit von ihrem eigenen Prozeß der Auseinandersetzung mit den sich ständig wiederholenden Traumatisierungen vor allem den Nutzen in drei Zielen:

1. *Reflexion des Selbst- und Weltverständnisses, der (Beziehungs-) Normen und der Ambivalenz dem Partner gegenüber*, in Gesprächen mit Müttern, FreundInnen oder in seelsorgerischen Gesprächen;

2. *Soziale Unterstützung* im Falle einer geplanten Trennung (Bitte um Aufnahme, Schutz vor dem Täter und Unterstützung bei der Bearbeitung der Traumatisierung);

3. *Solidarität* mit Frauen, die ebenfalls durch ihren Partner mißhandelt werden.

Reaktionen des sozialen Umfeldes
Die Reaktionen Außenstehender umfassen unabhängig davon, ob diese indirekt oder direkt Kenntnis von der Gewalttätigkeit des Mannes und den Folgen für die Frau erfahren, folgende drei Typen:

- Verneinung einer sozialen Verantwortung und Überforderung
    Gewalt durch den Partner als Privatangelegenheit

- Leugnung des Normbruchs
    Zweifel an der Glaubwürdigkeit
    (Mit-) Schuld des Opfers

    Bagatellisierung und Leugnung des Schadens

- Soziale Unterstützung (Anerkennung von Unrecht und Schaden)

Verneinung einer sozialen Verantwortung und Überforderung. Personen des sozialen Umfeldes sind in unterschiedlicher Art und Weise von der Gewalttätigkeit des Mannes betroffen. Kinder vorhergehender Beziehungen brechen u.U. den Kontakt zur Mutter ab, da sie das Verhalten des gewalttätigen und alkoholabhängigen neuen Partners ablehnen und von ihm abgelehnt werden. FreundInnen raten zur Trennung. Sie können auf Dauer die Ambivalenz der Frau, die sich wiederholenden Versuche, sich von dem mißhandelnden Partner zu trennen und dann doch wieder mit ihm zusammen zu sein, sowie dessen Eifersucht nicht ertragen. Sie glauben den Frauen nicht mehr, wenn diese erneut sagen, sie würden es nicht mehr aushalten und sich trennen. Nahestehende wenden sich ab, um sich vor den eigenen Gefühlen von Hilflosigkeit gegenüber der mißhandelten Frau und Machtlosigkeit gegenüber dem Täter zu schützen.

Erfahren Vertrauenspersonen von den Vergewaltigungen und Mißhandlungen erst im nachhinein oder indirekt, wird die Nichtveröffentlichung unter Umständen als Vertrauensbruch erlebt und ist mit Kränkungen verbunden. FreundInnen und Familienangehörige ziehen sich zurück, wenn sie erfahren, daß sie angelogen wurden, oder richten Vorwürfe an die Frau, sie hintergangen zu haben. Teilweise schwören Angehörige Rache oder ‚heulen wie ein Schloßhund'. Gelten andere Beziehungsnormen, erwachsen daraus Vorwürfe, selbst Schuld zu sein und Fragen, wie die Frau solange mit dem Täter zusammenbleiben konnte.

Einige Frauen erleben, daß andere, werden sie ZeugInnen der Gewalt, nicht reagieren. Das gilt besonders, wenn die Opfer sich nicht gezielt an sie wenden und um Hilfe bitten. Die Gewalt durch den Partner wird als *Privatangelegenheit* behandelt, in die man sich nicht einmischt. Um sich gegenüber der Privatsphäre der Opfer abgrenzen zu können, geben Außenstehende vor, nichts zu hören und die Folgen der Gewalt nicht zu sehen. Sie schreiten nicht ein und hindern den Mann nicht an der Ausführung seiner physischen und sexualisierten Mißhandlungen. Sie lassen die Frau allein, auch wenn sie sie schützen könnten. Im besten Fall wenden sie sich an andere, die dann stellvertretend ein Gespräch mit der betroffenen Frau suchen. Diese Zurückhaltung ist zum einen ein Zeichen dafür, daß die Gewalt im privaten Bereich keinen sozial und gesellschaftlich relevanten Normbruch darstellt, sondern primär in der Verantwortung des Opfers liegt. Zum zweiten drückt sich darin aus, daß Außenstehende sich überfordert fühlen.

„Die [NachbarInnen] haben es gewußt und haben es unterdrückt, obwohl ich oft nach Hilfe geschrien habe." (U, 49). „Niemand ist gekommen. (...) Wir haben in einem zweistöckigen Haus gewohnt. Unten hat so ein junges Pärle gewohnt. Die haben das alles mitgekriegt, aber haben keine Anzeige oder sonst etwas gemacht. Wie wenn sie es nicht gehört hätten. (...) Die haben ja auch gesehen, wie ich blau war." (U, 50). „Erst dann, wie ich weggegangen bin, [haben] sie gesagt: ‚Wir haben halt nicht gewußt, was wir machen sollen.'" (U, 49)

Dabei wünschen sich die Frauen, daß jemand einschreitet. Vor allem mit einer Anzeige würde die Durchsetzung gesellschaftlicher Regeln und der Schutz der Frau im sonst rechtsfreien Raum möglich gemacht.

„Wenn man von außen dann eine Anzeige macht, ist das immer noch besser, wie wenn man persönlich geht. Da müßte einfach mehr unterstützt werden." (U, 50)

Den Frauen, die von ihrem Partner mißhandelt werden, stehen wenige Ressourcen und Fluchtmöglichkeiten zur Verfügung. Oft wissen sie nicht, wo sie hingehen können, um vor der Gewalttätigkeit des Mannes sicher zu sein. Zum Teil werden sie bei dem Versuch, vor der Gewalt zu fliehen und bei anderen Unterstützung zu erhalten, aus Angst vor der Belastung zurückgewiesen. Gleichzeitig wollen sie sich selbst auch niemandem aufbürden.

„Ich wollte eigentlich zu meiner Oma, weil ich gedacht habe, die ist so weit weg und da sucht mich niemand. (...) Da bin ich wirklich mal auf Abstand (...). Meine Eltern haben mich dann wieder geholt, weil sie gesagt haben, das ist für meine Oma zu sehr eine Belastung und ich könnte zu ihnen kommen. Aber die haben im gleichen Haus [wie wir] gewohnt. Das war auch schwierig. Na ja, dann bin ich wieder zurück." (E, 11/12)

Leugnung des Normbruchs. Einzelne Frauen erleben, wie ihre *Glaubwürdigkeit* angezweifelt und die Realität sexualisierter Gewalt geleugnet wurde. Für die Leugnung der Gewalt spielt für das Umfeld offensichtlich der Wunsch eine Rolle, es möge nicht wahr sein, was den äußeren positiven Anschein des Täters zerstöre. Je sozial angepaßter er Außenstehenden erscheint, desto eher wird die Glaubwürdigkeit der Interviewten angezweifelt, in dem ihr vermittelt wird:

„,So was kann der doch nicht machen, so ein lieber Mann.' Weil von außen hätten Sie dem nie angesehen, daß der so was macht, nie. Von außen war der ein ganz lieber, braver Mensch." (U, 50)

Einzelnen wird verdeutlicht, daß das Verhalten des Mannes sich im Rahmen eines traditionellen Geschlechterverhältnisses bewegt. Das traditionelle Geschlechterverhältnis wird gestärkt. Die *Schuld* für die schlechte Qualität der (ehelichen) Beziehung wird der Frau übertragen, mögliche Schwierigkeiten u.a. auf Störungen ihres Verhältnisses zum Vater verschoben. Die Frauen bekommen explizit gesagt, daß es ihrer Rolle entspreche, sich unterzuordnen, daß die Gewalt im Sinne einer traditionellen Beziehung normal, durch Leidensbereitschaft und Geduld zu bewältigen sei und daß man ‚bis zum bitteren Ende' bleibe.

„Und dann hat sie mich gefragt: ‚Was hast Du denn für ein Verhältnis zu Deinem Vater?' Dann habe ich gesagt: ‚Ach, kein besonders gutes.' (...) Die Antwort war, auf Gott [zu] hoffen. Das hat alles seine Richtigkeit. Das muß so sein. Und daß ich verzeihen muß. Und dann weiß ich noch, da bin ich guter Dinge nach Haus gegangen." (J, 47)

Die Opfer von Gewalt durch den Partner werden nicht unterstützt. Die Gewalt wird tabuisiert. Als Lösung wird den Frauen angeboten, im Sinne der Hoffnungsstrategie die Gewalt hinzunehmen und auf Gott zu vertrauen. Oder es wird statt auf das Gewalthandeln des Partners der Fokus auf die Sexualität und seine Hilfsbedürftigkeit gerichtet.

„Dann kam der Typ von denen bei uns vorbei und hat dem X ein Buch geschenkt: irgendwie ‚Vom Teufel besessen - Sexualität'. (...) Dieser Typ (...) hat ihm so auf die Schulter geklopft und hat gemeint, wenn er mit ihm reden will, er kann sich jeder Zeit bei ihm aussprechen. Und dann ist er wieder gegangen." (J, 6)

Die Frauen sollen dem Mann nicht die Kinder und den Kindern nicht den Vater wegnehmen. Belastungen und Folgen der Mißhandlungen für die Frauen und ihre Kinder werden bagatellisiert. Für die Männer geht mit dem Nichteingreifen des sozialen Umfeldes die Bestärkung einher, daß sie innerhalb der Beziehung Gewalt ohne Sanktionen einsetzen können, um ihre Interessen durchzusetzen. Niemand zieht sie zur Rechenschaft. Niemand fragt die Frau explizit, was sie als Unterstützung braucht. Gewalt innerhalb einer Beziehung wird durch die fehlenden Reaktionen zu einer Normverlängerung, als habe die Frau mit dem Eingehen einer Ehe das Recht auf körperliche Unversehrtheit aufgegeben. Von ihr wird verlangt, ohne Unterstützung ihre Rechte gegen einen Mann, der häufig physisch stärker ist und mit dem sie eine ambivalente Beziehung verbindet, durchzusetzen.

Teilweise erleben die mißhandelten und vergewaltigten Partnerinnen auch nach der Trennung, daß Nahestehende an einem traditionellen Geschlechterverhältnis festhalten. Sie werden als Geschiedene stigmatisiert. Bisherige Freundinnen fallen ihnen in den Rücken. Sie werden, ohne daß sie direkt angesprochen werden, zum Gegenstand von abwertendem ‚Getratsche'. Je regider die Vorstellungen über die Einschränkung der weiblichen Selbstbestimmung in Ehe und Familie, desto massiver sind die Vorwürfe und Forderungen, sich anzupassen. Nahestehende vertreten zum Beispiel die Ansicht, eine Frau, die sich von ihrem Ehemann trenne, sei ‚des Teufels', sie hätte ‚bis zum bitteren Ende' zu bleiben und es schade nichts, wenn sie geschlagen werde. Oder vermeintliche Vertrauensperson geben persönliches Wissen an andere weiter.

Vereinzelt werden die Frauen auch im nachhinein gefragt, warum sie sich nicht eher getrennt haben, ohne daß wirklich ein Interesse für die Zusammenhänge, sondern nur Unverständnis signalisiert wird.

Insgesamt wird der den Frauen und ihren Kindern entstandene *Schaden bagatellisiert oder geleugnet*, da andere Werte, wie der Erhalt der Beziehungen und die Interessen des Mannes höher bewertet werden.

Soziale Unterstützung (Anerkennung von Unrecht und Schaden). Wie schon bei der ersten Gruppe zeigt sich, daß eine Vielzahl von Unterstützungsformen die Bewältigungsprozesse der Vergewaltigungs- und Mißhandlungsopfer erleichtern können. Bei Opfern von Partnergewalt kommt hinzu, daß aufgrund der oft Jahre andauernden Gewaltbeziehung ihre Ressourcen in vielen Lebensbereichen zerstört wurden, so daß sie auf umfassende Hilfe angewiesen sind. Unter Umständen hängt die Hilfsbereitschaft anderer davon ab, daß die Gewaltfolgen und die existentielle Gefährdung nicht mehr zu übersehen sind und die Frau die Unterstützung explizit einfordert.

„Wenn Ihr mich nicht aus der Wohnung holt, und mir und meinen Kindern helfen tut, bringe ich die Kinder um und dann mich. Und dann haben meine Eltern mich damals geholt und dann war Schluß." (P, 7)

In der Regel machen die betroffenen Frauen die Erfahrung, daß die Gewalttätigkeit des Partners als Normbruch bestätigt wird, durch den der Frau ein Schaden entstanden ist und für den der Täter die Verantwortung trägt. Besonders im Falle von Partnergewalt sind die Frauen auf kognitive Unterstützung und eine *Wieder-/Herstellung des Selbst- und Weltverständnisses* angewiesen, welches ein Recht auf psychische, physische und sexuelle Integrität beinhaltet. Das, was für die Frauen im Laufe der Jahre fast zur Normalität geworden ist, zeigt sich in den Augen von anderen als Normbruch, den diese nicht billigen. Sie reagieren schon auf die Schilderung des ‚normalen Verhaltens' des Partners mit einer eindeutigen Stellungnahme: „*Der ist verrückt. Der ist nicht normal. Wie kann der Dich nur so beschimpfen.*" (Q, 25). Wenn die Bereitschaft der Frauen, in der Beziehung zu bleiben, sich bis zur Selbstaufgabe steigert, unterstützt eine Konfrontation den Bewußtwerdungsprozeß.

„‚Was hat der gemacht? Ja, wieso erzählst Du das so? Das ist doch nicht normal.' Und dann hat sie mir ein Buch gegeben von Anja Meulenbelt ‚Die Scham ist vorbei'[1]." (J, 10)

Zum Teil wirken andere, hatten sie sich selbst schon gegen Männergewalt durchgesetzt und z.B. ihren schlagenden Partner aus der Wohnung ‚geschmissen', als Modell für die Frauen. Die Normverdeutlichung hat im Sinne sozialer Kontrolle auch eine Bedeutung in Auseinandersetzungen mit dem mißhandelnden Partner selbst. Nicht unmittelbar Beteiligte, wie zum Beispiel die Eltern des Paares können gegenüber dem Täter klar Stellung beziehen und ihm mit Sanktionen, z.B. mit Enterbung drohen oder im Streit für die mißhandelte Frau eintreten.

Ein zweiter, wichtiger Aspekt ist die *Aufrechterhaltung der sozialen Identität*, d.h. die Akzeptanz der Frauen einschließlich ihrer Ambivalenz dem Partner gegenüber. Dazu gehört, daß die GesprächspartnerInnen die Gewalttätigkeit (wenn sie davon wissen) zwar verurteilen, aber den Mann nicht grundsätzlich und für ihn spürbar ablehnen und keine unerwünschten Ratschläge geben. Einige Freundinnen halten, ohne zu wissen, was genau in der Beziehung passiert, den Kontakt aufrecht und lassen sich nicht von dem Verhalten des Mannes abschrecken. Sie setzen die Freundin nicht unter Druck, sondern begleiten sie auf ihrem Weg.

---

[1] Meulenbelt, A. (1978). *Die Scham ist vorbei. Eine persönliche Geschichte* (1. Aufl.). München: Verlag. Frauenoffensive. Dieses Buch war eine der ersten Veröffentlichungen der sogenannten 2. Frauenbewegung, in der unter anderem das Thema ‚Männergewalt in der Ehe' thematisiert wurde. Es wurde in den folgenden Jahren immer wieder neu aufgelegt.

„Sie hat die Situation, in der ich gesteckt habe, ziemlich schnell kapiert, ohne daß ich ihr viel erzählen mußte." (B, 9). „Und hat auch kapiert, wie sie sein mußte, um von diesem Typen akzeptiert zu werden, daß er keinen Grund hatte, sie abzulehnen oder es ihr unmöglich zu machen, zu uns zu Besuch zu kommen." (B, 10). „Sie hat zum Beispiel akzeptiert: (...) Ich habe da erstmal den ganzen Tag gearbeitet, bin zur Schule gegangen und habe dann aber noch richtig Hausfrau gespielt, so wie man sich das im konservativsten Sinne vorstellt." (B, 9)

Emotionale Unterstützung bedeutet für die Frauen, daß sie in Ruhe von den Schwierigkeiten in der Beziehung zum Partner erzählen können, daß andere ihnen zuhören, sie trösten und versuchen, sie ein bißchen ‚aufzumöbeln'. Dafür ist nicht immer Voraussetzung, daß die anderen genau verstehen, wie es der von Gewalt Betroffenen geht.

„Positive Erfahrungen waren z.B., wenn ich das erzählt habe und jemand konnte sich das nicht vorstellen, daß ich halt in Arm genommen wurde, während ich das erzählt habe, (...) daß es da Berührungen oder körperliche Nähe gegeben hat, (...) wo die Nähe vom Verstand, also nur vom Begreifen her nicht da war, weil es (...) auch wirklich schwer nachzuvollziehen ist." (B., 33)

Besonders in der Trennungsphase ist es überlebensnotwendig, daß Vertrauenspersonen mit den Frauen, orientiert an ihren Bedürfnissen und Bewältigungsstrategien, nach Problemlösungen suchen und ihnen *instrumentelle Unterstützung* anbieten. Vor allem, wenn der Täter mit (Selbst-) Mord oder der Gefährdung anderer, z.B. der Kinder droht, brauchen die Frauen Schutz und Unterstützung für die Aufrechterhaltung ihrer Kompetenz zur Bewältigung der täglichen Anforderungen. Tatsächlich werden einige der Frauen in der Trennungsphase erneut vergewaltigt und mißhandelt. In der Regel erhalten die Frauen diese Hilfe, sobald sie deutlich - meist zum ersten Mal - darum bitten. Für einzelne Hilfeleistenden bedeutet dies die Bereitschaft zu einer körperlichen Auseinandersetzung und ein gewisses Risiko, selbst Opfer von Gewalt zu werden. Nach der Trennung helfen Vertrauenspersonen bei der Bewältigung langfristiger Belastungen und geben zum Beispiel lebensnotwendige Unterstützung bei einem kalten Heroinentzug oder vermitteln professionelle Kontakte, z.B. zu einem Frauennotruf.

8.2.2.3 Institutionen

Die interviewten Frauen, die Opfer ihres Partners wurden, wandten sich im Gegensatz zu denen, die von einem Fremden vergewaltigt wurden, weniger an FreundInnen und Bekannte, nahmen aber weitaus häufiger professionelle Hilfe in Anspruch. Das hing damit zusammen, daß die Gewalt in größerem Maße unterschiedliche Bereiche ihres Lebens tangierte, die Befragten zur Unterstützung ihrer Kinder eher in Kontakt mit den Sozial- und Jugendbehörden bzw. Psychologischen Beratungsstellen kamen und sie häufiger aufgrund von Körperverletzungen in ärztlicher Behandlung waren. Dabei klärten sie, solange sie noch mit dem Täter zusammenlebten, aus Scham selten den Hintergrund ihrer Verletzungen und der innerfamiliären Belastungen auf. Statt dessen versuchten sie, die Anzeichen der Gewalt als Folge von Stürzen auszugeben oder gaben keine Auskunft, z.b. über die Ursache einer durch Mißhandlungen ausgelösten Früh-, bzw. Totgeburt.

Inanspruchnahmemotivation
Die Inanspruchnahmemotivation hängt sehr davon ab, ob die Frauen noch mit dem Täter zusammenleben, sich trennen wollen oder sich schon aus der Beziehung gelöst haben. Fühlen die Frauen sich sehr ambivalent ihrem Partner gegenüber, hoffen sie, ihr Arzt bzw. ihre Ärztin würde Bereitschaft zeigen, auf die Gewaltfolgen einzugehen, indem er oder sie z.b. die eigene Zuständigkeit im Gespräch oder durch Informationsmaterial über Männergewalt deutlich macht. Zum Teil wünschen die Frauen sich auch weibliche Ansprechpersonen, um ihre Scham überwinden und die Gewalttätigkeit des Partners zur Sprache bringen zu können. Die Frauen senden andeutungsweise Signale aus oder berichten z.b. während der Untersuchung, woher die Verletzungen stammen.

Die gezielte Suche nach professioneller Hilfe setzt häufig erst ein, wenn es den Betroffenen existentiell schlecht geht und sie nicht mehr weiter wissen. Oft wenden sie sich nicht unmittelbar wegen der Gewalterlebnisse, sondern wegen der damit zusammenhängenden Belastungen an eine Vielzahl verschiedener Institutionen innerhalb der psychosozialen und medizinische Versorgung. Insgesamt berichteten die Frauen von sechs zentralen Anliegen, die sie im Falle der Inanspruchnahme professioneller Hilfe haben:

1. *Medizinische Versorgung körperlicher Verletzungen;*

2. *Normverdeutlichung* für sie selbst, aber auch im Sinne sozialer Kontrolle für den Täter, z.B. durch die Attestierung des Schadens; durch das ärztliche Zeugnis wollen die Betroffenen eine Art Öffentlichkeit herstellen, die den Partner unter Druck setzt oder in rechtlichen Auseinandersetzungen, im Falle einer Anzeige oder Scheidung, Relevanz haben könnte. Dabei berichteten die Interviewten wiederholt, daß diese Normverdeutlichungen nicht ohne Wirkung waren:

   „Und wie der dann wieder auf mich losgehen wollte, habe ich die Atteste genommen, und habe gesagt: ‚(...) Rührst Du mich noch einmal an, zeige ich Dich an (...).' Dann hat der mich nie mehr geschlagen." (P, 15)

3. *Reflexion des Selbst- und Weltverständnisses, der (Beziehungs-) Normen und der Ambivalenz dem Partner gegenüber;*

4. *Bewältigung praktischer Probleme* (wie finanzielle Engpässe, Versorgung der Kinder und Regelung des väterlichen Umgangsrechts) vor allem in der Phase der Trennung vom Partner;

5. *Diagnostik, Beratung und Therapie* im Zusammenhang mit *anhaltenden Beschwerden* der Betroffenen selbst, aber auch ihrer Kinder;

6. *Selbsthilfe*.

Zu den Fachkräften und -stellen, die die Interviewten aufsuchten, gehörten HausärztInnen, niedergelassene TherapeutInnen, Kliniken (z.B. Psychiatrie, Psychosomatik, Sucht, Gynäkologie), Fachberatungsstellen für Opfer sexualisierter Gewalt, Pro Familie, aber auch TherapeutInnen/BeraterInnen ‚alternativer' und spiritueller Gesundheitsbewegungen, Selbsterfahrungs- und Selbsthilfegruppen sowie Kampfsport - und Selbstverteidigungskurse. Keine der Interviewten wandte sich an ein Frauenhaus. Zum Teil hatten die Frauen aufgrund ihrer Kinder Kontakt zu Institutionen der psychosozialen Versorgung, z.B. im Zusammenhang mit Sorgerechts- und Umgangsregelungen, mit ihrer Berechtigung auf finanzielle Unterstützung, Erziehungsberatung und einer Unterbringung der Kinder in einer Pflegestelle. Dabei handelte es sich um Bereiche der Jugendhilfe wie den Sozialen Dienst, das Mutter-Kind-Programm, eine Psychologische Beratungsstelle und Pflegedienststellen. Die Mißhandlungen und Vergewaltigungen wurden in der Regel nicht veröffentlicht.

Außerdem machten die Frauen während der Beziehung und im Laufe des Trennungs- und Scheidungsprozesses *Rechtserfahrungen* unabhängig vom Strafgesetz. Diese betrafen folgende Punkte (1) die Gewährleistung ihrer Sicherheit durch Polizeischutz (s. 9.1.2), (2) Rechtsansprüche auf finanzielle Unterstützung im Falle einer Trennung und (3) die Regelung der Scheidung sowie der elterlichen Sorge und des Umgangsrechts.

Professionelle Reaktionen
Die Interviewten machten sehr unterschiedliche Erfahrungen bei der Suche nach professioneller Unterstützung. Solange es nur um sie selbst ging, erhielten sie meist die benötigte Hilfe. Anders war es, wenn die angenommenen Interessen der Väter und Kinder einbezogen wurden. Insgesamt lassen sich zwei Reaktionstypen feststellen:

- Verneinung einer professionellen Verantwortung und Überforderung
  (fehlende oder inadäquate Angebote)
    Gewalt durch den Partner als Privatangelegenheit

- Professionelle Unterstützung
  (Normverdeutlichung und Anerkennung des Schadens)

Verneinung einer professionellen Verantwortung und Überforderung. Das mangelnde öffentliche Interesse zeigt sich bei Männergewalt innerhalb einer Liebesbeziehung oder Ehe nicht nur in psychosozialen und medizinischen Institutionen, sondern auch in Reaktionen und der Entwicklung von Polizei und Justiz, bzw. dem Ehe-, Familien- und Sexualstrafrecht (vgl. dazu 9.1.2).

Einige der Vergewaltigungsopfer, die mit dem Täter zusammen leben, machen ihre ersten Rechtserfahrungen, wenn die *Polizei* bei Gewalttätigkeiten gerufen wird. Sie erleben in der Regel, daß deren Aktivitäten sich darauf beschränken, ihnen kurzfristig Schutz zu geben, während der Täter keine Sanktionierung erfährt und in der gemeinsamen Wohnung verbleiben kann. Außerdem werden sie im Fall einer Scheidung mit dem zu dem Zeitpunkt gültigen Ehe- und Familienrecht und der *Justiz* konfrontiert. Es wird als belastend empfunden, wenn das Scheidungsverfahren sich sehr lange hinzieht. Die Frauen fühlen sich ungerecht behandelt, wenn auf sie Unterhaltsverpflichtungen zukommen, nachdem der Mann während der Ehe eine eigene Existenzsicherung aufgegeben hat. Einige der Interviewten berichteten auch, daß sie unzureichend über ihre Rechtsansprüche, wie zum Beispiel ihr Recht auf Unterhalt oder Sozialhilfe informiert wurden. Am deutlichsten wurde der Einbruch opferfeindlicher Alltagstheorien in *Gesetzgebung* und Rechtsprechung im Falle einer lange zurückliegenden Scheidung, die noch nach dem Schuldprinzip des Eherechts vor 1976 geschieden wurde. Das Paar nahm einen gemeinsamen Rechtsanwalt, einigte sich und übernahm gemeinsam die Verantwortung für das Scheitern der Ehe. Die letzte Vergewaltigung eine Woche vor der Trennung wurde in der Verhandlung als Geschlechtsverkehr gewertet. Alle Mißhandlungen des Täters, die dieser vorangegangen waren, galten damit als verziehen und konnten nicht mehr zum Gegenstand des Scheidungsverfahrens gemacht werden. Der entstandene Schaden wurde geleugnet.

„Als Scheidungsgrund hat man sich dann (...) geeinigt. Da habe ich gesagt, er hat geschlagen ohne Grund. Und er hat gesagt, ich habe mich verweigert ohne Grund." (E, 24)

Vor allem Frauen, bei denen die letzten Mißhandlungen und Vergewaltigungen einige Jahre zurückliegen oder die im ländlichen Raum leben, berichteten, daß es in ihrem Umkreis keine *Frauenhäuser* gab oder nicht gibt, so daß sich aus Mangel einer Flucht- und Unterstützungsmöglichkeit die Trennung von dem Partner verzögerte. Frauen, die unter der Gewalt ihres Partners leiden, bekommen außerdem keine angemessene Hilfe innerhalb der *psychosozialen* und *medizinischen Institutionen*, wenn sie sich gegenüber den Professionellen nur indirekt zu ihrer Lebenssituation äußern.

„Irgendwann habe ich Kreislaufstörungen gekriegt (...) und war dann (...) bei einer Ärztin. Und die hat gemeint: ‚Es gibt diesen einen Nerv und den anderen Nerv.' (...) Und ich denke, daß ich ihr andeutungsweise schon so Signale gesendet habe. (...) Und da kam nichts." (J, 5)

Im Rahmen der Jugendämter und Psychologischen Beratungsstellen entsprechen die Angebote oft nicht den Bedürfnissen der vergewaltigten Frauen (und ihrer Kinder). Direkte und indirekte Traumatisierungen und die entsprechenden Bewältigungsstrategien werden nicht exploriert oder sogar tabuisiert. Im Vordergrund steht in einigen Fällen die Aufrechterhaltung der Vater-Kind-Beziehung, für dessen Realisierung die Frau in die Verantwortung genommen wird und nicht der Vater. Den Frauen werden z.B. Vorwürfe gemacht, wenn sie vor der Gewalt des Partners in eine andere Stadt fliehen und aus Mangel an Alternativen zunächst die Kinder zurücklassen. Statt dessen werden die Ratsuchenden darin unterstützt, den Schein der ‚heilen Familie' nach außen hin aufrechterhalten. Das ist vor allem der Fall, wenn der Täter auch nach der Trennung an Familien- und Beratungsgesprächen teilnimmt. Den Frauen werden an ihrer Lebensrealität vorbeigehende professionelle, unterschiedlichen Therapieschulen zugehörige Erklärungsmuster für Probleme der Kinder präsentiert. Dazu gehört der ‚Ödipuskomplex' oder das Fehlen eines ‚eindeutigen Familienlebens'. Diese Einengung führt dazu, daß konstruktive Antworten der Traumatisierten auf Entgrenzung und Gewalt in der traditionellen Kleinfamilie als Ursache von Störungen interpretiert werden. Das betraf vor allem eine Frau, die als sozial abweichend stigmatisiert wurde und aufgrund ihrer Berufstätigkeit als Hosteß vom Jugendamt nicht in Regelungen einbezogen wurde, die ihre Kinder betrafen. Schwierig ist es für die Frauen auch, eigene und fremde Forderungen, den Kindern den Vater zu erhalten und sie gleichzeitig vor väterlicher Gewalt zu schützen, umzusetzen.

Professionelle Unterstützung (Normverdeutlichung und Anerkennung des Schadens). Auch wenn die Mißhandlungen und Vergewaltigungen nicht direkt angesprochen werden, profitieren die Frauen von einer Beratung, solange diese mit einer klaren Normsicherung, Vermittlung von Informationen sowie der Stärkung des Selbstwertgefühls und der Exploration von individuellen Prozessen verbunden ist.

Während einige der Interviewten keine Informationen über ihre Rechte erhielten, wurden andere über ihre finanziellen Ansprüche und andere Hilfsangebote (Psychologische Beratungsstellen, Mutter-Kind-Projekt, Unterbringung der Kinder in einer Pflegefamilie) informiert. Darüber hinaus erfuhren einzelne, daß die Möglichkeit besteht, sich die Körperverletzungen attestieren zu lassen, um den Partner unter Druck zu setzen und ihn gegebenenfalls anzuzeigen, sowie mittels einer gerichtlichen Verfügung dafür zu sorgen, daß der Täter die Frau in Ruhe läßt und die eheliche Wohnung verläßt.

Solange die Frauen sich nicht entschließen, die Mißhandlungserlebnisse zu veröffentlichen, beschränkt sich das Vorgehen der ÄrztInnen auf eine medizinische Versorgung und die gewünschte Attestierung der Verletzungen. Ausschlaggebend für eine weiterreichende Intervention ist es, daß Zeichen körperlicher Gewalt sowie die selbstzerstörerischen Folgen (z.B. starke Gewichtsabnahme, Drogenabhängigkeit) für andere unübersehbar sind. Professionelle konfrontieren die Frauen mit den gesundheitlichen Kosten der Selbstaufgabe, der potentiell tödlichen Destruktivität ihres bisherigen Opferbildes und verdeutlichen die verkannte Realität. Sie spiegeln das Verhalten der Interviewten:

„‚Du (...) tust Dich selber hinrichten, bevor Du Konsequenzen ziehst (...) und sagst: ‚Also so nicht. Das lasse ich nicht mit mir machen'. Lieber gehst Du selber vor die Hunde für jemand anders.'" (P, 16)

Professionelle Vertrauenspersonen kündigen an, die Mißhandlungen und die gesundheitliche Gefährdung der Frau nicht weiter hinnehmen zu können und Anzeige zu erstatten, wenn die Frau nichts unternehmen bzw. sich nicht von dem Täter trennen würde. In der Trennungsphase vermitteln professionelle Vertrauenspersonen Mut und Selbstbewußtsein, daß die Frau ‚jemand sei', sich nicht unterdrücken lassen solle und auch „Rechte als Mensch" (P, 30) habe.

„In den Momente bin ich soweit unten, daß ich wirklich nicht mehr weiß, ob das jetzt richtig oder verkehrt ist, was mir gesagt wird. Dann zweifel ich so sehr an mir selber, daß ich (...) wie bekloppt in der Birne bin (...). Und das ist ja das Schlimmste, wenn einem Menschen (...) der eigene Verstand genommen wird." (P, 17)

Außerdem werden die Frauen darin bestärkt, auf ihre Grenzen und Bedürfnisse zu achten. Das ist besonders wichtig, wenn sie sich als vom Partner „*programmiert*" (Q, 17) erleben. Sie erfahren aus einer anderen Perspektive,

„daß man all den Müll, (...) der einem hier innen drin die Luft nimmt, hier rausreden kann; daß man gesagt kriegt, wo man falsch denkt oder handelt. (...) Ich bin noch als mal [so], daß ich ihn mehr in Schutz nehme oder alles mögliche für ihn tue, als an mich zu denken." (Q, 17)

Darüber hinaus bekommen die Frauen Unterstützung bei einer langfristigen Verarbeitung der Gewaltfolgen bis hin zur Wiederherstellung der Erwerbsfähigkeit bei schweren körperlichen und psychischen Mißhandlungsfolgen. Besonders hilfreich ist es, wenn es ein klares Angebot gibt, wie zum Beispiel eine auf Gewalt gegen Frauen spezialisierte Beratungsstelle, die eine eindeutige Zuständigkeit signalisiert. Nach der Trennung finden die Frauen zusätzlich Unterstützung durch verschiedene Möglichkeiten in spirituellen, künstlerischen und gesellschaftspolitischen Bereichen, sowie durch die Teilnahme an Selbsthilfegruppen. Dort erfahren die Frauen, daß andere Vergleichbares erleben.

„Dann kann man sich selber relativieren, in dem man merkt, das ist normal nachdem, was man erlebt und durchgemacht hat; daß man das dann auch extrem verdaut." (B, 17)

8.2.3 Normverlängerung: „Ist das jetzt immer so?"

In diese Gruppe lassen sich die Erfahrungen von 14 der interviewten Frauen einordnen. Dabei wurden einige von ihnen wiederholt Opfer sexueller Traumatisierungen durch den gleichen, aber auch durch weitere Täter. Alle Befragten erlebten die Vergewaltigungen als bedrohlich und als Angriff auf ihre psychische, physische und sexuelle Integrität. Trotzdem war es den Frauen nicht durchgängig möglich, die Vergewaltigung als normabweichende Gewalttat zu erkennen. Statt dessen ordneten sie diese zumindest über eine gewisse Zeit als normal im Sinne der von ihnen wahrgenommenen Geschlechter- und Statusverhältnisse und erwarteter Sexualrollen ein. Bei den Tätern handelte es sich sowohl um Fremde, flüchtig und nahe Bekannte, als auch um Partner und Autoritätspersonen. Nur ein Drittel der Frauen dieser Gruppe, erlebte die Vergewaltigung als eine in sich abgeschlossene Traumatisierung. Das waren diejenigen, die von einem Bekannten oder Fremden vergewaltigt wurden. Bei den Frauen, die von ihrem (Sexual-) Partner oder einer Autoritätsperson sexuell ausgebeutet wurden, wurde die erste Vergewaltigung eingebettet in eine Beziehung, in der die Frauen die Selbstbestimmung bezüglich ihres Körpers nicht entwickeln konnten oder zunehmend verloren. Das ging soweit, daß sich die Grenze zwischen Vergewaltigung und Sexualität im gegenseitigen Einvernehmen auflöste.

Bei den Frauen dieser Gruppe handelt es sich von den äußeren Bedingungen her um eine sehr heterogene Teilstichprobe. Dennoch lassen sich bedeutsame Gemeinsamkeiten finden, die vor allem mit der subjektiven Theorie der eingeschränkten Selbstbestimmung in der Sexualität und in Autoritätsbeziehungen in Zusammenhang stehen. Diese erschwert eine direkte Auseinandersetzung mit der Traumatisierung. Die emotionalen Folgen werden zunächst intrapsychisch bewältigt, bevor nach einer Trennung vom Täter und einer Neubewertung der Tat als Normverletzung oder Normbruch eine direkte Traumabearbeitung möglich wird.

8.2.3.1 Verwirrung und Selbstaufgabe vs. Selbstbestimmung

Die Frauen definieren die Vergewaltigung innerhalb eines längeren Zeitraums als Sexualität oder Diagnostik und Therapie im Rahmen geltender Normen. Dies geschieht meist unter dem Einfluß des Täters. Da es sich bei einem Großteil von ihnen um Vertrauens- und Autoritätspersonen handelt, verfügen diese über eine größere Definitionsmacht als ihre Opfer. Einige Frauen haben zwar nach der Tat keinen weiteren Kontakt zum Täter, bleiben aber der Konstruktion der Tat als ‚normale' Sexualität bzw. Therapie und damit der Sichtweise des Täters verbunden. Die Frauen orientieren sich aufgrund ihrer eigenen *Verwirrung* an einer Perspektive der *Selbstaufgabe* gegenüber einem sich erst mit der Zeit entwickelnden Standpunkt der *Selbstbestimmung in sexuellen Beziehungen* und gegenüber *männlichen Autoritäten*.

Verwirrung und Selbstaufgabe

Die Frauen dieser Gruppe befinden sich zum Zeitpunkt der ersten Vergewaltigung in der Beziehung zum Täter immer in einer Phase der Vertrauensbildung, in der kooperative Kommunikationsstrategien im Vordergrund stehen. Darüber hinaus sind sie bereit, im Interesse des Kontaktes ihre Grenzen zurückzunehmen. Parallel dazu läuft von Seiten des Täters ein Prozeß, der darauf abzielt, ihre Grenzen zu ignorieren und seine bis zur Vergewaltigung auszudehnen. Die Rekonstruktion der Tat seitens der Frauen erfolgt in einer Zeit großer Verunsicherung, Demütigung und Verletzung unter dem Einfluß des Täters. Sie basiert in der Regel auf der Abgrenzung vom Fremdtäterstereotyp, demnach die Frau von dem Angriff überrascht wird und sich nichts vorzuwerfen hat.

„Vergewaltigung ist, daß man wirklich was gegen seinen Willen von vorne herein tut, wo man sich keine Schuld zu geben braucht, daß einem das passiert ist." (F, 42)

Das traumatische Erlebnis läßt sich hingegen kognitiv nicht als Normbruch einordnen. Den Frauen fehlen Informationen. Sie kommen mit ihrem Erleben in keinem Buch, in keiner Fernsehsendung und in keinem Gespräch über Vergewaltigung vor. Es gibt für sie demzufolge keine Basis, anhand derer eine Auseinandersetzung möglich wäre.

„Da war so wenig Hintergrund für mich, (...) einfach schon mal durch Sachen, die ich gelesen oder bei anderen mitbekommen hätte, daß ich das hätte einschätzen können oder damit irgendwie flexibel hätte umgehen können, [so] daß ich das auch für mich selber überhaupt nirgendwo einsortieren konnte." (Sch, 17)

So bleibt den Frauen nur, auf ihre subjektiven Theorien über weibliche Selbstbestimmung im sozialen Nahbereich zurückzugreifen, um die Traumatisierung zu erklären. Entscheidende Aspekte dieser Theorien, die zu einer Leugnung des Normbruchs führen, betreffen folgende Punkte:

- Vergewaltigung als Sexualität, Liebe und/oder (therapeutische) Hilfe
  Männlich-aktive und weiblich-passive Sexualrollen
  Autorität männlicher Erwachsener
- Versäumte bzw. wirkungslose Vermeidung und Selbstverteidigung

Vergewaltigung als Sexualität, Liebe und/oder (therapeutische) Hilfe. Ein wichtiges Kriterium für die Rekonstruktion der Tat als Normverlängerung ist die Anerkennung von komplementären Sexualrollen und männlicher Autorität. Diese ist verbunden mit der Aufgabe weiblicher Selbstbestimmung in der Sexualität, in flüchtigen, aber auch in intimen und therapeutischen Beziehungen. Die Verwirrung nach der Vergewaltigung ist besonders bei jungen Frauen sehr groß, die über keine sexuellen Erfahrungen verfügen. Sie haben vor allem aufgrund unzureichender Aufklärung keine Vorstellung darüber, was es bedeutet, mit einem Mann sexuell zu verkehren. Demzufolge ist es ihnen nicht möglich, die Vergewaltigung einzuordnen.

„Ich wußte, da wird gestreichelt, da küßt Du Dich, da tust Du Dich umarmen. Da hast Du Dich lieb. (...) Ja da war nichts. (...) Der hat mich (...) so gegen die Wand geschleudert und drauf. (...) Ich war so schockiert in dem Moment. (...) Ich wußte gar nicht, was da passiert war. Ich bin hinterher Monate da rum hergelaufen, (...) und habe mir selber gesagt, ist das jetzt immer so? (...) Wenn das immer so sein muß, ist das ganz schrecklich." (P, 35/36)

Vor dem Hintergrund ihrer Vorstellungen über Sexualität wird das traumatische Erlebnis für die jungen Frauen im nachhinein zu einer Einführung in die Sexualität, einem ‚Quicky' oder einem Zeichen der Freundschaft und Liebe. Die Mädchen glauben die Gewalt und das Übergehen ihrer Bedürfnisse würden dazugehören oder müßten sogar so sein. Befinden die jungen Frauen sich in einem Abhängigkeitsverhältnis, wird aus der Vergewaltigung unter Umständen auch der legitime Preis für eine Übernachtung oder für die Nichtausführung von Drohungen seitens des Täters. Andere erleben die Gewalttat als das Recht des Freundes oder Ehepartners oder ein Zeichen männlichen Begehrens.

„Ich dachte, so einen Besitz [zu] markieren (lacht) hat vielleicht auch schon was damit zu tun, daß dir halt dieser Besitz was wert ist." (Sch, 2/2)

Für einzelne Frauen, die von ihrem Partner mißhandelt werden, ist die Vergewaltigung eine Fortsetzung der ihr vorausgehenden Mißhandlungen, ohne daß sie die Vergewaltigungen als solche als etwas qualitativ anderes definieren. Außerdem berichten sie, daß bei zunehmender Gewalt und immer wiederkehrenden sexualisierten Mißhandlungen jeder Geschlechtsverkehr zur Vergewaltigung wird. Sie lassen diese über sich ergehen ohne sie als Normbruch zu definieren. Handelt es sich bei den Tätern um professionelle Autoritätspersonen, übernehmen die Interviewten dessen Erklärung und rekonstruieren die Vergewaltigung als *„Verhaltenstherapie auf sexuellem Gebiet"* (H, 32), *„Körpertherapie"* (Y, 13) oder *„Körperanalyse"* (H, 19).

„Na ja gut, wenn er Dir jetzt in die Ohren guckt, warum dann eigentlich auch nicht da [in der Scheide]. ‚Es ist doch natürlich' der eine Satz. ‚Nein es ist nicht natürlich' der andere Satz." (H, 19)

Die subjektiven Theorien über das Ereignis sind unabhängig davon, daß die Mädchen und Frauen keinen Geschlechtsverkehr oder nicht in der Brutalität oder Form wünschen, der Täter sie mit seinem Angriff überrascht sowie ihren Widerstand mit Hilfe von körperlicher und psychischer Gewalt, mit Drohungen und Erpressungen bricht. Die Verweigerung der Anerkennung des an ihnen verübten Unrechts erfolgt ungeachtet des Ausmaßes der Demütigung, der Entfremdung und des empfundenen Leidens.

Um psychisch überleben zu können, nehmen die Frauen eine Spaltung vor. Sie bewältigen die emotionalen Belastungen der Vergewaltigungen intrapsychisch, indem sie versuchen, die Verletzung ihrer Selbstbestimmung und Integrität zu vergessen. Aus der Vergewaltigung wird die Erweiterung der Normalität, z.B. als Teil einer ‚Liebesbeziehung'. Unter Umständen fühlt die junge Frau sich sogar geschmeichelt, daß der Täter sie als Frau und nicht mehr als Kind wahrnimmt.

„Ich habe mich selber belogen oder von dem Trainer belügen lassen und habe das eben einfach geglaubt, diese Illusion, und habe das, was nicht sein sollte, total von mir weggeschoben." (Z, 15)

Das Opferverhalten vor der Tat und deren Rekonstruktion im nachhinein stehen in engem Zusammenhang mit *männlich-aktiven und weiblich-passiven Sexual-*

rollen, in denen *„ein Mann und eine Frau vorkommen und eine Penetration"* (Sch, 4). Diese Vorstellung wird ergänzt durch die Delegation der Verantwortung für die Sexualität an den Mann, d.h. die Initiierung zur Frau und die Entdeckung der eigenen Sexualität durch ihn. Das gilt besonders in der Beziehung zu statushöheren Männern bzw. Autoritätspersonen. Während die jungen Frauen keine konkrete Vorstellung über ihre Sexualität haben, definieren andere, was eine freie Sexualität ausmacht. Vor dem Hintergrund eines männlichen ‚Triebmodells' glauben einzelne Frauen demzufolge nach den ersten Irritationen dem Sexualpartner, wenn er behauptet, er müsse jetzt Geschlechtsverkehr haben, sonst drehe er durch. Die Betroffenen geben entgegen ihrer eigenen Interessen den Forderungen nach häufigem Geschlechtsverkehr nach.

„Als er dann auch angefangen hat, an mir rumzuzerren und rumzubrüllen, habe ich geblickt, daß er es ernst meint. Und dann habe ich, so fasziniert wie ich war, nachgegeben." (S, 8)

Im Laufe der Zeit und den eskalierenden Ansprüchen an ihre Verfügbarkeit können die Frauen immer weniger unterscheiden, was sie wollen und was sie nicht wollen. Sie verlieren jegliches Gefühl für sich, ihre Bedürfnisse und Grenzen. Sie gewähren dem Mann das Verfügungsrecht über ihren Körper und lassen alles über sich ergehen.

„Ich bin nur noch dagelegen und habe so getan, als ob es mir Spaß machen würde." (S, 9)

Mit der Orientierung auf die männliche Sexualität gerät die eigene Sexualität soweit in den Hintergrund, daß die Frauen selbst nicht entdecken können, was ihre Lust oder ein Orgasmus ist. Außerdem besteht für sie subjektiv nicht das Recht, jederzeit sagen zu können: *„Jetzt habe ich keine Lust mehr."* (Sch, 3). Gleichzeitig wird dem Mann der allzeitige Anspruch auf die Verfügbarkeit der Frau zugestanden, daß diese ihn zum Beispiel nicht sexuell erregt und unbefriedigt lassen kann. Damit besteht ein implizites Verbot für Frauen, aktiv zu flirten, eine aktive selbstbestimmte Sexualität zu leben und eine sexuelle Beziehung auch wieder zu beenden. Die Entgrenzung geht soweit, daß die Frauen dem Partner erlauben, den Zeitpunkt für die Befriedigung seiner sexuellen Bedürfnisse zu bestimmen.

„So, Du warst jetzt vier Wochen weg. Und ich bin der Meinung, ich könnte jetzt auch mal wieder zu meinem Recht kommen." (S, 10)

Für die Rekonstruktion der Tat als Normverlängerung spielt in vielen Fällen die angenommene *männliche Autorität* eine Rolle. Diese (von den Frauen zugeschriebene) Autorität ermöglicht es den Männern, die sexualisierten Grenzverletzungen langsam bis zur Vergewaltigung zu steigern und ihrer Definition der Tat eine große Durchsetzungsmacht zu verleihen. Die Frauen vertrauen ihnen und entwickeln positive Gefühle. Sie schätzen den späteren Täter als Mann aufgrund seiner Erfahrungen, seines beruflichen, politischen und sozialen Status, als freien und unkonventionellen Menschen, für den es keine Tabus gibt oder als jemanden, der etwas sehr Väterliches verkörpert. Junge Frauen halten es für möglich, über ihn etwas über sich, über ihren Körper, ihre Sexualität, Orgasmus und ihre Orgasmusfähigkeit zu erfahren. Handelt es sich bei dem Täter um eine familiäre oder professionelle Autoritätsperson, erleben die Betroffenen gleichzeitig eine starke Ambivalenz, da sie sich ihn als Vater, Trainer, Erzieher, Therapeuten und nicht als Sexualpartner wünschen. Die Frauen können den Widerspruch zwischen Gewalthandeln auf der einen Seite sowie der professionellen Rolle und Freundlichkeit auf der anderen Seite nicht lösen.

„Das habe ich dann nicht auseinander kriegen können, dieser Mißbrauch und daß er dann so unheimlich nett ist." (Y, 18)

Versäumte bzw. wirkungslose Vermeidung und Selbstverteidigung. Für die Frauen ergibt sich die Normverlängerung und Infragestellung des Unrechts auch daraus, daß sie zu einem Teil des Täterverhaltens in zeitlicher Nähe zur Vergewaltigung ihr Einverständnis gegeben haben. Dazu gehören eine schon bestehende sexuelle Beziehung oder eine Zustimmung zur Aufnahme einer solchen. Das ist zum Beispiel dann der Fall, wenn die Frau in der Zeit vor der Tat mit dem späteren Täter sich zum Kaffeetrinken verabredet hatte, mit ihm zum Tanzen ausgegangen war oder den Tatort ohne körperlichen Zwang aufgesucht hatte. Hat die Frau im Vorfeld nicht alles zur *Vermeidung* der sexualisierte Gewalt getan, hat sie damit ihr Recht auf Selbstbestimmung verwirkt. Einzelne Opfer stellen das Unrecht in Frage, wenn sie anfangs den sexuellen Forderungen ihres Partners oder Therapeuten nachgegeben hatten. Aus ihrer Sicht hatten sie aufgrund einer fehlenden Grenzsetzung die folgenden Vergewaltigungen schuldhaft ermöglicht. Hinzu kommen ambivalente Gefühle, die sich zum einen aus der idealisierten Beziehung und zum anderen aus dem Erleben der sexuellen Ausbeutung ergeben. Diese Ambivalenz erschwert ihnen nicht nur den Widerstand, sondern auch die Charakterisierung der Traumatisierung als Vergewaltigung und Mißbrauch ihres Vertrauens.

Für eine Rekonstruktion der Tat im Sinne einer Normverlängerung ist außerdem wichtig, daß der Mann erst gewalttätig wird, nachdem die Frau von sich aus den Tatort aufgesucht hat. Das ist zum Beispiel der Fall, wenn die Opfer aus Angst vor den Drohungen des Täters ihn in seine Wohnung begleiten. Andere schließen sich ihm an, weil sie nach einer Party eine Übernachtungsmöglichkeit suchen oder aufgrund ihrer Drogenabhängigkeit und Obdachlosigkeit gezwungen sind, bei Fremden unterzukommen. Mit diesem Verhalten haben die Frauen aus ihrer Perspektive *„den Mann praktisch in seiner Tat unterstützt"* (M, 50).

„Ich (...) setze mich selber der Gefahr aus. Ich muß damit rechnen. Das ist sozusagen mein Berufsrisiko [als Obdachlose und Prostituierte]." (F, 39)

Diese Bewertung gilt auch, wenn die Tat abgesehen von Tatort und der Beziehung zum Täter der Vorstellung einer ‚typischen' Vergewaltigung entsprach: wenn der Täter die Interviewte ohne Unterbrechung über mehrere Stunden festhält, schlägt und vergewaltigt, die Frau sich wehrt und um Hilfe schreit und sie als Folge der Vergewaltigung und Mißhandlungen schwer und nachhaltig verletzt ist. Einige der Frauen verneinen den Gewaltcharakter der Tat auch deswegen, weil sie nicht früher aus der Situation gegangen sind.

„Ich hätte auch schon früher aufstehen können und gehen können, wo ich gemerkt habe, der drängelt nach irgendwas, was ich überhaupt nicht will. In dem Moment war eigentlich schon klar, (...) ich habe den zu weit gehen lassen. (...) Und ich glaube, daß ich in dem Moment schon so ein Stück auch Respekt vor mir selber verloren habe, (...) was mir einfach bis heute nachgegangen ist." (Sch, 2/3)

Außerdem wird die Anerkennung des Unrechts verweigert, wenn die Frauen sich nicht körperlich wehren und ihrem Anspruch nach Selbstbehauptung und *Selbstverteidigung* nicht gerecht werden oder sie nach der Vergewaltigung weiter mit dem Täter zusammenbleiben und aus Angst vor einer Trennung dem Druck weiterhin nachgeben.

„Das ging genauso weiter. Die fünf bis sechs mal am Tag mußten halt passieren." (S, 11)

Mit der Frage nach dem eigenen Vermeidungs- und Selbstbehauptungsverhalten sind starke Selbstabwertungen verbunden. Die Frauen geben sich die Schuld, machen sich jahrelang Vorwürfe, sie seien dumm gewesen und es hätte nur ihnen passieren können. Sie ärgern sich über sich selbst, verurteilen und hassen sich, anstatt den Täter. Sie schämen sich dafür, daß sie die Demütigung nicht abgewehrt haben.

„Ich habe so ein bißchen das Gefühl (...), daß es was mit meiner Ehre oder Würde zu tun hat, die brutal verletzt wurde im Moment einer Vergewaltigung; daß das eigentlich das größte Verbrechen gegen mich überhaupt ist und daß ich eigentlich, um die wiederherzustellen, mich dagegen massiv zur Wehr setzen sollte. Und in dem Moment, wo ich das nicht tue, (...) schäme ich mich, weil ich von mir selber das Gefühl habe, ich nehme mich selber nicht ernst genug, um mich an dem Punkt wirklich zu wehren." (Sch, 2/2)

Diese Kriterien einer subjektiven Theorie eingeschränkter Selbstbestimmung in der Sexualität und gegenüber männlichen Autoritäten hat weitreichende Konsequenzen in Richtung einer *Leugnung des Schadens*. Wird die Vergewaltigung als Normverlängerung gesehen, nehmen die Frauen dieser Gruppe im Verhältnis zu den anderen die größten diesbezüglichen Einschränkungen vor. Bei einzelnen äußert sich die Unsicherheit über das an ihnen verübte Unrecht und die daraus folgenden Belastungen noch im Interview. Einige von ihnen distanzieren sich, vermeiden es, intensiver und länger über das traumatische Ereignis nachzudenken, vergessen dieses (vgl. 8.1) und ordnen es als mehr oder weniger ‚normal' in das eigene Leben ein.

Für andere bleibt die Vergewaltigung als Normverlängerung in ihrem Bewußtsein, ohne daß sie sich direkt damit auseinandersetzen. Mit Hilfe von Autosuggestionen - *„Ich komme damit klar und kann trotzdem leben und alles mögliche machen."* (Sch, 2/1) - bagatellisieren sie den entstandenen Schaden. Die Entwürdigung und Verletzung ihrer Integrität ist dann *„zwar Scheiße, aber eigentlich eine Banalität"* (Sch, 2/1). Die Frauen werten sich selbst ab und fordern von sich, sich nicht so anzustellen.

> „Eigentlich ging es mir schlecht. Das habe ich auch gemerkt. Aber ich habe mir dann versucht, einzureden, und das habe ich auch über ziemlich lange Zeit erfolgreich geschafft, daß das nicht weiter schlimm ist und daß man das ruhig mal haben könnte oder machen könnte." (O, 5)

Die Leugnung des Schadens geht sogar soweit, daß eine Interviewte die Verantwortung dafür übernahm, daß ihr Therapeut das Abstinenzgebot übertreten hatte.

> „Und da frage ich mich heute natürlich auch, wie weit habe ich den Therapeuten kaputt gemacht, also sprich die therapeutische Chance, indem ich mich in ihn verliebt habe, er darauf erwidert hat." (H, 20)

Zunächst erscheint eine nachträgliche Zustimmung zu einer sexuellen Beziehung oder Liebesbeziehung oder einer, den Geschlechtsverkehr einschließenden Verhaltenstherapie als Lösung für die durch die Vergewaltigung ausgelöste Demütigung und die Bewältigung der damit verbundenen Belastungen. Anders als die Frauen, die die Vergewaltigung im Sinn einer Ausnahme von der Norm vor dem Hintergrund traditioneller Geschlechterrollen definierten, erfolgt bei den Frauen dieses Typus die Definition der Tat im Sinne einer Normverlängerung vor dem Hintergrund von Sexualrollenstereotypen, der Anerkennung männlicher Autoritäten, ihres eigenen Verhaltens vor und nach der Tat sowie einer Bagatellisierung des Schadens. Diese Frauen lösen den Widerspruch zwischen der erlebten Gewalt und der Aufrechterhaltung der Beziehung, indem sie den Gewaltcharakter verdrängen und den sexuellen Aspekt hervorheben. Diese Perspektive geht einher mit starken Scham- und Schuldgefühlen sowie Verachtung für sich selbst. Die vergewaltigte Frau erlebt sich unter Umständen nicht als Opfer des Täters, sondern als Opfer des eigenen Verhaltens.

Diese negative Selbstbewertung ist besonders stark, wenn die Frauen widersprüchliche Männlichkeits- und Weiblichkeitsbilder als Modelle haben. Sie gehen davon aus, daß Gleichberechtigung ‚natürlich' und realisiert ist und daß Mädchen und Jungen gleich erzogen werden. Gleichzeitig haben sie aber geschlechterhierarchische Vorstellungen über Heterosexualität und intime Beziehungen:

> Der „Traumprinz kommt auf dem Pferd, holt sich die Frau auf das Pferd und haut ab. Und [sie] leben glücklich bis an Lebensende." (S, 41)

Aus diesem Dilemma gibt es kein Entkommen. Da die Frauen den eigenen Emanzipationsanspruch nicht einlösen können, der ihnen als selbstverständlich erscheint, potenzieren sich die selbstbezogenen negativen Gefühle und Gedanken. Verbunden mit der Erwartung an die Realisierung von Selbstbewußtsein und Selbstbehauptung entstehen Schuldgefühle, weil sie sich nicht ausreichend gewehrt hatten, und Scham, weil sie dem Täter vertraut und sich geöffnet hatten, während er sie zutiefst demütigte.

Erst mit zunehmenden inneren und äußeren Abstand sowie sozialen und professionellen Einflüssen gelingt es den Frauen, sich mit der Traumatisierung auseinanderzusetzen. Nur so können sie nach und nach das an ihnen begangene Unrecht und das Ausmaß des Schadens anerkennen. Bei einigen von ihnen erfolgt die Veränderung durch eine existentielle Gefährdung, wie sie für die Frauen, die von ihrem Partner vergewaltigt werden und die Mißhandlungen als Normausnahme definieren schon beschrieben wurde. Auslöser sind Psychiatrie- und Psychosomatikaufenthalte nach akuten Psychosen oder Alkoholabusus oder soziale Erfahrungen.

Selbstbestimmung: Anerkennung von Unrecht und Schaden
Nachdem die Opfer nicht mehr mit dem Täter konfrontiert sind oder den oben genannten subjektiven Theorien widersprechende Erfahrungen gemacht haben, beginnen sie, sich mit der Traumatisierung auseinanderzusetzen und ihre Ambivalenz bezüglich der Anerkennung von Unrecht und Schaden zu klären. Für die, die von ihrem Partner vergewaltigt (und mißhandelt) wurden, war dies erst nach einer klaren Abgrenzung und Trennung vom Täter möglich. Der einsetzende Bewußtwerdungsprozeß wird von einigen Frauen als quälend und beängstigend erlebt. Demzufolge muß die Bereitschaft dazu erst wachsen.

„Wenn einem selber der Schmerz richtig noch mal bewußt wird; wenn ich dazu bereit bin, wirklich noch mal zu sehen, was da war und das auch zu spüren und zu merken: Das hat weh getan; der hat was mit mir gemacht, was ich nicht wollte. ich habe mich gewehrt und trotzdem hat es nichts genützt. Dann ist es eine Vergewaltigung. Aber dazu muß ich erstmal dahin gucken." (F, 41)

Nicht alle Interviewten haben sich in dem Sinne zum Zeitpunkt des Interviews der Vergewaltigung stellen können. Zum Teil rekonstruieren die Frauen, die wiederholt Opfer sexualisierter Gewalt geworden waren, im Laufe der Traumaverarbeitung bestimmte Vergewaltigungen als solche, während andere für sie (noch) nicht unter ihre Definition einer solchen fielen. Das gilt auch dann, wenn sie vermuten, daß *„ein normaler denkender Mensch das sehr wohl als Vergewaltigung bezeichnen"* (P, 2) würde. Die Frauen können für sich die Grenze zwischen Normalität und Normbruch nicht ziehen. Zwar haben sie im Laufe der Auseinandersetzung ein Bewußtsein für Kriterien entwickelt, nach denen eine Vergewaltigung definiert ist, übertragen diese aber nicht in allen Fällen auf die eigene Erfahrung: *„Nach den Kriterien ist es eine, aber für mich selber ist es noch nicht so."* (F, 40).

Obwohl nicht alle den Traumaverarbeitungsprozeß bis zu einer solchen Konfrontation und einer subjektiven Theorie uneingeschränkter Selbstbestimmung verfolgen, soll ein diesbezüglicher Idealtypus dem der Selbstaufgabe gegenübergestellt werden. Erst im Laufe eines oft jahrelangen Auseinandersetzungsprozesses wird den Frauen, wenn auch nicht ungebrochen, bewußt, was ihnen passiert ist und daß die Vergewaltigung eine grundsätzliche Verletzung ihrer Würde und Rechte bedeutet. Die Kriterien einer solchen Bewertung betreffen:

- Gleichberechtigte Sexualrollen
- Recht auf Selbstbestimmung gegenüber männlichen Autoritäten

Gleichberechtigte Sexualrollen. Aufgrund neuer Erfahrungen und einer Reflexion bisheriger subjektiver Theorien über die weibliche Selbstbestimmung in der Sexualität verändert sich auch die Rekonstruktion der Tat. Während die Interviewten zunächst nur den Verdacht haben, daß Sexualität auch gewaltfrei möglich wäre, aber nicht wissen, wie eine weibliche Selbstbestimmung in der Sexualität zu realisieren ist, entwickelt sich mit der Zeit ein Selbstbewußtsein über die eigenen Grenzen und Rechte. Vor dem Hintergrund eines Verständnisses von Sexualität, bei der beide Personen aufeinander eingehen und die gegenseitigen Grenzen und Bedürfnisse respektieren, wandelt sich nicht nur die nachträgliche Definition des traumatischen Erlebnisses, sondern auch die Zuschreibung von Verantwortung für das individuelle Verhalten.

„Wenn Du mit jemandem zusammen bist, dann gehst Du ja auch auf den Menschen etwas ein, also dann siehst Du oder spürst Du, was der macht oder nicht. (...) Also der [Täter] hat nicht mal gemerkt, daß ich einfach starr da gelegen bin, ihn (...) nicht angefaßt habe." (A, 12)

Recht auf Selbstbestimmung gegenüber Autoritätspersonen. Die Frauen erkennen ihr Recht auf Achtung ihrer Grenzen an, die von Statushöheren respektiert werden müssen. Halten diese sich nicht an die (professionelle) Rolle als Therapeut, Erzieher, Trainer oder Vater, sind sie für ihr grenzüberschreitendens Verhalten verantwortlich. Die Befriedigung ihrer narzißtischen Bedürfnisse, aufgrund dessen sie Anliegen ihrer Schülerinnen und Klientinnen ignorieren und deren Selbstbestimmung beschneiden, wird als schuldhafter Machtmißbrauch rekonstruiert. Dieser Prozeß der Entmystifizierung des Täters ist mit starken Ambivalenzen verbunden, da die Frauen diese auch als hilfsbereit, freundlich und nicht unmittelbar gewalttätig erleben. Einige der Opfer bleiben über Jahre in dieser Ambivalenz verhaftet und übernehmen noch im Interview die Verantwortung für das unprofessionelle und mißbräuchliche Verhalten des Täters. Das ist auch dann der Fall, wenn ihnen deutlich wird, daß die Strategie der nicht körperlich-gewalttätigen Grenzüberschreitung eine wesentlich wirkungsvollere gewesen ist, um Machtinteressen durchzusetzen.

„[Bei körperlicher Gewalt] wäre der Instinkt sofort da, daß ich einfach versuchen würde, mich körperlich zu wehren.(...) Aber (...) ich kam mir wie so eingelullt [vor]." (H, 34)

Den Frauen fällt es sehr schwer, genau zu differenzieren, für was sie mit ihrem Verhalten verantwortlich sind, und was in der Verantwortung des Täters liegt. Erkennen die Frauen hingegen das an ihnen begangene Unrecht und die Verletzung ihrer Integrität an, bildet sich mit der Zeit die Gewißheit, nicht selbst die Schuld für die Vergewaltigung übernehmen zu müssen.

Mit einer Rekonstruktion der Tat als Normverletzung oder Normbruch ist eine Neubewertung und *Bilanzierung des entstandenen Schadens* verbunden. Das gilt auch für die Frauen, die sehr stark in der Ambivalenz zwischen Täter- und Opferbeschuldigung gefangen sind.

„Sie überfallen mich nicht. Sie tun mir keine körperliche Gewalt an, aber es ist trotzdem gegen meinen Willen. Sie haben schon eine ganze Menge kaputt gemacht. [Es ist] wieder so der Zwiespalt zwischen: Die haben dich ganz schön kaputt gemacht [und sie] gleichzeitig [zu] entschuldigen: Sie haben es vielleicht gar nicht so gemerkt." (H, 34)

Das Eingeständnis der erfahrenen Traumatisierung führt bei den Frauen (vorübergehend) zu einer Zunahme der Belastungen. Diese nehmen zum Teil ein solches Ausmaß an, daß die Interviewten befürchten, ihren Alltag nicht mehr bewältigen zu können, nicht mehr lernen zu können und nur noch traurig zu sein. Zum Teil erhöht das Wiedererleben des Traumas das Risiko, auf inzwischen überwundene Bewältigungsstrategien zurückzugreifen und zum Beispiel dem Verlangen nach Drogen nachzugeben. Werden die mit der Konfrontation verbundenen negativen Gefühle zu stark, stellt sich die Frage, ob es sich lohnt, den Weg der direkten Traumabearbeitung weiterzugehen oder ob es nicht besser sei, alles einfach zu lassen, wie es gerade ist. Gleichzeitig ist mit dem Eingeständnis der erfahrenen Demütigung aber auch die Möglichkeit verbunden, Folgen und Bewältigungsversuche in einen sinnvollen Zusammenhang zu bringen. Symptome, vor allem im sexuellen Bereich, können als Versuche des Schutzes vor einer erneuten Traumatisierung verstanden werden. Außerdem wird es mit dem Wissen um die Zusammenhänge möglich, gezielt nach Strategien der Verarbeitung und zukünftigen Abwehr sexualisierter Gewalt zu suchen.

„Ich habe irgendwann mir auch einfach mal klar gemacht, wie es wirklich war (...) oder wie ich mich wirklich gefühlt habe. (...) Das hat 4 Jahre gedauert, bis ich mir das eingestanden habe. Dann ging es mir noch mal ein paar Wochen richtig schlecht deshalb. Und dann ging es mir besser, weil ich mir dann wirklich vornehmen konnte, daß mir das nicht noch mal passiert oder daß ich mich wehren würde. (...) [Ich] habe halt nicht mehr drumrum gedacht." (O, 7)

8.2.3.2 Soziales Umfeld

Für Mädchen und Frauen, die die Vergewaltigungen als Normverlängerung rekonstruieren, haben soziale Erfahrungen eine zentrale Bedeutung. Andere bestätigen direkt oder indirekt die Einschränkung weiblicher Selbstbestimmung oder vermitteln Erfahrungen und Normen, die die Unantastbarkeit menschlicher Würde auch für Mädchen und Frauen beinhaltet. Von großer Bedeutung sind demzufolge *indirekte soziale Erfahrungen*. Darüber hinausgehende *Reaktionen des sozialen Umfeldes* hängen stark von der *Veröffentlichungsbereitschaft* der Frauen ab, die in der Regel nicht sehr groß ist.

Indirekte soziale Erfahrungen

Für die Frauen, die von ihrem Partner mißhandelt und vergewaltigt werden und die Vergewaltigungen im Sinne einer Normverlängerung rekonstruieren, spielt die schon in Kapitel 8.2.2.2 dargestellte Lebensstärke sowie die Achtung, die ihnen andere entgegenbringen, eine Rolle. Für alle Frauen dieser Gruppe sind sexuelle Erfahrungen wichtig. Die Frauen gehen nach den Vergewaltigungen ganz unterschiedlich mit ihrem Körper und ihrer Sexualität um. Ein Teil von ihnen vermeidet eine Konfrontation mit Auslösereizen, die zu einem Wiedererleben des Traumas führen können. Andere werden mit der erlittenen Traumatisierung in nachfolgenden Beziehungen konfrontiert. Sie erleben die Verbindung von Gewalt und Sexualität als eine Aneinanderreihung in intimen Beziehungen. Einzelne Frauen wechseln häufig ihre sexuellen Beziehungen oder prostituieren sich. Oder die Frauen gehen eine Bindung zu einem neuen Partner ein und erfahren dort gegenseitige Achtung und Verständnis für die eigenen Bedürfnisse. Die Erfahrungen, die die Frauen machen, lassen sich wie folgt typisieren:

- Selbstherbeigeführtes Wiedererleben des sexuellen Traumas
- Aufbau einer vertrauensvollen Beziehung

Selbstherbeigeführtes Wiedererleben des Traumas (Retraumatisierung). Einige der Frauen haben über einen längeren Zeitraum häufig wechselnde Sexualpartner. Dabei erleben sie die Sexualität bzw. Geschlechtsverkehr nicht als angenehm und befriedigend, sondern als Ausdruck eines ständigen Machtkampfes und ihrer Selbstverachtung. Aufgrund der häufigen Verletzungen ist ihnen alles gleichgültig. Sie glauben, es könne ihnen nichts mehr passieren und lassen „*alles über* [s]*ich drüber wegrutschen*" (P, 13). Die Sexualität dient als Mittel zur Erfüllung nichtsexueller Zwecke. Einzelne Interviewte gehen auf der Suche nach bindungslosen Sexualbeziehungen oder aufgrund finanzieller Probleme auf den Strich. Andere haben auf der Suche nach Zärtlichkeit eine Affäre nach der anderen.

„Es war eine Art Prostitution. (...) Sie haben mich eingeladen. (...) Sie haben mir meine Streicheleinheiten gegeben." (H, 21)

Die Sexualität an sich hat keine Bedeutung. Dabei haben einige eine Ahnung, daß ihr Verhalten etwas mit der Vergewaltigung zu tun haben könnte. Die Zusammenhänge bleiben aber unverständlich.

„Ich verachte mich teilweise auch dafür (...): wie kann jemand mit jemand ins Bett gehen, (...) so gehäuft, wie es bei mir passiert ist, [und] dann auch noch vorspiel[en], daß es einem Spaß macht. (...) Das sind so viele Sachen, die ich gar nicht nachvollziehen kann." (Sch, 21)

Die Interviewten gehen keine näheren Beziehungen zu den jeweiligen Sexualpartnern ein. Sie lehnen die Männer ab, da sie Frauen verachten und Ähnlichkeiten mit dem Täter haben. Einige der Vergewaltigungsopfer suchen *„regelrecht solche Situationen"* (S, 28), die sie an die Traumatisierung erinnern.

„Wo ich den Elan aufgebracht habe, sie rumzukriegen, obwohl es mir eigentlich nichts bedeutet hat." (S, 32). „Ich habe es mit mir machen lassen und bin wieder gegangen und das halt regelmäßig. (...) Das war genau die gleiche Situation wieder, vielleicht weil ich halt nie kapiert habe, was damals falsch gelaufen ist." (S, 19)

Diese Art des Wiedererlebens des Traumas bestätigt die negativen Gefühle sich selbst und Männern gegenüber, und ermöglicht gleichzeitig die Wiederherstellung subjektiver Kontrolle und eine intrapsychische Bewältigung der damit verbundenen Gefühle. Die mit der Prostitution bzw. Promiskuität verbundene Entfremdung vom eigenen Körper wird nicht wahrgenommen oder mit Hilfe von Alkohol und anderen Drogen gedämpft.

„Ich habe es lang so gesehen, daß ich nur, wenn ich betrunken war, meine Sexualität zulassen konnte, oder irgendwelche Gefühle der Hingabe." (G, 15)

Aufbau einer vertrauensvollen Beziehung. Die Hälfte der interviewten Frauen erlebte im Laufe des Traumaverarbeitungsprozesses, daß es Männer gibt, die im persönlichen und sexuellen Kontakt vertrauenswürdig sind. Sie machten die Erfahrung, daß Männer nicht nur an der Verfügungsgewalt über ihren Körper interessiert sind und daß Sexualität nicht gleichbedeutend ist mit Gewalt, der Aufgabe ihrer Selbstbestimmung und geschlechterhierarchischen Sexualitäts- und Sexualrollenstereotypen.

„Ich habe mir dann (...) einen Mann ausgesucht, der eine Freundin hatte und der mit mir auch befreundet war, aber eben sexuell nichts wollte. Und das war für mich eine ganz tolle Erfahrung. Das hab ich später auch nie wieder gehabt. Und das war da genau richtig. Das war also wirklich die einzige Bezugsperson, die ich hatte für die Anfangszeit, für diese schwere Zeit. Aber mit dem habe ich eigentlich auch nicht drüber geredet". (F, 14)

Die Frauen beginnen Beziehungen zu Männern, mit denen sie gegenseitigen Respekt, ein langsames Kennenlernen und eine sich gegenseitig akzeptierende Sexualität erleben. Sie erfahren, daß es auch Männer gibt, die sich selbst und ihnen als „*Frau eine Offenheit darin zugestehen, was passiert, wenn Du Dich berührst und wenn Du miteinander ins Bett gehst*" (Sch, 4). Eine Erotik und Sexualität der gegenseitigen Anerkennung wird für einige der Vergewaltigungsopfer zum Schlüsselerlebnis, durch das den bisherigen Vorstellungen eine positive Erfahrung gegenüber gestellt wird. Im Vergleich zu den als Verlängerung der Normalität wahrgenommen sexualisierten Gewalttaten entwickelte sich die neue Beziehung so, wie die jungen Frauen es sich gewünscht hatten.

„Wir haben uns kennengelernt. Es ist ganz langsam passiert. Ich kam mir vor wie so eine Dreizehnjährige, (...) noch mal 10 Jahre zurück, wie es einfach sein soll. Wir haben angefangen mit Händchenhalten, dann irgendwann kam der erste Kuß. Es war wahnsinnig aufregend. Es war, als ob ich so was noch nie erlebt hätte." (S, 19)

Zu den indirekten sozialen Erfahrungen, die den Frauen die Veränderung ihrer subjektiven Theorien und eine Bearbeitung der Traumatisierung ermöglichen, gehört aber auch ein enger Kontakt zu Frauen, mit denen die Interviewten offen über sich, intime Beziehungen und Sexualität sprechen können. Ohne direkt die erfahrene Gewalt zu veröffentlichen, findet eine Verdeutlichung von Normen dadurch statt, daß andere ausdrücken, daß Gewalt kein akzeptabler Bestandteil von Sexualität ist.

Veröffentlichungsbereitschaft
Neben diesen indirekten sozialen Erfahrungen, die die Frauen machen, spielt ihre unmittelbare Veröffentlichungsbereitschaft bezüglich der Traumatisierung eine Rolle. Ein Teil der Täter kann der Frau erfolgreich suggerieren, daß die Vergewaltigung ‚Normalität' und ein Geheimnis sei, welches sie auch der besten Freundin nicht erzählen solle. Da die Opfer selbst die Tat als Normverlängerung definieren, bzw. nicht einordnen können und verdrängen, ist es für sie unmöglich, die Traumatisierung zu verbalisieren. Das ist vor allem der Fall, wenn die Frauen sich noch in einem Abhängigkeitsverhältnis zum Täter, ihrem Partner oder einer Autoritätsperson befinden. Aber auch nachdem die Frauen für sich klären konnten, daß die Vergewaltigung für sie einen Normbruch darstellt, sind sie sehr zurückhaltend mit deren Veröffentlichung. Diejenigen, die von ihrem Partner mißhandelt werden, sprechen unter Umständen über die psychische und körperliche Gewalt, sparen die Vergewaltigungen aber aus. Als Kosten einer Veröffentlichung nennen die Frauen die folgenden Punkte:

1. *Scham*. Besonders, wenn die Frauen die Beziehung zum Täter aufrechterhalten und ihr soziales Umfeld mit ihm teilen, befürchten sie, daß andere ihr Verhalten nicht verstehen und sie unter Druck setzten würden, sich konsequent zu verhalten und sich von dem Täter zu trennen. Da für einzelne eine solche Konsequenz nicht nur den Verlust der Beziehung, sondern auch den der Wohnung und gemeinsamer FreundInnen bedeuten würde, kommt eine Veröffentlichung über lange Zeit nicht in Frage.

2. *Rache des Täters.* Auch Frauen dieser Gruppe fürchten, daß der Täter die angekündigten Drohungen wahr machen könnte und sie oder nahestehende Personen wie die eigenen Kinder verletzen oder öffentlich bloßstellen könnte.

3. *Überforderung Unbeteiligter.* Die Frauen können sich vorstellen, daß andere nicht begreifen, wie es ihnen geht, die Reaktionen auf die Vergewaltigung nicht verstehen und sich ohnmächtig fühlen könnten.

   „Die sitzen dann da und wissen nicht, was sie sagen sollen. Und jede Art zu reagieren könnte vielleicht die falsche sein. (...) Ich will die Person nicht in die Verlegenheit bringen, da (...) reagieren zu müssen und mir vielleicht weiter helfen zu müssen." (S, 28)

4. Leugnung des Normbruchs und des Schadens. Die Frauen haben Angst, daß an ihrer *Glaubwürdigkeit* gezweifelt wird. Diese Angst hängt mit einer generellen Idealisierung des Privaten, der sozialen Anerkennung des Täters aufgrund seines Status und seines sozial angepaßten Verhaltens zusammen. Sieht es für andere so aus, daß der Täter nicht aggressiv ist, er und das Opfer sich mögen und gut verstehen, kommt eine Veröffentlichung für die Frauen nicht in Frage, weil sie davon ausgehen, daß niemand ihnen glauben wird. Besonders junge Frauen haben Angst, daß sie über ihre Probleme hinaus noch *beschuldigt* und bestraft werden könnten.

   „Was mir dann vielleicht noch mal zusätzlich eine verpassen würde. Und dagegen bin ich nicht gewappnet. Das kann ich nicht." (S, 19)

   Sie fürchten besonders die Reaktionen der Eltern, wenn sie deren Vorgaben nicht gefolgt, weggelaufen oder getrampt waren, sexuelle Interesse gehabt hatten und dann vergewaltigt wurden oder sich den ‚falschen' Freund ausgesucht hatten.

   „Ich habe auch davor Angst gehabt, daß sie vielleicht sagen könnten, daß ich selber Schuld bin. So: ‚Ich habe Dir ja immer gesagt, der ist nicht ganz sauber.' Weil meine Mutter mir halt permanent gesagt hat: ‚Hey der Typ, furchtbar, wie der immer aussieht mit seinen Hosen und den Haaren.'" (S, 30)

   Generalisierte Warnungen drängen die Frau näher an den Täter und verpflichtet sie zur Solidarität ihm gegenüber, unabhängig davon, was er ihnen angetan hatte.

Aufgrund ihrer Angst vor den Folgen einer Veröffentlichung blocken die Frauen das Thema ‚Vergewaltigung', sobald es in ihrem Umfeld zur Sprache kommt, ab. Sie sind froh, wenn es nicht zum Thema wird, da sie sonst bezüglich ihrer Erfahrungen lügen oder sich ihrer Lebensrealität stellen müßten. Die Gebundenheit an den Täter steht einer Solidarisierung mit anderen vergewaltigten Frauen im Weg. So tragen die Frauen teilweise zur sekundären Viktimisierung von Vergewaltigungsopfern bei, da *„eine vergewaltigte Frau die*

Machtfrage für alle Beziehungen um sich herum stellt" (Sch, 2/6). Mit der Leugnung der Vergewaltigung ist im extremsten Fall eine Abwertung anderer Opfer verbunden. Erlauben die Frauen sich nicht, den erlittenen Schaden ernst zu nehmen, sollen sich andere Opfer auch nicht so anstellen.

„Deswegen konnte ich aber auch nicht andere Frauen unterstützen, die sich an dem Punkt halt eben doch so anstellen wollten, weil die mein eigenes Verhalten in Frage gestellt haben dadurch, daß sie andere Kriterien angelegt haben an das Ganze." (Sch, 2/1)

Die Frauen dieser Gruppe veröffentlichen die Vergewaltigung gegenüber ihrem sozialen Umfeld am seltensten. Nur drei der Interviewten sprachen unmittelbar nach der Tat, und das auch nur einmalig, mit jemandem. In der Regel verstrich eine sehr lange Zeit, teilweise 10 Jahre oder länger, bis die Frauen über die Traumatisierung, in der Regel unter Auslassung von Einzelheiten, redeten.

„Ich habe es auch in Details, wie es alles passiert ist, noch gar niemanden erzählt. Ich habe halt erzählt, es ist passiert und habe es eingekästelt." (S, 27)

Dabei nannten die Frauen vor allem die folgenden Ziele, aufgrund derer sie sich an andere wandten:

1. *Soziale Unterstützung*;

2. *Selbsterklärung* bezüglich eigener Verhaltensweisen, vor allem in der Sexualität;

3. *Solidarität* mit anderen Frauen.

Reaktionen des sozialen Umfeldes
Insgesamt machen die Frauen aufgrund ihrer geringen Veröffentlichungsbereitschaft wenig Erfahrungen innerhalb ihres sozialen Umfeldes. Die Reaktionen des sozialen Umfeldes umfassen dann, vergleichbar den anderen Gruppen, folgende Typen, die an dieser Stelle nur kurz dargestellt werden:

- Überforderung
- Leugnung des Normbruchs
  Verständnislosigkeit
  (Mit-) Schuld des Opfers

  Bagatellisierung und Leugnung des Schadens
- Soziale Unterstützung (Anerkennung von Unrecht und Schaden)

Überforderung. Die Frauen erleben, daß andere verunsichert sind und nicht wissen, wie sie mit ihnen umgehen sollen. Sie gehen nicht näher auf das Erleben der Frauen ein, sondern behandeln sie sehr vorsichtig. Dabei korrespondiert diese Erfahrung auch mit dem eigenen Wunsch, andere nicht zu überfordern, allerdings oft ohne rauszufinden, ob diese tatsächlich überfordert wären.

„Die Leute gehen da drauf auch nicht ein. Die wollen nicht irgendwelche Details wissen. Das heißt ‚oh Achtung'. (...) Das ist ein Thema, da spricht man nicht drüber, weil man halt auch der Person nicht noch näher treten will. Man will da nicht irgendwo in was drin rumbohren." (S, 27)

Leugnung des Normbruchs. Freunde und Freundinnen, von denen sich die Frauen Unterstützung erhoffen, sehen die Vergewaltigung nicht als solche, sondern als Sexualität, erkennen den entstandenen Schaden nicht an und schieben den Opfern die Verantwortung für die Vergewaltigung zu.

„Du bist ja selber schuldig. Du mußt Dich halt wehren. ... Du darfst Dir nicht alles gefallen lassen. Du mußt Dich halt ändern, dann passiert Dir auch so was nicht." (Y, 28)

Zum Teil geht die Schuldzuweisung soweit, daß der vergewaltigten Frau die Tat als angemessene Reaktion auf ihr Verhalten präsentiert wird.

„Das geschieht Dir recht, (leise Stimme) was bist Du auch so blöd (lacht), was gehst Du auch mit den Leuten mit." (F, 43)

Vergewaltigungsopfer erleben, daß Freundinnen sie als Reaktion auf die Veröffentlichung hin auslachen oder sie Situationen aussetzen, die diese retraumatisierend erleben. Die Frauen sehen sich mit sexualisierten Grenzverletzungen und der Gefahr einer erneuten Vergewaltigung konfrontiert. Ihnen werden von ihren sogenannten Freundinnen ‚Vorträge gehalten', daß ihnen genau so etwas fehle und sie ‚sexuell freier' werden und sich der männlichen Sexualität unterwerfen müßten. Dahinter steckt dem Erleben der Interviewten nach entweder eine persönliche Kränkung oder Verachtung dafür, daß die junge Frau in den Augen ihrer Freundin ihren Werten nach nicht ‚autonom' genug ist.

„Und dann ist sie ausgestiegen und hat die Tür zugemacht und hat mich mit dem [Fahrer] allein [gelassen] und hat gesagt: ‚Viel Spaß!' Und genau das gleiche hat sie noch mal gemacht. Da kamen die dann irre ‚Kaufen, kaufen' und dann wollte sie mich da verscherbeln für 50 Kamele." (J, 47/48)

Von Seiten der Partner erleben die Vergewaltigungsopfer, wie schon bei den anderen Gruppen, daß diese wütend werden oder den Opfern die Schuld an der Vergewaltigung aufgrund vermeintlicher Opfersignale - *„mit Minirock bekleidet"* (O, 12) - zuweisen.

„Und [er] hat auch kurzfristig überlegt, ob er mit so jemandem [einem Vergewaltigungsopfer] überhaupt zusammen sein könnte." (O, 12)

Außerdem leiden die Frauen unter indirekten sozialen Reaktionen, wenn andere Unrecht, Schaden und die Glaubwürdigkeit von Vergewaltigungsopfern verneinen und den Betroffenen die Verantwortung zuschieben.

Soziale Unterstützung (Anerkennung von Unrecht und Schaden). Normen der Gewaltfreiheit in der Sexualität werden explizit im Sinne kognitiver Unterstützung und einer (Wieder-) Herstellung eines, die eigene Würde implizierenden

Selbst- und Weltverständnisses verdeutlicht. Andere schlagen zum Beispiel vor, den Täter zu konfrontieren oder die Vergewaltigung anzuzeigen. Diejenigen, für die Vergewaltigung ein Normbruch darstellt, sind auch bereit, Unterstützung anzubieten. Nur eine der Interviewten berichtete allerdings, daß sie fast ausschließlich „*bedingungslose Hilfe*" (M, 46) erhielt. Dabei sind positive Erfahrungen aufgrund der geringen Veröffentlichungsbereitschaft selten. Unterstützung erhalten die Frauen vor allem indirekt über neue sexuelle Erfahrungen und den Austausch über intime Beziehungen. FreundInnen bringen eindeutig zum Ausdruck, daß es sich bei der Tat um eine Vergewaltigung handelt oder berichten, daß sie selbst Opfer einer Vergewaltigung geworden waren. Zur Normsicherung gehört es auch, wenn andere der Betroffenen widerspiegeln, wie stark sie allein beim Zuhören den Schaden erleben.

Emotionale und instrumentelle Unterstützung erhalten die Frauen, wenn andere sie nicht gleich mit eigenen Reaktionen konfrontieren, ihnen Trost spenden sowie Schutz, Unterstützung in der Auseinandersetzung mit dem Täter und Solidarität anbieten. Nahestehende vermitteln Kontakte, z.B. zu einem Arzt zur Abklärung einer Schwangerschaft und helfen in lang anhaltenden Krisenzeiten, in denen die Frauen vom Täter bedroht werden, depressiv oder alkohol- und drogenabhängig waren.

8.2.3.3 Institutionen
Die Frauen dieser Gruppe nehmen aus unterschiedlichen Gründen professionelle Hilfe in Anspruch, ohne daß dabei die Gewalterlebnisse immer zur Sprache kommen. Die Erfahrungen, die sie machen, sind sehr gegensätzlich.

Inanspruchnahmemotivation
Wenn die Frauen sich direkt im Zusammenhang mit der Traumatisierung an eine professionelle Vertrauensperson wenden, dann geschieht es in der Regel aus einem der folgenden Gründe:

1. *Normverdeutlichung,* z.B. ob das Verständnis des Partners von Sexualität und seine Gewalttätigkeiten ‚normal' und die Reaktionen der Frau inadäquat seien:

    „Ich kriege keinen Orgasmus. Es macht mir auch keinen Spaß. Ich finde es nur eklig. (...). Liegt das an mir oder liegt es nicht an mir?" (J, 9)

    Andere überprüfen ihre Wahrnehmung bezüglich des Verhaltens ihres Therapeuten und der von ihm durchgeführten ‚Therapie':

    „Und dann habe ich mich an Wildwasser gewandt und habe das genau erzählt, wie das abgelaufen ist und gefragt, ob das normal ist, wie er das macht, die Körpertherapie (...): ‚Muß das sein, daß er mit mir schläft?'" (Y, 13)

2. *Stationäre medizinische und therapeutische Behandlung,* z.B. im Zusammenhang mit einer Psychose oder Suchterkrankungen;

3. *Bewältigung praktischer Probleme*;
4. *Diagnostik, Beratung* und *Therapie* im Zusammenhang mit *anhaltenden Beschwerden*.

Direkt und indirekt angesprochen sind vor allem Einrichtungen der Jugendhilfe, Kliniken, niedergelassene TherapeutInnen, (feministische) Fachberatungsstellen für Opfer sexualisierter Gewalt sowie Kampfsportschulen und Selbstverteidigungskurse. Hinzu kommen für die Frauen mit Kindern die schon unter 8.2.2.3 beschriebenen Erfahrungen mit verschiedenen Bereichen der Jugendhilfe.

Professionelle Reaktionen
Zu den professionellen Reaktionen gehören:

• Überforderung (fehlende oder inadäquate Angebote)
• Leugnung des Normbruchs   Zweifel an der Glaubwürdigkeit
• Retraumatisierung
• Professionelle Unterstützung   (Normverdeutlichung und Anerkennung des Schadens)

Überforderung. Die Frauen erhalten oft keine adäquate Hilfe. Die Ursachen ihrer Probleme werden aufgrund eines bestimmten theoretischen Hintergrunds, z.B. Störung der Eltern-Kind-Beziehung, nicht exploriert und deshalb nicht erkannt. Den Ratsuchenden werden Lösungen angeboten, die nicht ihren Bedürfnissen entsprechen. Zum Teil drücken Verhalten und Sprache der professionellen Vertrauenspersonen - z.B. *„neigt zu Schuldgefühlen"* (S, 45) - für die Interviewten aus, daß diese sie nicht ernst nehmen und die Bedutung der geschilderten Symptome nicht verstehen. Das ist besonders problematisch, wenn sie selbst ihre Reaktionen nicht mit der Traumatisierung in Verbindung bringen und sich nicht als Vergewaltigungsopfer wahrnehmen.

„Auf die Frage (...): ‚Warum sind Sie süchtig geworden?' (lacht) habe ich immer gesagt: ‚Ich weiß es nicht. Das hat so früh bei mir angefangen, daß ich da keine--.' Also, ich habe das nie in Verbindung gebracht mit der sexuellen Gewalterfahrung, weil ich das ewig auch nicht so als Gewalterfahrung gesehen habe." (F, 3)

Das gilt vor allem im Rahmen von ärztlichen Untersuchungen, stationären Aufenthalten im Rahmen der Jugendhilfe[2] oder der Psychiatrie. Aufgrund einer fehlenden Sensibilität gegenüber möglichen sexualisierten Gewalterlebnissen in der Vorgeschichte können die Bewältigungsversuche der jungen Frauen vor

---

[2] Vgl. dazu Hartwig (1990), Schäfter und Hocke (1995).

allem in Form von Drogen- und Alkoholkonsum nicht als Reaktion auf die Traumatisierung verstanden werden. Statt dessen werden sie dafür bestraft.

„Ich bin dann aus dieser [betreuten] WG rausgeflogen und stand von einem Tag auf den anderen auf der Straße und hatte gar niemanden mehr." (F, 19)

Leugnung des Normbruchs. Handelt es sich bei dem Täter um professionelle oder familiäre Autoritätspersonen, wird die *Glaubwürdigkeit* des Opfers häufig in Frage gestellt. Statusunterschiede zugunsten des Täters, seine soziale Angepaßtheit und die Tatsache, daß andere auf ihn in seiner professionellen Rolle angewiesen sind, führen dazu, daß die Möglichkeit eines Unrechts negiert wird. Befinden die Interviewten sich in einer besonderen Abhängigkeitssituation, wie zum Beispiel zu einem Erzieher oder Therapeuten, haben sie kaum Chancen, jemanden zu finden, der oder die ihnen glaubt. Statt dessen streichen andere Professionelle die Integrität des Täters heraus. Das Erleben der Mädchen und Frauen wird hingegen als Fiktion abgetan.

„,Der Erzieher arbeitet schon 14 Jahre dort. Außerdem ist er verheiratet, hat zwei Söhne. So was macht der nicht. Das hast Du erfunden. Ich glaube Dir kein Wort.'" (Y, 8). „,Das kann überhaupt nicht sein. (...) Hast Du schlimme Filme angeguckt?'" (Y, 3). „Ich war immer die Lügnerin, die Verrückte, die Schwierigkeiten hat mit ihrer Wahrnehmung." (Y, 8)

Dabei wird nicht nur die Glaubwürdigkeit bezüglich der Aussage über den sexualisierten Machtmißbrauch angezweifelt, sondern die Betroffene wird insgesamt pathologisiert. Bei einer der befragten Frauen ging es soweit, daß die Schwangerschaft nach einer Vergewaltigung als Ergebnis jugendlichen Leichtsinns ausgegeben wurde.

„Das war dann so, daß der Erzieher mit mir zum Frauenarzt gegangen ist und dann gesagt hat, daß ich mit einem gleichaltrigen Jungen geschlafen habe, daß ich halt keine Verhütung genommen habe, daß ich unvorsichtig war. Aber daß ich vergewaltigt worden bin, ist verschwiegen worden." (Y, 3)

Retraumatisierung. Außerdem erlebten einige der Interviewten dieser Gruppe wiederholt Retraumatisierungen im professionellen Kontext. Da erneuter Machtmißbrauch bei einzelnen auf ihren Versuch erfolgte, sich Hilfe für die Bearbeitung vorhergehender Vergewaltigungen zu holen, werden sie an dieser Stelle noch einmal explizit erwähnt. Ein Teil des wahrgenommenen professionellen Machtmißbrauchs resultiert aus klinischen Behandlungsansätzen z.B. in der Drogentherapie, wie dem Einhalten von strengen Regeln: *„Du konntest dich gar nicht frei bewegen. Sämtliche Grundrechte waren genommen."* (F, 30).

Außerdem berichten Patientinnen von retraumatisierenden psychotherapeutischen Verfahren, die zu einer schnelleren Traumaverarbeitung führen sollen. Um sie dazu zu bringen, ‚aus sich rauszukommen' und sich weiterzuentwickeln, wurden gegen den Willen der Frauen, die zum Teil völlig desorientiert waren, Methoden eingesetzt, die das Wiedererleben des traumatischen Erlebnis provozierten. Haben traumatisierte Menschen keine neuen Strategien der Emotionsabwehr oder Selbstbehauptung gelernt, greifen sie auf ihre bisherigen zurück. Sie bewältigen ihre Angst intrapsychisch, indem sie zum Beispiel innerlich aus der traumatisierenden Situation fliehen.

> „Durch Casriel[3] (...) habe ich gelernt, tief gehen zu können und wegzutreten. (...) Ich habe denen zweimal gesagt: ‚Ich möchte das nicht mehr.' Und die sagen: ‚Doch, das ist gut, das ist eine Schreitherapie. Du mußt Deine Wut und Deinen Haß rauslassen.' Aber das hat mir überhaupt nicht gut getan, im Gegenteil. Dann gehe ich eher noch mehr in mich rein und kann das einfach nicht hören, wenn jemand schreit." (Y, 16)

Eine andere Interviewte schützte sich vor dem Wiedererleben des Traumas, indem sie die Grenzverletzung in einen Scherz umdeutete. Die von ihrer Therapeutin intendierte Gegenwehr blieb aus.

> „Ich mußte (...) mich auf den Boden legen. Und dann haben mich die ganzen Gruppenmitglieder festgehalten, einschließlich meiner Therapeutin. Und dann hat sie zu denen gesagt: ‚So und jetzt drückt Ihr sie ganz fest.' (...) Ich habe nachher richtige blaue Flecken davon gehabt. Ich sollte mich dann wehren. Und ich habe das nicht gemacht. Ich habe gedacht, das ist ein Scherz. Die können doch jetzt nicht anfangen, mir weh zu tun. Ich fand das unmöglich. Ich habe mich total darüber aufgeregt. Das war so ungefähr das gleiche Schockgefühl, was ich auch bei der Vergewaltigung hatte. (...) Ich habe dann halt gelacht. (...) Ich habe mich nicht gewehrt. Die haben das ewig probiert. Aber da war nichts zu machen." (F, 29)

Professionelle nutzen nicht nur ihre Autorität, um gegen den Willen der Patientinnen fragwürdige Verfahren durchzusetzen. Bei zwei der Interviewten kam es zu wiederholten Vergewaltigungen durch Therapeuten. In beiden Fällen waren diese über die vorhergehenden sexualisierten Traumatisierungen von ihren Klientinnen (schriftlich) informiert und diesbezüglich um Hilfe gebeten worden. Sie wußten von dem großen Leiden, welches mit bisherigen Vergewaltigungen verbunden war, da die Frauen unter erheblichen Symptomen litten, nicht über bisherige Gewalterlebnisse reden konnten, ohne in Tränen auszubrechen und nicht in der Lage waren, bestimmte Entwürdigungen zu verbalisieren.

Professionelle Unterstützung (Normverdeutlichung und Anerkennung des Schadens). Vergewaltigungsopfer, die die Vergewaltigung zunächst als Normverlängerung rekonstruieren, profitieren in großem Maße von auf Gewalt spezialisierten *Fachberatungsstellen* wie Frauennotrufen, Wildwasser oder Inzestgruppen innerhalb von Kliniken. Haben die Frauen selbst kein Bewußtsein für

---

[3] (Gruppen-)Verfahren, bei dem die KlientInnen sich im Rahmen eines stationären Klinikaufenthaltes paarweise in einem verdunkelten Raum auf den Boden legen (eine Person auf dem Rücken, die andere mit ihrem ganzen Körper auf dieser Person), um ein Wiedererleben traumatischer Erlebnisse auszulösen.

das Unrecht, das ihnen angetan wurde, brauchen sie vor allem kognitive Unterstützung, um ihre Erfahrungen verbalisieren und reflektieren zu können. Zu einer angemessenen professionellen Hilfe gehört eine klare auf die Tat bezogene Verdeutlichung des Normbruchs. Diese betrifft vor allem eine Bestätigung weiblicher Selbstbestimmung in der Sexualität und in professionellen Abhängigkeitsverhältnissen, zum Beispiel die Information, das Geschlechtsverkehr in der Therapie nicht normal, sondern Machtmißbrauch und ein Therapiefehler ist.

„Mir ist auch nahe gelegt worden, was ich für Rechte als Mensch habe, und was ich darf und was ich nicht darf." (P, 30)

Mit der auf die Tat bezogenen Normsicherung geht eine Entlastung der betroffenen Frauen einher. Ihnen wird vermittelt, daß nicht sie, sondern der Täter ‚völlig abnormal' ist. Die Vergewaltigungsopfer erleben, daß andere sich ihnen zuwenden, ihre Glaubwürdigkeit nicht in Frage stellen, sondern ihre Wahrnehmung und die Bewertung des Wahrgenommenen als Traumatisierung bestätigen.

„Die hat nie gesagt: ‚Du bist verrückt!' oder ‚Das stimmt nicht!' Die hat mir immer ernsthaft zugehört." (Y, 20)

Zu der Anerkennung des Schadens gehört auch die Anerkennung der bisherigen Kompetenz in der Bewältigung der Traumafolgen und des Mutes zu einer weiteren Auseinandersetzung. Nicht Scham- und Schuldgefühle werden bestärkt, sondern die Existenz der vergewaltigten Frauen, *„daß sie überhaupt da sind und noch leben"* (F, 25). Durch dieses Ernstnehmen erfahren die Klientinnen einen *„ganz anderen Stil von Therapie"* (F, 25).

„Sonst hatte ich immer das Gefühl, die wollen Dich eigentlich nur zerstören. Das ist keine Hilfe. Gerade das habe ich aus so erfahren: man muß den Junkie erstmal völlig an sein seelisches Ende bringen und dann kann er sich wieder aufbauen. (...) Wenn ich jetzt denke, was ich da jetzt an Gutem und Tollem mitkriege." (F, 25)

Wenn die Frauen selbst dazu bereit sind, über die Traumatisierungen zu sprechen, können ihnen gezielte Fragen, z.B.: *„Bringen Sie das in Verbindung mit ihrer Drogenabhängigkeit und ihrer jetzigen Lebenssituation und ihrem Wunsch, ihre Sexualität zu verbessern?"* (F, 3), helfen, das Gewalterlebnis einzuordnen: In einer Fachberatung oder Therapie erleben die Frauen, daß sie mit ihrem Erleben im Mittelpunkt stehen, daß sie angenommen werden, nicht erneutem Machtmißbrauch ausgesetzt sind und im Falle einer Anzeige eine prozeßbegleitende Unterstützung erhalten.

„Ich fühlte mich sicher [und] geschützt. Man versuchte nicht, mich auszufragen oder in irgendeine Richtung zu ziehen." (M, 42)

Außerdem profitieren die Frauen von *Selbstverteidigungskursen*. Diese ermöglichen ihnen eine Veränderung ihres Bewußtseins über die eigenen Grenzen und ihre Fähigkeiten, sich wehren zu können. Sie beginnen, die neu erlangte

Selbstbehauptungskompetenz in ihren Alltag zu integrieren. Dabei ist es wichtig, daß die Übenden nicht neue Kontrollillusionen aufbauen und glauben, sie könnten mit Sicherheit voraussehen, wie sie im Fall eines Angriffs reagieren würden.

„Ich glaube, was da wirklich [wichtig ist], ist das, was im Kopf abläuft. Die Tatsache zu wissen, ich kann was dagegen unternehmen. Ich wüßte nicht, wie ich reagieren würde, wenn jetzt jemand auf mich mit einem Messer zulaufen würde. Ich würde trotzdem sagen, ich kann mich wehren." (S, 42)

Nur in Einzelfällen berichteten die Interviewten, daß sie auch außerhalb von auf sexualisierte Gewalt spezialisierten Institutionen eine angemessene Hilfe erhielten. Diese bezog sich meistens auf die Begleitsymptome der Traumatisierung. Zum Beispiel half ihnen eine stationäre medizinische und therapeutische Behandlung, sich mit sich und ihrer Drogenproblematik auseinanderzusetzen, in Bezug auf ihre psychotischen Symptome eine entsprechende Therapie zu erhalten oder im Sinn einer Auszeit vor dem Täter sicher zu sein.

8.3 Vergewaltigung als gesellschaftliches Problem und Normbruch: „Wir leben doch nicht im Urwald!"

Sexualisierte Gewalt ist erst dann ein öffentliches Thema, wenn die Opfer oder ZeugInnen der Gewalt das Schweigen brechen und wenn seitens des sozialen Umfeldes und der Gesellschaft die Bereitschaft vorhanden ist, sich auf die Erlebnisse traumatisierter Menschen einzulassen. Ob Vergewaltigungen als gesellschaftlich relevantes Problem ernst genommen werden oder aufgrund der, mit oben genannter Metapher assoziierten, Durchsetzungsmacht des physisch Stärkeren sowie einer Regel- und Sanktionslosigkeit zulässig sind, zeigt sich in der Bereitstellung von professioneller Unterstützung für die Opfer (vgl. Kap. 8.2). Vor allem Quantität und Qualität der öffentlichen Darstellung (8.3.1) und Reaktionen von Polizei, Justiz und Politik (8.3.2) sind Indikatoren für eine entsprechende gesellschaftliche Bedeutung.

8.3.1 Öffentlichkeit

Neben sozialen und professionellen Erfahrungen spielen Darstellungen von Gewalt gegen Frauen und Vergewaltigung in Medien, wie Kino, Fernsehen, Zeitungen, Bücher und in Öffentlichkeitsveranstaltungen eine wichtige Rolle für Bewältigungsprozesse nach einer Vergewaltigung. Dort zeigt sich, welchen Stellenwert weibliche Selbstbestimmung hat und ob das Erleben der Opfer Thema in der Öffentlichkeit ist. Die Interviewten nannten als wichtige Einflüsse neben der *Darstellung von Gewalt gegen Frauen und Vergewaltigung als Mittel zur Unterhaltung* drei Typen der Nicht-/Darstellung:

> - Skandalisierung
>   Stigmatisierung des Opfers
> - Leugnung des Normbruchs und Bagatellisierung des Schadens
>   Tabuisierung
>   Zweifel an der Glaubwürdigkeit
> - Sachgemäße Aufklärung (Verdeutlichung des Normbruchs)

Skandalisierung. Es gibt, den Erfahrungen der Interviewten nach, die Tendenz in den Medien, Gewalt gegen Frauen und Kinder zu skandalisieren. Vergewaltigung und sexueller Mißbrauch werden als grausame Nachrichten und Schlagzeilen präsentiert, ohne daß ernsthaft Interventionsansätze dargestellt werden. Rücken die Opfer in den Mittelpunkt der medialen Aufmerksamkeit, dann in Form des *stigmatisierten* hilflosen, für den Rest des Lebens leidenden *Opfers*. Die Vielfalt der Gewalt- und Vergewaltigungserlebnisse von Frauen und ihre verschiedenen Verarbeitungsmöglichkeiten werden nicht sichtbar gemacht. Werden von den Medien auf diese Art Themen wie Beziehungskonflikte und Männergewalt in Lebensgemeinschaften aufgegriffen, spiegelt diese Darstellung nicht die Erfahrungen aller Interviewten.

> „Man hört eigentlich immer nur die Berichte von Frauen, (...) die es nicht geschafft haben oder die es nicht verarbeiten konnten. Man hört kaum positive Beispiele. (...) Ich habe nie eine Beratungsstelle angelaufen, war nie beim Psychologen. Ich habe das irgendwo selber geschafft." (E, 30)

Leugnung des Normbruchs und Bagatellisierung des Schadens. Durch das Fehlen einer sachgemäßen Darstellung findet eine *Tabuisierung* von Vergewaltigung statt. Es wird den Opfern erschwert, die Tat als Normbruch zu rekonstruieren. Sie kommen trotz intensiven Suchens mit ihrem Erleben nicht in öffentlichen Diskursen vor. Das gilt besonders für Vergewaltigungen durch flüchtig Bekannte, während sexueller Kontakte oder für sexuelle Ausbeutung in der Therapie.

> „Da war so wenig Hintergrund für mich (...) durch Sachen, die ich gelesen hätte oder bei anderen mitbekommen hätte (...), daß ich das hätte einschätzen können oder damit irgendwie flexibel hätte umgehen können. (...) Ich hatte gar keine Basis." (Sch, 17)

In der Regel wird Vergewaltigung und sexueller Mißbrauch als Reaktion auf eine Anzeige oder im Zuge einer Gerichtsverhandlung Gegenstand öffentlicher Darstellung. Immer wieder taucht in den Medien im Zusammenhang mit spektakulären Prozessen der Vorwurf der *Falschanzeige*, eine Infragestellung von Fachberatungsstellen und die Annahme, Veröffentlichungen sexualisierter Gewalt seien das Ergebnis therapeutischer Suggestionen auf. Die interviewten Frauen reagieren sehr sensibel und verunsichert auf die damit zusammenhängende Unterstellung des sogenannten ‚Mißbrauch-des-Mißbrauchs'. Eine Interviewte wurde davon überrascht, daß ihr inzwischen getrennt lebender gewalttätiger Partner eine Fernsehshow nutzte, um gegen sie Verleumdungen vorzutragen. Der Sender hatte vorher mit ihr keinen Kontakt aufgenommen, um sie um die Darstellung ihrer Perspektive zu bitten.

Den von sexualisierter Gewalt betroffenen Frauen fällt auf, daß in den Medien primär der Täter mit seiner Biographie und Lebenssituation in den Vordergrund rückt. Damit geht eine *Bagatellisierung des Schadens* zu Lasten des Opfers einher. Das Opfer verschwindet aus dem öffentlichen Bewußtsein. Es werden Erklärungen konstruiert, die die Vergewaltigung nachvollziehbar machen und damit den Täter von seiner Verantwortung entlasten. Den vergewaltigten Frauen und Mädchen wird somit vermittelt, nicht sie, sondern der Täter sei das eigentliche Opfer.

„Der arme Täter, was hat er für ein schweres Leben hinter sich. In seiner Kindheit, Elternhaus, geschieden oder nicht beachtet und was weiß ich, und vergreift sich an Frauen. Und die bösen Frauen--, die Opfer werden dann zu Tätern." (St, 34)

Die betroffenen Frauen empfinden es als ungerecht und unangemessen, daß der Täter nicht als Handelnder angesehen wird und ihm statt dessen mit Mitgefühl begegnet wird. Ungeachtet dessen, daß mit einer Psychiatrieeinweisung eine Sicherheitsverwahrung und ein Freiheitsentzug verbunden ist, erleben sie es zum Teil so, als sei der Täter der einzige Leidtragende.

„Ich kriege das im Fernsehen oft mit, wenn solche ‚Talk-Shows'--, wie sie da mit den Tätern immer Mitleid kriegen oder mal in den Nachrichten: ‚Ha ja, der wird nicht bestraft, weil er psychisch krank ist und kommt jetzt in die Psychiatrie.' Von den Opfern wird da nie was gesprochen, wie es denen jetzt geht. Es geht immer nur um die Täter." (Y, 27/28)

Sachgemäße Aufklärung und Verdeutlichung des Normbruchs. Aber Medien vermitteln Vergewaltigungsopfern auch wichtige Informationen. Sie bieten bei sachgemäßer Darstellung den betroffenen Frauen die Möglichkeit, sich mit ihren Erlebnissen in der geschützten Anonymität der eigenen Wohnung auseinanderzusetzen. Das gilt vor allem für Bücher, die sich in literarischer oder dokumentarischer Weise mit sexualisierter Gewalt befassen, aber auch für Fernsehbeiträge oder Öffentlichkeitsveranstaltungen. So erwähnten mehrere der befragten Frauen, daß Filme wie „Angeklagt" mit Jodie Foster und „Thelma und Louise" mit Susan Sarandon eine bestärkende Wirkung auf sie hatten. Sind die Frauen bereit, neue Informationen, die das Recht auf Selbstbestimmung bestätigen, aufzunehmen, erkennen sie sich in den Berichten anderer Opfer in den Medien wieder. Von großer Bedeutung sind auch öffentliche Veranstaltungen, z.B. der Frauenbeauftragten und Frauennotrufe zu Themen wie ‚Gewalt gegen Frauen' oder ‚Vergewaltigungsfolgen'. Deren Funktionen liegt vor allem in der Verbreitung von Informationen und Klärung von Normen. Besonders wichtig sind solche Inhalte, die über die Realität sexualisierter Gewalt informieren, die sich nicht in den opferfeindlichen subjektiven Theorien wiederfinden, z.B. daß es sich in den meisten Fällen bei den Tätern um Bekannte handelt oder unter welchen Belastungen Vergewaltigungsopfer auch noch Jahre nach der Tat leiden können.

„Dann haben die Bücher vorgestellt: ‚Mut zur Wut‘[4] (...).Das war wie ein Augenöffner, (...) wie wenn Dir jemand mal ein Vorhang aufmacht. (...) Ich habe da das erste Mal vom Verstand her kapiert, (...) was da eigentlich passiert ist, daß nicht ich dieses Arschloch bin, (...) sondern daß erstmal er das Arschloch ist, was diese Geschichten angeht. Und das war (...) irre. (...) Du kriegst Informationen. Und ich war eben dazu bereit, die aufzunehmen." (J, 14)

Gleichzeitig bieten die Medien, genauso wie die vorliegende wissenschaftliche Untersuchung, den interviewten Frauen die Möglichkeit, eigene Erfahrungen im Rahmen eines Zeitungsinterviews zu veröffentlichen. Für einige Vergewaltigungsopfer ist es von zentraler Bedeutung, sich nicht mehr zu verstecken und die erlittene Gewalt in ihrem Leben auch gegenüber Fremden veröffentlichen zu können:

„Ich könnt mich sogar an die Öffentlichkeit stellen und könnte darüber reden. Es macht mir nichts mehr aus. Ich schäme mich heute auch nicht mehr dafür, weil ich sage mir ganz einfach, ich habe nichts Unrechtes getan. (...) Und je mehr ich darüber rede: der Druck, der Knoten im Hals, das geht alles weg mit der Zeit. Irgendwann sitze ich einmal da und lache über das Ganze. (...) Und wenn ich das kann, (...) dann bin ich wenigstens wieder da, wo ich schon mal war. Dann bin ich wieder ich." (P, 43)

Medien spielen ein wichtige Rolle für die *Normverdeutlichung* in einer Gesellschaft, zum Beispiel in Zeiten der Diskussion von Strafrechtsänderungen. Das gilt besonders, wenn das Rechtsbewußtsein der Frauen bezüglich ihrer eigenen Menschenwürde wenig ausgeprägt oder durch die Gewalttätigkeiten und Abwertungen des Partners verunsichert ist. Mit Informationen über ihre Rechte ist eine Stärkung der Position der betroffenen Frauen z.B. gegenüber ihrem gewalttätigem Partner verbunden. So berichtete eine Interviewte, daß sie gemeinsam mit ihrem Mann im Fernsehen eine Sendung über die zukünftige Strafbarkeit von Vergewaltigungen in der Ehe sah.

„Und an diesem Abend sagt der wortwörtlich zu mir: ‚So, jetzt kannst Du morgen die Anwältin anrufen und kannst mich für ein paar Jahre hinter Gitter bringen.‘ (...) Der wußte, was er mit mir gemacht hat. (...) Irgendwo hat ihn das schon ein bißchen zu denken gegeben. Die Häufigkeit war dann

---

[4] Burgard, R. (1988). *Mut zur Wut: Befreiung aus Gewaltbeziehungen.* Berlin: Orlanda. Das Buch basiert auf einer wissenschaftlichen Arbeit zu Männergewalt in Lebensgemeinschaften (Burgard, 1985, s. Literaturverzeichnis) und ist eine der ersten Veröffentlichungen der zweiten deutschen Frauenbewegung zu Männergewalt in Lebensgemeinschaften.

nicht mehr so, wie das vorher war. Er hat (...) wohl ein bißchen Angst gekriegt." (Q, 11/12)

8.3.2 Polizei und Justiz

Vergewaltigungsopfer haben mit verschiedenen Institutionen und deren VertreterInnen, die über Recht informieren und Recht umsetzen, Kontakt. Von zentraler Bedeutung sind Sozial- und Jugendämter, Polizei, RechtsanwältInnen und Gerichte. Rechtsgrundlagen sind neben dem Sexualstrafrecht das Sozialhilfegesetz, das Kinder- und Jugendhilfegesetz sowie das Ehe- und Familiengesetz. Außerdem spielen implizit Menschenrechte bzw. das Grundgesetz eine Rolle. 16 der 27 Interviewten machten unmittelbar im Zusammenhang mit der Vergewaltigung (und Körperverletzungen) Erfahrungen mit Polizei und Justiz. Während elf Frauen sich zu einer Anzeige entschlossen, wurde in drei Fällen die Polizei ohne Wissen des Opfers informiert. Bei einer der Interviewten kam die Gewalttätigkeit des Partners im Scheidungsverfahren zur Sprache, bei einer anderen lediglich durch den wiederholten Einsatz der Polizei bei Gewalttätigkeiten des Partners.

Anzeigemotivation
Ob die betroffenen Frauen sich an die Polizei wenden, hängt von ihrer Anzeigemotivation ab. Diese gründet sich im wesentlichen in den subjektiven Theorien über die uneingeschränkte weibliche Selbstbestimmung und einer daraus abgeleiteten Definition einer Vergewaltigung:

„Vergewaltigung ist auch, wenn jemand in mein Haus reinkommt, ohne daß ich es will. Das ist auch eine Art Vergewaltigung, irgendwo eindringen, wo diejenige das nicht erlaubt. Wenn ich das nicht will, dann darf er mich nicht ausziehen oder seine Hand hier rein--, also eindringen, ohne diese Erlaubnis. Das ist Vergewaltigung. Es ist Gewalt." (T, 29)

Hinzu kommen als wichtige Voraussetzung für eine Anzeige die Reaktionen des sozialen Umfeldes und die angebotene soziale Unterstützung. Erst wenn Vergewaltigungsopfer die Traumatisierung als Normbruch und Unrecht und sich als Person mit verbürgten Rechten rekonstruieren, ist eine Anzeige überhaupt möglich.

„Das ist doch mein gutes Recht als freier Bürger Deutschlands oder? Soll ich mir das gefallen lassen? Oder soll ich sagen: ‚Gut okay, das darf jeder Mann mit seiner Frau machen?'" (N, 57)

Bei einigen Frauen dauert dieser Prozeß sehr lange. Das betrifft vor allem diejenigen, die die Tat zunächst als Normausnahme oder Normverlängerung bewertet hatten. Je besser das Opfer den Täter kennt, desto schwerer fällt es, in ihm nur den Vergewaltiger zu sehen, der für sein Gewalthandeln sanktioniert werden soll. Aufgrund der Erfahrungen, z.B. mit der Brüchigkeit seiner Identität, haben die Frauen viel eher als andere Vergewaltigungsopfer die Gleichzeitigkeit von Täter- und Opferschaft im Blick.

„Das Komische ist, daß ich ... nicht finde, daß er ganz und gar ein schlechter Mensch (lacht) ist. Das macht es mir auch ein bißchen schwer." (Sch, 22)

Von den vierzehn Vergewaltigungen, die von den Opfern nach der Tat als *Normverletzung* definiert wurden, wurden acht angezeigt. Dabei handelte es sich bei den angezeigten Tätern mit Ausnahme eines Partners um Fremde. Lediglich für zwei Frauen stand sofort nach der Tat fest, daß es Aufgabe von Polizei und Justiz sei, den Täter zu fassen und zu bestrafen. Die anderen sechs Befragten stimmten einer Anzeige nur auf Anregung und Drängen anderer zu. Während es für Außenstehende sehr deutlich war, daß die Vergewaltigung angezeigt werden müßte, spielte für die Opfer auch die Frage nach den sich daraus ergebenden Beeinträchtigungen eine Rolle.

Von den Frauen, die die Vergewaltigungen und Mißhandlungen durch ihren Partner zunächst als *Normausnahme* rekonstruierten, zeigten zwei den Täter an. Die eine Interviewte wurde im Verfahren durch eine Journalistin unterstützt, die weitere Gewalttaten des Täters gegen andere Frauen aufgedeckt hatte. Die zweite Frau setzte eine Anzeige gegen den Willen der Polizei durch, als ihr ehemaliger Partner sie nach der Trennung mißhandelte und das gemeinsame Baby bedrohte. Diese erneute Gewalttat stellte für sie einen eindeutigen Normbruch im Sinne der ersten Gruppe dar. Ein weiterer Täter wurde ohne Wissen des Opfers von einem als Privatperson informierten Polizisten angezeigt. Aber auch wenn die Frauen sich nicht zu einer Anzeige entschlossen, hatten bis auf eine Ausnahme alle explizit das Bedürfnis, daß Männergewalt in Lebensgemeinschaften sanktioniert werden sollte. Sie hielten aber die damit verbundenen Kosten für zu hoch, um selbst diesen Schritt zu vollziehen.

Die Frauen, die die Vergewaltigungen als *Normverlängerung* bewerteten, machten wenig Erfahrungen mit Polizei und Justiz. Die Anzeigemotivation dieser Frauen ist gering, da es ihnen erst mit der Zeit deutlich wird, daß es sich bei dem Verhalten des Mannes um etwas Strafbares handeln könnte. Hinzu kommt, daß ihre eigene Bewertung nicht revidiert werden kann, da sie die Tat in der Regel nicht veröffentlichen. Mit der Rekonstruktion der Tat als Normverlängerung ist eine grundsätzliche Normunsicherheit und Unkenntnis über die Straftatbestände im Sexualstrafrecht verbunden. Die Frauen müssen zunächst im Zuge der Traumabearbeitung ein Normbewußtsein entwickeln, demnach ihnen das Recht auf Selbstbestimmung in der Sexualität und im Verhältnis zu männlichen Autoritätspersonen zusteht. Vor allem in dem Bereich sexualisierter Gewalt gegenüber Abhängigen kommt eine Anzeige kaum in Frage, besonders wenn die betroffene Frau sich einer ‚sexuellen Beziehung' nicht widersetzt hatte und sich dementsprechend mitschuldig fühlt. Der Täter kann nicht als ‚der Böse' gesehen werden, der der Frau bewußt einen Schaden zugefügt hat.

„Wir sind eigentlich immer ein Stück zusammen gegangen, egal ob das Therapie war, ob das jetzt der Mann meiner Mutter war. Ein Stück weit war ja auch normal. Und dann ganz plötzlich kam der Knack, krr, der Abbieger. Und den habe ich oft erst im nachhinein erkannt (...), oder war mir darüber im klaren, daß mein Körper eigentlich ‚Nein' sagt; und mein Kopf immer gemeint hat, Gott ist ja nicht so schlimm." (H, 28)

Nur zwei der Interviewten entschlossen sich zu einem solchen Schritt.. Dies geschah, nachdem sie sich mit der Tat, den rechtlichen Gegebenheiten, den Konsequenzen einer Anzeige und den eine Anzeige unterstützenden Zeuginnenaussagen sehr genau auseinandergesetzt hatten. Beiden Frauen war dieses nur mit Hilfe von Fachberatungsstellen und ihrem sozialen bzw. familiären Umfeld möglich. Dort erhielten sie die notwendigen Informationen und konnten sich im Rollenspiel oder durch die Begleitung einer Zeugin zu einem anderen Prozeß vorbereiten. In diesen zwei Fällen handelte es sich bei den Tätern um professionelle Autoritätspersonen, einen Therapeuten in einer Jugendhilfeeinrichtung und einen Trainer. Eine dritte Interviewte wandte sich mit der Bitte um Schutz vor dem sie bedrohenden Täter an Polizei und Oberstaatsanwaltschaft:

„Ich möchte nur, daß der Mann begreift, daß er mich und meine Familie in Ruhe läßt. Er bedroht mich und ich will, daß er aufhört." (M, 16)

Der Oberstaatsanwalt eröffnete aufgrund seiner Funktion ohne das Wissen der Hilfesuchenden das Verfahren. In einem weiteren Fall war der Täter Jahre später wegen anderer Delikte angezeigt worden. Durch eine Zeugenbefragung hatte die Polizei Kenntnis von der zurückliegenden Vergewaltigung erhalten und wandte sich an die Betreffende.

Bevor die Frauen sich zu einer Anzeige entschließen, wägen sie die Kosten und den Nutzen eines solchen Schrittes sorgfältig ab. Gegen eine Aussage bei der Polizei sprechen vor allem die folgenden Punkte:

1. *Scham und Stigmatisierung des Opfers.* Die Frauen befürchten, daß sie aufgrund der Anzeige ins Gerede kommen und im Endeffekt für sich kein positives Resultat erzielen können. Das gilt vor allem im ländlichen Raum, wo eine Anonymisierung nicht oder nur sehr schwer möglich ist. Die Frauen erwarten eine Beschämung, die allein daraus folgt, intime und traumatische Erfahrungen gegenüber fremden Männern zu veröffentlichen, deren innere Reaktionen nicht zu kontrollieren sind.

„Das könnte ich jetzt nicht vor Richtern sagen. Wenn da einer alleine säße, mit dem ich vielleicht vorher schon mal geredet hätte, dann vielleicht, aber nicht vor so einer ganzen Mannschaft oder am Ende hinten im Raum noch jede Menge Menschen drin. Ich würde mich zu sehr schämen. Weil da sitzen ein Haufen Männer, die lüstern einen anschauen und sich dann denken, (...) das hätte ich mit der gerne auch mal gemacht." (Q, 20)

2. *Quälende Erinnerungen und Belastungen aufgrund des vorgeschriebenen Verfahrens.* Vor allem direkt nach der Vergewaltigung kommt für einige Frauen eine Anzeige nicht in Frage, weil es ihnen aufgrund des psychischen Schocks und der körperlichen Verletzungen sehr schlecht geht. Ihnen ist nicht so selbstlos zumute, daß sie bereit wären, aus Solidarität mit zukünftigen Opfern eine Anzeige und deren Konsequenzen durchzustehen. Die Frauen haben Angst, daß die Anforderungen, z.B. durch wiederholte Zeuginnenaussagen bei Polizei und Gericht und die Länge der Zeit zwischen Anzeige und Urteilsverkündung, ihre Ressourcen übersteigen könnten. Wenn es sich bei dem Täter um den Partner handelt, fürchten die Frauen, den Belastungen, denen sie sich letztendlich alleine stellen müßten, nicht gewachsen zu sein. Neben ihren eigenen Bedürfnissen müssen sie noch die ihrer Kinder berücksichtigen. Gleichzeitig haben die meisten ihr Hauptziel, Sicherheit vor dem Täter, erreicht.

„Mir ging es drum, ohne großes Theater, auch ohne schmutzige Wäsche (...), meine Ruhe zu haben und endlich mal wieder neu anfangen zu können." (E, 24/25)

3. *Rache des Täters.* Die Frauen und Mädchen haben Angst, der Täter könne tatsächlich ausgesprochene oder antizipierte Drohungen wahr machen, da er die Zeugin kennt oder ihm im Laufe des Verfahrens ihre Identität bekannt würde.

4. *Leugnung des Normbruchs.* Vor allem erwarten die Betroffenen, daß an ihrer *Glaubwürdigkeit* gezweifelt werden könnte. Einige nehmen an, daß nicht sie, sondern der Täter seitens der Strafverfolgungsbehörden und des gesellschaftlichen Umfeldes vor einer vermeintlichen Falschanzeige geschützt werden würde. Diese Angst hängt vor allem von dem Statusverhältnis zwischen Täter und Opfer und der Beweislage ab. Verfügen die Vergewaltigungsopfer über einen niedrigen gesellschaftlichen Status, z.B. als Drogenabhängige und Prostituierte, erwarten sie im Falle einer Anzeige, von Polizei und Justiz ausgelacht und nicht ernst genommen zu werden. Handelt es sich bei dem Täter um eine Vertrauensperson, wie den Ehepartner, ist die Beweislage entsprechend schlecht. In ihrer Erwartung stände dann nicht der für die Gewalt Verantwortliche, sondern sie vor Gericht:

„Was soll positiv rauskommen? Ich werde da vor den Kadi gezetert, soll vor (...) Gott weiß welchen Typen wieder das erzählen. (...) Er stellt sich hin und behauptet das Gegenteil und macht mich somit vor den ganzen Leuten da lächerlich. Und darauf kann ich verzichten. Das war für mich alles schon schlimm genug. (...) Ich möchte nicht noch mal bezahlen." (Q, 19/20)

Die Angst vor einer Infragestellung der Glaubwürdigkeit ist auch dann groß, wenn dem Augenschein nach die Täter-Opfer-Beziehung als freundschaftlich wahrgenommen wurde und das Opfer die Tat nicht sofort veröffentlicht und angezeigt hatte.

„Wer hätte mir geglaubt, daß das passiert ist, nachdem ich noch zwei Monate mit ihm zusammen gewesen bin? (...) Das hätte mir doch kein Mensch abgenommen." (S, 17)

Im Falle der Vergewaltigung durch einer professionelle Autoritätsperson befürchten die Frauen, ihnen würde nicht geglaubt, weil der Täter über eine größere Definitionsmacht verfügt und es ihm gelingen könnte, die Frau zu psychiatrisieren.

„Außerdem sagt der Therapeut, ich bin geistig nicht anwesend. Der kann tausend Argumente finden. Er ist Therapeut. Und Therapeuten glaubt man ja wahrscheinlich mehr als mir. Wenn man einmal verrückt war, ist man immer verrückt." (Y, 19)

Bei einer Gruppenvergewaltigung sind die Täter gegenüber der Zeugin in der Mehrzahl, so daß das Opfer ebenfalls vor einer Anzeige zurückschreckt.

„Ich kann nicht drei Typen anzeigen. (...) Die würden alle vollkommen gegen mich aussagen. Ich hätte keine Beweismittel. Es wäre nichts außer meiner Aussage. Ich hätte null Chancen." (K, 21/22)

Ein weiterer Grund, von einer Anzeige Abstand zu nehmen, ist das Risiko der *Opferbeschuldigung*, d.h. für die Tat verantwortlich gemacht zu werden. Werden die Zweifel im Bezug auf die eigene Mitverantwortung noch durch den Täter verstärkt, führt das unter Umständen dazu, daß die angegriffene Frau die Absicht einer Veröffentlichung mit dem Ziel seiner Sanktionierung zurücknimmt.

„Als er zu mir gesagt hat: ‚Du hast mich rausgefordert', war für mich die Möglichkeit schon genommen, zu sagen: ‚Ich gehe zur Hoteldirektion und sage irgendwas dazu.' Weil das das erste Mal gewesen ist, daß es jemand ausgesprochen hat, was ich (...) gedacht habe, daß ich eigentlich Schuld (...) bin." (S, 35)

Für junge Frauen ist eine Anzeige auch deswegen nicht möglich, weil es dann zur *Information der Eltern* käme und sie mit Beschuldigungen, Sanktionen und Einschränkungen ihrer Autonomie rechnen müßten.

5. *Fehlender erkennbarer Nutzen.* Von einigen Vergewaltigungsopfern wird trotz eines vorhandenen Strafbedürfnisses der Nutzen einer Anzeige bestritten. Besonders Frauen, die von ihrem Partner mißhandelt und vergewaltigt wurden, bezweifeln, ob eine Gefängnisstrafe aufgrund der vielfältigen Abhängigkeiten das richtige Mittel der Konfrontation ist. Andere glauben nicht, daß durch ein Strafverfahren Gerechtigkeit hergestellt würde. Für eine Interviewte spielte es eine Rolle, daß sie Polizei und Justiz als

Feinde begriff, mit denen sie persönlich nichts zu tun haben wollte. Andere nehmen an, daß der Täter zu gering bestraft würde, mit einer Bewährungsstrafe davonkäme oder mit einer Therapie ‚belohnt' würde. Oder es wird angenommen, daß der Täter „*nach dem Knast auch nicht anders raus*[kommt] *als vorher"* (I, 13). Vergewaltigungsopfer schrecken auch vor einer Anzeige zurück, wenn für sie selbst damit kein persönlicher Nutzen verbunden ist.

„Es ist einfach nicht zu bezahlen. (...) Selbst, wenn der da jetzt ewig im Knast rumhängt. Das ist keine Kompensation. Das nützt einem ja selber überhaupt nicht. Da könnte man vielleicht so Folterphantasien entwickeln. Aber das würde es mir auch nicht bringen." (F, 44)

Dennoch haben Vergewaltigungsopfer ein Sanktionsbedürfnis und sind erleichtert, wenn der Täter auf anderem Wege mit Konsequenzen seines Verhaltens konfrontiert und zur Verantwortung gezogen wird. Einzelne halten es für angemessen, wenn der Vergewaltiger in dieselbe hilflose und traumatisierende Lage wie das Opfer gebracht würde, um zu erfahren, wie entsetzlich ein solches Erlebnis ist. Realistischerweise nehmen sie von solchen Phantasien Abstand, weil sie befürchten, daß sie selbst hinterher im Gefängnis sitzen würden. Einzelne Frauen machen (indirekte) Erfahrungen der Konfrontation mit Männern, die sie selbst oder andere Frauen vergewaltigt haben. Sie stellen den Täter persönlich zur Rede, versuchen, ihn von Festen auszuschließen oder verteilen in seinem Umfeld Flugblätter. Andere phantasieren Sanktionen für den Fall, daß sie noch einmal Opfer einer Vergewaltigung werden würden.

Neben den Gründen, die gegen eine Anzeige sprechen, gibt es aber auch Argumente, die zu einer Anzeige motivieren. Dabei steht bei den Frauen vor allem der Wunsch nach ‚Prävention' im Vordergrund. Sie wollen Gewalt gegen Frauen verhindern und andere Frauen als potentielle Opfer schützen. Insgesamt werden drei Ziele genannt, die mit einer Verfolgung und Bestrafung des Täters verbunden werden:

1. ‚*Spezialprävention*'. Dazu gehört der Wunsch, durch eine Verurteilung den Täter zumindest für die Zeit der Inhaftierung daran zu hindern, erneut zu vergewaltigen.

   Eine Anzeige „ist selbstverständlich, wenn der Mann wegläuft. Er kann das wiederholen und man muß was dagegen machen. Wenn ich die Zeit hätte, hätte ich ihn gesucht, in allen Ecken (lacht), weil wenn der jetzt abgehauen ist, wird er das noch mal versuchen." (T, 26)

   „Ich finde es einfach eine Schweinerei, was er gemacht hat. Und weil er immer noch als Trainer in irgendwelchen Vereinen Training macht, kann es praktisch dem nächsten Kind wieder passieren." (Z, 7)

Außerdem soll erreicht werden, ihm durch Strafe als erzieherische Maßnahme die Kosten seines Verhaltens zu verdeutlichen und ihn zu einer Verhaltensänderung zu bewegen.

Dem Mann sollte gezeigt werden: „‚Das ist die Grenze. Das darfst Du nicht.' Ob es genug ist, wie lange er ins Gefängnis kommt, weiß ich nicht. Aber es muß doch was sein, besser als nichts." (T, 28)

2. *Positive ‚Generalprävention'*. Während die ‚Spezialprävention' unmittelbar auf den Täter zielt, entschließen sich die Frauen aber auch zu einer Anzeige, um zu verdeutlichen, daß eine Vergewaltigung ein Verbrechen ist, welches nicht geduldet werden kann. Die Anzeige dient der Normsetzung und Normsicherung durch die rechtlich festgeschriebene, formalisierte Kontrolle und damit als Orientierung für alle Menschen in der Gesellschaft, d.h. für (potentielle) Täter und Opfer. Mit der Verfolgung und Bestrafung des Täters soll zum Ausdruck gebracht werden, wie unerträglich eine Gesellschaft wäre, in der eine Vergewaltigung nicht geahndet würde. Das Aufzeigen der Grenze dient der Verdeutlichung, daß nicht das subjektive Recht des Täters gilt - „*Wir leben doch nicht im Urwald*" (T, 28) -, sondern das einer Zivilgesellschaft (vgl. dazu Hassemer, 1990; Reemtsma, 1998b).

3. *Gerechtigkeit und Vergeltung*. Lediglich zwei Frauen wünschten explizit aus einem Bedürfnis nach ausgleichender Gerechtigkeit heraus, der Täter möge entsprechend des Verbrechens verfolgt und bestraft werden. Eine Interviewte wollte ihm darüber hinaus vor Gericht in die Augen sehen, um zu erfahren, wer sie vergewaltigt hatte.

Die Frauen beschäftigen sich mit der Ernsthaftigkeit der Verfolgung sexualisierter Gewaltverbrechen und der erwarteten Verhältnismäßigkeit des Strafmaßes. Insgesamt haben die Frauen wenig Vertrauen. Sie schätzen das bundesdeutsche Strafrecht so ein, daß die Strafe, vor allem im Vergleich zu Eigentumsdelikten, niedrig ausfallen wird und ihrem Bedürfnis nach Normsicherung, -verdeutlichung und Vergeltung nicht in ausreichendem Maße nachgekommen werde. Trotzdem werden für die Verwirklichung oben genannter Strafzwecke die Strafverfolgungsbehörden als zuständig angesehen, da die vergewaltigte Frau in der Regel keine Macht hat, um den Täter, noch dazu ungeschützt, zu konfrontieren. Statt dessen soll seitens des Staates der Täter gefaßt, zur Verantwortung gezogen und verurteilt werden.

„Ich habe nicht sehr viel Vertrauen. Ich habe auch gemerkt, daß die Polizei ein bißchen lasch ist. Aber trotzdem: ich bin jetzt nicht der Typ, der sich rächt und den umbringt. Aber man muß etwas dagegen tun." (T, 26)

Da die Frauen abgesehen von ihrem Wunsch nach ‚Spezial- und Generalprävention', nach Gerechtigkeit und Vergeltung selbst nicht unmittelbar von einer Anzeige profitieren können, wird die Polizei nur informiert, wenn die Interviewten unmittelbar unterstützt werden. Soziale Ressourcen ermöglichen es ihnen, den erwarteten und tatsächlichen Belastungen der Anzeige, der gynäkologischen Untersuchung, der wiederholten Zeuginnenbefragungen und der Konfrontation mit dem Täter vor Gericht standzuhalten. Deswegen ist für eine Anzeige vor allem auch die Bereitschaft des sozialen Umfeldes, der Frau oder dem Mädchen beizustehen, unumgänglich. Nahestehende können Ängste vor dem Täter oder der Vernehmung und vor weiteren Belastungen reduzieren, indem sie Mut zusprechen, den Anruf bei der Polizei übernehmen und die Frau zur Vernehmung begleiten. Eine wichtige Unterstützung übernehmen Selbsthilfegruppen und Fachberatungsstellen, deren Aufgabenbereich auch die Prozeßvorbereitung und -begleitung umfaßt. Dadurch kann verhindert werden, daß Sexualstrafdelikte ins Private zurückgedrängt werden.

Reaktionen von Polizei und Justiz
Entschließen sich die Frauen zur Anzeige, ist dieser Schritt für sie zunächst mit zusätzlichen Beeinträchtigungen verbunden. Zum einen sind es solche Belastungen, die sich aus unbeeinflußbaren Vorgängen innerhalb der Institutionen ergeben. Dazu gehören bürokratisches Vorgehen, lange und wiederholte Vernehmungen in Anwesenheit mehrerer Personen und die gynäkologische Untersuchung. Solange der Täter nicht gefaßt und das Verfahren noch nicht abgeschlossen ist, werden die Frauen, unabhängig von ihrem Verarbeitungsprozeß, immer wieder mit der Vergewaltigung und den Reaktionen anderer konfrontiert. Zum Teil zieht sich der Prozeß von der Anzeige bis zur Gerichtsverhandlung über Jahre hin. Die Zeuginnen werden wiederholt befragt. Einige der vergewaltigten Frauen machten die Erfahrung einer unsensiblen Polizeiroutine. Sie mußten detailliert und wiederholt den Ablauf der Vergewaltigung sowie ihr Privatleben schildern.

Zum Zeitpunkt des Interviews warteten drei Frauen darauf, ob es zu einem Prozeß kommen würde. Insgesamt wurden fünf Täter gefaßt und vorgeladen. Vier Frauen sagten vor Gericht aus. Die Reaktionen von RepräsentantInnen des Rechtssystems auf Anzeige und Zeuginnenaussage lassen sich entsprechend der Reaktionen des sozialen Umfeldes in drei Idealtypen zusammenfassen:

- Verneinung eines öffentlichen Interesses

- Leugnung des Normbruchs
    Zweifel an der Glaubwürdigkeit
    (Mit-) Schuld des Opfers

    Bagatellisierung des Schadens

- Normverdeutlichung, Anerkennung des entstandenen Schadens
    Strafverfolgung und Verurteilung des Täters

Verneinung eines öffentlichen Interesses. Frauen, die von ihrem Partner geschlagen und vergewaltigt werden, machen die ersten Rechtserfahrungen, sobald sie selbst oder NachbarInnen die Polizei rufen, um weitere Mißhandlungen zu verhindern. Die PolizistInnen stellen den unmittelbaren Schutz der Frau sicher, indem sie ihr und ihren Kindern eine Flucht aus der Wohnung ermöglichen. Einzelne der Interviewten berichteten, daß darüber hinaus ein öffentliches Interesse an der Sanktionierung von Partnergewalt verneint wurde.

„Die [Polizisten] haben mir eiskalt gesagt, das geht die nichts an, das ist [eine] familiäre Sache. Da mischen die sich nicht ein. (...) Obwohl ich geblutet habe aus Nase und Mund, (...) Blutergüsse an den Armen und zum Teil die Klamotten kaputt gerissen oder die Wohnungstür eingeschlagen. Die haben nichts unternommen. Und dann habe ich das immer so gemacht: ich habe zu den Polizisten gesagt: ‚(...) Solange ich meinen Koffer packe, bleibt Ihr in dieser Wohnung, das verlange ich.' Dann habe ich meinen Koffer gepackt, habe meine Kinder geschnappt und bin mit Polizei raus aus meiner Wohnung." (P, 33)

Die Frauen erlebten, daß auch nach einer Trennung kein öffentliches Interesse an einer Strafverfolgung bestand. Zwei der interviewten Frauen erkundigten sich im Zusammenhang mit ihrem Antrag auf Scheidung beim Anwalt bzw. der Anwältin über die Möglichkeiten einer Anzeige. Sie wollten den Täter zum Beispiel wegen Vergewaltigung, Körperverletzung, Nötigung und Einsperren in der Wohnung anzeigen. Beide erhielten die Information, daß die vorehelichen Vergewaltigungen verjährt seien, während die ehelichen (nach dem damals gültigen Sexualstrafrecht) nicht strafbar seien.

„[Der Anwalt] meinte, ich hätte drei Monate Zeit gehabt, um was anzuzeigen. (...) Ich weiß gar nicht, ob es so was überhaupt gibt, aber ich habe die irgendwie um ein oder zwei Tage übertreten. Er hatte auch überhaupt keine Kulanz gezeigt, um zu sagen, (...) wir zeigen das trotzdem an." (B, 21)

Das mangelnde öffentliche Interesse zeigte sich auch bei Machtmißbrauch in Therapien. Eine Interviewte, die ihren Therapeuten anzeigte, erfuhr von ihrer Anwältin, daß seine Täterschaft seit Jahren bekannt sei. Solange keines der Opfer bereit gewesen war, Anzeige zu erstatten, wurde von außenstehenden ZeugInnen nichts unternommen.

„Dann habe ich mir überlegt, warum tun die da nichts? Auf was warten die? ... Und in X-Stadt soll es noch eine andere therapeutische Wohngemeinschaft geben, wo das ganz normal ist, wenn da neue Mädchen kommen, daß die Therapeuten mit denen schlafen. Das wissen alle. (...) Da unternimmt keiner was." (Y, 14)

Leugnung des Normbruchs. Die Reaktionen von Polizei und Justiz zeichneten sich teilweise dadurch aus, daß die Anerkennung des Unrechts und des entstandenen Schadens verweigert wurde. Dies geschah durch eine Umdeutung der Tat als Normalität (Normverlängerung) und eine Skepsis gegenüber der *Glaubwürdigkeit* des Opfers. So wurde von PolizistInnen oder vom Anwalt des Täters die Vergewaltigung grundsätzlich in Frage gestellt. Es wurde geargwöhnt, das Opfer könne nicht *„zwischen normalem Geschlechtsverkehr und einer Vergewal-*

tigung" (W, 11) unterscheiden. Oder es wurde gemutmaßt, es hätte gar keine Vergewaltigung stattgefunden, das Opfer könne sich die Verletzungen selbst zugefügt haben und hinter der (Falsch-) Anzeige würden andere Interessen stecken, wie z.B. den ersten Geschlechtsverkehr mit dem Freund zu verbergen. Eine der Interviewten wurde bei der Anzeige gefragt, ob sie mittels einer Anzeige ihren Freund zurückgewinnen wolle.

> „Und die [Polizistin] hat mich dann nach meinen Ex-Freunden ausgefragt und wie oft ich mit denen geschlafen hätte. Weil gerade letzte Woche war bei ihr auch so ein Mädchen gesessen, die hätte auch geweint und die wollte ihren Freund zurückgewinnen. (...) Die hätte praktisch die Geschichte erfunden." (W, 11)

Denkbar wäre, daß die Polizei ihre Vernehmung nach den späteren Fragen der Rechtsvertretung des Täters ausrichtet. Aber niemand erklärte den Zeuginnen Ablauf und Hintergrund des polizeilichen Vorgehens. Tatsächlich erlebte eine der Vergewaltigungsopfer, wie der Anwalt des Täters versuchte, die Vergewaltigung als Sexualität zu präsentieren, bei der genau ein Teil auf das andere gepaßt habe. Er fragte die Zeugin, ob es ihr *„denn Spaß gemacht hätte"* (D, 19).

> „,Jeder Topf findet einen Deckel', (...) ob das bei mir nicht auch so gewesen sein könnte." (S. 19)

Neben direkten Erfahrungen bei der Anzeige, hatten die Vergewaltigungsopfer durch Medien und Fortbildungen indirekte Erlebnisse mit Polizei und Justiz. Sie erfuhren, wie die Realität sexualisierter Gewalt bestritten und gesagt wurde, daß *„von 10 Vergewaltigungen, die angezeigt werden, neun überhaupt keine wären"* (K, 22).

Die Frauen werden durch verschiedene Formen der *Opferbeschuldigung* belastet. Zum Beispiel wird den Zeuginnen durch Fragen nach ihrer Kleidung, Auftreten und Alkoholkonsum vermittelt, daß Vergewaltigungsopfer aufgrund ihres risikohaften Verhaltens oder ihres (,frühreifen') Aussehens selbst schuld seien. Dabei spielt vor allem eine angenommene Verantwortung der Frau für die ,Triebkontrolle' des Mannes eine Rolle.

> „Die haben mich gefragt, was ich angehabt habe, (...) ob ich eventuell diesen Herrn erregt hätte mit meinem Aussehen. (...) Die haben mich da hingestellt, als wäre ich eine Hure." (P, 29)

Der Normbruch wurde außerdem verneint und die Vergewaltigung als keine ,richtige' Vergewaltigung dargestellt, wenn die Frau den Täter freiwillig zum Tatort begleitet hatte oder wenn sie sich nicht vor der Vergewaltigung vom Täter getrennt und damit die Tat vermieden hatten.

Die Frauen empfinden die Entlastung des Täters als eine *Bagatellisierung des Schadens*. Es wurde z.B. argumentiert, daß Drogenkonsum und die vor der Vergewaltigung bestehende Beziehung den Schaden und die Schuld des Täters mindern, ungeachtet dessen, daß die Vergewaltigung durch eine nahestehende Person für das Opfer einen unglaublichen Vertrauensbruch darstellt.

> „Ich meine, daß das kein Minderungsgrund sein sollte, grade weil ich ihn so lange gekannt habe. (...) Ich habe ihm ja auch vertraut. Und daß er das dann so ausgenutzt hat, ist mindestens genauso schlimm, wie ein Fremder, wenn nicht noch ein bißchen schlimmer." (L, 26)

Ein Teil der Interviewten erlebte eine Diskrepanz zwischen ihrem sich entwickelndem Rechtsempfinden und gesellschaftlich festgeschriebenem und realisiertem Recht. Das galt auch für die Höhe des Strafmaßes: *„Ich habe gedacht, das müßte eigentlich höher sein. Ich habe es als ungerecht empfunden."* (B, 28).

Normverdeutlichung, Anerkennung des entstandenen Schadens, Strafverfolgung und Verurteilung des Täters. Vergewaltigungsopfer erfahren bei der Anzeige durch PolizistInnen, durch GynäkologInnen, die Nebenklagevertretung und vor Gericht aber auch eine Normverdeutlichung. Besonders wichtig ist, daß ihr Erleben ernst genommen und die Angemessenheit ihres Verhaltens vor und während der Vergewaltigung bestätigt wird. Dazu gehörte zum Beispiel, daß eine Frau die Information erhielt, daß der Mann Wiederholungstäter war und ihre Einschätzung seiner tatsächlichen Gefährlichkeit entsprach.

> „Vorher habe ich noch öfter überlegt, ob ich nicht hätte noch massiver reagieren müssen: also dagegen gehen und ihm die Knarre aus der Hand schlagen, mich wirklich total wehren. Und das hat sich in dem Moment für mich dann bestätigt, (...) daß er wirklich unberechenbar war und so was schon passiert ist, daß der eventuell wirklich geschossen hätte oder einfach ausgeflippt wär." (I, 12)

Die Frauen werden mittels Einfühlungsvermögen, emotionalem Beistand in Form von Anteilnahme und Verständnis und einer Ausrichtung des polizeilichen, ärztlichen, anwaltlichen und gerichtlichen Vorgehens entsprechend ihren Bedürfnissen und ihrer Belastbarkeit unterstützt. Dazu gehört unter anderem eine Begleitung zur nächtlichen gynäkologischen Untersuchung und Empathie, z.B. dafür, daß junge Frauen aus Geldmangel trampen. Die Opfer erfahren, daß es sich bei einer Vergewaltigung um eine Offizialdelikt handelt und sie als Zeugin zu dem stehen können, was sie ausgesagt haben. Eine ausführliche Vorbereitung auf die Verhandlung und Unterstützung während des Prozesses, zum Beispiel durch eine Nebenklagevertreterin, erleichtert es der vergewaltigten Frau, Angst und ein mögliches Wiedererleben des Traumas während der Gerichtsverhandlung(en) zu bewältigen. Auch RichterInnen und StaatsanwältInnen können die Verhandlung durch Rücksicht und Geduld so gestalten, daß die Zeugin ihre Aussage ohne zusätzliche Belastungen machen kann. Wird mit der Zeugin seitens der RichterInnen respektvoll umgegangen, erlebt sie unter Umständen zum ersten Mal, daß ihr von offizieller Seite geglaubt wird. Dann ist es auch dem Täter und seiner rechtlichen Vertretung nicht möglich, die Zeugin zu diskreditieren und zu demütigen.

> „Die Richter, die waren sehr fair. Das waren alles Männer, aber da hatte ich das Gefühl, daß die wirklich sehr, sehr fair gefragt haben. Und diese Anwältin, die er hatte - (...) eine Frau kann zum Beispiel ganz anders fragen, wenn sie einen reinreiten will - (...) die hat das zweimal probiert und hat von den Richtern dann zu hören bekommen: ‚Das tut hier nichts zur Sache.'" (B, 27)

Das Strafmaß an sich ist die endgültige gesellschaftlich-institutionelle Reaktion auf die Vergewaltigung. Damit werden die subjektiven Normen von Opfer und Täter bestätigt oder verneint. Außerdem werden gesellschaftliche Werte, z.B. über die Veröffentlichung des Urteils in den Medien, gesichert. Da insgesamt nur vier der Täter verurteilt wurden, lassen sich nur Hinweise darauf geben, wie das Strafmaß (eine Bewährungsstrafe und drei mehrjährige Freiheitsstrafen) von den Opfern aufgenommen wird. Während für eine Interviewte die Strafe zu dem Zeitpunkt der Verhandlung keine Bedeutung hatte, beurteilten die anderen drei, mit den oben genannten Einschränkungen, das Strafmaß als mehr oder weniger angemessen und als Bestätigung des an ihnen begangenen Unrechts.

9 Die Bedeutung subjektiver Theorien für Bewältigungsprozesse

Im neunten Kapitel wird die Bedeutung subjektiver Theorien für Bewältigungsprozesse nach einer Vergewaltigung untersucht. Zunächst werden die zwei maßgeblichen subjektiven Theorien über weibliche Selbstbestimmung und Vergewaltigung modellhaft und idealtypisch gegenübergestellt (9.1). Danach werden die Ergebnisse von Bewältigungsprozessen diskutiert (Kap. 9.2).

9.1 Subjektive Theorien über Vergewaltigung

Durch die Aussagen der interviewten Frauen über sich, den Täter, das soziale und gesellschaftliche Umfeld zieht sich wie ein roter Faden die Frage nach dem Stellenwert weiblicher Selbstbestimmung im öffentlichen und privaten Raum. Als entscheidend erweisen sich zwei, sich idealtypisch gegenüberstehende, auf diese Frage bezogene Theorien über eine *eingeschränkte bzw. uneingeschränkte weibliche Selbstbestimmung* und *Vergewaltigung*. Aus ihnen leiten sich jeweils sechs zentrale Aussagen im Zusammenhang mit einer geplanten, drohenden oder eingetretenen sexuellen Viktimisierung ab. Diese haben unterschiedliche Inhalte und Relevanz für potentielle und tatsächliche Opfer und Täter. Sie betreffen:

- Vorhersage
- Handlungsempfehlung
- Handlungssteuerung
- Selbstwert
- Situationsdefinition
- Erklärung

Die Logik dieser Aussagen ergibt sich aus dem Stellenwert weiblicher und damit auch männlicher Selbstbestimmung und wird für beide Geschlechter dargestellt. Zwischen den Idealtypen gibt es eine Vielzahl von Übergängen. Ihre entgegengesetzte Bedeutung für Frauen und Männer ist dem Untersuchungsgegenstand geschuldet und ist im Prinzip auf andere Merkmalskonstruktionen, z.B. Nationalität, Religion oder Augenfarbe, übertragbar.

Eingeschränkte weibliche Selbstbestimmung
Die subjektive Theorie über die eingeschränkte weibliche Selbstbestimmung besagt den Aussagen der interviewten Frauen nach:

Männer und Frauen sind (infolge biologischer Gegebenheiten) verschiedenartig. Das Recht auf Selbstbestimmung von Frauen gegenüber dem von Männern unterliegt einer einseitigen Beschränkung aufgrund des weiblichen Geschlechts, besonderer Bedingungen oder Beziehungen. Im *öffentlichen Raum* ergibt sich die Einschränkung weiblicher Selbstbestimmung aus einer Psychopathologie des Täters und unzureichender Vermeidung und Selbstverteidigung des Opfers, bzw. weiblicher Provokation männlicher Sexualität und mangelnder Triebkontrolle des Täters. Bei der Vergewaltigung handelt es sich primär um einen Sexualakt. Im *privaten Raum* ergibt sich die Einschränkung weiblicher Selbstbestimmung aufgrund von drei Zuschreibungen bezüglich der Geschlechterrollen, der Sexualrollen und der Autorität von Erwachsenen.

Aus *traditionell-komplementären* und *hierarchischen Geschlechterrollen* in Liebesbeziehungen und Familie folgt eine klassische Arbeitsteilung zwischen Mann und Frau. Der Mann geht einer außerfamiliären Berufstätigkeit und die Frau der Haus- und Familienarbeit nach. Zu den zentralen Aufgaben der Frau gehört die Reproduktion der männlichen Arbeitskraft, indem sie seinen körperlichen, psychischen und sexuellen Bedürfnissen nachkommt und gegebenenfalls die gemeinsamen Kinder versorgt und erzieht. Daraus ergibt sich, daß der Mann über ‚sein' Einkommen verfügt und gegenüber der Frau (und den Kindern) umfassende Freizeitansprüche und die Berücksichtigung besonderer Belastungen geltend machen kann. Außerdem steht ihm das Recht zu, Berufstätigkeit, Freizeitverhalten, FreundInnenschaft und Sexualität der Frau zu kontrollieren, da sich aus ihrem Verhalten seine Männlichkeit (gesichert durch beruflichen Erfolg, emotionale Versorgung durch die Frau und ihre monogame sexuelle Verfügbarkeit) ableitet. Kommt es zu Problemen innerhalb der Familie, ist die Frau dafür verantwortlich. Das Scheitern einer Ehe und das Auseinanderbrechen der Familie fällt primär auf die Frau als Beziehungsverantwortliche zurück und stellt ihre Daseinsberechtigung sowohl materiell als auch ideell in Frage. Sie hat darüber hinaus die Verantwortung für den *Erhalt der Vater-Kind-Beziehung*.

Männlich-aktive und *weiblich-passive Sexualrollen* in von Männern definierten sexuellen Kontakten und Beziehungen ergeben sich aus der Biologie der Geschlechter, bzw. der Natürlichkeit und Freiheit sexuellen Verhaltens. Der Mann ist der Begehrende. Die Frau wird begehrt. Es ist primär dem Mann vorbehalten, seine sexuellen Bedürfnisse zu zeigen und Befriedigung zu verlangen. Eine sexuell aktive Frau, die weiß, was sie will, wird als Hure herabgesetzt. Die Frau hingegen delegiert ihre Sexualität an den Partner, da die Initiation zur erwachsenen Frau und die immer wieder neu herzustellende Anerkennung ihrer Weiblichkeit und Wertigkeit mit dem Ausmaß männlichen Verlangens korrespondiert. Die Aufgabe der Frau besteht darin, dem Mann zu gefallen und seine

Aufmerksamkeit zu wecken und gleichzeitig seine Sexualität bis zur Eheschließung zu kontrollieren. Im ganz traditionellen Sinne macht der Mann die Braut (Jungfrau) in der Hochzeitsnacht zur Frau. Mit der Ehe verliert die Frau den letzten Rest an sexueller Selbstbestimmung. Weibliche Sexualität und Befriedigung ist in einer intimen Beziehung oder Ehe nur als Ergebnis einer monogamen Bindung an einen Mann möglich. Andere Formen weiblicher Sexualität werden geleugnet oder abgewertet.

Die Selbstbestimmung der Frau ist gegenüber der *Autorität männlicher Erwachsener* in (professionellen) Abhängigkeitsbeziehungen eingeschränkt. Diese Einschränkung ergibt sich aus Statusunterschieden sowie einem professionellen Erfahrungs- und Wissensvorsprung der Autoritätsperson.

Vorhersage. Das Risiko, Opfer einer vaginalen Vergewaltigung zu werden, besteht nur im öffentlichen (fernen) Raum. Der Täter ist ein fremder, sexuell gestörter Mann. Die Tat erfolgt als gewalttätiger Überfall und Triebdurchbruch. Opfer werden mädchenhaft-feminine oder sexuell-aktive Frauen und Mädchen. Vergewaltigung im öffentlichen Raum ist ein Skandal. Im privaten Raum gibt es an sich keine unbeschränkte weibliche Selbstbestimmung. Grenzverletzungen und Vergewaltigungen im privaten Raum sind eine Bagatelle. Das Sprechen darüber unterliegt einem Tabu. Mädchen und Frauen müssen damit rechnen, für ihr Verhalten im Falle einer Grenzverletzung sanktioniert zu werden.

Täter im öffentlichen Raum müssen demzufolge keine Sanktionen befürchten, wenn sie die soziale Kontrolle und den Widerstand des Opfers ausschalten können. Kommt es dennoch zu Strafverfolgung und Gerichtsverhandlung, kann sich der Täter entlasten, indem er auf das Versagen des Opfers bezüglich Vermeidung und Selbstverteidigung hinweist und dies als Zeichen der Zustimmung wertet. Im privaten Raum ist das Risiko einer Verurteilung ebenfalls gering, da der Mann sich auf o.g. Ansatzpunkte der Beschränkung weiblicher Autonomie beziehen kann und darin von außen z.T. bestätigt wird.

Handlungsempfehlung. Von Seiten der Eltern dominiert gegenüber ihren Töchtern eine Einschränkung weiblicher Autonomie, eine Vorbereitung auf die geschlechtliche Arbeitsteilung, die beziehungserhaltende Rolle der Frau in Liebesbeziehung und Familie, eine negative Sexualerziehung und Gehorsam gegenüber Erwachsenen. Mädchen und Frauen wird nahegelegt, im öffentlichen Raum erstens darauf zu hoffen, daß sie einem Vergewaltiger nicht begegnen, zweitens eine Vergewaltigung zu meiden, indem sie vermeintlichen Tatorten fernbleiben und den Täter, bzw. einen Triebdurchbruch nicht provozieren. Aus einer Auseinandersetzung mit sexualisierter Gewalt und dem Wunsch, sich nicht in ihrer Autonomie einschränken zu lassen, entsteht als dritte Strategie, selbstbewußt und stark aufzutreten und sich Selbstverteidigungskompetenzen zuzulegen. Werden entsprechende Handlungsempfehlungen umgesetzt, wird das Risiko einer Vergewaltigung als gering angesehen. Im privaten Raum hingegen sollen Mädchen und Frauen sich anpassen und gemäß oben beschriebener Geschlechter- und Sexualrollen Partnern und Autoritätspersonen vertrauen, sich bei Beeinträchtigungen nicht ‚anstellen', sondern nachsichtig sein und die Männer nicht provozieren. Um die ideale Liebesbeziehung zu gewährleisten, empfiehlt sich die Wahl des richtigen Partners, der den Erwartungen an die Erfüllung seiner Rolle auch gerecht werden kann. Die Verantwortung liegt insgesamt beim potentiellen Opfer. Wird ein Mädchen oder eine Frau Opfer einer Vergewaltigung, sind Bewältigungsprozesse primär ihre Privatangelegenheit.

Für Männer ergibt sich aus den Annahmen über das Geschlechterverhältnis in Liebe, Sexualität und Autoritätsbeziehungen die Legitimation, die Grenzen von Mädchen und Frauen bis hin zur Vergewaltigung zu überschreiten. Dabei können sie sich insbesondere auf pornographische Vorbilder, religiöse und allgemein gesellschaftliche Bilder der Unterordnung von Frauen beziehen.

Handlungssteuerung. Mädchen und Frauen versuchen die Handlungsempfehlungen einzuhalten. Ihre Selbstwahrnehmung ist eingeschränkt. Sie tolerieren Grenzüberschreitungen. Sie begrenzen ihre Autonomie im privaten und öffentlichen Raum. Besteht ein großes Bedürfnis, z.B. in der Adoleszenz, den eigenen Radius zu erweitern, versuchen sie, sich Selbstbehauptungs- und Selbstverteidigungskompetenzen zuzulegen oder diese zu phantasieren. Die Realität sexualisierter Gewalt wird abgewehrt. Die Angst vor einer Vergewaltigung wird intrapsychisch bewältigt. Innere Barrieren, die Geschlechterhierarchie und die Einschränkung ihrer Selbstbestimmung als Problem wahrzunehmen und sich dagegen zu wehren, sind demzufolge hoch.

Für Täter ergibt sich aufgrund des geringen Sanktionsrisikos keine Notwendigkeit, ihre Gewaltbereitschaft zu reflektieren und ihre Handlungen in Richtung Gewaltfreiheit zu steuern. Sie können Mißhandlungen und Vergewaltigungen einsetzen, um zum Beispiel sexuelle Interessen sowie Bedürfnisse nach Dominanz, Kompensation eigener Schwäche und Spannungsabbau durchzusetzen.

Selbstwert. Risikoerwartung bezüglich einer Vergewaltigung und Risikowahrnehmung gegenüber Grenzverletzungen sind gering. Die Mädchen und Frauen fühlen sich sicher. Der Selbstwert kann durch Abgrenzung von Vergewaltigungsopfern stabilisiert werden. Opfer werden nur Mädchen und Frauen, die leichtsinnig sind und sich an den falschen Orten aufhalten, die Empfehlungen mißachten und einen Triebdurchbruch provozieren, nicht selbstbewußt sind und keine Selbstverteidigungskompetenz besitzen oder den falschen Partner wählen.

Auch für Männer besteht die Möglichkeit, ihren Selbstwert zu stabilisieren. Zum einen gelingt eine Selbstaufwertung durch eine innere Abgrenzung von dem pathologischen ‚Sexualtäter' im öffentlichen Raum. Zum anderen optimieren sie ihr Selbstwertgefühl durch die Identifikation mit Männern, die Frauen in der Liebe, der Sexualität und innerhalb von Autoritätsverhältnissen überlegen sind und gegebenenfalls ihre Interessen auch mit Gewalt durchsetzen können.

Situationsdefinition. Grenzverletzungen werden von Täter und Opfer geleugnet oder bagatellisiert. Vergewaltigungen werden nicht als Normbruch bewertet.

Im öffentlichen Raum oder als Reaktion auf die Trennung vom Partner werden sie als Normverletzung, innerhalb einer Liebesbeziehung als Normausnahme oder in sexualisierten oder professionellen Zusammenhängen als Normverlängerung oder sogar als Normalität rekonstruiert. Der entstandene Schaden wird negiert oder verharmlost.

Erklärung. Vergewaltigungen und Mißhandlungen im öffentlichen Raum sind das Ergebnis eines von der Frau provozierten, nicht vermiedenen oder abgewehrten Triebdurchbruchs des Mannes. Im privaten Raum sind sexualisierte Gewalttaten der Ausdruck besonderer, auf den Mann wirkender Belastungen, seines sexuellen Begehrens oder seiner Liebe. Handelt es sich bei dem Täter um eine (professionelle) Autoritätsperson, wird das Verhalten als Zeichen der Liebe des Mannes, der Diagnostik oder Hilfe und Therapie gedeutet.

Uneingeschränkte weibliche Selbstbestimmung
Dem gegenüber steht die subjektive Theorie über die uneingeschränkte weibliche Selbstbestimmung. Sie besagt:

1. Männer und Frauen sind gleich, verschieden und jeweils einzigartig.

2. Das Recht auf Selbstbestimmung von Frauen und Männern unterliegt keiner Einschränkung aufgrund des Geschlechts, besonderer Bedingungen oder Beziehungen.

Vorhersage. Das Risiko, in der Selbstbestimmung mittels Grenzverletzungen, Mißhandlungen oder Vergewaltigungen eingeschränkt zu werden, ist bekannt und wird ernst genommen. Im Falle einer Vergewaltigung drohen Opfern aufgrund ihres Rechts auf Selbstbestimmung keine Sanktionen. Täter müssen demzufolge im Falle einer Vergewaltigung mit sofortiger Veröffentlichung, Anzeige und einer Sanktionierung ihres Verhaltens rechnen. Die Kosten der Tat sind entsprechend hoch.

Handlungsempfehlung. Interventionen gegen sexualisierte Gewalt sind primär Aufgabe der gesamten Gesellschaft und ihrer Institutionen und konzentrieren sich auf die Täter. Handlungsempfehlungen für Mädchen und Frauen richten sich auf eine Auseinandersetzung mit der Realität sexualisierter Gewalt, Selbstbehauptung statt Anpassung im sozialen Nahbereich, eindeutige Abgrenzung und Aufgabe kooperativen Verhaltens bei Grenzüberschreitungen und den Einsatz situationsangemessener Selbstverteidigungstechniken bei gewalttätigen Angriffen. Da das Risiko einer Vergewaltigung nicht ausgeschlossen werden kann, umfassen die Empfehlungen auch Vorschläge über das Verhalten nach einer Vergewaltigung (Veröffentlichung, Anzeige und Spurensicherung). Werden Mädchen oder Frauen Opfer einer Vergewaltigung, erhalten sie die Unterstützung des sozialen und gesellschaftlichen Umfeldes. Die Vergewaltigung betrifft in hohem Maße öffentliche Interessen. Tätern empfiehlt sich aufgrund der Wahrscheinlichkeit gesellschaftlicher Sanktionen eine Auseinandersetzung mit ihrer Gewaltbereitschaft, ihren subjektiven Theorien über weibliche Selbstbestimmung und Männlichkeit sowie der Aufbau innerer Barrieren. Die Verantwortung für die Vergewaltigung liegt ganz allein beim Täter.

Handlungssteuerung. Die Anerkennung des Selbstbestimmungsrechtes impliziert die Wahrnehmung von Grenzverletzungen und Beschneidungen. Grenzüberschreitungen werden nicht toleriert, sondern als gesellschaftliche Realität erkannt und verurteilt. Mädchen und Frauen veröffentlichen gegebenenfalls eine Vergewaltigung, sichern die Spuren und zeigen die Tat an.

Selbstwert. Der Selbstwert kann nicht über eine Abgrenzung von Vergewaltigungsopfern stabilisiert werden, da die Frauen wissen, daß das Risiko sexualisierter Gewalt nicht ausgeschlossen werden kann. Statt dessen ergibt sich der Selbstwert aus dem Bewußtsein über die eigene Würde und Selbstbestimmung und aus selbst-/verantwortlichem Verhalten. Eine Selbstwertstabilisierung über eine Abgrenzung gegenüber dem pathologischen Triebtäter ist für Männer erschwert, da eine diesbezügliche Polarisierung zwischen krank und gesund aufgehoben ist und abwertendes, demütigendes und traumatisierendes Handeln im Mittelpunkt der Aufmerksamkeit steht. Eine Optimierung des Selbstwertes über die Identifikation mit dem, sich mittels Gewalt gegenüber der Frau erhöhenden Mann, ist nicht möglich. Der Selbstwert folgt ebenfalls aus dem Bewußtsein über die eigene Würde und Selbstbestimmung und aus selbst-/verantwortlichem Verhalten.

Situationsdefinition. Das sexuelle, gewaltsame Eindringen in den Körper eines Menschen ohne dessen Einverständnis stellt immer eine Vergewaltigung und einen Normbruch dar. Für die Definition spielen die Täter-Opfer-Beziehung, beider Status und Lebensweisen, Tatumstände und Tatverhalten, und das Verhalten des Opfers, während und nach der Vergewaltigung keine Rolle.

Erklärung. Das Gewalthandeln wurde vom Täter ausgeführt. Die Ursache liegt primär in seinem Willen zur Gewalt und der gesellschaftlichen und sozialen Legitimation.

Zusammengefaßt lassen sich diese beiden idealtypischen Modelle über weibliche Selbstbestimmung und Vergewaltigung wie in Tab. 3 darstellen.

Tab. 3: Weibliche Selbstbestimmung und Vergewaltigung

Eingeschränkte Selbstbestimmung	*Uneingeschränkte Selbstbestimmung*
Definition aus der Täterperspektive	Definition aus der Opferperspektive
Bagatellisierung/Leugnung des Schadens	Anerkennung des Schadens
Opferverantwortung	Täterverantwortung
Privatangelegenheit	Öffentliche Angelegenheit
Opferbezogene Interventionen	Täterbezogene Interventionen

9.2 Ergebnisse von Bewältigungsprozessen: „Ich bin auch ein Mensch!"

Fragt man nach der Integration eines Traumas in die Biographie, ist es zunächst notwendig, entsprechende Beurteilungskriterien festzulegen. Die Charakteristika, anhand derer die Verarbeitung des Traumas im folgenden betrachtet wird, ergibt sich aus drei Perspektiven:

1. *Rekonstruktion der Vergewaltigung als Normbruch und Wieder-/Herstellung des Rechts auf Selbstbestimmung.* Als Resultat der Bewältigungsprozesse wird die Vergewaltigung als Gewalttat und Unrecht anerkannt, der vom Täter verursachte Schaden ernst genommen und das Recht auf uneingeschränkte weibliche Selbstbestimmung bestätigt. Dieser Prozeß steht u.a. mit biographischen Erfahrungen (Kap. 9.2.1) und subjektiven Theorien über weibliche Selbstbestimmung und sexualisierte Gewalt vor der Tat (Kap. 9.2.2) im Zusammenhang.

2. *Bewältigung der sich anschließenden Belastungen.* Belastungen, die sich aufgrund der Vergewaltigung ergaben, sind überwunden oder können bei Wiederauftreten bewältigt werden. Entsprechende Bewältigungsprozesse werden aufgrund von lebensweltlichen Belastungen behindert oder Ressourcen erleichtert (Kap. 9.2.2).

3. *Subjektive Perspektive.* Das traumatische Erlebnis konnte subjektiv verarbeitet werden. Das Trauma wird nicht mehr als Fremdkörper, sondern als integrierter Bestandteil der Biographie und eines neuen Selbst- und Weltverständnisses erlebt (Kap. 9.2.3).

Ausgehend von diesen drei Kriterien werden die Ergebnisse der vorliegenden Untersuchung zusammengefaßt und (1) im Hinblick auf den Forschungsstand und (2) auf das in Kapitel 5.3 dargestellte und überarbeitete Modell (Abb. 2, s. S. 270) diskutiert.

Biographische Faktoren, insbesondere die Bedeutung von Gewalterlebnissen und Vertrauenspersonen in der Kindheit und deren Bedeutung für das Selbstwertgefühl werden in Kap. 9.2.1 dargestellt. Für die Bedeutung von Aufklärung vor dem Angriff, der Täter-Opfer-Beziehung, der Durchsetzungsstrategien des Täters und des externen Widerstandes in Wechselwirkung mit Risikoerwartung und -wahrnehmung sei auf das 7. Kapitel verwiesen. In Kapitel 9.2.2 wird noch mal ausführlich auf die Bedeutung posttraumatischer Belastungen und Ressourcen eingegangen. Zu den sozialen Ressourcen gehören beispielsweise vertrauensvolle Beziehungen, Rechts-/Sicherheit, die Begleitung beim Ausdruck von Gefühlen und die Bestätigung des Selbstwertes. Den Abschluß bilden Faktoren, die mit einer Integration des Traumas in die Biographie einhergehen. Dazu gehören auf Seiten der Opfer eine kognitive Anerkennung des Normbruchs, einer allgemeinen Selbstverantwortung, der eigenen Grenzen und der Menschenwürde.

Abb. 2: Idealtypische Traumatisierungs- und Bewältigungsprozesse

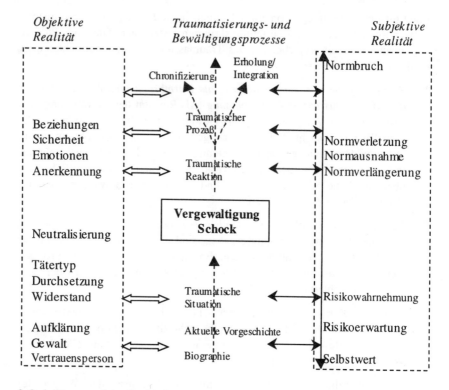

9.2.1 Biographische Faktoren

Wie schon in Kapitel 7.1 dargestellt, werden Mädchen durch opferbezogene Handlungsempfehlungen in ihrer Selbstbestimmung eingeschränkt. Anstatt, daß die gesellschaftlich Mächtigeren die Gefahr sexualisierter Gewalt für die Entwicklung junger Mädchen und Frauen ernst nehmen und den Schwerpunkt auf täterbezogene Interventionen legen, werden potentielle Opfer auf eine Traumatisierung mittels Beschränkungen vorbereitet. Um sich in ihrer Autonomie nicht zu begrenzen, wird die Angst vor einer Vergewaltigung von den Betroffenen intrapsychisch abgewehrt. Das Vergewaltigungstrauma beginnt demzufolge schon vor der Tat. Hinnahme und Verschleierung der Geschlechter- und Generationenhierarchie in der Biographie erweisen sich auch langfristig als Barrieren für die Bewältigungsprozesse nach einer Vergewaltigung.

Darüber hinaus lassen sich anhand der von den Interviewten berichteten biographischen Erfahrungen drei Faktoren herausarbeiten, die als Vulnerabilitäts- bzw. Schutzfaktoren wirken. Diese wurden auch in anderen Untersuchungen unter anderen Bedingungen als wichtige Entwicklungsfaktoren in Kindheit und

Jugend herausgearbeitet (z. Überblick s. Bender & Lösel, 1997; Egle, Hoffmann & Steffens, 1997). Von besonderer Bedeutung sind:

- Gewalterlebnisse in der Kindheit
  Sexuelle Gewalt
  Physische und psychische Mißhandlungen
  Indirekte Gewalt

  Intrapsychische Traumaabwehr und Vermeidung

- Vertrauenspersonen
- Selbstwert

Gewalterlebnisse in der Kindheit. In der vorliegenden Untersuchung bestätigt sich, daß Gewalterlebnisse in der Kindheit als ein Risikofaktor für spätere interpersonale Traumatisierungen angesehen werden können (z.B. Browne & Finkelhor, 1986; Fischer, 1992; Gelles & Straus, 1988; Koss & Dinero, 1989; Krahé, 1998; Russel, 1986; Vogel & Himelein, 1995; Wetzels, 1997; vgl. auch Kap. 4.2.3). Darüber hinaus scheinen vorhergehende Gewalterlebnisse spätere posttraumatische Bewältigungsprozesse zu erschweren. Ein Teil der interviewten Frauen wurde Opfer sexueller Gewalt, elterlicher physischer Gewalt oder Zeugin der Gewalt des Vaters gegen die Mutter. Eine angemessene Auseinandersetzung über Grenzverletzungen, Recht auf körperliche Unversehrtheit und Integrität sowie sexualisierte Gewalt fand in der Regel nicht statt. Auch wenn es innerhalb der Familie zu massiven Grenzverletzungen und Gewalttätigkeiten kam, wurde nach außen das Bild der *„heilen Familie"* (L, 37) aufrechterhalten.

Mehr als die Hälfte der Frauen berichtete explizit, daß sie in der Kindheit und/oder im frühen Jugendalter Opfer *sexueller Gewalt* geworden waren. Die Täter waren sowohl Vertrauenspersonen wie auch Bekannte, Fremde und Autoritätspersonen. Acht der Frauen wurden Opfer sexuellen Mißbrauchs durch vertraute Personen aus dem familiären Bereich. Für sechs Frauen erstreckte sich der Mißbrauch über einen längeren Zeitraum. Die Täter waren den Mädchen nahestehende und z.T. geschätzte Personen, die kaum oder erheblich älter waren. Diese standen in unterschiedlichen Verwandtschaftsverhältnissen zu ihren Opfern (älterer Bruder, Cousin, Onkel oder Vater). Zehn Frauen sprachen über sexualisierte Grenzverletzungen durch gleichaltrige und erwachsene (flüchtig) Bekannte, Autoritätspersonen wie Ärzte und Lehrer sowie Fremde. Hatten die Täter Zugriff auf die Opfer, zog sich der Mißbrauch bei einigen über einen längeren Zeitraum hin. Fünf der interviewten Frauen wurden mehrfach Mißbrauchsopfer im familiären und/oder außerfamiliären Umfeld.

Die Spanne dessen, was die Mädchen erleiden mußten, beinhaltete verschiedene Formen sexualisierter Grenzverletzungen und Gewalt (Beobachten, Exhibitionismus, Küsse, Berühren des ganzen Körpers, der Genitalien und der Brust, Masturbation vor dem Opfer mit und ohne Körperkontakt, Vergewaltigung, Produktion von Kinderpornographie und Folter). Die Mädchen waren zu dem

Zeitpunkt, als der Mißbrauch begann, zwischen drei und 14 Jahre alt. Für einzelne von ihnen setzte sich die Gewalt ohne Unterbrechung fort, so daß die Trennung in sexuellen Mißbrauch und Vergewaltigung im Sinne der Untersuchung eher willkürlich gesetzt ist. Für die Mädchen, die am Anfang oder während der Pubertät mißbraucht wurden, wurde ihr weiblich werdender Körper, den sie selbst noch als fremd erlebten, zu einem Auslösereiz. Das traumatische Erlebnis erschwerte die Integration der Veränderungen der sekundären Geschlechtsorgane in ihr Körperschema, besonders wenn sich die Abwertungen gezielt auf die körperlichen Veränderungen bezogen. Insbesondere langjähriger sexueller Mißbrauch durch den eigenen Vater belastete die betroffenen Frauen sehr und war subjektiv schwerer zu verarbeiten als die folgende Vergewaltigung.

Die Mädchen erlebten nicht nur sexualisierte Gewalt, sondern auch massive *psychische und physische Mißhandlungen*. Sechs von ihnen wurden von einem oder beiden Eltern wiederholt geschlagen. Nur eine der Interviewten erzählte, daß sie zwar Angst vor ihrem jähzornigen Vater hatte, mit Problemen aber zu ihrer Mutter gehen konnte. Die anderen erhielten weder Unterstützung innerhalb noch außerhalb der Familie. Bei drei dieser sechs Frauen waren die physischen Mißhandlungen so offensichtlich, daß das Jugendamt eingeschaltet wurde. Aus Angst vor der Macht der Eltern vertrauten sich die Mädchen niemandem an. Sie konnten sich nicht vorstellen, daß Außenstehende sie vor Gewalt schützen und ihre Eltern zur Verantwortung ziehen würden. In allen drei Fällen wurde nichts unternommen, um die Mädchen zu unterstützen.

„Mein Gedanke war nämlich: Ich kann jetzt hier reden, was ich will. Ich muß wieder nach Hause, die nicht. Die gehen auch irgendwann. Dann bin ich alleine zu Hause. Und dann: meine Mutter schlägt mich tot, die bringt mich um. (...) Die können mir nicht helfen." (M, 52)

Ein Teil der Interviewten erfuhr in der Kindheit und Jugend primär *indirekte Gewalt*. Sie sahen, wie ihre Mutter abgewertet und mißhandelt wurde und diese sich dem Willen ihres Mannes unterwarf. Zum Teil führte diese Zeuginnenschaft zu einer Solidarisierung mit und Orientierung an der Mutter. Die Mädchen setzten sich für sie ein und wurden unter Umständen selbst dafür herabgesetzt. Bei anderen Frauen führte die Schwäche der Mutter dazu, daß sie diese vor allem später als Erwachsene ablehnten und verachteten oder hofften, die Mutter würde sich doch als stark erweisen und sich z.B. vom Vater trennen.

„Mein Vater (...) hat die Familie zerstört und auseinandergerissen und macht nur Probleme, heute noch. Und meine Mam, die kommt von ihm nicht los. (...) Kinder brauchen einen Vater. Irgendwelche Ausreden hat sie immer gefunden." (K, 43)

Für einige Mädchen wurden die ständigen psychischen, physischen und/oder sexualisierten Mißhandlungen zur Normalität. Sie machten so gut wie keine positiven Erfahrungen ihrer Körpergrenzen und erfuhren keinen Respekt gegenüber ihren Bedürfnissen. Unmittelbare und indirekte Gewalterlebnisse in der Kindheit führten bei den Betroffenen zu schweren Belastungen (Verunsicherungen in der Selbstwahrnehmung, negatives Selbst- bzw. Körperbild, Isolation innerhalb und außerhalb der Familie, Leistungsabfall in der Schule, schwere Erkrankungen, Magersucht, Suchterkrankungen, Selbstverletzungen und Suizidversuche; vgl. dazu auch Arbeiten in Amann & Wipplinger, 1998; Egle, Hoffmann & Joraschky, 1997). Ihnen standen während ihrer Kindheit und Jugend wenig Ressourcen zur Verfügung. Sie erhielten keine oder unzureichende Unterstützung. Die Mädchen hätten den Mißbrauch nur verhindern können, indem sie dem Täter aus dem Weg gingen. Das war nicht oder nur eingeschränkt möglich, wenn es sich bei ihm um den eigenen Vater handelte. In der Regel veröffentlichten die Mädchen den sexuellen Mißbrauch und die Mißhandlungen nicht. Demzufolge wurden die Täter nicht konfrontiert und zur Verantwortung gezogen.

Die Lösungsversuche der Frauen in ihrer Kindheit und Jugend im Hinblick auf Gewalt, Grenzverletzungen und Beschränkungen ihrer Selbstbestimmung hingen von den verfügbaren Alternativen ab. Ihre Strategien umfaßten Anpassungsleistungen an die Rolle des ‚braven Mädchens' und in einzelnen Fällen eine umgrenzte Aufkündigung der fremdbestimmten Mädchen- und Frauenrolle. Während der sexualisierten und physischen Gewalthandlungen konzentrierten sich die Opfer auf eine *intrapsychische Traumaabwehr*. Sie flüchteten in eine Phantasie- und Märchenwelt oder fanden Halt in einem *„Kinderglauben"* (F, 13) und einer Zwiesprache mit Gott. Sie suchten nach Geborgenheit außerhalb der Familie oder versuchten, sich das Leben zu nehmen. Während die Kinder auch dann nicht entkamen, wenn das Jugendamt aufmerksam wurde, ergriffen sie als Jugendliche zu allen Mitteln, um die traumatisierende Familie zu verlassen. Neben funktionalen Strategien, wie die Wahl eines Ausbildungsplatzes in einer anderen Stadt oder einen Partner, der sie respektierte und z.B. gegen den gewalttätigen Vater unterstützte, wählten sie auch Wege der *Vermeidung*, mit denen sie sich erneuten Gefahren aussetzten, wie z.B. (1) Weglaufen; (2) Aufnahme fremdbestimmter sexueller Beziehungen zu und Orientierung an Männern, um eine Art Zuhause und Anerkennung zu finden; (3) frühe Bindung an einen gewalttätigen Partner oder eine Sekte und Auszug.

Sie versuchten, das traumatische Erlebnis zu vergessen und sich nicht weiter damit auseinanderzusetzen. Aus Mangel an Alternativen stießen die jungen Frauen häufig auf erneute Grenzen weiblicher Selbstbestimmung. Oder sie gingen aufgrund des erlebten chronischen Mangels an Liebe, Anerkennung und Zärtlichkeit Abhängigkeitsverhältnisse ein. Das lag zum einen daran, daß keine sicheren Räume zur Verfügung standen. Zum anderen erschwerte der fehlende konstruktive Umgang mit Grenzverletzungen den Zugang zu Selbstachtung und gegenseitiger Anerkennung in Beziehungen. Es konnte kein Bild von sich als eigenständige Frau entwickelt werden. Die eigene weibliche Identität wurde nicht positiv durch die Mutter, andere weibliche Bezugspersonen oder Freundinnen gespiegelt. In der Adoleszenz wurden keine korrigierenden Erfahrungen gemacht, durch die den jungen Frauen ihr Recht auf Selbst-/Achtung bestätigt wurde. Demzufolge ging der zentrale Lebensentwurf und die Ablösung vom Elternhaus mit einer emotionalen und sexuellen Bindung an Männer, Eheschließung und Familiengründung einher. Gerade diejenigen, die sehr viel Gewalt in ihrer Familie erlebt hatten, blieben emotional abhängig von ihren Eltern und hielten an einem idealisierten Menschenbild, Beziehungs- und Familienideal fest. Damit legten sie sich als Gegenleistung für Liebe und Anerkennung auf die Rolle der Frau als Gebende, Haltende und Verzichtende fest.

Traumatisierungen in der Kindheit und Jugend können zu Überlebensstrategien führen, die es Frauen in der Adoleszenz und im Erwachsenenalter erschweren, erneute Grenzverletzungen frühzeitig zu erkennen und sich ihnen zu widersetzen. Dabei werden vormals erworbenen intrapsychische Strategien von einzelnen Opfern als hilfreich erlebt, da sie ihnen während der Vergewaltigung ermöglichten, sich innerlich zu distanzieren und ihre Verletzlichkeit und die Demütigung nicht zu spüren.

„Was mir geholfen hat zur Bewältigung (lacht) ist mit Sicherheit der sexuelle Mißbrauch, einfach so was abzuspalten und in die Schublade zu legen." (K, 9)

Vertrauenspersonen. Einige der Interviewten berichteten, daß ihnen in ihrer Kindheit und Jugend Beziehungen zu erwachsenen Vertrauenspersonen fehlten. Überforderung der Eltern und geringes Interesse an den Kindern führten dazu, daß die Mädchen auf sich gestellt waren und keine Unterstützung für die Entwicklung ihrer Selbstwahrnehmung und die Durchsetzung eigener Bedürfnisse erhielten. Vier der Frauen wuchsen (vorübergehend) außerhalb ihrer Herkunftsfamilie auf, ohne daß sie dort in ausreichendem Maß Fürsorge und Geborgenheit erlebten. Sie fühlten sich teilweise zurückgewiesen, streng behandelt, einsam und hatten den Eindruck, eher die eigene Mutter unterstützen zu müssen, als von dieser unterstützt zu werden. Aber auch die Frauen, die mit ihren Eltern zusammenlebten, berichteten von mangelndem Verständnis, welches mit Alkoholproblemen und Krankheit, finanziellen Sorgen, Beziehungsproblemen der Eltern oder einer allgemeinen Empathieunfähigkeit zusammenhing. Fehlende erwachsene Vertrauenspersonen, vor allem in der Familie, machen es im Falle einer Vergewaltigung unmöglich, sich Unterstützung bei den Eltern zu suchen. Lebten die Opfer noch zu Hause, wanden sie sich nach der Tat von der Familie ab und versuchten, die Traumatisierung alleine zu bearbeiten oder eine Auseinandersetzung zu vermeiden.

Insgesamt berichteten die Frauen explizit von wenig Ressourcen in ihrer Kindheit und Jugend. Grundsätzlich erwiesen sich Fähigkeiten zum Aufbau und Erfahrungen mit vertrauensvollen Beziehungen als die wichtigsten biographischen Voraussetzungen für Bewältigungsprozesse nach einer Vergewaltigung. Nur einzelne der Interviewten hatten vertrauensvolle Beziehungen zu ihren Eltern. Einigen Mädchen gelang es, bei anderen Erwachsenen, wie der Großmutter oder Tante, in der Familie von Freundinnen oder bei Nachbarinnen so etwas wie eine Ersatzfamilie oder -mutter zu finden. Zum Teil übernahmen auch Geschwister Unterstützungsfunktionen. Bestätigung ihrer Wahrnehmung und Spiegelung des Selbstwertes erlebten die Mädchen vor allem im Kontakt mit Freundinnen. Es erleichterte ihnen die späteren Bewältigungsprozesse, wenn sie gelernt hatten, sich einen sicheren Raum zu schaffen und mit anderen über persönliche Probleme zu sprechen. So berichtete eine Interviewte, daß sie sich mit einer Freundin „*eine Insel*" (B, 40) aufbaute, auf der sie über ihre Schwierigkeiten nachdenken, sich darüber austauschen und sich gegenseitig in ihrer Selbstbestimmung anerkennen konnten.

„Also wenn Andrea [Name geändert] Probleme hatte oder wenn ich Probleme hatte, dann sind wir mit unseren Pferden, mit unseren Hunden irgendwie draußen in der Natur gewesen, in den Wäldern. Oder wir haben da auf der Weide gelegen am See und hatten da totale Ruhe, hatten unsere Pferde um uns rum, unsere Hunde, die sich dann irgendwann mit auf die Wolldecke legten. Und das war für uns immer so sich hinlegen und alles erzählen können." (B, 40)

Posttraumatische Bewältigungsprozesse werden außerdem erleichtert, wenn die Opfer vor der Tat vertrauensvolle Beziehungen zu (intimen) Freunden sowie positive sexuelle Erfahrungen gemacht hatten. Sie verfügen damit über einen guten Kontakt zu ihrem Körper und über ein Wissen über ihre sexuellen Bedürfnisse und deren Befriedigung. Grenzverletzungen und Gewalt können zu positiven zwischenmenschlichen Erfahrungen ins Verhältnis gesetzt werden. Vergewaltigungsopfer haben die Möglichkeit, auf ein sie wertschätzendes soziales Umfeld und/oder ihren Partner zurückzugreifen, ohne Angst vor erneuter Viktimisierung haben zu müssen.

Selbstwert. Neben zwischenmenschlichen Ressourcen ist ein positives Selbstwertgefühl eine wichtige Quelle für gelungene Bewältigungsprozesse nach einer Vergewaltigung. Zum Teil zogen die Mädchen ihren Selbstwert aus ihrer Selbständigkeit und Fähigkeit, den Erwachsenen nicht zur Last zu fallen, und die „*Große*" (G, 10) oder „*Tapfere*" (F, 8) zu sein. Sie erlebten ihre Kompetenz und erfuhren Bestätigung für ihre Selbständigkeit, für gute Leistungen in der Schule oder ihre Kontaktfähigkeit im Umgang mit Gleichaltrigen.

Insgesamt wurde die Durchsetzung der Vergewaltigung dadurch erleichtert, daß einige der Angegriffenen sich zum Zeitpunkt der Vergewaltigung in einer *verletzungsoffenen Lebenssituation* befanden. Diese resultierte entweder aus ihrer Jugend oder einer persönlichen Krise. Ein Großteil der Frauen wurde in der Pubertät oder der Übergangszeit zwischen Jugendliche und Erwachsene vergewaltigt. Die Phase ist gekennzeichnet von dem Bedürfnis der Mädchen, ihre eigene Autonomie zu sichern. Dazu gehört die Loslösung von den Eltern, eine erhöhte soziale und räumliche Mobilität, die Entdeckung der eigenen Sexualität und die Aufnahme intimer Beziehungen. Die Mädchen suchen Bestätigung ihrer Weiblichkeit in sexuellen Beziehungen oder binden sich sehr jung an einen Partner und gründen mit ihm zusammen ihren ersten Haushalt. Dies geschieht sehr häufig in Abgrenzung zu einer unerträglichen familiären Situation. So hatten zwölf Interviewte explizit vor der Vergewaltigung keine sexuellen Erfahrungen im Sinne eines heterosexuellen Geschlechtsverkehrs. Bei fünf weiteren Frauen war der spätere Täter ihr erster Sexualpartner, wobei sich auch vor der Tat die gemeinsame Sexualität vornehmlich an seinen Bedürfnissen ausrichtete.

Andere befanden sich in einer persönlichen Entwicklungs-/Krise, z.b. aufgrund von Schwangerschaft und Abtreibung, Unzufriedenheit in der Beziehung, Trennungsabsicht oder nach einer vollzogenen Trennung vom Partner. Einzelne litten unter einer psychischen Krisen aufgrund traumatischer Erlebnisse und körperlicher Beeinträchtigungen.

Zum einen erleichtert die Verletzungsoffenheit des Opfers dem Täter die Durchsetzung der Tat und erschwert dem Opfer den Widerstand. Zum zweiten führt der daraus entstehende Mangel an Ressourcen zu einer Beeinträchtigung des Traumaverarbeitungsprozesses. Mädchen und junge Frauen verfügen über wenig zwischenmenschliche und sexuelle Erfahrungen mit Männern. Sie haben wenig Möglichkeiten, die in Kapitel 7.1.1 dargestellten und durch die Vergewaltigung verstärkten Einschränkungen ihrer Selbstbestimmung zu hinterfragen. Sie sind ebenso, wie Frauen in persönlichen Krisen in hohem Maße vom Rückhalt in der Familie oder im sozialen Umfeld und den ihnen zur Verfügung stehenden Ressourcen abhängig, um vergewaltigungsbezogene Belastungen bewältigen zu können.

9.2.2 Posttraumatische Faktoren

Insgesamt ist für posttraumatische Bewältigungsprozesse und die Re-/Konstruktion des Selbst- und Weltverständnisses die Qualität der *Auseinandersetzung mit sich*, mit Personen des *sozialen Umfeldes* sowie VertreterInnen *gesellschaftlicher Institutionen* von Bedeutung. Daraus ergeben sich Belastungs- (9.2.2.1) und Schutzfaktoren bzw. Ressourcen (9.2.2.2). Diese werden im folgenden unabhängig von der jeweiligen Täter-Opfer-Beziehung und der Rekonstruktion der Tat als Normverletzung, Normausnahme, Normverlängerung oder Normbruch durch die Opfer für alle zusammenfassend diskutiert. Sie werden zu den in Kapitel 6.1 formulierten Fragestellungen und dem vorliegenden Forschungsstand in Beziehung gesetzt und in ihren Konsequenzen für die Opfer beschrieben.

9.2.2.1 Belastungsfaktoren

Erfahrungen im Umgang mit sich
Die Kernfrage der vorliegenden Untersuchung gilt der Bedeutung subjektiver Theorien für Bewältigungsprozesse nach einer Vergewaltigung. Dabei kann als ein zentrales Ergebnis festgehalten werden:

1. Vergewaltigungsopfer haben *Anteil an der eigenen sekundären Viktimisierung.* Die aus der subjektiven Theorie über sexuelle Gewalt und eingeschränkte Selbstbestimmung abgeleiteten opferbelastenden und täterentlastenden Vorhersagen, Handlungsempfehlungen und Abwehrstrategien im Zusammenhang mit einer drohenden Vergewaltigung erschweren die Definition der Tat als solche, deren Veröffentlichung, Anzeige und die Integration des Traumas in die eigene Biographie.

Vergewaltigungsmythen bzw. eine subjektive Theorie über die eingeschränkte weibliche Selbstbestimmung im öffentlichen und privaten Raum, die der Angstregulation und der Selbstwertstabilisierung dienten, lassen sich retrospektiv auch bei den interviewten Vergewaltigungsopfern finden. Sie hängen in hohem Maße mit biographischen Bedingungen zusammen. Die befragten Vergewaltigungsopfer unterscheiden sich zunächst nicht in ihren subjektiven Theorien über Vergewaltigung von Frauen, die in bisherigen wissenschaftlichen Untersuchungen befragt wurden (vgl. Kap. 3.2). Die vorliegenden Ergebnisse, auch wenn man sie aufgrund der zeitlichen Distanz vorsichtig interpretieren muß, unterstützen Schlußfolgerungen, daß Vergewaltigungsmythen oder opferfeindliche subjektive Theorien über Vergewaltigung von Nichtopfern der subjektiven Sicherheit, der Selbstwertstabilisierung und einer Handlungssteuerung dienen (vgl. vor allem Bohner, 1998).

Mädchen und Frauen entwickeln als Reaktion auf die Skandalisierung sexueller Gewalt durch Fremde im öffentlichen Raum drei Strategien im Sinne einer *intrapsychischen Angstbewältigung*: (1) Hoffnung, (2) antizipierte Kontrolle und Vermeidung, sowie (3) antizipierte Selbstverteidigung. Dabei bleibt offen, in welchem Ausmaß diese Strategien handlungsleitend sind. Von den interviewten Frauen wurden diejenigen, die von einer hohen Selbstverteidigungskompetenz ausgingen, von Fremdtätern an dafür als typisch angenommenen Tatorten (nächtlicher dunkler oder entlegener Weg, beim Trampen) vergewaltigt, während andere sich vielleicht gar nicht trauten, sich alleine im abgeschiedenen öffentlichen Raum aufzuhalten. Im privaten Bereich wurde sexualisierte Gewalt insgesamt bagatellisiert. Es kommt demzufolge zu einer *Selbst-/Beschränkung* im Zusammenhang mit (1) traditionell-komplementären und hierarchischen Geschlechterrollen, (2) Verantwortung und Selbstaufgabe für den Erhalt der Vater-Kind-Beziehung, (3) männlich-aktiven und weiblich-passiven Sexualrollen sowie (4) der Autorität von (männlichen) Erwachsenen. Skandalisierung von Vergewaltigungen auf der einen und Bagatellisierung auf der anderen Seite stehen im Zusammenhang mit einer *geringen Risikoerwartung*. Entsprechende Bewältigungsstrategien führen in der traumatischen Situation unter Umständen zu einer *herabgesetzten Risikowahrnehmung* und einer zum Teil sehr spät oder gar nicht einsetzenden aktiven Gegenwehr und Flucht.

In der vorliegenden Untersuchung gibt es - im Gegensatz zu einigen der in Kap. 5.2.3 diskutierten Untersuchungen - keine Hinweise darauf, daß auf das Opfer oder ihr Verhalten bezogene Kausalattributionen, die vor der Tat dem Selbstschutz dienten, langfristig die Traumaverarbeitung unterstützen. Im Gegenteil scheint es so zu sein, daß das Ausmaß der Kontrollillusionen vor der Vergewaltigung in einem Zusammenhang steht mit Selbstabwertungen nach der Tat (vgl. auch Braukmann & Filipp, 1995; Kretschmann, 1993). Auf die erlittene Vergewaltigung bezogen erschweren sie in Wechselwirkung mit den zur Verfügung stehenden allgemeinen Ressourcen die posttraumatischen Bewältigungsprozesse. *Opferbelastende subjektive Theorien* führen nach einer Vergewaltigung zu einer Leugnung von Unrecht und Schaden und zu belastenden Schuld- und Schamgefühlen. Diese stehen wiederum im Zusammenhang mit Gefühlen des Ausschlusses, der Einsamkeit, mit geringer Veröffentlichungs- und Anzeigebereitschaft. Damit schränken die Opfer die Suche nach Unterstützung ein. Posttraumatische Bewältigungsprozesse verzögern sich oder werden behindert. Je umfassender sich die vergewaltigten Mädchen und Frauen von opferfeindlichen Kriterien leiten lassen, desto wahrscheinlicher ist es, daß die Traumaverarbeitung im Sinne einer Transaktion durch entsprechende Reaktionen des sozialen und gesellschaftlichen Umfeldes zusätzlich beeinträchtigt wird (vgl. auch Coates, Wortman & Abbey, 1979; Thornton et al., 1988; zum Überblick s. Ward, 1995).

Allerdings hilft es vergewaltigten Frauen, die Angst vor einer zukünftigen Vergewaltigung zu bewältigen, wenn sie sich Selbstbehauptungs- und Selbstverteidigungskompetenzen aneignen, die sich auch im Alltag bewähren. Das gilt besonders für die Frauen, die vor der Tat ihre Angst vor einer drohenden Vergewaltigung nicht mittels antizipierter Selbstverteidigung bewältigt hatten (vgl. auch Kap. 5.2.3). Außerdem ist die Reflexion vergewaltigungsbezogener subjektiver Theorien primär auf die eigenen Erlebnisse bezogen. Andere Tätertypen betreffende Kontrollerwartungen und damit verbundene Vergewaltigungsmythen bleiben unter Umständen bestehen.

Anhand der Interviews lassen sich verschiedene Kriterien herausarbeiten, die mit einer eingeschränkten oder ausbleibenden Anerkennung von Unrecht und Schaden einhergehen. Diese Charakteristika beziehen sich auf Opfer, Täter, Tatort, Tatverlauf und das Opferverhalten nach der Tat und decken sich mit den in Kapitel 3.2 dargestellten Forschungsstand. Eine hohe selbstbezogene Opferverantwortung bzw. eine geringe Täterverantwortung wird vorausgesetzt, wenn *das Opfer* z.B. über einen niedrigen Status, z.B. als Prostituierte oder Drogenabhängige, verfügt, hilfsbedürftig, jung, schüchtern und zurückhaltend oder auch selbstbewußt und autonom ist, oder wenn sie sich trotz Warnungen für den späteren Täter als intimen Freund oder Partner entschieden hat.

In die gleiche Richtung verlaufen Verantwortungszuschreibungen, wenn der *Täter* einen hohen Status hat und sozial angepaßt ist, aber auch wenn er statusniedriger ist als das Opfer, Alkohol getrunken hat oder besondere Belastungen für sich geltend machen kann. Das gilt besonders für Ehe-/Partner und Autoritätspersonen. Die Anerkennung des uneingeschränkten Opferstatus wird auch dann erschwert, wenn der *Tatort* kein öffentlicher, sondern ein privater Raum und in der Verfügungsgewalt des Täters ist und ohne Zwang vom Opfer aufgesucht wurde.

Eine opferbe- und täterentlastende Bewertung wird auch dann vorgenommen, wenn der *Tatverlauf* Ähnlichkeiten mit alltäglichen Kommunikationsformen (a) zur Aufnahme sexueller Beziehungen, (b) in intimen Beziehungen und Partnerschaften und (c) im Zusammenhang mit professioneller Unterstützung aufweist. Dies gilt auch, wenn der Tathergang nicht dem antizipierten Vergewaltigungsschema entspricht, sich das Opfer nicht körperlich bei den ersten, im nachhinein identifizierten Anzeichen einer drohenden Gefahr wehrt, der Täter keine physische und/oder Waffengewalt anwendet, es keine ZeugInnen gibt, das Opfer die Angst kurz vor und während der Vergewaltigung primär intrapsychisch bewältigt und die Tat keine vaginale Vergewaltigung ist. Auch das *Opferverhalten nach der Tat* spielt für die Bewertung eine Rolle. Anerkennung von Unrecht und Schaden sind eingeschränkt, wenn das Opfer nach der Tat unter Schock steht, sich zurückzieht, mit niemandem spricht und die Tat nicht anzeigt, wenn die Vergewaltigte keine sichtbaren physischen Verletzungen davonträgt, eine geringe oder eine zu starke äußere Reaktion auf die Vergewaltigung zeigt und sich nicht erwartungsgemäß von der Traumatisierung erholt, wenn sie sich nicht sofort vom Täter trennt bzw. das professionelle Verhältnis fortsetzt.

2. Von zentraler Bedeutung für das subjektive Erklärungsmodell sexualisierter Gewalt ist die *Beziehung zwischen Täter und Opfer*. Je näher sich beide stehen, desto schwerer ist es für die Frauen, die Vergewaltigung als solche zu erkennen, den Täter zu beschuldigen, ohne ihn wieder zu entschuldigen, die Gewalt zu veröffentlichen oder gar anzuzeigen.

Wie schon die in Kapitel 2.2 diskutierten epidemiologischen Studien zeigten, werden Frauen nicht nur von Fremdtätern, sondern auch von Bekannten, intimen Freunden, Ehe-/Partnern und Autoritätspersonen vergewaltigt. Diese setzen entsprechend ihren Voraussetzungen unterschiedliche Strategien ein, um die Vergewaltigung gegen innere Hemmungen und externe Widerstände durchzusetzen (vgl. auch Kap. 4.3, insb. Finkelhor 1984, 1997). Aufgrund der unterschiedlichen Täter-Opfer-Beziehungen und vom Handlungsrahmen abhängigen Strategien der Täter ergeben sich eine Vielfalt vom traumatischen Situationen, die eine Differenzierung im Sinne der von Fischer und Riedesser (1998) vorgeschlagenen Typologie (Beziehung, Schweregrad, Häufung, Betroffenheit, Verursachung, Situationsdynamiken, vgl. Kap. 4.2.2) als sinnvoll erscheinen lassen.

Während und nach der Tat setzen die Täter, vor allem gegenüber bekannten Opfern, Strategien zur Vermeidung von Sanktionen ein und rechtfertigen Angriff und Vergewaltigung mittels traditioneller Geschlechter- und Sexualrollen (vgl. auch Godenzi, 1996; Koss, Leonard, Beezley & Oros, 1985; Malamuth, 1981; Muehlenhard & Linton, 1987). Für die Vergewaltigungsopfer bedeutet es eine zusätzliche Belastung, wenn der Vergewaltiger die Tat als Normalität oder

Normausnahme (Folge besonderer Belastungen) darstellt, von der Tat ablenkt, den Schaden bagatellisiert und damit negative Konsequenzen vermeiden kann (vgl. Kap. 7.2.1).

Entsprechend der eigenen subjektiven Theorien über weibliche Selbstbestimmung und Vergewaltigung, die Vergewaltigungsopfer vor dem Angriff teilen und die Fremdtäter und Opferschuld in den Vordergrund stellen, korrespondieren die Neutralisierungstechniken der Täter mit den Erklärungen der Opfer. Die Skandalisierung sexualisierter Gewalt eines pathologischen Triebtäters und die geforderte Anpassung gegenüber bekannten Männern ermöglichen im Vorfeld den Aufbau vertrauensvoller Beziehungen zu Männern. Nach einer Vergewaltigung behindern sie Bewältigungsprozesse. Das gilt vor allem, wenn das Opfer sich in großer Abhängigkeit vom Täter befindet und die Beziehung nicht ohne hohe Kosten beenden kann. Die Tat wird als *Normverletzung*, *Normausnahme* oder *Normverlängerung* und nicht als Normbruch rekonstruiert. Eine unmittelbare Auseinandersetzung findet nicht statt oder wird von starken Selbstbeschuldigungen und Scham begleitet. Ist es den Vergewaltigungsopfern nicht oder nur begrenzt möglich, Unrecht und Schaden anzuerkennen, versagen sie sich selbst Fürsorge, soziale und professionelle Unterstützung. Die Vergewaltigung wird, wie schon die epidemiologischen Untersuchungen und Kriminalstatistiken nachweisen (vgl. Kap. 2.2), selten veröffentlicht und nicht angezeigt.

Soziales und gesellschaftliches Umfeld
Bezogen auf die Lebenswelt von Vergewaltigungsopfern kann dessen Bedeutung festgehalten werden.

3. Die Entwicklung von subjektiven Theorien über sexualisierte Gewalt und deren Ursachen steht in engem Zusammenhang mit denjenigen *des sozialen und gesellschaftlichen Umfeldes*. Diese vermitteln sich den Opfern über persönliche und institutionell-professionelle Kontakte, vor allem innerhalb des psychosozial-medizinischen Systems und den Strafverfolgungsbehörden sowie durch die Medien.

Die Interviewten beschrieben sehr genau, was sie innerhalb ihres sozialen und des gesellschaftlichen Umfeldes an Reaktionen wahrnahmen und wie diese sie be- oder entlasteten. Nahezu alle Interviewten berichteten von vier Typen von zusätzlichen Belastungen, die die Bewältigungsprozesse nach der Vergewaltigung beeinträchtigten. Sie sollen hier nur kurz zusammengefaßt werden, da sie in Kapitel 8 ausführlich dargestellt wurden und sich auch mit dem bisherigen Forschungsstand decken (vgl. Kap. 3.2.2, 5.2.2). Übereinstimmend für die Vergewaltigungsopfer zählen dazu:

- *Verneinung einer sozialen* und *professionellen Verantwortung* sowie *eines öffentlichen Interesses* (Gewalt als Privatangelegenheit);

- Überforderung bis hin zur *Falschbehandlung* (Betroffenheit und Verunsicherung, fehlende oder inadäquate soziale und professionelle Unterstützungsangebote);

- *Leugnung* bzw. *Bagatellisierung des Normbruchs* (Verständnislosigkeit, Zweifel an der Glaubwürdigkeit, Opferbeschuldigung, Gewalt gegen Frauen als Privatangelegenheit im Rahmen traditioneller Geschlechterrollen und im Dienste des Erhalts der Vater-Kind-Beziehung, Umdeutung der Vergewaltigung als Normalität innerhalb komplementärer Sexualrollen und professioneller Autoritätsverhältnisse);

    Leugnung bzw. *Bagatellisierung des entstandenen Schadens* (qualitativ und quantitativ, d.h. im Verhältnis zu einem Schaden durch (a) Verlust der Vater-Kind-Beziehung, (b) Selbst-/Gefährdung des Partners, nahestehender Personen oder der Frau im Falle einer Trennung, (c) in der Hierarchie ‚höher' stehende Traumatisierungen im Sinne des Vergewaltigungsstereotyps);

- *Machtmißbrauch* und *Retraumatisierung* (Ausnutzung der Verletzungsoffenheit und der Hilfsbedürftigkeit der Mädchen und Frauen).

Opferbelastende Reaktionen führen, wenn sie mit denen des Opfers korrespondieren, zu sekundären Traumatisierungen (vgl. insb. Kap. 5.2.2). Sie können die Folgen der Vergewaltigung überlagern und Bewältigungsprozesse nach der Vergewaltigung behindern. Sie verstärken:

- Scham- und Schuldgefühle
- Rechts-/Unsicherheit und Selbstbeschränkung
- Isolation
- Posttraumatische Symptome

Scham- und Schuldgefühle. Aufgrund von Verständnislosigkeit, Zweifel an der Glaubwürdigkeit, Opferbeschuldigungen, der Stigmatisierung als einer von einem anderen in Besitz genommenen Frau und einer Bagatellisierung des Schadens verstärken sich Scham- und Schuldgefühle. Die Frauen glauben im Spiegel der anderen z.B., sie hätten allein aufgrund ihrer Weiblichkeit und damit verbundener passiver Opfersignale zur ‚Sexualität' angeregt. Sie fühlen sich infolge der negativen Bewertung ihres Verhaltens „*abgestempelt*" (W, 8). Das gilt besonders, wenn die Unterstellungen einer Teilschuld durch das soziale Umfeld oder durch gesellschaftliche Institutionen wie Polizei und Justiz nicht zurückgewiesen werden können.

„Dann habe ich mich auch vor mir selber geschämt, weil ich dann irgendwann geweint habe. (...) Ich hatte das Gefühl, ich kann mich jetzt gar nicht wehren. Das war total erniedrigend." (W, 13)

Zum Teil entsteht aufgrund der Verleugnung des Normbruchs im Laufe einer Anzeige und des folgenden Verfahrens eine große Unsicherheit bei den Frauen. Sie werden irritiert bezüglich der Verantwortung des Täters und ihrer eigenen vermeintlichen Beteiligung und Schuld.

"Letztendlich hat [der Verteidiger] mich eher dazu gebracht, meine Schuldanteile an mir zu suchen, nicht so eindeutig sagen zu können: ‚Das ist einfach ein Schwein (...)', sondern das zu relativieren." (D, 21)

Scham- und Schuldgefühle entstehen auch aus der Erwartung, die Folgen der Traumatisierung schnell überwinden zu müssen. Sind die Opfer dazu nicht in der Lage, übernehmen die Betroffenen z.B. das Bild von sich als eine, die sich anstellt oder ‚zickig' ist. Bei Frauen, die von ihrem Partner mißhandelt und vergewaltigt werden, verstärken in der Zeit der Entgrenzung nicht realisierbare Ratschläge, z.B. sich zu trennen, die Schamgefühle. Solange die Betroffenen ihre Ambivalenz dem Mann gegenüber nicht klären können und nicht über ausreichende Ressourcen verfügen, bleiben Erwartungen an ihre Selbstbehauptungskompetenz und die Fähigkeit, sich abzugrenzen, wirkungslos.

Rechts-/Unsicherheit und *Selbstbeschränkung*. Scham- und Schuldgefühle stehen in engem Zusammenhang mit der Bewertung von Unrecht und Schaden sowie dem Recht auf Integrität und Selbstbestimmung. Können die Frauen und Mädchen keine korrigierenden Erfahrungen machen, bestätigen sich ihre Irritationen. Zusammen mit Opferbeschuldigungen werden sie darin bestärkt, ihr Verhalten nach entsprechend restriktiven Vorschriften auszurichten. Um z.B. nicht schuld an einem „*Signal*" (V, 11) zu sein, beginnen jugendliche Opfer, sich als geschlechtsloses Neutrum zu kleiden und ihrer Weiblichkeit entgegenzuwirken.

„Das war so das Ergebnis dieser ganzen Gespräche. (...) Es kann ja nicht sein, daß der Mann das alleine wollte. Irgendwas soll von mir ausgegangen sein. Und all dieses habe ich dann erstmal versucht, zu bekämpfen." (V, 11)

Wird den Frauen die Opferrolle verweigert, Unrecht und Schaden nicht anerkannt und der Täter von seiner Verantwortung entlastet, ist es für die Betroffenen sehr schwer, sich auf das traumatische Erlebnis und entsprechende Bewältigungsprozesse zu konzentrieren.

„Wenn ich jetzt nur mit mir gewesen wäre, hätte ich mich vielleicht leichter in die Opferrolle finden können. (...) Daß ich von diesem Erlebnis aus mir hätte sagen können: ‚Du hast alles getan, was Du konntest und fertig. Und was da sonst passiert ist, ist seine Schuld.'" (V, 11)

Die Verweisung auf das Geschlechterverhältnis und den Erhalt der Vater-Kind-Beziehung stärkt bei den Frauen, die von ihrem Partner mißhandelt und vergewaltigt werden, vorhandene Tendenzen der Selbstaufgabe für die (vermeintlichen) Interessen der Kinder oder des Partners. Rechtserfahrungen, die ein öffentliches Interesse verneinen und den Normbruch bei Partnergewalt leugnen, führen auf Seiten des Opfers (und des Täters) zum Erleben eines rechts- und straffreien Raums und einer Sicherung patriarchaler Macht in der Ehe. Dabei korrespondieren die Reaktionen von PolizistInnen mit den Versuchen des Täters, der vergewaltigten und mißhandelten Frau zu suggerieren, ihr würde aufgrund der gemeinsamen Beziehung nicht geglaubt und sie habe sich schuldig gemacht.

Während die Kosten des Täters als gering wahrgenommen werden, führen fehlende Informationen über materielle Unterstützung, deren enge Bemessung und die Scham darüber, auf diese angewiesen zu sein, bei den Opfern zu erheblichen Beschränkungen. So ließ eine der Interviewten aus Verzweiflung und fehlender Hilfe ihre Kinder bei ihrem Mann zurück und hat inzwischen jeglichen Kontakt zu ihnen verloren.

Isolation. Insgesamt zeigt sich, daß die Veröffentlichungsbereitschaft von Vergewaltigungsopfern abhängig ist von den jeweiligen sozialen Bedingungen. Wenn andere sich nicht in das Erleben der Betroffenen einfühlen können oder diese fehlende Empathie antizipieren, reden die Frauen nicht über ihr persönliches Erleben. Bewältigungsprozesse werden aufgrund der sozialen Ausgrenzung und des sozialen Rückzugs zusätzlich erschwert. Frauen, die die Vergewaltigung als Normausnahme oder Normverlängerung erleben, veröffentlichen aufgrund ihrer eigenen Perspektive und eines fehlenden unterstützenden Umfeldes das traumatische Erlebnis nicht oder sehr selten. Sie können deswegen über einen längeren Zeitraum keine positiven Erfahrungen machen.

„Wenn ich hätte mit meiner Mutter darüber reden können, was mir da passiert ist, hätte die vielleicht zu mir sagen können: ‚Der hat Dich vergewaltigt'; hätte die (...) zu meinen innerlichen Fragen eine Antwort geben können. Aber ich hatte niemand, mit dem ich darüber reden konnte." (P, 36)

Zeigen andere deutlich, daß sie die Vergewaltigung als ein Unrecht ansehen, hängt die Reaktion der betroffenen Frauen von ihren subjektiven Theorien über weibliche Selbstbestimmung ab. Fühlen die Frauen sich schuldig, weil sie annehmen, den Täter provoziert zu haben oder schämen sich, weil sie die Beziehung zu ihm nach der Tat aufrechterhalten, sprechen sie nach der ersten unmittelbaren Veröffentlichung zunächst nicht wieder über das Gewalterlebnis.

Andere schweigen aus Angst vor den Reaktionen und zum Schutz vor sekundärer Viktimisierung nach gescheiterten Veröffentlichungen, bzw. wählen die GesprächspartnerInnen sehr sorgfältig aus. Werden den Frauen Normsicherung, Empathie und soziale Unterstützung verweigert, führt das zu Wut, Sprachlosigkeit, einer tiefen Verletzung und dem Gefühl, verraten worden zu sein. Um weitere Abwertungen zu vermeiden, ziehen sich die Frauen zurück und beenden die FreundInnenschaft. Dies ist besonders schmerzhaft, wenn die traumatisierten Frauen damit eine wichtige Bezugsperson verlieren.

„Ich habe sie auch nicht mehr gesehen. (...) Es hat mir natürlich weh getan (...). Du schneidest Dir eigentlich selber was ab." (J, 13)

Vergewaltigungsopfer erleben zum Teil lange Phasen des Rückzugs, der Entfremdung, des Beziehungsabbruchs, der Isolation und Einsamkeit. Zum Teil führt dies dazu, daß sie sich nicht mehr direkt mit der Vergewaltigung auseinandersetzen können. Damit wird es für die Frauen schwer, sich und ihre Reaktionen besser zu verstehen. Statt dessen nehmen sie sich aus Rücksicht auf andere zurück.

Außerdem wollen die Mädchen und Frauen Partner, FreundInnen oder Eltern vor einer stellvertretenden Traumatisierung schützen und ihre eigene Isolation nicht verstärken. Sie lassen sich nicht anmerken, wenn es ihnen schlecht geht. Sie relativieren die Belastungen und versuchen, nach außen hin ‚zu funktionieren'. Statt der eigenen Gefühle geraten die der anderen, z.B. die Eifersucht des Partners, in den Mittelpunkt der Aufmerksamkeit. Die Vergewaltigung bleibt aufgrund der Tabuisierung in Form von ungeklärten und nicht verstandenen Verhaltensweisen zwischen den Personen als Thema bestehen.

Für Frauen, die von ihrem Partner vergewaltigt werden, ist die ausbleibende soziale Kontrolle und Sanktionierung ein Signal dafür, daß die Gewalt allein ihre Angelegenheit ist, die die Interessen anderer nicht berührt. Die Abwehr von Gewalt wird ungeachtet der Zwänge und Ängste, denen die Frauen ausgesetzt sind, ausschließlich an diese delegiert. Damit bleibt die Gewalt eine Privatangelegenheit. Das gilt besonders, wenn die Frauen erleben, daß das Bild des Täters nach außen hin unangetastet ist. Die Überforderung und Isolation der Frauen nimmt zu, vor allem, wenn sie sich nach vergeblichen Versuchen, sich Hilfe zu holen, nicht mehr trauen, andere um Unterstützung zu bitten.

„Mich hat man da ganz im Regen stehen gelassen. Und danach habe ich dann nie wieder was erzählt." (J, 6)

Die Erfahrung der Zurückweisung machen die Opfer von sexualisierter Gewalt auch im Kontakt mit dem psychosozialen und medizinischen System. Sie erleben, daß sie nicht nur für Personen in ihrem sozialen Umfeld, sondern auch für Professionelle eine Überforderung darstellen. Werden den Frauen Lösungen nahegelegt, die sich nicht mit ihren Bedürfnissen und Zielen decken, fühlen sie sich nicht verstanden und in ihrer Glaubwürdigkeit in Frage gestellt. Um sich zu schützen, brechen sie den Kontakt ab.

„Ich habe mich insgesamt in diesem Krankenhaus überhaupt nicht wohl gefühlt, dadurch, daß ich am Anfang das Gefühl hatte, die glauben mir das nicht. Und dadurch war für mich diese ganze Institution abgehakt." (Z, 5)

Machtmißbrauch und Retraumatisierungen durch professionelle Vertrauenspersonen führen zu einer Verunsicherung über die eigene Selbstbestimmung in therapeutischen Beziehungen und eine angemessene Behandlung. Die Betroffenen verlieren (zunächst) die Chance auf eine Veränderung. Sie reduzieren die Versuche, sich professionelle Hilfe zu suchen und versuchen, alleine mit den traumatischen Erlebnissen fertig zu werden. Teilweise irren Frauen über Jahre durch das psychosoziale und medizinische System oder ziehen sich ganz zurück, ohne eine adäquate Behandlung zu erhalten. Auch Erfahrungen mit Polizei und Justiz haben Rückzug und Isolation zur Konsequenz. Unzureichendes juristisches Wissen, das fehlende öffentliche Interesse an einer Strafverfolgung des Täters sowie an einer rechtlichen, emotionalen und materiellen Unterstützung der Opfer bewirken, daß Vergewaltigungsopfer ihre Absicht, den Täter anzuzeigen, aufgeben. Das gilt besonders, wenn die Frauen unter den Folgen der Mißhandlungen, z.B. einer Fehlgeburt leiden, und wenig Kraft und „*Widerspruchsgeist*" (B, 27) haben.

„Physisch und psychisch hat mich das völlig überfordert. Ich habe mich total leer gefühlt und kam mir nur vor wie so eine wandelnde Hülle, aber da war eigentlich nicht viel drin." (B, 27)

Haben Vergewaltigungsopfer Zweifel an dem Nutzen einer Gerichtsverhandlung und fürchten sie die Konsequenzen, ziehen sie sich auch nach einer erfolgten Anzeige wieder zurück. Eine andere Möglichkeit des Selbstschutzes besteht darin, die Gerichtsverhandlung innerlich auf Distanz zu halten und ‚abzuspalten' oder der Vorladung als Zeugin nicht nachzukommen.

„Ich wollte nichts mehr von der ganzen Geschichte wissen, von dem Typ. Ich wollte den nicht mehr sehen und einfach nur Abstand haben. (...) Außerdem hatten sie die Fakten und die Identifizierung war auch klar." (I, 13)

Die Mädchen und Frauen verlieren aufgrund ihrer negativen Erfahrungen ihr Vertrauen in die Ernsthaftigkeit, mit der RepräsentantInnen von Politik, Polizei und Justiz sich für eine Umsetzung von Gerechtigkeit einsetzen, bzw. können es gar nicht aufbauen. Sie verweigern die weitere Zusammenarbeit und wenden sich u.U. nicht wieder an die Polizei.

Posttraumatische Symptome. Für Vergewaltigungsopfer besteht die Gefahr, daß posttraumatische Symptome durch äußere Bedingungen verstärkt werden, die an das traumatische Ereignis anknüpfen. Die Frauen leiden unter der fiktiven und bagatellisierenden Darstellung von Männergewalt gegen Frauen oder Vergewaltigung, z.B. in Spielfilmen.

„Im Fernsehen, wenn da so viel Gewalt gezeigt wird, und auch Vergewaltigung, dann reicht es eigentlich schon. (...) Ich fühle mich dann so unheimlich wehrlos. Es kommt einfach dieser Schmerz von ganz innen. Die Wunde reißt dann wieder ein bißchen. ... Es tut einfach unheimlich weh." (L, 18)

Die Frauen versuchen, sich zu schützen, indem sie das Kino verlassen, den Fernseher ausschalten oder das Gespräch abbrechen. Ist es ihnen nicht möglich, rechtzeitig zu gehen, können brutale oder verharmlosende Gewaltdarstellungen ein Wiedererleben des Traumas mit den Symptomen einer akuten Belastungsstörung auslösen. Auch der Versuch, wieder ‚normal' zu sein, und Erfahrungen sekundärer Viktimisierung verstärken Symptome wie Alpträume, Ängste und sexuelle Störungen. Auch generell opferabwertende Bemerkungen lösen ein Wiedererleben des Traumas aus.

„Wenn so komische Bemerkungen gemacht worden sind oder Witze über Frauen oder auch über das Thema, dann war es immer so, wie wenn es voll so ein Stich wäre oder wie wenn mir das jetzt passieren würde, wie wenn alles schummerig wird." (W, 6)

Als Folge der gescheiterten Suche nach sozialer und professioneller Unterstützung, kommt es zu sekundären Belastungen. Aus Mangel an anderen Strategien bewältigen einzelne Opfer intrusive Symptome und erhöhte Erregung mit Hilfe selbstschädigendem Gebrauch von Alkohol und anderen Drogen. Die Selbstwahrnehmung, keine Sicherheit zu finden und nicht zumutbar für andere zu sein, wird verstärkt. Die Probleme, wie Selbstzweifel, Mißtrauen gegenüber anderen und das Gefühl der Hilflosigkeit nehmen zu. Erhalten vergewaltigte Mädchen und Frauen keine Unterstützung, sondern werden in besonderem Maße Opfer sekundärer Viktimisierung, überlagern diese Erfahrungen die primäre Traumatisierung. Unter Umständen verlieren gerade Mädchen und jungen Frauen ‚den Boden unter den Füßen', den Anschluß in der Schule und an ihr Leben vor der Vergewaltigung. Sie fühlen sich *„ganz alleine und in einer ganz anderen Welt"* (V, 21). Ihre Freundschaften lösen sich auf. Sie empfinden ihr Zuhause nicht mehr als Zuhause. Ihre vergebliche Suche nach Verständnis und Sicherung ihrer Normen und Werte, die Konzentration der anderen auf die *„Sexschiene"* (V, 32) und das Fehlen einer Vertrauensperson tragen dazu bei, daß Kontakte abbrechen. Eine der Interviewten stürzte sich z.B. daraufhin in Aktivitäten, um ihre Gedanken und Gefühle kontrollieren zu können und nicht zur Besinnung zu kommen. Schlafprobleme bewältigte sie mit Alkohol. Auf der Suche nach der Antwort, was Sexualität sein könnte, wechselte sie häufig ihre Sexualpartner, ohne dabei positive Erfahrungen zu machen. Sie zog von zu Hause aus und kam bei verschiedenen Bekannten unter.

Als Folge einer Anzeige bzw. durch die rechtlichen und institutionellen Vorgaben wird die Erinnerung an das Trauma immer wiederbelebt. Da es sich bei einer Vergewaltigung um ein Offizialdelikt handelt, verlieren die Vergewaltigungsopfer nach der Anzeige die Kontrolle über das Verfahren. Die sich wiederholenden Vernehmungen und Vorladungen können zur *„Hölle"* (D, 4) werden. Unabhängig von ihren Bewältigungsprozessen und ihren persönlichen Plänen müssen die Zeuginnen sich innerlich für eine unbestimmte Zeit bereit halten. Sie müssen damit rechnen:

„daß ich am Montag eine Abiprüfung schreibe, am Dienstag zur Verhandlung muß und am Mittwoch wieder eine Abiprüfung schreibe." (Z, 8)

Eine Leugnung des Normbruchs und des entstandenen Schadens durch VertreterInnen von Polizei und Justiz, eine ausbleibende Anerkennung des Unrechts und die Infragestellung der Glaubwürdigkeit der Zeugin lösen Gefühle wie ohnmächtige Wut und Hilflosigkeit, Verzweiflung und Demütigung aus. Hinzu kommen Drohungen des Täters im Vorfeld und während der Verhandlung. Die Atmosphäre im Gerichtssaal, die Öffentlichkeit (wird sie nicht ausgeschlossen) und die Konfrontation mit dem Täter stellen hohe Anforderungen an die Opfer.

Bewältigungsprozesse werden zusätzlich behindert, wenn der Täter nicht gefaßt oder vor Gericht gestellt wird oder die Strafen als nicht angemessen oder eine Unterbringung im Gefängnis für die Verhinderung weiterer sexualisierter Gewalthandlungen als nicht ausreichend angesehen werden. Die Opfer, die als Zeuginnen dem Strafanspruch des Staates zur Durchsetzung verhelfen, leiden unter den Belastungen und erhalten in den wenigsten Fällen die nötige Unterstützung. Wird das Verfahren eingestellt, weil der Täter nicht gefaßt werden kann, bleibt damit die Normverdeutlichung gegenüber dem Täter und dem Opfer, ein möglicher Ansatz für Interventionen und die Wiederherstellung von Gerechtigkeit, aus. Aus Sicht der Opfer ist das besonders schlimm, da sie soviel für eine Anzeige auf sich genommen haben, der Täter ungestraft davon kommt und nicht daran gehindert werden kann, weitere Frauen zu vergewaltigen:

> „Und das hat mich dann auch noch runtergezogen, daß das Ganze erfolglos war: die ganze Vernehmung und alles. Das ist praktisch so ein Monster, (...) den man nicht erwischen kann. (...) Der kann es jetzt jeden Tag wieder machen." (St, 18)

Aus der vorliegenden Untersuchung läßt sich keine Bestätigung für einen typischen Phasenverlauf nach der Vergewaltigung feststellen, wie es von verschiedenen AutorInnen formuliert wurde (vgl. Kap. 4.2.; z. Überblick, s. Feldmann, 1992). Stattdessen sind posttraumatische Bewältigungsprozesse in hohem Maße auf die Lebenswelt bezogen. Auch erscheint nach den vorliegenden Ergebnissen eine Trennung in traumatische Reaktion und traumatischer Prozeß (Fischer & Riedesser, 1998) nicht sinnvoll. Viele der Interviewten berichteten auf der einen Seite von einer langen Zeit, in der sie unter einer Vielzahl von Symptomen litten oder auch immer wieder Beziehungen zu gewalttätigen Männern hatten und auf der anderen Seite von positiven Entwicklungen und neuen Chancen, auch lang anhaltende posttraumatische Belastungen zu bewältigen. Daneben ist anzunehmen, daß sich Bewältigungsprozesse nach einer Vergewaltigung allein aufgrund dessen, daß ein solches traumatisches Ereignis zentrale Fragen der menschlichen Existenz berührt, über einen längeren Zeitraum erstrecken.

9.2.2.2 Ressourcen
Voraussetzungen für Erholung und Integration des traumatischen Ereignisses in die Biographie ist eine subjektive Theorie der uneingeschränkten weiblichen Selbstbestimmung im öffentlichen Raum, in Liebesbeziehung und Familie sowie in sexuellen Beziehungen und gegenüber Autoritätspersonen. Neben den Erfahrungen, die vergewaltigte Frauen und Mädchen im Umgang mit sich machen, erleichtern vor allem Reaktionen des sozialen und gesellschaftlichen Umfeldes, die die Verdeutlichung weiblicher Selbstbestimmung beinhalten, die Integration des Traumas in die Biographie. Dabei verlaufen Bewältigungsprozesse nicht gradlinig. Die Frauen erleben immer wieder Rückschläge, die dazu führen, daß sie sich zurückziehen, um eine Wiederbelebung des Traumas zu vermeiden.

Erfahrungen im Umgang mit sich
Aus der Analyse der Interviews wird deutlich, daß eine subjektive Theorie über die uneingeschränkte weibliche Selbstbestimmung und eine Vergewaltigung als Normbruch oft erst im Laufe eines Transaktionsprozesses zwischen Individuum und Umwelt herausgebildet wird.

4. Frauen, die *opferstärkende* und *-unterstützende Konzepte* über Vergewaltigung und ihre Folgen vor der Tat hatten oder diese durch die Auseinandersetzung mit der Vergewaltigung mit sich und anderen entwickeln, können die Traumatisierung besser verarbeiten.

Ausgehend von einem Recht auf Selbstbestimmung, der Anerkennung von Unrecht und Schaden, setzen Vergewaltigungsopfer verschiedene Problemlöse- und emotionsregulierende Strategien ein, die eine Integration des Traumas ermöglichen. Diese Vorgehensweisen betreffen die folgenden Bereiche:

- Vertrauensvolle soziale Beziehungen
- Subjektive und objektive Sicherheit
- Emotionsbewältigung (Anerkennung und Ausdruck eigener Gefühle)
- Wieder-/Herstellung des Selbstwertgefühls

Vertrauensvolle soziale Beziehungen. Für viele Mädchen und Frauen ist es nach der Vergewaltigung wichtig, daß sie die traumatischen Erlebnisse nicht soweit generalisieren, daß sie alle Männer für Täter halten. Sie erleben Berührungsängste, versuchen aber, Haß und Angst nicht zu verallgemeinern. Es hilft ihnen, wenn sie im Sinne einer schrittweisen Desensibilisierung ihr Vertrauen zu Männern wieder-/aufbauen können. So ist es ihnen möglich, Hilfe von FreundInnen und neuen Partnern anzunehmen und sich professionelle Unterstützung zu suchen oder sich an Selbsthilfegruppen zu wenden. Um sich intime und sexuelle Beziehungen zu Männern zu ermöglichen, werden die Frauen und Mädchen vorsichtiger, da ihre Erfahrung zeigt, daß die Gewaltbereitschaft des Mannes nicht ohne weiteres vorherzusehen ist: *„Du siehst es den Männern ja nicht an und es zeigt sich auch nicht immer gleich."* (R, 18).

Die Frauen verfeinern ihr Gespür für die Vertrauenswürdigkeit anderer und entwickeln Strategien, auf unkooperatives Verhalten mit Abgrenzung oder Beziehungsabbruch zu reagieren. Sie lassen sich bewußt oder unbewußt auf Kontakte zu Männern ein, von denen keine Gefahr sexualisierter Gewalt droht. So konnte eine Interviewte aufgrund der Annahme, ihr späterer Ehemann sei homosexuell, langsam eine vertrauensvolle Beziehung zu ihm aufbauen und *„ihn ganz wunderbar hingebungsvoll lieben"* (G, 15), da die als traumatisierend erlebte männliche Heterosexualität nicht zu Belastungen führen konnte.

Außerdem ist es für Vergewaltigungsopfer sehr hilfreich, wenn sie vertrauensvolle Beziehungen zu anderen Frauen auf- und ausbauen und sich Unterstützung holen. Dies fällt denjenigen besonders schwer, die in ihrem Leben viele

Probleme alleine bewältigen mußten. Im Kontakt mit anderen (von Gewalt betroffenen) Frauen erleben Vergewaltigungsopfer Verständnis und Solidarität. Gemeinsam können sie Strategien zur Unterstützung der Bewältigungsprozesse, der Gegenwehr gegen Abwertung durch Männer bis zur Täterkonfrontation entwickeln und umsetzen.

Subjektive und objektive Sicherheit. Für Vergewaltigungsopfer steht die Frage ihrer Sicherheit nach der Tat mit ganz neuer Dringlichkeit im Vordergrund. Sie müssen ihre Angst vor einer erneuten Traumatisierung bewältigen. Sie müssen sich vor Erfahrungen sekundärer Viktimisierung und retraumatisierenden Reizen, z.B. durch Mediengewalt schützen, um ein Wiedererleben des Traumas in Alpträumen und ‚Flashbacks' und eine erhöhte physiologische Erregung zu begrenzen. Einige der Opfer leiden darüber hinaus unter der Angst vor Symptomen, wie Ohnmachtsanfällen, z.B. bei körperlicher Enge.

Um subjektive Sicherheit schaffen, halten und ausbauen zu können und ein differenzierteres Vertrauen in die Welt zu gewinnen, entwickeln die Frauen Strategien zur Erregungsregulierung, Entspannung und zum Angstmanagement. Um sich situationsangemessen verhalten zu können, differenzieren sie zwischen verschiedenen Abstufungen von Gefahren und verhindern damit eine generalisierte Angst, vor allem im Bezug auf den Tatort (z.B. öffentlicher Raum, eigene Wohnung, Krankenhaus und Operationssaal, abgelegene Toiletten), Täter (wie Fremde oder potentielle Partner) und Tatumstände (Alkohol, Sexualität). Die Frauen setzen unspezifische Methoden der Vermeidung und Konfrontation, der Desensibilisierung, Exposition und Problemlösung ein. Die Frauen ziehen vom Tatort weg oder suchen sich ein neues Umfeld, indem weniger traditionelle Geschlechterrollen vorherrschen. Während sich Partnerinnen von gewalttätigen Männern während der Beziehung und in der Zeit der Ambivalenz von Einschränkungen ihrer Selbstbestimmung verunsichern lassen, grenzen sie sich im Laufe ihres eigenen Prozesses gegenüber einem hierarchischen Geschlechterverständnis ab. Sie sind zunehmend entsetzt und trennen sich unter Umständen von alten Freundinnen. Eine Interviewte setzte, um ihre Sicherheit in der Zukunft zu gewährleisten, eine Anzeige gegen den Widerstand der Polizei durch. Aus ihrer Sicht handelte es sich bei einer Körperverletzung nach der Trennung nicht mehr um ein *„familiäres Ding"* (P, 32).

Die Frauen finden Ruhe, wenn sie sich auf dem Wasser treiben lassen, spazieren gehen, Menschen beobachten oder in der eigenen Wohnung für Schutz und Wohlbefinden sorgen. Sie setzen in geringen Maßen Alkohol als Mittel zur Erregungsdämpfung und Entspannung ein.

Viele Vergewaltigungsopfer beschäftigt die Frage, ob und unter welchen Bedingungen eine Teilnahme an einem Selbstverteidigungskurs sinnvoll sei. Das gilt besonders für die Frauen, die sich bisher wenig mit ihren Selbstbehauptungskompetenzen auseinandergesetzt hatten und von traditionellen Geschlechter- und komplementären Sexualrollen ausgingen. Kriterien sind neben der Frage nach dem zeitlichen Umfang und dem Spaß daran, die Einschätzung der Möglichkeiten, sexualisierte Grenzverletzungen und Gewalttaten erfolgreich verhindern und die damit verbundene Aktivierung gewaltbezogener Emotionen aushalten zu können. Als Reaktion auf die erlittene Traumatisierung befassen sich die Opfer mit ihrem Recht auf Selbstbestimmung und der Verdeutlichung ihrer Grenzen gegenüber anderen. Einige besuchen Selbstverteidigungskurse oder bewaffnen sich im öffentlichen Raum. Das Bewußtsein über ihre neu erworbenen Kompetenzen und ihre Bereitschaft, sich zu wehren, hilft ihnen, Erregung und ein Wiedererleben des Traumas zu kontrollieren, ihre Angst abzubauen, sich frei zu bewegen und sich auch im Alltag besser zu behaupten.

„Ich gehe auf die Straße, ohne daß mir der Schweiß runterläuft, weil ich weiß, ich könnte mich verteidigen, mit einem Schlag. Ich kann es. Ich habe es gelernt. Ob es mir gelingt, ist eine andere Frage, aber ich habe es gelernt. (...) Ich fühle mich sicherer. Und dann ist [es] so, daß ich auch meinem Mann gegenüber ruhiger geworden bin. (...) Ich kann heute meine Meinung ganz ruhig vertreten und dann ist er sauer. Jetzt haben wir die umgekehrte Situation." (M, 42)

Eine besondere Bedeutung kommt einer flexiblen Suche nach und die Inanspruchnahme von sozialer und professioneller Unterstützung zu. Die traumatisierten Frauen erwarten, daß FreundInnen Verständnis haben und bitten diese beispielsweise, sie nachts zu begleiten, um angstfrei nach Hause zu kommen.

Neben der Auseinandersetzung mit ihren Gefühlen und Erinnerungen ist es wichtig, daß die Frauen immer wieder Abstand nehmen, sich erlauben, das Geschehene aus dem Bewußtsein zu drängen und sich Gegenwart und Zukunft zuzuwenden. Ein selbstbestimmtes Gleichgewicht zwischen Konfrontation und Vermeidung, unter Berücksichtigung der vorhandenen Ressourcen ermöglicht es den Frauen, die Kontrolle über ihre Erinnerungen und den damit verbundenen Gefühlen wiederzuerlangen.

„Vielleicht ist es ein gesunder Verdrängungsmechanismus. (...) Man braucht Abstand. Man kann mit diesem Wissen nicht jeden Tag rumlaufen. Das würde einen kaputt machen." (G, 30)

Emotionsbewältigung (Anerkennung und Ausdruck eigener Gefühle). Verbunden mit der Anerkennung des Schadens, unterstützt es die Bewältigungsprozesse, wenn die Frauen ihre Gefühle des Schmerzes, der Trauer, Verzweiflung und des Hasses als normale Reaktion auf ein aus dem Normalen herausfallendes Ereignis zulassen. Damit verbunden ist vor allem deren Ausdruck in der Phantasie, in verbaler, körperlicher und künstlerischer Art und Weise. Dieses ermöglicht den Betroffenen einen kontrollierten Umgang mit ihren Gefühlen, ohne von ihnen überwältigt zu werden. Die Frauen beginnen, Tagebuch zu schreiben, zu malen, Gitarre zu spielen, zu tanzen, zu singen und sich auszutoben oder Kampfsport zu betreiben. Sie suchen sich expressive, teilweise öffentliche Formen, um mit ihren Gefühlen und Erinnerungen an die Gewalttätigkeiten umgehen zu können. Sie bekommen „*Haßanfälle*" und feiern in der Phantasie gegenüber dem Täter „*richtige Schlachtfeste*" (B, 14). Eine der Interviewten kaufte sich Fingerfarben und malte „*wildeste Bilder*" (J, 13). Eine andere begann Flamenco zu tanzen und trat ihre Wut und Aggressionen mit den Nagelschuhen mit aller Kraft und Schnelligkeit in den Holzfußboden. Eine andere übte innerhalb eines professionellen Kontextes über einen längeren Zeitraum an einem Monolog, indem sie ihre Gefühle zum Ausdruck brachte. Mit Hilfe kreativer Ausdrucksformen wird es den Frauen möglich, Gefühle der Ohnmacht und Hilflosigkeit zu überwinden und zu ihrer Handlungskompetenz zurückzufinden

Wieder-/Herstellung des Selbstwertgefühls. Vergewaltigungsopfer und vor allem Frauen, die über Jahre von ihrem Partner mißhandelt und vergewaltigt wurden, müssen ihre Scham überwinden und ihr Selbstwertgefühl wieder aufbauen. Dabei helfen ihnen Ich-stärkende Erfahrungen durch Berufstätigkeit, Ausbildung, durch die Versorgung und Erziehung ihrer Kinder oder in ihrer Freizeit.

„Das Flamencotanzen ist für mich wirklich eine Therapie gewesen. (...) Man muß sich selber vorm Spiegel in seiner Haltung korrigieren. Am Anfang, (...) immer, wenn ich reingeguckt habe, habe ich gedacht, meine Güte, was du da siehst, das kann nicht sein. Ich habe mich wirklich nicht im Spiegel sehen können. Das hat total lange gedauert, bis das ging." (B, 20)

Für einige ist es auch hilfreich, wenn sie sich noch einmal mit dem Täter konfrontierten und feststellen, daß sie ihm gewachsen sind und ihm selbstbewußt gegenübertreten können. Sind die Frauen sich in ihrer Bewertung des Unrechts und des Schadens sicher, verfügen über die entsprechenden Informationen und wissen das Recht auf ihrer Seite, löst eine Infragestellung von Unrecht und Schaden Entschlossenheit aus.

Für Einzelne bedeutet es eine Unterstützung, daß sie gelernt hatten, gesellschaftliche Strukturen zur Erklärung individueller Prozesse heranzuziehen. Damit wird es möglich, die Vergewaltigung nicht ausschließlich als privates Unglück oder Verschulden, sondern als kollektive Traumatisierung von Mädchen und Frauen zu erfahren, sich mit anderen Opfern sexualisierter Gewalt zu solidarisieren, mit mehr Distanz auf das eigene Leben zu blicken und den Selbstwert zu stabilisieren.

Soziales und gesellschaftliches Umfeld
Soziale Unterstützung zeichnet sich parallel zu den subjektiven Theorien durch kognitive und verschiedene Formen emotionaler und instrumenteller Hilfen aus.

- *Verdeutlichung des Normbruchs* (Anerkennung des Unrechts verbunden mit einer Zustimmung zu gleichberechtigten Geschlechter- und Sexualrollen, der Vorrangigkeit einer gewaltfreien Familie und einem Recht auf Selbstbestimmung gegenüber männlichen Autoritäten, insbesondere durch

Strafverfolgung und Verurteilung des Täters sowie eine realitätsangemessene Darstellung in den Medien);

Anerkennung des vom Täter verursachten Schadens (bzw. des zukünftigen Schadens bei Aufrechterhaltung der Täter-Opfer-Beziehung);

- Weitere *soziale, psychosozial-medizinische, rechtliche und öffentliche Unterstützung* (angemessene soziale und professionelle Angebote).

Eine positive Haltung bezüglich weiblicher Selbstbestimmung, eine klare Position gegen Gewalt, Empathie gegenüber der betroffenen Frau und Wertschätzung ihrer individuellen Bewältigungsprozesse unterstützen Opfer sexualisierter Gewalt in der Entwicklung von Selbstakzeptanz und Aufbau eines differenzierten Vertrauens in zwischenmenschliche Beziehungen. Die Erklärungsmodelle des sozialen und gesellschaftlichen Umfeldes haben nicht nur über die direkte Unterstützung Einfluß auf den Bewältigungsprozeß, sondern auch über die Veränderung tatbezogener subjektiver Theorien des Opfers. Es findet eine sich fortsetzende Wechselwirkung zwischen der vergewaltigten Frau und dem sozialen Umfeld in Bezug auf die jeweiligen Erklärungsmodelle sexualisierter Gewalt statt. Voraussetzung ist, daß von beiden Seiten eine Offenheit für die Veränderung bisher als funktional erlebter Alltagstheorien vorhanden ist.

Neben Angst und Mißtrauen gegenüber Männern und sexuellen Störungen leiden Vergewaltigungsopfer langfristig unter Drogen- und Alkoholmißbrauch, Eßstörungen, Selbstverletzungen oder psychosomatischen Beschwerden. Hier helfen den Frauen unter der Berücksichtigung der Traumatisierung auf das jeweilige Problem spezialisierte therapeutische und medizinische Angebote. Im Vordergrund stehen bei einigen weniger die Vergewaltigungen, sondern die allgemeinen Gewaltfolgen und die sich z.B. aus einer Trennung vom Täter ergebenen Alltagsprobleme. Geht es den Frauen um Hilfe im Interesse des Kindeswohls, ist eine wichtige Voraussetzung für eine gute Kooperation, daß die Lebensweise der Frauen akzeptiert wird. Dazu gehört auch, daß die Qualität der Eltern-Kind-Beziehung Vorrang hat vor der Fähigkeit und Möglichkeit zur gesellschaftlichen Anpassung. Eine Verdeutlichung von Normen, auf die Bedürfnisse des Opfers ausgerichtete emotionale Unterstützung und praktische Hilfen befähigen die Frauen, autonome Entscheidungen bezüglich ihres weiteren Lebens zu treffen. Außerdem helfen ihnen Informationen über qualifizierte Fachberatung, Prozeßvorbereitung und -begleitung. Haben Vergewaltigungsopfer das Glück, sofort Zugang zu angemessener Hilfe zu finden, können sie sich auf die Bewältigung ihrer Probleme, z.B. durch Anzeige und Gerichtsverfahren, und die Traumaverarbeitung konzentrieren. Dabei profitieren die Frauen nicht von einer bestimmten Beratungs- oder Therapieform, sondern von sozialen und professionellen Hilfen, welche ihre subjektiven Theorien und lebensweltlichen Bedingungen berücksichtigen und entsprechende Bewältigungsprozesse stärken.

Bewältigungsprozesse nach einer Vergewaltigung werden von Seiten des sozialen Umfeldes, der psychosozialen und medizinischen Institutionen, dem Rechtssystem und der medialen Öffentlichkeit darüber hinaus durch verschiedene Formen kognitiver, emotionaler und instrumenteller Unterstützung erleichtert. Während in Kapitel 8 mehr auf die formale Unterteilung der Unterstützungsmöglichkeiten eingegangen wurde, soll im folgenden zusammenfassend die Wirkung spezifischer Hilfen aus Sicht der Opfer dargestellt werden. Dabei äußert sich die Anerkennung von Unrecht und Schaden und soziale Unterstützung vor allem in folgenden Bereichen, die mit den Bereichen der Selbstunterstützung der Opfer (s.o.) korrespondieren:

- Vertrauensvollen Beziehungen
- Rechts-/Sicherheit
- Zeugnis der Traumatisierung, Begleitung beim Ausdruck von Gefühlen
- Bestätigung des Selbstwerts

Vertrauensvolle Beziehungen. Da es sich bei einer Vergewaltigung um personale Gewalt handelt, sind positive Beziehungserfahrungen von zentraler Bedeutung. Aufgrund vertrauensvoller sozialer und professioneller Kontakte zu FreundInnen, BeraterInnen, TherapeutInnen oder Mitgliedern von Selbsthilfegruppen nehmen Selbstvertrauen und zwischenmenschliches Vertrauen wieder zu. Sie ermöglichen den Betroffenen, am öffentlichen Leben teilzunehmen und sich auf intime Beziehungen einzulassen. Mit positiven Erfahrungen geht eine Öffnung nach außen einher. Zum Teil erleben die Frauen nach der Trennung von dem gewalttätigen Partner eine ganz andere Qualität von FreundInnenschaft. Es wird möglich, offen über intime Themen zu sprechen, sich eine Überforderung einzugestehen und sich zu erlauben, negative Erfahrungen zu veröffentlichen und sich Hilfe zu holen. Eine besondere Erleichterung bedeutet es, die Isolation zu durchbrechen und zu merken, *„daß es Menschen gibt, die so empfinden wie ich"* (L, 20). Die Frauen stellen fest, daß ihre Reaktionen auf die Traumatisierung nachvollziehbar sind und von anderen geteilt werden.

> „Das tut schon gut, wenn man das austauschen kann und sagen: ‚Du, ich habe genau das gleiche Empfinden.' (...) Es ist jetzt auch ganz lustig zu sehen, die Phasen, die wir alle durchmachen. (...) Die eine (...) tritt in die Fußstapfen der anderen. Also das Schema, daß ist wirklich das Gleiche. (...) Und daß man auch sieht, das was vorwärts geht. Das Wichtigste ist, daß wir uns verstehen, das Gleiche empfinden." (L, 20)

Langfristig helfen gewaltlose Partner den Frauen, ihre Angst zu überwinden und neues Vertrauen aufzubauen. Die Frauen gewinnen neuen Halt, der aber nur dann dauerhaft ist, wenn sie sich mit der Traumatisierung auseinandersetzen. So wird es möglich, eine gleichberechtigte, sich gegenseitig wertschätzende Beziehung aufzubauen, innerhalb derer beide Personen - neben dem gemeinsamen - ihren eigenen Weg gehen, sich besser abgrenzen und autonomer entscheiden können. Die Frauen finden im Laufe der Zeit und mit partnerschaftlicher Unterstützung Zugang zu ihren sexuellen Bedürfnissen. Leiden sie unter sexuellen Schwierigkeiten, hilft ihnen ein liebevoller, einfühlsamer und zärtlicher Umgang oder auch Potenzprobleme des Mannes, ihre eigene Sexualität zu entdecken und auszuleben. Sie können mit zunehmender Sicherheit und Vertrauen während des Geschlechtsverkehrs in der Gegenwart bleiben und zwischen Täter und Partner unterscheiden.

„Das war für mich so eine Erleichterung, daß ich meinen Partner gesehen habe und nicht dieses Monster. Und ich habe mir von Anfang an bewußt gemacht, (...) das habe ich auch zu meinem Freund gesagt: ‚Monster sind Monster, aber Du bist Du. Du bist mein Freund.' Ich mein, das sind Männer, aber mein Freund ist mein Freund, das ist mein Vertrauter." (St, 22)

Aufgrund einer klaren Differenzierung anderer zwischen dem Gewalthandeln des Täters und den Reaktionen des Opfers, wird es für die Frauen möglich, Scham- und Schuldgefühle zu überwinden. Sie bauen zwischenmenschliches Vertrauen, Selbstachtung und eine subjektive Theorie über weibliche Selbstbestimmung langsam (wieder) auf. Sie lernen, sich abzugrenzen und für sich selbst zu sorgen.

Rechts-/Sicherheit. Andere tragen durch Vertrauenswürdigkeit, Körperkontakt und realem Schutz dazu bei, daß die physiologischen Symptome der Vergewaltigungsopfer nachlassen und diese die Erinnerungen an das Trauma unter Kontrolle bringen können. Anfangs lassen sich Frauen, die von ihrem Partner mißhandelt und vergewaltigt werden, nur in der akuten Gewaltsituation helfen und in Sicherheit bringen. Sie kehren dann wieder zu dem Mann zurück, um ihre persönlichen Motive im Verhältnis zu den angenommenen Bedürfnissen der Kinder und des Partners zu klären. Langfristig werden sie in ihrem Willen zur Abgrenzung bestärkt. Einigen ermöglicht erst die Beziehung zu einem neuen Partner, sich endgültig von dem Täter zu trennen.

„Die Angst vorm Alleinsein, die finanzielle Unterstützung--. Er ist der Vater von den Kindern. Florian [Name geändert] hatte damals eine Wohnung, hatte ich nicht. Und er hat eigentlich auch mehr Druck auf mich ausgeübt. Und hat immer gesagt: ‚Und Du gehst nicht zu diesem brutalen Menschen zurück.'" (N, 47)

Auch wenn die Frauen noch in der Ambivalenz ihrem Partner gegenüber gefangen sind und zum Beispiel eine Sanktionierung des Täters ablehnen, helfen ihnen eine erwartungsfreie Normverdeutlichung von anderen und die Angebote sozialer Unterstützung. Es ermöglicht den Frauen, ihre Isolation zu durchbrechen, ohne sich für ihr Verhalten abgewertet zu fühlen und zu schämen. Ausgehend von den Reaktionen der anderen, können sie beginnen, sich mit der Realität der gegen sie gerichteten Gewalt auseinanderzusetzen.

„Während ich ihr das erzählt habe, und wie sie reagiert hat vor allen Dingen, da ist mir das erste Mal klar geworden, daß es (...) so schlimm gewesen ist, was da passiert ist. Das war, wie wenn Du in einen Spiegel guckst." (J, 10)

Die Frauen benötigen aber auch Schutz vor einem plötzlichen Wiedererleben des Traumas und Sicherheit vor Überforderung. Denn auch, wenn sie eine angemessene Reaktion auf ihren Wunsch nach professioneller Unterstützung erhalten, folgen aus der Beratung und Therapie Belastungen und *„Verzweiflungsmomente"* (F, 25). Diese resultieren aus der Konfrontation mit der Vergewaltigung und den Erinnerungen. Die entsprechenden Emotionen führen einige Frauen immer wieder an ihre Belastungsgrenze. Es kann vorübergehend zu einer Zustandsverschlechterung oder sogar zu einer Überweisung in die Psychiatrie kommen, weil die Frauen das Wiedererleben des Traumas *„nicht mehr verkraften"* (Y, 13) können. Für diejenigen, die über Jahre Drogen zur Bewältigung der physiologischen Erregung und ihrer Gefühle eingesetzt hatten, bedeutet dies neben dem Risiko der Dekompensation die Gefahr eines erneuten Zurückgreifens auf disfunktionale ‚Copingstrategien'.

„Das ist immer wieder ein schwieriges Ausbalancieren. (...) Dann denke ich mir oft, ist es das überhaupt wert oder ist da überhaupt was zu machen. Ich weiß ja auch nicht, ob es mir letztendlich dazu verhilft, eine bessere Sexualität zu kriegen, daß es endlich mal so wird, wie ich mir das vorstelle. Ich investiere und investiere und es kommt vielleicht nichts dabei raus." (F, 26)

Einer ganz besonderen Bedeutung kommt der Klärung von Normen zu. Eine Auseinandersetzung mit der Realität sexualisierter Gewalt ermöglicht es den Betroffenen, innerlich Abstand zu nehmen und die Folgen der Gewalt nicht nur emotional, sondern auch kognitiv zu verarbeiten. Ein auf sexualisierte Gewalt spezialisiertes Fachangebot erleichtert es vor allem den Opfern von Autoritätspersonen, sich über die traumatischen Erlebnissen klar zu werden und sie zu verbalisieren: *„Ich wußte nie, wie man das nennt, was mit mir passiert ist."* (Y, 17).

Neben einer physischen und emotionalen Sicherheit bewirken täterbelastende Rechtserfahrungen eine Stärkung der Rechtssicherheit vergewaltigter Frauen im Sinne einer positiven ‚Generalprävention'. Die Verdeutlichung von Normen führt darüber hinaus zu einer Unterstützung der Bewältigungsprozesse nach der Vergewaltigung. Im Laufe ihres Auseinandersetzungsprozesses entwickeln die Frauen ein verändertes Rechtsbewußtsein und Kenntnis der ihnen zur Verfügung stehenden Unterstützungsmöglichkeiten. Beides führt zu einer antizipierten Anzeigebereitschaft im Falle einer erneuten Mißhandlung oder Vergewaltigung. Die Frauen fürchten sich demzufolge nicht mehr vor einer Veröffentlichung. Das Bewußtsein über das Recht auf Selbstbestimmung und den Anspruch auf gesellschaftliche Unterstützung helfen den Frauen, selbstbewußter ihre Grenzen zu vertreten und einer Entgrenzung vorzubeugen.

Zeugnis der Traumatisierung und *Begleitung beim Ausdruck von Gefühlen*. Eine wichtige Hilfe für die Frauen besteht darin, daß durch das bestätigende Verhalten Außenstehender Gefühle zugelassen werden können und mittels Körperkontakt Sicherheit und Trost vermittelt wird. Dadurch gelingt es den Opfern, zwischen dem traumatischen Erlebnis und der Gegenwart bzw. den Auslösereizen zu differenzieren und das Vergewaltigungstrauma kognitiv zu verarbeiten. Eine vertrauensvolle Beziehung macht es den Frauen möglich, über ihre Erfahrungen zu sprechen und sich den damit verbundenen Emotionen zu stellen. Haben Vergewaltigungsopfer das Gefühl, daß das, was sie erzählen, gehört wird, können sie Uneingestandenes eingestehen und ihre Verletzungen zeigen. Auch Anzeige, Gerichtsverfahren und Verurteilung können Bewältigungsprozesse unterstützen. Bei entsprechend sensiblem Verhalten der Beteiligten geben die Erfahrungen bei der Anzeige, der Aussage vor Gericht einschließlich der Verhandlung und Urteilssprechung den Opfern das Gefühl, angehört zu werden und sich angemessen verhalten zu haben. Sie entspannen sich, werden ‚lockerer' und können vor Gericht ‚frei reden', ohne den Täter zu registrieren. Das detaillierte Benennen erleichtert es ihnen, die Vergewaltigung zu verarbeiten und sie in ihr Selbstbild und in ihre Biographie zu integrieren.

„Ich habe es abgeschlossen auch dadurch, daß es dann hinterher noch zum Prozeß gekommen ist, daß ich mich mit dem Menschen konfrontieren mußte, daß ich zweimal aussagen mußte vor Gericht und auch nicht genau wußte, was ich gefragt werde und mich theoretisch auf alles einstellen mußte, (...) wo ich gemerkt habe, es wird nach Sachen gefragt, die ich so auf Anhieb nicht mehr präsent hatte, die ich wirklich vergraben hatte und die ich hochholen mußte. Ich hatte damals mit dem Gerichtsverfahren das Gefühl, daß ich da ein gutes Stück zumindest verbal erstmal abgearbeitet habe, hochgeholt habe, um mir bewußt zu werden, was ist überhaupt passiert und die Möglichkeit hatte, hinterher noch mal darüber nachzudenken und damit umzugehen." (B, 2/8)

Bestätigung des Selbstwerts. Von großer Bedeutung sind in-/direkte Erfahrungen, die den Frauen ihren Wert und ihre Kompetenzen, z.B. in Beruf, Ausbildung und Erziehung, verdeutlichen. Soziale Kontakte ermöglichen Vergleichsprozesse, eine Teilnahme an den Sorgen anderer und eine Aufrechterhaltung der Identität als Nicht-nur-Traumatisierte. Vergewaltigungsopfer profitieren auch davon, wenn sie Zeugin traumatischer Erlebnisse anderer werden. Das Wissen darüber, daß sie nicht allein sind, lindern Gefühle von Schuld, Scham und Isolation und bestärken sie in ihren Fähigkeiten.

„Und ich habe immer gedacht, ich bin verklemmt, daß ich nicht darüber reden kann. Aber denen ging das genauso. Und das hat mich dann irgendwie bestärkt, daß ich nicht alleine mit meinem Problem bin, und daß ich mich gar nicht so niedermachen muß deswegen." (F, 24/25)

Das Thema ‚Männergewalt in Lebensgemeinschaften' ist den Aussagen der Interviewten nach, wenn auch nicht explizit, in den professionellen Institutionen präsent. Grundsätzlich sind die professionellen Angebote hilfreich, wenn sie Vergewaltigungsopfern ermöglichen, die Rekonstruktion der Gewalt als Normbruch zu festigen, ein hierarchisches Geschlechterverhältnis in Frage zu stellen und Perspektiven für ein selbstbestimmtes Leben zu entwickeln. Mit Unterstützung professioneller Vertrauenspersonen gelingt es den Frauen, ihr Selbstbewußtsein zu stärken und sich innerlich und äußerlich vom Täter zu lösen. Die Anerkennung des Schadens und der bisherigen Bewältigungsprozesse führt zu einer Selbstwertstabilisierung und einer Überwindung des Gefühls, ‚schlecht zu sein‘ oder *„dauernd alles falsch"* (F, 25) zu machen. Eine Normverdeutlichung und Hilfe bei der Klärung der Zusammenhänge zwischen Traumatisierung und der aktuellen Lebenssituation macht es möglich, ‚klar zu sehen‘ und sich mit dem Erlebten auseinanderzusetzen. Dafür ist es nicht immer notwendig, die Beratung oder Therapie weiterzuführen. Zum Teil reicht es aus, eigene Grenzen und Rechte bestätigt zu bekommen.

9.2.3 Integration des Traumas

Es ist davon auszugehen, daß es in der Regel nicht möglich ist, ein traumatisches Erlebnis endgültig aufzulösen. Statt dessen verbleiben Belastungen, die in Abhängigkeit von inneren und äußeren Bedingungen immer wieder in den Vordergrund rücken und neu bearbeitet werden müssen. So wird dieses Kapitel nicht mit der Beschreibung einer Heilung enden, da nach der Tat keine der vergewaltigten Mädchen und Frauen an einen ‚ursprünglichen‘ Punkt zurückkehren kann.

„Es ist Teil meiner Biographie. Abgeschlossen ist es natürlich nicht. Auch nach 20 Jahren, es wird nie abgeschlossen sein. Es ist immer so präsent in meinem Kopf." (D, 25)

Stattdessen werde ich darstellen, in welcher Form die Vergewaltigungsopfer ein neues Selbst- und Weltbild entwickeln, in das die Vergewaltigung integriert werden kann.

„Eine Wunde bleibt es, aber es verschließt sich immer mehr. Diese offene, klaffende Wunde wird immer dichter zu. Und irgendwann ist es mal eine Narbe. Eine Narbe ist sichtbar, und wenn man draufguckt, weiß man immer wieder, woher das kam." (St, 39)

Ein Teil der interviewten Frauen berichtete über anhaltende Belastungen, die sie mit den Vergewaltigungen und Mißhandlungen in Zusammenhang bringen. Dazu gehören:

1. *Wiedererleben der Vergewaltigung und Mißhandlungen* (belastende Erinnerungen, dissoziative ‚Flashback‘-Episoden, psychische Belastung und körperliche Reaktionen bei der Konfrontation mit internalen und externalen Hinweisreizen);

2. *Anhaltende Vermeidung von Reizen, die mit dem Trauma verbunden sind* (z.B. bewußtes Vermeiden von diesbezüglichen Gedanken, Gefühlen, Gesprächen, Aktivitäten, Orten oder Menschen, Unfähigkeit, einen wichtigen Aspekt des Traumas zu erinnern, Gefühle der Entfremdung, der Nivellierung des Affekts und der subjektiv eingeschränkten Zukunft);
3. *Anhaltende Symptome erhöhter Erregung* (u.a. Konzentrationsschwierigkeiten, Sensibilitätsstörungen, übermäßige Wachsamkeit und Schreckreaktionen);
4. *Beeinträchtigungen in sozialen, beruflichen oder anderen wichtigen Funktionsbereichen* (sexuelle Störungen, Ehe- und Erziehungsprobleme, soziale Ängste insbesondere gegenüber Männern, Phobien, Ablehnung des eigenen Körpers, Eßstörungen, Alkoholmißbrauch, Drogenabhängigkeit und Methadonsubstitution, Selbstverletzungen, Schul- und Ausbildungsabbruch, Obdachlosigkeit, Armut, Arbeitslosigkeit und Erwerbsunfähigkeit, Erziehungsschwierigkeiten, gesundheitliche Beeinträchtigungen als Folge der Körperverletzungen, Sensibilitätsstörungen, psychosomatische Beschwerden).

Einzelnen Befragten war es bis zum Zeitpunkt des Interviews nicht möglich, ihr Leben zu gestalten, ohne daß Grenzverletzungen zu ihrem Alltag gehören. Das betraf vor allem diejenigen, für die die Vergewaltigung eine unter vielen Traumatisierungen ist. Diese Interviewten verfügten über wenig persönliche und soziale Ressourcen. Eine Gruppe von Frauen litt langfristig sehr unter Scham- und Schuldgefühlen. Das waren primär diejenigen, die die Tat als Normverlängerung rekonstruiert hatten und/oder von einer hohen Verpflichtung zur Selbstsorge und Kontrolle im Sinne einer Kontrollillusion ausgingen. Ihnen fiel es schwer, zwischen Täter- und Opferverantwortung zu trennen, ihren Selbstwert und ihr Recht auf Selbstbestimmung anzuerkennen und ihre Bedürfnisse gegenüber anderen auszudrücken.

Die Entwicklung eines neuen Selbst- und Weltbildes hängt davon ab, welche subjektiven Theorien über weibliche Selbstbestimmung vor der Vergewaltigung dominant waren und wie die Frauen und Mädchen mit der Angst vor einer Vergewaltigung und vor Grenzverletzungen im sozialen Nahbereich umgingen. Daraus ergibt sich die zentrale *Bedeutung der Vergewaltigung für die Biographie* und als Bilanz der Bewältigungsprozesse eine *subjektive Sinngebung und Bearbeitung wichtiger Lebensthemen*.

Bedeutung der Vergewaltigung innerhalb der Biographie
Insgesamt lassen sich drei Idealtypen von subjektiven Bedeutungen finden:

- „Der Tag X"
- „Dann war draußen die Welt auch nicht mehr in Ordnung"
- „Wie eine Kette - Perle für Perle wird das aufgezogen"

Der Tag X. Einige der Interviewten hatten vor der Vergewaltigung keine traumatisierenden Erlebnisse gemacht, sondern waren mit *„relativ normalen Katastrophen"* (B, 33) aufgewachsen. Grenzverletzungen und Gewalt wurden primär im öffentlichen Raum vermutet und galten als kontrollierbar. Die Risikoerwartung bezüglich einer Vergewaltigung war gering. Die Mädchen und Frauen dachten: *„Ich bin unverletzlich."* (V, 30). Das Trauma wird demnach von den Frauen als zentraler Einbruch in das bisherige Leben empfunden. Es stellt wichtige Grundüberzeugungen und Sicherheiten in Frage, an die nicht wieder angeknüpft werden kann und welche auch nicht ohne weiteres durch neue Sicherheiten ersetzt werden können.

„Ihr könnte es Euch gar nicht vorstellen, was für ein einschneidendes Erlebnis sowas ist. Das wird lang nicht vorbei sein. Ihr habt überhaupt gar kein Einfühlungsvermögen. So was geht nicht von heute auf morgen weg. Sowas bleibt immer. Das ist der Tag X. Ich rechne nur noch davor oder danach. Das ist meine Zeitrechnung." (St, 27)

Die Vergewaltigung stellt den Glauben an eine gerechte Welt und ein positives Menschenbild grundsätzlich in Frage. Die Vorstellung, *„wenn ich niemandem was Böses tue, dann tut mir niemand was Böses"* (B, 28), erweist sich im nachhinein als genauso naiv, wie die Überzeugung, daß es eine solche Gewalttätigkeit, wie die des Täters, nicht geben könne.

Dann war draußen die Welt auch nicht mehr in Ordnung. Andere Vergewaltigungsopfer wurden schon als Mädchen Opfer von psychischen, physischen und sexualisierten Mißhandlungen. Sie wissen, daß es Bereiche in ihrem Leben gibt, in denen sie keine oder wenig Kontrolle haben und daß einzelne Menschen die Grenzen anderer nicht respektieren und diese für ihre Bedürfnisse ausbeuten. Trotz dieses Wissens erleben einige von ihnen die Vergewaltigung als Bruch, da sie sich z.B. im Gegensatz zur Familie, wo der sexuelle Mißbrauch verübt wurde, in der außerfamiliären Welt sicher gefühlt hatten.

„Ich hatte vorher schon Vertrauen zu anderen Männern, oder auch zu Jungs. (...) Ich wußte, das Feindbild ist zu Hause, (...) aber draußen ist die Welt in Ordnung. Und dann war draußen die Welt auch nicht mehr in Ordnung." (K, 6)

Wie eine Kette - Perle für Perle wird das aufgezogen. Für eine dritte Gruppe von Frauen ist die Vergewaltigung im (jungen) Erwachsenenalter die Fortsetzung dessen, was sich ihr ganzes Leben an Gewalt gegen sie ereignete. Dazu gehören vor allem Frauen, die zu Einschränkung ihrer Selbstbestimmung im privaten Raum und Anpassung innerhalb einer Geschlechter- und Generationenhierarchie erzogen worden waren und die Opfer von Traumatisierungen in der Kindheit wurden.

Subjektive Sinngebung und Bearbeitung wichtiger Lebensthemen
Für die Frauen ist mit der Frage nach dem Stand ihrer Bewältigungsprozesse eine intensive Bilanzierung ihres bisherigen Lebens und eine Suche nach dem

Sinn ihres Daseins verbunden. Diejenigen, die über Jahre von ihrem Partner mißhandelt wurden, beschäftigt, warum sich dieser ihnen gegenüber so gewalttätig verhalten hatte und in der Trennungsphase noch verhielt. Sie fragen sich, was sie so lange von einer Trennung zurückgehalten hatte. Nach einer Reorganisation ihres Lebens, empfinden vor allem Opfer von Partnergewalt und Vergewaltigungsopfer, die aus Mangel an Unterstützung die Auseinandersetzung lange vermieden hatten, die verstrichenen Jahre als schmerzhafte, ungenutzte und verlorene Zeit. Im Vergleich zu anderen in ihrem Alter konnten sie aufgrund von Beeinträchtigungen in verschiedenen Lebensbereichen keine, bzw. nur eine eingeschränkte berufliche Qualifikation erwerben, sich kein von Unterstützung unabhängiges Leben aufbauen und litten unter anhaltenden Belastungen oder materiellen Einbußen.

„Ich stehe jetzt auf einem Stand wie meine Tochter mit 12 Jahren. (...) [Ich] muß neu anfangen zu leben, muß neue Bekannte--, alles neu. (...) Ich habe nichts. (...) Das tut arg weh." (U, 40)

Um an dem Leben vor der Traumatisierung anknüpfen zu können, lassen sich einzelne Frauen von ehemaligen FreundInnen oder Eltern darüber informieren, wie sie früher gewesen waren und was sie für Pläne hatten. Diese Informationen ermöglichen es, vergessene Stärken wieder zu entdecken, Vorhaben umzusetzen und ihr weiteres Leben zu genießen, denn *„die Zeit rennt einem weg"* (P, 40).

Vergewaltigungsopfer erleben in der Reflexion bisheriger Denk- und Lebensweisen einen positiven Sinn der Traumatisierung. Trotz der extremen Gewalt, die sie erlitten hatten, und der teilweise Jahre oder sogar Jahrzehnte anhaltenden Suche nach einer Verarbeitung sexueller Viktimisierung, ziehen einige ein positives Fazit. Die Vergewaltigung wird als Auslöser für wichtige Entwicklungsprozesse und positive Veränderungen angesehen (vgl. auch Kap. 5.2.1, insb. Burt & Katz, 1987; Katz, 1991; Leicht, 1991). Diese beziehen sich zum Beispiel auf Fähigkeiten wie Empathie.

„Wenn ich das alles nicht erlebt hätte, könnte ich niemals Menschen verstehen, und zuhören, was sie erlebt haben; könnte ich niemals so nachfühlen oder helfen." (Y, 31)

Durch die Vergewaltigung wird eine Auseinandersetzung mit gesellschaftlichen Verhältnissen, weiblicher Selbstbestimmung und persönlicher Verantwortung angeregt. Die Tat wird im nachhinein als Anstoß angesehen, bisherige Anpassungsleistungen und Kompromisse zu hinterfragen, die eigenen Grenzen zu erkennen und sich mit ‚Lebensthemen' auseinanderzusetzen. Diese kreisen vor allem um Ursachen und Verhinderung von Gewalt und die Bedeutung sich wiederholender Traumatisierungen. Haben die Vergewaltigungsopfer den Eindruck, aus dem Gewalterlebnis gelernt zu haben, bekommen die damit verbundenen Belastungen einen Sinn und werden damit erträglicher.

„Manche Sachen sind mir dadurch bewußt geworden. Ich will in meinem Leben manche Sachen ändern. Das ist so eine große Stufe höher. (...) Dieses Verlangen nach Selbstvertrauen war früher nicht so stark. Also immer wieder, wenn ich am Tiefpunkt bin und mich selber beschuldige, arbeite ich dran. Ich werde persönlich viel stärker. (...) Es ist komisch zu sagen. Im Endeffekt war das doch positiv. Es hat mir ziemlich weh getan. (...). Ich hoffe, daß es nicht noch mal passiert, damit ich noch ein Stück weiterkomme." (T, 31/32)

Ähnlich wie es andere Menschen beschreiben, die sich mit schweren Schicksalsschlägen und Traumatisierungen auseinandersetzen müssen, erlebt ein Teil der Vergewaltigungsopfer aufgrund neugewonnener Sichtweisen eine Relativierung der Schwere von alltäglichen Belastungen. Die Frauen versuchen *„tiefsinniger"* (St, 24) zu leben. Damit verbunden ist der Glaube und die Hoffnung, daß die Traumatisierung in einen bedeutsamen, wenn auch noch nicht oder nur teilweise erkennbaren Zusammenhang eingebettet ist.

„Ich glaube auch an Gott. Und es hat mir von Anfang an bewußt gemacht, daß es vielleicht so kommen mußte. Ich glaube einfach, daß mein Gott oder mein Glaube mir sehr viel geholfen hat, das zu verkraften. Wenn ich das nicht gehabt hätte, da hätte ich mich gefragt, warum mir das passiert ist?" (St, 24)

Die Vergewaltigungsopfer modifizieren ihre bisherigen subjektiven Theorien im Sinne der Traumatisierung und den daraus folgenden Belastungen. Ein großer Teil der Befragten sah zum Zeitpunkt des Interviews in der Vergewaltigung einen eindeutigen Normbruch, ein an ihnen begangenes, zum Teil folgenschweres Unrecht, für welches der Täter die Verantwortung trägt. Die Frauen, die ihrer Einschätzung nach das Trauma verarbeiten konnten, waren diejenigen, die die subjektive Theorie eingeschränkter Selbstbestimmung durch die der uneingeschränkten Selbstbestimmung ersetzt hatten. Inhalte eines neuen, insgesamt zusammengehörenden Weltbildes enthalten folgende Aspekte:

- Ungeteilte Selbstverantwortung und Selbstsorge
- Anerkennung eigener Grenzen
- Unantastbarkeit der Menschenwürde - Ethik gegenseitiger Anerkennung

Ungeteilte Selbstverantwortung und Selbstsorge. Aus dem Recht auf Selbstbestimmung ergibt sich für die Frauen die Verpflichtung zur Eigenverantwortung in Beziehungen zu Fremden, Bekannten, Ehe-/Partnern und Autoritätspersonen. Anstatt sich auf die Bedürfnisse anderer Erwachsener und die Überwindung deren problematischer Verhaltensweisen zu konzentrieren (z.B. Alkohol- und Drogenkonsum, Umgang mit biographischen Belastungen, ‚Triebkontrolle', Sexualverhalten, Vater-Kind-Beziehung, Ausüben professioneller Pflichten), sind die Frauen zunehmend in der Lage, zu unterscheiden, welche Handlungen wessen Kontrolle unterliegen. Anstatt auf unkooperatives Verhalten mit Selbstaufgabe zu reagieren, reflektieren sie ihre Handlungsalternativen und kämpfen darum, ihr Selbstvertrauen aus- und Schuldgefühle abzubauen. Die Auseinandersetzung mit dem Trauma motiviert die Frauen, (idealisierte) Geschlechterhierarchien und eine eingeschränkte Autonomie nicht mehr hinzunehmen, sondern ihre eigene Meinung zu bilden und sich für die eigenen Interessen einzusetzen.

„Wenn das nicht passiert wäre, dann wäre ich vielleicht noch blauäugiger durch die Welt gelaufen, schon von der Erziehung von meinen Eltern, vor allem von meiner Mutter aus. (...) Wenn das so weiter gelaufen wäre, wäre ich vielleicht im Endeffekt (...) an einer Beziehung, die vielleicht kaputt gegangen wäre, (...) [von der] ich mir mehr versprochen hätte, (...) kaputt gegangen." (S, 41)

Diejenigen, die (feministische) Selbstverteidigungskurse nach der Vergewaltigung besuchen, erleben diese als Entwicklungsanstoß. Vor dem Hintergrund ihrer Analyse, daß sie im Vorfeld der Tat hätten mehr gegen unkooperatives Verhalten und Grenzverletzungen tun können, wird die mit einem Kurs verbundene Selbsterkenntnis der eigenen Fähigkeiten und Stärken als besonders positiv und motivierend erlebt.

Für einzelne ist es aufgrund ihrer Biographie von großer Bedeutung, vereinfachende Kategorien von Schuld und Unschuld zu überwinden. Sie reflektieren gegenseitige Abhängigkeiten von Täter- und Opferschaft und einen möglichen Nutzen der Opferrolle. Sie tragen von ihrer Seite dazu bei, nicht erneut unter Grenzverletzungen und Gewalt leiden zu müssen.

„Opfer und Täter sind zwei verschiedene Seiten von einer Münze, [so] daß es sich gegenseitig ein Stück weit bedingt, und daß die sich auch ein Stück weit suchen. (...) Meine Sache ist mit Sicherheit, wenn mir irgendwas nicht paßt, das dann auch wirklich zu sagen." (G, 20)

Einige der Frauen setzen sich mit Männerbildern und der sich daraus ergebenen Überforderung von Männern auseinander. Im Gegensatz zu der Zeit einer bestehenden Beziehung resultiert aus dieser Erkenntnis aber nicht eine Entlastung und Infantilisierung von Männern. Diese bleiben trotz der Brüchigkeit ihrer Männlichkeit für ihr Verhalten verantwortlich. Opfer- und Täterschaft können als zwei Seiten einer Persönlichkeit gesehen werden. Eine Spaltung in ‚gut' und ‚böse' wird aufgehoben.

Anerkennung eigener Grenzen. Frauen, die vor der Tat aufgrund antizipierter Selbstverteidigungskompetenz hohe Kontrollerwartungen hatten, reagieren zunächst mit Schuldgefühlen, da sie ihren Erwartungen nicht nachkommen konnten. Im Laufe des Prozesses differenzieren sie, in welchem Umfang und unter welchen Bedingungen sie Einfluß auf das Verhalten anderer haben. Statt zu erwarten, alles selbst bewältigen zu können, nehmen sich einige der Vergewaltigungsopfer vor, ihre Unabhängigkeit und Eigenständigkeit konsequenter anderen gegenüber, z.B. ihren Eltern und in Beziehungen zu Männern, einzufordern. Sie setzen sich mit gesellschaftlichen Bedingungen (sexualisierter) Gewalt, mit Macht und Autonomie auseinander und reflektieren patriarchale und andere Dominanzverhältnisse, z.B. zwischen Mutter und Tochter. Vergewaltigungsopfer stellen vorherige Illusionen und intrapsychische Angstbewältigungsstrategien in Frage. Demzufolge werden die Frauen im Anbetracht der Realität sexualisierter Gewalt in ihren Erwartungen vorsichtiger.

Unantastbarkeit der Menschenwürde und eine Ethik der gegenseitigen Anerkennung (vgl. dazu auch Benjamin, 1993). Verbunden mit Selbstverantwortung und der Anerkennung eigener Grenzen tritt das Recht auf menschliche Würde unabhängig vom Geschlecht mehr und mehr in den Vordergrund. Das betrifft vor allem Frauen, die aufgrund biographischer Erfahrungen ihre Selbstbestimmung einschränkten und Geschlechter- sowie Generationenhierarchien akzeptierten. Dabei gründet sich die mit der Allgemeingültigkeit der Menschenwürde verbundene positive Grundeinstellung allein aus der menschlichen Existenz und nicht erst aus einer Aufwertung durch das Begehren eines Mannes, aus der Rolle als Partnerin und Mutter und der Selbstaufgabe für andere. Die Frauen hören auf, traditionelle und hierarchische Festschreibungen von Männlichkeits- und Weiblichkeitsbildern mitzutragen. Sie formulieren für sich ein Recht auf Achtung und Anerkennung, ohne sich fortlaufend für das eigene Verhalten rechtfertigen zu müssen. Zuverlässigkeit und gegenseitige Rücksicht in Beziehungen gewinnen an Wichtigkeit.

„Ich bin auch ein Mensch. Ich möchte gern den Respekt, den ich den anderen Menschen [entgegen-]bringe." (P, 39)

Die Frauen erkennen ihre eigenen Grenzen und stehen für sich und ihre Bedürfnisse ein. Sexualität richtet sich nach dem Verlangen beider Beteiligter und ist mit gegenseitiger Rücksicht verbunden. Autoritätspersonen haben aufgrund des Machtgefälles die Verantwortung dafür, ihre Macht nicht zu mißbrauchen und die Selbstbestimmung der Abhängigen nicht einzuschränken.

10 Schlußfolgerungen

Aus der vorliegenden Untersuchung folgen Konsequenzen für täter- und opferbezogene Interventionen und Bewältigungsprozesse nach einer Vergewaltigung (Kap. 10.2). Diese decken sich in großen Teilen mit Vorschlägen, die die Vergewaltigungsopfer im Interview machten. Deswegen wird zunächst auf ihre Interviewmotivation eingegangen (Kap. 10.1). Zum Schluß wird der Forschungsbedarf (Kap. 10.3) beschrieben.

10.1 Vergewaltigungsopfer als Expertinnen

‚Vergewaltigung' und ‚Gewalt gegen Frauen' sind sensible und weitgehend verborgene Themen, über die kaum jemand ausreichend Kenntnis besitzt. Vergewaltigungsopfern fällt es aufgrund der oben genannten Kosten einer Veröffentlichung und den Erfahrungen sekundärer Viktimisierung schwer, über die erlittene Gewalt zu sprechen. Gleichzeitig haben die Täter, aber auch andere, ein Interesse daran, die sexualisierte Gewalt zu bagatellisieren und eine Veröffentlichung zu verhindern. Deshalb wurden die Frauen zum Ende des Interviews gefragt, warum sie sich zu einem Gespräch bereit erklärt hatten. Einige gaben an, daß sie sich spontan, aus einem inneren Gefühl heraus entschlossen hatten. Für einzelne war auch wichtig, daß es ihnen nicht soviel ausmacht, über die Vergewaltigung und die Folgen zu sprechen. In diesem Punkt bringen die interviewten Frauen ihr Wissen und ihre Kompetenz zum Ausdruck. Sie sind diejenigen, die die Gewalt erlitten haben und sich mit ihren subjektiven Theorien und denen ihres sozialen Umfeldes auseinandersetzen mußten und müssen. Sie leiden oder haben unter dem gelitten, was sie verändern möchten. Sie definieren sich als Opfer einer Gewalttat, welche Verarbeitungsmöglichkeiten gefunden haben, die sie weitergeben wollen.

Von den Frauen wurde die Tatsache, daß jemand sich mit dem Thema beschäftigt, als positiv und ermutigend aufgenommen. Einige waren froh, daß durch den Informationszettel der Studie etwas nach außen zu dem Thema sichtbar gemacht wurde. So wünschten sich die Interviewpartnerinnen, daß durch die Untersuchung eine Öffentlichkeit hergestellt wird. Ihr Erfahrungswissen soll ihrem Wunsch nach in Bücher oder Artikel eingehen und Anregungen für weitere Bearbeitungen geben. Die Frauen erwarten, daß ihre traumatischen Erlebnisse und ihre posttraumatischen Erfahrungen durch die Wissenschaftlichkeit der Untersuchung und den Nachweis, daß die Vergewaltigung nicht das alleinige Schicksal des Opfers ist, das nötige Gewicht erhalten, um von anderen ernst genommen zu werden. Für die Untersuchung nannten die Interviewten insbesondere drei Ziele, die sie mit ihrer Interviewbereitschaft verbanden:

- Selbstreflexion
- Solidarität
- Aufklärung

Selbstreflexion. Das Interview bietet für einige Frauen zum ersten Mal eine Möglichkeit, über die Vergewaltigung zu reden. Andere haben die positive Erfahrung des Sprechens schon gemacht. Sie wollen die Gelegenheit nutzen, um ihre bisherigen Bewältigungsprozesse zu reflektieren. Sie überprüfen, ob sich durch die Interviewfragen ein neuer Blickwinkel ergibt. Einzelne erhoffen sich, durch das Interview eine Form von Balance und Gerechtigkeit herstellen zu können, indem sie etwas gegen die Gewalt tun und aus dem Erleben der eigenen Ohnmacht herausfinden.

Solidarität. Die Interviewpartnerinnen kennen die Isolation der Opfer, wissen aber auch, was sie getan haben und was andere tun können, um die Folgen einer Vergewaltigung zu bewältigen. Sie möchten mit ihren Erfahrungen andere Opfer erreichen.

„Damit die auch sehen, daß es trotzdem weiter geht, daß man immer wo Menschen findet. Und wie man aus so einer Krise rauskommen könnte." (Y, 34)

Außerdem soll dem Bild des ‚pathologischen' Opfers, der ihr Leben lang leidenden und sich von Männern abkehrenden Frau, etwas entgegengesetzt werden. Mißhandlungen und Vergewaltigungen sind Traumata, die bei entsprechenden Ressourcen auch ohne professionelle Hilfe verarbeitet werden können.

Die Gewalt „hinterläßt zwar ihre Spuren. Das kann man nicht wegwischen. Aber ich habe es ganz gut im Griff und ganz gut verarbeitet. Ich denke, daß so ein Aspekt auch wichtig ist in so einer Untersuchung." (E, 30)

Vergewaltigte Frauen sollen ermutigt werden: die Gewalt nicht als ihr Versagen sondern als ein gesellschaftliches Problem und ein Problem von Männern anzusehen; sich Unterstützung zu holen und anzunehmen, sowie über ihr Erleben zu sprechen; sich mit Frauen zu solidarisieren und von den Erfahrungen anderer zu profitieren und den Mut zu finden, sich von einem gewalttätigen Partner zu trennen.

Von den Frauen wird in den Interviews auch auf die sogenannte ‚Mißbrauch des Mißbrauchs'-Debatte Bezug genommen, welche sie in den Medien mitverfolgen und denen sie etwas entgegensetzen wollen. Auf der einen Seite haben Opfer den Mut gefunden, sich darüber zu äußern, was sie an Gewalt erfahren haben. Auf der anderen Seite werden Berichte über sexuelle Traumatisierungen als Suggestionen von TherapeutInnen problematisiert. Die Interviewpartnerinnen wollen Frauen und Mädchen ermutigen, sich nicht einschüchtern lassen. Schweigen und damit die Dunkelziffer sollen aufgehoben werden. Außerdem soll den Tätern gezeigt werden, wo die Grenzen sind, und daß Frauen nicht mehr bereit sind, über die Gewalt zu schweigen. Die Veröffentlichung dieser Untersuchung soll den Betroffenen helfen, daß sie ihre eigene Wahrnehmung nicht in Frage stellen, daß sie sich nicht an den Vergewaltigungsmythen über sexualisierte Gewalt, sondern an ihrem Erleben orientieren.

„Ich bin der Meinung (...), daß jeder Sexualdelikt in irgendeiner Form an die Öffentlichkeit sollte, jeder! (...) Das muß irgendwann eine ganz riesen Sache werden. Die Männer müssen aufhören zu glauben, daß sie sich das alles erlauben können, ungestraft: die Väter, die Onkels, die Ehemänner, der Mann auf der Straße. Das muß aufhören. (...) Das geht nicht, wenn die Frauen nach Hause rennen unter die Dusche und drei Wochen später zur Polizei. Die müssen alle irgendwo den Mut haben. Weil es andere auch machen, mache ich das jetzt auch." (M, 68)

Aufklärung. Im Vordergrund steht der Wunsch, über sexualisierte Gewalt und ihre Auswirkungen mit dem Ziel der Aufdeckung, Unterstützung von Vergewaltigungsopfern und täterbezogener Interventionen zu informieren. Zielgruppe der Veröffentlichung ist die Gesellschaft, sind Männer und Frauen, die das Schweigen und/oder Vergewaltigungsmythen aufrechterhalten. Dabei setzen die Interviewpartnerinnen nicht auf persönliche Rache, sondern auf Aufklärung und Veränderung gesellschaftlicher Bedingungen. Die Frauen erhoffen sich, daß die Forschungsergebnisse in die Entwicklung von Hilfen für Vergewaltigungsopfer eingehen. Die Erkenntnisse sollen z.B. Psychologinnen befähigen, nicht vor dem Thema ‚Vergewaltigung' zurückzuschrecken oder durch Falschbehandlung zu einer sekundären Viktimisierung beizutragen.

„Deshalb ist es auch so wichtig, daß ich es hier mache. Wenn ich da eine richtige Hilfe gehabt hätte, bei einer Frau, die damit schon zu tun gehabt hätte, vieles hätte ich mir da leichter machen können, so für den Rest meines Lebens. Aber die hatte ich in der Situation nicht." (D, 5)

Neben Aufklärung und Unterstützung für Opfer sexualisierter Gewalt erwarten die Interviewten außerdem eine Begrenzung und Sanktionierung des Täterverhaltens,

„daß es irgendwann mal soweit ist, daß den Männern das Handwerk gelegt wird, daß es auch in der Ehe nicht mehr stattfinden darf, daß man die anzeigen kann, wenn es in der Ehe ist." (U, 48)

10.2 Interventionen und Bewältigungsprozesse

Die Schlußfolgerungen der vorliegenden Untersuchung zu *täterbezogenen Interventionen, Opferstrategien* und *Unterstützung lebensweltbezogener Bewältigungsprozesse* basieren auf einem ungeteilten Recht auf Selbstbestimmung, Selbstverantwortung, einer Anerkennung eigener Grenzen, einem Abschied von Kontrollillusionen sowie einer Ethik gegenseitiger Anerkennung. Dabei lassen sich für Intervention und Traumaverarbeitung viele gemeinsame Prinzipien ableiten. Diese haben einen normativen und einen unterstützenden Charakter. Um wirklich wirksam zu sein, müssen sie auf allen gesellschaftlichen Ebenen umgesetzt werden: von (potentiellen) Vergewaltigungsopfern und Tätern, Personen des sozialen Umfeldes und innerhalb verschiedener gesellschaftlicher Institutionen. Innerhalb des gesellschaftlichen Umfeldes sind Schule und Ausbildung, Medien, das psychosozial-medizinische System sowie Polizei und Justiz von Bedeutung. Die Realisierung statt der Einschränkung weiblicher Selbstbestimmung ist vor allem in den folgenden Bereichen von zentraler Bedeutung für die Unterstützung der vergewaltigten Mädchen und Frauen.

1. *Öffentlicher Raum.* Das Recht auf Selbstbestimmung, Mobilität und Präsens im öffentlichen Raum wird über täterorientierte Maßnahmen vermittelt. Hinzu kommen städtebauliche Maßnahmen zur Erhöhung des Sicherheitsgefühls und der sozialen Kontrolle sowie Verbesserungen im öffentlichen Personennahverkehr zum Beispiel durch die Bereitstellung von Frauennachttaxis.

2. *Liebesbeziehung und Familie.* Die Verdeutlichung von Selbstbestimmung und Selbstverantwortung findet in allen gesellschaftlichen Institutionen statt. In Familie, Schule, Medien, Ausbildungsinstitutionen und psychosozialen Einrichtungen u.a. Institutionen erfahren und lernen Mädchen und Jungen gleichberechtigtes Handeln, Selbstverantwortung, Umgang mit Trennungsangst und gewaltfreie Konfliktlösung.

3. *Sexualität.* Das Recht auf Selbstbestimmung ist überall dort präsent, wo der Körper und Sexualität mittelbar oder unmittelbar Themen sind. Dazu gehört der Umgang mit dem eigenen und fremden Körper sowie Sexualaufklärung in Familie, Kindergarten und Schule und vor allem die Darstellung sexueller Selbstbestimmung in Pornographie, Filmen, Büchern und in der Werbung. Eingeschlossen ist eine sachgemäße Darstellung von Sexualität, Gewalt und sexualisierter Gewalt.

4. *Autoritätsverhältnisse.* Aus Autorität leitet sich die Verpflichtung zur Verantwortung und beruflicher Kompetenz ab. Abhängigen darf kein Schaden aufgrund einer hilfsbedürftigen Lage entstehen. Das Recht auf Selbstbestimmung und eine Ethik gegenseitiger Anerkennung unter Berücksichtigung der Verletzungsoffenheit müssen verpflichtende Themen u.a. in Berufs- und Sportverbänden, Aus- und Fortbildung sowie Supervision sein.

Gesellschaftlichen Institutionen sind primär dafür verantwortlich, sexualisierter Gewalt entgegenzuwirken. Eine Vermittlung des Rechts auf Selbstbestimmung kann auf verschiedenen Ebenen und mittels unterschiedlicher Institutionen stattfinden. Sie hängt in hohem Maße vom politischen Willen und gesellschaftlichen Prioritäten ab. Die unteilbare Menschenwürde vermittelt sich z.B. über Gesetze, kulturelle Darbietungen, den Umgang mit Pornographie und Sexualrollenstereotypen, eine geschlechterhierarchische Arbeitsteilung und komplementäre Geschlechterrollen, Jungen- und Mädchensozialisation in Kindergärten und Schulen oder Ausbildungsinhalte in verschiedenen Arbeitsfeldern. Denkbar wäre es zum Beispiel, Strategien zur Intervention bei sexueller Gewalt gegen Mädchen und Jungen in der Schule (z.b. Ministerium für Kultus, Jugend und Sport Baden Württemberg, 1999) auf ihre Erweiterung bezüglich sexualisierter Gewalt im allgemeinen zu überprüfen. Praktische Ansatzpunkte wären die Bereitstellung von Projekten zu Gewalt an Schulen, Angebote für (veränderungsmotivierte) Täter, Vernetzung und Interventionsprogramme zu sogenannter häuslicher Gewalt und Gewalt gegen Kinder. Die Gesellschaft, d.h. Erwachsene müssen Verantwortung übernehmen.

Maßnahmen gegen sexualisierte, physische und psychische Gewalt sind Querschnittsaufgaben, die nicht an bestimmte Gruppen delegiert werden können. Sie finden immer dann statt, wenn z.b. Sexualität und Sexualaufklärung, Körperwahrnehmung und -ausdruck, Menschenrechte, bürgerlichen Rechte oder die Frauenrechtsbewegung, Dominanzverhältnisse, Rassismus oder Sexismus Thema sind. Darüber hinaus bedarf es eines offenen Diskurses über die Realität des Risikos für Kinder und Frauen, Opfer sexueller Ausbeutung oder einer Vergewaltigung zu werden. Den Betroffenen muß Verständnis und Unterstützung zugesichert werden. Täter müssen wissen, daß sie und nicht die Opfer zur Verantwortung gezogen werden.

Die Umsetzung von Gewaltfreiheit zwischen den Menschen im allgemeinen und Männern und Frauen im besonderen ist in letzter Konsequenz nur möglich, wenn die Geschlechterhierarchie, stereotype Geschlechter- und Sexualrollen, die geschlechtsbezogene Arbeitsteilung und die sich daraus ergebene gegenseitige Abhängigkeit aufgehoben werden, und wenn mehr Frauen in gesellschaftlich relevanten Machtpositionen vertreten wären. Dabei sind sowohl Männer als auch Frauen gefragt, eine Gesellschaft zu realisieren, in der Gewalt gegen Frauen und Kinder nicht mehr legitimes Mittel zur Interessensdurchsetzung ist. Entsprechend einer Perspektive der Selbstverantwortung haben aber auch Frauen Möglichkeiten, die Gesellschaft im oben genannten Sinne mitzugestalten.

Täterbezogene Interventionen. Ein unmittelbarer Ansatz, um Gewalt gegen Mädchen und Frauen vorzubeugen, besteht in der Auseinandersetzung mit den Tätern und ihrem Verhalten. Jungen und Männer müssen lernen, ein ‚Nein' zu respektieren. Damit sie innere Barrieren gegen Gewalt aufbauen bzw. erhalten können, bedarf es einer klaren Verdeutlichung des unzweifelhaften Rechts auf Selbstbestimmung für jeden Menschen und der Sanktionierung von Gewalt. Die Einschränkung weiblicher Selbstbestimmung ist durch nichts zu legitimieren. Männlichkeitsbilder, die auf Dominanz und Unterwerfung von Frauen aufbauen, müssen verneint werden. Außerdem muß männliche, ebenso wie weibliche Sozialisation auf Empathie, Fürsorge für Hilfsbedürftige und Selbstverantwortung zielen. Jungen und Männer müssen lernen, *„daß man nicht alles haben kann, was man sieht"* (H, 43).

Reichen innere Barrieren nicht, müssen äußere Barrieren in Form sozialer Kontrolle aufgebaut werden. Das gilt nicht nur im öffentlichen Raum, sondern auch im privaten Raum, wenngleich dort größere Sensibilität notwendig ist, um das Opfer nicht zusätzlich zu gefährden. Äußere Barrieren ergeben sich auch aus dem Opferverhalten, wie ich es weiter unten darstellen werde, und einer klaren Normverdeutlichung seitens Gesetzgebung, Polizei und Justiz. Ein Verstoß gegen die Menschenwürde ist keine Bagatelle und nicht zu entschuldigen. Das gilt unabhängig von der Beziehung zwischen Täter und Opfer.

Opferbezogenen Interventionen. Es bedarf einer deutlichen Aufklärung über die Realität sexualisierter Gewalt verbunden mit einer Bestätigung und Normverdeutlichung bezüglich des Rechts auf Selbstbestimmung. Für Mädchen und Frauen gilt uneingeschränkt: *„Mein Körper gehört mir."* (P, 28). Autonomieeinschränkungen, Entwürdigung, Mißhandlung und sexualisierte Gewalt müssen klar benannt werden, ohne Vergewaltigung im öffentlichen Raum zu skandalisieren und im privaten Raum zu bagatellisieren.

Geeignete Strategien zur Erhöhung äußerer Barrieren seitens der Opfer bestehen darin, daß Mädchen und Frauen ihre Bedürfnisse und Grenzen wahr- und ernstnehmen, diese anderen gegenüber zum Ausdruck bringen, sich gegenüber Einschränkungen zur Wehr setzen und sich bei Grenzüberschreitungen Hilfe holen. Vertrauen ist keine Voraussetzung, sondern das Ergebnis einer kooperativen Kommunikation. Anstatt auf unkooperatives Verhalten mit einer Reduktion kognitiver Dissonanz und auf Angst mit intrapsychischer Angstbewältigung zu reagieren, müssen Mädchen und Frauen lernen, diese Gefühle anzunehmen und sich auf die Problemlösung und die Wiederherstellung ihrer Autonomie zu konzentrieren. In der Sexualität brauchen Mädchen die Sicherheit, daß es nicht darum geht, ein vorgegebenes Repertoire erfüllen zu müssen, sondern sich im Kontakt auf die eigenen Bedürfnisse und die des Partners oder der Partnerin beziehen zu können. Anstatt mittels Anpassungsdruck innere Barrieren gegenüber einer Gegenwehr zu erhöhen, bedarf es einer expliziten Erlaubnis, vor allem für junge Frauen, geforderte Unterordnung gegenüber Fremden, Bekannten, Partnern und Autoritätspersonen sowie gesellschaftliche Zuschreibungen zurückzuweisen.

Opferbezogenen Interventionen umfassen auch Kurse zum Erlernen von Selbstverteidigungstechniken oder Kampfsportarten. Mit ihrer Hilfe bauen Mädchen und Frauen innere Barrieren ab, um sich im Falle eines Angriffs gezielt zur Wehr setzen zu können. Dabei ist die Art der Gegenwehr immer von den situationalen Bedingungen, Möglichkeiten sozialer Unterstützung, der Verfassung der bedrohten Frau und vor allem ihren persönlichen Prioritäten und den realen Risiken abhängig.

„Das kommt auf die eigene Haltung an, die man hat, also wenn du möglichst ungeschoren davon kommen willst. Das ist eine Sache des Abwägens. Ist es Dir wichtiger, um jeden Preis Deine Integrität zu behalten und dafür riskierst Du eine Schußwunde oder was auch immer." (I, 24)

Dabei besteht die große Schwierigkeit darin, auf der einen Seite dem Bedürfnis nach Angstbewältigung und subjektiver Sicherheit nachzukommen und zum anderen den Aufbau von Kontrollillusionen zu verhindern, da diese im Falle einer Vergewaltigung dem Opfer die Verantwortung für das Verhalten des Täters aufladen und die Bewältigungsprozesse erschweren. Werden Kontrollillusionen aufgegeben, können sich Außenstehende nicht mehr positiv von Vergewaltigungsopfern abgrenzen. Dies verlangt, mit der Realität sexualisierter Gewalt und einer möglichen Machtlosigkeit bezüglich der Beeinflußbarkeit anderer Menschen zu leben, ermöglicht aber gleichzeitig solidarisches Verhalten gegenüber Gewaltopfern. Letztendlich ist es sinnvoll, die Strategien, die Mädchen in ihrer Kindheit vermittelt werden (vgl. Kap. 7.1.1), als flexibel einzusetzende Möglichkeiten der Gefahren- und Angstabwehr nahezulegen. Natürlich ist es wichtig, darauf zu vertrauen und zu hoffen, daß einem keine Gewalt widerfährt und Bedrohungen nicht überzubewerten.

Solange das Recht auf Selbstbestimmung nicht gewährleistet werden kann, bedarf es des Einsatzes vielfältiger Strategien, um die Sicherheit von Mädchen und Frauen zu erhöhen. Um zu verhindern, daß auf potentiellen Opfern die gesamte Verantwortung der ‚Täterprävention' liegt, muß geschlechtsbezogene Gewalt als Problem der inneren Sicherheit von der gesamten Bevölkerung ernstgenommen werden. Politik, Polizei und Justiz, Medien und psychosoziale und medizinische Institutionen können mit Hilfe von Informationsmaterial, der Bereitstellung von Schutzräumen und Unterstützung deutlich signalisieren, daß die Gesellschaft in der Lage ist, den einzelnen in seiner Gewalttätigkeit zu begrenzen und zu sanktionieren, potentielle Opfer zu schützen und zu unterstützen. Auch können die Einzelnen durch Zivilcourage zeigen, daß sie bereit und willens sind, sich im Sinne einer Begrenzung von Gewalt zu verhalten. Damit werden Drohungen des Täters entkräftet.

Unterstützung lebensweltbezogener Bewältigungsprozesse. Ausgehend von einem Recht auf Integrität und Autonomie ist eine Vergewaltigung unabhängig von der Täter-Opfer-Beziehung ein Normbruch, durch den dem Opfer ein vom Täter zu verantwortender Schaden entstanden ist. Eine eindeutige Anerkennung von Unrecht und Schaden geht mit einer Erleichterung von Bewältigungsprozessen einher. Anstatt sich mit Schuld- und Schamgefühlen zu belasten oder verwirrt über die Einordnung des traumatisierenden Erlebnisses zu sein, kann sich das Opfer auf die Bewältigung des psychischen Schocks und der akuten Belastungen konzentrieren. Dafür ist es hilfreich, wenn Vergewaltigungsopfer sich nicht selbst unter Druck setzen, möglichst schnell wieder symptomfrei zu sein. Eine wichtige Voraussetzung ist das Erkennen der Belastungen, die Anerkennung des entstandenen Schadens und die innere Erlaubnis, sich soziale Unterstützung und professionelle Hilfe zu holen und die Tat anzuzeigen.

Andere können das Opfer unterstützen, indem sie ihr ermöglichen, über die Vergewaltigung zu sprechen und ihre Gefühle auszudrücken, ohne dabei Ratschläge zu geben. Sie können Körperkontakt, Sicherheit und Unterstützung für die Problemlösung anbieten. Besonders *Eltern* können im Falle grenzverletzender Erfahrungen oder gar einer Vergewaltigung Sicherheit und Trost vermitteln. *Personen des sozialen Umfeldes* haben Handlungsmöglichkeiten im Sinne sozialer Kontrolle. Werden sie ZeugInnen sexualisierter Gewalt, können sie in Absprache mit dem Opfer eingreifen, den Täter konfrontieren und zur Verantwortung ziehen. FreundInnen und Bekannte können das Erleben und die Reaktionen der vergewaltigten Frau verständnisvoll spiegeln sowie Vertrauenswürdigkeit und Sicherheit gewährleisten. Dies drückt sich für die Opfer in einem wertschätzenden Umgang, Zärtlichkeit und Körperlichkeit aus. Das gilt vor allem wenn der Täter das Opfer über die Vergewaltigung hinaus bedroht.

Die Gesellschaft hat vor allem die Aufgabe, Zufluchts- und Schutzräume, kostenlose Möglichkeiten der Krisenintervention, Beratung und Therapie zur Verfügung zu stellen, damit die Opfer nicht mehr gezwungen sind, selbst für den an ihnen entstandenen Schaden aufzukommen. Vor allem *psychosoziale und medizinische Institutionen* sind wichtige Partnerinnen bei der Bewältigung unmittelbarer Folgen, anhaltender Beschwerden und für die Vermittlung von Kontakten zu Selbsthilfegruppen. Durch die Bereitstellung eines problembezogenen Angebots wird das öffentliche Interesse zum Ausdruck gebracht. Gewalt gegen Frauen ist keine Privatangelegenheit. Im Rahmen von Fachberatungsstellen „wie Notruf oder Frauenzentrum oder Wildwasser oder Zartbitter" (K, 31) ist eine auf sexualisierte Gewalt spezialisierte Qualifizierung möglich, die verhindert, daß die betroffenen Mädchen und Frauen noch zusätzlich mit der Überforderung der Professionellen, einer Leugnung des Normbruchs, Falschbehandlung oder erneutem Machtmißbrauch belastet werden. Demzufolge muß auch die Möglichkeit für die Frauen bestehen, sich anonym und vertraulich beraten zu lassen. Im Rahmen einer Fachberatungsstelle können Angehörige, PartnerInnen und FreundInnen beraten und unterstützt werden, um sich vor indirekter Traumatisierung zu schützen und mit der eigenen Betroffenheit umzugehen. Hinzu kommt die Initiierung und Organisation einer Vernetzung mit anderen Stellen, wie z.B. Polizei und Staatsanwaltschaft, Öffentlichkeitsarbeit sowie die Initiierung und Durchführung von Maßnahmen zur Begrenzung sexualisierter Gewalt.

Darüber hinaus bedarf es einer Qualifizierung aller Professionellen, die in Kontakt mit traumatisierten Frauen kommen. Dazu gehören vor allem Hausärzte und -ärztinnen, Professionelle in Psychiatrien und psychosomatischen Kliniken, in Einrichtungen der Drogenhilfe, Sozial- und Jugendbehörden, Erziehungsberatungsstellen und (stationären) Einrichtungen der Jugendhilfe. Zu einer Qualifizierung gehört zum einen Wissen über Traumaverarbeitungs- und lebensweltbezogene Bewältigungsprozesse und die Reflexion eigener subjektiver Theorien und Formen der Angstabwehr.

Aufgabe von *Polizei und Justiz* (und der Legislative) ist, neben einer allgemeinen Normverdeutlichung, die Strafverfolgung. Eine rasche Konfrontation des Täters, ein öffentliches Verfahren und eine Verurteilung, dokumentiert von den

Medien, tragen zu einer Normverdeutlichung gegenüber Opfer, Täter und Gesellschaft bei. Den *Medien* kommt eine wichtige Funktion in der Darstellung sexualisierter Gewalt zu. Über die Medien ist es möglich, angemessen aufzuklären, Normen zu verdeutlichen, Kontakte zu vermitteln und Opfer von Gewalt Mut zu machen. Würden MedienvertreterInnen ihre Verantwortung ernst nehmen, müßten sie sich einer realitätsnahen Darstellung statt einer Skandalisierung von Gewalt verpflichten, da letztere bei Mädchen und Frauen zu Angst und intrapsychischer Angstabwehr, aber nicht zu einer angemessenen Auseinandersetzung mit sexualisierter Gewalt führt.

10.3 Forschungsbedarf

In der vorliegenden Untersuchung hat sich der offene Zugang, die Rekonstruktion subjektiver Theorien von Vergewaltigungsopfern und die Berücksichtigung langfristiger und lebensweltbezogner Prozesse als sehr aufschlußreich erwiesen. Meines Erachtens sind weitere Studien, vor allem Längsschnittuntersuchungen von großer Bedeutung. Würde man Vergewaltigungsopfer und indirekt Betroffene zu mehreren Zeitpunkten, ihre Zustimmung vorausgesetzt, interviewen, könnte man genauer auf den Verlauf von Bewältigungsprozessen schließen. Außerdem erscheint es notwendig, die Lebenswelt und die entsprechenden sozialen Repräsentationen und subjektiven Theorien in die Forschung einzubeziehen. Zu den zukünftigen Forschungsthemen sollten unter der besonderen Berücksichtigung männlicher Perspektiven die folgenden gehören:

- Dyadische und Gruppen-Bewältigungsprozesse
- Bewältigungsprozesse in Institutionen, Gemeinden und Städten
- Gesamtgesellschaftliche Bewältigungsprozesse

Dyadische und Gruppen-Bewältigungsprozesse. Die vorliegende Untersuchung zeigt, daß die Bewältigungsprozesse von Vergewaltigungsopfern sehr eng mit dem Verhalten der Personen in ihrem sozialen Umfeld verknüpft sind. Dort erhalten sie entweder soziale Unterstützung oder werden Opfer sekundärer Viktimisierung. Darüber hinaus müssen auch, unter Berücksichtigung subjektiver Theorien, Belastungen und Ressourcen der indirekten Opfer von sexualisierter Gewalt einbezogen werden. Um genauer zu verstehen, von welchen Bedingungen der wechselseitige Prozeß zwischen Opfer und sozialem Umfeld moderiert wird, bedarf es einer prozeßorientierten Analyse dyadischer Veränderungen, sowie Untersuchungen von Bewältigungsprozessen innerhalb der Familie, unter Freundinnen oder in anderen sozialen Kontexten.

Bewältigungsprozesse in Institutionen, Gemeinden und Städten. Zum zweiten wäre es notwendig, die Bedeutung subjektiver Theorien für transaktionale Bewältigungsprozesse innerhalb von Institutionen (Schulen, Kliniken, Polizei, Ausbildungsinstituten etc.) und im Kontakt mit Opfern und Tätern zu untersuchen. Aufbauend auf den so gewonnenen Ergebnissen können weitere Empfehlungen für einen angemessenen Umgang mit Vergewaltigungsopfern und Vergewaltigern entwickelt werden, um diese in Aus- und Fortbildung zu vermitteln.

Dazu gehört auch eine differenzierte Wirkungsforschung bezüglich der Darstellung weiblicher Selbstbestimmung im öffentlichen Raum, in Liebesbeziehung, Sexualität und gegenüber Autoritäten. Wie kommt es zu opferabwertenden Präsentationen und welche Bedeutung haben sie innerhalb von Institutionen? Wie wirken Filme, Bücher, Kunstwerke, in denen sexualisierte Gewalt bagatellisiert wird, auf Mädchen und Jungen, Frauen und Männer, Opfer und Nichtopfer?

Gesamtgesellschaftliche Bewältigungsprozesse. Gleichermaßen könnten gesellschaftliche Prozesse untersucht werden: Wie werden Aktionen und Projekte ausgehandelt? Wie kommt es unter welchen Bedingungen zu politischen Entscheidungen bezüglich sexualisierter Gewalt. Welche Transaktionsprozesse finden zwischen Gewaltopfern, Tätern und gesellschaftlich Verantwortlichen statt und wie wirken sich diese aus? Wann fühlen sich welche Personen dafür verantwortlich, problemzentrierte Strategien zu initiieren und unter welchen Bedingungen werden sie wieder zurückgenommen?

10.4 Fazit

Eine Vergewaltigung ist in unserer Gesellschaft neben körperlicher Partnergewalt die häufigste und damit größte Bedrohung weiblicher Selbstbestimmung, Integrität und Gesundheit. Sie hat neben den individuellen Belastungen enorme gesellschaftliche Kosten zur Folge. Gewalterlebnisse gefährden die innere Sicherheit, die Verbindlichkeit der Menschenrechte und des Grundgesetzes. Ausbleibende Reaktionen von Polizei und Justiz stellen das staatliche Gewaltmonopol und die Gleichberechtigung von Frauen und Männern in Frage.

Vergewaltigung als menschliche Handlung erweist sich als ein sehr vielschichtiges Phänomen, welches in ein Gefüge sich gegenseitig beeinflussender Bedingungen eingebettet ist. Aufgrund der Überlagerung der *Komplexität* durch sehr vereinfachende Alltagstheorien, ist es für eine angemessene psychosoziale und medizinische Praxis sowie die formale Sozialkontrolle unverzichtbar, über lebensweltbezogene und langfristige Bewältigungsprozesse informiert zu sein und um die Bedeutung subjektiver Theorien für Bewältigungsprozesse nach einer Vergewaltigung zu wissen. Dabei müssen auch die indirekten Opfer von Gewalt beachtet werden.

Insgesamt zeigt die vorliegende Untersuchung, daß *qualitative Forschungsmethoden* in der Psychologie unabdingbar sind. Diese ermöglichen den Zugang zu einem von Schweigen und Abwehr gekennzeichneten Forschungsfeld und können bisher unerkannte Perspektiven und Differenzierungen aufzeigen. Qualitative Methoden sind geeignet, die Vielschichtigkeit von subjektiven Realitäten und Lebenswelten sowie die entsprechenden Bewältigungsprozesse abzubilden. Allerdings müssen hinsichtlich einer Generalisierung der Ergebnisse aufgrund der unterschiedlichen lebensweltlichen Erfahrungen von Frauen Einschränkungen vorgenommen werden. So lag der maßgebliche Bezugsort aller Interviewpartnerinnen im deutschsprachigen Raum. Lediglich eine von ihnen war nach Deutschland migriert. Auf diese Gruppe von Frauen beziehen sich die Ergebnisse.

Qualitative Forschungsmethoden verlangen ein hohes Maß an Selbstreflexion und Reflexion des Forschungsprozesses. So fanden im Falle der vorliegenden Untersuchung parallel zur Auswertung immer wieder Re-/Konstruktionsprozesse bezüglich meines Selbst- und Weltverständnisses statt. Das gewählte methodische Vorgehen verschaffte mir Einblick in Begrenzungen eigener Erkenntnisprozesse und deren Auflösung sowie den fließenden Übergang zwischen subjektiven und wissenschaftlichen Theorien. So war auch ich zu Beginn der Untersuchung - trotz umfangreicher Vorkenntnisse - implizit primär von einem Fremden als Täter und der Bewältigung symptomatischer Belastungen ausgegangen. Um die eigene Beteiligung und sogenannte Übertragungsphänomene immer wieder hinterfragen zu können, waren externe Kontrollstrategien eine absolute Notwendigkeit. Besonders bei qualitativen Forschungsstrategien, aber nicht nur dort, sollte das *„Subjekt im Schatten der Wissenschaft"* (Heynen & Preußner, 1998, S. 85) fortlaufend mitgedacht werden, nicht nur im Sinne einer Störvariablen, sondern als Quelle von Erkenntnis.

Aufgrund des offenen Zugangs kann die Untersuchung nachweisen, daß Traumatheorien und entsprechende Therapieformen nicht ausreichen, posttraumatische Prozesse zu erklären und eine Integration des Traumas in die Biographie zu unterstützen. Stattdessen müssen subjektive Theorien von Vergewaltigungsopfern und ihre lebensweltlichen Bedingungen berücksichtigt werden, um langfristig funktionale Bewältigungsprozesse stärken zu können. Dabei umfassen hilfreiche Strategien eine Vielfalt von Ausdrucks- und Problemlöseformen, die sich nur zum Teil im professionellen Kontext ereignen. Vor allem künstlerische und dialogische Strategien in der Lebenswelt der Opfer tragen zu einer Bewältigung posttraumatischer Belastungen bei. Diese können in einer professionellen Beratung gemeinsam erarbeitet werden. Vergewaltigungsopfer sind die Expertinnen ihrer Lebenswelt, Professionelle ihre kompetenten BegleiterInnen. Im Kontext sexualisierter Gewalt bedarf es aufgrund der eigenen Betroffenheit von Professionellen als Voraussetzung zur Arbeit mit Vergewaltigungsopfern der Reflexion und Auseinandersetzung mit den eigenen subjektiven Theorien und biographischen Opfer- und TäterInnenerfahrungen. Nur so können Falschbehandlung und Retraumatisierung vermieden werden.

Vergewaltigungsopfer haben einen an ihren Bedürfnissen ausgerichteten Anspruch auf *professionelle Unterstützung* nach einer erlittenen Gewalttat (und zwar nicht erst dann, wenn Gewalthandlungen als Folge von vorhergehenden Traumatisierungen entdeckt werden). Ein solches Angebot sollte den unterschiedlichen Belastungen (vgl. Tab. 2), unter den Vergewaltigungsopfer leiden, gerecht werden. Neben Beratung und Therapie gehören dazu auch Krisenintervention, Informationsvermittlung z.B. in Bezug auf eine Anzeige und deren Folgen, Prozeßbegleitung, Vermittlung von Kontakten zu AnwältInnen, TherapeutInnen, ÄrztInnen oder psychosozialen Diensten, praktische Hilfen etwa bei finanziellen Problemen oder das Angebot von Selbsthilfegruppen. Darüber hinaus müssen sich die Frauen in professionellen Räumen sicher fühlen können und ihre Autonomie muß respektiert werden.

Der unmittelbaren Lebenswelt, aber auch der Gesellschaft kommt eine besondere Bedeutung zu, wenn es um die *Anerkennung von Unrecht und Schaden* geht. Die Aberkennung des Opferstatus erschwert langfristig die Auseinandersetzung mit der Vergewaltigung und führt zu sekundärer Traumatisierung des Opfers und einer Entlastung des Täters. Eine klare Benennung von Unrecht und Schaden schafft hingegen Voraussetzungen für Rechts-/Sicherheit und Selbsthilfe der Vergewaltigten, soziale und professionelle Unterstützung und eine Verantwortungsübernahme des Täters. Das Opfer kann sich dem psychischen Trauma stellen, die daraus entstehenden Belastungen bewältigen und die Tat veröffentlichen. Vergewaltigungen, die als *Normbruch* eines verantwortlichen Täters angesehen werden, werden angezeigt und können gesellschaftlich und rechtlich sanktioniert werden. Gerechtigkeit und eine Verläßlichkeit von Normen, auch im privaten Bereich, schaffen erst die Voraussetzungen für Vertrauen und für Gleichberechtigung. Sie erleichtern Mädchen und Frauen die Erkenntnis ihrer uneingeschränkten Menschenwürde und bestärken sie darin, Grenzverletzungen unmittelbar zurückzuweisen. Eine klare *Normverdeutlichung*, der Blick auf den Gewalttäter und seine Handlungen sind unverzichtbare Bedingungen zur Begrenzung sexualisierter Gewalt.

Aufgrund der starken Verankerung sexualisierter Gewalt in der Gesellschaft sind weitreichende Veränderungen unumgänglich, um Vergewaltigungsopfer zu unterstützen und sexualisierter Gewalt den Boden zu entziehen. Die Unterstützung eines solchen Prozesses sollte Aufgabe derjenigen sein, die innerhalb der gesellschaftlichen Institutionen mit dem Thema befaßt sind.

Für *Interventionen* gegen sexualisierte Gewalt muß ein *Perspektivenwechsel* stattfinden. Die Aufmerksamkeit muß sich auf potentielle und tatsächliche Täter und gesellschaftliche Bedingungen richten. Es reicht nicht, sexualisierter Gewalt mit eindimensionalen und zeitlich begrenzten Interventionen zu begegnen. Stattdessen müssen Strategien in allen gesellschaftlichen Bereichen möglichst gleichzeitig und vielfältig entwickelt und umgesetzt werden. Dafür braucht es, wie Godenzi (1994) fordert, einen globalen Handlungsplan, *„der politische, juristische, administrative, erzieherische, kulturelle, ökonomische und andere Bereiche umfaßt"* (ebd., S. 117). Das Hauptaugenmerk muß darauf gelegt werden, Gewalttäter in die Verantwortung zu nehmen. Mädchen und Frauen brauchen demzufolge Informationen über (gesetzliche) Normen, Rechte und Unterstützungsformen nach einer Vergewaltigung, und zwar unabhängig von der Täter-Opfer-Beziehung und dem Handlungsrahmen des Täters. Es ist nur möglich, Gewalttäter zu konfrontieren und die Opfer zu entlasten, wenn die Vergewaltigungen als Handlungen des Täters sichtbar sind und nicht die Opfer beschämt oder beschuldigt werden.

Literatur

Abel, M.H. (1988). *Vergewaltigung: Stereotypen in der Rechtssprechung und empirische Befunde.* Weinheim: Beltz.

Abbey, A. (1982). Sex differences in attributions for friendly behavior: Do males misperceive females' friendliness? *Journal of Personality and Social Psychology, 42,* 830-838.

Abbey, A. (1991a). Acquaintance Rape and Alcohol Consumption on College Campuses: How Are They Linked? *Journal of American College Health, 39* (4), 165-169.

Abbey, A. (1991b). Misperception as an Antecedent of Acquaintance Rape: A Consequence of Ambiguity in Communication Between Women and Men. In A. Parrot & L. Bechhofer (Eds.), *Acquaintance rape: the hidden crime* (pp. 96-111). New York: Wiley.

Abbey, A. & Harnish, J. (1995). Perception of Sexual Intent: The Role of Gender, Alcohol Consumption, and Rape Supportive Attitudes. *Sex Roles, 32* (5/6), 297-313.

Acock, A.C. & Ireland, N.K. (1983). Attribution of blame in rape cases: The impact of norm violation, gender, and sex role attitude. *Sex Roles, 9,* 179-193.

Ageton, S. (1983). *Sexual assualt among adolescent.* Lexington, MA: D.C. Health.

Agger, I. (1988). Die politische Gefangene als Opfer sexueller Folter. *Sexualforschung, 1,* 231-241.

Ajdukovic, M. (1997). Die Bedeutung der psychischen Gesundheit von professionellen Helferinnen und Helfern. In W. Hilweg & E. Ullmann (Hrsg.), *Kindheit und Trauma: Trennung, Mißbrauch, Krieg* (S. 225-239). Göttingen: Vandenhoeck und Ruprecht.

Aktionsgemeinschaft der autonomen österreichische Frauenhäuser (AÖF) (Hrsg.). (1993). *Österreichische und internationale Strategien zur Bekämpfung familiärer Gewalt; Forschungsbericht.* Wien: AÖF.

Allen, C.M. & Straus, M.A. (1980). Ressources, power, and husband-wife violence. In M.A. Straus & G.T. Hotaling (Eds.), *The social causes of husband-wife violence* (pp. 188-208). Minneapolis: University of Minnesota Press.

Amann, G. & Wipplinger, R. (1998). *Sexueller Mißbrauch: Überblick zu Forschung, Beratung und Therapie; ein Handbuch* (2. Aufl.). Tübingen: Dgvt-Verlag.

American Psychiatric Association (1991). *Diagnostisches und statistisches Material psychischer Störungen DSM III R* (dt. Bearbeitung und Einführung von H.U. Wittchen) (3. korr. Aufl.). Weinheim: Beltz.

American Psychiatric Association (1996). *Diagnostisches und statistisches Material psychischer Störungen DSM IV* (dt. Bearbeitung und Einführung von H. Sass). Göttingen: Hogrefe.

Amir, M. (1971). *Patterns in forcible rape.* Chicago: University of Chicago Press.

Anderson, K.B., Cooper, H. & Okamura, L. (1997). Individual Differences and Attitudes Toward Rape: A Meta-analytic Review. *Personality and Social Psychology Bulletin, 23* (3), 295-315.

Andrews, B. (1992). Attributions Processes in Victims of Marital Violence. In J.J. Weber, T.L. Orbach & A.L. Weber (Eds.), *Attributions, Accounts, and Close Relationships* (pp. 176-193). New York: Springer.

Anonyma (1988). *Verführung auf der Couch: eine Niederschrift.* Freiburg i.Br.: Kore.

Antonovsky, A. (1987). *Unraveling the mystery of health: How peoble manage stress and stay well.* San Francisco: Jossey-Bass.

Arnold, E. & Retsch, A. (1991). Liebe, Sexualität und Erotik zwischen Therapeuten und Klientinnen. *Verhaltenstherapie und psychosoziale Praxis, 3,* 273-288.

Augerolles, J. (1991). *Mein Analytiker und ich: Tagebuch einer verhängnisvollen Beziehung.* Frankfurt a.M.: Fischer.

Bachmann, F. (1988). *Vom Ja-Sagen und Nein-Meinen: weibliche Sozialisation und Sexualität.* Reinbeck bei Hamburg: Rowohlt.

Bachmann, K.M. (1994). Sexueller Mißbrauch in therapeutischen Beziehungen und Inzest: Gemeinsame Probleme in der Wahrnehmung sowie der qualitativen und quantitativen Forschung. In K.M. Bachmann (Hrsg.), *Sexueller Mißbrauch in Psychotherapie und Psychiatrie* (S. 15-21). Bern: Huber.

Baldino, V.J. (1993). Gewalt und Mißhandlung in lesbischen Beziehungen. In E. Poth (Hrsg.), *Gewalt und Mißhandlung in lesbischen Beziehungen* (Dokumentation der Veranstaltung vom 19.12.92 in München) (S. 6-26). München: Frauen-Anstiftung, Lesbentelefon e.V.

Bange, D. (1990). Wenig beachtet und doch eine Tatsache: Auch Frauen mißbrauchen Kinder. *pro familia magazin: Sexualpädagogik und Familienplanung, 18* (3), 29-31.

Bange, D. (1992). *Die dunkle Seite der Kindheit: Sexueller Mißbrauch an Mädchen und Jungen.* Köln: Volksblatt.

Barnett, D., Manley, J.T. & Cicchetti, D. (1993). Defining child maltreatment: The interface between policy and research. In D. Cicchetti & S.L. Toth (Eds.), *Child abuse, child development, and social policy* (pp. 7-74). Norwood, NJ: Ablex.

Baron, L. & Straus, M.A. (1987). Four theories of rape: A macrosociological analysis. *Social Problems, 34,* 467-488.

Barry, K. (1983). *Sexuelle Versklavung von Frauen.* Berlin: sub rosa.

Bart, P.B. (1981). A study of women who both were raped and avoided rape. *Journal of Social Issues, 37,* 147.

Bart, P.B. & O'Brien, P.H. (1985). *Stopping rape: Successful survival strategies.* New York: Pergamon Press.

Bates, C.R. & Brodsky, A.M. (1989). *Sex in therapy hour: A case of professional incest.* New York: Guilford.

Baumann, U. & von Wedel, B. (1981). Stellenwert der Indikationsfrage im Psychotherapiebereich. In U. Baumann (Hrsg.), *Indikation zur Psychotherapie* (S. 1-36). München: Urban & Schwarzenberg.

Baurmann, M.C. (1983). *Sexualität, Gewalt und psychische Folgen: eine Längsschnittuntersuchung bei Opfern sexueller Gewalt und sexueller Norm-*

verletzungen anhand von angezeigten Sexualkontakten (Bundeskriminalamt Forschungsreihe; Bd. 15). Wiesbaden: BKA.

Baurmann, M.C. (1990). Sexualität, Gewalt und die Folgen für die Opfer. In W. Bärsch (Hrsg.), *Gewalt an Frauen - Gewalt in der Familie* (Justiz und Recht; Bd. 6) (S. 23-35). Heidelberg: Müller.

Baurmann, M.C. (1991). Straftaten gegen die sexuelle Selbstbestimmung. Zur Phänomenologie sowie zu Problemen der Prävention und Intervention. In J. Schuh & M. Killias (Hrsg.), *Sexualdelinquenz* (S. 77-110). Chur: Rueger.

Becker, D. (1992). *Ohne Haß keine Versöhnung: das Trauma der Verfolgten.* Freiburg i.Br.: Herder.

Becker-Fischer, M. & Fischer, G. (1997). *Sexuelle Übergriffe in Psychotherapie und Psychiatrie* (Schriftenreihe des Bundesministeriums für Familie, Senioren, Frauen und Jugend; Bd. 107). Stuttgart: Kohlhammer.

Bell, S.T., Kuriloff, P.J. & Lottes, L. (1994). Understanding Attributions of Blame in Stranger Rape and Date Rape Situations: An Examination of Gender, Race, Identification, and Students' Social Perceptions of Rape Victims. *Journal of Applied Social Psychology, 24* (19), 1719-1734.

Belschner, W. & Kaiser, P. (1995). Darstellung eines Mehrebenenmodells primärer Prävention. In S.-H. Filipp (Hrsg.), *Kritische Lebensereignisse* (3., erw. Aufl.) (S. 174-196). München: Psychologie Verlags Union.

Belsky, J. (1993). Etiology of child maltreatment: A developmental-ecological analysis. *Psychological Bulletin, 114,* 413-434.

Benard, C. & Schlaffer, E. (1978). *Die ganz gewöhnliche Gewalt in der Ehe: Texte zu einer Soziologie von Macht und Liebe.* Reinbek bei Hamburg: Rowohlt.

Bender, D. & Lösel, F. (1997). Risiko- und Schutzfaktoren in der Genese und Bewältigung von Mißhandlung und Vernachlässigung. In U.T. Egle, S.O. Hoffmann & P. Joraschky (Hrsg.), *Sexueller Mißbrauch, Mißhandlung, Vernachlässigung* (S. 35-53). Stuttgart: Schattauer.

Benjamin, J. (1993). *Die Fesseln der Liebe: Psychoanalyse, Feminismus und das Problem der Macht.* Frankfurt a.M.: Fischer.

Benson, D., Charlton, C. & Goodhart, F. (1992). Acqaintance Rape on Campus: A Literature Review. *Journal of American College Health, 40,* 157-165.

Berg, W.E. & Johnson, R. (1979). Assessing the impact of victimization: Acquisition of the victim role among elderly and female victims. In W.H. Parsonage (Ed.), *Perspectives on victimology.* Beverly Hills, CA: Sage.

Bergdoll, K. & Namgalies-Treichler, C. (1987). *Frauenhaus im ländlichen Raum* (Schriftenreihe des Bundesministers für Jugend, Familie, Frauen und Gesundheit; Bd. 260). Stuttgart: Kohlhammer.

Berneike, C. (1995). *Die Frauenfrage ist Rechtsfrage: die Juristinnen der deutschen Frauenbewegung und das Bürgerliche Gesetzbuch.* Baden-Baden: Nomos.

Bettelheim, B. (1992). *Erziehung zum Überleben: zur Psychologie der Extremsituation* (5. Aufl.). München: Deutscher Taschenbuch Verlag.

Blaise, M. (1990). „Du hast es doch gewollt!" Zum Problem ambivalenter Gefühle von Frauen, die sexuellen Übergriffen durch ihren Psychotherapeuten ausgesetzt sind. *Verhaltenstherapie und psychosoziale Praxis, 3,* 361-366.

Bodenmann, G. (1997). Streß und Coping als Prozeß. In C. Tesch-Römer, C. Salewski & G. Schwarz (Hrsg.), *Psychologie der Bewältigung* (S. 74-92). Weinheim: Beltz.

Bohner, G. (1998). *Vergewaltigungsmythen - Sozialpsychologische Untersuchungen über täterentlastende und opferfeindliche Überzeugungen im Bereich sexueller Gewalt* (Psychologie; Bd. 19). Landau: Empirische Pädagogik.

Bohner, G., Reinhard, M.-A., Rutz, S., Sturm, S., Kerschbaum, B & Effler, D. (1998). Rape myths as neutralizing cognitions: Evidence for a causal impact of anti-victim attitudes on men's self-reported likelihood of raping. *European Journal of Social Psychology, 28*, 257-268.

Bohner, G. & Schwarz, N. (1996). The threat of rape: Its psychological impact on non-victimized women. In D.M. Buss & N. Malamuth (Eds.), *Sex, power, and conflict: feminist and evolutionary perspectives* (S. 162-175). Oxford, UK: Oxford University Press.

Bohner, G., Weisbrod, C., Raymond, P., Barzvi, A. & Schwarz, N. (1993). Salience of rape affects self-esteem: The moderating role of gender and rape myth acceptance. *European Journal of social Psychology, 23*, 561-579.

Bookwala, J., Frieze, I.H., Smith, C. & Ryan, K. (1992). Predictors of dating violence: A multivariate analysis. *Violence and Victims, 7*, 297-31.

Bossi, J. (1994). Empirische Untersuchungen, Psychodynamik und Folgeschäden. In K.M. Bachmann (Hrsg.), *Sexueller Mißbrauch in Psychotherapie und Psychiatrie* (S. 45-72). Bern: Huber.

Bowker, L.H. (1983). *Beating wife-beating*. Lexington, MA: Lexington Books.

Bowker, L.H., Arbitell, M. & McFerron, J.R. (1988). On the relationship between wife beating and child abuse. In K. Yllö & M. Bograd (Eds.), *Feminist perspectives on wife abuse* (pp. 158-174). Beverly Hills, CA: Sage.

Boyksen, U. & Brandewiede, J. (1993). Vermarktung sexueller Gewaltdelikte in den Medien. In G. Gräning (Hrsg.), *Sexuelle Gewalt gegen Fauen - kein Thema?* (S. 145-151). Münster: Waxmann.

Brackenridge, C. & Summers (1997). Die Aufdeckung sexuellen Mißbrauchs im Sport. In C. Engelfried (Hrsg.), *Auszeit: Sexualität, Gewalt und Abhängigkeiten im Sport* (S. 46-68). Frankfurt a.M.: Campus.

Brandau, H. , Hagemann-White, C., Haep, M. & Mestre, A. del (1990). *Wege aus Mißhandlungsbeziehungen: Unterstützung für Frauen und Kinder nach dem Aufenthalt in einem Frauenhaus.* Pfaffenweiler: Centaurus.

Brandewiede, J. (1996). Über die alltägliche Selbst - Verteidigungspraxis von Frauen und Mädchen. In Polizei Hamburg und Senatsamt für Gleichstellung (Hrsg.), *Fachinformation Gewalt gegen Frauen und Mädchen: Selbstverteidigung/Selbstbehauptung* (S. 87-95). Hamburg: Landeskriminalamt.

Braukmann, W. & Filipp, S.-H. (1995). Personale Kontrolle und die Bewältigung kritischer Lebensereignisse. In S.-H. Filipp (Hrsg.), *Kritische Lebensereignisse* (3., erw. Aufl.) (S. 233-251). München: Psychologie Verlags Union.

Braun, S. (1989). Feministische Erotik? Sexueller Mißbrauch, freie kindliche Sexualität und lesbische Liebe. *beiträge zur feministischen theorie und praxis, 12* (25/26), 193-197.

Breitenbach, E. (1983). *Vergewaltigung: subjektive Rekonstruktion und Hilfserwartungen* (Braunschweiger Arbeiten, Nr. 6). Braunschweig: Technische Universität, Fachbereich 9.
Breiter, M. (1995). *Vergewaltigung: ein Verbrechen ohne Folgen?* Wien: Verlag für Gesellschaftskritik.
Breitling, G. (1987). Bilder der Gewalt - Gewalt der Bilder. In H. Bendkowski & I. Rotalsky (Hrsg.), *Gewalt, Pornographie, Feminismus* (S. 110-117). Berlin: Elefanten Press.
Bridges, J.S. (1991). Perceptions of date and stranger rape: A difference in sex role expectations and rape supportive beliefs. *Sex Roles, 24*, 291-307.
Brinson, S.L. (1992). The Use and oppsition of Rape Myths in Prime-Time Televisions Dramas. *Sex Roles, 27* (7/8), 359-375.
Brockhaus, U. & Kolshorn, M (1993). *Sexuelle Gewalt gegen Mädchen und Jungen: Mythen, Fakten, Theorien.* Frankfurt a.M.: Campus.
Brockhaus, U. & Kolshorn, M (1998). Die Ursachen sexueller Gewalt. In G. Amann & R. Wipplinger (Hrsg.), *Sexueller Mißbrauch: Überblick zu Forschung, Beratung und Therapie; ein Handbuch* (2. Aufl.) (S. 89-105). Tübingen: dgvt.
Brownmiller, S. (1978). *Gegen unseren Willen: Vergewaltigung und Männerherrschaft.* Frankfurt a.M.: Fischer.
Browne, A. & Finkelhor, D. (1986). The impact of child sexual abuse: A review of the research. *Psychological Bulletin, 99*, 66-77.
Brückner, M. (1987). *Die janusköpfige Frau.* Frankfurt a.M.: Neue Kritik.
Brückner, M. (1998). *Wege aus der Gewalt gegen Frauen und Mädchen: eine Einführung* (Bd. 51). Frankfurt a.M.: Fachhochschulverlag.
Brüderl, L. (1988). Auseinandersetzung mit Problemen und Anforderungen im Prozeß der Familienwerdung. In L. Brüderl (Hrsg.), *Belastende Lebenssituationen: Untersuchungen zur Bewältigungs- und Entwicklungsforschung* (S. 76-95). Weinheim und München: Juventa.
Brüggebors-Weigelt, G. (1986). *Psychologie der vergewaltigten Frau: Identität und Vergewaltigung. Identitätstheorien und psychische Vergewaltigungsreaktionen* (Bd. 1). Berlin: Marhold.
Buchegger, B. & Vollmeier, B. (1991). Angsträume in Wien oder „Wer fürchtet sich vorm schwarzen Mann?". In E. Kail & J. Kleedorfer (Hrsg.), *Wem gehört der öffentliche Raum? Frauenalltag in der Stadt Wien* (S. 95-105). Wien: o.A.
Bundeskriminalamt (Hrsg.). (1998). *Polizeiliche Kriminalstatistik Bundesrepublik Deutschland. Berichtsjahr 1997.* Wiesbaden: Bundeskriminalamt.
Bundesministerium für Familie, Senioren, Frauen und Jugend (1998). *Verbrechensverhütung und strafrechtliche Verfahren zur Beseitigung von Gewalt gegen Frauen* (Materialien zur Frauenpolitik, Nr. 68). Bonn: BMFSFJ.
Bundesministerium für Frauen und Jugend (1994). *„Sicherheitsbeitrag spezieller nächtlicher Beförderungsangebote (Disco-Busse)"* (Materialien zur Frauenpolitik, Nr. 42). Bonn: BMFJ.
Burgard, R. (1977). *Wie Frauen verrückt gemacht werden.* Berlin: Frauenselbstverlag.
Burgard, R. (1985). *Mißhandelte Frauen: Verstrickung und Befreiung; eine Untersuchung zur Überwindung von Gewaltverhältnissen* (Ergebnisse der Frauenforschung; Bd. 8). Weinheim: Beltz.

Burgess, A.W. & Holmstrom, L.L. (1974). Rape trauma syndrom. *American Journal of Psychiatry, 131*, 981-986.
Burgess, A. W. & Holmstrom, L.L. (1976). Coping behavior of the rape victim. *American Journal of Psychiatry, 133*, 413-418.
Burgess, A.W. & Holmstrom, L.L. (1979a). Adaptive strategies and recovery from rape. *American Journal of Psychiatry, 136*, 1278-1282.
Burgess, A.W. & Holmstrom, L.L. (1979b). Rape: Sexual disruption and recovery. *American Journal of Orthopsychiatriy, 49*, 648-657.
Burgess, A.W. & Holmstrom, L.L. (1980). Rape typology and the coping behavior of rape victims. In S.L. McCombie (Ed.), *The rape crisis intervention handbook*. New York: Plenum Press.
Burkhart, B.R. (1991). Conceptual and Practical Analysis of Therapy for Acquaintance Rape Victims. In A. Parrot & L. Bechhofer (Eds.), *Acquaintance rape: the hidden crime* (pp. 287-303). New York: Wiley.
Burt, M.R. (1980). Cultural myths and supports of rape. *Journal of Personality and Social Psychology, 38*, 217-230.
Burt, M.R. (1983). A conceptual framework for victimological research. *Victimology, 3*, 261-269.
Burt, M.R. (1991). Rape myths and acquaintance rape. In A. Parrot & L. Bechhofer (Eds.), *Acquaintance rape: the hidden crime* (pp. 26-40). New York: Wiley.
Burt, M.R. & Albin, R.S. (1981). Rape myths, rape definitions, and probability of conviction. *Journal of Applied Social Psychology, 11*, 212-230.
Burt, M.R. & Katz, B.L. (1987). Dimensions of recovery from rape. Focus on Growth Outcomes. *Journal of Interpersonal Violence, 2* (1), 57-81.
Bußmann, H. & Lange, K. (Hrsg.). (1996). *Peinlich berührt: sexuelle Belästigung von Frauen an Hochschulen*. Müchen: Frauenoffensive.
Butzmühlen, R. (1978). *Vergewaltigung: die Unterdrückung des Opfers durch Vergewaltiger und Gesellschaft; Ideologien, Fakten und Erklärungen*. Lahn-Gießen: Focus.
Calhoun, K.S. & Atkeson, B.M (1994). *Therapie mit Opfern von Vergewaltigung: Hilfen bei der Überwindung der psychischen und sozialen Folgen*. Bern: Huber.
Calhoun, L.G., Selby J.W. & Waring L.J. (1976). Social perception of the victim's social role in rape: An exploratory examination of the four factors. *Human Relations, 29*, 517-526.
Campbell, A. (1995). *Zornige Frauen, wütende Männer: wie das Geschlecht unser Aggressionsverhalten beeinflußt*. Frankfurt a.M.: Fischer.
Campbell, R. (1995). The Role of Work Experience and Individual Beliefs in Police Officers' Perceptions of Date Rape: An Integration of Quantitative and Qualitative Methods. *American Journal of Community Psychology, 23* (2), 249-277.
Caplan, G. (1964). *Principles of preventive psychiatry*. New York: Basic Books.
Cassidy, L. & Hurrell, R.M. (1995). The influence of victims attire on adolescents' judgements of date rape. *Adolescence, 30* (118), 319-323.
Christopher, F.S., Owens, L.A. & Stecker, H.L. (1993). An examination of single men's and women's aggressiveness in dating relationships. *Journal of Social and Personal Relationships, 10*, 511-527.

Clark, L. & Lewis, D. (1977). *Rape: the price of coercive sexuality*. Toronto: o.A.

Clausen, G. (1987). Weiterleben nach einer Vergewaltigung ... Erfahrungen einer Therapeutin. In Arbeitskreis „Sexuelle Gewalt" beim Komitee für Grundrechte und Demokratie (Hrsg.), *Gewaltverhältnisse: eine Streitschrift für die Kampagne gegen sexuelle Gewalt* (S. 68-77). Sensbachtal: Komitee für Grundrechte und Demokratie e.V.

Coates, D., Wortman, C.B. & Abbey, A. (1979). ‚Reactions to victims'. In I.H. Frieze, D. Bar-Tal & J.S. Carroll (Eds.), *New Approaches to Social Problems: Applications of Attribution Theory* (pp. 21-52). San Francisco, CA: Jossey-Bass.

Coleman, D.H. & Straus, M.A. (1986). Marital power, conflict, and violence in a nationally representative sample of American couples. *Violence and Victims, 1* (2), 141-157.

Conen, M.L. (1998). Institutionelle Strukturen und sexueller Mißbrauch durch Mitarbeiter in stationären Einrichtungen für Kinder und Jugendliche. In G. Amann & R. Wipplinger (Hrsg.), *Sexueller Mißbrauch: Überblick zu Forschung, Beratung und Therapie; ein Handbuch* (2. Aufl.) (S. 274-283). Tübingen: dgvt.

Connell, R. W. (1987). *Gender and Power*. Cambridge: Polity Press.

Costin, F. & Schwarz, N. (1987). Beliefs about rape and women's social roles: A four-nation study. *Journal of Interpersonal Violence, 2*, 46-56.

Crawford, M. & Gartner, R. (1992). *Woman killing. Intimate femincid in Ontario 1974-1990* (Bericht für das „Women We Honour Action Committee"). Ontario.

Crenshaw, T.L. (1978). Counseling family and friends. In S. Halpern (Ed.), *Rape: helping the Victim* (pp. 51-62). Oredell, N.J.: Medical Economics.

Dahmen, G., Eiblmeier, P., Lehr, D. & Schmid-Tannwald, I. (1998). Ergebnisse. In Bundeszentrale für gesundheitliche Aufklärung (Hrsg.), *Sexualität und Kontrazeption aus der Sicht der Jugendlichen und ihrer Eltern: eine repräsentative Studie im Auftrag der BZgA* (Forschung und Praxis der Sexualaufklärung und Familienplanung Bd. 8) (S. 35-111). Köln: BZgA.

Dalbert, C., Montada, L. & Schmitt, M. (1987). Glauben an eine gerechte Welt als Motiv: Validierungskorrelate zweier Skalen. *Psychologische Beiträge, 29*, 596-615.

Dann, H.D. (1983). Subjektive Theorien: Irrweg oder Forschungsprogramm. Zwischenbilanz eines kognitiven Konstrukts. In L. Montada, K. Reusser & G. Steiner (Hrsg.), *Kognition und Handeln* (S. 76-92). Stuttgart: Klett.

Dann, H.D. (1991). Subjektive Theorien zum Wohlbefinden. In A. Abele & P. Becker (Hrsg.), *Wohlbefinden: Theorie - Empirie - Messung* (S. 97-117). Weinheim und München: Juventa.

Degener, T. (1991). „Das glaubt mir doch sowieso keiner". Behinderte Frauen berichten. In D. Janshen (Hrsg.), *Sexuelle Gewalt: die allgegenwärtige Menschenrechtsverletzung* (S. 219-222). Frankfurt a.M.: Zweitausendeins.

Deschner, J.P. (1984). *The hitting habit: Anger control of battering couples*. New York: Free Press.

Dieckmann, A., Herschelmann, M., Pech, D. & Schmidt, K. (1994). Gewalt-Tätig. Plädoyer für einen tätigkeitstheoretischen Erklärungsansatz für männliche Gewalt. In A. Dieckmann (Hrsg.), *Gewalttäter: Männer und Gewalt* (S. 163-174). Köln: Papy Rossa.

Dieregsweiler, R. (1997). *Krieg - Vergewaltigung - Asyl: die Bedeutung von Vergewaltigung im Krieg und ihre Bewertung in der bundesdeutschen Asylrechtsprechung.* Sinzheim: Pro Universitate.

Dierkes, U.M. (1997). *„Meine Schwester ist meine Mutter": Inzestkinder im Schatten der Gesellschaft.* Düsseldorf: Patmos.

Doblhofer, G. (1994). *Vergewaltigung in der Antike.* Stuttgart und Leipzig: G. Teubner.

Dukes, L. & Mattley, L. (1977). Predicting rape victim reportage. *Sociology and Research, 62,* 63-84.

Dunmore, E.; Clark, D.-M. & Ehlers, A. (1997). Cognitive factors in persistent versus recovered post-traumatic stress disorder after physical or sexual assault: A pilot study. *Behavioural and Cognitive Psychotherapy, 25,* 147-159.

Egger, R., Fröschl, E., Lercher, L., Logar, R. & Sieder, H. (1995). *Gewalt gegen Frauen in der Familie.* Wien: Verlag für Gesellschaftskritik.

Egle, U.T., Hoffmann, S.O. & Joraschky, P. (Hrsg.). (1996). *Sexueller Mißbrauch, Mißhandlung, Vernachlässigung: Erkennung und Behandlung psychischer und psychosomatischer Folgen früher Traumatisierungen.* Stuttgart: Schattauer.

Egle, U.T., Hoffmann, S.O. & Steffens, M. (1996). Pathogene und protektive Entwicklungsfaktoren in Kindheit und Jugend. In U.T. Egle, S.O. Hoffmann & P. Joraschky (Hrsg.), *Sexueller Mißbrauch, Mißhandlung, Vernachlässigung* (S. 2-20). Stuttgart: Schattauer.

Ehlers A., Clark, D.-M., Dunmore, E., Jaycox, L., Meadows, E. & Foa, E.-B. (1998). Prädiktion der Reaktion auf eine Expositionsbehandlung bei posttraumatischer Belastungsstörung: Die Rolle von psychischer Niederlage und Entfremdung. *Journal of Traumatic Stress, 11* (3), 457-471

Ehrhardt, H. (1988). Grau ist nicht das Opfer. Eine Kritik der Tagung (6.-10.4.88) zur Mittäterschaft von Frauen. *beiträge zur feministischen theorie und praxis, 11* (23), 167-171.

Ehrhardt, H. (1989). Die Wiedergeburt des Opfers als politisches Subjekt. *beiträge zur feministischen theorie und praxis, 12* (24), 37-50.

Elliott, M. (Hrsg.). (1995). *Frauen als Täterinnen: sexueller Mißbrauch an Mädchen und Jungen.* Ruhnmark: Donna Vita.

Engelfried, C. (1990). *Vergewaltigung - was tun mit den Tätern? Bestandsaufnahme und Analyse eines Männerproblems aus Frauensicht.* Braunschweig: Holtzmeyer.

Engelfried, C. (1997). Sexualität, Gewalt und Abhängigkeit im Sport. Diskussionsstand einer brisanten Problematik. In C. Engelfried (Hrsg.), *Auszeit: Sexualität, Gewalt und Abhängigkeiten im Sport* (S. 17-45). Frankfurt a.M.: Campus.

Ertel, H. (1990). *Erotika und Pornographie: repräsentative Befragung und psychophysiologische Langzeitstudie zu Konsum und Wirkung.* München. Psychologie Verlags Union.

Färber, C. (1992). *Sexuelle Diskriminierung und Gewalt gegen Frauen an der Hochschule.* Berlin: Freie Universität Berlin/Zentrale Frauenbeauftragte.

Faltermaier, T. (1987). *Lebensereignisse und Alltag: Konzeption einer lebensweltlichen Forschungsperspektive und eine qualitative Studie über Bela-*

stungen und Bewältigungsstile von jungen Krankenschwestern (Reihe Wissenschaft: Schwerpunkt Psychologie; Bd. 7). München: Profil

Faltermaier, T. (1988). Notwendigkeit einer sozialwissenschaftlichen Belastungsforschung. In L. Brüderl (Hrsg.), *Theorien und Methoden der Bewältigungsforschung* (S. 46-62). Weinheim und München: Juventa.

Faltermaier, T. (1994). *Gesundheitsbewußtsein und Gesundheitshandeln: über den Umgang mit Gesundheit im Alltag*. Weinheim: Beltz.

Faltermaier, T. (1995). *Qualitative Forschungsmethoden in der Gesundheitsforschung: Gegenstände, Ansätze, Problem* (Augsburger Berichte zur Entwicklungspsychologie und Pädagogischen Psychologie, Nr. 74). Universität Augsburg.

Faltermaier, T. Mayring, P., Saup, W. & Strehmel, P. (1992). *Entwicklungspsychologie des Erwachsenenalters* (Grundriß der Psychologie; Bd. 14). Stuttgart: Kohlhammer.

Fastie, F. (1994). *Zeuginnen der Anklage: die Situation sexuell mißbrauchter Mädchen und junger Frauen vor Gericht*. Berlin: Orlanda.

Feild, H.S. (1978). Attitudes towad rape: A comparative analysis of police, rapists, crisis counselors, and citizens. *Journal of Personality and Social Psychology, 36*, 166-179.

Feild, H.S. & Barnett, N.J. (1978). Simulated jury trials: Students vs. „real people" as jurors. *Journal of Social Psychology, 104*, 287-293.

Feldmann, H. (1992). *Vergewaltigung und ihre psychischen Folgen: ein Beitrag zur posttraumatischen Belastungsreaktion*. Stuttgart: Ferdinand Enke.

Feldmann-Summers, S. & Ashworth, C.D. (1981). Factors related to intentions to report a rape. *Journal of Social Issues, 37* (4), 53-70.

Feldmann-Summers, S. & Pope, K.S. (1998). Die Erfahrung des „Vergessens" eines Mißbrauchs in der Kindheit: Eine nationale Befragung von Psychologen. In G. Amann & R. Wipplinger (Hrsg.), *Sexueller Mißbrauch: Überblick zu Forschung, Beratung und Therapie; ein Handbuch* (2. Aufl.) (S. 274-283). Tübingen: dgvt.

Feltes., T. (Hrsg.). (1997). *Gewalt in der Familie - ein polizeiliches Problem?* (Texte, Nr. 10). Villingen-Schwenningen: Fachhochschule Villingen-Schwenningen, Hochschule für Polizei.

Filipp, S.-H. (1990). Subjektive Theorien als Forschungsgegenstand. In R. Schwarzer (Hrsg.), *Gesundheitspsychologie* (S. 247-262). Göttingen: Hogrefe.

Filipp, S.-H. (1993). (Hrsg.). *Selbstkonzept-Forschung: Probleme, Befunde, Perspektiven*. Stuttgart: Klett-Cotta.

Filipp, S.-H. (1995). *Kritische Lebensereignisse* (3., erw. Aufl.). München: Psychologie Verlags Union.

Fine, M. (1983-84). Coping with rape: Critical perspectives on consciousness. Journal of Imagination, *Cognition and Personality, 3* (3), 249-267.

Finkelhor, D. (1983). Common features of family abuse. In D. Finkelhor, R.J. Gelles, G.T. Hotaling & M.A. Straus (Eds.), *The dark side of families: current familiy violence research* (pp. 17-28). Beverly Hills, CA: Sage.

Finkelhor, D. (1984). *Child sexual abuse: new theory and research*. New York: Free Press.

Finkelhor, D. (1997). Sexueller Mißbrauch von Kindern. Aufgaben und Probleme für Jugendschutz und professionelle Helfer. In W. Hilweg & E. Ull-

mann (Hrsg.), *Kindheit und Trauma: Trennung, Mißbrauch, Krieg* (S. 117-134). Göttingen: Vandenhoek & Ruprecht.
Finkelhor, D. & Yllö, K. (1982). Forced sex in marriage: A preliminary research report. *Crime and Delinquency, 28,* 459-478.
Finkelhor, D. & Yllö, K. (1985). *License to rape: sexual abuse of wives.* New York: Free Press.
Finkelhor, D. & Yllö, K. (1986). Vergewaltigung in der Ehe: Eine soziologische Perspektive. In J. Heinrichs (Hrsg.), *Vergewaltigung: die Opfer und die Täter* (S. 65-75). Braunschweig: Holtzmeyer.
Fischer, G., Becker-Fischer, M. & Düchting, C. (1998). *Neue Wege in der Hilfe für Gewaltopfer: Ergebnisse und Verfahrensvorschläge aus dem Kölner Opferhilfe Modell.* Köln: Ministerium für Arbeit, Gesundheit und Soziales des Landes Nordrhein-Westfalen.
Fischer, G. & Riedesser, P. (1998). *Lehrbuch der Psychotraumatologie.* München: Reinhardt.
Fischer, G.J. (1992). Gender differences in college student sexual abuse victims and their offenders. *Annals of Sex research, 5* (4), 215-226.
Fischer, M. & Fischer, U. (1995). Wohnortwechsel und Verlust der Ortsidentität als nicht-normative Lebenskrisen. In S.-H. Filipp (Hrsg.), *Kritische Lebensereignisse* (3., erw. Aufl.) (S. 139-153). München: Psychologie Verlags Union.
Fitzgerald, L.F. (1991). Behandlung von Opfern sexueller Gewalt: Ein integrativer Ansatz. *Praxis der Klinischen Verhaltensmedizin und Rehabilitation, 14,* 125-137.
Flick, U. (1989). *Vertrauen, Verwalten, Einweisen: subjektive Vertrauenstheorien in sozialpsychiatrischer Beratung.* Wiesbaden: Deutscher Universitäts-Verlag.
Flick, U. (1991). Alltagswissen über Gesundheit und Krankheit. In U. Flick (Hrsg.), *Alltagswissen über Gesundheit und Krankheit: subjektive Theorien und soziale Repräsentationen* (S. 9-27). Heidelberg: Roland Asanger.
Flick, U., Kardoff, E. von, Keupp, H., Rosenstiel, L. von & Wolff, S. (Hrsg.). (1995). *Handbuch qualitative Sozialforschung: Grundlagen, Konzepte, Methoden und Anwendungen* (2. Aufl.). München: Beltz.
Forman, B.D. (1980). Psychotherapy with rape victims. *Psychotherapy: Theory, Research and Practice, 17,* 304-311.
Forman, B.D. (1983). Assessing the impact of rape and its significance in psychotherapy. *Psychotherapy: Theory, Research and Practice, 20* (4), 515-519.
Foa, E.B. & Kozak, M.J. (1986). Emotional processing of fear: Exposure to corrective informations. *Psychological Bulletin, 99,* 20-35.
Foucault, M. (1977). *Sexualität und Wahrheit; Bd. 1: Der Wille zum Wissen.* Frankfurt a.M.: Suhrkamp.
Foy, D.W., Osato, S.S., Houskamp, B.M. & Neuman, D.A. (1995). Ätiologie der posttraumatischen Belastungsstörung. In P. Saigh (Hrsg.), *Posttraumatische Belastungsstörung* (S. 39-63). Bern: Huber.
Frauennotruf München (Hrsg.). (1996). *Jahresbericht 1996.* München: Frauennotruf.
Frazier, P.A. (1990). Victim attributions and post-rape trauma. *Journal of Personality and Social Psychology, 59* (2), 298-304.

Frazier, P.A. & Haney, B. (1996). Sexual Assault in the Legal System: Police, Prosecutor, and Victim Perspectives. *Law and Human Behavior*, 20 (6), 607-628.
Freetly, A.J.H. & Kane, E.W. (1995). Men's and Women's Perceptions of Non-Consensual Sexual Intercourse. *Sex Roles*, 33, 785-802.
Frie, M. (1996). Gegenwehr bei sexueller Gewalt. In Polizei Hamburg und Senatsamt für Gleichstellung (Hrsg.), *Fachinformation Gewalt gegen Frauen und Mädchen: Selbstverteidigung/Selbstbehauptung* (S. 97-103) Hamburg: Landeskriminalamt.
Fröschl, E. & Löw, S. (1992). *Ursachen und Folgen von Gewaltanwendungen gegenüber Frauen und Kindern*. Wien: o.A.
Gayford, J.J. (1975). Wife battering: A preliminary survey of 100 cases. *British Medical Journal*, 1, 194-197.
Geisel, B. (1997). *Klasse, Geschlecht und Recht: vergleichende sozialhistorische Untersuchung der Rechtsberatungspraxis von Frauen- und Arbeiterbewegung* (1894-1933). Baden-Baden: Nomos.
Geisel, K. (1995). *„Die Schöne und das Biest": wie die Tagespresse über Vergewaltigung berichtet*. Münster: Lit.
Gelles, R.J. & Straus, M.A. (1988). *Intimate violence: the causes and consequences of abuse in the American familiy*. New York: Simon and Schuster.
Gerdes, E.P., Dammann, E.J. & Heilig, K.E. (1988). Perceptions of Rape Victims and Assailants: Effects of Physical Attractiveness, Acquaintance and Subject Gender. *Sex Roles*, 19, 3/4, 141-153.
Gerhard, U. (1990). *Gleichheit ohne Angleichung: Frauen im Recht*. München: Beck.
Gerhard, U. (Hrsg.). (1997). *Frauen in der Geschichte des Rechts: von der Frühen Neuzeit bis zu Gegenwart*. München: Beck.
Gerhardt, U. (1979). Coping and social action: Theoretical reconstruction of the life-event approach. *Sociology of Health and Illness*, 1 (2), 195-225.
Gerhardt, U. (1986). *Patientenkarrieren. Eine medizinsoziologische Studie*. Frankfurt a.M.: Suhrkamp.
Gershenson, H.P., Musick, J.S., Ruch-Ross, H.S., Magee, V., Rubino, K.K. & Rosenberg, D. (1989). The Prevalence of Coercive Sexual Experience Among Teenage Mothers. *Journal of Interpersonal Violence*, 4 (2), 204-219.
Gieseke, H., Schlupp, M. & Schwarz, N. (1985). Schuldzuschreibung nach Vergewaltigung - Traditionelle Geschlechterrollenorientierung und die Akzeptanz von Vergewaltigungsmythen. In A. Schorr (Hrsg.), *Bericht über den 13. Kongreß für angewandte Psychologie* (13, 1985, Bonn) (S. 288-291). Bonn: Deutscher Psychologen Verlag.
Gilbert, N. (1992). Realities and Mythologies of Rape. *Society*, 29 (4), 4-10.
Giles-Sims, J. (1983). *Wife-beating: A systems theory approach*. New York: Guildford Press.
Gilligan, C., Ward, J.V. & Taylor, J.M. (Eds.). (1990). *Making connections: The relational worlds of adolescent girls at Emma Willard School*. Cambridge, MA: Harvard University Press.
Glaser, B.G. & Strauss, A.L. (1967). *The discovery of grounded theory: Strategies for qualitative research*. Chicago: Aldine.
Glogauer, W. (1998). Täter imitieren Pornos. *Emma*, 5, S. 88-93.

Godenzi, A. (1989). *Bieder, brutal - Frauen und Männer sprechen über sexuelle Gewalt*. Zürich: Unionsverlag.
Godenzi, A. (1991). Kosten und Nutzen geschlechtsspezifischer Handlungsmuster. *Bulletin der schweizer Psychologen, 12* (5), 7-12.
Godenzi, A. (1994). Gewalt gegen Frauen in den Medien. Delegationsbericht des eidg. Büros für die Gleichstellung von Frau und Mann - eine Interventionsagenda. *Widerspruch, 28,* 114-122.
Godenzi, A. (1996). *Gewalt im sozialen Nahraum* (3., erw. Aufl.). Basel: Helbing & Lichtenhahn.
Godenzi, A. & Yodanis, C. (1998). *Erster Bericht zu den ökonomischen Kosten der Gewalt gegen Frauen*. Freiburg/Schweiz: Universität Freiburg
Gondolf, E.W. & Fischer, E.R. (1988). *Battered women as survivors: An alternative to treating learned helplessness*. Lexington, MA: Lexington Books.
Goodchilds, J. & Zellmann, G. (1984). Sexual signaling and sexual aggression in adolescent relationships. In N.M. Malamuth & E. Donnerstein (Eds.), *Pornography and sexual Aggression* (pp. 233-243). Orlando, FL: Academic Press.
Goodchilds, J., Zellmann, G., Johnson, P.B. & Giarrusso, R. (1988). Adolescents and their perceptions of sexual interactions. In A.W. Burgess (Ed.), *Rape and Sexual Assault* (Vol. 2, pp. 245-270). New York: Garland.
Gordon, M.T. & Riger, S. (1989). *The female fear*. New York: Free Press.
Graham, V.M. (1986). SOS für geschlagene Frauen (SOS Femmes Battues) in Marseille, Frankreich. In J. Heinrichs (Hrsg.), *Vergewaltigung: die Opfer und die Täter* (S. 152-159). Braunschweig: Holtzmeyer.
Granö, M. & Hedlund E. (1986). Das Zentrum für die Opfer von Vergewaltigungen der RFSU-Beratungsstelle (Schweden). In J. Heinrichs (Hrsg.), *Vergewaltigung: die Opfer und die Täter* (S. 135-151). Braunschweig: Holtzmeyer.
Green, A. (1993). Childhood sexual and physical abuse. In J.P. Wilson & B. Raphael (Eds.), *International handbook of traumatic stress syndroms* (pp. 577-592). New York: Plenum Press.
Gregor, R. (1987). Strafzumessung bei Vergewaltigung. *Monatsschrift für Kriminologie und Strafrechtsreform, 70* (5), 261-277.
Greuel, L. (1993). *Polizeiliche Vernehmung vergewaltigter Frauen*. Weinheim: Psychologie Verlags Union.
Greuel, L. & Scholz, B. (1990). Deliktspezifische Kenntnisse und Einstellungen als Psychologische Bedingungen des Urteilsverhaltens in Vergewaltigungsfällen. *Monatsschrift für Kriminologie und Strafrechtsreform, 73* (3), 177-183
Greuel, L. & Scholz, B. (1991). Einstellungsstrukturen bei der polizeilichen Vernehmung von vergewaltigten Frauen. In R. Egg (Hrsg.), *Brennpunkte der Rechtspsychologie* (S. 55-65). Bonn: Forum.
Greve, W. (1997). Perspektiven für eine ökonomische Taxonomie von Bewältigungsformen. In C. Tesch-Römer, C. Salewski & G. Schwarz (Hrsg.), *Psychologie der Bewältigung* (S. 18-41). Weinheim: Beltz.
Griffin, S. (1979). *Rape: the power of consciousness*. New York: Harper & Row.
Groeben, N. (1988). Bewertung subjektiver Rationalität. In N. Groeben, D. Wahl, J. Schlee, & B. Scheele (Hrsg.), *Forschungsprogramm Subjektive*

Theorien - Eine Einführung in die Psychologie des reflexiven Subjekts (S. 97). Tübingen: Francke.

Groeben, N. & Scheele, B. (1977). *Argumente für eine Psychologie des reflexiven Subjekt*. Darmstadt: Steinkopf.

Groeben, N., Wahl, D., Schlee, J. & Scheele, B. (1988). *Forschungsprogramm Subjektive Theorien: eine Einführung in die Psychologie des reflexiven Subjekts*. Tübingen: Francke.

Groth, A.N. (1979). *Men who rape. The psychology of the offender*. New York: Plenum Press.

Groth, A.N. & Hobson, W.F. (1986). Die Dynamik sexueller Gewalt. In J. Heinrichs (Hrsg.), *Vergewaltigung: die Opfer und die Täter* (S. 87-98). Braunschweig: Holtzmeyer.

Grundgesetz (1996). *Grundgesetz* (33., neubearb. Aufl.). München: Deutscher Taschenbuch Verlag.

Haffner, S. (Hrsg.). (1976). *Frauenhäuser: Gewalt in der Ehe und was Frauen dagegen tun*. Berlin: Klaus Wagenbach.

Hagemann-White, C. (1988). Gleiches Recht auf körperliche Unversehrtheit? In U. Gerhard & J. Limbach (Hrsg.), *Rechtsalltag von Frauen* (S. 91-102). Frankfurt a.M.: Suhrkamp.

Hagemann-White, C. (1992). *Strategien gegen Gewalt im Geschlechterverhältnis: Bestandsanalyse und Perspektiven*. Pfaffenweiler: Centaurus.

Hagemann-White, C. (1995). Gewalt ohne Ende? Feministische Wege zum Ausbruch. In Der Paritätische Wohlfahrtsverband (Hrsg.), *Gewalt ohne Ende ... - welche Perspektiven gibt es aus feministischer Sicht?* (Dokumentation der Fachtagung vom 23.11.1994) (S. 24-34). Frankfurt a.M.: DPWV.

Hagemann-White, C. & Gardlo, S. (1997). Konflikte und Gewalt in der Familie. *Zeitschrift für Frauenforschung, 3*, 73-96.

Hagemann-White, C., Kavemann, B., Kootz, J., Weinmann, U. & Wildt, C. C. (1981). *Hilfen für mißhandelte Frauen. Abschlußbericht der wissenschaftlichen Begleitung des Modellprojekts Frauenhaus Berlin* (Schriftenreihe des Bundesministers für Jugend, Familie und Gesundheit, Bd 124). Stuttgart: Kohlhammer.

Harney, P.A. & Muehlenhard, C. (1991). Factors, That Increase the Likelihood of Victimization. In A. Parrot & L. Bechhofer (Eds.), *Acquaintance rape: the hidden crime* (pp. 159-175). New York: Wiley.

Harris, C.J. (1991). A family crisis-intervention model for the treatment of post-traumatic stress reaction. *Journal of Traumatic Stress, 4*, 195-207.

Hartwig, L. (1990). *Sxuelle Gewalterfahrungen von Mädchen: Konfliktlagen und Konzepte mädchenorientierter Heimerziehung*. Weinheim und München: Juventa.

Hassemer, W. (1990). *Einführung in die Grundlagen des Strafrechts* (2. Aufl.) (Schriftenreihe der Juristischen Schulung, H. 77). München: Beck.

Hauser, K. (1988). Vom Mit-Opfer zur Selbst-Täterin? Die Geschichte eines einfachen Gedankens, der schwer zu denken ist und also schwer zu praktizieren. In F. Haug & K. Hauser (Hrsg.), *Küche und Staat: Politik der Frauen* (S. 40-64). Hamburg: Argument.

Hautzinger, M. (1990). *Selbstgesteuerte Überwindung von Depressivität und Prävention psychischer Beeinträchtigungen* (Beiträge zur Verhaltensmedizin; Bd. 1). Regensburg: Roderer.

Heath, L. & Davidson, L. (1988). Dealing with the threat of rape: Reactance or learnded helplessness. *Journal of Apllied Social Psychology, 18*, 1334-1351.
Hedlund, E. & Eklund, I.-B. (1986). Emotionale Probleme der Beraterinnen bei der Konfrontation mit sexueller Gewalt. In J. Heinrichs (Hrsg.), *Vergewaltigung: die Opfer und die Täter* (S. 62-64). Braunschweig: Holtzmeyer.
Hedlund, E. & Granö, M. (1986a). Jugendliche als Vergewaltigungsopfer. In J. Heinrichs (Hrsg.), *Vergewaltigung: die Opfer und die Täter* (S. 52-57). Braunschweig: Holtzmeyer.
Hedlund, E. & Granö, M. (1986b). Die Partner des Vergewaltigungsopfers: Eine Perspektive in der Beratung. In J. Heinrichs (Hrsg.), *Vergewaltigung: die Opfer und die Täter* (S. 52-61). Braunschweig: Holtzmeyer.
Heiliger, A. & Engelfried, C. (1995). *Sexuelle Gewalt: männliche Sozialisation und potentielle Täterschaft.* Frankfurt a.M.: Campus.
Heiliger, A. & Hoffmann, S. (Hrsg.). (1998). *Aktiv gegen Männergewalt: Kampagnen und Maßnahmen gegen Gewalt an Frauen international.* München: Frauenoffensive.
Heine-Wiedenmann, D. & Ackermann, L. (1992). *Umfeld und Ausmaß des Menschenhandels mit ausländischen Mädchen und Frauen* (Schriftenreihe des Bundesministers für Frauen und Jugend; Bd. 8). Stuttgart: Kohlhammer.
Heise, L.L. (1994). Gender-based violence and women's reproductive health. *International Journal of Gynecology & Obstetrics, 46*, 221-229.
Helfferich, C., Hendel-Kramer, A., Bauer, S. & Tov, E. (1994). *Bekanntheit der Anlaufstelle für vergewaltigte Frauen und sexuelle Viktimisierung in Freiburg - eine Befragung Freiburger Bürgerinnen.* Freiburg: Abt. für Medizinische Soziologie.
Helfferich, C. & Hendel-Kramer (1996). *Hilfen für vergewaltigte Frauen. Theoretische Konzepte und Praktische Hilfen.* (Dokumentation der Arbeitstagung im Januar 1995, Staufen bei Freiburg). Freiburg: Freiburger Institut für Gesundheitswissenschaften (FfGW).
Helfferich, C., Hendel-Kramer, A., Tov, E. & von Troschke, J. (1997). *Anlaufstelle für vergewaltigte Frauen: Abschlußbericht der wissenschaftlichen Begleitforschung.* (Schriftenreihe des Bundesministeriums für Familie, Senioren, Frauen und Jugend; Bd. 146). Stuttgart: Kohlhammer.
Hensch, T. & Teckentrup, G. (Hrsg.). (1993). *Schreie lautlos - Mißbraucht in Therapien.* Freiburg: Kore.
Herbert, T.B. & Dunkler-Schetter, C. (1992). Negative social reactions to victims: An overwiew of responses and their determinants. In L. Montada, S.-H. Filipp & M.J. Lerner (Eds.), *Life crises and experiences of loss in adulthood* (pp. 497-518). Hillsdale, NJ: Erlbaum.
Hermann, C. (1988). Die Rolle von Attributionen im Bewältigungsgeschehen. In L. Brüderl (Hrsg.), *Theorien und Methoden der Bewältigungsforschung* (S. 88-106). Weinheim und München: Juventa.
Hermann, D. & Streng, F. (1991). Die Bewältigung des Traumas. Zum Stellenwert spezifischer Opferstrategien im Viktimisierungsprozeß. *Bewährungshilfe, 38* (1), 5-21.
Herman, J.L. (1993). *Die Narben der Gewalt: traumatische Erfahrungen verstehen und überwinden.* München: Kindler.
Heyder-Schmidt, B. (1990). Lust auf Leidenschaft im Bus. Taschenheftromane: Pornographie für Mädchen und Frauen. In F. Herrath & U. Sielert (Hrsg.),

Jugendsexualität. Zwischen Lust und Gewalt (S. 193-201). Wuppertal: Peter Hammer.
Heyne, C. (1991). *Tatort Couch: sexueller Mißbrauch in der Therapie; Ursachen, Fakten, Folgen und Möglichkeiten der Verarbeitung*. Zürich: Kreuz.
Heyne, C. (1993). *Täterinnen: offene und versteckte Aggressionen von Frauen*. Zürich: Kreuz.
Heyne, C. (1994). Verführung, Manipulation, Rechtfertigung - Konstanten im Verhalten sexuell mißbrauchender Therapeuten? In K.M. Bachmann (Hrsg.), *Sexueller Mißbrauch in Psychotherapie und Psychiatrie* (S. 105-121). Bern: Huber.
Heyne, C. (1995). Grenzverletzungen in Therapie und Beratung: Typische Abläufe im Spannungsfeld von Machtmißbrauch und Manipulation. In U. Sonntag & Arbeitsgruppe Frauen gegen Sexuelle Übergriffe und Machtmißbrauch in Therapie und Beratung (Hrsg.), *Übergriffe und Machtmißbrauch in psychosozialen Arbeitsfeldern* (S. 55-76). Tübingen: dgvt.
Hiekel, A. & Endres, J. (1997a). Sexuelle Uebergriffe gegen Frauen (1) Können Frauen sich vor Vergewaltigung schuetzen? *Kriminalistik, 51* (10), 627-633.
Hiekel, A. & Endres, J. (1997b). Sexuelle Uebergriffe gegen Frauen (2) Wirkungskontrolle von polizeilichen Selbstbehauptungskursen: Ansätze zur Qualitätssicherung. *Kriminalistik, 51* (11), 705-711.
Higgs, D.C., Canavan, M.M. & Meyer, W.J. (1992). Moving from Defense to Offense: The Development of an Adolescent Female Sex Offender. *The Journal of Sex Research, 29* (1), 131-139.
Hilberman, E. & Munson, K. (1978). Sixty battered women. *Victimology, 2*, 460-470.
Höfer, R. (1993). *Die Hiobsbotschaft C. G. Jungs: Folgen sexuellen Mißbrauchs*. Lüneburg: zu Klampen.
Hoff, E.-H. (1989). Datenerhebung als Kommunikation. In G. Jüttemann (Hrsg.), *Qualitative Forschung in der Psychologie: Grundfragen, Verfahrensweisen, Anwendungsfelder* (S. 161-186). Heidelberg: Asanger.
Hoffmann-Axthelm, D. (Hrsg.). (1992). *Verführung in Kindheit und Psychotherapie*. Oldenburg: Transform.
Holzbecher, M. (1996). Sexuelle Grenzüberschreitungen in der Therapie - Macht und Abwehr im gesellschaftlichen Umgang mit sexueller Gewalt. *GwG-Zeitschrift, 103*, 9-25.
Holzbecher, M., Braszeit, A., Müller U. & Plogstedt, S. (1991). *Sexuelle Belästigung am Arbeitsplatz* (Schriftenreihe des Bundesministers für Jugend, Familie, Frauen und Gesundheit; Bd. 260). Stuttgart: Kohlhammer.
Holmes, K.A. (1984). Working for and with rape victims: Crisis intervention and advocacy. In I.R. Stuart & J.G. Greer (Eds.), *Victims of sexual aggression: Treatment of children, women, and men* (pp. 18-35). New York: Van Nostrand Reinhold Company.
Holtzworth-Munroe, A. (1992). Attributions and Maritally Violent Men: The Role of Cognitions in Marital Violence. In J.J. Weber, T.L. Orbach & A.L. Weber (Eds.), *Attributions, Accounts, and Close Relationships* (pp. 165-175). New York: Springer.
Horowitz, M.J. (1976). *Stress response syndromes*. New York: Jason Aronson.

House, J.S. (1981). *Work stress and social support*. Reading, Mass.: Addison-Wesley.
House, J.S., Umberson, D. & Landis, K.R. (1988). Structures and processes of social support. *Annual Review of Sociology, 14*, 293-318.
Huber, M. (1998). Das Trauma und seine Folgen. In Wildwasser Würzburg e.V. (Hrsg.), *Das Trauma und seine Folgen: sexueller Mißbrauch zwischen Verharmlosung und Aktionismus.* (Dokumentation der Fachtagung vom 03. - 05.10.1996) (S. 23-49). Würzburg: Wildwasser Würzburg e.V.
Janoff-Bullman, R. (1979). Characterological versus behavioral self-blame. Inquires into depression and rape. *Journal of Personality and Social Psychology, 37*, 1798-1809.
Janoff-Bullman, R. (1982). Esteem and control bases of blame: ‚Adaptive' strategies for victims versus observers. *Journal of Personality, 50*, 180-192.
Janoff-Bullman, R. (1992). *Shattered assumptions: towards a new psychology of trauma*. New York: The free press.
Jenkins, M.J. & Dambrot, D. (1987). The attribution of date rape: Observer's attitudes and sexual experiences and the dating situation. *Journal of Apllied Psychology, 17*, 875-895.
Jerusalem. M. (1997). Grenzen der Bewältigung. In C. Tesch-Römer, C. Salewski & G. Schwarz (Hrsg.), *Psychologie der Bewältigung* (S. 272-294). Weinheim: Beltz.
Jeschek, H.-H. (1998). Einführung. In *Strafgesetzbuch* (31. Aufl., S. IX-XXXIV). München: Deutscher Taschenbuch Verlag.
Johnson, J.D. & Jackson, L.A. (1988). Assessing the Effects of Factors that Might Underlie the Differential Perception of Acquaintance and Stranger Rape. *Sex Roles, 19* (1/2), 37-45.
Jüttemann, G. (Hrsg.). (1989). *Qualitative Forschung in der Psychologie: Grundfragen, Verfahrensweisen, Anwendungsfelder*. Heidelberg: Asanger.
Jüttemann, G. (Hrsg.). (1990). *Komparative Kasuistik*. Heidelberg: Asanger.
Jüttemann, G. & Thomae, H. (Hrsg.). (1987). *Biographie und Psychologie*. Berlin: Springer.
Kanin, E.J. (1957). Male aggression in dating-courtship relations. *American Journal of Sociology, 63*, 197-204.
Kanin, E.J. (1985). Date rapists: Sexual socialization and relative deprivation. *Archives of Sexual Behavior, 14*, 219-231.
Kappeler, S. (1989). Vom Opfer zur Freiheitskämpferin. Gedanken zu Mittäterschaftsthese. *beiträge zur feministischen theorie und praxis, 12* (24), 25-36.
Katz, S. (1991). The Psychological Impact of Stranger versus Nonstranger Rape on Victims' Recovery. In A. Parrot & L. Bechhofer (Eds.), *Acquaintance rape: the hidden crime* (pp. 251-269). New York: Wiley.
Katz, S. & Mazur, M. (1979). *Understanding the rape victim: a synthesis of research findings*. New York: Wiley.
Kavemann, B. (1985). Sexualität - Unterdrückung statt Entfaltung. In Sachverständigenkommission Sechster Jugendbericht (Hrsg.), *Alltag und Biografie von Mädchen* (Bd. 9). Opladen: Leske und Budrich.
Kavemann, B. (1994). *Täterinnen - Frauen, die Mädchen und Jungen sexuell mißbrauchen* (Dokumentation der Tagung 22.11.93 bis 24.11.93 in Bielefeld). Köln: Landesarbeitsgemeinschaft Autonome Mädchenhäuser NRW e.V.

Kavemann, B. (1997). Gesellschaftliche Folgekosten sexualisierter Gewalt gegen Mädchen und Jungen. In B. Kavemann & Bundesverein zur Prävention von sexuellem Mißbrauch an Mädchen und Jungen (Hrsg.), *Prävention: eine Investition in die Zukunft* (S. 215-256). Ruhnmark: Donna Vita.

Kelley, L. (1988). *Surviving sexual violence.* Minneapolis: University of Minnesota Press.

Kerschbaum, B. Reinhard, M.-A. & Bohner, G. (1995). Vergewaltigungsmythen als „neutralisierende Kognitionen": Opferfeindliche Einstellungen beeinflussen die Bereitschaft, zu vergewaltigen. In O. Güntürkün, R. Guski, C. Walter & A. Wohlschläger (Hrsg.), *Experimentelle Psychologie: Beiträge zur 37. Tagung experimentell arbeitender Psychologen, Ruhr Universität Bochum, 9.-13.4.1995* (S. 186). Regensburg: Roeder.

Kersten, J. (1993). Crime and Masculinities in Australia, Germany and Japan. *International Sociology, 8* (4), 461-478.

Keupp, H. (1987). Soziale Netzwerke - Eine Metapher des gesellschaftlichen Umbruchs? In K. Keupp & B. Röhrle (Hrsg.), *Soziale Netzwerke* (S. 11-53). Frankfurt a.M.: Campus.

Kilpatrick, D.G., Best, C., Amick-McMullen, A., Saunders, B.E., Sturgis, E. & Resnik, H. (1989). *Criminal victimization, post-traumatic stress disorder and substance abuse: a Prospective study.* Washington, DC: Association for Advancement of Behavior Therapy.

Kilpatrick, D.G., Veronen, L.J., Best, C.L. (1985). Mental health correlate of criminal victimization: A randon community survey. *Journal of Consulting and Clinical Psychology, 53* (6), 866-873.

Kilpatrick, D.G., Veronen, L.J. & Resick, P.A. (1979). The aftermath of rape: Recent empirical findings. *Amererican Journal of Orthopsychiatry, 49* (4), 658-669.

Kimberly, A.D. (1997). Voluntary Exposure to Pornography and Men's Attitudes Toward Feminism and Rape. *The Journal of Sex Research, 34* (2), 131-137.

Kinzl, H. (1998). Bedeutung der Familienstruktur für die Langzeitfolgen. In G. Amann & R. Wipplinger (Hrsg.), *Sexueller Mißbrauch: Überblick zu Forschung, Beratung und Therapie; ein Handbuch* (2. Aufl.) (S. 140-148). Tübingen: dgvt.

Kirchhoff, S. (1994). *Sexueller Mißbrauch vor Gericht.* Dortmund: Leske und Budrich.

Kirkpatrick, C. & Kanin, E.J. (1957). Male sex aggression on a university campus. *American Sociological Review, 22,* 52-58.

Klauer, T. (1997). Vom allgemeinen Adaptationssyndrom zum dyadischen Coping. In C. Tesch-Römer, C. Salewski & G. Schwarz (Hrsg.), *Psychologie der Bewältigung* (S. 93-104). Weinheim: Beltz.

Klein-Schonnefeld, S. (1997). Gewalt im Alltag - erkennen und verändern. In Arbeitskreis Frauengesundheit in Medizin, Psychotherapie und Gesellschaft e.V. (Hrsg.), *Wege aus Ohnmacht und Gewalt: Frauengesundheit zwischen Menschenrechten und Grenzverletzung* (Dokumentation der 3. Jahrestagung des AKF 9.-10.11.1996 in Bad Pyrmont) (S. 17-43). Bünde: AKF.

Kluge, N. & Osthoff, R. (1998). Sexualität und Kontrazeption aus der Sicht der Jugendlichen und ihrer Eltern im West-Ost-Vergleich. In Bundeszentrale für gesundheitliche Aufklärung (Hrsg.), *Sexualität und Kontrazeption aus der*

Sicht der Jugendlichen und ihrer Eltern. Eine repräsentative Studie im Auftrag der BZgA (Forschung und Praxis der Sexualaufklärung und Familienplanung Bd. 8) (S. 113-211). Köln: BZgA.

Köllner, A. & Leutner, B. (1994). *Gewalt gegen Frauen und Mädchen: Maßnahmen der Städte* (Reihe L, DST-Beiträge zur Frauenpolitik, Heft 1). Köln: Deutscher Städtetag.

Körner, B. (1992). *Das soziale Machtgefälle zwischen Mann und Frau als gesellschaftlicher Hintergrund der Kriminalisierung: Darstellung an Hand der Strafgesetzgebung und höchstrichterlicher Rechtsprechung zu den vorsätzlichen Tötungsdelikten einschließlich der Kindstötung* (Neue kriminologischen Studien; Bd. 10). München: Fink.

Kohlmann, C.-W. (1997). Streßbewältigung, Ressourcen und Persönlichkeit. In C. Tesch-Römer, C. Salewski & G. Schwarz (Hrsg.), *Psychologie der Bewältigung* (S. 209-220). Weinheim: Beltz.

Koss, M.P. (1985). The hidden rape victims: Personallity, attitudinal, and situational characteristics. *Psychology of Women Quarterly, 9*, 193-212.

Koss, M.P. (1988). Hidden rape: Sexual Aggression and Victimization in a National Sample of Students in Higher Education. In A.W. Burgess (Ed.), *Rape and sexual assault* (Vol. 2, pp. 3-25). New York: Garlans.

Koss, M.P. (1996). The measurement of rape victimization in crime surveys. *Criminal Justice and Behavior, 23* (19), 55-69.

Koss, M.P. & Dinero, T.E. (1988). Predictors of sexual aggression among an national sample of male college students. *Annals of the New York Academy of Sciences, 528*, 133-147.

Koss, M.P. & Dinero, T.E. (1989). Discriminant analysis of risk factors for sexual victimization among a national sample of college women. *Journal of Consulting and Clinical Psychology, 57*, 242-250.

Koss, M.P., Gidycz, C.A. & Wisniewski, N. (1987). The scope of rape: Incidence and prevalence of sexual aggression and victimization in a national sample of higher educations students. *Journal of Consulting and Clinical Psychology, 55*, 162-170.

Koss, M.P., Leonard, K.E., Beezley, D.A. & Oros, C.J. (1985). Nonstranger sexual aggression: A discrimination analysis of the psychological characteristics of undetected offenders. *Sex roles, 12*, 981-992.

Koss, M.P. & Oros, C.J. (1982). Sexual experiences survey: A research instrument investigating sexual aggression and victimization. *Journal of Consulting and Clinical Psychology, 50*, 455-457.

Krahé, B. (1985a). Die Zuschreibung von Verantwortlichkeit nach Vergewaltigungen: Opfer und Täter im Dickicht der attributionstheoretischen Forschung. *Psychologische Rundschau, 36* (2), 67-82.

Krahé, B. (1985b). Verantwortungszuschreibungen in der sozialen Eindrucksbildung über Vergewaltigungsopfer und -täter. Zur Replikation einiger amerikanischer Ergebnisse an einer deutschen Stichprobe. *Gruppendynamik, 16* (2), 169-178.

Krahé, B. (1988). Victim and observer characteristics as determinants of responsibility attributions to victims of rape. *Journal of Applied Social Psychology, 18*, 50-58.

Krahé, B. (1989). Vergewaltigung: Eine sozialpsychologische Analyse. *Gruppendynamik, 20* (1), 95-108.

Krahé, B. (1991). Police officers' definitions of rape: A prototype study. *Journal of Community and Applied Social Psychology, 1*, 223-244.
Krahé, B. (1998). Sexual aggression among adolescents: Prevalence and predictors in a German sample. *Psychology of Women Quaterly, 22* (4), 537-554.
Krahé, B., Scheinberger-Olwig, R. & Waizenhöfer, E. (1999). Sexuelle Aggression zwischen Jugendlichen: eine Prävalenzerhebung mit Ost-West-Vergleich. *Zeitschrift für Sozialpsychologie, 30* (2/3), 165-178.
Krahé, B., Scheinberger-Olwig, R., Waizenhöfer, E. & Kolpin, S. (1999). Childhood sexual abuse and revictimization in adolescence. *Child Abuse & Neglect, 23* (4), 383-394.
Kretschmann, U. (1993). *Das Vergewaltigungstrauma: Krisenintervention und Therapie mit vergewaltigten Frauen*. Münster: Westfälisches Dampfboot.
Krohne, H.W. (1990). Streß und Streßbewältigung. In R. Schwarzer (Hrsg.), *Gesundheitspsychologie* (S. 263-277). Göttingen: Hogrefe.
Krohne, H.W. (1996). *Angst und Angstbewältigung*. Stuttgart: Kohlhammer.
Kroll, C. (1992). *Vergewaltigungsprozesse: die gegenwärtige Situation der Opfer von sexueller Gewalt im Gerichtsverfahren und Möglichkeiten der Verbesserung*. Kiel: Notruf und Beratung für vergewaltigte Frauen e.V.
Kromrey, H. (1986). *Empirische Sozialforschung: Modelle und Methoden der Datenauswertung* (3. überarb. Aufl.). Opladen: Leske und Budrich.
Krutzenbichler, S. (1995). Sexueller Mißbrauch als Thema der Psychoanalyse und sexueller Mißbrauch in Psychoanalysen. Eine historische Betrachtung. In S. Düring & M. Hauch (Hrsg.), *Heterosexuelle Verhältnisse* (S. 101-111). Stuttgart: Enke.
Kunczik, M. & Blech, W. (1995). *Kriminalitätsopfer in der Zeitungsberichterstattung: Folgen der Berichterstattung aus der Perspektive der Opfer*. Mainz: Weisser Ring.
Kurowski, L. (1993). *Was kostet uns die Männergewalt? Rechtliche Untersuchung zur Lage von Frauen in Gewaltverhältnissen unter besonderer Berücksichtigung der Wohnsituation*. München: Gleichstellungsstelle der Landeshauptstadt München.
Lange, C. (1998). *Sexuelle Gewalt gegen Mädchen: Ergebnisse einer Studie zur Jugendsexualität* (Beiträge zur Sexualforschung; Bd. 75). Stuttgart: Enke.
Langer, E.J. (1975). The illusion of control. *Journal of Personality and Social Psychology, 32*, 311-328.
Lansen, J. (1996). Was tut „es" mit uns? In S. Graessner, N. Gurris & C. Pross (Hrsg.), *Folter: an der Seite der Überlebenden; Unterstützung und Therapie* (S. 253-270). München: Beck.
Lau, S., Boss, S., & Stender, U. (1979). *Aggressionsopfer Frau: körperliche und seelische Mißhandlungen in der Ehe; Empirische Untersuchungen*. Reinbek bei Hamburg: Rowohlt.
Laubach, B. (1991). Chronik eines Skandals. Der Vergewaltigungsparagraph. In D. Janshen (Hrsg.), *Sexuelle Gewalt: die allgegenwärtige Menschenrechtsverletzung* (S. 397-415). Frankfurt a.M.: Zweitausendeins.
Laucken, U. (1974). *Naive Verhaltenstheorie*. Stuttgart: Klett.
Laux, L. & Schütz, A. (1996). *Streßbewältigung und Wohlbefinden in der Familie* (Schriftenreihe des Bundesministers für Familie, Senioren, Frauen und Jugend; Bd. 108). Stuttgart: Kohlhammer.

Laux, L. & Weber, H. (1990). Bewältigung von Emotionen. In K.R. Scherer (Hrsg.), *Psychologie der Emotion* (Enzyklopädie der Psychologie, Themenbereich C, Serie IV; Bd. 3) (S. 560-629). Göttingen: Hogrefe.
Lazarus, R.S. (1991). *Emotion und Adaption*. London: Oxford University Press.
Lazarus, R.S. (1995). Streß und Streßbewältigung - ein Paradigma. In S.-H. Filipp (Hrsg.), *Kritische Lebensereignisse* (3., erw. Aufl.) (S. 198-232). München: Psychologie Verlags Union.
Lazarus, R.S. & Folkman, S. (1984). *Stress, appraisal and coping*. New York: Springer.
Lazarus, R.S. & Launier, R. (1978). Stress-related transactions between person and enviroment. In L.R. Pervin & M. Lewis (Eds.), *Perspectives in interactional psychology* (pp. 287-327). New York: Plenum.
Legewie, H. (1987). Interpretation und Validierung biographischer Daten. In G. Jüttemann & H. Thomae (Hrsg.), *Biographie und Psychologie* (S. 138-150). Berlin: Springer.
Lehmann, U. (1991). Sexueller Mißbrauch als Gesundheitsrisiko für Frauen. Möglichkeiten und Grenzen der Prävention. In I. Stahr, S. Jungk & E. Schulz (Hrsg.), *Frauengesundheitsbildung: Grundlagen und Konzepte*. Weinheim und München: Juventa.
Lehr, U. (1991). *Alltagspsychologie: Aufgaben, Methoden, Ergebnisse*. Darmstadt: Wissenschaftliche Buchgesellschaft.
Lenox, M. C. & Gannon, L.R. (1983). Psychological consequences of rape and variables influencing recovery: A review. *Women and Therapy, 2* (1), 37-49.
Leppin, A. (1997). Streßeinschätzung, Copingverhalten und Copingerfolg: Welche Rolle spielen Ressourcen? In C. Tesch-Römer, C. Salewski & G. Schwarz (Hrsg.), *Psychologie der Bewältigung* (S. 196-208). Weinheim: Beltz.
Lerner, M.J. (1980). *The belief in a just world: a fundamental delusion*. New York: Plenum Press.
Levinson, D. (1989). *Familiy violence in cross-cultural perspective*. Beverly Hills, CA: Sage.
Libow, J. A. & Doty, D.W. (1979). An exploratory approach to self-blame and self-derogation by rape-victims. *American Journal of Orthopsychiatry, 4,* 49, 670-679.
Licht, M. (1991). *Vergewaltigungsopfer: psychosoziale Folgen und Verarbeitungsprozesse; empirische Untersuchung* (2. Aufl.) (Hamburger Studien zur Kriminologie; Bd. 3). Pfaffenweiler: Centaurus.
Lindner, S. (1992). *Tatort Ehe: zur sexuellen Gewalt in Mann-Frau-Beziehungen*. Wien: Wiener Frauenverlag.
Linz, D., Wilson, B.J. & Donnerstein, E. (1992). Sexual violence in the mass media: Legal solutions, warnings, and mitigation through education. *Journal of Social Issues, 48,* 145-171.
Lisak, D. (1991). Sexual aggression, masculinity, and fathers, *Signs, 16,* 238-262.
Lisak, D. & Roth, S. (1988). Motivational factors in nonincarcerated sexually aggressive men. *Journal of Personality an Social Psychology, 55,* 795-802.
Lösel, F. & Bender, D. (1994). Lebenstüchtig trotz schwieriger Kindheit. *Bulletin der Schweizer Psychologen, 15,* 14-18.

Loftus, E. F., Polensky S., & Fullilove, M.Z. (1994). Memories of Childhood Sexual Abuse: Remembering and Repressing, *Psychology of Women Quarterly, 18*, 67-84.

Lücht, E.-C. (1988). *Täter-Opfer-Beziehung bei Tötung durch Schusswaffen: aus der Gutachterpraxis des Instituts für Gerichtliche Medizin der Universität Tübingen* (Berichtszeit 1964-1980). Diss., Universität Tübingen.

Luginbuhl, J. & Mullin, C. (1981). Rape and responsibility: How and how much ist the victim blamed? *Sex Roles, 7*, 547-559.

Lundberg-Love, P. & Geffner, R. (1989). Date rape: Prevalence, risk factors, and a proposal model. In M.A. Pirog-Good & J.E. Stets (Eds.), *Violence in dating relationships: emerging social issues* (o.A.). New York: Praeger.

MacCombie, J.L. & Koss, M.P. (1986). Acquaintance rape: Effective avoidance strategies. *Psychology of Women Quarterly, 10*, 311-320.

Malamuth, N.M. (1981). Rape proclivity among males. *Journal of Social Issues, 37* (4), 138-157.

Malamuth, N.M. (1986). Predictors of naturalistic sexual aggression. *Journal of Personality an Social Psychology, 50*, 953-962.

Malamuth, N.M. & Dean, K.E. (1991). Attraction to sexual aggression. In A. Parrot & L. Bechhofer (Eds.), *Acquaintance rape: the hidden crime* (pp. 229-247). New York: Wiley.

Malmuth, N.M. & Donnerstein, E. (1982). The effects of aggressive-pornographic mass media stimuli. In L. Berkowitz (Ed.), *Advances in experiment social psychology, 15* (pp. 103-136). New York: Academic Press.

Malamuth, N.M., Linz, D., Heavey, C.L., Barnes, G. & Acker, M. (1995). Using the confluence model sexual aggression to predict men's conflict with women: A 10-year follow-up study. *Journal of Personality and Social Psychology, 69*, 353-369.

Mandoki, C.A. & Burkhart, B.R. (1989). Sexual victimization: Is there a vixious cycle. *Violence and Victims, 4*, 179-190.

Mandoki, C.A. & Burkhart, B.R. (1991). Women as Victims: Antecedents and Consequences of Acquaintance Rape. In A. Parrot & L. Bechhofer (Eds.), *Acquaintance rape: the hidden crime* (pp. 176-191). New York: Wiley.

Marth, D., Helf, M., Schloth, S. & Seidel, M. (1995). *Lehrgangskonzeption für die Polizei zum Thema „Männliche Gewalt gegen Frauen"*. Bonn: Bundesministerium für Familie, Senioren, Frauen und Jugend.

Martin , D. (1976). *Battered wifes*. San Francisco: Glide.

Mayring, P. (1990). *Einführung in die qualitative Sozialforschung*. München: Psychologie Verlags Union.

McCahill, T.W., Meyer, L.C. & Fischman, A.M. (1979). *The aftermath of rape*. Lexington-Toronto: Heath.

McCann, I.L. & Pearlman, L. (1990). Vicarious traumatization. *Journal of traumatic stress, 3*, 131-149.

McCann, I.L., Sakheim, D.K. & Abrahamson, D.J. (1988). Trauma und victimization: A model of psychological adaption. *The Counseling Psychologist, 16*, 531-594.

McWhinnie, A. (1993). *Children of Incest: Whose secret is it?* London: British Agencies for adoption and fostering.

Medica mondiale e.V., Fröse, M.W. & Volpp-Teuscher, I. (Hrsg.). (1999). *Krieg, Geschlecht und Traumatisierung: Erfahrungen und Reflexionen in* der Arbeit mit traumatisierten Frauen in Kriegs- und Krisengebieten. Frankfurt a.M.: Verlag für Interkulturelle Kommunikation.

Meuser, M. & Nagel, U. (1991). ExpertInneninterviews - vielfach erprobt, wenig beachtet. Ein Beitrag zur qualitativen Methodendiskussion. In D. Garz & K. Kraimer (Hrsg.), *Qualitativ-empirische Sozialforschung: Konzepte, Methoden, Analysen* (S. 441-471). Opladen: Westdeutscher Verlag.

Meyer, C.B. & Taylor, S.E. (1986). Adjustment to rape. *Journal of Personality and Social Psychology, 50,* 1226-1234.

Michaelis-Arntzen, E. (1994). *Die Vergewaltigung aus kriminologischer, viktimologischer und aussagepsychologischer Sicht* (2. Aufl.). München: Beck.

Miller, B. & Marshall, J.C. (1987). Coercive sex on the university campus. *Journal of College Student Personnel, January,* 38-47.

Miller, W.R. & Williams, A.M. (1984). Marital and sexual dysfunction following rape: Identification and treatment. In I.R. Stuart & J.G. Greer (Eds.), *Victims of sexual aggression: Treatment of children, women, and men* (pp. 197-211). New York: Van Nostrand Reinhold Company.

Ministerium für Kultus, Jugend und Sport Baden Württemberg (Hrsg.). (1999). *Sexueller Mißbrauch an Mädchen und Jungen: Eine Handreichung zur Prävention und Intervention für Schulen.* Stuttgart.

Minssen, A. & Müller, U. (1997). *Wann wird ein Mann zum Täter?* Leverkusen: Leske und Budrich.

Möller, K. (1997). Männlichkeit und männliche Sozialisation. Empirische Befunde und theoretische Erklärungsansätze. In K. Möller (Hrsg.), *Nur Macher und Macho? Geschlechtsreflektierende Jungen- und Männerarbeit* (S. 23-60). Weinheim und München: Juventa.

Mörth, G. (1994). *Schrei nach innen: Vergewaltigung und das Leben danach.* Wien: Picus.

Mörth, G. & Vanis-Ossega, B. (1992). Ver-GEWALT-igung. Die Wunde der Frau. In L. Trallori (Hrsg.), *Beiträge zu feministischen Kritik* (S. 46-63). Wien: WUV-Universitäts Verlag.

Moscovici, S. (1981). The phenomenon of social representation. In R.M. Farr & S. Mosovici (Eds.), *Social representation* (pp. 3-69). Cambridge: o.A.

Moscovici, S. (1984). On social representation. In J.P. Forgas (Ed.), *Social cognition* (pp. 181-219). London: o.A.

Mowrer, O.H. (1956). Two-factor learning theory reconsidered, with special reference to secondary reinforcement and the concept of habit. *Psychological Reciew, 63,* 114-128.

Muehlenhard, C.L. (1988). Misinterpreting dating behaviors and the risk of date rape, *Journal of Social and Clinical Psychology, 6* (1), 20-37.

Muehlenhard, C.L. & Falcon, P.L. (1990). Men's Heterosocial Skill and Attitudes Toward Women as Predictors of Verbal Sexual Coercion and Forceful Rape. *Sex Role, 23* (5/6), 241-259.

Muehlenhard, C.L. & Hollabaugh, L.C. (1988). Do women sometimes say no when they mean yes? The prevalence and correlates of women's token resistance to sex. *Journal of personality and Social Psychology, 54,* 872-879.

Muehlenhard, C.L. & Linton, M.A. (1987). Date rape and sexual aggression in dating situations: Incidence and risk faktors. *Journal of Counseling Psychology, 34,* 186-196.

Muehlenhard, C. L., Powch, I.G., Phelps, J.L. & Giusti, L.M. (1992). Definition of Rape: Scientific and Political Implications. *Journal of Social Issues, 48* (1), 23-44.
Muehlenhard, C. L. & Schrag, J.L. (1991). Nonviolent Sexual Coercion. In A. Parrot & L. Bechhofer (Eds.), *Acquaintance rape: the hidden crime* (pp. 115-128). New York: Wiley.
Murphy, S.M., Amick-McMullan, A.E., Kilpatrick, D.G., Haskett, M.E., Veronen, L.J., Best, C.L. & Saunders, B.E. (1988). Rape vixtims' self-esteem - A longitudinal analysis. *Journal of Interpersonal Violence, 3* (4), 355-370.
Myers, M.B., Templer, D.I. & Brown, R. (1984). Coping ability of women who become victims of rape. *Journal of Consulting and Clinical Psychology, 52* (1), 73-78.
Myers, M.B., Templer, D.I. & Brown, R. (1985). Reply to Wieder on rape victims: vulnerability does not imply responsibility. *Journal of Consulting and Clinical Psychology, 53* (3), 431.
Mynatt, C.R. & Allgeier, E.R. (1990). Risk factors, self-attributions and adjustment problems among victims of sexual coercion. *Journal of Applied Social Psychology, 20,* 130-153.
Nadelson, C.C & Notman, M.T. (1984). Psychodynamics of sexual assault experiences. In I.R. Stuart & J.G. Greer (Eds.), *Victims of sexual aggression: Treatment of children, women, and men* (pp. 3-17). New York: Van Nostrand Reinhold Company.
Nadelson, C.C, Notman, M.T., Zackson, H. & Gornick, J. (1982). A follow-up study of rape. *American Journal of Psychiatry, 139,* 1266-1270.
Neal, J.C. & Mangis, M.W. (1995). Unwanted Sexual Experiences Among Christian College Women: Saying No on the Inside. *Journal of Psychology and Theology, 23* (3), 171-179.
Neubauer, E., Steinbrecher, U. & Drescher-Aldendorff, S. (1994). *Gewalt gegen Frauen: Ursachen und Interventionsmöglichkeiten; Literaturanalyse* (Schriftenreihe des Bundesministers für Jugend, Familie, Frauen und Gesundheit; Bd. 212). Stuttgart: Kohlhammer.
Nicklas, H., Ostermann, Ä. & Büttner, C. (1997). *Vaterlos, gottlos, arbeitslos - wertlos? Zum Problem der Jugendgewalt und mögliche Präventionsstrategien* (HSFK-Report, 4). Frankfurt a.M.: Hessische Stiftung Friedens- und Konfliktforschung.
Nini, M., Bentheim, A., Firle, M., Nolte, I. & Schneble, A. (1995). *Abbau von Beziehungsgewalt als Konfliktlösungsmuster: Abschlußbericht* (Schriftenreihe des Bundesministeriums für Familie, Senioren, Frauen und Jugend; Bd. 102). Stuttgart: Kohlhammer.
Nuscheler, F & Klingebiel, R. (1991). *Bericht über die internationale Folterforschung* (INEF Report, 1). Duisburg: Universität Duisburg, Institut für Entwicklung und Frieden.
O'Brien, J.E. (1971). Violence in divorce prone families. *Journal of Marriage and the Family, 33,* 692-698.
Oberlies, D. (1995). *Tötungsdelikte zwischen Männern und Frauen: eine Untersuchung geschlechtsspezifischer Unterschiede aus dem Blickwinkel gerichtlicher Rekonstruktionen.* Pfaffenweiler: Centaurus.
Ochberg, F.M. (1988). *Post-traumatic therapy and victims of violence.* New York: Brunner & Mazel.

Ohms, C. (Hrsg.). (1993). *Mehr als das Herz geborchen: Gewalt in lesbischen Beziehungen*. Berlin: Orlanda.

Olbrich, E. (1995). Normative Übergänge im menschlichen Lebenslauf: Entwicklungskrisen oder Herausforderungen? In S.-H. Filipp (Hrsg.), *Kritische Lebensereignisse* (3., erw. Aufl.) (S. 123-138). München: Psychologie Verlags Union.

Olbrich, E. (1997). Die Grenzen des Coping. In C. Tesch-Römer, C. Salewski & G. Schwarz (Hrsg.), *Psychologie der Bewältigung* (S. 230-246). Weinheim: Beltz.

Osterkamp, U. (1987). Frauen und Gewalt - Thesen zu einer nicht geführten Disskusion. In K. Hauser (Hrsg.), *Viele Orte. Überall? Feminismus in Bewegung*. Hamburg. Argument.

O'Sullivan, C.S. (1991) Acquaintance Gang Rape on Campus. In A. Parrot & L. Bechhofer (Eds.), *Acquaintance rape: the hidden crime* (pp. 140-156). New York: Wiley.

Paetow, B. (1987). *Vergewaltigung in der Ehe: eine strafvergleichende Untersuchung unter besonderer Berücksichtigung des Rechts der Vereinigten Staaten von Amerika*. Freiburg: Eigenverlag Max-Planck-Institut.

Pagelow, M.D. (1981). Secondary battering and alternatives of female victims to spouse abuse. In L.H. Bowker (Ed.), *Women and crime in America* (pp. 277-300). New York: Macmillan.

Pagelow, M.D. (1984). *Family violence*. New York: Praeger.

Pagelow, M.D. (1988). Marital rape. In V.B. van Hasselt, R.L. Morrison, A.S. Bellack & M. Hersen (Eds.), *Handbook of family violence* (pp. 207-232). New York: Plenum Press.

Pahl, E. (1995). Umgang mit Macht und Abhängigkeit in Therapie und Beratung am Beispiel des sexuellen Mißbrauchs. In U. Sonntag & Arbeitsgruppe Frauen gegen Sexuelle Übergriffe und Machtmißbrauch in Therapie und Beratung (Hrsg.), *Übergriffe und Machtmißbrauch in psychosozialen Arbeitsfeldern* (S. 77-89). Tübingen: dgvt.

Parrot, A. & Bechhofer, L. (Eds.). (1991). *Acquaintance rape: the hidden crime*. New York: Wiley.

Paul, S. (1993). Gewalt gegen Frauen. Zum Problem der Gegenwehr bei Vergewaltigung und sexueller Nötigung. *Kriminalistik, 11*, 721-724.

Perren-Klingler (1995). Menschliche Reaktionen auf traumatische Erlebnisse: Von der Therapie am Problem zur Mobilisierung von Ressourcen. In G. Perren-Klingler (Hrsg.), *Trauma: vom Schrecken des Einzelnen zu den Ressourcen der Gruppe* (S. 7-30). Stuttgart: Paul Haupt.

Petermann, F. (1992). *Psychologie des Vertrauens* (2. vollst. überarb. Aufl.). München: Quintessenz.

Peters, M. (1988). Bewältigungsforschung und Adoleszenz. In L. Brüderl (Hrsg.), *Belastende Lebenssituationen: Untersuchungen zur Bewältigungs- und Entwicklungsforschung* (S. 23-36). Weinheim und München: Juventa.

Pfaff, H. (1989). *Streßbewältigung und soziale Unterstützung: zur sozialen Regulierung individuellen Wohlbefindens*. Weinheim: Deutscher Studien Verlag.

Philgren, E.M., Gidycz, C.A. & Lynn, S.J. (1992-93). Impact of adulthood and adolescent rape experiences on subsequent sexual fantasies. *Imagination, Cognition and Personality, 12* (4), 321-339.

Pollard, P. (1992). Judgement about victims and attackers in depicted rapes: A review. *British Journal of Social Psychology, 31*, 307-326.
Pope, K.S. (1996). Sexuelle Beziehungen zwischen Therapeut und Patient: Ein Überblick über den Stand der Forschung. In K.S. Pope, J.L. Sonne & J. Holroyd, (1996), *Sexualität in der Psychotherapie* (S. 265-284). Weinheim: Psychologie Verlags Union.
Pope, K. S. & Bouhoutsos, J. C. (1992). Als hätte ich mit einem Gott geschlafen: sexuelle Beziehungen zwischen Therapeuten und Patienten. Hamburg: Hoffmann und Campe.
Pope, K.S., Sonne, J.L. & Holroyd, J. (1996). *Sexualität in der Psychotherapie.* Weinheim: Psychologie Verlags Union.
Presse- und Informationsamt der Bundesregierung (1998). Bulletin, 37.
Pross, C. (1996). „Jeder Freispruch eines Täters kostet mich zwei Wochen Schlaf." Gesellschaftliche und individuelle Bewältigung des Traumas am Beispiel der DDR. In S. Graessner, N. Gurris & C. Pross (Hrsg.), *Folter: an der Seite der Überlebenden; Unterstützung und Therapie* (S. 168-185). München: Beck.
Reddemann, L. (1998). Zur Psychotherapie von Vergewaltigungsopfern: Ein ressourcenorientierter tiefenpsychologisch fundierter Ansatz. *Psychotherapie in Psychiatrie, Psychotherapeutischer Medizin und Klinischer Psychologie, 3* (2), 146-150.
Reemtsma, J. P. (1998a). *Im Keller.* Reinbek bei Hamburg: Rowohlt.
Reemtsma, J. P. (1998b). *Das Recht des Opfers auf Bestrafung des Täters - als Problem* (Unveröffentlichter Vortrag). Köln: Kongreß Trauma und kreative Lösungen - Praktische Hilfen für Traumaopfer vom 6. - 7. März 1998.
Reinecker, H. (1994). *Grundlagen der Verhaltenstherpie* (2., überarb. Aufl.). Weinheim: Psychologie Verlags Union.
Reinhold, M. (1991). Verhaltenstherapie bei sexuellen Gewalterfahrungen. *Praxis der klinischen Verhaltensmedizin und Rahabilitation, 14*, 97-104.
Retsch, A. (1990). *Liebe, Erotik und Sexualität in der Therapie: eine anonyme Befragung von Verhaltenstherapeutinnen und Verhaltenstherapeuten.* Unveröff. Dipl.Arbeit, Institut für Psychologie, Braunschweig.
Reuband, K.-H. (1992). Objektive und subjektive Bedrohung. *Kölner Zeitschrift für Soziologie und Sozialpsychologie, 44* (2), 341--353
Richardson, D. & Campbell, J.L. (1982). Alcohol and rape: the effect of alcohol on attributions of blame for rape. *Personality and Social Psychology Bulletin, 8*, 468-476.
Richter, H. (1997). *Opfer krimineller Gewalttaten: individuelle Folgen und ihre Verarbeitung; Ergebnisse einer Untersuchung.* Mainz: Weisser Ring.
Riger, S. & Gordon, M.T. (1981). The fear of rape: A study in social control. *Journal of Social Issues, 37* (4), 71-89.
Roehl, J.E. & Gray, D. (1984). The crisis of rape: A guide to counseling victims of rape. *Crisis Intervention, 13* (2), 67-77.
Röhrle, B. (1987). Soziale Netzwerke und Unterstützung im Kontext der Psychologie. In K. Keupp & B. Röhrle (Hrsg.), *Soziale Netzwerke* (S. 54-108). Frankfurt a.M.: Campus.
Röhrle, B. (1994). *Soziale Netzwerke und soziale Unterstützung.* Weinheim: Psychologie Verlags Union.

Rothermund, K. & Brandstädter, J. (1997). Entwicklung und Bewältigung. In C. Tesch-Römer, C. Salewski & G. Schwarz (Hrsg.), *Psychologie der Bewältigung* (S. 120-133). Weinheim: Beltz.

Rowan, E.L. & Rowan, J.B. (1984). Rape and the College Student: Multiple Crises in Late Adolescence. In I.R. Stuart & J.G. Greer (Eds.), *Victims of sexual aggression: Treatment of children, women, and men* (pp. 234-250). New York: Van Nostrand Reinhold Company.

Rozée, P.D., Bateman, P. & Gilmore, T. (1991). The Personal Perspective of Acquaintance Rape Prevention: a Three-Tier Approach. In A. Parrot & L. Bechhofer (Eds.), *Acquaintance rape: the hidden crime* (pp. 337-354). New York: Wiley.

Ruch, L.O., Chandler, S.M. & Harter, R.A. (1980). Life change and rape impact. *Journal of Health and Social Behavior, 21*, 248-260.

Ruch, L.O. & Leon, J.J. (1983). Sexual assault trauma and trauma change. *Women and Health, 8*, 5-21.

Russell, D.E.H. (1980). Pornography and violence: What does the new research say? In L. Lederer (Ed.), *Take back the night: Women on pornography* (pp. 218-238). New York: William Morrow.

Russell, D.E.H. (1982). *Rape in marriage.* New York: Collier Books.

Russell, D.E.H. (1984). *Sexual exploitation: Rape, Child Sexual Abuse, and Wiokplace Harassment.* Beverly Hills, CA: Sage.

Russell, D.E.H. (1986). *The secret trauma: Incest in the lives of girls and women.* New York: Basic Books.

Sadrozinski, R. (1987). Die Mauer des Schweigens hat zwei Seiten. In: Arbeitskreis „Sexuelle Gewalt" beim Komitee für Grundrechte und Demokratie (Hrsg.), *Gewaltverhältnisse: eine Streitschrift für die Kampagne gegen sexuelle Gewalt* (S. 61-67). Sensbachtal: Komitee für Grundrechte und Demokratie e.V.

Sales, E. Baum, M. & Shore, B. (1984). Victim readjustment following assault. *Journal of Social Issues, 40* (1), 117-136.

Sanday, P.R. (1981). The social-cultural context of rape: A cross-cultural study. *Journal of Social Issues, 37* (4), 5-27.

Sanday, P.R. (1996). *A woman scorned: Acquaintance rape on trial.* New York: Doubleday.

Sander, H. & Johr, B. (Hrsg.). (1992). *Befreier und Befreite: Krieg, Vergewaltigungen, Kinder.* München: Kunstmann.

Schäfter, G. & Hocke, M. (1995). *Mädchenwelten: sexuelle Gewalterfahrungen und Heimerziehung.* Heidelberg: Edition Schindele.

Schall, H. & Schirrmacher, G. (1995). *Gewalt gegen Frauen und Möglichkeiten staatlicher Intervention.* Stuttgart: Boorberg.

Scheele, B. & Groeben, N. (1988). *Dialog-Konsens-Methoden zur Rekonstruktion Subjektiver Theorien: die Heidelberger Struktur-Lege-Technik (SLT), konsensuale Ziel-Mittel-Argumentation und kommunikative Flussdiagramm-Beschreibung von Handlungen.* Tübingen: Francke.

Schlee, J. (1988). Menschenbildannahmen: Vom Verhalten zum Handeln. In N. Groeben, D. Wahl, J. Schlee & B. Scheele (Hrsg.), *Forschungsprogramm Subjektive Theorien: eine Einführung in die Psychologie des reflexiven Subjekts* (S. 11-17). Tübingen: Francke.

Schliermann, B. (1993). *Vergewaltigung vor Gericht.* Hamburg: Konkret.

Schmid-Tannwald, I. & Kluge, N. (1998). *Sexualität und Kontrazeption aus der Sicht der Jugendlichen und ihrer Eltern. Eine repräsentative Studie im Auftrag der BZgA* (Forschung und Praxis der Sexualaufklärung und Familienplanung Bd. 8). Köln: Bundeszentrale für gesundheitliche Aufklärung.,

Schmidt, T. (1996). *„Auf das Opfer darf keiner sich berufen": Opferdiskurse in der öffentlichen Diskussion zu sexueller Gewalt gegen Mädchen.* Bielefeld: Kleine.

Schneider, H.J. (1975). *Viktimologie. Wissenschaft vom Verbrechensopfer.* Tübingen: Siebeck & Mohr.

Scholz, O.B. (1995). Psychologische Forschungen zum Vergewaltigungsopfer. In G. Kaiser & J.-M. Jehle (Hrsg.), *Kriminologische Opferforschung: neue Perspektiven und Erkenntnisse* (Neue kriminologische Schriftenreihe der Neuen Kriminologischen Gesellschaft e.V.; Bd. 102) (S. 205-227). Heidelberg: Kriminalistik.

Scholz, O.B. & Greuel, L. (1992). Zur Beurteilung der Qualität von Glaubwürdigkeitgutachten in Vergewaltigungsprozessen. *Monatsschrift für Kriminologie und Strafrechtsreform, 75* (6), 321-327.

Schröder, A. & Schmitt, B. (1988). Soziale Unterstützung. In L. Brüderl (Hrsg.), *Theorien und Methoden der Bewältigungsforschung* (S. 149-159). Weinheim und München: Juventa.

Schröder, K.E.E. & Schwarzer, R. (1997). Bewältigungsressourcen. In C. Tesch-Römer, C. Salewski & G. Schwarz (Hrsg.), *Psychologie der Bewältigung* (S. 174-195). Weinheim: Beltz.

Schwarz, N. (1987). Geschlechtsrollenorientierung und die Einstellung zu Gewalt gegen Frauen: Informationsaktivierung als Alternative zu ex post facto-Versuchsplänen. *Psychologische Rundschau, 38*, 137-144.

Schwarz, N. & Brand, J.F. (1983). Effects of salience of rape on sex-role attitudes, trust and self-esteem in non-raped women. *European Journal of Social Psychology, 13*, 71-76.

Schwarz, N., Gieseke, H. & Schlupp, M. (1990). *Gender role orientation, rape myth acceptance, and attribution of responsibility: Beyond ex post facto-designs.* Unveröff. Manuskript, Universität Heidelberg.

Schwarz, N., Scheuring, B., Schellenberg, R,. Lammers, A. & Brand, J. (1985). Geschlechtsrollenorientierung, Gewalt gegen Frauen und „weibliche Passivität": Untersuchungen zu einer feministischen Hypothese. In A. Stiksrud & F. Wobit (Hrsg.), *Adoleszenz und Postadoleszens: Beiträge zur angewandten Jugendpsychologie* (S. 211-218). Eschborn bei Frankfurt a.M.: Fachbuchhandlung für Psychologie.

Schwarzer, R. (1992). *Psychologie des Gesundheitsverhaltens.* Göttinge: Hogrefe.

Schwarzer, R. (1993). *Streß, Angst und Handlungsregulation* (3. überarb. und erw. Aufl.). Stuttgart: Kohlhammer.

Seifert, R. (1993). Krieg und Vergewaltigung - Ansätze zu einer Analyse. In. A. Stiglmayer (Hrsg.), *Massenvergewaltigung: Krieg gegen die Frauen.* Freiburg i.Br.: Kore.

Seifert, R. (1994). Die Männlichkeit von Krieg und Militär - Überlegungen zu einigen Konstruktionsmechanismen und ihren Folgen. In Evangelische Akademie Baden (Hrsg.), *Herrenalber Protokoll 98: Vergewaltigung, Militär und sexuelle Gewalt; Ursachen und Folgen in Kriegs- und Friedenszeiten* (S. 7-18). Karlsruhe: Evangelische Akademie Baden.

Seligman, M.E.P. (1995). *Erlernte Hilflosigkeit* (5. korr. Aufl./erweitert um: F. Petermann: Neue Konzepte und Anwendungen). Weinheim: Psychologie Verlags Union.

Sick, B. (1995). Diskussion: Die sexuellen Gewaltdelikte oder: Der Gegensatz zwischen Verbrechensempirie und Rechtswirklichkeit. *Monatsschrift für Kriminologie*, 78 (4-5), S. 281-293.

Silbert, M.H. (1984). Treatment of Prostitute Victims of Assault. In I.R. Stuart & J.G. Greer (Eds.), *Victims of sexual aggression: Treatment of children, women, and men* (pp. 251-269). New York: Van Nostrand Reinhold Company.

Silverman, D.C., Kalick, S.M., Bowie, S.I. & Edbril, S.D. (1988). Blitz Rape and Confidence Rape: Typology Apllied to 1,000 Consecutive Cases. The *American Journal of Psychiatry*, 145 (11). 1438-1441.

Smith, M. (1994). *Gewalt und sexueller Mißbrauch in Sekten.* Zürich: Kreuz.

Snell, W.E. & Godwin, L. (1993). Sozial Reaction to Depiction of casual and Steady Acquaintance Rape: The Impact of AIDS Exposure and Stereotypic Beliefs About Women. *Sex Roles*, 29, 599-616.

Sommer, J. (1987). *Dialogische Forschungsmethoden.* München: Psychologie Verlags Union.

Spaccarelli, S. & Fuchs, C. (1998). Kognitive Bewertungen und Coping bei sexuellem Mißbrauch an Kindern. In G. Amann & R. Wipplinger (Hrsg.), *Sexueller Mißbrauch: Überblick zu Forschung, Beratung und Therapie; ein Handbuch* (2. Aufl.) (S. 287-309). Tübingen: dgvt.

Staudinger, U.M. (1997). Grenzen der Bewältigung. In C. Tesch-Römer, C. Salewski & G. Schwarz (Hrsg.), *Psychologie der Bewältigung* (S. 247-260). Weinheim: Beltz.

Steck, P. & Pauer, U. (1992). Verhaltensmuster bei Vergewaltigung in Abhängigkeit von Täter- und Situationsmerkmalen. *Monatsschrift für Kriminologie und Strafrechtsreform*, 75 (4), 187-197.

Steffen, W. (1991). Zum Problem der sexuellen Gewalt an Frauen und Mädchen und des polizeilichen Umgangs mit ihren Opfern. In R. Egg (Hrsg.), *Brennpunkte der Rechtspsychologie* (S. 39-53). Bonn: Forum.

Steffen, W. & Gründler, K. (1990). *Vergewaltigt: zum Umgang mit Opfern sexueller Gewalttaten.* Stuttgart: Richard Boorberg.

Steinhilper, U. (1998). *Definitions- und Entscheidungsprozesse bei sexuell motivierten Gewaltdelikten: eine empirische Untersuchung der Strafverfolgung bei Vergewaltigung und sexueller Nötigung* (2. Aufl.). Konstanz: Hartung-Gorre.

Stets, J.E. (1988). *Domestic violence and control.* New York: Springer.

Stiglmayer, A. (Hrsg.). (1993). *Massenvergewaltigung: Krieg gegen die Frauen.* Freiburg i.Br.: Kore.

Stiles, W.B. (1993). Quality control in qualitative research. *Clinical Psychology Review*, 13, 593-618.

Stormo, K.J., Lang, A.R. & Stritzke, W.G.K (1997). Attributions About Acquaintance Rape: The Role of Alcohol and Individual Differences. *Journal of Applied Social Psychology*, 27 (4), 279-305.

Strauss, A.L. (1991). *Grundlagen qualitativer Sozialforschung - Datenanalyse und Theoriebildung in der empirischen soziologischen Forschung*. München: Wilhelm Fink.

Strauss, A.L. & Corbin, J. (1996). *Grounded theory: Grundlagen qualitativer Sozialforschung*. Weinheim: Psychologie Verlags Union.

Strube, G. & Weinert, F.E. (1987). Autobiographisches Gedächtnis: Mentale Repräsentation der individuellen Biographie. In G. Jüttemann, & H. Thomae (Hrsg.), *Biographie und Psychologie* (S. 151-167). Berlin: Springer.

Struckman-Johnson, C. (1991). Male Victims of Acquaintance Rape. In A. Parrot & L. Bechhofer (Eds.), *Acquaintance rape: the hidden crime* (pp. 192-213). New York: Wiley.

Struckman-Johnson, C. & Struckman-Johnson, D. (1992). Acceptance of male Rape Myths Among College Men and Women. *Sex Roles, 27* (3/4), 85-100.

Studienschwerpunkt „Frauenforschung" am Institut für Sozialpädagogik der TU Berlin (Hrsg.). (1989). *Mittäterschaft und Entdeckungslust*. Berlin: Orlanda.

Sturm, S. & Bohner, G. (1995). Akzeptanz von Vergewaltigungsmythen, subjektives Vergewaltigungsrisiko und Strategien der Gegenwehr bei Frauen. In O. Güntürkün, R. Guski, C. Walter & A. Wohlschläger (Hrsg.), *Experimentelle Psychologie: Beiträge zur 37. Tagung experimentell arbeitender Psychologen, Ruhr Universität Bochum, 9.-13.4.1995* (S. 392). Regensburg: Roeder.

Sutherland, S. & Scherl, D. (1970). Patterns of response among victims of rape. *American Journal of Orthopsychiatry, 40*, 503-511.

Sykes, G.M. & Matza, D. (1957). Techniques of neutralization: A theory of delinquenzy. *American Soziological Review, 22*, 664-670.

Symonds, M. (1976). The rape victim: Psychological patterns of response. *American Journal of Psychoanalisis, 36*, 27-34.

Sczesny, S. & Stahlberg, D. (1999). Sexuelle Belästigung am Telefon: Definition, Prävalenz, Formen und Verarbeitung. *Zeitschrift für Sozialpsychologie, 30* (2/3), 151-164.

Tanner, L.E. (1994). *Initimate violence: reading rape and torture in twentieth-century fiction*. Bloomington: Indiana University Press.

Teegen, F. (1993). Sexuelle Kindesmißhandlung durch Frauen: Mißbrauchserfahrung, Folgeschäden und Bewältigungsversuche aus de Sicht erwachsener Opfer. *Verhaltenstherapie und psychosoziale Praxis, 25* (3), 329-348.

Temkin, J. (1987). *Rape and the legal process*. London: Sweet & Maxwell.

Terlinden, U., Dörhöfer, K. & Epple, E.M. (1987). *Verbesserung der Wohnsituation von Frauen und ihren Kindern nach dem Verlassen des Frauenhauses* (Schriftenreihe des Bundesministers für Jugend, Familie, Frauen und Gesundheit; Bd. 213). Stuttgart: Kohlhammer.

Terr, L.C. (1995). Childhood traumas: An outline and overview. In G.S. Everly & J.M. Lating (Eds.), *Psychotraumatology: key papers and core concepts in post-traumatic stress* (pp. 301-319). New York: Plenum Press.

Teubner, U. (1988). Vergewaltigung als gesellschaftliches Problem. Forderungen zu einer Reform des Sexualstrafrechts. In U. Gerhard & J. Limbach (Hrsg.), *Rechtsalltag von Frauen* (S. 79-90). Frankfurt a.M.: Suhrkamp.

Teubner, U., Becker, I. & Steinhage, R. (1983). *Untersuchung „Vergewaltigung als soziales Problem - Notruf und Beratung für vergewaltigte Frauen"*

(Schriftenreihe des Bundesministers für Jugend, Familie und Gesundheit; Bd. 141). Stuttgart: Kohlhammer.

Thommen, B., Ammann, R. & von Cranach, M. (1988). *Handlungsorganisation durch soziale Repräsentation.* Bern: o.A.

Thornton, B., Ryckman, R.M., Kirchner, G., Jacobs, J., Kaczor, L. & Kuehnel, R.H. (1988). Reaction to Self-Attributed Victim Responsibility: A Comparative Analysis of Rape Crisis Counselors and Lay Observers. *Journal of Apllied Social Psychology, 18* (5), 409-422.

Thürmer-Rohr, C. (1989). Frauen in Gewaltverhältnissen: Opfer und Mittäterinnen. *Sexualforschung, 2,* 1-13.

Thürmer-Rohr, C. (1991). Frauen in Gewaltverhältnissen. In D. Janshen (Hrsg.), *Sexuelle Gewalt: die allgegenwärtige Menschenrechtsverletzung* (S. 479-497). Frankfurt a.M.: Zweitausendeins.

Thurman, O.C. (1984). Deviance and the neutralization of commitment: An empirical analysis. *Deviant Behavior, 5,* 291-304.

Tieger, T. (1981). Self rated likelihood of raping and the social perception of rape. *Journal of Research in Personality, 15,* 147-158.

Ulich, D. (1987). *Krise und Entwicklung: Zur Psychologie der seelischen Gesundheit.* München: Psychologie Verlags Union.

Ulich, D. (1988). Risiko- und Schutzfaktoren in der Entwicklung von Kindern und Jugendlichen. *Zeitschrift für Entwicklungspsychologie und pädagogische Psychologie, 20,* 146-166.

Ullman, S.E. (1996). Social reactions, coping strategies, and self-blame attributions in adjustmen to sexual assault. *Psychology of Women Quarterly, 20,* 505-526.

Valentin-Mousli, B. (1988). Eine gestalttherapeutische Krisenintervention nach einer Vergewaltigung. *Gestalttherapie, 1,* 43-44.

Valverde, M. (1994). *Sex, Macht und Lust.* Frankfurt a.M.: Fischer.

Van der Kolk, B.A. (1998). Zur Psychologie und Psychobiologie von Kindheitstraumata. *Kinderpsychologische Kinderpsychiatrie, 47,* 19-35.

Van der Kolk, B.A., Burbridge, J.A. & Suzuki, J. (1998). Die Psychobiologie traumatischer Erinnerungen. Klinische Folgerungen aus Untersuchungen mit bildgebenden Verfahren bei Patienten mit Posttraumatischer Belastungsstörung. In A. Streek-Fischer (Hrsg.), *Adoleszenz und Trauma* (S. 57-78). Göttingen: Vandenhoek & Ruprecht.

Van der Kolk, B.A., McFarlane, A.C. & Weisaeth, L. (Eds.). (1996). *Traumatic stress: the effects of overwhelming experience on mind, body, and society.* New York: The Guildford Press.

Vereinte Nationen (1996). Erklärung über die Beseitigung der Gewalt gegen Frauen. In Bundeszentrale für politische Bildung (Hrsg.), *Menschenrechte: Dokumente und Deklarationen* (2. aktualisierte und erw. Aufl.) (S. 149-155). Bonn: Bundeszentrale für politische Bildung.

Vernon, L.J. und Best, C.L. (1983). Assessment and treatment of rape-induced fear and anxiety. *The Clinical Psychologist, Summer,* 99-101.

Veronen, L.G., Kilpatrick, D.G. & Resick, P.A. (1979). Treating fear and anxiety in rape victims. In W.H. Parsonage (Ed.), *Perspectives on victimology* (Sage Research Series in Criminology, Vol. 11). Beverly Hills-London: Sage.

Verrez, R. (1991). Gesundheitsforschung und Verantwortung - Gedanken zur Differenzierung und Vertiefung der Rekonstruktion subjektiver Gesundheits- und Krankheitstheorien. In U. Flick (Hrsg.), *Alltagswissen über Gesundheit und Krankheit* (S. 305-317). Heidelberg: Roland Asanger.
Vogel, R.E. & Himelein, M.J. (1995). Dating and sexual victimization: An analysis of risk factors among precollege women. *Journal of Criminal Justice, 23* (2), 153-162.
Vogelsang, A. (1994). *Die Höhle der Löwin: Geschichten einer Abtreibungsärztin.* Frankfurt a.M.: Helmer.
Vogt, I. (1989). Liebe und Sex in der Therapie. *Verhaltenstherapie und psychosoziale Praxis, 1*, S. 39-48.
Vogt, I. (1990). Therapierisiken für Frauen in der Suchtkrankenhilfe. In Deutsche Hauptstelle gegen Suchtgefahren (Hrsg.), *Abhängigkeiten bei Frauen und Männern* (S. 58-73). Freiburg i.Br.: Lambertus.
Vogt, I. (1991). *Frauen, Gewalterfahrungen und Beratung/Therapie - Eine Einstellungsuntersuchung; Abschlußbericht.* Frankfurt: o.A.
Volbert, R. (1991). Das Mißtrauen gegen weibliche Zeugen. Zur Glaubwürdigkeitsbegutachtung. In D. Janshen (Hrsg.), *Sexuelle Gewalt: die allgegenwärtige Menschenrechtsverletzung* (S. 444-451). Frankfurt a.M.: Zweitausendeins.
Wahl, (1979). Methodische Probleme bei der Erfassung handlungsleitender und handlungsrechtfertigender subjektiver Theorien von Lehrern. *Zeitschrift für Entwicklungspsychologie und Pädagogische Psychologie, 11*, 208-217.
Walker, L. E. (1979). *The battered woman.* New York: Harper & Row.
Walker, L. E. (1984). *The battered woman syndrome.* New York: Springer.
Walker, L. E. (1994). *Warum schlägst du mich?* München: Piper.
Ward, C.A. (1995). *Attitudes toward rape.* London: Sage.
Warshaw, R. (1988). *I never called it rape.* New York: Simon and Schuster.
Weber, H. (1990). Emotionsbewältigung. In R. Schwarzer (Hrsg.), *Gesundheitspsychologie* (S. 279-294). Göttingen: Hogrefe.
Weber, H. (1992). Belastungsverarbeitung. *Zeitschrift für Klinische Psychologie, 21*,17-27.
Weber, H. (1997). Zur Nützlichkeit des Bewältigungskonzeptes. In C. Tesch-Römer, C. Salewski & G. Schwarz (Hrsg.), *Psychologie der Bewältigung* (S. 7-16). Weinheim: Beltz.
Weber, H. & Laux, L. (1991). Bewältigung und Wohlbefinden. In A. Abele & P. Becker (Hrsg.), *Wohlbefinden: Theorie - Empirie - Diagnostik* (S. 139-154). Weinheim und München: Juventa.
Weber, H. & Laux, L. (1993). Emotionsbewältigung: Formen und Intentionen. In L. Laux (Hrsg.), *Emotionsbewältigung und Selbstdarstellung* (S. 11-36). Stuttgart: Kohlhammer.
Weber, H. & Knapp-Glatzel, B. (1988). Alltagsbelastungen. In L. Brüderl (Hrsg.), *Belastende Lebenssituationen: Untersuchungen zur Bewältigungs- und Entwicklungsforschung* (S. 140-157). Weinheim und München: Juventa.
Weis, K. (1982). *Die Vergewaltigung und ihre Opfer: eine viktimologische Untersuchung zur gesellschaftlichen Bewertung und individuellen Betroffenheit.* Stuttgart: Ferdinand Enke.
Weis, K. & Borges, S.S. (1973). Victimology and rape: The case of the legitimate victim. *Issues in Criminology, 8*, 71-115.

Wetzels, P. (1997). *Gewalterfahrungen in der Kindheit: Sexueller Mißbrauch, körperliche Mißhandlung und deren langfristige Konsequenzen.* Baden-Baden: Nomos.

Wetzels, P. & Pfeiffer, C. (1995). *Sexuelle Gewalt gegen Frauen im öffentlichen und privaten Raum: Ergebnisse der KFN-Opferbefragung 1992* (Forschungsberichte Nr. 37). Hannover: Kriminologisches Forschungsinstitut Niedersachsen.

Wieder, G.B. (1985). Comments - Coping ability of rape victims: Comment on Myers, Templer, and Brown. *Journal of Consulting and Clinical Psychology, 35* (3), 429-430.

Williams, L.M. (1994). Recall of childhood Trauma: A Prospective Study of Women's Memories of Child Sexual Abuse. *Journal of Consulting and Clinical Psychology, 62* (6), 1167-1176.

Wilson, J.P. (1989). *Trauma transformation and healing: an integrative approach to theory, research and post-traumatic therapy.* New York: Brunner und Mazel.

Wilson, J.P. & Lindy, J. (1994). *Countertransference in the treatment of PTSD.* New York: Guildford Press.

Wirtz, U. (1989). Therapeutische Sackgassen. In U. Wirtz (Hrsg.), *Seelenmord, Inzest und Therapie* (S. 245-285). Zürich: Kreuz.

Wirtz, U. (1994). Die Therapie - kein sicherer Ort? Sexueller Mißbrauch in der Therapie und der Verrat am Eros. In U. Nuber (Hrsg.), *Bin ich denn verrückt?!: Was Psychotherapie für Frauen leistet -und was nicht.* Zürich: Kreuz.

Wirtz, U. (1995). *Der Hunger nach Sinn: Menschen in Grenzsituationen - Grenzen der Psychotherapie.* Zürich: Kreuz.

Witzel, A. (1982). *Verfahren der qualitativen Sozialforschung: Überblick und Alternativen.* Frankfurt a.M.: Campus.

Wolpe, J. & Abrams, J. (1997). Die Ueberwindung einer Posttraumatischen Belastungsstörung durch Augenbewegungs-Desensibilisierung: Ein Fallbericht. In C.T. Eschenröder Christof (Hrsg.), *EMDR. Eine neue Methode zur Verarbeitung traumatischer Erinnerungen* (Forum fuer Verhaltenstherapie und psychosoziale Praxis; Bd. 38) (S. 67-73). Tübingen: Deutsche Gesellschaft fuer Verhaltenstherapie.

Wood, L.A. & Rennie, H. (1994). Formulating rape: the discursive construction of victims and villains. *Discourse & Society, 5* (19), 125-148.

Wyatt, G.E., Notgrass, C.M. & Newcomb M. (1990). Internal and external mediators of women's rape experience. *Psychology of Women Quarterly, 14,* 153-176.

Wyre, R. & Swift, A. (1991). *Und bist Du nicht willig ... Die Täter.* Köln: Volksblatt Verlag.

Zirpins, C. (1997). Vergewaltigung: Analyse eines Kriegsverbrechens. *Wissenschaft und Frieden, 15* (2), 55-58.

Anhang

A Information für Interviewpartnerinnen

Interviews zum Thema ‚Sexuelle Gewalt'

Im Rahmen einer wissenschaftlichen Untersuchung (Doktorarbeit) suche ich Gesprächspartnerinnen, die Opfer einer Vergewaltigung oder sexuellen Nötigung (auch in der Ehe) wurden und die an einem Interview über ihre Erfahrungen interessiert sind.

Die Angaben aus den Interviews werden anonymisiert und streng vertraulich behandelt. Außer den an der Befragung und Auswertung beteiligten Personen hat niemand Zugang zu den Interviews. [oder diesen Absatz ergänzend **]

Zu erreichen bin ich über den Karlsruher FrauenNotruf
☎ 07 21/69 10 99 (AB, ich rufe zurück)
oder mittwochs 19.00 bis 22.00 Uhr
✉ Postfach 46 28 in 76030 Karlsruhe

Karlsruhe, den [aktuelles Datum]   Susanne Heynen

**Traumatische Lebensereignisse haben einen gravierenden Einfluß auf das Leben der betroffenen Personen. Untersuchungen über sexuelle Gewalt zeigen die einschneidenden kurz- und langfristigen Folgen für die Opfer. Im Gegensatz dazu stehen die in der Gesellschaft vorhandenen Vorurteile über Vergewaltigung, die Täter und die Opfer. Nur wenig ist bisher bekannt über die subjektiven Vorstellungen der Opfer über die Konsequenzen der erfahrenen sexuellen Gewalt, ihre Versuche der Bewältigung und der Integration des Ereignisses in das Leben danach sowie die Auseinandersetzung mit den Einstellungen von anderen.

In dieser Promotion interessieren die Gedanken und Gefühle der betroffenen Frauen und ihre Auseinandersetzung mit der Vergewaltigung. Ein zweiter Schwerpunkt liegt in den Erfahrungen mit dem sozialen Umfeld, mit zusätzlichen Belastungen und als hilfreich bzw. weniger nützlich wahrgenommenen Unterstützungsangeboten des sozialen Umfeldes.

Vorgehen

Ich interessiere mich für Ihre persönliche Sichtweise der Vergewaltigung und der Folgen. Unser Gespräch wird auf Kassette aufgenommen und anonymisiert abgeschrieben, ausgewertet und danach gelöscht. Ich versichere Ihnen, daß alles, was Sie sagen, vertraulich behandelt wird. Außer den an der Befragung und Auswertung beteiligten Personen hat niemand Zugang zu den Interviews.

B Interviewleitfaden

1. Demographische Informationen, momentane Lebenssituation
- Ich möchte Sie bitten, eingangs etwas über sich und ihr momentanes Leben zu erzählen
- ↳ Insgesamt stabile vs. instabile Lebenssituation, Ausmaß der Vulnerabilität und zur Verfügung stehenden Ressourcen

2. Angaben zur Tat
- Wie ist es zu der Vergewaltigung gekommen und was ist genau passiert?
- ↳ Damalige Lebenssituation, Vorgeschichte, Täter, Tatort, Tathergang
- Wie ist es Ihnen ergangen?
- ↳ Risikowahrnehmung, Bewältigungsstrategien und Folgen der Gewalt
- Wie ging es dann weiter?
- ↳ Täter-Opfer-Umfeld-Transaktion, insbesondere Gefühle, Gedanken (subjektive Theorien), Handlungen des Opfers

3. Veränderungen und Bewältigungsprozesse nach der Vergewaltigung
- Was waren die Folgen und Belastungen aufgrund der Vergewaltigung? Unter was haben Sie am meisten gelitten?
- ↳ Bewertung von Unrecht und Schaden im lebensweltlichen Kontext (subjektive Theorien über Vergewaltigung)
- Was haben Sie zur Bewältigung der Belastungen getan? Wie haben andere zu ihrer Erholung beigetragen? Was hat Ihnen am meisten geholfen, bzw. eher geschadet?
- ↳ Bewältigungsstrategien und deren Bewertung
- Wie ging es Ihnen nach einigen Wochen (Monaten, Jahren)?
- ↳ Langfristige Veränderungsprozesse

4. Veröffentlichungsbereitschaft
- Wem haben Sie von der Vergewaltigung erzählt und wovon hing es ab, ob Sie über die Vergewaltigung gesprochen haben?
- ↳ Veröffentlichungsbereitschaft (Motivation, Qualität der Beziehungen, subjektive Theorien über Vergewaltigung, Gefühle der Schuld, Scham und Angst, antizipierte Reaktionen anderer)
- Welche Erfahrungen haben Sie gemacht (mit sich und den anderen)?

- ↳ Transaktionsprozesse: sekundäre Viktimisierung vs. Unterstützung (Opfer, soziales und gesellschaftliches Umfeld)
- Was hat Ihnen am meisten geholfen? Was war für Sie besonders schlimm?
- ↳ Bewertung und Handlungsempfehlungen
- Welche Auswirkungen hatten die Reaktionen anderer? Wie sind sie damit umgegangen?
- ↳ Stabilisierung vs. Retraumatisierung und Bewältigungsprozesse
- Wie gehen Sie mit Opferbelastungen um, auch wenn Sie nicht direkt betroffen sind?
- ↳ Bewältigungsprozesse

5. *Anzeigeverhalten*

- Haben Sie daran gedacht Anzeige zu erstatten? Was waren die Gründe, die für oder gegen eine Anzeige sprachen? Was war ausschlaggebend für Sie?
- ↳ Voraussetzungen: Definition der Tat, Bewertung von *Unrecht und Schaden, vermutete Motive des Täters, Kosten* und Nutzen
- Wenn Sie Anzeige erstatteten, welche Erfahrungen haben Sie gemacht?
- ↳ Transaktionsprozesse: sekundäre Viktimisierung vs. Normverdeutlichung
- Welche Auswirkungen hatten die Reaktionen? Wie sind sie damit umgegangen?
- ↳ Stabilisierung vs. Retraumatisierung und Bewältigungsprozesse
- Wenn es zum Prozeß kam, welche Erfahrungen haben sie gemacht?
- ↳ Transaktionsprozesse: sekundäre Viktimisierung vs. Normverdeutlichung
- Welche Auswirkungen hatten Prozeß und Prozeßausgang? Wie sind sie damit umgegangen?
- ↳ Stabilisierung vs. Retraumatisierung und Bewältigungsprozesse

6. *Vorherige Erfahrungen mit sexueller Gewalt*

- Haben Sie vor der Vergewaltigung schon mal sexuelle Gewalt bzw. sexuelle Grenzverletzungen erlebt? Was waren die Folgen?
- ↳ Keine (geringe) bis starke Vorbelastung
- In welcher Form hatten Sie sich vor der Vergewaltigung schon mal mit dem Thema ,Sexuelle Gewalt' auseinandergesetzt?
- ↳ Subjektive Theorien über Vergewaltigung, Risiko- und Kontrollerwartungen

7. *Heutiger Stand*

- Wenn Sie heute zurückblicken, was hat sich verändert?
- ✋ Negative und positive Veränderungen, subjektive Theorien über Gewalt und Selbstbestimmung, Integration des Traumas in die Biographie
- Welchen Rat würden Sie anderen von sexueller Gewalt betroffenen Frauen geben?
- Welchen Rat würden Sie Frauen geben, damit Sie nicht Opfer sexueller Gewalt werden? Was tun Sie selbst?
- Was würden Sie sagen, was passieren muß, damit Frauen nicht mehr Opfer sexueller Gewalt werden?
- ✋ Subjektive Theorien über Vergewaltigung

8. *Interviewmotivation und Abschluß*

- Was hat Sie bewogen, an der Studie teilzunehmen?
- Wie geht es Ihnen?

9. *Protokoll*

- Wie erfolgte die Kontaktaufnahme?
- Wo fand das Gespräch statt? Wie war die Gesprächsatmosphäre?
- Was waren Besonderheiten im Gesprächsverlauf?
- Was sind meine Assoziationen?

C Übersicht über die Sexualstraftaten

Im folgenden wird ein Überblick über die Sexualstraftaten gegeben, die der vorliegenden Untersuchung zugrunde liegen. Sie werden getrennt nach Tätertypen dargestellt. Insgesamt sind es mehr als 27 Täter, da einige der Interviewpartnerinnen wiederholt angegriffen wurden. Die Altersangaben wurden entweder im Interview von den Befragten angegeben oder von mir anhand der erzählten Chronologie geschätzt. Bei den mit * gekennzeichneten Vergewaltigungen bzw. versuchten Vergewaltigungen handelt es sich um solche, die lediglich nebenbei erwähnt wurden.

Tab. 4: (Versuchte) Vergewaltigung durch Fremdtäter

Wer	Alter	Tatort	Tathergang
J	17	Auto des Täters	versuchte Vergewaltigung* Freundin wird aufmerksam
P	27	vor eigener Haustür	versuchte Vergewaltigung* AnwohnerInnen werden aufmerksam
C	19	abseits gelegene Restauranttoilette	versuchte Vergewaltigung Täter läßt nach Widerstand ab
G	26	Auto des Täters	versuchte Vergewaltigung Täter läßt nach Widerstand ab Opfer kann fliehen
T	22	Straße	unterbrochene Vergewaltigung Passanten werden aufmerksam
St	28	nächtlicher Weg	Vergewaltigung (Messer, Fesseln)
W	17	einsamer Weg	Vergewaltigung (Messer)
D	16	Auto des Täters	Vergewaltigung
I	16	Wohnung des Opfers	Vergewaltigung (Handfeuerwaffe, Fesseln)

Tab. 5: (Versuchte) Vergewaltigung durch (flüchtig) Bekannte

Wer	Alter	Tatort	Tathergang
G	16	Auto des Täters	versuchte Vergewaltigung sexuelle Nötigung ohne Eindringen in den Körper; ‚Date-rape'*
V	18	Strand	Versuchte vaginale und anale Vergewaltigung; orale Vergewaltigung
F	13	Hotelzimmer	Vergewaltigung Täter spritzt F nach der Tat Heroin
F	18	Wohnung des Täters	Vergewaltigung**
O	16	Wohnung des Täters	Vergewaltigung
K	14	Wohnung des Täters	Gruppenvergewaltigung (erzwungener Alkoholkonsum)

**wurde Frau F erst während des Interviews bewußt

Tab. 6: Vergewaltigung durch (flüchtig) Bekannte mit emotionaler Bindung

Wer	Alter	Tatort	Tathergang
S	22	Hotelzimmer von S	versuchte Vergewaltigung* ‚Date-rape'
A	24	Wohnung des Täters	‚Date-rape'
P	16	Wohnung des Täters	‚Date-rape'
Sch	25	Wohnung des Täters	‚Date-rape'

Tab. 7: (Versuchte) Vergewaltigung durch Freund, Ehe-/Partner

Wer	Alter	Tatort	Tathergang
U	13	o.A.	Vergewaltigung*
S	16	Auto des Täters	Vergewaltigung
B	24/25	Wohnung des Opfers gemeinsame Whg.	wiederholte Mißhandlungen Vergewaltigungen (Messer, Drohungen gegen Familie) Schwangerschaft nach Vergewaltigung Fehlgeburt nach Mißhandlung
N	23-27	Wohnung des Opfers gemeinsame Whg.	wiederholte Mißhandlungen Vergewaltigungen (Handfeuerwaffe) Fehlgeburt nach Mißhandlungen Schwangerschaft nach Vergewaltigung
J	20-25	Wohnung des Täters gemeinsame Whg.	wiederholte Mißhandlungen Vergewaltigungen Schwangerschaft nach Vergewaltigung
R	20	gemeinsame Whg.	Vergewaltigung in der Hochzeitsnacht wiederholte Mißhandlungen
E	21-25	gemeinsame Whg.	wiederholte Mißhandlungen Vergewaltigungen
Q	26-35	gemeinsame Whg.	wiederholte Vergewaltigungen (Fesseln)
P	18-35	(gemeinsame) Whg.	wiederholte Mißhandlungen Vergewaltigungen Schwangerschaft nach Vergewaltigung wiederholte Partnergewalt
U	28-35	(gemeinsame) Whg.	wiederholte Mißhandlungen Vergewaltigungen Schwangerschaft nach Vergewaltigung wiederholte Partnergewalt
O	o.A.	gemeinsame Whg.	versuchte Vergewaltigung Trennungsphase*
M	39	Auto des Täters Whg. des Täters	Vergewaltigung/Trennungsphase Drohungen gegen Familie
L	24	gemeinsame Whg.	Vergewaltigung/Trennungsphase

Tab. 8: Vergewaltigung durch Autoritätspersonen

Wer	Alter	Tatort	Tathergang
M	16	Operationssaal	Vergewaltigung während Narkose Arzt*
H	18	Wohnung/Auto Täter	wiederholte Vergewaltigungen bis dahin unbekannter Vater
H	o.A.	Praxis	Vergewaltigung* Therapeut
H	Ende 20	Wohnung des Täters	wiederholte Vergewaltigungen* Therapeut
Y	14	Wohnung des Täters	Vergewaltigung* Schwager Schwangerschaft nach Vergewaltigung Schwangerschaftsunterbrechung
Y	ab 14	Zimmer des Opfers	wiederholte Vergewaltigungen Erzieher in Jugendhilfeeinrichtung
Y	22/23	Büro	wiederholte Vergewaltigungen Therapeut in Jugendhilfeeinrichtung
Z	14-19	Sportstätten, Whg. und Auto des Täters	wiederholte Vergewaltigungen Trainer

Danksagung

Daß ich diese Arbeit schreiben konnte, verdanke ich vielen Menschen, die mich in meinem Entschluß unterstützt und mich mit ihrer Bereitschaft zur Auseinandersetzung mit dem Thema ‚Sexualisierte Gewalt' über Jahre begleitet haben.

Mein erster und besonderer Dank gilt Prof. Dr. Toni Faltermaier für die außergewöhnliche und vorbildhafte Betreuung der vorliegenden Forschungsarbeit. Er machte mich mit den vielfältigen Möglichkeiten der qualitativen Sozialforschung vertraut. Auf seine Diskussionsbereitschaft sowie motivierende und konstruktive Kritik konnte ich mich immer verlassen. Seine ruhige und freundliche Art halfen mir über die Tiefen, die das Forschungsthema mit sich brachte, hinweg.

Neben der unschätzbaren Unterstützung in methodischen und inhaltlichen Fragen durch Toni Faltermaier hat vor allem die Hans-Böckler-Stiftung dazu beigetragen, daß ich mein Forschungsvorhaben realisieren konnte. Sie ermöglichte durch eine ideelle Förderung die Teilnahme an hervorragenden Seminaren, Werkstätten und Arbeitsgruppen sowie die Veröffentlichung der vorliegenden Arbeit. Über die Stiftung kam der Kontakt zu anderen WissenschaftlerInnen, zustande, die mit mir Theorie, Methoden und Ergebnisse meiner Untersuchung diskutierten. Dazu gehören vor allem Annette Henninger, Irene Preußner und Andrea Sieber.

Außerdem danke ich insbesondere Dr. Gerd Bohner und Prof. Dr. Barbara Krahé, auf deren wissenschaftliche Arbeiten ich zurückgreifen konnte. Ebenfalls möchte ich den Kolleginnen der bundesweiten FrauenNotrufe und Initiativen gegen Männergewalt gegen Frauen und Kinder danken, über die ich Kontakt zu einzelnen Interviewpartnerinnen bekam.

In Karlsruhe schulde ich insbesondere den ehrenamtlichen Mitarbeiterinnen vom FrauenNotruf sowie meiner Familie, meinen FreundInnen und KollegInnen Dank für praktische und inhaltliche Unterstützung. Mein besonderer Dank gilt Ute Fichtel, Renate Fiedler, Anette Heinz, Gudrun Kircher, Christiane Köppen, Anka Krug, Irina Luft, Jutta Thimm-Walter, Peter Walter, Petra Zimmermann und meiner Mutter Jutta Piesbergen. Sie waren immer wieder bereit, mit mir über mein Forschungsthema zu diskutieren, sowie meine Auswertungen und Texte zu reflektieren. Vor allem mein Lebenspartner Johannes Braasch begleitete mich über Jahre mit Geduld, Gelassenheit und Liebe.

Mein größter Dank und meine Hochachtung gilt den Interviewpartnerinnen, die mit mir über die gegen sie gerichtete physische, psychische und vor allem sexualisierte Gewalt sprachen. Ich habe viel von ihnen gelernt, was sich gar nicht alles in dieser Arbeit ausdrücken läßt. Ich bin dankbar für ihr Vertrauen, ihre Offenheit und Kraft, mit der sie mich an ihren Bewältigungsprozessen teilhaben ließen.